KB010544

莊 장
子 자

장자莊子

2022년 5월 15일 초판 1쇄 발행

역　자 | 송 영 배
펴낸이 | 박 기 봉
펴낸곳 | 비봉출판사
출판등록 | 2007-43 (1980년 5월 23일)
주 소 | 서울 금천구 가산디지털2로 98. 2동 808호(가산동, IT캐슬)
전 화 | (02) 2082-7444
팩 스 | (02) 2082-7449
E-mail | bbongbooks@hanmail.net
ISBN | 978-89-376-0490-4 03150

값 28,000원

비봉출판사

머리말

나는 지난 세기 60년대에 대학에 진학하면서 비로소 장자를 접하게 되었다. 그 당시는 박정희 정권 시대로 나라가 온통 '한일국교정상화' 문제로 무척이나 시끄러웠던 때였다. 경제적으로는 낙후된 농업경제가 위주였으며, 6·25 전쟁이 휴전에 접어들었고 겨우 10년 정도가 되지 못하여, 백성들의 일상생활은 미국에서 보내주는 '잉여농산물'의 원조에 의존해야만 했던, 어려운 살림이었다. 대학생들에겐 미군에서 흘러나온 군복을 검게 물들인 바지나 웃옷이 굉장히 멋있어 보이는 정도였다. 가난과 사회적 분란이 연속인 사회에서 개인들의 삶은 가난과 싸우며 허우적댈 뿐이었다. 그래도 대학생들은 민족의 자주와 통일, 민주주의의 실현 등등을 외치고 있었다.

나는 대학 2학년이 되어서 대학 강의에서 장자의 신랄한 사회비판과 개인의 무한한 자유의 추구에 흠뻑 빠져들었다. 사회제도의 폭력성을 일일이 거론하면서, 주요한 것은 개인의 생명과 존엄을 지켜야 한다는 메시지는 나의 귀를 번쩍 뜨이게 하였다. 그래서 그때부터 대학에서 동양철학, 즉 중국철학을 배우고자 하였다. 이것이 그 후 나의 학문적 생활의 기본 방향을 정하게 되었다.

당시 한국 사람들은 반공주의에 깊이 세뇌되어 있었기에, 나는 한국에서 대학과 대학원 졸업 후, 중국철학을 공부하기 위해서 중화민국

(대만)으로 유학을 가지 않을 수 없었다. 그 당시 대만은 장개석의 집권 시대로 엄청난 독재정치 체제가 풍미하고 있었다. 일본 '제국주의' 의 잔재로, 서울대학교 문리대나 의대 건물과 비슷한 구조를 가진 대만대학의 구조는 무척 나에게는 친근하게 느껴졌지만, 정치적 자유가 거의 박탈당하고 정보원들이 학교의 이곳저곳을 휘젓고 다니는 대만의 대학 분위기는 나에겐 한없이 서글퍼 보였다. 내가 유학할 당시 대만대학교 인문대학 입학생 250명 중에 남자는 겨우 30여 명이었고, 나머지는 모두 여학생뿐이었다. 그리고 역사나 철학 분야에는 석사과정만 있었고 박사과정은 허락되지 않았다. 그리고 철학 이래야 모두 서양철학 강의뿐이었고, 동양철학 강의는 아예 없었다. 그러나 중국철학을 수학하고자 하는 외국 학생들에게 중문학과에서 제공하는 중국 경전의 수업이 '전공' 수업으로 인정되는 정도였다. 나는 그저 중국어나 배우고 한문이나 익혔으며, 그 이상 철학 공부를 대만에서 기대할 수가 없었다. 그곳에서 2년여 만에 다시 석사과정을 끝내고 박사과정을 이수하기 위해 지난 세기 80년대 초에 독일로 또다시 유학을 떠나야만 했다.

당시 서독은 대학생들의 학생운동이 극성이었다. 특히 좌파학생들의 데모가 절정이었다. 이들은 3M(Marx, Mao, Marcuse)을 크게, 크게 외치면서, 자본주의 정치부패를 격렬하게 비판하였다. 독일에 먼저 와있던 몇몇 선배들을 만나니, 한국의 박정희 독재정치에 대한 비판이 상당히 심각하였다. 그들은 당시 서독 사회에서 남한의 민주화를 바라는 반독재운동단체를 조직하여 활동하기에 이르렀고, 나도 자연스레 그들과 합류하게 되었다. 독일에서의 체류가 길어지고 공부도 그렇게 늦게까지 천연遷延 되었다. 이윽고 박정희가 암살당하면서, 그 뒤 박사학위를 끝내고, 남한을 떠난 지 13년의 세월이 지나서 비로소 고국에 돌아왔다. 사회는 떠날 때보다 주거시설은 개선되었으나 가난과 낙후됨은 여전하였다. 특히 경제적, 정치적인 면에서의 후진은 면할 수가 없었다.

학생들에게 중국철학을 가르치면서 그들이 사회문제에 주목하기를 권했고, 어떤 철학자가 살던 당시 사회와 그 철학사상이 어떻게 연관되는지에 주목해 주기를 바랐다. 그래서 장자의 철학도 어떠한 사회적 여건에서, 어느 입장에 서서 사회비판을 하였는지를 분명하게 가르치고자 하였다.

나는 이제까지 장자를 한문으로만 읽었지, 한글 번역서는 읽어본 적이 없다. 한국에서 장자 연구를 하는 사람들은 적지 않으나 전문가가 책임질 수 있는 번역서는 별로 눈에 띄지 않는다. 나는 정년퇴임 전에 학생들과 함께 장자 강독을 여러 번 하였다. 그러나 책임질 수 있는 장자의 한글 번역은 이번이 처음이다. 나는 이 한글로 번역된 장자가 장자 연구자나 일반 독자에게 많은 영향력을 주기를 바라마지 않는다. 그리고 이에 대하여 동료들이나 후학들로부터 많은 질정叱正이 있을 것을 기대하고 있다.

이 책의 출판을 허락해주신 비봉출판사의 박기봉 사장에게 무한한 감사를 드린다. 그리고 출판을 위해 열심히 수고하신 박은진 편집자에게 또한 감사를 드리는 바이다.

2021. 9.

송영배

차 례

잡편雜篇

『장자莊子』 철학사상 개요

장자(장주莊周, 약 전369-전286)가 활동했던 전국시대에는 '사상의 백가쟁명' 시대라고 불리듯이 다양한 사상가들에 의해 현실 세계에 대한 여러 가지 해석과 처방들이 제공되었다. 그러나 당대에 확대일로에 있는 크고 작은 사회적 혼란 양상들과 빈발하는 전쟁의 참상은 장자와 같은 개인주의적 철학자들에게는 너무나 위험스럽고 통탄할 일이었다. 장자 당대에 유가나 묵가 등 다른 제자백가의 사상들이 사회문제의 해결에 관한 수많은 방책을 내놓았지만, 서로 다른 이념들의 통합은 기대될 수 없었고 오히려 서로의 갈등만 증폭되었다. 장자는 인간들의 관계에 대해 "합치려 하면 갈라놓고, 이루려 하면 훼방하고, 청빈하면 꺾으려 하고, 지위가 높아지면 비평하고, 하는 일이 있으면 손해를 입히고, 똑똑하면 모함하고, 못났으면 속이려 한다."(『장자』, 「산목山木」편, 이하에서 편명만 명기함.)라고 말한다. 또한, 빈번한 전쟁을 통하여 인간 생명이 무참히 희생당하고 있었다. 이런 비극적 사회현실 앞에서 장자의 철학적 관심은 공동체에 앞서는 개개인들의 '사람다운 삶의 추구'에 있었다. 따라서 장자와 같은 개인주의적인 철학자에게는 '개인' 밖, 말하자면, 사회(공동체)의 관점에서 개인을 통제하려는 일체의 행정적 또는 이념적 규제와 간섭이란 '불행을 불러오는 인위적 재앙[災]'으로 보일 수밖에 없었다. 이미 공자 시대를 전후하여 사회적 규범 밖에서 자신들의 자유를 추구하던 일민逸民들의 경물중생輕物重生[외물을 무시하라, 생명을 존중하라!]의 기치, 즉 인간 생명존중 사상이 일단 양주楊朱학파에 의해 크게 고조되었다면, 이런 양주의 사상을 진일보하여 철학적으로 고양하고, 개인 생명의 단순한 물리적 보존뿐만 아니라 그것을 넘어서는 '정신의 자유' 를 본격적으로 추구한 것은 장자 철학의 몫이었다.

인간 하나하나는 '살아있는 생명체' 이기 때문에 그 자체의 '생명성' 은 자기 밖의 어떤 것에 의해서도 인위적으로 규제받을 수 없다는 것이 장자의 생각이다. 사람이란 각기 자기의 타고난 소질과 본성에 따라서 자유롭게 살아야 하는 존엄한 존재이기 때문이다. 사회적 관습이나 규제 너머에서 자기의 주어진 본성에 따라서 '스스로 그러하게[自然] 사는 것' 이 바로 장자가 말하는 이른바 '소요유逍遙遊' 이다. 그러나 현실 세계는 개인의 본성적인 자기 계발과 발전을 쉽게 허용하지 않는다. 유가, 묵가, 법가, 병가 등등의 제자백가들은 성인의 권위를 빌려서 각각 자기의 이념을 - 타자 배제적인 - '절대선' 으로 주장한다고 장자는 보았다. 그러나 장자가 보기에 수많은 상이한 정치 이념들이나 주장들은 각각 '자기 하나의 특수한 입장과 그것에서 파생한 특수 이해관계' 를 반영하는 자기주장, 자기 목소리 '하나' 에 불과하다. 즉, 그와 입장을 달리하는 타자에게는 통용될 수 없는 개별적인 억견臆見에 불과하다. 그렇기에 자기주장만을 '보편적 절대적' 진리로 착각하고 그것에 동의할 수 없는 타인, 말하자면 다른 생명체들에게도 '자기 방식대로 행동하기를 강요' 하는 독단론자들의 이념적 폭력성을 장자는 탁월하고 기발한 여러 가지 우화와 비유를 통하여 신랄하게 고발하고 있다. "옛날 어떤 [상서로운] 새가 노魯나라 성 밖에 앉았다. 노魯나라 임금은 이를 매우 기뻐하여 소, 양, 돼지를 잡아 큰 잔치를 열고 구소九韶[당대 최고인 舜임금의 음악]를 연주하여 그를 즐겁게 하였다. 새는 이에 [속에서] 두려움과 슬픔이 발동하여 눈동자가 풀리면서 [거의 죽을 상태에서] 감히 아무것도 마시고 먹을 수가 없었다. 이것은 [인간] 스스로가 먹고 사는 방식으로 새를 먹인 것이다."(「달생達生」 편) 이렇게 분 등등은 기껏해야 임시적 방편적인 '비본질적인 것'에 불과할 뿐이다.

장자는 인위적인 규제대상이 될 수 없는, 말하자면, 인간의 이해관계[人]에 의하여 도구적으로 이용되고 조작되어서는 안 되는 자연으로부터 받은 생명의 자연권[天]을 강조한다. "무엇이 본연[天]인가? 무엇이 '인위'[人]인가?" "소와 말이 네 다리를 가진 것이 '본연'이다. 말머리를 (줄로) 얽어매고 소에 코뚜레를 하는 것은 '인위'이다."(「추수秋水」 편) 인간의 관점에서 말이나 소를 제압하는 수단이 '인위'라면, 소나 말의 '자연 생명'이 '본연'[天]이다. 이에 장자는 "'인위'로써 '본연'을 소멸시키지 말라!(無以人滅天!)"(「추수秋水」 편)를 크게, 크게 외친다. 따라서 장자가 추구하는 '소요유'의 세계는 바로 아무런 인위적 간섭과 억압이 없이 저절로 무심하게, 그러나 순조롭게 조화하는 자연세계의 자율적 성장발전의 세계를 의미한다. 독단적 이념들에 의한 자기 밖의 다른 존재들에 대한 무차별적 규제나 강제가 철폐되고, 각각 '억지로 강제함이 없는 자연스러움[無爲自然]'의 세계, 말하자면 교조적인 진리나 이념의 독재가 부재하는 세계에서의 개개인들의 정신적 자유와 해방을 장자는 이렇게 말한다. "샘물이 말라 물고기들이 맨땅에 드러나자 서로 물기를 뿜어주고 거품을 내어 적셔준다. (이는) 강물이나 호수에 살면서 서로를 잊고 지내던 때만 못한 것이다. 마찬가지로 요堯임금을 기리고 걸桀임금을 비난하는 것은 차라리 두 사람을 다 잊고 [사회성 너머의] 도道(생명 원리)와 화합化合하는 것만 못하다."(「대종사大宗師」 편)

인간이 만들어내는 지식, 즉 인위人爲는, 우주의 천지 생명 속에 존재하는 인간이라는 한 종의 특수행위에 불과하다. 이런 인종人種은 그 밖의 만물萬物들과 함께 존재한다. 말하자면, 인간은 인간 이외의 타자, 자연을 적대적 지배의 관계로 보면 안 되는 것이고, 상호 보완적 관계로 볼 것을 말한다. 요컨대, 천지 만물이 없다면 인간의 생명도 없다는 것이다. 이런 인간 독점주의의 비판은 인간 이기주의를 병으로 규정하는 유기체적인 세계관을 전제로 하는 일종의 생명철학이다. 유기체적인 세계관에 의하면, 사회적 관계에서 군신君臣, 남녀, 상하 등등의 관계도 일방은 상대방에 대하여 일방적으로 지배할 수 없고, 상호 존재-의존적이기 때문에 서로 존중해야 한다고 말한다. 그래서 『노자老子』에서는 "귀한 것의 기반은 천한 것이다. 높음은 아래를 기반으로 한다. 그래서 [최고의 통치자인] 왕이나 공후는 자신을 외톨이[孤], 적은 자[寡], 좋지 못한 자[不穀]라고 부른다. 이렇게 아래가 높

*12p 6줄 이하에 추가합니다.

(「달생達生」 편) 이렇게 …

사람의 사는 방식이란 새에게도 통용되는 보편적인 방식일 수 없다. 새에게는 마땅히 새가 먹고 사는 방식으로 대접해야만 그 새의 생명이 살아날 수 있다. 따라서 자기 하나의 특수한 입장과 관점을 자기 아닌 타인들에게 무차별적으로 요구하는 독단론자들을 장자는 개체 생명의 파괴자로 간주한다. 장자에게 인위적인 일체의 제도나 이념, 도덕, 명…분 등등은 기껏해야 임시적 방편적인 '비본질적인 것' 에 불과할 뿐이다.

의 각기 다른 '유위'의 행위는, 결국 그들을 넘어서서 그들 하나하나에게 '생명'을 불어 넣어주고 있는 '보이지 않는 총체적인 생명', 즉 '무위無爲하는 도道'를 떠나서 따로 존재할 수 없다. 떠나 있다면 그 기관은 더 많이 살아있는 '생명의 존재'가 아니기 때문이다. 천지자연 속에서 서로 다른 만물들이 각각 번성하는 이유는 궁극적으로 도道의 만물에 대한 무간섭에 있듯이, 인간사회에서도 백성들의 자발성을 최대로 보장하는 통치자의 '무위無爲', 무간섭 속에서 만인의 '유위有爲'가 포섭될 때 가장 이상적인 정치형태가 될 수 있다고 말한다. 즉, 인간은 사회화가 필요하지만, 그런 사회적 간섭을 최소화하여 그 속에 사는 만물(만인)들의 본성이 제대로 발휘될 수 있도록 방임하는 '무통치의 통치'를 말하고 있다. 이처럼 장자는 만물 하나하나에 총체적인 생명성을 부여하는 '도'의 무간섭과 무조작을 결국 '무위無爲'로 파악하고, 개별성을 최대로 보장하는 '최고 통치자'의 무간섭의 방임정치를 이상적인 사회형식으로 고취하는 이상론을 제시해주고 있다.

이렇게 본다면, 장자 철학의 적극적 의의는 우선 인간 개개의 본성과 생명성을 고려하지 않는 전체주의적이고 독단적인 이념체제와 제도에 대한 혁명적인 부정과 해방의 목소리에 있다고 할 수 있다. 그러나 이런 그의 혁명적 외침은 철저하게 자신 안에 '내면화된 관념적 해방'일 수밖에 없다. 그 이유는 해방임에도 불구하고 자기 정신 밖의 '현실 세계'는 실제로 조금도 변한 것이 없기 때문이다. 그러므로 장자의 비판적 목소리는 모든 독단적 이념비판의 날카로운 예지가 번득임에도 불구하고, 철저한 '자기 진실성'이 타인들과 연대 속에서 다시 사회 속으로 환원되는 실천적, 현실적인 힘으로 나타나기보다는, 오히려 명상적 관념적인 비판에 머무르고 만다. 그러하기에 장자 철학은 자기 삶에 철저한 '자기 진실성'이 없는 것으로 보인다면 그것은 결국 또 하나의 '자기도취적'인 관념적 해방과 자유로 귀결될 수밖에 없다.

그러나 이런 그의 관념적 자유와 해방은 결국 속세의 이해관계를 홀연히 떠나서 그것들에 조금도 흔들리지 않는 몇몇 천재들의 강한 '자기 진실성'의 추구에서만 의미를 갖게 된다. 말하자면, 위대한 장인匠人들이나 예술가들을 통하여 간혹 미적인 예술세계에서 얻어질 수 있는 이상화되고 신비화된 '자유와 해방'의 길일 것이다. 따라서 장자의 세계는 영원한 유토피아의 세계인지도 모른다. 하지만, 자기 삶의 진정성 추구를 포기한 채 가상세계가 이끄는 '기계 놀이'의 세계에 매몰되어서 개성적 생명성을 잃고 현대와 미래를 살아가야 하는 '기계(도구)-종속적 인간들'에게 장자의 환상적인 유토피아 얘기가 주는 의미는 결단코 적지 않을 것이다.

장자와 『장자』 텍스트

장자莊子(약 전369－전286)의 이름은 주周이며, 전국시대 송宋나라 몽蒙지방 사람이다. 『사기史記』에 의하면, 장자는 맹자와 친숙했던 양梁, 즉 위魏의 혜왕惠王(전318－전296 통치)이나 제齊의 선왕宣王(전319－전301 통치)과 동시대의 인물이다. 또한 장자는 일찍이 십만여 자字나 되는 긴 글을 남겼다고 한다. 『한서漢書 · 예문지藝文志』에는 『장자』가 원래 52편이라고 적혀 있으나, 현존하는 『장자』는 33편(내편7편, 외편15편, 잡편11편)일 뿐이다. 『노자』가 요점적인 '철학시'의 형식을 빌리고 있는 반면에, 『장자』는 탁월한 문체로 뛰어난 상상력이 동원된 환상적 비유와 풍부한 우언寓言으로 서술되어 있다. 이 때문에 『장자』는 중국 문인들에게 문학적 미학적으로 굉장한 영향을 끼친 '철학적 문학적으로' 뛰어난 작품이라고 평가받고 있다.

『장자』의 독서는 새로운 세계를 열어준다. 단순한 흥미보다는 많은 사색이 요구되지만, 상상력으로 가득 찬 풍부한 비유와 우화는 독서의 재미 또한 가져다줄 것이다.

내편內篇

1. 소요유逍遙遊
2. 제물론齊物論
3. 양생주養生主
4. 인간세人間世
5. 덕충부德充符
6. 대종사大宗師
7. 응제왕應帝王

1. 소요유(逍遙遊)

소요逍遙는 소요消搖와 통하니 한가한 만족함이고, 유遊는 유游와 통하니 '놀음'의 뜻이다. 편명「소요유逍遙遊」는 '한가하게 자득自得하여 노님'을 말한다. 권력, 재욕 등 물욕物欲을 다투기에 사람들이 서로 긴장하고 압박하는 세상 현실을 벗어나서, 장자는 마음이 순연한 천지자연과 정신을 교류하며 노니는 유토피아의 세계를 우리에게 알리고 있다.

▶ 1-1:

북쪽의 깊은 바다에 물고기가 있었는데, 그 물고기의 이름은 곤鯤이라고 하였다. 그 고기의 크기는 [아무도] 그것이 몇 천리千里가 되는지를 몰랐다. [그것이] 변하여 새가 되었다. 그 이름이 붕鵬이다. [아무도] 이 붕새의 등이 몇 천리나 되는지를 몰랐다. [그 새가] 힘을 다해 날아오르면 그 날개는 하늘에 드리운 구름 같았다. 이 새는 바다에 큰 태풍이 일어나야 비로소 남쪽의 깊은 바다로 날아갈 수 있다. 남쪽 바다는 천지天池이다. 『제해齊諧』에는[1] 괴상한 일들이 기록되어 있다. 『제해』에

1) 『齊諧』는 책명이다. 그 책은 제齊나라에서 나왔고, 내용 대부분이 놀랍고 怪異하기에, '제해齊諧'라고 한 것이다. 曹礎基, 2頁, 주1 참조.

는 이렇게 기록되어 있다.

“붕이 남쪽 바다로 움직여서 가면 파도가 3천 리里나 튄다. 회오리 바람을 일으키면서 위로 9만 리나 올라가서 여섯 달을 가서는 멈춘다.”

[그러나 미세한] 아지랑이와 먼지는 생물이 숨을 쉬는 대로 이리 불리고 저리 불린다. 푸릇푸릇한 하늘이 진짜 그런 색깔일까? 아마도 [아득히] 멀고 끝이 없어서 그렇게 [보이는 것은] 아닐까? 거기서 아래를 내려다보면 또한 이와 같을 뿐이리라!

[北冥有魚, 其名爲鯤. 鯤之大, 不知其幾千里也. 化而爲鳥. 其名爲鵬. 鵬之背, 不知其幾千里也. 怒而飛, 其翼若垂天之雲. 是鳥也, 海運則將徙於南冥. 南冥者, 天池也. 齊諧者,[2] 志怪者也. 諧之言日: '鵬之徙於南冥也, 水擊三千里. 摶扶搖而上者九萬里, 去以六月息者也.' 野馬也, 塵埃也, 生物之以息相吹也. 天之蒼蒼, 其正色邪? 其遠而無所至極邪? 其視下也, 亦若是則已矣!]

물의 부피가 두껍지 않으면 큰 배를 띄울 힘이 없다. 술잔의 물을 오목한 곳에 부으면 풀잎이 배가 된다. 잔[杯]을 놓으면 땅에 닿을 뿐이다. 물은 옅고 배가 큰 것이다. 바람의 부피가 크지 않으면 큰 날개를 감내할 힘이 없다. 따라서 9만 리里를 올라가자면 그렇게 큰바람이 밑에 있어야 한다. 그 뒤에 비로소 바람을 타는 것이다. 등에 푸른 하늘을 업고 나면 장애가 될 것이 아무것도 없으니, 그런 뒤에 비로소 남쪽으로 가는 것이다.

[且夫水之積也不厚, 則負大舟也無力. 覆杯水於坳堂之上, 則芥爲之舟.

2) 陸德明(556-627), 『經典釋文』에서는 제해齊諧를 사람 이름으로 해석한다. 王叔岷 16頁, 주1 참조.

置杯焉則膠. 水淺而舟大也. 風之積也不厚, 則其負大翼也無力. 故九萬里則風斯在下矣. 而後乃今培風. 背負靑天, 而莫之夭閼者, 而後乃今將圖南.]

[그러나 조그만] 매미와 콩새가 이것을 비웃으며 말한다.

"우리가 힘을 다해서 날면 느릅나무 가지에 갈 수 있다. 때로는 그곳에 이르지 못하고 땅에 앉을 뿐이로다! 어떻게 9만 리를 올라가서 다시 남쪽으로 날아가려고 할 수 있겠는가!"

[蜩與學鳩笑之曰: "我決起而飛, 搶榆枋. 時則不至, 而控於地而已矣! 奚以之九萬里而南爲!"]

푸른 들판에 놀러 가는 사람은 세끼 밥을 먹고 돌아와도 배가 아직 부른 것이다. 백 리를 가는 사람은 밤을 새워 양식을 절구질해야 하고, 천 리를 가는 사람은 석 달 동안 양식을 모아야 한다. 이 두 작은 벌레들이 또한 무엇을 알겠는가!

[適莽蒼者, 三飡而反, 腹猶果然. 適百里者, 宿舂糧, 適千里者, 三月聚糧. 之二蟲又何知!]

▶ 1-2:

[생활공간이] 작은 자의 지식[小知]은 [생활공간이] 큰 자의 지식[大知]을, 짧게 사는 존재[小年]는 오래 사는 존재[大年]를 이해하지 못한다. 어떻게 그렇다는 것을 알 수 있는가? [하루만 살다가는] 버섯[朝菌]은 [한 달 중의] 그믐과 초하루를 모르고, [여름만 살다가는] 매미는 봄과 가을을 모른다. 이들은 짧게 사는 존재들이다. 초楚의 남쪽에 있는 명령冥靈나무는 500년을 봄으로, 500년을 가을로 삼는다. 상고上古에 있었던 대춘大

椿나무는 8천년을 봄으로, 8천년을 가을로 삼는다. 팽조彭祖는[3] 요즈음 장수한 것으로 특히 유명하여 많은 사람이 그와 같아지고자 하니, 또한 슬프지 아니한가!

[小知不及大知, 小年不及大年. 奚以知其然也? 朝菌不知晦朔, 蟪蛄不知春秋. 此小年也. 楚之南有冥靈者, 以五百歲爲春, 五百歲爲秋. 上古有大椿者, 以八千歲爲春, 八千歲爲秋. 而彭祖乃今以久特聞, 衆人匹之, 不亦悲乎!]

▶ 1-3:

탕湯임금이 극棘에게 물었던 것 또한 이러할 뿐이었다. 풀 [한 포기] 안 나는 북쪽 땅에는 깊은 바다가 있는데, 천지天池라고 한다. 거기에 물고기가 있다. 그 넓이는 수 천리나 되고, 그 길이는 얼마나 되는지 아는 사람이 없다. 그 이름이 곤鯤이다. 거기에는 새가 있는데 그 이름이 붕鵬이다. 등은 태산泰山과 같고 날개는 하늘에 드리운 구름 같다. 회오리바람을 일으키면서 9만 리나 올라가서, 구름을 뚫고 올라가 푸른 하늘을 등에 업는다. 그런 후에 남쪽으로 가고자 하니 또한 남쪽 바다로 가는 것이다. 콩새는 [붕을] 비웃으며 말한다.

"저 새는 [그 먼 곳을] 어떻게 가려는가? 나는 날아올라 봐야 몇 길 오르지 못하고 내려와 쑥 사이를 날아다닌다. 이것 또한 가장 잘 날아다니는 것이다. 그런데 저 새는 도대체 어디로 가려는가?"

이런 것은 큰 자와 작은 자의 차이이다. 그러므로 지능이 한 관직을 맡을 만한 사람, 품행이 한 고을을 교화할만한 사람, 덕이 한 군주의 마음에 합할 수 있는 사람, 능력이 온 나라에서 믿음을 살만한 사람

---

3) 팽조彭祖는 800년을 살았다고 하는 중국 고대의 전설적 인물.

이 자신에 대해 생각하는 것도 이와 같을 것이다.

[湯之問棘也是已. "窮髮之北,[4] 有冥海者, 天池也. 有魚焉, 其廣數千里, 未有知其脩者. 其名爲鯤. 有鳥焉, 其名爲鵬. 背若太山, 翼若垂天之雲. 搏扶搖羊角而上者九萬里,[5] 絕雲氣, 負靑天. 然後圖南, 且適南冥也. 斥鴳笑之曰: "彼且奚適也? 我騰躍而上, 不過數仞而下, 翺翔蓬蒿之間. 此亦飛之至也. 而彼且奚適也?" 此小大之辯也. 故夫知效一官, 行比一鄉,[6] 德合一君, 而徵一國者,[7] 其自視也亦若此矣.]

▶ 1-4:

송영자宋榮子는[8] 이러한 것에 대해 빙그레 웃었다. 온 세상이 칭찬해도 그를 더 열심히 하게 할 수 없었고, 온 세상이 비난해도 그를 의기소침하게 할 수 없었다. 그는 안과 밖의 구분을 확정하고 영욕榮辱의 경계를 뚜렷이 알아서 이 정도 경지에 도달했다. 그는 세상일에 대해 급급해 하지 않았다. 하지만 아직도 [그는] 자유로운 도인은 아니다.

[而宋榮子猶然笑之. 且擧世而譽之而不加勸, 擧世而非之而不加沮. 定乎內外之分,[9] 辯乎榮辱之境斯已矣. 彼其於世未數數然也. 雖然, 猶有未

4) 왕쑤민王叔岷(1914-2008)은 '궁발窮髮'은 終北의 오기라고 주장하고, 終北은 나라 이름이라고 간주한다. 王叔岷 16頁, 주2 참조.

5) 王叔岷에 의하면, 『經典釋文』(陸德明撰), 「羊角, 司馬云: 風曲上行若羊角.」(사마표司馬彪(?-306)는, 羊角은 '바람이 굽어져 위로 올라가는 것이 羊의 뿔과 같다.'라고 말한다.) 단搏(뭉치다)은 마땅히 박搏(잡다)의 뜻이다. 王叔岷, 16頁, 주3 참조.

6) 마치창馬其昶(1855-1930)에 따르면, 본문의 '比'는 '비庇'와 같다. 『說文解字』에서는 '庇'를 '음蔭'으로 풀이한다. '蔭'은 보조하다, 교화하다는 의미이다. 王叔岷 18頁, 주2 참조.

7) 본문의 '而'는 '能'의 의미이다. 王叔岷 18頁, 주3 참조.

8) 宋榮子는 송견宋鈃이다. 王叔岷, 18頁, 주5 참조.

9) 「天下」편에 따르면, 송견宋鈃(전4세기)은 전쟁 반대를 바깥으로 삼고, 욕망이 적음을

樹也.[10]]

열자列子는 바람을 몰고 다니는데, 가뿐하게 잘 다닌다. [한번 바람을 타면] 15일이나 되어서야 돌아온다. 그는 순풍을 오게 하는 데 급급하지 않았다. 이런 경지라도 다리로 걸어 다니는 것을 면한 정도이지 여전히 무언가에 의지하고 있다. 만물의 본성을 타고 여섯 가지 기운의 변화를 몰고 다니고 무궁한 곳[우주]에서 노니는 사람이라면 어디에 의지할 필요가 있겠는가!

[夫列子御風而行, 冷然善也. 旬有五日而後反. 彼於致福[11]者, 未數數然也. 此雖免乎行, 猶有所待者也. 若夫乘天地之正[12], 而御六氣之辯[13], 以遊无窮者, 彼且惡乎待哉!]

그러므로 다음과 같이 말한다.

"지인至人은 자기 자신에 얽매임이 없고, 신인神人은 일의 결과에 매이지 않고, 성인聖人은 이름에 매이지 않는다."

안으로 삼았다고 한다.(以禁攻寢兵爲外, 以情欲寡淺爲內. 「天下」)

10) 王叔岷의 견해에 따르면, 자기 입장이 뚜렷해, 자기 자신에서 벗어날 수 없기 때문이다. 王叔岷 19頁, 주9 참조.

11) 본문의 '福'은 '備'이다. 짱타이옌章太炎(章炳麟, 1869-1936)은 다음과 같이 말하고 있다 "『說文解字』에서는 '福, 備也'라고 되어 있고, 『祭統』에서는 '福者, 備也. 備者, 百順之名也. 無所不順之謂備.'라고 되어 있다. 여기에 나온 '福'은 따르지 않는 바가 없다는 뜻이다. 바람을 모는 자는 순풍을 얻어야만 갈 수 있다." 王叔岷 20頁, 주11 참조.

12) 곽상郭象(252-312)에 따르면 '天地之正'은 '萬物之性'의 의미이다. 郭慶藩 20頁, 주13 참조.

13) 육덕명陸德明(556-627)의 『經典釋文』에 따르면, 원문의 '辯'은 '變'으로 해석해야 한다. 王叔岷 21頁, 주13 참조.

[故日: 至人无己, 神人无功, 聖人无名.]

▶ 1–5:

요堯가 허유許由에게 천하를 양보하려고 다음과 같이 말했다.

"해와 달이 [이미] 나왔는데 횃불이 꺼지지 않는다면, [그것이 사물들을] 비추기에 또한 곤란하지 않겠습니까? 때에 맞게 비가 내리는데 아직도 빗물을 끌어오고 있으면 그것은 [땅을] 윤택하게 하는데 또한 헛수고가 아닙니까? 선생님께서 임금이 되신다면 온 세상이 평화로울 것입니다. 그런데 아직도 제가 세상을 다스리고 있습니다. 저는 스스로 제가 부족하다고 봅니다. 천하를 바치고자 합니다."

[堯讓天下於許由日: "日月出矣, 而爝不息, 其於光也, 不亦難乎? 時雨降矣, 而猶浸灌, 其於澤也, 不亦勞乎? 夫子立而天下治. 而我猶尸之. 吾自視缺然. 請致天下."]

허유가 말했다.

"당신이 천하를 다스려 천하는 이미 안정되었습니다. 그런데 제가 당신을 대신한다면, 저는 [천자라는] 명분을 좇아야 하겠습니까? [실재란 명분의 주인이요] 명분은 실재의 손님입니다. 제가 앞으로 손님 노릇을 해야 하겠습니까? 콩새는 깊은 숲에 둥지를 틀지만 나무의 가지 하나면 충분하고, 두더지가 황하의 물을 마시지만 제 배를 채우는 데 지나지 않습니다. 그대는 돌아가 쉬십시오. 저에게는 천하를 다스리는 일은 아무 소용없습니다. 요리사가 요리를 잘못한다고 시尸나 축祝이 술단지와 고기 담는 그릇을 넘어가서 그를 대신할 수는 없는 법입니다."

[許由日: "子治天下, 天下旣已治也. 而我猶代子, 吾將爲名乎? 名者, 實之賓也.[14] 吾將爲賓乎? 鷦鷯巢於深林,[15] 不過一枝, 偃鼠飮河, 不過

滿腹. 歸休乎君, 予无所用天下爲[16]! 庖人雖不治庖, 尸祝不越樽俎而代之矣."[17]]

▶ 1-6:

견오肩五가 연숙連叔에게 물었다.

"제가 접여接輿에게서 이야기를 들었습니다. [그 이야기는] 너무 커서 실재에 합당하는 바가 없었고, [이야기가] 무한히 펼쳐져 되돌아올 줄을 몰랐습니다. 마치 끝이 없는 은하수를 볼 때처럼 저는 그의 이야기가 놀랍고 두려웠습니다. 일반 [상식과는] 너무나도 차이가 나서 사람들의 마음에 가까울 수 없었습니다."

[肩吾問於連叔曰:[18] "吾聞言於接輿.[19] 大而無當, 往而不返. 吾驚怖其言, 猶河漢而無極也. 大有逕庭, 不近人情焉."]

연숙이 말했다. "그가 무엇을 말했습니까?"

[連叔曰: 其言謂何哉?"]

---

14) 儒家사상에서 명분[名]은 사회적 직무와 직무에 따르는 행위를 규정한다. 道家는 이것에 반대하고, 사회관계 이전의 자연스러운 상태에 주목한다. 역자주해.

15) 원문의 '초료鷦鷯'는 깊은 숲에 사는 아주 작은 새를 의미한다. 王叔岷, 23頁, 주2 참조.

16) (금세의) 페이쉐하이裵學海의 『古書虛字集釋』에 따르면 '爲'는 '焉'과 같다. 王叔岷, 23頁, 주4 참조.

17) 시尸는 신주神主 역할을 맡은 사람이고; 축祝은 제사 드리고 복을 비는 사람이다. 趙礎基, 9頁, 주17 참조.

18) 육덕명陸德明(536-627)의 『經典釋文』에 따르면, 견오肩吾는 神 혹은 현인이고; 연숙連叔은 도道를 체득한 道人이다. 王叔岷, 24頁, 주1 참조.

19) 접여接輿는 楚나라 사람이다. 『論語』, 「微子」편에 '楚狂接輿'라는 말이 나온다. 王叔岷, 上同, 주1 참조.

(견오가) 말했다. “저 멀리 있는 고야산姑射山에는 신인神人들이 산다고 합니다. (그 사람들은) 피부가 얼음이나 눈처럼 희고, 처녀처럼 부드럽다고 합니다. 오곡을 먹지 않고 바람을 들이마시고 이슬을 마신다고 합니다. 구름을 타고 날아다니는 용을 몰고 다니면서, 사해의 밖에서 노닌다고 합니다. (그 사람이) 정신을 집중하면 만물에 병이 없어지고, 해마다 곡식이 잘 익는다고 합니다. 저는 (이런 접여의 말을) 미친 소리라고 생각하고 믿지 않았습니다.”

[曰: 邈姑射之山, 有神人居焉. 肌膚若氷雪, 綽約若處子. 不食五穀, 吸風飮露. 乘雲氣, 御飛龍, 而遊乎四海之外. 其神凝, 使物不疵癘而年穀熟. 吾以是狂而不信也.”]

연숙이 말했다. “그렇습니다. 장님은 아름다운 무늬를 보는 일에 참여할 수 없고, 농아는 종과 북의 음악을 듣는 일에 참여할 수 없습니다. 어찌 육신에만 귀먹고 눈먼 일이 있겠습니까? 앎에 있어서도 이런 것이 있습니다. 이 말은 바로 당신 같은 사람을 두고 한 말입니다. (신선 같은) 그런 사람들은, 그 사람들의 덕은 만물을 뒤섞어 하나로 여깁니다. 세상 사람들은 (그런 사람들이) 세상을 다스려 주기를 바라지만, 그런 사람들이 어찌 수고롭게 세상 다스리는 일을 자기가 할 일로 삼겠습니까? 이런 사람은 또한 어떤 것도 그런 사람들에게 해를 끼칠 수 없습니다. 큰 홍수가 (일어나) 물이 하늘에 닿아도 그런 사람들은 물에 빠지지 않고, 큰 가뭄이 들어 쇠와 돌이 녹아 흐르고 흙과 산이 다 타도 그런 사람들은 데지 않습니다. 그들은 먼지와 찌꺼기만으로도 요堯나 순舜 같은 사람을 빚어낼 수 있습니다. (그들이 골치 아프게) 세상일을 자기 할 일로 삼겠습니까?”

[連叔曰: 然. 瞽者无以與文章之觀, 聾者无以與乎鐘鼓之聲. 豈唯形骸有

聾、盲哉? 夫知亦有之. 是其言也, 猶時女也. 之人也, 之德也, 將旁礴萬物以爲一. 世蘄乎亂[20], 孰弊弊焉以天下爲事? 之人也, 物莫之傷. 大浸稽天而不溺, 大旱金石流、土山焦而不熱. 是其塵垢粃糠將猶陶鑄堯、舜者也. 孰肯以物爲事?”]

▶ 1-7:

[북방의] 송宋나라 사람이 장보章甫[은殷나라 모자]를 취하고 (팔기 위해) [남방의] 월越나라에 갔다. 월나라 사람들은 머리를 [짧게] 깎고 문신을 하여 [장보를] 쓸 필요가 없었다.

[宋人資章甫而適諸越.[21] 越人斷髮文身, 无所用之.]

▶ 1-8:

요堯임금이 천하의 백성을 다스려 온 세상의 정치를 안정시켰다. [그런 뒤에 그는] 분수汾水의 북쪽에 있는 아득히 먼 고야姑射산에 가서 네 사람을 만나보고는 홀연히 깨달아 천하를 [다스릴 뜻을] 잃어 버렸다.

[堯治天下之民, 平海內之政. 往見四子邈姑射之山,[22] 汾水之陽, 窅然喪其天下焉.]

▶ 1-9:

혜시惠施가 장자莊子에게 말하였다.

---

20) 亂은 治의 의미이다. 王叔岷, 29頁, 주5 참조.

21) 사마표司馬彪(?-306)에 의하면, 資는 取이고; 장보章甫는 殷나라에서 생산하는 모자[冠]이고; 諸는 於이다. 王叔岷, 30頁, 주1 참조.

22) 「天地」편에는 다음과 같은 문장이 있다. “堯之師曰許由, 許由之師曰齧缺, 齧缺之師曰王倪, 王倪之師曰被衣.” 陸德明(556-627)의 『經典釋文』에서는 이에 근거하여 네 사람을 王倪, 齧缺, 被衣, 許由으로 해석한다. 王叔岷, 31頁, 주2 참조.

“위魏나라 임금이 나에게 큰 박의 씨를 주었네. 내가 그것을 심어서 [박이] 열렸는데, 50말[斗]을 채울 정도로 [무지무지하게] 컸네. [그러나] 물을 담으면 그 박의 굳기는 [무게를] 견뎌내지 못했네. 반으로 쪼개어 바가지를 만들면 [사람에 비견해] 엄청나게 커서 아무것도 담아서 쓸 수가 없었네. 휑하니 크지 않은 것은 아니나, 나는 그것이 무용無用하기 때문에 빠개 버렸네.”

[惠子謂莊子曰: “魏王貽我大瓠之種. 我樹之. 成而實五石.23) 以盛水漿, 其堅不能自擧也. 剖之以爲瓢, 則瓠落無所容. 非不呺然大也, 吾爲其無用而掊之.”]

장자가 말하였다.

“자네는 큰 것을 쓰는 데는 참으로 형편없구먼. 송宋나라에 손 터지지 않게 하는 약을 잘 만드는 사람이 있었는데, 대대로 실타래를 빠는 일을 하였네. 길을 가던 선비[過客]가 그 말을 듣고 그 기술을 백금百金에 사고자 하였네. 가족들이 모여 의논하며 말하였다네. ‘우리는 대대로 실타래 빠는 일을 해도 [겨우] 두세 금金 밖에 안 되었다. [그러나] 지금 하루아침에 기술을 팔아 100금을 얻을 수 있으니, 주기로 합시다.’ 지나가던 선비[過客]는 그 비방을 얻고 나서 오吳나라 왕을 설득하였다네. 월越나라에 난리가 나니 오나라 왕은 그를 장군으로 삼아서, 겨울에 월나라 사람들과 물위에서 싸우게 하여 월나라 사람들을 크게 패배시켰다네. [이에] 땅을 떼어내어 그에게 봉토를 수여하였다네. 손이 터지지 않게 하는 일은 같은데, 어떤 이는 그것으로 봉토를 받았고, 어떤 이는 실타래 빠는 일을 면치 못하였으니, 이것은 쓰는 방도가 달랐

23) 10말斗이 1석石이다. 王叔岷, 32頁, 주3 참조.

던 것이네! 지금 자네가 50말들이의 표주박이 있다면 왜 큰 단지로 삼아서 [허리에 차고] 강이나 호수에 두둥실 떠다닐 생각을 않고, 단지 그것이 휑하여 담을 것이 없음만을 걱정하고 있는가? 자네 마음은 참으로 꽉 막혀 있네!"

[莊子曰: "夫子固拙於用大矣. 宋人有善爲不龜手之藥者, 世世以洴澼絖爲事. 客聞之, 請買其方百金. 聚族而謀曰: '我世世爲洴澼絖, 不過數金. 今一朝而鬻技百金, 請與之.' 客得之, 以說吳王. 越有難, 吳王使之將. 冬與越人水戰, 大敗越人. 裂地而封之. 能不龜手, 一也, 或以封, 或不免於洴澼絖, 則所用之異也! 今子有五石之瓠, 何不慮以爲大樽 而浮乎江湖, 而憂其瓠落无所用? 則夫子猶有蓬之心也夫!"[24]]

▶ 1-10:

혜시가 장자에게 말하였다.

"내게는 큰 나무가 있는데, 사람들은 그것을 [냄새가 고약하고 크기만 한] 가죽나무[樗]라고 부르네. 길에 세워두어도 목수는 거들떠보지도 않네. 지금 자네의 말은 크기만 하지 소용이 없어서 사람들이 다 내버리네!"

[惠子謂莊子曰: "吾有大樹, 人謂之樗. 其大本擁腫而不中繩墨, 其小枝卷曲而不中規矩. 立之塗, 匠者不顧. 今子之言, 大而無用, 衆所同去也!"]

장자가 말하였다.

---

24) 이 구절: '蓬之心'은 숙대 풀 같은 것으로 꽉 막힌 마음을 말한다. 이는 '모새茅塞', 즉 '마치 잡초로 뒤엉겨 있는 것처럼 꽉 막히어 있는 어리석은 마음'과 비슷한 뜻이다. 曹礎基 13頁, 주23 참조.

"자네는 살쾡이나 너구리를 보지 못했는가? [그들은] 몸을 낮게 웅크리고 노니는 닭이나 쥐를 노리고 이리 뛰고 저리 뛰며 높고 낮은 데를 가리지 않다가 [급기야] 덫에 걸리거나 그물에 걸려서 죽네. [그런데] 지금 '야크[斄牛]' 는 크기가 하늘에 드리운 구름 같으니, 이 소의 능력은 크지만 쥐는 잡을 수 없네. 지금 자네는 큰 나무를 가지고서 그것의 '무소용' 을 걱정하고만 있는데, 왜 그 나무를 아무것도 없는 광막한 들판에 심고서, 자유로이 아무 일도 하지 않고 그 곁을 왔다 갔다 하면서, 유유히 소요[逍遙遊]하며 그 나무 아래서 자보지 않는가? 도끼에 맞아 요절할 리도 없고 그 나무를 해칠 아무것도 없는 것은 그것이 '무소용' 하기 때문인데, 어찌 그것을 괴로워한단 말인가?"

[莊子曰: "子不獨見狸狌乎? 卑身而伏, 以候敖者. 東西跳梁, 不避高下, 中於機辟, 死於罔罟. 今夫斄牛, 其大若垂天之雲. 此能爲大矣, 而不能執鼠. 今子有大樹, 患其無用, 何不樹之於無何有之鄉, 廣莫之野, 彷徨乎無爲其側, 逍遙乎寢臥其下? 不夭斤斧, 物無害者, 无所可用, 安所困苦哉?"]

2. 제물론(齊物論)

제물론齊物論에는 두 가지 해석이 있다. 하나는 물론物論, 즉 여러 이론을 같이 봄[齊]이라는 해석과, 다른 하나는 제물齊物, 즉 만물을 그것들의 차등이 아니라 궁극적으로는 다 같다는 이론[論]이라는 해석이다. 그러나 왕응린王應麟(1223~1296)에 의하면, 「제물론」에서 제물齊物은, 만물에 대한 논의[物論]란 서로 같다고 보기가 어렵기에, "옳고 그름[是非]이나 칭찬과 비난[毁譽]이 서로 무궁하다고 본다. 그러나 장자莊子는 시비是非가 무궁함을 보고서 그것을 천뢰天籟[자연의 소리]에 붙였으며, 「吹萬不同, 而使其自己也.」(소리가 만 가지로 다르나, [각각] 자기에서 나온 것이다.)라고 했으니, 자신을 지극히 본 것이라고 말한다. 「제물론」의 핵심은, 「天地與我竝生, 萬物與我爲一.」(천지와 내가 함께 살며, 만물과 내가 하나이다.)이다. 이렇게 보면, 장자의 뜻은 제물齊物[만물은 같음]이다. 이것은 「추수秋水」 편에도 똑같이 반영되고 있다. 「萬物一齊, 孰短孰長!」(만물은 같구나, 무엇이 짧은 것이고 무엇이 긴 것인가?)

▶ 2-1:

남곽자기南郭子綦가 책상에 기대어 앉아 하늘을 쳐다보고 숨을 내쉬니, 멍청한 것이 마치 자기 짝을 잃어버린 듯했다.

안성자유顔成子游가 앞에 서서 시중들면서 말하였다.

"어떻게 된 일입니까? 진실로 몸은 마른 나무와 같게, 그리고 마음은 죽은 재처럼 하실 수 있는 것입니까? 지금 책상에 기대신 분은 조금 전에 책상에 기대었던 그분이 아닙니다."

자기子綦가 말하였다.

"언偃아! 네 질문이 좋지 않은가! 지금 내가 나 자신을 잃었으니, 자네가 그것을 아는가? 자네는 사람의 소리[人籟]는 들어보았겠으나 땅의 소리[地籟]는 아직 못 들어보았을 것이네. 자네가 땅의 소리를 들어보았다 해도 자연의 소리[天籟]는 아직 못 들어보았을 것이로다!"

[南郭子綦隱几而坐,[25] 仰天而噓, 嗒焉似喪其耦. 顔成子游立侍乎前,[26] 曰: "何居乎? 形固可使如槁木, 心固可使如死灰乎? 今之隱几者, 非昔之隱几者也." 子綦曰: "偃, 不亦善乎, 而問之也! 今者吾喪我, 汝知之乎? 汝聞人籟, 而未聞地籟. 汝聞地籟, 而未聞天籟夫!"]

자유子游가 말하였다. "무슨 말씀입니까?"

자기子綦가 말하였다. "대지가 기氣를 토해낸 것을 바람이라 한다. 불지 않으면 그만이나, (한 번) 불면 수많은 구멍에서 성난 소리가 나온다. 자네는 홀로 '쉬쉬' 하고 부는 그 긴 바람 소리를 들어보지 못했는가? 높은 산 숲속에 백여 아름이나 되는 거목의 깊은 구멍들, 마치 코, 입, 귀, 물병, 술잔, 절구통, 소沼나 웅덩이 같기도 한 구멍들에서, 마치 급한 물소리, 화살 날아가는 소리, 질책하는 소리, 숨 쉬는 소리,

---

25) 남곽자기南郭子綦는 초楚 장왕莊王(전?-전591)의 이복동생이며 자字는 자기子綦이다. 도성의 남쪽에 살았기에 '남곽南郭'을 호號로 하였다. 郭慶藩 43쪽, 주1 참조.

26) 안성자유顔成子游는 자기子綦의 제자이다. 성은 안顔, 명은 언偃, 자유子游는 자字이다. 王叔岷, 42頁, 주3 참조.

울부짖는 소리, 곡하는 소리, 신음하는 소리, 애처로운 소리가 흘러나온다. 앞에서 (바람이) '우' 하면 (구멍은) '워' 하고 따라 한다. 작은 바람에는 작게 화음하고, 강풍에는 크게 화음 한다. 센 바람이 그치면 모든 구멍도 소리를 죽인다. 자네는 (바람이 멎자) 바르르 떠는 나뭇가지를 보지 못했는가?"

[子游曰: "敢問其方." 子綦曰: "夫大塊噫氣, 其名爲風. 是唯無作, 作則萬竅怒呺. 而獨不聞之翏翏乎? 山林之畏佳, 大木百圍之竅穴, 似鼻, 似口, 似耳, 似枅, 似圈, 似臼, 似洼者, 似汚者. 激者, 謞者, 叱者, 吸者, 叫者, 譹者, 宎者, 咬者. 前者唱于, 隨者唱喁. 冷風則小和, 飄風則大和. 厲風濟, 則衆竅爲虛. 而獨不見之調調､之刁刁乎?"]

자유子游가 말하였다.

"땅의 소리란 여러 구멍일 뿐이며, 사람의 소리란 악기들뿐일 것입니다. '자연 소리'란 무엇입니까?"

자기子綦가 말하였다.

"바람이 불어 [거기서 나온] 천천, 만만의 다른 소리는 [구멍들이] 자기 스스로 그렇게 하여 모두 자신을 취한 소리다. 소리를 낸 것이 [따로] 누구겠는가!"

[子游曰: "地籟則衆竅是已. 人籟則比竹是已. 敢問天籟." 子綦曰: "夫吹萬不同, 而使其自己也. 咸其自取. 怒者其誰邪?"]

▶ 2-2:

크게 안다는 사람[大知의 논변]은 너무나 엉성하고, 작게 주장하는 사람[小知의 논변]은 너무나 쩨쩨하다. 큰소리치는 말[大言]은 열기만 왕성하고, 작은 소리를 내는 말[小言]은 수다만 떤다. 잠잘 때는 정신이 산란하고, 깨어나면 감각기관이 열린다. 그래서 접촉하는 외물과 날마다 마음의 갈등을 일으킨다. [논변을 벌임에는] 느긋한 마음[縵], 깊이 헤아리려는 마음[窖], 숨기려는 마음[密]이 있다. 작게 떨리면 마음이 두근거리나, 크게 떨리면 넋이 나간다. 마음의 발동이 화살을 쏘듯 빠르다고 함은 '옳고 그름[是非]'을 재빨리 살핌을 말한다. 맹세하듯 입을 굳게 다물고 있는 것은 묵수默守로 이기려 함을 말하는 것이다. [헛된 논변으로] 그들의 마음이 가을 겨울에 [만물이 스러지듯] 쇠락해 감은 그들의 몸이 날로 쇠퇴하고 있음을 말하는 것이다. 그들은 하는 일[논변]에 흠뻑 빠져들어 다시는 돌이킬 수 없게 된다. 그들이 밀봉하듯 마음을 억누르고 있는 것은 그들의 몸이 망가진 것을 말한다. [논변으로는] 죽음에 가까워진 마음들이 다시 되살아날 가망이 없는 것이다. 기쁨과 분노, 슬픔과 즐거움, 근심과 탄식, 망설임과 고집, 경박함과 안일, 관대함과 교태[등등의 마음들]이, 마치 음악 소리가 빈 구멍에서 나오는 것만 같이, 땅의 습기에서 버섯이 돋아나는 것만 같이, 낮이건 밤이건 밤낮없이 돌아가며 눈앞에 나타나도, [사람들은] 이것들이 어디서 싹터 나오는지를 전혀 알지 못하는 것이다.

[大知閑閑, 小知閒閒. 大言炎炎, 小言詹詹. 其寐也魂交, 其覺也形開. 與接爲構, 日以心鬪. 縵者、窖者、密者. 小恐惴惴, 大恐縵縵. 其發若機栝, 其司[27]是非之謂也. 其留如詛盟, 其守勝之謂也. 其殺若秋冬, 以言其日消也. 其溺之所爲之, 不可使復之也. 其厭也緘, 以言其老洫也. 近死之心, 莫使復陽也. 喜、怒、哀、樂、慮、嘆、變、慹、姚、佚、啓、態, 樂出虛, 蒸成菌. 日夜相代乎前, 而莫知其所萌.]

27) '司'는 곧 '伺', "살피다"의 뜻이다.

아아, 그만두자, 그만두자꾸나! 조만간 이런 [이치]를 터득하고 나면 이런 [술한 마음의 작란]이 생겨나는 이유를 알게 될 터이로다!

[已乎已乎! 旦暮得此, 其所由以生乎!]

▶ 2-3:

저것[대상]이 없으면 나도 존재할 수 없고, 내가 없으면 그것들을 받아들일 수가 없게 된다. 이렇다면 [나와 대상의 관계는] 역시 가까운 것이다. 그러나 이것들이 [무엇에 의해] 지배받는지를 모르겠다. 마치 진짜 주재자가 있는 듯도 하나, 다만 그 조짐을 알 수 없는 것이다. 작동하니 자신[의 존재]를 믿게끔 하지만, 그 형체를 볼 수 없다. 실상은 있으나 그 모습은 보이지 않는 것이다. [사람의 생명 활동을 예로 들어보자! 사람의 몸에] 백 개의 뼈, 아홉 개의 구멍, 여섯 개의 내장이 다 갖추어져 있다. 나는 그 중 어느 것과 친한가? 너는 그것을 모두 다 좋아하는가? 아니면 그 중 특별히 사랑하는 것이 따로 있는가? 이처럼 [생명의 기관들은] 다 신하나 첩처럼 작용하는 것인가? 다 신하나 첩들이라면 (이들은) 아마도 서로 다스릴 수 없지 않을까? 이들은 번갈아 가면서 서로 임금이 되고 신하가 되는 것일까? 참된 주재자[眞君, 즉 자연의 도道]는 (따로) 존재하지 않을까? 우리가 그 실정을 이해했든 못했든, 그 참됨 [즉, 자연 본성]은 더 보탤 수도 더 덜어낼 수도 없는 것이다. [사람의 생명이] 일단 형체[몸]를 받고 태어나면 그것은 다 사라질[즉, 죽을] 때까지는 없어지지 않는 것이다.

[非彼無我, 非我無所取. 是亦近矣, 而不知其所爲使. 若有眞宰, 而特不得其眹. 可行已信, 而不見其形. 有情而無形. 百骸, 九竅, 六藏, 賅而存焉. 吾誰與爲親? 汝皆說之乎? 其有私焉? 如是皆有爲臣妾乎? 其臣妾不足以相治乎? 其遞相爲君臣乎? 其有眞君存焉? 如求得其情與不得, 無益

損乎其眞. 一受其存形, 不忘以待盡.[28)]

[자연 생명을 받고 한시적으로 태어난 인간들은 그러나 자기 생명 밖의 각종 다른] 존재들[外物, 즉 명예, 도덕 이념, 재산, 미모, 장수 등등]과 서로 칼부림하고 서로 (심하게) 부딪치면서, 인생을 말이 달리듯 빨리 달려 그칠 줄 모르게 소진하니, 이 또한 슬프지 아니한가! 평생을 애써 힘쓰지만, 그 [자연 생명의] 공효[즉, 마음의 자유]를 보지 못하는구나! 멍하니 마음은 지쳐 있으면서도 자기가 되돌아갈 곳을 모르니, 어찌 불쌍하지 않겠는가? 설령 사람들이 '(자네는) 죽지 않는다.' 라고 말한들 그것이 무슨 도움이 되겠는가? 몸이 노화해 가면 마음 또한 그렇게 노화하여 가는 것이니, 참으로 큰 슬픔이 아니라 할 수 있겠는가? 사람의 삶이란 애초부터 이처럼 아둔한 것일까? 나만 홀로 아둔하고 다른 사람들은 역시 아둔하지 않다고 볼 수 있는 것일까?

[與物相刃相靡, 其行盡如馳, 而莫之能止, 不亦悲乎! 終身役役而不見其成功, 苶然疲役而不知其所歸, 可不哀邪! 人謂之不死, 奚益! 其形化, 其心與之然, 可不謂大哀乎? 人之生也, 固若是芒乎? 其我獨芒, 而人亦有不芒者乎?]

▶ 2-4:

각자가 자기의 편견에 따라서 그것을 시비非是의 표준[師表]으로 삼는다면, 누군들 표준이 없겠는가? 어찌 반드시 사물의 변화 발전을 이해하고 마음에 얻은 것이 있는 사람이어야만 할까? 어리석은 사람도 가질 수 있다! 마음에 편견이 없는데 시비가 있다는 것은, 오늘 월

---

28) 이 구절 '不忘以待盡' 에서 '不忘' 을 曹礎基는 『續古逸叢書』(張元濟作)에 의거하여 '不亡' 으로 고쳐 읽었다. 曹礎基 20頁, 주13 참조.

나라로 떠나서 어제 거기에 도착했다는 것과 마찬가지 이치로, 그것은 있을 수 없는 일을 있다고 하는 것이 된다. 없는 것을 있다고 본다면 신명한 우禹 임금이라도 이해할 수 없거늘, 나 혼자 어떻게 할 수 있겠는가? 물론 말[言]이란 바람 소리를 내는 것은 아니다. 말에는 주장하는 것이 있다. (그러나) 말의 [진위가] 판별될 수 없다면 과연 말을 했다고 할 수 있을까? 아니면 안 한 것이나 마찬가지일까? 그래도 새소리와는 다르다고 한다면 거기에 구별이 있는 걸까 없는 걸까? '도道' 는 무엇에 가려져서 진짜와 가짜[眞僞]가 생겨나는 것일까? 말은 무엇에 가려져서 옳고 그름[是非]이 생겨나는 것일까? '도' 가 존재하지 않는 곳이 어디이며, 말[言]이 되지 않는 데가 어디란 말인가? 도는 '작은 성취[小成]' 에서 가려지고, 말은 화려한 꾸밈에서 가려진다. 그러므로 유가儒家와 묵가墨家의 시비是非 논쟁은 상대방이 '그르다[非]' 고 하는 것을 이쪽에서는 '옳다[是]' 고 하고, 상대방이 '옳다[是]' 고 하는 것을 이쪽에서 '그르다[非]' 고 한다. 상대방이 '그르다' 고 하는 것을 '옳다' 고 하고, 상대방이 '옳다' 고 하는 것을 이쪽에서 '그르다' 라고 한다면, 그것은 밝은 지혜[明]로서 하는 것만 못하다.

[夫隨其成心而師之, 誰獨且無師乎? 奚必知代, 而心自取者有之? 愚者與有焉! 未成乎心而有是非, 是今日適越而昔至也. 是以無有爲有. 無有爲有, 雖有神禹, 且不能知, 吾獨且奈何哉? 夫言非吹也. 言者有言. 其所言者, 特未定也. 果有言邪? 其未嘗有言邪? 其以爲異於鷇音, 亦有辯乎? 其無辯乎? 道惡乎隱而有眞僞? 言惡乎隱而有是非? 道惡乎往而不存? 言惡乎存而不可? 道隱於小成,[29] 言隱於榮華. 故有儒墨之是非, 以

29) 제자백가들의 각각 일면적인 입장에서 자기주장을 일방적으로 절대화시켜서 고집하는 모습을 의미한다. 예를 들어 유가의 仁、義、禮、智나 묵가의 兼愛 등등을 가리킨다고 보인다.

是其所非, 而非其所是. 欲是其所非而非其所是, 則莫若以明.]

▶ 2-5:

'그것[彼]' 이 아닌 존재도 없고, '이것[是]' 이 아닌 존재도 없다. 그러나 자기가 타인에게는 [저것]이라는 것을 모르고, 자기는 자기에게만 [이것]이라는 것을 안다. 따라서 '저것' 은 '이것' 에서 나온 것이고, '이것' 은 '저것' 에 말미암은 것이다. '이것' 과 '저것' 은 동시에 생겨남을 말하는 것이다. 그러나 [보는 이의 관점에 따라서] 생명은 동시에 죽음으로, 죽음은 동시에 생명으로, 가능은 동시에 불가능으로, 불가능은 동시에 가능으로 나타난다. [자연의 흐름에 따라서] '옳음' 에 순응하기도 하고 '그름' 에 순응하기도 한다. '그름' 에 순응하기도 하고 '옳음' 에 순응하기도 한다. 따라서 성인聖人은 ['시' 나 '비' 하나만을] 따르지 않고 그것을 자연[천天의 흐름]에 비추어서 또한 그렇게 볼 뿐이다. '이것' 또한 '저것' 이고, '저것' 또한 '이것' 이다. 저것 또한 자기에게 하나의 옳고 그름[是非]이 있고, 이것 또한 자기에게 하나의 옳고 그름이 (있을 수) 있다. 과연 이것과 저것[의 구별]은 있는가? 과연 저것과 이것[의 구별]은 없는가? '저것' 과 '이것' 이 모두 자신과 대립되는 짝을 지니지 않을 때, 이런 상태를 '도' 의 지도리[樞]라고 부른다. 지도리[와 같은] 상태가 되어야 비로소 회전의 중심이 되어 무궁한 변화에 대처할 수 있다. '옳음' 에도 하나의 무궁한 변천[의 세계]가 있고, '그름' 에도 하나의 무한한 변천[의 세계]가 있다. 그러므로 ['옳음'과 '그름' 의 절대적 관점이 아닌] 밝은 지혜를 가지고 대처해야 한다. 지칭[개념]으로 지칭되는 것[사물]이 지칭[개념]이 아님을 설명하기보다는 '지칭[개념]이 아닌 것(즉 실제의 사물)' 으로서 지칭[개념]이 지칭되는 사물이 아님을 설명하는 것이 낫다. 말[보편적 개념]로써 말[馬라는 구체적 사물]이 말[馬라는 보편적 개념]이 아님을 설명하기보다는 말[馬라는 보편적 개념]이 아닌 것[즉, 실제의 말]으로써 말[보편적 개념]이 말[구체적 사물] 아님을 설명하는 것이 낫다. [보편적 개념으로서의] 천지天地는 하나의 지칭[개념]이요, [실재하는] 만물들은 한 마리 말馬[실제 물건]이다.

[物無非彼, 物無非是. 自彼則不見, 自知則知之. 故曰: 彼出於是, 是亦因彼. 彼是方生[30]之說也. 雖然, 方生方死, 方死方生, 方可方不可, 方不可方可. 因是因非, 因非因是. 是以聖人不由, 而照之於天, 亦因是[31]也. 是亦彼也, 彼亦是也. 彼亦一是非, 此亦一是非. 果且有彼是乎哉? 果且無彼是乎哉? 彼是莫得其偶, 謂之道樞. 樞始得其環中, 以應無窮. 是亦一無窮, 非亦一無窮也. 故曰莫若以明. 以指喻指之非指, 不若以非指喻指之非指也. 以馬喻馬之非馬, 不若以非馬喻馬之非馬也. 天地一指也, 萬物一馬也.[32]]

---

30) 첸무錢穆(1895-1990)의 『莊子纂箋』에 따르면, 方生이란 동시에 함께 생겨남을 뜻한다. 王叔岷 59頁, 주3 참조.

31) 왕쑤민王叔岷(1914-2008)에 따르면, 이 부분의 '因是'는 바로 앞의 '不由而照之於天'을 이어받아 "이렇게 할 따름이다"라고 강조하는 말로서 앞의 "옳음에 순응한다[因是]"와는 다른 뜻이다. 王叔岷 60頁, 주8 참조.

32) 指와 物은 선진시대 名實論爭의 핵심개념이다. 名辨派에 속해 있던 公孫龍(전320-전250)은 "指非指"와 "白馬非馬" 논제를 제출하였다. 그는 객관사물이 개념으로부터 전화되어 왔다는 생각을 가지고 있었으므로, 개념과 사물의 대립을 부각시킬 때도 개념으로부터 출발하여 사물이 개념과 다름을 증명하려고 하였다. 그러나 莊子는 이에 대해 사물로부터 출발하는 방법이 더 좋음을 말하였다. 그러나 그 의도는 후자의 논증방법이 더 편리하다는 점을 강조하려는 것이 아니라 결국은, 개념을 중시하든 실제를 중시하든, 이 두 가지 태도는 모두 한계를 가지고 있으므로 이러한 논쟁은 불필요하다는 점을 알리려는 데 있다. 그래서 아래의 단락에서 '兩行'이니 '莫得其偶'니 하는 말을 한 것이다. 그러므로 관점에 따라 세상[世]은 하나의 개념으로 볼 수도 있고, 만물은 한 마리의 말로 볼 수도 있는 것이다. 曹礎基 24頁, 주1 참조.

▶ 2-6:

받아들일 만하다는 점에서 보면 받아들일 수 있는 것이 되고, 받아들일 수 없다는 점에서 보면 받아들일 수 없는 것이 된다. 길[道]은 [사람이] 다니는 데로 형성되고, 사물은 기술하는 대로 그러그러한 속성을 [지니게] 된다. 어떤 점에서 그렇게 되는가? 그렇다고 여기는 점에서 그렇게 된다. 어떤 점에서 그렇지 않은가? 그렇다고 여기지 않는 점에서 그렇지 않게 된다. 사물은 진실로 그렇다고 여길 바를 가지고 있고, 용납할 만한 점도 지니고 있다. 아무것도 그렇다고 여기지 않은 사물은 없고, 용납할 만하다는 점을 지니지 않은 사물도 없다. 그러므로 풀줄기와 기둥, 못난이와 서시西施를 비교해본다면 [상식적인 입장에서는] 기괴하고 현격한 [대조를 보이는 것으로 인식될지 몰라도] 도道[의 입장에서]는 [그것을] 관통하여 [차별 없이] 한결같은 것으로 본다.

[可乎可, 不可乎不可. 道行之而成, 物謂之而然. 惡乎然? 然於然. 惡乎不然? 不然於不然. 物固有所然, 物固有所可. 無物不然, 無物不可. 故擧莛與楹, 厲與西施, 恢恑憰怪, 道通爲一.]

나누어짐은 곧 형성됨이요, 형성됨은 곧 훼손됨이다. [그러나] 모든 사물엔 [원래] 형성이니 훼손이니 하는 것[구분]이 없으며, [이렇게 본다면] 다시 관통하여 한결같은 것으로 [인식하게] 될 것이다. 오직 도道에 통달한 사람만이 [모든 것이] 하나로 관통됨을 알아 특정한 부분을 내세워 쓰지 않고 [자연스러운] 보통의 상태[庸]에 머문다. 용庸은 쓰임[用]으로 통한다. 쓰임이란 [도에] 통하는 것이다. 통함이란 도를 얻는 것이다. 적절히 얻으면 도에 가깝다. 그럴 뿐이다. 이렇게 하면서도 [실제로는] 자신이 그렇게 하고 있음을 의식하지 못하는 상태를 도道[의 상태]라고 한다.

[其分也, 成也. 其成也, 毁也. 凡物無成與毁, 復通爲一. 唯達者知通爲一, 爲是不用而寓諸庸. 庸也者, 用也. 用也者, 通也. 通也者, 得也. 適得而幾矣. 因是已[33]. 已而不知其然, 謂之道.]

정신을 혹사酷使하여 한 가지 [치우친 견해를] 내세우면서도 실은 [모두가] 다른 것이 없음을 알지 못하는 것을 '아침에 세 개' 라고 부른다. 어째서 이렇게 말하게 되었는가? 원숭이 사육자가 상수리를 나누어 주면서 말하였다. "아침에 세 개, 저녁에 네 개 주겠다." 그러자 여러 원숭이가 모두 화를 냈다. "그러면 아침에 네 개, 저녁에 세 개 주마." 그러자 여러 원숭이가 기뻐하였다. 이름과 실제가 그대로인데도 기쁨과 노여움이 번갈아 나타나니, 역시 이럴 뿐이다. 그러므로 성인聖人은 모든 시비를 해소하고 자연의 균형 상태에서 쉬니, 이를 일러 상대주의적 태도를 견지하는 것[兩行]이라 한다.

[勞神明爲一, 而不知其同也, 謂之朝三. 何謂朝三? 狙公賦芧, 曰: "朝三而暮四." 衆狙皆怒. 曰: "然則朝四而暮三." 衆狙皆悅. 名實未虧, 而喜怒爲用, 亦因是也. 是以聖人和之以是非, 而休乎天鈞, 是之謂兩行.]

▶ 2-7:

옛사람 중에 그 지혜가 지극한 바가 있었다. 어디에서 지극한 것인가? 아직 마음 밖에 '대상 세계[物]' 가 있다고 보지 않은 것이다. 지극하구나! 극진하구나! 더 이상 보탤 수가 없도다. 그 다음 사람은 대상 세계가 있으나 아직 그들의 구분이 없었다고 여겼다. [또] 그 다음 사람은 구분은 있지만 아직 [어느 것이] 옳고 그르다고는 보지 않았다.

---

33) 王叔岷에 따르면, '因是'가 나오는 위아래 구절 모두 '因是也'로 되어 있으므로 '已'자는 '也'자로 고쳐야 한다고 함. 王叔岷 64頁, 주9 참조.

옳고 그름[의 판단]이 드러남에 도道가 어그러지고, 도가 어그러짐에 편애가 이루어진다. [이렇다면] 과연 이루어짐과 어그러짐은 있는 것인가? 아니면 이루어짐과 어그러짐은 없는 것인가? 이루어짐과 어그러짐이 있기에 소씨昭氏는 거문고를 탔고, 이루어짐과 어그러짐이 없기에 소씨昭氏는 거문고를 타지 않았다. 소문昭文이 거문고를 타고 사광師曠이 채를 들고 북을 치며, 혜시惠施 선생이 오동나무 책상에 기대어 [담론을 하는데], 이 세 사람은 스스로가 절정에 도달했다고 알고 있구나! 모두 이룬 바가 후세에까지 기록되었다. 그러나 오직 이들은 자기들이 좋아하는 바로써 다른 사람들과 달랐다. 자기들이 좋아하는 것으로서 다른 사람들에게 [그것을] 이해시키려고 하였다. 분명하게 이해시킬 수 없는 것을 이해시키고자 하였기 때문에 [혜시는] 견백堅白론의 어리석음에서 일생을 마쳤다. 소문昭文의 아들도 제 아버지의 거문고 줄만을 [이어받고] 죽었을 뿐 한평생 이룬 것이 없었다. 이와 같으면 이룬 것이 있다고 할 수 있겠는가? [만일 그렇다면] 비록 우리[같은 보통사람들이]라도 이룬 것이 있는 셈이다. [아니,] 이와 같으면 이루었다고 말할 수 없는가? 그렇다면 남들과 우리 모두 이룬 것이 없다. 그러므로 어지럽게 [잔재주를 뽐내는 것은] 성인이 천하게 여기는 바이다. 이런 것[잔재주]을 쓰지 않고 평상시[의 자연스러운 흐름]에 맡기는 것, 이것을 밝음[지혜]이라고 한다.

[古之人, 其知有所至矣. 惡乎至? 有以爲未始有物者. 至矣! 盡矣! 不可以加矣. 其次以爲有物矣, 而未始有封也. 其次以爲有封焉, 而未始有是非也. 是非之彰也, 道之所以虧也. 道之所以虧, 愛之所以成. 果且有成與虧乎哉? 果且無成與虧乎哉? 有成與虧, 故昭氏之鼓琴也.[34] 無成與

---

34) 『列子』「湯問」 편에 보면, 정鄭나라 사문師文이 사양師襄에게서 거문고를 배웠다는 기사가 있다. 여기서 '師'는 악사임을 나타내는 관직명이고, 昭는 그의 씨氏이다. 王

虧, 故昭氏之不鼓琴也. 昭文之鼓琴也, 師曠之枝策也, 惠子之據梧也, 三子之知幾乎! 皆其盛者也, 故載之末年. 唯其好之也, 以異於彼. 其好之也, 欲以明之彼. 非所明而明之, 故以堅白之昧終.[35] 而其子又以文之綸終, 終身無成. 若是而可謂成乎? 雖我亦可成矣. 若是而不可謂成乎? 物與我無成也. 是故滑疑之耀, 聖人之所圖[36]也. 爲是不用而寓諸庸, 此之謂以明.]

▶ 2-8:

이제 가령 여기에 몇 가지 주장[言]들이 있다고 치자. 이 주장은 [다른] 그것과 같은 범주에 속하는가? 다른 범주에 속하는가? 모르겠다. 같고 다름은 [또한] 서로 하나의 범주를 이루므로, 이 주장은 [결국] 저 주장과 차이가 없을 것이다.

[今且有言於此, 不知其與是類乎? 其與是不類乎? 類與不類, 相與爲類, 則與彼無以異矣.]

비록 그렇지만 한번 시험 삼아 말을 해보자! '시작' [始]이 있으면, '이 시작이 있기 전의 존재' [未始有始者]가 있고, 또 '그 시작이 있기 전의 존재보다도 앞서는 시간의 존재' [未始有夫未始有始者]가 있다. '존재有' 가 있으면, 이 [존재가 있기 전 시각의 존재, 즉] '무無' 존재가 있다. 또 이 '무無' 존재 앞에는 이 '무無가 존재하지 않았던 시각의 존재' [未始有

叔岷 67頁, 주8 참조.

35) 흔히 堅白論은 공손룡公孫龍이 제기한 사상으로 알고 있으나, 「德充符」 편에서도 莊子는 惠施(전370-전310)가 "견백론을 주장했다[以堅白鳴]" 라고 말하고 있다. 견백론은 白馬非馬론과 마찬가지로 전국戰國시대의 많은 학자가 참여한 논쟁으로, 반드시 公孫龍에만 국한시킬 필요는 없다. 王叔岷 68頁, 주13 참조.

36) '圖'는 '鄙'다. 王叔岷, 70頁, 주16 참조.

無也者]가 있고, 이 '무無가 존재하지 않았던 시각의 존재 자체도 아예 존재하지 않았던 시각의 존재' [未始有夫未始有無也者]가 있다고 하겠다. [이렇듯이] 돌연 '존재有'와 '무無' 존재가 있다고 하겠다. 이런 '존재有'나 '무無'의 존재는 과연 어느 것이 '존재有'인지, 어느 것이 '무無' 존재인지 모르겠다. 지금 나는 이것을 말로 표현하였다. 그러나 내가 말한 그것이 과연 '존재'에 속하는 말인지, '무' 존재에 속하는 말인지를 모르겠다. [이렇게 추론해 가다 보면] "세상에는 터럭 끝보다 더 큰 것이 없고, 태산泰山은 작다.", "어려서 죽은 아이보다 더 오래 산 존재는 없고, 팽조彭祖는 단명한 셈이다." 등의 말을 할 수 있다. 천지자연은 '나'와 함께 [변화해] 가는 것이며 모든 존재[萬物]는 [이런 엄청난 천지자연의 대변화 속에서] '나'와 더불어 하나이다. 일단 이미 '하나'가 되었다면, 언어는 또한 무엇인가? 이미 '하나'를 언어로 표현했다면 어떻게 언어가 없어질 수 있는가? '하나'와 '언어'가 둘이 되고, 둘과 하나가 셋이 되었다. 이런 식으로 추론해 가면 신묘한 역산가曆算家도 계산할 수 없거늘, 하물며 평범한 사람은 말할 필요도 없다. 따라서 '무[無]' 존재에서 '존재[有]'로 추론해 가면서 '셋'에 이르렀으니, '존재[有]'에서 '존재[有]'로 추론해 간다면 그 또한 얼마이겠는가! 더 많이 추론하지 말자! 모든 존재를 이것[천지자연의 무궁한 변화]에 맡길 뿐이로다.

[雖然, 請嘗言之! 有 '始' 也者, 有 '未始有始' 也者, 有 '未始有夫未始有始' 也者. 有有也者, 有無也者. 有 '未始有無' 也者, 有 '未始有夫未始有無' 也者. 俄而 '有' '無' 矣, 而未知 '有' '無' 之果孰有孰無也. 今我則已有謂矣, 而未知吾所謂之其果有謂乎? 其果無謂乎? 天下莫大於秋毫之末, 而大山爲小. 莫壽乎殤子, 而彭祖爲夭. 天地與我竝生, 而萬物如我爲一. 旣已爲一矣, 且得有言乎? 旣已謂之一矣, 且得無言乎? 一與言爲二. 二與一爲三. 自此以往, 巧歷不能得, 而況其凡乎. 故

自無適有, 以至於三, 而況自有適有乎! 無適焉! 因是已.]

▶ 2-9:

도道는 원래 경계가 없고, 말에는 항상[된 진리]가 없다. 옳음을 고집하기에 구분이 생기는 것이다. 그 구분에 대해 말해 보자. "왼쪽과 오른쪽, 토론[論]과 논의[議], 분별과 변론, 마음으로 미워함과 힘으로 맞섬이 있다. 이것들을 여덟 가지 덕이라 한다." 우주 바깥에 대해 성인은 놓아두고 토론하지 않으며, 이 세상에 대해 성인은 토론은 하되 이러쿵저러쿵 따지진 않는다. 『춘추春秋』의 경세 고사나 선왕의 기록에 대해 성인은 따지긴 하되 [시비를 세워] 변론하진 않는다. 그러므로 분별하는 중에도 분별되지 않는 바가 있고, 변론하는 중에도 변론되지 않는 바가 있다. "무슨 뜻인가?" "성인은 모든 것을 품어주지만 뭇 사람들은 변론하며 [대립하여] 서로[의 의견]을 과시한다. 그래서 변론하는 가운데서도 보지 못하는 점이 있다고 하는 것이다." 위대한 도道는 일컬을 수가 없고, 위대한 변론은 말로 할 수 없으며, 위대한 인仁은 특별히 친한 바가 없다. 위대한 청렴은 겸양하지 않고, 위대한 용기는 아무도 해치지 않는다. 도道는 밝게 드러나면 도道가 되지 못하고, 말은 변론하면 [진상에] 미치지 못하게 되며, 인仁은 [그 수혜대상을] 고정하면 두루 베풀 수 없게 된다. 청렴이 너무 지나치면 믿음을 얻지 못하게 되고, 용기도 [남을 마구] 해치면 이루어지지 않는다. 이 다섯 가지를 잊지 않으면 거의 도道를 향하게 된다. 그러므로 자신이 알지 못하는 바에서 멈출 줄 아는 것이 지극하도다! 누가 말 없는 변론을 알 것이며, 도道 아닌 도道를 알 것이냐? 만약 그것을 아는 자가 있다면 그를 자연의 보고라고 할 것이다. 아무리 부어도 가득 차지 않고, 아무리 퍼내도 고갈되지 않으며, 그 유래한 바를 알 수 없으니 이를 일컬어 빛을 머금고 있다고 하는 것이다.

[夫道未始有封, 言未始有常. 爲是而有畛也. 請言其畛: "有左、有右、有倫、有義、[37] 有分、有辯、有競、有爭, 此之謂八德." 六合之外, 聖人存而不論. 六合之內, 聖人論而不議. 『春秋』經世, 先王之志, 聖人議而不辯. 故分也者, 有不分也, 辯也者, 有不辯也. 曰: "何也?" "聖人懷之, 衆人辯之以相示也. 故曰辯也者, 有不見也." 夫大道不稱, 大辯不言, 大仁不仁, 大廉不嗛, 大勇不忮. 道昭而不道, 言辯而不及, 仁常而不成、[38] 廉淸而不信, 勇忮而不成. 五者园而幾向方矣. 故知止其所不知, 至矣! 孰知不言之辯, 不道之道? 若有能知, 此之謂天府. 注焉而不滿, 酌焉而不竭, 而不知其所由來, 此之謂葆光.]

▶ 2-10:

그러므로 옛날에 요堯임금이 순舜에게 물었다. "나는 종宗, 회膾, 서오胥敖를 토벌하고 싶네. 임금으로 있어도 석연치가 않아. 왜 그럴까?"

[故昔者堯問於舜曰: "我欲伐宗、膾、胥敖, [39] 南面而不釋然. 其故何也?"]

순이 말했다. "저 세 나라는 아직도 쑥이 무성한 미개지에 있습니다. 당신께서 석연치 않으시다니, 왜 그럴까요? 옛날에 태양 10개가

---

37) 『莊子』 최선崔譔(3세기)本에는, 「有倫、有義」가 「有論、有議.」로 되어 있다. 郭慶藩도 崔本을 따르고 있다. 王叔岷도 이것을 따르고 있다. 王叔岷, 74頁, 주5 참조.

38) 곽상郭象(252-312)本에는 成자가 아니고, 周이다. 不成은 不周의 오기이다. 王叔岷, 76頁, 주22 참조.

39) 세 나라 이름. 「人間世」 편에는 총叢, 지枝, 서오胥敖라고 되어 있다. 주이동朱亦棟(18세기)은 '胥敖'를 반절식 발음으로 보아 묘苗, 즉 삼묘三苗를 가리킨다고 보기도 한다. 王叔岷 78頁, 주2 참조.

한꺼번에 나와 만물을 모두 비추었는데, 하물며 덕이 태양보다도 뛰어나신 분[도道를 얻어 모두를 포용하는 임금]께서야!"

[舜曰: "夫三子者, 猶存乎蓬艾之間, 若不釋然,[40] 何哉? 昔者十日竝出, 萬物皆照, 而況德之進乎日者乎!"[41]]

▶ 2-11:

설결齧缺이 왕예王倪에게 물었다. "선생님은 사물들이 함께 옳다고 하는 것을 아십니까?"

[왕예가] 말했다. "내가 어떻게 알겠는가!"

[설결이 물었다.] "선생님은 자신이 무엇을 모르고 있는지 아십니까?"

[왕예가] 말했다. "내가 어떻게 알겠는가!"

[설결이 물었다.] "그러면, [우리는] 존재들에 대하여 [객관적으로] 알 수 없는 것입니까?"

[齧缺問乎王倪曰: "子知物之所同是乎?"[42]. 曰: "吾惡乎知之!" "子知子之所不知邪?" [曰:] "吾惡乎知之!" "然則物无知邪?"]

[왕예가] 말했다. "내가 어떻게 알겠는가! 그렇지만 시험 삼아 말을 해보세. 내가 알고 있다고 하는 것이 [실은] 모르고 있는 것임을 어

---

40) 若은 너(你)의 뜻이다. 曹礎基, 34頁, 주6 참조.

41) 이 단락은 덕화德化를 중시하고 토벌討伐을 경시한다는 의미를 담고 있다. 그러나 그 앞 단락은 자기가 알지 못하는 바에 머무를 줄 알아야 함을 논하고 있고, 뒤의 단락은 앎과 모름의 문제를 다루고 있어 문맥이 연결된다. 그러나 이 단락은 앞, 뒤 단락에 끼어 있어서 앞뒤의 논의가 끊어지니, 아마도 다른 편에서 잘못 끼워져 들어온 것으로 보인다. 王叔岷, 79頁, 주5 참조.

42) 子는 '선생'의 뜻이며, 是는 '옳음'이니, '所同是'는 (사람들이) '함께 옳다고 보는 것'의 뜻이다. 曹礎基, 35頁, 주2 참조.

찌 알겠는가? 내가 모르고 있다고 하는 것이 [실은] 알고 있는 것임을 어찌 알겠는가? 또 내가 자네에게 시험 삼아 물어 보겠네: 사람은 습한 데서 자면 허리 병에 걸려 반신불수가 되네. 미꾸라지도 또한 이러한가? 사람은 나무 위에 올라가면 떨어질까 무서워 벌벌 떠네. 원숭이도 또한 이러한가? 이 셋 중에서 어느 것이 올바른 살 곳을 아는가? 사람은 소나 돼지를 먹고, 사슴은 풀을 먹고, 지네는 뱀의 골[蛇腦]을, 솔개와 갈 까마귀는 쥐를 맛있게 먹네. 이 넷 중에서 어느 것이 올바른 맛을 아는가? 편저猵狙 원숭이는 암놈 원숭이와 짝하고, 고라니는 암사슴과 짝하고, 미꾸라지는 물고기와 더불어 노네. 모장毛嬙, 여희麗姬는 사람들이 좋아하지만, 물고기가 보고는 물속 깊이 숨고, 새가 보고는 높이 달아나고, 사슴이 보고는 마구 도망치네. 이 넷 중에 무엇이 진정한 미모를 아는가? 나의 관점에서 보자면, 인의[도덕]의 실마리나 시비是非[판단]의 방도도 마구 얽히고 뒤섞였으니, 내가 어찌 그것을 변별할 수 있겠는가?"

[曰: "吾惡乎知之! 雖然, 嘗試言之. 庸詎知吾所謂知之非不知邪? 庸詎知吾所謂不知之非知邪? 且吾嘗試問乎女: '民濕寢則腰疾偏死, 鰌然乎哉? 木處則惴、慄、恂、懼, 猨猴然乎哉? 三者孰知正處? 民食芻豢, 麋鹿食薦, 蝍且甘帶, 鴟鴉嗜鼠. 四者孰知正味? 猨猵狙以爲雌, 麋與鹿交, 鰌與魚游. 毛嬙、麗姬,43) 人之所美也. 魚見之深入, 鳥見之高飛, 麋鹿見之決驟. 四者孰知天下之正色哉?' 自我觀之, 仁義之端, 是非之徒, 樊然殽亂. 吾惡能知其辯?"]

---

43) 사마표司馬彪(240년대-306)에 따르면 모장毛嬙은 전국시대 월왕越王이 사랑하던 미녀이고, 여희麗姬는 진晉 헌공獻公(?-전651)이 총애하여 夫人의 지위에까지 오른 여자라 한다. 王叔岷 83頁, 주13 참조.

설결이 물었다. "선생님은 이로움과 해로움에 대해서도 모르십니다. 그렇다면 지인至人까지도 진실로 이로움과 해로움을 모른단 말입니까?"

[齧缺曰: "子不知利害, 則至人固不知利害乎?"]

왕예가 말했다. "지인至人은 신묘하도다! 큰 호수[가의 수풀]이 불타도 [그를] 뜨겁게 할 수가 없고, 황하나 한수漢水가 얼어도 춥게 할 수가 없으며, 빠른 번개가 산을 부수고 바람이 바다를 뒤흔들어도 그를 놀라게 할 수가 없네. 이런 사람은 구름을 타고 해와 달을 부리며 세상의 바깥에까지 노닌다네. 삶도 죽음도 그를 변화시킬 수가 없는데, 하물며 세세한 이로움과 해로움 따위가 그를 어떻게 하겠는가!"

[王倪曰: "至人神矣! 大澤焚而不能熱, 河漢沍而不能寒, 疾雷破山、風振海而不能驚. 若然者, 乘雲氣, 騎日月, 而遊乎四海之外. 死生无變於己, 而況利害之端乎!"]

▶ 2-12:

구작자瞿鵲子가 장오자長梧子에게 물었다:

"제가 공자 선생님에게서 들은 일이 있습니다. '성인聖人은 세상일에 종사하지도, 이利를 좇지도, 해害를 피하지도, 무엇인가를 즐겨 추구하지도, 도를 해치지도 않는다. [그런 성인은] 말씀을 안 했어도 한 것이며, 했어도 안 한 것이니, 이 티끌 먼지[속세] 밖에서 노닌다.' 라고 합니다. 공자는 [이 말을] 황당한 얘기로 치부하셨으나, 저는 묘도妙道를 실천하는 것으로 봅니다. 선생님께서는 어떻게 생각하십니까?"

[瞿鵲子問乎長梧子曰:[44] "吾聞諸夫子. '聖人不從事於務, 不就利, 不違害, 不喜求, 不緣道[45]. 無謂有謂, 有謂無謂, 而遊乎塵垢之外'. 夫子

以爲孟浪之言, 而我以爲妙道之行也. 吾子以爲奚若?"]

장오자長梧子가 대답하였다.

"이는 황제黃帝가 들었어도 어리둥절했을 것이네. 공자가 어떻게 이해할 수 있겠는가? 자네 또한 [묘도妙道를] 너무나 빨리 찾고 있네. 계란鷄卵을 보고 때를 알리는 수탉을, 총알을 보고 구운 새고기를 찾는 격이네. 나는 자네를 위해 한번 망령된 얘기를 해보겠으니, 자네도 망령된 것으로 들어 두게나. 어찌 [자네는] 해와 달을 옆에 차고 우주를 팔 옆에 끼고서, 이들과 함께 어울리며 혼돈에 머물면서 종놈을 귀인으로 보지 않는가? 사람들은 분주하지만, 성인들은 우둔하여 만년의 도리를 뒤섞어서 혼돈을 이루네. 만사 · 만물은 모두 다 이러하니 이 [우주적 혼돈으로] 서로 감싸나가는 것이네. 삶을 좋아하는 것이 착각이 아님을 내가 어찌 알겠는가? 죽음을 싫어하는 것이 마치 어려서 집을 잃은 아이가 제집으로 돌아갈 줄 모르는 것임을 내 어찌 알겠는가? 여희麗姬는 애艾땅 '경계 지기'의 딸이었네. 진晉나라 [군인들이] 처음 그를 얻었을 때, 그녀는 눈물 콧물로 옷깃을 적셨네. 그녀가 임금의 처소에 이르러 임금과 침대를 함께하며 좋은 음식을 먹고 난 뒤에는 자기가 [처음에] 울었던 것을 후회하였네. 죽고 난 사람이 그가 당초에 [살아서] 살기를 바랐던 것을 후회하지 않는다는 것을 내가 어찌 알겠는

---

44) 유월兪樾(1821-1907)에 따르면, 구작자瞿鵲子는 공자의 제자라고 하며, 이이李頤(?-1602)에 의하면 장오자長梧子는 높은 오동나무 아래에 머물렀기 때문에 이름을 長梧라 했다 한다. 그러나 王叔民은 莊子가 까치가 오동나무에 깃든 것을 보고 가탁한 가상의 인물들일 것이라 추측한다. 王叔岷 85頁, 주1 참조.

45) 이 구절 '不緣道'의 '緣'의 의미를 曹礎基는 '폐廢'(폐기하다), 즉 '손損'(버리다)의 뜻으로 보고 있다. '緣道'는 곧 '害道'(도를 해친다)의 뜻이라는 것이다. 曹礎基, 36-37頁 주7 참조.

가! [간밤] 꿈에 술 마신 사람이 낮에는 곡을 하며 우네. [간밤] 꿈에 곡을 하며 운 사람이 낮에 [아주 쾌활하게] 사냥놀이를 하네. 막 꿈을 꾸고 있을 때는 꿈을 꾸고 있는 줄을 모르네. 꿈속에서도 또 꿈꾸는가 하고 점 쳐볼 수도 있네. 깨어난 뒤에야 그것이 꿈이었음을 아는 것이네. 또한, 크게 깨달은 다음에야 이것이 긴 꿈이었음을 알게 되네.

[長梧子曰: "是黃帝之所聽熒也,[46] 而丘也何足以知之! 且女亦大早計, 見卵而求時夜, 見彈而求鴞炙. 予嘗爲女妄言之, 女以妄聽之. 奚旁日月, 挾宇宙, 爲其脗合, 置其滑涽, 以隷相尊? 衆人役役, 聖人愚芚, 參萬歲而一成純[47], 萬物盡然, 而以是相蘊. 予惡乎知說生之非惑邪? 予惡乎知惡死之非弱喪而不知歸者邪? 麗之姬, 艾封人之子也. 晉國之始得之也, 涕泣沾襟. 及其至於王所, 與王同筐牀, 食芻豢, 而後悔其泣也. 予惡乎知夫死者不悔其始之蘄生乎? 夢飮酒者, 旦而哭泣. 夢哭泣者, 旦而田獵. 方其夢也, 不知其夢也. 夢之中又占其夢焉, 覺而後知其夢也. 且有大覺而後知此其大夢也.]

어리석은 이는 스스로 깨어 있다고 생각하여 속으로 그렇게 알고 있는 것이리라! [꿈을 현실로 착각하는 이들 어리석은 이들은, 나는 고귀한] "주인이다!" [너는 천한] "양치기다!" 하니, 정말 딱한 노릇이로세! 공자도 자네[瞿鵲子]도 또한 모두 꿈(얘기)이네. 내가 자네에게 (지금) 꿈[얘기]하는 것도 또한 꿈이네. 이런 얘기를 저들[어리석은 속인]은 '아주 황당하다.' 라고 말하네. (그러나) 만년 뒤에 [크게 깨달은] 대성인이 한번 나타나

46) 황제黃帝는 중국 고대의 전설적인 인물로 오제五帝: 복희伏羲(즉 태호太皞), 신농神農(염제炎帝), 黃帝, 堯와 舜 중의 하나이다.

47) 이 구절 「參萬歲而一成純」에서 萬歲는 '만세의 도리'로, 純은 『老子』의 "愚人之心也, 沌沌兮"의 "돈沌"의 뜻임. 曹礎基 38頁, 주12 참조.

이 뜻을 깨닫고는 [당연한] 일상의 도리로 대할 것이네.

[而愚者自以爲覺, 竊竊然知之. "君乎! 牧乎!" 固哉[48]! 丘也與女, 皆夢也. 予謂汝夢, 亦夢也. 是其言也, 其名爲弔詭. 萬世之後而一遇大聖, 知其解者, 是旦暮遇之也.]

[이제] 나와 그대가 변론한다고 가정해 보세! 내가 그대를 이겼다면, 그대가 나를 이기지 못한 것이니, 과연 내가 옳고 그대가 틀린 것인가? 그대가 나를 이겼다면, 나는 그대를 이기지 못한 것이니, 과연 그대가 옳고 나는 틀린 것인가? 어느 쪽이 옳고 어느 쪽이 틀린 것인가? 다 함께 옳은 것이고 다 함께 틀린 것인가? 나와 그대가 서로 알 수 없다면 다른 사람들도 반드시 모를 수밖에 없네. 그러면 나는 누가 바른 판단을 한다고 보아야 할 것인가? [생각이] 그대와 같은 사람이 바른 판단한다고 보면, 이미 그대와 같으니 어찌 바른 판단을 한다고 할 수 있겠는가? 나와 같은 사람이 바른 판단을 한다고 보면, 이미 나와 같으니 어찌 바른 판단을 한다고 할 수가 있겠는가? 나와도 그대와도 다른 사람이 바른 판단을 한다고 보면, 이미 나와도 그대와도 다르니 어찌 바른 판단을 한다고 할 수 있겠는가? 나와 그대와 같은 사람이 바른 판단을 한다고 본다면, 이미 나와 그대와 같으니 어찌 바른 판단을 한다고 할 수 있겠는가? 그러니 나나 그대나 다른 사람들이나 모두 알 도리가 없는 것이네. 그러니 [또 다른] 그 무엇을 기다려야만 하는가?"

[旣使我與若辯矣, 若勝我, 我不若勝, 若果是也, 我果非也邪? 我勝

---

48) 이 구절: '固哉!' 의 固는 郭象(252-312)의 주석에 따르면, 고루固陋함의 뜻이다. "어리석은 이들은 긴 꿈을 꾸면서 스스로 깨어있는 것으로 여기기 때문에, 마음속으로 좋아하는 것이 임금이요 싫어하는 것이 양치기인 것이다. 한 학파[一家]의 편견을 흔쾌히 믿는 것이니 고루하다고 할 것이다."(夫愚者大夢而自以爲寤, 故竊竊然以所好爲君上而所惡爲牧圉, 欣然信一家之偏見, 可謂固陋矣!), 郭慶藩 105頁, 주6 참조.

若, 若不吾勝, 我果是也? 而果非也邪? 其或是也? 其或非也邪? 其俱是也? 其俱非也邪? 我與若不能相知也, 則人固受黮闇, 吾誰使正之? 使同乎若者正之, 旣與若同矣, 惡能正之? 使同乎我者正之, 旣同乎我矣, 惡能正之? 使異乎我與若者正之, 旣異乎我與若矣, 惡能正之? 使同乎我與若者正之, 旣同乎我與若矣, 惡能正之? 然則我與若與人俱不能相知也, 而待彼也邪?"]

[구작자瞿鵲子가 물었다.] "자연의 분수[天倪]에 따라 [모든 것을] 화합시킨다는 것은 무엇을 말하는 것입니까?"

["何謂和之以天倪[49]?"]

[장오자長梧子가] 말하였다:

"[그것은] '옳지 않은 것[不是]을 '옳다' [是]고, '그렇지 않은 것'[不然]을 '그러한 것[然]으로 보는 것이네. [어느 한 존재의 관점에서] '옳은 것' 이 과연 '옳은 것' 이라면, '옳은 것' 과 '옳지 않은 것' 이란 [모두 그 존재의 관점에 매여 있기에 이들의] 차이점을 (나는) 또한 변별할 수 없네. [어느 한 존재의 관점에서] '그러한 것' 이 과연 '그러한 것' 이라면, '그러한 것' 과 '그렇지 않은 것이란 [모두 그 존재의 관점에 매여 있기에 이들의] 차이점을 (나는) 또한 변별할 수 없네. [철학자들의] '시비 논변[化聲]' 은 서로 대립되지만, [어느 것도 절대적일 수 없으므로] 대립될 수 없네. 자연의 분수[天倪]에 따라 화합하여 [자연변화에] 그대로 내맡기는 것이네. 따라서 주어진 자기 나이[壽命]를 다 하는 것이네. 나이도 잊고 의리[도덕]도 잊고 무한한 경지에서 노니는 것이네. 그러므로 마음을 무한한 경

49) 곽상郭象(252-312)의 주석에 의하면, '천예天倪'는 '자연의 분수'[天倪者, 自然之分也.]이다. 郭慶藩, 109頁, 주1 참조.

지에 두어야 하네."

[曰: "是不是, 然不然. 是若果是也, 則是之異乎不是, 也亦無辯. 然若果然也, 則然之異乎不然, 也亦無辯. 化聲][50]之相待, 若其不相待, 和之以天倪. 因之以曼衍, 所以窮年也. 忘年忘義, 振於無竟, 故寓諸無竟.]

▶ 2-13:

엷은 그림자가 그림자에게 물었다.

"전에 자네는 걷고 있었는데 지금은 멈추어 있고, 전에는 앉아있었는데 지금은 서 있네. 어찌 그리 지조가 없나?"

[罔兩問景曰: "曩子行, 今子止; 曩子坐, 今子起. 何其無特操與?"]

그림자가 말했다:

"내가 의지하고 있는 바가 있어서 그러는 것일까? 내가 기대고 있는 것도 또 의지하는 바가 있어 그러겠지? 내가 의지하고 있는 바는 뱀의 비늘이나 매미 날개 같은 것인가? 어떻게 그렇게 [행동하게] 되는 까닭을 알 수 있을까! 어떻게 그렇게 [행동하지] 않게 되는 까닭을 알 수 있을까!"

[景曰: "吾有待而然者邪? 吾所待又有待而然者邪? 吾待蛇蚹蜩翼邪? 惡識所以然! 惡識所以不然!"]

▶ 2-14:

예전에 장주莊周가 꿈에 나비가 되었었다. 훨훨 날아다니는 정말 나비였다. 스스로 멋진 뜻을 펼쳤도다! 자기가 장주莊周임을 알지 못하

50) 곽상郭象(252-312)의 주석에 의하면, '化聲'은 '是非'의 논변[夫是非之辯爲化聲]으로 풀이하였다. 郭慶藩, 上同, 주3 참조.

였다. 갑자기 꿈에서 깨어나니 놀랍게도 장주였다. 장주의 꿈에서 나비가 되었던 것인지 나비의 꿈에 장주가 되었던 것인지를 알 수가 없도다. 장주와 나비에는 반드시 분별이 있을 것이로다. 이것이 물화物化[즉, 자연사물의 변화]라고 한다.

[昔者莊周夢爲胡蝶, 栩栩然胡蝶也. 自喩適志與! 不知周也. 俄然覺, 則蘧蘧然周也. 不知周之夢爲胡蝶與, 胡蝶之夢爲周與! 周與胡蝶, 則必有分矣. 此之謂物化.]

3. 양생주(養生主)

이 편은 인생관을 논하고 있다. 주主는 주재主宰를 말한다. 양생養生과 처세를 주관하는 원칙이 양생의 주主, 혹은 도道이다. 이것은 바로 "연독이위경緣督以爲經[중도中道를 따름이 상리常理]"이다. 곽상郭象(252-312)은 일찍이 이것을 '중간을 따르는 것을 상도常道로 함'으로 풀이하였다. 작자는 기회를 잘 잡아서 어려움을 피하여 생명을 유지할 것을 말한다. 당시 전국戰國시대 혼란한 세상에서 살아남기 위한 소극적 방편이라 하겠다.

▶ 3-1:

우리들의 삶은 유한하지만 [우리들의] 지식은 무한하다. 유한한 것[삶]으로 무한한 것[지식]을 좇는다면 위태로울 뿐이다. 이런데도 [무한한] 지식을 추구하는 것은 [양생을] 위태롭게 할 뿐이다. [양생을] 잘해도 헛된 명예를 가까이 하지 않고, [양생을] 못한다 해도 몸이 형벌을 받는 데까지 이르지 말 것이며, 중간을 기준으로 삼아라. [그러면] 몸을 보전할 수 있고, 생명을 온전히 할 수 있고, 부모를 봉양할 수 있고, [타고난] 수명을 다 누릴 수 있다.

[吾生也有涯, 而知也无涯. 以有涯隨无涯, 殆已. 已[51]而爲知者, 殆而已

矣. 爲善无近名, 爲惡无近刑, 緣督以爲經.[52] 可以保身, 可以全生, 可以養親, 可以盡年.]

▶ 3-2:

백정인 정[庖丁]이 문혜군文惠君을 위해 소를 잡은 일이 있었다. 손을 놀리고 어깨를 기울이고 발로 딛고 무릎을 구부리는 것[몸놀림]과 '획획 홱홱' 하는 칼 소리가 음률에 맞지 않는 것이 없었다. 상림桑林의[53] 춤[舞]과 같았고, 또 경수經首의[54] 음절에도 맞는 듯싶었다.

[庖丁爲文惠君解牛. 手之所觸, 肩之所倚, 足之所履, 膝之所踦, 砉然嚮然, 奏刀騞然, 莫不中音. 合於桑林之舞, 乃中經首之會.]

문혜군이 말했다.

"아, 훌륭하구나. [그대의] 기술이 어찌하여 이런 경지에까지 이를 수가 있었는가!"

[文惠君曰: "譆, 善哉! 技蓋至此乎!"]

백정인 정은 칼을 놓고 [이렇게] 대답했다. "제가 즐기는 것은 '도道' 입니다. 기술보다 앞서는 것이지요. 일찍이 제가 소를 잡기 시작했을 때는 눈에 보이는 것이란 모두 소뿐이었습니다. [그러나] 3년이 지난 뒤로는 소의 몸 전체를 본 적이 없습니다. 요즘 저는 정신[神]으로만 소

51) 已는 此다. 『爾雅 · 釋詁』에 의거했다. 王叔岷 100頁, 주2 참조.

52) 緣은 順行이고, 督은 中이니, 中道이다. 經은 常이다. '緣督以爲經' 은 中을 따름이 常道라는 것이다. 『莊子譯注』, 53頁 주8 참조.

53) 桑林은 탕湯임금의 음악.

54) 經首는 요堯임금의 음악.

를 보고 눈으로 보지 않습니다. 눈의 작용이 멎으니 정신이 작동하는 것입니다. 천리天理를 따라 커다란 틈새와 빈 곳을 따라가서 그것[소]의 생긴 그것대로 해나가는 것입니다. 그 기술의 미묘함은 아직 한 번도 티끌만큼의 살이나 뼈도 다친 일이 없습니다. 솜씨 좋은 백정이 1년 만에 칼을 바꾸는 것은 살을 베기 때문입니다. 하물며 큰 뼈야 더 말할 나위 있겠습니까! 일반 '소 잡이'는 달마다 칼을 바꿉니다. 마구 절단한 것이지요. [하지만] 제 칼은 19년 동안 수천 마리의 소를 잡았지만 칼날은 방금 숫돌에서 갈아 나온 것 같습니다. 저 뼈마디들에는 틈새가 있으나[有] 칼날은 두께가 없습니다[無]. 두께가 없는 것[無]을 틈[有]에 넣으니 널찍하여 칼날을 움직이는 데 여유가 있습니다. 그러니 19년이 되었어도 방금 숫돌에서 갈아 나온 것 같습니다. 하지만 근육과 뼈가 엉킨 곳에 이를 때마다 저는 그 일의 어려움을 알아채고 두려움을 지닌 채 경계하며, 눈길을 거기에 모으고 천천히 손을 움직여 칼의 움직임을 아주 미묘하게 합니다. [살이 뼈에서] 털컥하고 떨어지는 소리가 마치 흙덩이가 땅에 떨어지는 것 같습니다. 칼을 든 채 일어나서 둘레를 바라보며 잠시 머뭇거리다가 마음이 흐뭇해지면 칼을 잘 챙겨서 넣습니다."

[庖丁釋刀對曰: "臣之所好者道也. 進乎技矣. 始臣之解牛之時, 所見無非牛者. 三年之後, 未嘗見全牛也. 方今之時, 臣以神遇而不以目視. 官知止而神欲行. 依乎大理, 批大郤, 導大窾, 因其固然. 技經肯綮之未嘗. 而況大軱乎! 良庖歲更刀, 割也. 族庖月更刀, 折也. 今臣之刀十九年矣, 所解數千牛矣, 而刀刃若新發於硎. 彼節者有閒, 而刀刃者無厚. 以無厚入有閒, 恢恢乎其於遊刃必有餘地矣. 是以十九年而刀刃若新發於硎. 雖然, 每至於族, 吾見其難爲, 怵然爲戒, 視爲止, 行爲遲, 動刀甚微. 謋然已解, 如土委地. 提刀而立, 爲之四顧, 爲之躊躇滿志. 善刀而藏之."]

문혜군이 말했다. "훌륭하구나! 나는 백정인 정[庖丁]의 말을 듣고 양생養生의 도를 터득했다."

[文惠君曰: "善哉! 吾聞庖丁之言, 得養生焉."]

▶ 3–3:

공문헌公文軒이 우사右師를 보고 놀라서 말했다.

"이 사람이 왜 이런가? 어째서 외다린가? 천성인가? [아니면] 사람이 [그렇게 만든] 것인가?"

[公文軒見右師而驚, 曰: "是何人也? 惡乎介也? 天與? 其人與?"]

[우사가] 말했다.

"원래 그런 것이지 사람이 [그렇게 만든 것이] 아닙니다. [저는] 원래 태어날 때 외다리였고, 다른 사람들의 모습은 두 다리였습니다. 그래서 원래 그런 것이지 사람이 그렇게 만든 것이 아님을 알았습니다."

[曰: "天也, 非人也. 天之生是使獨也, 人之貌有與也. 以是知其天也, 非人也."]

▶ 3–4:

연못[가]에 있는 새끼 꿩은 열 걸음에 한 번 [먹이를] 쪼아 먹고, 백 걸음에 한 번 [물을] 마시면서도, 편안하게 새장 속에서 양육되기를 결단코 바라지 않는다. 신색神色이 왕성하다 해도 [자유가 없다면] 좋은 것이 아니다.

[澤雉十步一啄, 百步一飮, 不蘄畜乎樊中. 神雖王, 不善也.]

▶ 3–5:

노담老聃이 죽자 진일秦佚이 그를 조문하였다. [진일은] 세 번 외치고는 나와 버렸다.

[그의] 제자가 말했다. "선생님의 친구가 아닙니까?"

[진일이] 말했다. "그러하네."

[제자가 말했다.] "그렇다면, 이렇게 조문해도 되겠습니까?"

[老聃死, 秦失弔之,[55] 三號而出. 弟子曰: "非夫子之友邪?" 曰: "然." "然則弔焉若此, 可乎?"]

[진일이] 말했다. "괜찮네. 이전에 나는 (그를) 도道를 깨달은 지인至人이라고 생각했는데 지금은 아니네. 아까 내가 들어가 조문할 때 늙은이가 마치 자기 아들을 [잃은] 듯이 곡하였고, 어떤 젊은이가 곡하고 있었는데 마치 자기 어머니를 [여읜] 듯이 곡하였네. 노담의 제자들이 그토록 애통해 한 것은 [지인이라면] 꼭 목을 메이지 않고자 할 것이나 [저들은] 목을 메였던 것이고, [지인이라면] 꼭 곡하지 않기를 바랄 것이나 [저들은] 곡을 했던 것이네. 이것은 자연에 어그러지고 본마음에 위배가 되는 것으로 저들이 [자연에서] 받은 것을 망각한 것이네. 옛사람은 [저토록 애통해 하는 것을] 자연에 어그러지는 형벌[遁天之刑]이라고 말했네. 때마침 [세상에] 온 것은 노담 선생이 [태어난] 때이고, 때마침 [세상을] 떠난 것은 노담 선생이 자연의 흐름에 따른 것이네. 자연의 흐름에 편안하였고 [자연의 흐름에] 순명順命을 하여 살았으니, [죽고 사는 것에 대해] 슬픔과 기쁨도 끼어들 수 없네. 옛 사람들은 [이런 경지를] 자연스러운 해탈[帝之縣解]이라고 말했네."

---

55) 진실秦失은 진일秦佚로 노자의 친구이다. 『經典釋文』(陸德明撰)에 의거. 王叔岷 112頁, 주1 참조.

[曰: "然. 始也吾以爲其人也,[56] 而今非也. 向吾入而弔焉, 有老者哭之, 如哭其子, 少者哭之, 如哭其母[57]. 彼其所以會之, 必有不蘄言[58]而言, 必有不蘄哭而哭者. 是遁天倍情, 忘其所受. 古者謂之遁天之刑. 適來, 夫子時也, 適去, 夫子順也. 安時而處順, 哀樂不能入也. 古者謂是帝之懸解." [59]]

▶ 3-6:

땔나무에 [붙어] 있는 송진이 다 없어져도, 불은 [땔감에] 옮겨 붙어 꺼질 줄 모른 것이다.

[指窮於爲薪,[60] 火傳也, 不知其盡也.]

---

56) 其는 至다. 송宋 진경원陳景元(1035-1094)의 『莊子闕誤』에 의거함. 王叔岷 112頁, 주5 참조.

57) 王叔岷은 『法琳』「辨正論十喩篇上」에 의거해 母를 父로 보고 있다. 王叔岷 113頁, 주6 참조.

58) 言은 언唁으로 '목이 메임' 의 의미이다. 崔大華 122頁, 주4 참조.

59) 두 가지 설이 있다. ① 縣은 '거꾸로 매달려 있는 것' [불안한 상태]을 의미하며 解는 그런 '거꾸로 매달린 상태에서 벗어나는 죽음' 을 말한다. 『經典釋文』(陸德明撰). ② 縣은 '생사生死라는 생각에 매여 있는 상태' 를, 解는 '생사를 모두 잊고 해방된 상태' 를 의미한다. 『成玄英(608-669)疏』. 王叔岷 113쪽, 주11 참조.

60) 指는 脂지(기름, 비계)이다. '기름' 의 의미이다. 崔大華 125頁쪽. 주1 참조.

4. 인간세(人間世: 사람세상)

인간세人間世란 사람들의 세상을 말한다. 이 편 또한 처세의 철학을 말한다. 곽상郭象(252–312)은 주석에서, "사람들과 더불어 살자면 사람들을 떠날 수 없다. 그러나 인간사회의 일이란 세세世世마다 도리道理가 다르니, 오직 무심無心하게 자신을 써먹지 말아야 변화에 적응할 수 있어서 (불행의) 짐을 지지 않을 수 있도다!"라고 말했다. 혼란한 세상에 처하는 일은, 장자에 의하면, "자기를 비움"[虛己]이고, "대상에 순종함" [順物]이다. 이 편에서는 '심재心齋' 공부를 통해서 내심內心에서 재계齋戒하여 망아忘我의 경지에 이를 것을 말하니, 허기虛己라는 최고의 수양을 통해 비로소 무궁한 변화에 대응하며, 임금을 모실 수도, 난리를 피할 수도 있다고 말한다. 그리고 인간에게 유용有用은 무용無用만 못함을 말한다. 그 때문에 만물은 인간에게 무용해야만 장수할 수 있다.

▶ 4–1:

안회顔回가 중니仲尼를 뵙고, 가겠다고 했다.

[중니가] 말했다. "어디로 가려느냐?"

[안회가] 말했다. "위衛나라로 가려고 합니다."

[중니가] 말했다. "그 곳에서 무엇을 하려느냐?"

[顔回見仲尼,[61] 請行. 曰: “奚之?” 曰: “將之衛.” 曰: “奚爲焉?”]

[안회가] 말했다. “제가 듣기로는, 위나라 임금은 나이는 젊고 행동은 독단적이라고 합니다. 그 나라를 경솔하게 운영하는데도 [아무도] 그의 잘못을 드러내 주지 못합니다. 백성들의 죽음을 가볍게 생각해서 나라의 일로 죽은 사람들이 마麻처럼 [빽빽하게] 늪지에 가득 차 있어도 백성들은 의지할 곳이 없습니다. 저는 일찍이 선생님에게 [다음과 같은] 말씀을 들었습니다. '안정된 나라는 떠나고 어지러운 나라는 들어가라!' 라고 하셨습니다.

의사의 문 앞에는 병자들이 많습니다. [제가 선생님께] 들은 말씀을 생각해서 행동한다면 그 나라[衛]도 아마 치료될 수 있을 것입니다!”

[曰: “回聞衛君, 其年壯, 其行獨. 輕用其國, 而不見其過. 輕用民死, 死者以國量乎澤若蕉, 民其無如矣. 回嘗聞之夫子曰: '治國去之, 亂國就之.' 醫門多疾. 願以所聞思其[所行][62]則, 庶幾其國有瘳乎!”]

중니가 말했다.

“아이고! 자네가 간다면 형벌만 받을 것이네. 도道의 마음은 여러 갈래[雜]면 안 되네. 여러 갈래면 [일이] 많아지고, [일이] 많아지면 심란心亂해지고, 심란해지면 마음에 근심이 생긴다네. 근심이 생기면 [그 마음은] 약으로도 고칠 수 없게 된다네. 옛날의 지인至人은 먼저 자기 자신에게서 [도를] 찾고 나중에 다른 사람에게 그것을 요구했다네. 자기 자

---

61) 『莊子』에 등장하는 孔子는 儒家的 인물이 아니라, 莊子식으로 도道를 터득한 인물이다. 안회顔回의 경우는 이러한 孔子에게 배우는 인물로 설정되어 있다.

62) '思其' 아래에 '所行' 두 자가 빠진 것으로 봐서 '思其所行 則庶幾其國有瘳乎' 로 문장을 풀이한다. 『莊子闕誤』(陳景元撰)에 의거함. 王叔岷 119頁, 주8 참조.

신에게서 찾는 바가 아직 확립되지 않았다면 어느 겨를에 난폭한 (위나라 임금의) 행위에 대응하겠는가! 자네는 또한 덕德이 어디에서 흔들리고, 지식이 왜 생기는지를 아는가? 덕은 이름에 의해 흔들리고, 지식은 다툼에서 나온다네. 이름은 사람들을 서로 해치게 만들고, 지식은 다툼의 무기이네. 두 가지는 흉기凶器이니 다 추구해서는 안 되는 것이네. 또 덕德이 두텁고 (상대방의 자신에 대한) 신뢰가 확실해도 상대방의 기분에까지 통달될 수 없고, 이름과 평판을 다투지 않아도 상대방의 마음에까지는 통달할 수 없네. 그런데도 힘주어서 인의仁義 등의 규범적인 말을 난폭한 [위나라 임금] 앞에서 하는 것은, 상대방의 나쁜 점을 빌미로 나의 좋은 점을 뽐내는 것이네. 이런 사람을 치인菑人[화를 부르는 사람]이라고 한다네. 다른 사람에게 화를 입히면 다른 사람도 반드시 거꾸로 그에게 화를 입힌다네. 자네도 앞으로 남에게서 화를 입게 될 것이네! 또 만약 (위나라 임금이) 현인을 좋아하고 어리석은 사람을 싫어한다면 왜 자네를 등용해서 특별한 인재를 갖고자 하겠는가? 자네는 오직 말해서는 안 되네. [말한다면, 위나라] 임금은 반드시 군주의 위세로 사람을 눌러 [논쟁에서] 이기려 할 것이네. [그러면] 자네의 눈은 휘둥그레지고, 자네의 낯빛은 변하며, 입은 [머뭇거리며] 할 말을 찾게 되고, 용모는 [이런 못난 모습을] 밖으로 드러내게 되고, 마음은 [상대방의] 의도에 따르게 될 것이네. [이는] 불로 불을 끄려는 것이고, 물로 물을 막으려는 것과 같은 것으로 '[쓸데없는 것을] 더 많게 하는 것[益多]' 이라고 이름 하네. 처음의 의도에 따라 변함없이 자네가 신임도 두텁지 않으면서 [임금의 심기를 뒤트는] 말을 한다면, [자네는] 반드시 난폭한 사람 앞에서 죽임을 당할 것이네!

[仲尼曰: "譆! 若殆往而刑耳.[63] 夫道不欲雜. 雜則多, 多則擾, 擾則憂, 憂而不救. 古之至人, 先存諸己而後存諸人. 所存於己者未定, 何暇至於

暴人之所行! 且若亦知夫德之所蕩而知之所爲出乎哉? 德蕩乎名, 知出乎爭. 名也者, 相軋也. 知者也, 爭之器也. 二者凶器, 非所[64]以盡行也. 且德厚信矼, 未達人氣; 名聞不爭, 未達人心. 而彊以仁義繩墨之言術[65]暴人之前者, 是以人惡有[66]其美也. 命之曰菑人. 菑人者, 人必反菑之. 若殆爲人菑夫! 且苟爲悅賢而惡不肖,[67] 惡用而求有以異? 若唯無詔. 王公必將乘人而鬪其捷. 而目將熒之, 而色將平[68]之, 口將營之, 容將形之, 心且成之. 是以火救火, 以水救水, 名之曰益多. 順始无窮, 若殆以不信厚言, 必死於暴人之前矣!]

또 옛날에 걸桀임금은 관룡봉關龍逢을 죽였고, 주紂임금은 왕자비간王子比干을 죽였다네. 이 두 사람은 자기 몸을 닦아서 [아래 신하의 자리에 있으면서] 아래로 [임금의] 백성들을 어루만져 주었고, 신하[의 자리]에 있으면서 그 임금을 거스르게 한 사람들이라네. 그 때문에 그 임금들(걸과 주)은 이들의 수양 때문에 그들을 죽여 버렸네. 이들은 [모두] 이름[虛名]을 좋아한 사람들이라네. 옛날에 요堯임금은 총叢, 지枝, 서오胥敖 나라를 공격했고, 우禹임금은 유호有扈를 공격해 [그들의] 나라는 폐허가 되었고 [이 나라의 임금] 자신들은 처형되었다네. [그 이유는] 그들이 전쟁을 끊임없이 일으켰고, 그들이 실리를 끝없이 추구했기 때문이었네.

---

63) 태殆(위태로움)는 將이다. 王叔岷 120頁, 주1 참조.

64) 所는 可다. 王叔岷 121頁, 주10 참조

65) 術은 述이다. 王叔岷 121혈, 주12 참조.

66) '有'는 '育'의 誤字다. '育'은 '매賣'의 의미로 '팔다', '뽐내다', '자랑하다'의 뜻이다. 『經典釋文』(陸德明撰)에 의거. 王叔岷 122頁, 주12 참조.

67) '爲'는 '使'다. 王叔岷 122頁, 주14 참조.

68) 平은 병頩으로 얼굴에 화난 기색이 보이는 것으로, 얼굴색이 변함의 의미이다. 崔大華, 134頁, 주7 참조.

이들은 모두 '이름'과 '실리'를 추구한 사람들이네. 자네는 [이런 이야기를] 듣지 못했느냐? 이름과 실리는 [관룡봉이나 왕자비간, 순임금, 우임금 같은] 성인들도 극복할 수 없는 것이었는데, 하물며 자네가 어찌할 수 있겠는가! 그렇지만 자네도 반드시 이유가 있을 것이니, 한 번 내게 말해 보게나!"

[且昔者桀殺關龍逢,[69] 紂殺王子比干.[70] 是皆脩其身以下傴拊人之民, 以下拂其上者也. 故其君因其脩以擠之. 是好名者也. 昔者堯攻叢、枝、胥敖,[71] 禹攻有扈.[72] 國爲虛厲, 身爲刑戮. 其用兵不止, 其求實無已. 是皆求名實者也. 而獨不聞之乎? 名實者, 聖人之所不能勝也, 而況若乎! 雖然, 若必有以也, 嘗以語我來!"]

안회가 말했다.

"[몸을] 단정히 하여 [마음을] 비우면서, [또한] 열심히 노력하여 [뜻을] 하나로 모을 수 있다면 [위나라 임금을 만나도] 괜찮겠습니까?"

[顔回曰: "端而虛, 勉而一, 則可乎?"]

[중니가] 말했다.

"아! 어떻게 괜찮을 수 있겠는가! 그는 [속에] 양기로 가득 차 있고,

---

69) 관關은 姓이고 용봉龍逢은 자字. 걸왕桀王의 賢臣으로, 성실하게 왕을 섬겼으나 결국 걸桀왕에게 죽임을 당했다. 王叔岷, 124頁, 주1 참조.

70) 王子比干은 주왕紂王의 삼촌이다. 그가 주왕의 무도함을 강력하게 간하자, 주왕은 '성인의 심장에 일곱 개의 구멍이 있다고 하는데, 그것이 보고 싶다'고 하며 그의 가슴을 찢어 죽였다고 함.

71) 모두 나라 이름. 총叢은 호남湖南성 부근에 있던 나라이고, 지枝는 하남河南성 부근에 있던 나라이며, 서오胥敖는 중국 남방 민족의 나라이다.

72) 유호有扈는, 國名으로 섬서성陝西省 운현鄠縣에 있었던 나라이다.

[그것이] 밖으로 심하게 내비쳐서 얼굴의 [감정] 표현이 일정하지 않다네. [그래서] 보통 사람들은 그를 어길 수 없다네. 이에 그는 타인이 그를 감화시키려 하는 말을 억누름으로써 자기 마음의 통쾌함을 추구한다네. 이른바 매일매일 나아가는 덕조차도 이룰 수 없는데 하물며 성인의 큰 덕을 논의할 수 있겠는가! [만약 자네가 설득하려 한다면, 그는] 자기만을 고집하고 마음을 바꾸려 하지 않을 것이네. 겉으로는 동의한다고 해도 속으로는 [자기 잘못을] 수긍하지 않을 것이네. 이렇다면 자네 방식이 어떻게 통할 수 있겠는가!

[曰: "惡! 惡可! 夫以陽爲充, 孔揚, 采色不定. 常人之所不違. 因案人之所感, 以求容與[73]其心. 名之曰日漸之德不成, 而況大德乎! 將執而不化. 外合而內不訾 其庸詎可乎!"]

[안회가 말했다.] "그렇다면 저는 속으로는 [편견 없이] 솔직함을 갖고, 밖으로는 완곡함을 나타내며, 합당한 것을 말하면서 옛사람의 말을 인용하겠습니다. 속으로 솔직함을 갖는다는 것은 자연과 함께 하는 무리가 되는 것입니다. 자연과 함께 하는 무리가 되면 천자나 저 자신이 모두 자연의 자식임을 알게 됩니다. 그렇다면 유독 자기 말을 남이 칭찬해 주기를 바라거나 유독 자기 말을 남이 좋아하지 않기를 바라겠습니까? 이런 사람을 우리는 [천진난만한] 어린아이[童子]라고 합니다. 이들은 자연과 함께 하는 무리입니다. 밖으로 완곡함을 나타내는 것은 다른 사람들과 함께 하는 무리가 되는 것입니다. 손을 모으고 무릎을 꿇으며 몸을 구부리고 무릎을 구부리는 것은 신하의 예입니다. 다른 사람들 모두 [그렇게] 하고 있는데 저 하나만 [그렇게] 하지 않을 수 있겠습니

73) 용여容與는 창쾌暢快로 통쾌함을 의미한다. 王叔岷 127頁, 주5 참조.

까? 다른 사람들이 하는 대로 하면 다른 사람들 또한 [저를] 비난하지 않을 것입니다. 이를 다른 사람과 함께 하는 무리가 된다고 합니다. 합당한 것을 말하면서 옛사람의 말을 인용하는 것은 옛사람과 한 무리가 되는 것입니다. 비록 그 말이 가르치고 꾸짖는 내용이라 해도 옛사람의 말이지 제 말이 아닙니다. 이런 사람이라면 곧아[直]도 해를 입지 않습니다. 이를 옛 [성인의] 말과 한 무리가 됨이라고 합니다. 이렇게 하면, 괜찮겠습니까?"

["然則我內直而外曲, 成[74]而上比[75]. 內直者, 與天爲徒. 與天爲徒者, 知天子之與己皆天之所子. 而獨以己言蘄乎而人善之, 蘄乎而人不善之邪? 若然者, 人謂之童子. 是之謂與天爲徒. 外曲者, 與人爲徒也. 擎跽曲拳, 人臣之禮也. 人皆爲之, 吾敢不爲邪! 爲人之所爲者, 人亦無疵焉. 是之謂與人爲徒. 成而上比者, 與古爲徒. 其言雖教讁之實也, 古之有也, 非吾有也. 若然者, 雖直而不病. 是之謂與古爲徒. 若是, 則可乎?]

중니가 말했다. "아! 어찌 괜찮을 수 있겠는가! 너무 원칙이 많네. [유세의 방법으로] 통용될 수는 없네! 비록 자네의 방법이 고루하긴 하지만 죄까지는 받지 않을 것이네. 그렇지만 이것[생명 보존]에 그칠 뿐이네. 어찌 사람을 감동하게 하는 데에 이를 수 있겠는가! 아직도 [자기] 마음만을 표준[스승]으로 삼고 있는 것이네"

[仲尼曰: "惡! 惡可! 大多政. 法而不諜.[76] 雖固, 亦無罪. 雖然, 止是耳矣, 夫胡可以及化! 猶師心者也."]

---

74) 成은 윤당允當으로 '합당함'의 의미이다. 曹礎基 53頁, 주2. 참조

75) '上比'의 '上'은 이전以前의 뜻이고, 比는 從으로 '옛날 성인의 말을 따름'의 의미이다. 曹礎基 53頁, 주2 참조.

76) 첩諜은 當으로 합당함을 의미한다. 崔大華 139頁, 주3 참조.

안회가 말했다. "[저는] 더 많이 어떻게 해야 할지 모르겠습니다. 어떻게 하면 되겠습니까?"

[顔回日: "吾无以進矣, 敢問其方."]

중니가 말했다. "재계齋戒하라, 내가 너에게 말해 주겠다. 작심하고 [유세를] 한다면 그리 쉽게 할 수 있겠는가? 쉽게 할 수 있다고 본다면 자연스러움과는 맞지 않는 것이네."

[仲尼日: "齋, 吾將語若. 有而爲之, 其易邪? 易之者, 皡天不宜."]

안회가 말했다. "저의 집은 가난해서 술도 마실 수 없을 뿐만 아니라 기름진 것[고기음식]을 먹지 못한 지가 몇 달이나 됐습니다. 이렇다면 재계했다고 할 수 있겠지요?"

[顔回日: "回之家貧, 唯不飮酒 不茹葷者數月矣. 如此, 則可以爲齋乎?"]

[중니가] 말했다. "이것은 제사 지낼 때의 재계지, 마음의 재계는 아니네."

[日: "是祭祀之齋, 非心齋也."]

안회가 말했다. "마음의 재계는 어떤 것입니까?"

[回日: "敢問心齋."]

중니가 말했다.

"[자네는 마음의] 지향을 하나로 하라. 귀[감각]로 듣지 말고 마음으로 들어라. 마음[개념]으로 듣지 말고 [개념을 넘어선] 기氣로 들어라. 귀의 작용은 듣는 것에 그칠 뿐이고 마음의 작용은 [외부의] 사물들과 만나는 것에 그칠 뿐이다. 기氣란 텅 비어 있으면서 사물들 [하나하나]에 대응하는 것이다. 도道는 오직 텅 비어 있는 곳에만 깃든다. 비우는 것[虛]이 마음의 재계[心齋]이다."

[仲尼曰: "若一志.[77] 无聽之以耳, 而聽之以心. 无聽之以心, 而聽之以氣. 聽止於耳,[78] 心止於符. 氣也者, 虛而待物者也. 唯道集虛. 虛者, 心齋也."]

안회가 말했다. "제가 [마음의 재계를] 하지 않았을 때 정말로 제[자의식自意識]가 있었는데 [마음의 재계를] 하고 나서는 제[자의식]가 없어졌습니다. [이렇다면] 비었다고 할 수 있습니까?"

[顏回曰: "回之未始得使, 實自回也, 得使之也, 未始有回也. 可謂虛乎?"]

공자 선생이 말했다. "다 되었구나. [이제] 내가 너에게 말해주겠다. 자네는 위나라 궐내에 들어가 노닐면서도, [그런] 명예에 [마음이] 동요되지 않을 것이네. [자네] 말이 통하면 말하고, 말이 통할 수 없다면 그만두어야 하네. [마음이] 문도 없고 담도 없이 마음을 한 가지로 하면서 어쩔 수 없는 어떤 것에 따른다면, 자유의 경지에 거의 이른 것이네. [발길을 멈추고서] 자취를 남기지 않음은 쉽지만, [걸어 다니면서] 땅을 밟지 않는 것은 참으로 어렵다네. 사람의 관심에 따라서 행동함은 쉽지

---

77) 成玄英(608-669)疏에 근거해서, '若一志'는 '一' 字 아래에 '汝' 字를 첨가해 '志一汝心'로 보았다. 여기서 더 나아가 의미를 통하게 함을 위하여, 王叔岷은 '一汝志心'의 誤錯으로 본다. 王叔岷 131頁, 주7 참조.

78) 聽止於耳는 耳止於聽의 誤錯이다. 王叔岷 132頁, 주8 참조.

만, 자연[天]에 따라서 행동하기는 어렵다네. 날개가 있어서 난다는 말은 들었겠지만, 날개가 없으면서도 난다는 말은 듣지 못했을 것이네. 지능이 있어서 안다는 말은 들었겠지만, 지능이 없으면서도 안다는 말은 듣지 못했을 것이네. [심재心齋를 통해서 다 털어버린] 저 빈 마음을 보면 허령虛靈한 마음에선 순백한 빛이 생겨나니, 지극히 선한 경지에 머물게 될 것이네. [그 경지에] 머물지 못하면 이것은 [몸은] 앉아 있으나 [마음은] '밖으로 달려 나가는 것[坐馳]' 이라고 하네. 눈과 귀의 지각 작용을 속마음에서 통달케 하고 그것들의 분별지를 밖으로 몰아낸다면 귀신도 와서 머물 것인데 하물며 사람들이야! 이것이 만물의 변화요, 우임금과 순임금이 본받은 것이고, 복희씨伏羲氏와 궤거几遽가[79] 평생 지켰던 것이니, 하물며 보통 사람들이야!

[夫子曰: "盡矣. 吾語若: 若能入遊其樊, 而无感其名, 入則鳴, 不入則止. 无門无毒, 一宅而寓於不得已, 則幾矣." 絕迹易, 無行地難. 爲人使, 易以僞,[80] 爲天使, 難以僞. 聞以有翼飛者矣, 未聞以无翼飛者也. 聞以有知知者矣, 未聞以无知知者也. 瞻彼闋者,[81] 虛室生白, 吉祥止止.[82] 夫且不止, 是之謂坐馳. 夫徇耳目內通, 而外於[83]心知, 鬼神將來舍, 而況人乎! 是萬物之化也, 禹、舜之所紐也, 伏羲、几遽之所行終,[84] 而況散焉者乎!"]

▶ 4-2:

79) 복희伏羲와 궤거几蘧는 전설 속의 옛날 임금이다.
80) 僞는 爲다. 王叔岷 134頁, 주2 참조.
81) 결闋은 空으로 '心齋를 통해 털어버린 빈 마음' 이다. 崔大華 149頁, 주9 참조.
82) 止는 之이다. 王叔岷 134頁, 주5 참조.
83) 於는 其이다. 王叔岷 135頁, 주7 참조.
84) '所行終' 은 종신토록 봉행한 준칙準則이다. 趙礎基, 57頁, 주16 참조.

섭공자고葉公子高가 제齊나라에 사신으로 가게 되자 중니에게 물었다.

“(초楚 소昭)왕께서 저에게 시킨 일은 막중합니다. 제나라에서 사신을 맞이하는 자들은 아마 매우 공손할 것이지만, 급하게 일을 진행하지는 않을 것입니다. 보통 사람의 [마음도] 움직이기가 쉽지 않은데 하물며 어떻게 제후의 [마음을 감동시킬 수] 있겠습니까! 저는 매우 떨립니다. 선생님께서 평소에 저에게 말씀하셨습니다. ‘큰일이나 작은 일이나 도道로써 하지 않으면 잘 되는 경우가 드물다. 일을 성사시키지 못하면 반드시 [군주로부터의] 인위적 형벌을 받게 될 것이고, 일을 성사시키려면 [굉장히 고심해야 하기에,] 음양의 조화가 깨지는 병이 생기게 될 것이다. [일이] 성사되든 성사되지 않든, 후환이 없는 것은 오직 덕德이 있는 사람만이 가능하다.’

저는 이 막중한 일 때문에 식사 때 거친 밥을 먹고 좋은 것을 바라지 않습니다. [밥 짓는] 불을 땔 때 시원한 것을 찾지 못하는 사람입니다. 지금 제가 이른 아침에 사명 받고 저녁에 얼음물을 마시는 것은 아마 제 속에 열이 나기 때문이겠지요? 제가 아직 본격적인 일을 함에 앞서 마음에 병이 생긴 것입니다. [거기다가] 일을 성사시키지 못하면 반드시 인위적인 벌을 받게 될 것입니다. 이것은 두 가지가 겹친 것이지요. 신하 된 자로서 [이를] 감당할 수 없습니다. 선생님께서 제게 말씀 좀 해 주십시오.”

[葉公子高將使於齊, 問於仲尼曰: “王使諸梁也甚重.[85] 齊之待使者, 蓋將甚敬而不急. 匹夫猶未可動也, 而況諸侯乎! 吾甚慄之. 子常語諸梁也曰: ‘凡事若小若大, 寡不道以懽成. 事若不成, 則必有人道之患; 事若

85) 제량諸梁은 섭공자고葉公自高의 이름[名]이다. 여기서 王은 초楚 昭公이다. 王叔岷, 136頁, 주1 참조.

成, 則必有陰陽之患.[86] 若成若不成而後無患者, 唯有德者能之.' 吾食也, 執粗而不臧. 爨, 无欲淸之人. 今吾朝受命而夕飮冰, 我其內熱與? 吾未至乎事之情, 而旣有陰陽之患矣. 事若不成, 必有人道之患. 是兩也. 爲人臣者不足以任之. 子其有以語我來!]

중니가 말했다.

"세상에는 두 가지 큰 법도가 있네. 하나는 천명[命]이고 [다른] 하나는 의리[義]이네. 자식이 어버이를 사랑하는 것은 천명으로 마음에서 떼어낼 수 없네. 신하가 군주를 섬기는 것은 의리로 어디를 가나 군주가 없을 수 없으니, 하늘과 땅 사이에서 피할 곳이 없네. 이를 일컬어 큰 법도[大戒]라고 하네. 그러므로 그 어버이를 섬길 때 어떤 경우라도 [어버이를] 편안하게 모시는 것이 지극한 효이네. 그 군주를 섬길 때 어떤 일에서나 [군주의 마음을] 편안하게 함은 대단한 충성이네. 스스로 이런 마음을 가진 사람은 슬픔과 기쁨이 [어떤 일] 앞에서도 바뀌지 않는다네. 어쩔 수 없다는 것을 알고는 천명에 순종하듯, 마음을 편히 갖는 것이 지극한 덕이네. 신하나 아들이 된 사람은 정말로 어쩔 수 없는 일이 있네. 실제 일을 할 때 자기 몸을 잊을 정도인데, 어느 겨를에 삶을 기뻐하고 죽음을 싫어하겠는가! [그러니] 그대는 가는 것이 좋겠네. 내가 들은 바를 다시 말해 보겠네. '교류가 친근할 때에는 반드시 믿음으로 서로 사랑하고, 소원할 때에는 반드시 말로 진실을 다해야 한다.' 라고 했네.

말은 누군가 전달해야 한다네. 양쪽을 [다] 기쁘게 하거나, 양쪽을 [다] 화나게 하는 말을 전하는 일은 정말로 어려운 일이네. 양쪽을 [다]

86) '陰陽之患'이란 喜悲의 감정이 뒤엉켜 몸에 陰陽의 조화가 깨지는 것을 말한다. 曹礎基 58頁, 주7 참조.

기쁘게 하는 말은 반드시 지나친 좋은 말이 많고, 양쪽을 [다] 화나게 하는 말은 반드시 지나친 악담이 많다네. 대개 넘치는 것들은 허황虛荒됨과 같고, 허황됨은 믿음을 줄 수 없다네. [믿음을] 줄 수 없으면 말을 전하는 사람이 화를 입네. 그래서 (옛날부터 전해오는) 『법언法言』에 '알맹이만 전하고 지나친 말은 전하지 않으면 거의 [몸을] 보전할 수 있다.' 라고 했네.

[仲尼曰: "天下有大戒二: 其一, 命也; 其一, 義也. 子之愛親, 命也, 不可解於心. 臣之事君, 義也, 无適而非君也, 无所逃於天地之間. 是之謂大戒. 是以夫事其親者, 不擇地而安之, 孝之至也. 夫事其君者, 不擇事而安之, 忠之盛也. 自事其心者, 哀樂不易施乎前. 知其不可奈何而安之若命, 德之至也. 爲人臣子者, 固有所不得已. 行事之情而忘其身, 何暇至於悅生而惡死夫! 子其行可矣. 丘請復以所聞: '凡交近則必相靡以信, 遠則必忠之以言.' 言必或傳之. 夫傳兩喜兩怒之言, 天下之難者也. 夫兩喜必多溢美之言, 兩怒必多溢惡之言. 凡溢之類妄, 妄則其信之也莫, 莫則傳言者殃. 故法言曰: '傳其常情, 无傳其溢言, 則幾乎全.']

또 재간[巧]으로 힘을 다투는 사람은 누구나 다 아는 것[陽]에서 시작하지만 항상 아무도 모르는 것[陰]에서 끝나니, 너무 지나치면 기이한 기교가 많아지는 법이네. 예법으로 술을 마시는 사람은 단정한 모습[治]으로 시작하지만 항상 흐트러진 모습[亂]으로 끝나니, 너무 지나치면 기괴한 쾌락이 많아지는 법이네. 어떤 일이라도 또한 그렇다네. 처음에는 성실하지만 항상 끝에 가서는 야비해지네. 그 시작할 때는 간단하지만 끝날 때는 반드시 [문제가] 큰 법이네. 말하면 풍파가 있게 되고 행동하면 득실이 있게 된다네. 풍파가 있게 되면 마음은 쉽게 동요되고, 득실이 있게 되면 마음은 쉽게 불안해지네. 그래서 화가 치미는 것은 [별다른] 이유가 없고 교묘한 말이나 거짓된 말 때문이네. [예를 들면] 짐승이 죽을 때 마구 소리를 지르고 호흡이 가빠지면 그때는 사람을 해칠 사나운 마음이 함께 생겨나는 것이네. 상대를 각박하게 따지는 것이 너무 심하면 그는 반드시 좋지 않은 마음으로 응수하면서도, 왜 그런지는 모르는 법이네. 만약 상대가 자신이 그런 이유를 모른다면 누가 그 행동의 결과를 알겠는가! 그러므로 (옛날부터 전해오는) 『법언法言』에 다음과 같은 말이 있네.

'받은 사명을 바꾸지도 말고, [억지로] 완수하려 애쓰지도 말라. 사람 자신의 한도를 넘게 되면 지나치게 되는 법이다.'

명령을 바꾸거나 완수하려고 애쓰면 일을 위태롭게 만드네. 일을 잘 성사시키려면 시간이 오래 걸리나, 일이 잘못 이루어지면 고칠 겨를이 없으니 어찌 신중하지 않을 수 있겠는가! 또 [만나는] 대상의 변화에 따라서 마음을 노닐게 하고, 어쩔 수 없는 [자연스러운] 도리에 맡겨 치우치지 않는 마음을 기르면 지극할 것이네! 왜 자네는 상대로부터 대답받기 위해 애쓰는가? 받은 사명을 그대로 명령을 전달하는 것보다 더 좋은 것이 없네. 이것이 뭐 어려울 것이 있겠는가!"

[且以巧鬪力者, 始乎陽, 常卒乎陰,[87] 泰至則多奇巧. 以禮飮酒者, 始乎治, 常卒乎亂, 泰至則多奇樂. 凡事亦然, 始乎諒, 常卒乎鄙. 其作始也簡, 其將畢也必巨. 言者, 風波也, 行者, 實喪也. 夫風波易以動, 實喪易以危. 故忿設无由, 巧言偏辭. 獸死不擇音, 氣息茀然, 於是並生心厲. 剋核太至, 則必有不肖之心應之, 而不知其然也. 苟爲不知其然也, 孰知其所終! 故法言曰: '无遷令, 無勸成. 過度, 益也.' 遷令、勸成, 殆事. 美成在久, 惡成不及改, 可不愼與! 且夫乘物以遊心, 託不得已以養中,

87) '陽'은 '누구나 다 아는 것'이고 '陰'은 '아무도 모르는 것'이다. 崔大華, 157頁, 주1 참조.

至矣! 何作爲報也? 莫若爲致命. 此其難者!"]

▶ 4–3:

안합顔闔이 위衛나라 영공靈公의 태자의 스승으로 가려 할 때, 거백옥蘧伯玉에게 물었다.

"여기 어떤 사람이 있는데 그 덕은 천성적으로 각박합니다. 그의 무도함을 따르면 우리나라가 위태로워지고, 그를 법도에 맞게 만들자면 저 자신이 위태로워집니다. 그의 지능은 다른 사람의 잘못을 알 만큼은 되지만 자신이 잘못했음을 알지는 못합니다. 이렇다면 저는 어떻게 해야 합니까?"

[顔闔將傅衛靈公太子, 而問於蘧伯玉曰: "有人於此, 其德天殺. 與之爲无方, 則危吾國; 與之爲有方, 則危吾身. 其知適足以知人之過, 而不知其所以過. 若然者, 吾奈之何?"]

거백옥이 말했다.

"좋은 질문이네! 경계하고 신중히 해서 자네의 몸을 바르게 하게! 겉으로는 [그가 하는 대로] 따라가는 것보다 더 좋은 것이 없고, 마음속으로는 순화를 이루는 것보다 더 좋은 것이 없다네. 그래도 이 두 가지에는 조심해야 할 것이 있네. 따라가더라도 [그 사람과 같은 사정에] 들어가려고 하지 말고, 순화하더라도 겉으로 드러내려 하지 말게. 겉으로 따라가다가 [그와 같은 지경에] 들어가 버리면 [자네의 본래 의도가] 뒤집히고 손상되어, 엉망이 되고 실패하게 되네. 마음속으로 조화를 이루다가 밖으로 드러내 버리면 평판이 나고 명예를 얻게 되어 재앙이나 화를 초래하게 되네. 저 사람이 어린애 같은 짓을 하려 하면 [자네] 역시 그와 함께 어린애 같은 짓을 하고, 저 사람이 분수에 넘는 짓을 하려 하면 [자네도] 역시 그와 함께 분수에 넘는 짓을 하게나. [이렇게] 두루 하면 허물을 잡히지 않게 될 것이네.

[蘧伯玉曰. "善哉問乎! 戒之愼之, 正汝身也哉! 形莫若就, 心莫若和. 雖然, 之二者有患. 就不欲入, 和不欲出. 形就而入, 且爲顚爲滅, 爲崩爲蹶. 心和而出, 且爲聲爲名, 爲妖爲孼. 彼且爲嬰兒, 亦與之爲嬰兒; 彼且爲无町畦; 亦與之爲无町畦, 彼且爲无崖, 亦與之爲无崖. 達之, 入於无疵.]

자네는 저 사마귀를 모르는가? 다리에 힘을 줘서 수레바퀴에 대응하는 것은 자신이 감당하지 못한다는 것을 모르기 때문에 자신의 재주를 뽐내는 것이네. 경계하고 신중히 하게. 자네의 재주를 자꾸 뽐내 [그의 심기를] 거스르면 위태롭게 될 것이네. 자네는 저 호랑이 키우는 사람을 알지 못하는가? 살아있는 먹이를 주지 않는 것은, 호랑이가 산 것을 죽이는 노기가 생길까 해서고, 통째로 먹이를 주지 않는 것은 그것을 찢는 노기가 생길까 해서네. 호랑이의 배고플 때와 배부를 때를 [잘] 살펴서 호랑이가 화를 내는 마음을 잘 이해해야 한다네. 호랑이가 사람과는 다른 부류이지만 자기를 길러주는 사람에게 아첨을 떠는 것은 [호랑이의 성질에] 순응하기 때문이네. 따라서 호랑이가 사람을 죽이는 것은 [호랑이의 성질을] 거스르기 때문이네. 저 말을 사랑하는 자는 광주리로 똥을 받아내고 동이로 오줌을 받아내네. [그런데] 마침 날파리가 [말의 몸에서] 기어가고 있어서 갑자기 그 날파리를 때리게 되면 [말은 놀라서] 재갈을 끊고 [주인의] 머리를 부수고 가슴을 뭉기어 버린다네. [말을 도우려는 주인의] 의도는 좋았지만 그 마음은 받아들여지지 않은 것이네. [행동을] 신중하게 하지 않을 수 있겠는가!"

[汝不知夫螳蜋乎? 怒其臂以當車轍, 不知其不勝任也, 是其才之美者

也. 戒之愼之, 積伐而美者以犯之, 幾矣! 汝不知夫養虎者乎? 不敢以生物與之, 爲其殺之之怒也; 不敢以全物與之, 爲其決之之怒也. 時其飢飽, 達其怒心. 虎之與人異類, 而媚養己者, 順也; 故其殺者, 逆也. 夫愛馬者, 以筐盛矢, 以蜃盛溺. 適有蚊虻僕緣, 而拊之不時, 則缺銜毁首碎胸. 意有所至, 而愛有所亡. 可不愼邪!"]

▶ 4-4:

목수 석씨[匠石]가 제나라로 가다가 곡원曲轅[땅]에 이르러 사당의 상수리나무를 보았다. 그 나무의 크기는 소 수천 마리를 그늘에 가릴 수 있었고, 둘레는 백 아름이나 되었다. 그 높이는 동산을 마주했을 때 꼭대기보다 10길이나 높은 곳에 가지가 있었다. 배를 만들 수 있을 만큼 큰 곁가지가 십여 개였다. 구경꾼들이 '시장 거리' 같이 많았지만, 목수 석씨는 돌아보지도 않았다. 그는 가던 길을 멈추지 않았다. 제자는 실컷 보고 목수 석씨에게 뛰어가서 물었다. "제가 도끼를 들고 선생님을 따른 이후 이렇게 좋은 재목은 본 적이 없습니다. [그런데] 선생님께서는 보시려고 하지 않고 가던 길을 멈추지 않으시니, 어찌 된 것입니까?"

[匠石之齊, 至乎曲轅, 見櫟社樹. 其大蔽牛[88], 絜之百圍. 其高, 臨山十仞而後有枝. 其可以爲舟者旁十數. 觀者如市, 匠伯不顧. 遂行不輟. 弟子厭觀之, 走及匠石, 曰: "自吾執斧斤以隨夫子, 未嘗見材如此其美也. 先生不肯視, 行不輟, 何邪?"]

[목수 석씨가] 말했다.

---

88) 王叔岷은, 여기에 '陳碧虛(본명은 진경원陳景元, 1024-1094)'의 '궐오闕誤'가 있다는 의견을 수용하여, 牛 앞에 數千 두 자가 빠져있다고 본다. 王叔岷 151頁, 주2 참조.

"그만두어라, [더 많이] 말하지 마라, 쓸데없는 나무다! 배를 만들게 되면 가라앉고, 관이나 곽을 만들면 빨리 썩어버리고, 그릇을 만들면 금방 부서지고, 대문이나 창문을 만들게 되면 나무의 진이 흘러나오고, 기둥을 만들게 되면 벌레가 먹어 버린다. 이[나무]는 재목으로 쓸모없는 나무다. 쓸데없기에 이렇게 오래 살 수 있는 것이다."

[曰: "已矣, 勿言之矣, 散木也! 以爲舟則沈, 以爲棺槨則速腐, 以爲器則速毁, 以爲門戶則液樠, 以爲柱則蠹. 是不材之木也, 无所可用, 故能若是之壽."]

[그런데] 목수 석씨가 [집으로] 돌아오자 사당의 상수리나무가 꿈에 나타나서 말했다.

"당신은 나를 무엇과 비교하려는가? [사람들에게] 쓸모 있는 나무와 비교하려 하는가? 아가위나무, 배나무, 귤나무, 유자나무[와 같은] 과실나무는 열매가 익으면 [사람들이] 가지 채로 꺾어버리네. [이는] 욕을 당하는 것이네. 큰 가지는 꺾이고 작은 가지는 잘리는데, 이는 그 [나무의] 능력 때문에 생명이 괴롭힘을 당하는 것이네. 그래서 주어진 수명을 다하지 못하고 중도에서 요절하는 것은, 스스로 세속 사람들의 타격을 초래한 것이네. [모든] 물건이 이렇지 않은 경우가 없다네. 게다가 나는 쓸모없기[無所用]를 추구한 지가 오래되었지만, 거의 죽을 뻔했으나 이제야 겨우 이렇게 되어서 나에게 크게 쓸모가 있게 되었네. 만약 내가 쓸모가 있었다면 이렇게 클 수 있었겠는가? 그리고 자네나 나나 모두 [자연 속의] 물건에 불과한데, 어째서 [자네 또한 나를] 물건 취급하는 것인가! (자네는) 거의 죽어가는 쓸모없는 사람이니 또 어찌 쓸모없는 나무의 [쓸모 있음을] 알겠는가!"

[匠石歸, 櫟社見夢曰: "女將惡乎比予哉? 若將比予於文木[89]邪? 夫

柤梨橘柚果蓏之屬, 實熟則剝. 則辱[90]. 大枝折, 小枝泄, 此以其能苦其生者也. 故不終其天年而中道夭, 自掊擊於世俗者也. 物莫不若是. 且予求无所可用久矣, 幾死, 乃今得之, 爲予大用. 使予也而有用, 且得有此大也邪? 且也若與予也皆物也, 奈何哉其相物也! 而幾死之散人, 又惡知散木!"]

목수 석씨가 깨어나 그 꿈을 [제자에게] 말했다.
[匠石覺而診其夢.]

제자가 말했다.
"쓸모없음[無用]을 추구하면서 사당의 나무가 된 것은 왜일까요?"
[弟子曰: "趣取无用, 則爲社何邪?"]

(목수 석씨가) 말했다.
"입 다물어라! 자네는 말하지 마라! 저[나무]가 [당산나무로] 특별히 서 있어서 자기의 [값어치를] 알지 못하는 자의 비난의 [대상이] 되고 있네. 당산나무가 되지 않았어도 역시 베어졌겠는가! 게다가 저[나무]가 [자신을] 보존하는 방법은 다른 것들과는 다르네. [그런데도] 자네는 [나무의] 외모만 가지고 재단하려 하니 또한 [자네의 말은] 너무 우원하지 않은가!"
[曰: "密! 若无言! 彼亦直寄焉, 以爲不知己者詬厲也. 不爲社者, 且幾有翦乎! 且也彼其所保與衆異. 而以義譽之,[91] 不亦遠乎!"]

---

89) '文木'은 쓸모 있는 나무다. 王叔岷 154頁, 주11 참조.

90) 박剝, '剝則辱'으로 박剝자를 하나 첨가하였다. 王叔岷 154頁, 주13 참조.

91) 義는 儀로 '外貌'의 의미이다. 譽는 측정하다[度量]의 뜻이다. 王叔岷 157頁, 주7 참조.

▶ 4-5:

남백자기南伯子綦가 [송宋나라의 서울] 상구商丘에 유람 갔다가 큰 나무를 보았다. [그 모양이 매우] 특이하였다. 네 필의 말이 끄는 천대의 수레를 나무 그늘에 숨길 수 있었다.

[南伯子綦遊乎商之丘, 見大木焉. 有異. 結駟千乘, 隱將芘其所藾.]

자기子綦가 말하였다.

"이것은 무슨 나무일까? 이것은 반드시 특수한 재질을 가졌을 것이로다!"

[子綦曰: "此何木也哉? 此必有異材夫!"]

머리를 들어 그 나무의 작은 가지들을 살펴보니 구불구불하여 기둥이나 대들보감이 될 수 없었다. 몸을 구부려 그 나무의 큰 뿌리를 살펴보니 나무속이 물렁하여 관棺[내관]이나 곽槨[외관]을 만들 수 없었다. 그 나뭇잎을 핥으면 입이 헤어져 상처를 입었다. 그것의 냄새를 맡으면 사람들은 지독하게 취하게 되어 사흘이 되어도 [취기가] 가시지 않았다.

[仰而視其細枝, 則拳曲而不可以爲棟樑. 俯而視其大根, 則軸解而不可以爲棺槨.92) 咶其葉, 則口爛而爲傷. 嗅之, 則使人狂酲三日而不已.]

자기子綦가 말하였다.

"이것은 정말 쓸모없는 나무이기에 이렇게 크게 자랄 수 있었구나! 아아, 신인神人이란 이런 무소용한 [나무와 같은] 것이로다!"

[子綦曰: "此果不材之木也, 以至於此其大也. 嗟乎, 神人以此不材!"]

---

92) 이 구절 '축해軸解'에서 축軸은 바퀴 심 모양의 나이테, 즉 나무속을 가리키며, '解'는 물렁해서 흩어진 진 모양[鬆散]을 의미한다. 曹礎基, 앞의 책, 67頁, 주6 참조.

송宋나라의 형씨荊氏땅은 가래나무, 잣나무와 뽕나무에 적합하였다. [굵기가] 한두 뼘 되는 나무는 원숭이 잡아 맬 막대기 찾는 사람이 베어간다. 서너 아름 되는 나무는 화려한 집 기둥을 찾는 사람이 베어간다. 일곱 여덟 아름 되는 나무는 귀족들과 돈 많은 상인 집에서 통판관棺을 찾는 사람이 베어간다. 따라서 나무가 제 명을 못 살고 중도에 도끼에 찍혀 요절한 것은 이것들의 유용함이 [불러온] 병통이었다. 진실로 제사 때에 이마에 흰점 있는 소나 콧구멍이 위로 처진 돼지나 치질이 난 사람이 강물[제사]에 보내질 수 없다는 이점利點은 모든 무당이 알고 있다고 하겠다. [저들이] 상서롭지 않기 때문이다. [그러나] 이런 [무소용은] 바로 신인神人들이 매우 상서로운 것으로 여기는 것이다.

[宋有荊氏者, 宜楸、柏、桑. 其拱把而上者, 求狙猴之杙者斬之. 三圍四圍, 求高名之麗者斬之. 七圍八圍, 貴人富商之家求禪傍者斬之. 故未終其天年, 而中道之夭於斧斤, 此材之患也. 故解之以牛之白顙者,[93] 與豚之亢鼻者, 與人有痔病者, 不可以適河. 此皆巫祝以知之矣. 所以爲不祥也. 此乃神人之所以爲大祥也!]

▶ 4-6:

'생김새를 초탈한 소疏[지리소支離疏]' 라는 사람은 [모습이] 턱은 배꼽에 박혀 있고, 어깨는 정수리보다 높았고, 꽁지머리는 하늘을 가리키고, 오장五臟의 혈관은 위로 몰려 있고, 두 다리는 갈비뼈에 붙어 있었다. [그러나] 바느질이나 빨래로 입에 풀칠할 수 있었고, 키질해서 알곡을 가려내면 열[식구]를 먹일 수 있었다. 나라에서 무사를 징발할 때면 지리소는 그 속에서 팔을 휘저으며 돌아다녔고, 나라에 큰 공사가 있어

93) 이 구절 「故解之」에서 '解' 란 '해도解禱', 즉 화禍를 풀기 위한 기도나 제사의 뜻이다. 曹礎基, 68頁, 주7 참조.

도 지리소는 병자로 [분류되어] 부역에 동원되지 않았다. 나라에서 병자들에게 곡식을 나눠줄 때 삼종三鍾의 곡식과 땔나무 열 단을 받았다. 저 몸의 생김새를 초탈한 사람도 오히려 그 몸을 봉양하여 천수를 다 누릴 수 있는데, 하물며 그 도덕성을 초탈한 사람이야!

[支離疏者,[94] 頤隱於齊, 肩高於頂, 會撮指天, 五管在上, 兩髀爲脇. 挫鍼治繲, 足以餬口; 鼓筴播精, 足以食十人. 上徵武士, 則支離攘臂於其間; 上有大役, 則支離以有常疾不受功; 上與病者粟, 則受三鍾與十束薪.[95] 夫支離其形者, 猶足以養其身, 終其天年, 又況支離其德者乎!]

▶ 4-7:

공자가 초楚나라에 갔을 때, 초나라의 미치광이 접여接輿가 공자가 [머무는 집] 문 앞을 어슬렁거리며 외쳐대었다.

"봉황이여, 봉황이여! 세태는 어찌하여 이렇게 쇠하였는가!
미래는 기대할 수 없고 과거 [또한] 만회할 수 없도다.
세상에 도道가 있으면 성인은 뜻을 이루고
세상에 도가 없으면 그는 [자기] 삶만을 지킬 뿐이로다!

바야흐로 지금은 화禍만 면하기를 바랄 뿐이다.

행운이 깃털보다 가볍기에 그것을 어디에다 나타내야 할지 모르겠고, 불행은 땅덩이보다 무겁기에 그것을 어떻게 피해야 할지 모르겠다. 이제는 끝, 끝이다! 남을 후덕하게 대하는 일도!

험하고 험한 세상, 땅에 그어진 선線만 따라 살자구나!

---

94) 지리支離는 망忘으로 '초탈하다'의 의미이다. 王叔岷 163頁, 주1 참조.
95) 1종鍾은 6말 4되이다. 王叔岷 166頁, 주7 참조.

가시 돋친 풀이여, 가시가 돋친 풀이여, 나의 갈 길을 해치지 말아다오!

작은 가시여, 작은 가시여, 내 발을 찌르지 말아다오!"

산에 나무는 [유용 때문에] 자신이 베어지는 것이요, 기름 덩이는 [유용 때문에] 자신을 태운다. 계수나무[桂] 가지는 [약용으로] 먹을 수 있기에 베어진다. 옷 나무는 칠에 쓰이기 때문에 잘리는 것이다.

[孔子適楚. 楚狂接輿遊其門, 曰:

"鳳兮鳳兮, 何如德之衰也![96]

來世不可待, 往世不可追也.

天下有道, 聖人成焉. 天下無道, 聖人生焉.

方今之時, 僅免刑焉. 福輕乎羽, 莫之知避.

禍重乎地, 莫之知避.

已乎已乎, 臨人以德! 殆乎殆乎, 畵地而趨.

迷陽迷陽, 無傷吾行."

吾行卻曲, 無傷吾足."

山木自寇,[97] 膏火自煎也. 桂可食. 故伐之. 漆可用. 故割之.]

사람들은 모두 '유용'의 쓰임은 알지만 '무용'의 쓰임은 모른다.

[人皆知有用之用, 而莫知無用之用也.]

---

96) 봉황鳳凰은 높은 학덕을 가진 공자에 대한 비유이고; '何如'는 何以이다. 趙礎基, 70頁, 주2 참조.

97) 이 구절: '自寇'의 구寇는 베어버림[砍伐]의 뜻이다. 曹礎基, 上同, 주13 참조.

5. 덕충부(德充符)

충充은 충만, 완미의 뜻이요, 부符는 상징, 표식의 의미이다. 덕충부德充符에서는 사람이 가진 생명력[德]이 완미하다는 표시나 증험이 나온다. 이 편에서는 지체肢體가 온전치 못한 기괴한 다섯 사람을 말하고 있다. 그러나 이들의 덕德은 오히려 완미하기에, 이것으로 추한 모습도 아름답게, 온전치 못한 몸도 온전하게 변화됨을 말한다. 일단 대도大道를 깨달아서 만사 · 만물의 변화에 순응하고 나면 마음은 인간 세상의 시비是非의 경지를 뛰어넘어서 '자유'의 경지에 오를 수 있음을 장자는 말하고 있다.

▶ 5-1:

노魯나라에 발꿈치 잘린 왕태王駘가 있었다. 그를 따라 배우는 자가 중니仲尼(공자) 제자의 숫자와 비슷했다. 상계常季가 중니에게 물었다.

"왕태는 [죄를 지어] 발꿈치를 잘린 자인데, 그를 따라 배우는 자의 숫자가 선생님과 노나라를 반분하고 있습니다. 서 있을 때 가르치는 것도 없고 앉아서 논의하는 것도 없습니다. [그러나 사람들이] 텅 비어 찾아갔다가 [지혜가] 차서 돌아옵니다. 그는 진실로 말 없는 가르침을 합니다. [망가진] 몸을 잊고 있으니 그의 마음은 완성된 것입니까? 그는 어떤 사람입니까?"

[魯有兀者王駘. 從之遊者與仲尼相若.98) 常季問於仲尼曰: "王駘, 兀者也, 從之遊者與夫子中分魯. 立不敎, 坐不議. 虛而往, 實而歸.99) 固有不言之敎, 无形而心成者邪?100) 是何人也?"]

중니가 대답했다.

"그 분은 성인이시다. 나는 단지 남보다 처지니 아직 뵙지 못했을 뿐이다. 내가 앞으로 그 분을 스승으로 모시려고 하는데, 하물며 나만 못한 사람들은 말할 나위 있겠는가! 어찌 노魯나라 뿐이겠는가! 나는 바야흐로 온 세상 사람들을 이끌고 함께 그를 따르고자 한다."

[仲尼曰: "夫子, 聖人也, 丘也直後而未往耳. 丘將以爲師, 而況不若丘者乎! 奚假魯國! 丘將引天下而與從之."]

상계常季가 말했다.

"그는 발꿈치가 잘린 사람인데도 [교화력이] 선생님보다 왕성하니 보통 사람과는 또한 큰 차이가 있을 것입니다. 그런 사람이라면 그의 마음 씀씀이는 도대체 어떠한 것이겠습니까?"

[常季曰: "彼兀者也, 而王先生,101) 其與庸亦遠矣. 若然者, 其用心也,

---

98) 仲尼는 공자의 이름이다. 장자는 이런 격식을 무시하고 공자를 깔보기 위해 그냥 이름을 사용했다. 역자 주해.

99) 「則陽」편에서 성인을 "말하지 않고도 조화로써 사람을 충족시키고, 다른 사람과 함께 서서 그를 교화시킨다."라고 말하고 있다. 『淮南子』「숙진俶眞」 편에는 "앉아서 가르치는 것도 없고 서서 논의하는 것도 없는데, 텅 비어 찾아갔다가 꽉 차서 돌아온다. 그러므로 말을 하지 않고도 조화로써 사람을 충족시킴이라고 말한다."라고 되어 있는데, 이것은 『장자』의 「德充符」와 「則陽」 두 편을 근본으로 하고 있다. 王叔岷, 172頁, 주4 참조.

100) 無形은 忘形이다. 王叔岷, 172頁, 주5 참조.

獨若之何?”]

중니가 대답했다.

“삶과 죽음이란 또한 중대한 일이지만 그에게 변화를 줄 수 없다. 하늘이 뒤집히고 땅이 꺼지더라도 그를 사라지게 할 수 없을 것이다. 거짓됨이 없음[참의 본질]을 잘 알고 있어서 사물의 변화에 따라 바뀌지 않는다. 사물의 변화를 훤히 알아서 핵심을 지킨다.”

[仲尼曰: “死生亦大矣, 而不得與之變. 雖天地覆墜, 亦將不與之遺. 審乎無假而不與物遷, 命 * 物之化而守其宗也.”]

상계가 말했다.

“무슨 말씀이십니까?”

[常季曰: “何謂也?”]

중니가 말했다.

“다른 관점에서 보면, 간과 쓸개는 초나라와 월나라처럼 다르다. 같다는 관점에서 보면, 만물은 모두 한가지이다. (왕태처럼) 그러한 사람은 귀와 눈으로 (듣고 보는 것에) 마땅함이 있음을 모르기에 온전한 덕에서 마음을 노닐게 한다. 사물들이 하나 같이 되는 바를 보고, 그것들이 모자라는 것을 보지 않는다. 자기 다리가 없는 것을 마치 흙덩이가 떨어져 나간 것처럼 보는 것이다.”

[仲尼曰: “自其異者視之, 肝膽楚、越也. 自其同者視之, 萬物皆一也. 夫若然者, 且不知耳目之所宜, 而遊心乎德之和.[102] 物視其所一而不見其

---

101) 王자는 旺(왕: 왕성하다)의 가차자로 본다. 王叔岷, 173頁, 주8 참조.

* 東漢 때 劉熙(3세기)의 『釋名. 釋言語』에 의하면, 命은 明(밝힘)이다. 王叔岷, 174頁,

所喪, 視喪其足猶遺土也."]

상계가 말했다. "그는 자신을 위했을 뿐입니다. 자기 지혜로써 마음을 얻었고, 자기 마음으로써 한결같은 마음을 얻었습니다. 사람들이 왜 그에게로 몰립니까?"

[常季曰: "彼爲己. 以其知得其心, 以其心得其常心. 物何爲最之哉?" 103)]

중니가 말했다.

"사람은 흐르는 물에 자신을 비춰볼 수 없고 오직 멈춰 있는 물에만 비춰볼 수 있네. 오로지 멈춰 있는 물[止水]만이 모든 물을 멈추게 하여, 멈춤에 이끌 수 있네. 땅에서 생명을 받은 것 중에 오직 소나무와 잣나무만이 올바르기에 겨울이나 여름이나 푸르디푸르네. 하늘에서 천명을 받은 이 중에 오직 요, 순만이 올바르기에 만물 중의 으뜸이네. [요、순은] 다행히 자기 삶을 바로잡고 중생衆生을 바로잡을 수 있었네. 시작[근원]을 보존하는 징험은 두려워하지 않는 결과로 나타나니, 한 사람의 용사가 (용감무쌍하게) 대군大軍 속으로 돌진하는 것과 같네. 명예를 추구해서 자기에게 요구하는 자도 오히려 이와 같은데, 하물며 천지를 다스리고 만물을 마음속에 품고서, 다만 육신에 의탁하여 귀와 눈의 감각을 허상으로 여기고, 지능이 아는 바를 하나같이 보며, 마음이 죽은 적이 없는 그런 사람[왕태]에게는 어떻겠는가! 그는 장차 오랜 시일이 걸려서 아득한 경지에 오르게 된 것이니, 사람들은 그를 따르는 것이

주12 참조.

102) 德이 온전한 사람은 耳目이 內通하여, 聲色에 (따라서) 변동하지 않는다. '德之和'가 全德이다. 王叔岷, 175頁, 주2 참조.

103) 王念孫(1744–1832)에 의하면, 最는 마땅히 冣(취: 모으다)이니, 聚(취: 모으다)와 聲과 義가 같다. 王叔岷, 176頁, 주5 참조.

네. 하지만, 그가 또한 어찌 다른 사람들 때문에 애쓰려고 하겠는가?"

[仲尼曰: "人莫鑑於流水而鑑於止水. 唯止能止衆止.[104] 受命於地, 唯松柏獨也正, 在冬夏靑靑. 受命於天, 唯堯舜獨也正, 在萬物之首.[105] 幸能正生, 而正衆生. 夫保始之徵,[106] 不懼之實. 勇士一人, 雄入於九軍.[107] 將求名而能自要者而猶若是, 而況官天地, 府萬物, 直寓六骸, 象耳目, 一知之所知而心未嘗死者乎! 彼且擇日而登假, 人則從是也. 彼且何肯以物爲事乎!"]

▶ 5-2:

신도가申徒嘉는 발꿈치가 잘린 사람인데, [그는] 정鄭나라 [재상] 자산子産[108]과 함께 백혼무인伯昏无人에게서 배웠다.

[申徒嘉,[109] 兀者也, 而與鄭子産同師於伯昏无人.[110]]

---

104) 고요한 물[止水]만이 衆人을 멈추게 하여 (사물을) 비추어볼 수 있다. 이 구절의 세 止는, ① 止水, ② 留(유: 머물게 하다), ③ 정지의 뜻이 있다. 曹礎基, 74-75頁, 주6 참조.

105) 『莊子集釋』(郭慶藩撰) 등 일반적으로 '唯松柏獨也在冬夏靑靑. 受命於天, 唯舜獨也正'이라 되어 있는 것을 陳景元(호 碧虛, 1035-1094), 『莊子闕誤』를 따라 '唯堯舜獨也正, 在萬物之首'의 7글자를 추가했다. 王叔岷, 176頁, 주8 참조.

106) 「保始之徵」은 本始를 保全하는 徵驗이다. 『莊子今注今譯』 上, 陳鼓應注譯, 162頁, 주20 참조.

107) 雄入은 衝入(형입)과 같다. 九軍은 大軍이다. 上同, 陳鼓應注譯, 163頁; 成玄英 疏에 의하면, 天子는 六軍을 가지고 있고, 諸侯는 三軍을 가지고 있기에 九軍이라 한다. 郭慶藩, 195頁, 주6 참조.

108) 成玄英(608-669)에 따르면 公孫은 성, 僑(교)는 이름, 子産이 字이며, 鄭나라의 현명한 대부이다. 郭慶藩, 197頁, 주1 참조.

109) 成玄英(608-669)에 따르면 申徒(신도)는 성, 嘉(가)는 이름이며, 鄭나라의 현인이다. 郭慶藩, 197頁, 주1참조.

110) 成玄英疏에 의하면, 伯昏无人은 伯昏瞀人이며, 隱者(은자)이다. 王叔岷, 180頁, 주2

자산이 신도가에게 말했다.

"내가 먼저 나가면 자네는 [방 안에] 남아 있고, 자네가 먼저 나가면 내가 남아 있겠네."

[子產謂申徒嘉曰: "我先出則子止, 子先出則我止."]

그 다음날 또 같은 방에 함께 앉아 있었다.

[其明日, 又與合堂同席而坐.]

자산이 신도가에게 말했다.

"내가 먼저 나가면 자네는 머물러 있고, 자네가 먼저 나가면 내가 머물러 있겠네. 지금 내가 나가려는데 자네는 그대로 있겠는가? 말겠는가? 그리고 자네는 [나 같이] 대권大權을 가진 자를 보고도 피하지도 않으니, 그와 같다고 생각하는 것인가?"

[子產謂申徒嘉曰: "我先出則子止, 子先出則我止. 今我將出, 子可以止乎? 其未邪? 且子見執政而不違, 子齊執政乎?"[111]]

신도가가 말했다.

"[백혼무인] 선생님 문하에 정말 이와 같은 고관高官이 있는가? 자네는 자네의 높은 자리에 흡족해 하며 남을 업신여기는 사람이네. '[마음의] 거울이 맑다면 먼지가 앉을 수 없고, 먼지가 앉는다면 [그 거울은] 맑을 수 없네. 오래도록 현명한 사람[賢人]과 함께 있으면 허물이 없어진다' 라는 말을 들었네. 지금 자네가 취해야 할 중요한 것은 선생님[의

참조.

111) 宣穎(선영: 17세기)에 의하면, 執政은 子產이 스스로를 말한 것이다. 違는 避이고, 齊는 同(같음)이다. 王叔岷, 180頁, 주5 참조.

가르침]이네. 그런데도 이렇게 말한다면 또한 잘못이 아니겠는가?"

[申徒嘉曰: "先生之門固有執政焉如此哉?[112] 子而[113]悅子之執政而後人者也. 聞之曰: '鑑明則塵垢不止, 止則不明也. 久與賢人處則無過.' 今子之所取大者, 先生也,[114] 而猶出言若是, 不亦過乎!"]

자산이 말했다.

"자네가 이미 그렇게 [몸이 병신인데도] 오히려 요堯임금과 훌륭함을 다투려 하는가? 그대의 덕성을 따져 보면, [그 덕은] 자신을 반성하기에도 부족한 게 아닌가?"

[子產曰: "子旣若是矣, 猶與堯爭善. 計子之德, 不足以自反邪?"]

신도가가 말했다.

"스스로 [자기] 잘못을 늘어놓으며 [발꿈치가] 잘린 것을 부당하다고 보는 사람은 많지만, [그런 자기] 잘못을 [전혀] 언급하지 않지만 발꿈치를 마땅히 보존할 수 없었다고 보는 사람은 적네. 어쩔 수 없는 줄을 알고 운명처럼 편안하게 받아들이는 일은 오직 덕이 있는 사람만이 할 수 있네. [명사수] 예羿의 사정거리 안에서 노니는 것들은 [과녁의] 한복판이니 적중되는 것이네. 그런데도 맞지 않았다면 그것은 운명이네. 자신은 온전한 발을 가졌다는 이유로 내 발이 온전치 못한 점을 비웃는 사람들이 많네. [그럴 때면] 나는 발끈 화가 나서 선생님이 계신 곳으로

---

112) 固는 乃이고, 焉(언)은 者이고 如는 似(같다)와 같다. 王叔岷, 180쪽, 주6 참조.

113) 說은 悅[열: 기뻐함]이다. 吳汝綸(오여륜: 1840-1903)에 따르면, 子而는 子乃와 같고, 也는 邪(사: 어조사)로 읽는다. 王叔岷, 180頁, 주7 참조.

114) 成玄英(성현영: 608-669)의 疏에, 「今子之所取加重加大者, 先生之道也.」라고 했으니, 子產이 중히 볼 것은 先生이지 그 자신이 아니라는 말이다. 王叔岷, 181頁, 주9 참조.

가네. 그러면 분노가 사그라지고 돌아오네. 선생님께서 선함으로 나를 잘 씻어주신 것인지 나 자신이 깨달은 것인지는 잘 모르겠네. 내가 선생님과 교유한 지 19년이나 되었는데도 [선생님께서는] 내가 발꿈치가 잘렸다는 사실을 알지 못하셨네. 지금 자네는 나와 육체의 안쪽[마음]에서 교유해야 하는데, 자네는 육체라는 바깥에서 나를 찾으려 드는구려. 이것은 또한 [자네의] 잘못이 아닌가?"

[申徒嘉曰: "自狀其過, 以不當亡者衆; 不狀其過, 以不當存者寡.[115] 知不可奈何而安之若命, 唯有德者能之. 遊於羿之彀中.[116] 中央者, 中地也. 然而不中者, 命也. 人以其全足笑吾不全足者多矣, 我怫然而怒, 而適先生之所, 則廢然而反. 不知先生之洗我以善邪, [吾之自寤邪][117]? 吾與夫子遊十九年矣, 而未嘗知吾兀者也. 今子與我遊於形骸之內, 而子索我於形骸之外, 不亦過乎!"]

자산이 숙연해져서 얼굴빛과 몸가짐을 단정히 하며 말했다.

"자네는 [이제 더] 말할 [필요가] 없네."

[子產蹴然改容更貌曰: "子無乃稱!"]

▶ 5-3:

노나라에 발이 잘린 사람 숙산무지叔山無趾가 있었다. [그는 어렵게] 중니에게 이르렀다.

---

115) 其가 두 번 나오는데, 其는 己(자기)의 뜻이고; 以는 以爲(라고 여기다)의 뜻이다. 王叔岷, 182頁, 주4 참조.

116) 成玄英(성현영: 608-669)에 따르면, 羿(예)는 옛날에 활을 잘 쏘던 사람이다. 郭慶藩, 199쪽, 주4 참조.

117) 陳碧虛(陳景元, 1035-1094)의 『莊子闕誤』에는, 張君房(11세기)본에 인용한 다섯 글자: 「吾之自寤邪?」를 추가함. 王叔岷, 183쪽, 주11 참조.

[魯有兀者叔山無趾,[118)] 踵見仲尼.[119)]]

중니가 말했다.

“자네가 신중치 못해서 과거에 이미 이렇게 우환을 당했는데, 비록 지금 [나를] 찾아왔어도 [내가] 어떻게 해 줄 수 있겠는가?”

[仲尼曰: “子不謹, 前旣犯患若是矣.[120)] 雖今來, 何及矣!”]

무지가 말했다.

“제가 힘쓸 일을 알지 못했으므로 제 몸을 경솔하게 놀리다가 발을 잃게 되었습니다. 지금 제가 온 것은 발보다 존귀한 것[덕]이 있다고 보기 때문입니다. 저는 그것을 온전하게 하는 데 힘쓰고 싶습니다. 하늘은 덮어주지 않는 것이 없고, 땅은 실어주지 않는 것이 없으나, 저는 선생님을 [무한한 포용력을 갖춘] 하늘과 땅 같다고 생각했는데, 어찌 선생님께서 이와 같은 [말씀하실] 줄 알았겠습니까?”

[无趾曰: “吾唯不知務而輕用吾身,[121)] 吾是以亡足. 今吾來也, 猶有尊足者存焉, 吾是以務全之也. 夫天無不覆, 地無不載, 吾以夫子爲天地, 安知夫子之猶若是也!”]

공자가 말했다. “내가 어리석었구려. 선생께서는 어째서 들어오시지 않습니까? 제가 들은 바를 말씀드리겠습니다.”

---

118) 成玄英(608-669)에 따르면, 叔山은 자이다. 郭慶藩, 202쪽, 주1 참조.

119) 踵(종)은 至(이르다)이다. 王叔岷,184頁, 주1 참조.

120) 謹(근: 경계하다)은 謹愼(근신)이다. 犯은 遭(조: 일을 당하다)이다. 王叔岷, 185頁, 주2 참조.

121) 唯는 以와 같다. 王叔岷, 上同, 주3 참조.

[孔子曰: "丘則陋矣. 夫子胡不入乎? 請講以所聞!"]

[그러나] 무지는 그냥 나가버렸다.

[无趾出.]

공자가 말했다. "제자들아, 힘써 노력해라! 무지는 발가락이 잘린 사람인데도 학습에 힘써서 과거 행동의 잘못을 보충하려 하는데, 하물며 사지가 멀쩡한 사람들은 말할 나위 있겠는가."

[孔子曰: "弟子勉之! 夫無趾, 兀者也, 猶務學以複補前行之惡, 而況全德[122]之人乎!"]

무지가 노담老聃에게 말했다. "공구孔丘는 지인至人으로 (보자면) 아직 안 되겠지요? 그는 어째서 빈번하게 선생님께 배우러 오는 것입니까? 그는 기이하고 황당한 명망을 추구하는 사람입니다. 잘 모르겠지만 지인至人은 그것을 자기를 (옭아매는) 차꼬나 수갑으로 여기지 않습니까?"

[无趾語老聃曰: "孔丘之於至人, 其未邪?[123] 彼何賓賓以學子爲[124]? 彼且蘄以諔詭幻怪之名聞,[125] 不知至人之以是爲己桎梏邪?"]

---

122) 이때의 德은 道德의 의미가 아니라, 生命力이 온전한 경우, 생명적 에너지가 충일한 경우이다.

123) 其는 猶(아직, 오히려)와 같다. 王叔岷, 185頁, 주9 참조.

124) 賓賓(빈빈)은 頻頻(빈빈: 자주)과 같다. 王叔岷, 186頁, 주10; 爲는 어조사로 耶(야: 어조사)와 같은 뜻이다. 崔大華, 197쪽, 주2 참조.

125) 成玄英(608-669)의 疏에 의하면, 蘄(기)는 求이다. 諔詭(숙궤), 俶詭(숙궤), 淑詭(숙궤)는 弔詭(조궤), 즉 奇異(기이)와 같다. 王叔岷, 186頁, 주11 참조.

노담이 말했다. “왜 삶과 죽음은 한 가지이고 옳음과 그름이 일관된 것임을 그가 알도록 하지 않았는가? [그랬더라면] 그의 질곡을 풀어주는 일이 혹 가능했을까?”

[老聃曰: “胡不直使彼以死生爲一條,[126] 以可不可爲一貫者?[127] 解其桎梏, 其可乎?”[128]]

무지가 말했다. “하늘이 벌을 내린 것인데, 어찌 풀어줄 수 있겠습니까?”

[无趾曰: “天刑之, 安可解!”]

▶ 5-4:

노魯 애공哀公이 중니仲尼에게 물었다. “위衛나라에 못생긴 사람이 있는데 애태타哀駘它라 합니다. 그와 함께 있어 본 사내들은 (그를) 사모하여 떠나려 하지 않고, 여인네가 그를 보면 ‘다른 사람의 처가 되느니 그분의 첩이 되겠다.’ 라고 부모에게 간청하는 이가 수십 명에 그치지 않습니다. 그가 먼저 주장하는 것을 들어보지 못했고 늘 남들에게 화답할 따름입니다. [그가] 군주의 자리에 있어서 사람들을 죽음에서 구해준 것도 아니고, 곡식을 쌓아놓고 사람들을 배부르게 한 것도 아니며, 또한 못생겨서 세상을 놀라게 할 뿐이며, 화답하기만 하고 주장하지는 않고, 지식은 사방을 넘어서지 않는데도 남편감과 여자들이 이제 (그) 앞으로 몰려드니, 이분은 반드시 이인異人일 것입니다. 과인이 (그

126) 可는 옳음의 의미뿐 아니라 가능의 의미도 지니고 있다. 따라서 이 구절은 ‘가능과 불가능’으로 번역이 가능하다. 역자 주해.

127) 者는 邪(사: 어조사)와 같다. 王叔岷, 187頁, 주14 참조.

128) 其는 或과 같다. 王叔岷, 上同, 주15 참조.

를) 불러서 보니, 과연 (못생긴 형상이) 천하를 놀랍게 할 정도였습니다. 과인과 함께 한지 몇 달이 안 되었는데, 과인은 그 사람됨에 관심을 두게 되었고 일 년도 되지 않아서 그를 신뢰하게 되었습니다. (마침) 나라에 재상이 없어서 과인이 그에게 국가 경영을 맡기니, (그가) 무덤덤하니 (명확한) 대답이 없고, 범범하게 대답했습니다. 과인은 부끄러웠지만 끝내 그에게 나라를 맡겼습니다. (그리고) 얼마 되지 않아 (그는) 과인을 떠나버렸으니, 과인은 뭔가 모자란 듯 허전하며 이 나라에 더불어 즐거워할 사람이 없어진 것 같습니다. 그는 어떤 사람입니까?"

[魯哀公問於仲尼曰: "衛有惡人焉, 曰哀駘它. 丈夫與之處者, 思而不能去也. 婦人見之, 請於父母曰: '與爲人妻, 寧爲夫子妾' 者, 十數而未止也. 未嘗有聞其唱者也, 常和人而矣. 无君人之位以濟乎人之死, 无聚祿以望人之腹.[129] 又以惡駭天下, 和而不唱, 知不出乎四域,[130] 且而雌雄合乎前,[131] 是必有異乎人者也. 寡人召而觀之, 果以惡駭天下. 與寡人處, 不至以月數,[132] 而寡人有意乎其爲人也; 不至乎期年, 而寡人信之. 國無宰, 寡人傳國焉. 悶然而後應, 氾而若辭.[133] 寡人醜乎, 卒授之國. 无幾何也, 去寡人而行, 寡人邮焉,[134] 若有亡也, 若无與樂是國也. 是何人者也?"]

---

129) 朱駿聲(주준성: 1788-1858)에 의하면, 望은 萬과 같다. 王叔岷, 188頁, 주6 참조.

130) 四域은 四方이다. 曹礎基, 80頁 주11 참조.

131) 且而는 今乃와 같고, 雌雄(자웅)은 남편과 부인이다. 王叔岷, 上同, 주8 참조.

132) 以는 乎와 같다. 王叔岷, 189頁, 주10 참조.

133) 後는 不과 같다. 奚侗(시동: 1878-1939)에 의하면, 「氾而若辭」는 마땅히 「氾若而辭」가 되어야 함. 氾(범)과 泛(핍)은 통용되니, 氾若(범약)은 泛然(핍연)과 같다. 王叔岷, 189頁, 주14 참조.

134) 邮(휼)은 마땅히 卹(휼)이다. 卹焉(휼언)은 卹然(휼연)이니 少貌이다. 王叔岷, 上同, 주16 참조.

중니가 말했다. "제가 일찍이 초楚나라에 사신으로 가다가 마침 죽은 어미(의 젖을 빠는) 돼지새끼들을 본 적이 있습니다. 조금 있다 [그들은] 놀라서 모두 어미를 버려두고 달아났습니다. [어미가] 자기들과 같음을 보이지 않으니 같은 부류가 아니라는 것입니다. 어미에게 사랑이 가는 것은 몸뚱이가 아니고 그 몸을 부리는 것[정신]을 사랑한 것입니다. 전쟁터에서 죽은 사람은 [관이 없기에] 관에 대한 장식 없이 (떠나) 보내며, 월형刖刑을 받은 사람은 [발이 없기에] 신발에는 애착하지 않으니, (이는) 모두 그 바탕이 없기 [때문]입니다. 천자의 궁녀들은 [몸을 온전하게 하려고] 손톱도 깎지 않고 귀에 구멍을 뚫지도 않습니다. [남자는] 아내를 얻으면 바깥에 머무르며 다시는 (집안의) 일을 하지 않게 됩니다. 몸이 온전한 사람도 이렇게 하는데, 하물며 덕이 온전한 사람은 어떻게 해야겠습니까! 지금 애태타哀駘它는 아무 말 하지 않았는데도 믿음이 가고, 공을 세운 적이 없는데도 사랑을 받으며, 남이 자기 나라를 주면서도 오히려 혹 (그가) 안 받을까 걱정을 합니다. 이런 사람은 (하늘에서 받은) 재질이 온전하여 덕이 (밖으로) 드러나지 않는 사람입니다."

[仲尼曰: "丘也嘗使於楚矣, 適見㹠子食於其死母者.135) 少焉眴若,136) 皆棄之而走. 不見己焉爾, 不得類焉爾.137) 所愛其母者, 非愛其形也, 愛使其形者也.138) 戰而死者, 其人之葬也不以翣資.139) 刖者之屨, 無爲愛之. 皆無其本矣. 爲天子之諸御:140) 不爪翦,141) 不穿耳. 取妻者止於外,

---

135) 㹠(돈)은 豚(돈: 돼지)이고, 食은 뜻이 飮(마시다)과 같다. 王叔岷, 190頁, 주2 참조.

136) 眴(현)은 恂(순)과 통하니, 驚(경: 놀람)의 뜻이다. 王叔岷, 191頁, 주3 참조.

137) 已는 以와 같으니, 以는 似(사: 같음)와 같다. 似와 類가 통한다. 王叔岷, 191頁, 주4 참조.

138) 郭慶藩(곽경번: 1844–1896) 注에, 使形者(몸을 부리는 것)는 精神이다. 王叔岷, 192頁, 주5 참조.

139) 翣(삽)은 棺(관)의 장식품이고, 資는 送(송: 보냄)이다. 『莊子譯注』, 53頁, 주3 참조.

不得復使.[142] 形全猶足以爲爾,[143] 而況全德之人乎! 今哀駘它未言而信, 無功而親, 使人授己國, 唯恐其不受也, 是必才全而德不形者也."]

애공이 물었다. "자질이 온전하다는 것은 무슨 말입니까?"
[哀公曰: "何謂才全?"]

중니가 대답했다. "삶과 죽음, 보존과 상실, 영달과 곤궁, 빈부, 현명함과 어리석음, 비난과 명예, 배고픔과 목마름, 추위와 더위는 현상의 변화이고 운명의 운행입니다. 이것들은 밤낮으로 서로 갈마들 뿐 [우리의] 지능으로는 [그것들의] 시작을 알아볼 수 없습니다. 따라서 [이것들이 마음의] 조화를 혼란스럽게 할 수 없고, 마음에 들어올 수도 없습니다. 이것들은 [우리 마음을] 화평하고 안일하게 하며, 잘 통하여 기쁨을 잃지 않게 해야 합니다. 밤낮으로 쉼 없이 사물들과 함께 밀려가니, 이는 마음에서 사물과 합하여 변화하는 것입니다. 이것이 자질이 온전한 것입니다."

[仲尼曰: "死生、存亡、窮達、貧富、賢與不肖、毁譽、飢渴、寒暑, 是事之變, 命之行也. 日夜相代乎前, 而知不能規乎其始者也.[144] 故不足以滑和,[145] 不可入於靈府.[146] 使之和豫, 通而不失於兌.[147] 使日夜無郤, 而與物爲

140) 諸御는 궁녀이다. 『莊子譯注』, 上同, 주5 참조.
141) 爪翦(조전)은 翦爪(전조)가 도치된 것이다. 王叔岷, 192-3頁, 주9 참조.
142) 取(취)는 娶(취: 아내를 맞다)의 의미이다. 使는 事이다. 王叔岷, 193頁, 주10 참조.
143) 爲爾는 如此와 같다. 王叔岷, 上同, 주11 참조.
144) 規는 窺(규: 엿보다)이다. 『莊子譯注』, 54頁, 주1 참조.
145) 滑(골)은 汨(골)과 통하니, 亂이다. 和는 조화이다. 『莊子譯注』, 上同, 주2 참조.
146) 成玄英(608-669)의 疏에 의하면, 靈府(영부)는 心(마음)이다. 王叔岷, 194頁, 주17 참조.
147) 兌(태)는 悅(열: 기뻐하다)의 의미이다. 崔大華, 203頁, 주2 참조.

春,[148] 是接而生時於心者也.[149] 是之謂才全."]

(애공이 말했다.) "덕은 드러나지 않는다는 것은 무슨 말입니까?"
["何謂德不形?"]

(중니가 말했다.) "물처럼 평평한 것이 정지靜止의 최상의 상태입니다. 그것이 기준이 될 수 있는 것은, 안으로 (청명淸明함을) 가짐으로 밖이 (외물에 의해) 흔들리지 않기 때문입니다. 덕은 조화[和]를 기르는 것입니다. 덕이 드러나지 않는 사람에게는 사물들이 그로부터 떠나가지 않는 법이지요."
[曰: "平者, 水停之盛也. 其可以爲法也,[150] 內保之而外不蕩也. 德者, 成和之脩也.[151] 德不形者, 物不能離也."]

애공哀公이 어느 날 민자건閔子騫에게 말했다. "처음에 과인은 남면南面하여 천하를 통치함에 백성의 기강을 붙잡고서 그들의 죽음을 걱정하며, 과인은 자신을 완벽하다고 생각했네. 과인은 지금 (공자와 같은) 지인의 말을 들으니, 과인은 실적은 없고 자기 몸을 가볍게 놀려서 나라를 망치지 않을까 걱정이 되네. 과인과 공자는 군신 관계가 아니라 같이 덕을 닦는 친구 사이이네."
[哀公異日以告閔子;曰:[152] "始也吾以南面而君天下, 執民之紀而憂其

148) 奚侗(시동: 1878-1939)에 의하면, 郤(극)은 閒隙(한극: 틈, 한가)의 가차이고, 章炳麟(짱빙린: 1869-1936)에 의하면, 春은 推(추)의 뜻이다.

149) 郭慶藩注에, 「順四時而俱化」(네 계절에 순응하며 함께 변화한다.)라 했고, 接은 合이다. 王叔岷, 195頁, 주20 참조.

150) 其는 此와 같다. 王叔岷, 196頁, 주21 참조.

151) 成和는 겹친 말이니, 成 또한, 和이다.

死, 吾自以爲至通矣. 今吾聞至人之言, 恐吾無其實, 輕用吾身而亡其國. 吾與孔丘, 非君臣也, 德友而已矣."]

▶ 5-5:

발은 휘어지고 몸은 구부정하고 입술이 없는 이가 위衛 영공靈公에게 유세를 하니 영공이 기뻐했다. 온전한 사람을 보니, 그의 목은 (너무) 가늘고 작았다. 커다란 혹이 달린 사람이 제齊 환공桓公에게 유세하니 환공이 기뻐했다. 온전한 사람을 보니, 그의 목은 (너무) 가늘고 작았다. 그러므로 덕이 뛰어나면 몸 따위는 잊게 되는 것이다. 사람들이 잊고 있는 것[形 몸]을 잊을 뿐만 아니라, 사람들이 잊고 있는 것[德]까지 잊고 있다면, 이것은 '진짜 잊어버림' 이다. 그러므로 성인은 [집착 없이] 노닌다. [그는] 지식을 군더더기로, 약속을 [사람을 묶는] 아교로, (작은) 이득[德]을 (사람들과) 접촉하는 것으로, 기교를 장사하는 것으로 여긴다. 성인은 [아무것도] 꾀하지 않으니 지식을 어디에 쓰겠는가? 베어내지 않는데 아교를 어디에 쓰겠는가? (천성天性을) 잃지 않았는데, 은덕을 어디에 쓰겠는가? 화물貨物이 없으니 장사 솜씨를 어디에 쓰겠는가? 이 네 가지는 자연의 양육이다. 자연의 양육이란 자연이 먹여 살린다는 말이다. 이미 자연으로부터 받아먹고 있는데 또한 인위가 무슨 소용 있겠는가? [성인은] 사람의 몸을 가지고 있지만 (사람의) 성정性情은 없다. 사람의 몸이 있기에 (사람과) 무리를 짓는다. (그러나) 사람의 성정性情이 없기에, 그러므로 [세상의] 옳고 그름이 그에게 미칠 수 없다. 참으로 작구나 [성인이] 사람들 속에 있으니! 정말 위대하구나 [성인이] 홀로 자연의 덕을 이루고 있으니!

---

152) 成玄英(608-669)에 따르면, 閔子騫(민자건)은, 성은 閔, 이름은 損(손), 자가子騫이며, 공자의 제자이다. 郭慶藩, 216쪽, 주1 참조.

[闉跂支離無脤說衛靈公, 靈公說之.[153] 而視全人, 其脰肩肩;[154] 甕盎大癭說齊桓公,[155] 桓公說之, 而視全人, 其脰肩肩. 故德有所長, 而形有所忘. 人不忘其所忘,[156] 而忘其所不忘, 此謂誠忘. 故聖人有所遊,[157] 而知爲孼, 約爲膠, 德[158]爲接,[159] 工爲商.[160] 聖人不謀, 惡用知? 不斲,[161] 惡用膠? 無喪, 惡用德? 不貨, 惡用商? 四者,[162] 天鬻也. 天鬻者, 天食也. 旣受食於天, 又惡用人! 有人之形, 无人之情. 有人之形, 故羣於人. 无人之情, 故是非不得於身. 眇乎小哉, 所以屬於人也! 謷乎大哉, 獨成其天!]

▶ 5-6:

혜시가 장자에게 물었다. "사람은 본래 인정이 없는가?"

장자가 대답했다. "그렇다네."

혜시가 물었다. "사람인데 무정하다면, 어떻게 사람이라고 말할 수 있는가?"

---

153) 闉(인)은 曲(곡: 굽다)이고, 跂(기)는 企(기: 발꿈치를 들다)이다. 闉跂支離는, 발은 항상 구부려 걷고 몸은 바르지 못하고 구부정한 모양이다. 脤(진)은 脣(순: 입술)과 같다. 說은 悅(열: 기쁨)이다. 王叔岷, 197頁, 주1 참조.

154) 脰(두)는 頸項(경항: 목)이고, 肩肩(견견)은 가늘고 작은 모양이다. 陳鼓應, 179頁, 주2 참조.

155) 甕盎(옹앙)은 큰 혹이다. 盎(앙)은 盎(앙: 동이)와 같다. 王叔岷, 198頁, 주3 참조.

156) 不자는 不但이니, 又(또)이다. 王叔岷, 上同, 주5 참조.

157) 遊는 집착하지 않는 것이다. 집착하면 잊을 수 없다. 王叔岷, 上同, 주6 참조.

158) 洪頤煊(홍이훤: 1765-1837)에 의하면, 孼(얼: 서자)은 蘖(얼: 움, 군더더기)과 통한다. 王叔岷, 198頁, 주7 참조.

159) 德은 작은 혜택을 베풂이고, 接은 삶과의 접촉이다. 陳鼓應, 179頁, 주6 참조.

160) 工은 工巧(재주 좋음)로 장사꾼의 행위이다. 陳鼓應, 180頁, 주7 참조.

161) 斲(착: 깎다)은 斫(작: 베다)의 異體字이다. 『莊子譯注』, 55頁, 주3 참조.

162) 네 가지는 不謀, 不斲, 無喪, 不貨를 말함. 崔大華, 210頁, 주4 참조.

장자가 대답했다. "도道가 모습을 부여하고, 하늘이 몸을 주었으니, 어찌 사람이라고 부를 수 없겠는가?"

[惠子謂莊子曰: "人故无情乎?" 163)]

[莊子曰: "然."]

[惠子曰: "人而无情, 何以謂之人?"]

[莊子曰: "道與之貌, 天與之形, 惡得不謂之人?"]

혜시가 물었다. "사람이라고 말한다면, 어떻게 무정할 수 있는가?"

장자가 대답했다. "그것은 내가 말하는 인정이 아니네. 내가 무정하다고 말하는 것은, 사람이 좋아함과 싫어함 때문에 속으로 자신을 해치지 않으니, 항상 자연을 따르며 삶에 (무엇을) 보태지 않는다는 것이네."

[惠子曰: "旣謂之人, 惡得无情?"]

[莊子曰: "是非吾所謂情也. 吾所謂无情者, 言人之不以好惡內傷其身, 常因自然而不益生也."]

혜시가 물었다. "삶에 보태지 않는다면, 어떻게 몸을 보존할 수 있는가?"

장자가 대답했다. " '도道' 가 모습을 부여하고 하늘이 몸을 주었으니, 좋고 싫음으로써 속으로 자신을 해치지 말게! 지금 자네는 정신을 밖으로 쏠리게 하고 [자네의] 정신을 수고롭게 하며, 나무에 기대어 읊조리거나 오동나무에 기대어 졸고 있으니, 하늘이 자네의 몸을 갖추어 주었는데도 자네는 견백堅白 이론이나 떠들고 있으니, [서글프도다]!"

163) 故는 固(본래)와 통함. 王叔岷, 201頁, 주1 참조.

[惠子曰: "不益生, 何以有其身?"]

[莊子曰: "道與之貌, 天與之形, 无以好惡內傷其身. 今子外乎子之神, 勞乎子之精, 倚樹而吟, 據槁梧而瞑,[164] 天選子之形,[165] 子以堅白鳴!"]

---

164) 여러 古書에 梧자 위에 槁자가 없다. 王叔岷, 202頁, 주9 참조.

165) 選은 撰과 같으니, 具(갖춤)이다. 王叔岷, 上同, 주10 참조.

6. 대종사(大宗師)

편명: 대종사大宗師는 도道를 스승[師]으로 삼는다는 뜻인데, 그 스승을 대종大宗, 즉 큰 우두머리로 한다는 말이다. 이 편에서는 내성內聖의 도道를 내세워 천인天人을 두루 합치고[泯合], 삶과 죽음을 갈라놓아서[冥絕] 좌망坐忘에 도달하고, 도와 합일合一하는 뜻을 스승으로 받듦을 말하고 있다. 장자는 자연과 인위를 이해한 사람을 진인眞人으로 본다. 사람은 몸뚱이[形體]에 묶이지 말고, 마땅히 자연과 대도大道와 흐름을 같이 하고, 자연에서 생명을 찾아야 함을 말한다. 정신이란 영원히 민멸泯滅될 수 없으니, 육체의 죽음을 잊어버리고 도道의 경지에 들기를 장자는 바라고 있다.

▶ 6-1:

자연[天]이 하는 일을 알고 사람이 할 바를 알면 지극한 것이다! 자연이 하는 일을 아는 사람은 자연[天]처럼 [억지 없이 자연스럽게] 살아간다. 사람이 할 바를 아는 사람은 그의 지식이 아는 바를 가지고 그의 지식이 헤아리지 못하는 것[자연성]을 길러내어 제 명을 다 살며, 중도에 요절하지 않는 것이니, 지극한 지식이다. 그렇지만 문제가 있다. 안다는 것은 의지하는 것이 있은 다음에야 꼭 맞게 되는 것인데, 의지해야 할 것이 다만 확정되지 않았다. 그러니 내가 말하는 자연[天]이 인위[人]가 아님을 어찌 알 수가 있겠는가? 이른바 '인위'가 어찌 '자연'이 아님을 알 수가 있겠는가? 진인眞人이 있고 난 뒤에야 진지眞知[참된 지식]가 있는 것이다.

[知天之所爲, 知人之所爲者, 至矣! 知天之所爲者, 天而生也. 知人之所爲者, 以其知之所知以養其知之所不知, 終其天年而不中道夭者, 是知之盛也. 雖然, 有患: 夫知有所待而後當,[166] 其所待者特未定也.[167] 庸詎知吾所天之非人乎? 所謂人之非天乎? 且有眞人而後有眞知.]

진인眞人은 무엇인가? 옛날의 '진인'은 (다수에 의지해) 적은 사람들을 업신여기지 않았고, 성공하여도 뽐내지 않았으며, (작은) 일은 꾀하지도 않았다. 이런 사람은 잘못했다 하여도 후회하지 않고, (일이) 합당해도 스스로 자만하지 않았다. 이러한 사람은 높은 곳에 올라가도 [벌벌] 떨지 않고, 물에 빠졌어도 젖지 아니하며, 불 속으로 들어가도 데지 않는다. 이것은 지식이 도道에 이르러야 이렇게 될 수 있는 것이다.

[何謂眞人? 古之眞人, 不逆寡, 不雄成, 不謨士.[168] 若然者, 過而弗悔, 當而不自得也. 若然者, 登高不慄, 入水不濡, 入火不熱. 是知之能登假於道者也若此.[169]]

---

166) 有所待는 의지하는 바이고, 當은 恰當(흡당: 꼭맞음)이다. 『莊子譯注』, 57頁, 주1 참조.

167) 待는 持의 가차이다. 王叔岷, 206頁, 주5; 特은 不過(다만)이다. 『莊子譯注』, 上同, 주2 참조.

168) 逆은 針對, 對准(맞서다)이고, 雄成은 자기의 성과로 남을 얕잡아봄이다. 謨(모)는 謀(모: 꾀하다)이고, 士는 事의 가차이다. 『莊子譯注』, 58頁, 주 1, 2, 3 참조.

169) 假는 至(이르다)이다. 王叔岷, 208頁, 주13 참조.

옛날의 진인들은 잠을 자더라도 꿈을 꾸지 않았고, 깨어나도 걱정이 없었다. 그들의 음식은 달지 않았으며, 그들의 숨은 깊었다. '진인' 들은 발뒤꿈치로 숨을 쉬고, 보통 사람들은 목구멍으로 숨을 쉰다. 남에게 설복당한 사람들은 목구멍이 장애 받아서 (말을 못 한)다. 재미와 욕망에 깊이 빠진 사람은 자연의 근기根器가 천박하다.

[古之眞人, 其寢不夢, 其覺无憂. 其食不甘, 其息深深. 眞人之息以踵, 衆人之息以喉. 屈服者, 其嗌言若哇.[170] 其耆欲深者, 其天機淺.[171]]

옛날의 진인들은 출생도 기뻐할 줄 몰랐고, 사망도 싫어할 줄 몰랐다. 태어났어도 (삶을) 열었다는 것이 아니요, 죽었어도 (삶을) 닫은 것이 아니었다. (마음이) 흡족하여 (떠나) 가고, 흡족하여 올 따름이다. 자기가 어디서 온 지도 잊어버리고, 어디로 갈 데를 찾지도 않았다. [생명을] 받으면 기뻐하고, 그것을 잃었으면 [자연으로] 다시 되돌아 간 것이다. 이것이 [바로 인간의] 마음으로써 도道를 덜어내지 아니하고, 인위[人]로써 자연[天]을 돕지 않으니, 이것이 진인眞人이다. 이러한 사람은 모든 것을 잊어버리고, 모습은 적연하며, 앞이마는 소탈하다. 쓸쓸하기가 가을과 같고, 따스하기가 봄과 같으니, 기쁨과 노여움의 감정은 사철의 변화와 통하고 만물과 잘 조화되어 그 끝[極]을 알 수가 없다. 따라서 성인은 군사를 일으켜 남의 나라를 멸망시켰어도 그 나라 사람들의 마음을 잃지 않는다. 이익과 은택을 만세에 베풀어 주었어도 사람을 위한 것은 아니다. 따라서 만물들과 즐겁게 소통하는 것이 성인[의 할

170) 成玄英(608-669)의 疏에, 嗌(익)은 喉(후: 목구멍)이고, 哇(왜)는 碍(애: 장애障礙)이다. 哇는 絓(괘: 걸리다)의 가차이다. 絓礙(괘애: 장애)로 통한다. 王叔岷, 208頁, 주17 참조.

171) 耆(기)는 嗜(기: 기호嗜好)와 같고, 天機는 자연의 생기이다. 『莊子譯注』, 58頁, 주 2와 3 참조.

일]이 아니다. 편애하는 것이 인仁은 아니다. 하늘[자연]을 기다리는 것도 현명한 것이 아니다. '이로움과 해로움'이 [결국, 같다는] 사실을 통달하지 못하면 군자君子가 아니다. 명성을 좇아 자신을 잃었으면 선비[士]가 아니다. 몸을 망치고 [자연의] '참된 것(眞)'을 잃었다 하면 남을 부릴 수 없다. 호불해狐不偕, 무광務光,[172] 백이伯夷, 숙제叔齊, 기자箕子, 서여胥餘[아마도 接輿], 기타紀他, 신도적申徒狄 등 이런 사람들은 모두 남의 할 일을 위해서 일을 하였고, 남의 즐거움을 위해서 즐겁게 하였으며, 자신들의 즐거움을 스스로 즐기지 못한 사람들이다.

[古之眞人, 不知說生, 不知惡死. 其出不訢, 其入不距.[173] 翛然而往, 翛然而來而已矣.[174] 不忘其所始, 不求其所終. 受而喜之, 忘而復之, 是之謂不以心損道, 不以人助天. 是之謂眞人. 若然者, 其心忘[175], 其容寂, 其顙頯[176]. 凄然似秋, 煖然似春, 喜怒通四時, 與物有宜, 而莫知其極. 故聖人之用兵也, 亡國而不失人心. 利澤施乎萬世, 不爲愛人. 故樂通物, 非聖人也. 有親,[177] 非仁也. 天時[時天][178], 非賢也. 利害不通, 非君子也. 行名失己, 非士也. 亡身不眞,[179] 非役人也. 若狐不偕, 務光, 伯夷,

---

172) 務光은 瞀光(무광)으로도 쓴다.

173) 章炳麟(짱삥린: 1869-1936)에 의하면, 訢(흔)、距(거)는 뜻이 開(개)、閉(폐)이다. 王叔岷, 210頁, 주2 참조.

174) 翛(소)는 어떤 책에는 儵(숙)이니, 儵儵(숙숙)은 悠悠(유유)와 같으니, 從容自如(마음에 흡족)하는 모습이다. 王叔岷, 210頁, 주3 참조.

175) 志는 아마도 忘의 오기이다.『莊子譯注』, 59頁, 주5 참조.

176) 顙(상)은 '앞이마'이고, 頯(규)는 '질박하여 꾸밈이 없는 모양'의 뜻임. 曹礎基, 90頁, 주11 참조.

177) 親은 偏愛(편애)이다.『莊子譯注』, 上同, 주8 참조.

178) 曹礎基는 이 구절: 天時에서 天을 失의 오기로 보고 있다. 주13 참조; 그러나 王叔岷에 따르면, 天時는 時天으로 바뀌어야 하고, 時는 待로 읽어야 한다. 옛날에는 時와 待가 통용된 것이다. 그러므로 여기서는 王叔岷을 따른다. 王叔岷, 213頁, 주16 참조.

179) 不眞은 失眞이다. 王叔岷, 214頁, 주19 참조.

叔齊, 箕子, 胥餘, 紀他, 申徒狄,180) 是役人之役, 適人之適, 而不自適其適者也.]

옛날 진인들의 태도는 숭고하여 무너지지 않았고, 부족하다고 해도 [무엇을] 받지 않았으며, (마음의) 굳기는 칭찬해 줄만 해도 모가 나지는 않았다. 마음은 활달했으나 부화浮華하지는 않았다. 기쁜 듯 즐거워했고, 일거일동은 어쩔 수 없이 하는 것 같았다. 내심으로 친밀한 것 같았다! 우리 덕에 화합하여 안정하였고, 사납지만 편안하게 해주었다! 뛰어나서 (무엇으로도) 제한할 수 없었다. 한가로이 매우 여유가 있는 듯이 했고, 무심하여서 할 말을 잊은 듯이 했다. 형벌을 몸[體]으로 하고, 예법을 날개로 삼아서는, 지식을 운용함에 계절을 따랐고, 덕德으로 순행하였다. [이들은] 형벌[刑]을 몸으로 보기에 관찰을 명확히 하였다. 예법을 날개로 보기에 [그것들이] 사회에 통용될 수 있었다. 지식의 운용을 계절에 맞게 하니, 그렇게 되지 않을 수 없는 일만을 하는 것이다. (하늘의) 덕을 따라 행하니, 발이 있는 자가 산릉山陵에 오르듯 (쉬운) 일이나, 사람들은 부지런히 걷는 사람만이 오를 수 있다고 여긴다. 따라서 좋아하는 것도 '하나' [서로 같음]요, 좋아하지 않는 것도 '하나' 이다. (자연과 인위는) '하나' 로 보면 '하나' 요, '하나' 로 보지 않아도 서로 '하나'이다. 그는 '하나' 로 보는 것[其一]은 자연[天]과 함께 어울리는 것이요, '하나로 보지 않는 것' [其不一]은 인위[人]와 어울리는 것이다. [이렇듯] '자연

180) 狐不偕(호불해)는, 狐가 姓이고 不偕는 字이다. 요임금 시대의 현인으로 요임금의 선양을 받지 않았고, 황하에 투신하여 죽었다. 務光(무광)은 夏나라 때 사람으로 湯임금이 천하를 선양하자 받지 않고 스스로 돌을 지고, 廬水(여수)에 빠져 죽었다. 紀他(기타)는 탕 임금 때 은둔자로 탕 임금이 무광務光에게 선양하고자 했다는 소식을 듣고 아마도 자기에게도 그럴 것이라 생각하고, 제자와 함께 窾水(관수)에 뛰어들어 죽었다. 그리고 胥餘(서여)는 接輿(접여)이다. 王叔岷, 214頁, 주20 참조.

天' 과 '인위人' 가 서로 이길 수 없음, 이것이 진인眞人이다.

[古之眞人, 其狀義而不朋.[181] 若不足而不承.[182] 與乎其觚而不堅[183]也, 張乎其虛而不華也.[184] 邴邴乎[185]其似喜乎, 崔崔乎[186]其不得已乎. 滀乎[187]進我色也! 與乎止我德也[188]. 厲乎其似世[189]乎, 警乎其未可制也.[190] 連乎其似好閉[191]也, 悗[192]乎忘其言也. 以刑爲體, 以禮爲翼, 以知爲時,[193] 以德爲循.[194] 以刑爲體者, 綽乎其殺也.[195] 以禮爲翼者, 所

181) 狀은 겉모습이 神態이고, 義는 峨(아: 산이 높다)와 통하며, 朋은 崩(붕)과 통하니, 붕괴이다. 『莊子譯注』, 60頁, 주1 참조.

182) 承(승)은 受이다. 王叔岷, 216頁, 주2 참조.

183) 이 구절 '與乎其觚而不堅'에서 與를 擧(거: 들어 올리다), 稱擧(칭거: 칭찬하다)로 읽어야 한다. 그리고 이 구절에서 堅(견)은 아래 구절 '張乎其虛而不華'의 華와 韻이 맞지 않기 때문에 마땅히 觚(고)와 堅(견)의 자리를 바꾸어 마땅히 '與乎其堅而不觚'로 바로 잡아야 한다. 觚는 모[稜角]이다. 曹礎基, 92頁, 주3 참조.

184) 張乎는 넓고 큰 모양이고, 華는 浮華이다. 『莊子譯注』, 上同, 주3 참조.

185) 邴邴(병병)은 기쁜 모양이다. 『莊子譯注』, 上同, 주4 참조.

186) 崔崔乎는 행동을 시작하는 모습이다. 『莊子譯注』, 上同, 주5 참조.

187) 滀(축)은 물이 고요하여 모이는 모습. 『莊子譯注』, 上同, 주6 참조.

188) 이 구절: '與乎止我德也'에서 與는 和; 止는 安의 뜻이다. 曹礎基, 上同, 주8 참조.

189) 이 구절: '厲乎其似世也'에서, 世는 泰[즉 太]와 통한다. 楊柳橋, 117頁, 주28; 厲乎(여호)는 威猛貌(위맹모)이다. 王叔岷, 220頁, 주9 참조.

190) 朱駿聲(주준성: 1788-1858)에 의하면, 警(오)는 傲(오: 거만하다)의 가차이다. 王叔岷, 220頁, 주10 참조.

191) 連連은 徐徐(서서: 천천히 한가로운 모습), 好閉는 好閒(호한: 아주 한가로운 모습). 曹礎基, 上同, 주11 참조.

192) 悗(만)은 無心한 모습이다. 王叔岷, 220頁, 주12 참조.

193) 成玄英(성현영: 608-669)의 疏에 의하면, '運知以應時'(지식을 운용함에 계절에 대응했음)이다. 王叔岷, 221頁, 주14 참조.

194) 循(순: 좇다)은 順行이다. 王叔岷, 上同, 주15 참조.

195) 章炳麟(짱삥린: 1869-1936)에 의하면, 「綽乎其殺」은 문리가 통하지 않는다. 殺은 마땅히 察의 가차이다. 綽(작)은 焯(작: 밝다)의 가차이다. 「綽乎其殺」은 '焯乎其察', 즉 '明乎其察'이다. 王叔岷, 221頁, 주16 참조.

以行於世也. 以知爲時者, 不得已於事也.[196] 以德爲循者, 言其與有足者至於丘也,[197] 而人眞以爲勤行者也. 故其好之也一][198]也. 其弗好之也一也.[199] 其一也一, 其不一也一.[200] 其一與天爲徒. 其不一與人爲徒. 天與人不相勝也, 是之謂眞人.]

▶ 6-2:

죽고 사는 것은 운명이다. 밤과 낮과 같은 불변현상[常]이니, 자연[天]이다. 사람들이 관여할 수 없으니, 모두 만물의 실정이다. 저들[보통 사람들]은 특히 '자연' [天]을 아버지라고 여겨서 몸소 그것을 사랑하는데, 하물며 (더욱) 탁월한 것[도道]은 어떻게 하겠는가! 사람들은 다만 임금을 자기보다 귀하다고 여겨서 몸을 죽기까지 하게 하는데, 하물며 [임금보다 더한] 참된 [도道]야 어떠하겠는가!

[死生, 命也. 有夜旦之常,[201] 天也. 人之有所不得與,[202] 皆物之情也. 彼特以天爲父, 而身猶愛之, 而況其卓乎![203] 人特以有君爲愈乎己, 而身猶死之, 而況其眞乎!]

---

196) 不得已는 그렇게 하지 않을 수 없음[不得不然]이니, 必然이다. 王叔岷, 222頁, 주18 참조.

197) 馬其昶(마치창: 1855-1930)에 의하면, 丘는 丘墟(구허: 언덕)이다. 其는 若과 같다. 王叔岷, 上同, 주19 참조.

198) '一'은 '서로 같음'[相同]의 뜻이다. 曹礎基, 93頁, 주20 참조.

199) 一은 相同이다. 曹礎基, 93頁, 주20 참조.

200) 자연[天]과 인위[人]가 合一이냐 合一이 아니냐를 따질 필요도 없이, 그것은 합하여 하나일 뿐이다. 陳鼓應, 194頁, 주29 참조.

201) 有는 若과 같으니, 若(약)은 猶(유)와 같다. 王叔岷, 224頁, 주2 참조.

202) 與는 參與이다. 王叔岷, 上同, 주3 참조.

203) 卓(탁: 높다)은 卓越(탁월)이다. 『莊子譯注』, 60頁, 주1 참조.

샘물이 말라 물고기들이 서로 땅에 있게 되자, 서로 습기를 뿜어 주고 거품으로 적셔주니, [이는] 강물이나 호수 속에서 서로 잊고 지내던 것보다 못한 것이다. 요堯임금을 기리고 걸桀임금을 비난하는 것보다는 두 사람을 다 잊고 도道에 동화하는 것만 못한 것이다.

[泉涸, 魚相與處於陸, 相呴以濕,[204] 相濡以沫.[205] 不如相忘於江湖. 與其譽堯而非桀也, 不如兩忘而化其道.[206]]

자연은 우리에게 형체[몸]를 주었고, 삶으로 우리를 수고롭게 하였고, 늙음으로 우리를 편안하게 하였고, 죽음으로써 우리를 쉬게 하였다. 따라서 우리의 삶을 잘 사는 일이 바로 우리의 죽음을 잘 하는 일이다. 배를 골짜기에 숨기고, 어망漁網을 호수 속에 숨겼으면, 튼튼하게 [감춘] 셈이다! 그러나 밤중에 힘센 사람이 그것을 업고 달아나도 잠자는 사람은 그것을 모른다. 작은 것을 큰 것에 감추어 적절했으나 오히려 잃어버릴 수가 있다. 천하天下를 천하에 감춘다면 잃어버릴 것이 없으니, 이것이 만물의 실정이다. 단지 사람의 몸을 만났다고 해서 오히려 그것을 기뻐한다. [그러나] 사람의 몸이라도 수천수만 가지로 바뀌니, 그런 즐거움이라면 다 셀 수 있을까! 그러므로 성인聖人은 잃어버릴 수 없는 경지[즉 道]에서 노니는 것이다! 요절하든 오래 살든, 잘 시작했든 잘 끝냈든, (많은) 사람들이 오히려 (그것을) 흉내 내고자 하나, 하물며 만물의 생성변화를 결정하는 (도道)는 또한 더 말해 무엇 하겠는가!

[夫大塊載我以形,[207] 勞我以生, 佚我以老, 息我以死.[208] 故善吾生者,

---

204) 呴(구)는 煦(후: 불다)이다. 王叔岷, 225頁, 주7 참조.

205) 濡(유: 적시다)는 濕潤(습윤: 젖어서 질척함)이다. 陳鼓應, 196頁, 주6 참조.

206) 其는 於와 같다. 王叔岷, 上同, 주8 참조.

207) 馬其昶(마치창: 1855-1930)에 의하면, 大塊(대괴)는 自然이다. 王叔岷, 226頁, 주9 참조.

乃所以善吾死也. 夫藏舟於壑藏, 山[209]於澤, 謂之固矣. 然而夜半有力者負之而走, 昧者不知也.[210] 藏小大有宜, 猶有所遯.[211] 若夫藏天下於天下, 而不得所遯. 是恆物之大情也. 特犯[212]人之形, 而猶喜之. 若人之形者, 萬化而未始有極也,[213] 其爲樂可勝計邪! 故聖人將遊於物之所不得遯而皆存. 善夭[214]、善老、善始、善終, 人猶效之. 又況萬物之所係, 而一化之所待乎!]

▶ 6-3:

도道는 (객관적으로) 내용[實]이 있고, 믿음성[信]이 있으나, 함도 없고[無爲] 형체도 없으니[無形], (의미를) 전할 수 있으나 (직접) 줄 수는 없고, (마음으로) 터득할 수 있으나 (눈으로) 볼 수는 없다. 스스로 (만물의) 근본이 되어, 하늘과 땅이 (아직) 없을 때 예부터 진실로 존재하였다. 귀신[鬼]도 신령스럽게 만들고 하느님[帝]도 신령스럽게 만들고, 하늘을 낳고 땅도 낳았다. 태극太極보다 먼저 있었으나 (자신을) 높다고 보지 않았다. (천지의) 육극六極[4방향과 상하] 아래에 있으면서도 깊다(고 보지 않았고), 하늘과 땅보다 오래 되었으면서도 오래 되지 않았고, 태고보다 오래 되었어도 늙지 않았다. 희위씨豨韋氏가 이것[道]을 얻어서 천지를 개

---

208) 佚(일)과 逸(일)은 통용되고, 息은 休息이다. 王叔岷, 上同, 주10 참조.

209) 俞樾(유월: 1821–1907)은 山은 마땅히 汕(산: 오구, 漁網)으로 읽어야 한다고 말한다. 王叔岷, 226頁, 주12 참조.

210) 昧(매)는 寐(매: 잠자다)와 통한다. 『莊子譯注』, 61頁, 주4 참조.

211) 遯(둔)은 遁(둔: 달아나다)과 통하니, 달아남이다. 『莊子譯注』, 上同, 주5 참조.

212) 犯은 遇, 즉 遭(조: 일을 당하다)와 같다. 王叔岷, 228혈, 주16 참조.

213) 萬化 위에 千變이 생략되었다고 보아야 한다. 『列子』, 「周穆王」 편에, 「千變萬化不可窮極.」이 나온다. 王叔岷, 229頁, 주17 참조.

214) 夭(요)는 少(소: 幼年)로 읽어야 한다. 王叔岷, 上同, 주20 참조.

벽할 수 있었고, 복희씨伏羲氏는 이것을 얻어서 원기元氣의 근원[道]과 합치하였고, 북두北斗의 별들은 이것을 얻어서 오랫동안 [궤도를] 바꾸지 않았고, 해와 달은 이것을 얻어서 오랫동안 [운행을] 쉬지 않았으며, 감배堪坏[곤륜산의 山神]는 이것을 얻어 곤륜崐崙산에 들어갔으며, 풍이馮夷[河伯]는 이것을 얻어 큰 강물[黃河]에서 노닐었으며, 견오肩吾는 이것을 얻어서 태산泰山에서 살았으며, 황제黃帝는 이것을 얻어서 구름 위 하늘에 올랐으며, 전욱顓頊[玄帝]은 이것을 얻어서 현궁玄宮[北方宮]에 살았으며, 우강禺强은 이것을 얻어서 북극北極에 설 수 있었으며, 서왕모西王母는 이것을 얻어서 소광少廣산에 앉아 있으니, 그의 처음도 끝도 알 수가 없으며, 팽조彭祖[800년 장수한 사람]는 이것을 얻어서 위로는 우虞[舜임금] 때에 미치었고 아래로는 오패五霸[春秋시대]에 미치었으며, 부열傅說은 이것을 얻어서 [은殷나라] 무정武丁임금의 재상이 되어 홀연히 천하를 다스리다가, [죽어서는] 동유東維별에 올라타고 기미箕尾별을 말 타듯 하다가 [별이 되어] 다른 별들과 나란히 있게 되었다.

[夫道, 有情有信,[215] 无爲无形, 可傳而不可受, 可得而不可見.[216] 自本自根, 未有天地, 自古以固存. 神鬼神帝,[217] 生天生地. 在太極之上, 而不爲高. 在六極之下,[218] 而不爲深. 先天地生, 而不爲久. 長於上古而不爲老. 狶韋氏得之, 以挈天地;[219] 伏戲得之, 以襲氣母;[220] 維斗得之, 終古不忒;[221]

---

215) 情은 實이다. 즉 객관적으로 존재하는 것이다. 曹礎基, 96頁, 주1 참조.

216) 受는 授(수: 주다)와 통하고, 得은 心得, 마음으로 깨달음이다. 曹礎基, 上同, 주2 참조.

217) 여기서 神은 동사로 쓰여, 神靈(신령)스럽게 함이다. 曹礎基, 上同, 주5 참조.

218) 六極은 天地의 四方과 上下를 말한다. 曹礎基, 上同, 주7 참조.

219) 朱駿聲(주준성: 1788-1858)에 의하면, 挈(설)은 契(결: 맺다)의 가차이다. 王叔岷, 232頁, 주7; 曹礎基, 挈(설)은 여기서 開闢(개벽)의 뜻이다. 96頁, 주8 참조.

220) 郭慶藩에 의하면, 襲(습)은 合이고; 氣母는 元氣의 母이니, 道이다. 郭慶藩, 248頁, 주8 참조.

日月得之, 終古不息; 堪坏得之, 以襲[222]崑崙; 馮夷得之,[223] 以遊大川; 肩吾得之, 以處大山;[224] 黃帝得之, 以登雲天;[225] 顓頊得之, 以處玄宮;[226] 禺强得之, 立乎北極;[227] 西王母得之,[228] 坐乎少廣, 莫知其始, 莫知其終; 彭祖得之, 上及有虞, 下及五伯; 傅說得之,[229]以相武丁, 奄有天下, 乘東維, 騎箕尾, 而比於列星.]

▶ 6-4:

남백자기南伯子綦가 여우女偊에게 물었다. "당신은 나이가 많은데

---

221) 崔譔(최선: 3세기)에 의하면, 終古는 久이고; 忒(특)을 代로 하였으니, 代는 更(고치다)이다. 王叔岷, 233頁, 주9 참조.

222) 襲은 入(들어가다)의 뜻이다. 曹礎基 97頁, 주12 참조.

223) 馮夷(풍이)는 河伯이다. 王叔岷, 上同, 주11 참조.

224) 司馬彪(?-306)에 의하면, 肩吾(견오)는 山神으로 죽지 않아서, 孔子 시대에 이르렀다. 大山은 泰山이다. 王叔岷, 234頁, 주12 참조.

225) 成玄英(성현영: 608-669)의 疏에 의하면, 黃帝는 荊山(형산) 아래에서 鼎(정: 솥)을 주조하니, 龍이 내려와서 黃帝를 맞이하였는데, 그는 마침내 신하와 궁녀들 72인을 데리고서, 대낮에 구름을 타고서 龍을 부리며 하늘에 올라가서 신선이 되었다고 한다. 王叔岷, 上同, 주13 참조.

226) 李頤(이이: 1541-1501)에 의하면, 顓頊(전욱)은 帝高陽氏이고, 玄宮은 北方宮이다. 王叔岷, 235頁, 주14 참조.

227) 禺强(우강)은 北海神이다. 王叔岷, 上同, 주15 참조.

228) "少廣(소광)은 서쪽 끝의 산 이름이다. 王母(왕모)는 太陰(태음)의 요정[精]이다. 표범 꼬리에 호랑이 이빨을 하고 잘 웃는다. 순舜임금 때 사신을 시켜, 옥환玉環을 보내왔고, 漢武帝 때에는 청도靑桃를 보내왔다. 용모는 십육칠 세의 여자 같고, 매우 단정하며, 늘 서쪽의 少廣 산에 살고 있으며, 생사[윤회를] 다시 하지 않는다. 따라서 그의 처음과 끝을 알 수 없다.", 郭慶藩, 250頁, 주17 참조.

229) 부열傅說은 원래 부암傅岩땅에서 성벽을 쌓는데 동원된 노예였으나, 은殷나라 임금 무정武丁(즉 高宗)이 재상으로 발탁한 은나라 현신이다. 그는 죽은 뒤에 그의 정신이 하늘에 올라가서 말을 타고 가다가 별이 되어, 두 별자리: 동유東維와 기미箕尾 사이에 있는 여러 별과 나란히 있게 되었다. 郭慶藩, 上同, 주19 참조.

얼굴빛이 마치 젖먹이처럼 [싱싱하니] 어떻게 된 일입니까?”

[여우가] 대답했다. “나는 도를 들었기 때문이네.”

남백자기가 물었다. “제가 도를 배울 수 있습니까?”

[여우가] 대답했다. “아아, 안 되네! 자네는 [도를 배울] 그런 사람이 못되네. 복량의卜梁倚는 성인이 될 재능은 [갖추고] 있었지만, 성인의 도는 없었네. 나는 성인의 도는 있으나 성인의 재능은 없어서, 나는 그를 가르쳐서 그가 거의 성인이 되기를 바랐었네! 그렇지 않다면, 성인의 도로 성인의 재능을 [갖춘 이에게] 일러주기는 쉬워서 나는 오히려 [도를] 지키면서 그에게 일러주었네. 삼일이 지나자 [그는] 천하를 잊어버릴 수 있었네. 이미 천하를 잊어버리니, 나는 또한 도를 지키면서 [그를 가르쳤네]. 칠일이 지나자 [그는] 사물들도 [다] 잊어버렸네. 이미 사물들을 잊어버리니, 나는 또한 도를 지키면서 [그(복량의)를 가르쳤네]. 9일이 지나자 [그는 자기] 심성心性도 잊어버렸네. 이미 심성을 잊어버리니, 그 뒤에 [마음이] 청명하고 통철洞徹[朝徹]하게 되었네. 밝게 통철한 뒤에 [절대적인] 도道를 볼 수 있었고, 도를 본 뒤에야 고금古今의 [시간적 제한]을 초월할 수 있었고, 고금의 [시간적 제한]을 초월한 뒤에야 죽음도 없고 삶도 없는 [경지에] 들어갈 수 있었네. 삶을 죽이는 것[도道]은 죽지 않네, 삶을 살게 하는 것[도道]은 살지도 않네. 도道라는 것은, [만물을] 보내지 않음이 없고 맞아들이지 않음이 없으며, 부수지 않음이 없고 이룩하지 않음이 없네. 이를 이름 하여 혼란 속의 안정[영령攖寧]이라 하네. 혼란 속의 안정은 혼란이 있은 다음에 이루어지는 것이네.”

[南伯子葵230)問乎女偊曰:231) “子之年長矣, 而色若孺子, 何也? 曰:

---

230) 成玄英(성현영: 608-669)은 “규葵는 마땅히 기綦라 해야 하니, [이것은] 글자의 오류”라 했고, 李頤(이이: 1541-1601)는 “규葵는 마땅히 기綦라 해야 하니, [이것은] 소리의 오류”라 했다. 그리고 成玄英은 “「人間世」에서는 南伯子綦라 했고, 「齊物論」에

"吾聞道矣."232) 南伯子葵曰: "道可得學邪?" 曰: "「惡! 惡可! 子非其人也.233) 夫卜梁倚有聖人之才而无聖人之道,234) 我有聖人之道而无聖人之才,235) 吾欲以教之, 庶幾其果爲聖人乎! 不然, 以聖人之道告聖人之才, 亦易矣, 吾猶守而告之.236) 參日而後能外天下,237) 已外天下矣, 吾又守之, 七日而後能外物, 已外物矣,吾又守之, 九日而後能外生.238) 已外生矣, 而後能朝徹239). 朝徹, 而後能見獨,240) 見獨, 而後能无古今, 无古

서는 南郭子綦라 했는데, 伯은 郭과 소리가 비슷하여 서로 통한다. [그러므로] 「人間世」 편의 설이 마땅하다."라고 했다. 이렇게 본다면 '葵는 綦'라 해야 하고 그것은 李頤의 견해대로 '소리의 오류'라고 해야 한다. 왜냐하면, 成玄英은 伯字와 郭字도 소리를 풀고 있기 때문이다. 그리고 南伯子葵도 그의 견해대로 南伯子綦로 푸는 것이 낫다. 王叔岷 237頁, 주1 참조.

231) 女偊(여우)는 도를 터득한 인물로 우화에 가탁한 가공적 인물이다. 여기서 偊는 踽(우)와 같은 글자로 곱사등이를 말한다. 일설에는 여자라고도 한다. 陳鼓應 185頁, 주2; 우偊는 여러 판본에서 유孺(젖먹이)로 쓰고 있다. 王叔岷 237頁, 주1 참조.

232) 「人間世」에서는, "귀로써 듣지 말고 마음으로 들으며, 마음으로써 듣지 말고 氣로써 듣는다. 氣라는 것은 (마음을) 텅 비고 사물을 기다리는 것이다. 오직 道는 텅 빔을 모은다[唯道集虛]."라고 했다. 王叔岷, 238頁, 주2 참조.

233) '子非其人也'는 '당신은 道를 배울 수 있는 그런 사람이 아니다.'이다. 曹礎基, 98쪽 주3 참조.

234) 李頤에 의하면, 변량卜梁은 姓이고 이름은 의倚이다. 王叔岷 238頁, 주4 참조.

235) 成玄英은, "텅 비고 담박虛淡한 것이 道가 되고, 智가 명민明敏을 쓰면 才가 되는데, 卜梁은 外用의 才는 있으나 내응內凝의 道가 없고, 여우女偊는 虛淡의 道는 있으나 明敏한 재능이 없으니, 각자가 한쪽으로 몰려서, 아직 通美가 없다."라고 말한다. 郭慶藩, 253頁, 주2 참조.

236) 守는 잠시도 떨어지지 않는[不離] 것으로 말한다. 王叔岷 238쪽, 주6 참조.

237) 外는 遺忘과 같다. 王叔岷, 上同, 238頁, 주7 참조.

238) 生은 生死의 生이 아니고, 性의 가차이다. 外生은 자기의 心性을 망각함이다. 개인의 心性에는 是非好惡가 있는데, 이것들은 天道가 용납하지 않으니, 마땅히 버릴 수밖에 없다. 曹礎基 99頁, 주9 참조.

239) 朝徹(조철)은 明達과 같다. 王叔岷 238쪽 주10; 朝徹은 마음의 淸明洞徹함이다. 陳鼓應, 203頁, 주5 참조.

今, 而後能入於不死不生. 殺生者不死, 生生者不生. 其爲物, 无不將也, 无無迎也, 无不毁也, 无不成也. 其名爲攖寧.241) 攖寧也者, 攖而後成者也."]

남백자기가 말했다. "당신은 어디서 이런 것을 들었습니까?"

[여우가] 대답했다. "글자[文字]의 아들에게서 들었는데, 글자의 아들은 암송暗誦의 손자에게서 들었고, 암송의 손자는 '신명神明하고 통철洞徹함' [첨명瞻明]에게서 들었으며, '신명하고 통철함' 은 '귀에 대고 속삭임' [섭허聶許]에게서 들었고, '귀에 대고 속삭임' 은 '들은 것을 실천함' [수역需役]에게서 들었으며, '들은 것을 실천함' 은 '(도의 아름다움을) 노래함' [오구於謳]에게서 들었고, '(도의 아름다움을) 노래함' 은 '심원하고 적막함' [현명玄冥]에게서 들었으며, '심원하고 적막함' 은 '(도를 깨달아) 텅 비고 적막함' [삼료參寥]에게서 들었고, '(도를 깨달아) 텅 비고 적막함' 은 '시작 같으면서 시작 아님[道]' [의시疑始]에게서 들었네."

[南伯子葵曰: "子獨惡乎聞之?"242) 曰: "聞諸副墨之子, 副墨之子聞諸洛誦之孫,243) 洛誦之孫聞之瞻明,244) 瞻明聞之聶許, 聶許聞之需役, 需

240) 陳鼓應은 見獨을 "독립하여 대립이 없는 도를 보는 것"이라 했다. 또한 "道를 絶對無待"라고 했다. 陳鼓應 185쪽, 주6; 獨은 道이다. 『莊子譯注』, 63頁, 주6 참조.

241) 郭象(곽상: 252-312)은, "만물과 하나가 되는 자는 사물이 얽히면 역시 얽히되, 처음부터 고요함을 잃지 않는다."라고 했고, 成玄英은 "영攖은 어지럽게 움직이는[擾動] 것이고, 寧은 고요함[寂靜]"이라 했다. 그리고 陸長庚(육장경: 1573-1620)은 "세상의 어지러움 속에서 커다란 안정을 이룬다."고 했다. 그러므로 여기서는 세상은 늘 어지럽게 변화하는 것임을 인정하여, 그러한 상황 속에서도 마음의 고요를 잃지 않는 것으로 보는 것이 타당하다. 王叔岷 240頁, 주17 참조.

242) 獨은 乃와 같다. 王叔岷, 240頁, 주1 참조.

243) 成玄英의 疏에 의하면, 諸는 之이고, 副는 副貳, 즉 副本이다. 墨은 翰墨(文章書畫)이다. 翰墨은 文字이다. 문자를 통하여 알은 것이다. 郭慶藩, 256頁, 주1; 臨本은 베껴 쓴 책이고, 背文은 背誦이니 洛誦(반복적으로 誦讀)이다. 陳景元(碧虛, 1025-1094)에

役聞之於謳, 於謳聞之玄冥, 玄冥聞之參寥, 參寥聞之疑始."[245)]

▶ 6-5:

자사子祀, 자여子輿, 자리子犁, 자래子來, 이 네 사람이 모여 이야기 하였다. "누가 무無를 머리로 삼고, 삶을 척추로 여기고, 죽음을 항문으로 여길 수 있겠는가? 삶과 죽음, 있음[存]과 없음[亡]이 한 가지임을 누가 알겠는가. 우리는 그와 친구가 될 것이네."

네 사람은 서로 쳐다보고 웃었다. 마음에 거슬리는 것이 없어서 마침내 서로 함께 친구가 되었다. 잠깐 사이에 자여子輿가 병이 드니 자사子祀가 문병 가서 말하였다. "대단하군, 조물주의 힘이여! 자네를 이렇게 구부정하게 만들다니!"

허리는 휘어지고, 등뼈는 밖으로 튀어나오고, 오장五臟은 위쪽으로 붙었고, 턱은 배꼽에 감추어지고, 어깨가 머리끝보다도 높고, 목뼈는 (혹 같은데) 하늘을 향해 있고, 음과 양의 기가 어지러워졌으나 그의 마음은 한가로워 아무 일도 없는 것과 같았다. 뒤뚱뒤뚱 걸어가 우물에 자신을 비추어보고 말하였다. "아아, 조물주가 나를 이토록 구부러지

의하면, 副墨은 教典이고, 洛誦은 習誦이다. 王叔岷, 上同, 주2 참조.

244) 이이李頤(1541-1601)에 의하면, 첨명瞻明은 神明洞徹이다. 郭慶藩, 256頁, 주3 참조.

245) 앞에서 언급한 여덟 명은 모두 의미에 비추어서 가탁한 이름들이다. 이러한 순서는 아마도 가깝고 얕은 데에서 멀고 깊은 경지로 이르는 도를 배우는 과정을 擬人的으로 나타낸 것 같다. 부묵副墨은 문자 혹은 책이고; 낙송洛誦은 [그러한 책을] 익히고 암송하는 것이며(王叔岷 240頁, 주2); 첨명瞻明은 이치를 밝게 보는 것이고; 聶許는 귀에 대고 하는 사사로운 말을 듣는 것이며; 需役은 들은 것을 실천 하는 것이고(陳鼓應 187頁, 주15 참조); 於謳는 於의 音은 烏(오)이며 [도의 아름다움을] 노래하는 것이며, 玄冥은 [도를 형용한 말로] 심원하고 적막한 것[深遠幽寂], 王叔岷, 240頁, 주5 참조; 參寥는 [도를 형용한 말로] 깨달아 텅 비고 적막한 것이다(曹礎基 100쪽, 주8 참조). 그리고 疑始는 처음 같으면서도 처음이 아닌 [자연의 도]를 말하는 것이다. 王叔岷 241頁, 주6 참조.

도록 만들었구나!"

[子祀、子輿、子犁、子來, 四人相與語曰: "孰能以无爲首, 以生爲脊, 以死爲尻? 孰知死生存亡之一體者? 吾與之友矣!" 四人相視而笑, 莫逆於心, 遂相與爲友. 俄而子輿有病, 子祀往問之, 曰: "偉哉! 夫造物者, 將以予爲此拘拘也!"[246] 曲僂發背,[247] 上有五管, 頤隱於齊, 肩高於頂, 句贅指天.[248] 陰陽之氣有沴,[249] 其心閒而无事. 跰䠱而鑑於井,[250] 曰: "嗟乎! 夫造物者又將以予爲此拘拘也!"[251]]

자사子祀가 말하였다. "자네는 싫은가?"

[자여가] 대답했다. "아니. 내 어찌 싫어하겠나? 만약에 조화의 작용이 점점 더 커져서 내 왼팔을 변화시켜 닭으로 만들어 준다면, 나는 사람들에게 새벽이나 알려주겠네. 만일 조화의 작용으로 내 오른팔을 화살로 만들어 준다면, 나는 그것으로 올빼미라도 잡아서 구워 먹도록 할 것이고, 조화의 작용으로 인해 나의 궁둥이가 수레바퀴로 만들어지고 정신을 변화시켜 말로 만들어 준다면, 나는 그것을 타고 다닐 것이네. 어찌 따로 수레를 찾겠는가? 또한 [생명을] 얻는 것도 [한] 때요, 잃는 것은 순명順命하는 것이네. 그러니 [살았을] 때에 편안하고 [죽음에] 순

246) 아마도 予는 子자의 착오인 것 같다. 이것은 子祀가 子輿의 병의 상태를 묻는 말이다. 王叔岷, 243頁, 주3 참조.

247) 곡루曲僂는 구부러진 허리이고, 發背는 등뼈가 밖으로 노출됨이다. 『莊子譯注』, 64頁, 주6 참조.

248) 이이李頤(1541-1601)에 의하면, 구췌口贅는 항추項椎(목 뼈)인데, 생김이 췌贅(혹)와 같다. 王叔岷, 244頁, 주5 참조.

249) 곽상郭象(252-312)에 의하면, 려沴는 능란陵亂(잡탕으로 질서 없음)이고, 시동奚侗(1878-1939)에 의하면, '氣相傷'이다. 陳鼓應, 209頁, 주9 참조.

250) 변선跰䠱은 편선蹁躚이니, 바르게 걷지 못함이다. 王叔岷, 245頁, 주7 참조.

251) 又는 乃와 같다. 王叔岷, 245頁, 주8 참조.

명하면, 슬픔이나 즐거움은 끼어들 수가 없네. 이것이 옛사람이 말하는 '걸린 것이 없음' [縣解]이네. (그러나) 스스로 해방하지 못했다면 외물이 또한 묶어놓은 것이네. 누구도 자연[天]을 이길 수 없음은 오래된 일이니, 내가 또한 어찌 싫어하겠는가?"

[子祀曰: "女惡之乎?" 曰: "亡.[252] 予何惡? 浸假而化予之左臂而爲鷄, 予因以求時也. 浸假而化予之右臂以爲彈,[253] 予因以求鴞炙. 浸假而化予之尻以爲輪, 以神爲馬, 予因以乘之, 豈更駕哉! 且夫得者, 時也; 失者, 順也. 安時而處順, 哀樂不能入也. 此古之所謂縣解也.[254] 而不能自解者, 物有結之.[255] 且夫物不勝天久矣, 吾又何惡焉!"]

잠깐 사이 자래子來가 병이 나서 숨을 가쁘게 쉬면서 죽어가고 있었다. 그의 처자들은 그를 둘러싸고 울었다. 마침 자리子犁가 문병 가서, 말하였다. "아, 물러서시오! 조화의 작용에 놀라지 마시오!"

그리고 (그는) 방문에 기대어 서서 말하였다. "대단하네, 조화[의 힘]이여! 장차 자네를 무엇으로 만들려 하는 것일까? 자네를 어디로 가게 하려는 것일까? 자네를 쥐의 간으로 만들려는 것일까, 벌레의 어깨로 만들려는 것일까?"

자래가 말했다. "부모가 자식에게 동서남북 (어느 방향으로 가라고 하면, 자식은) 명령을 따를 뿐이네. 음양이 인간(에게 미치는 영향)은 부모와 다르지 않네! 음양이 나에게 죽음을 압박하는데 내가 듣지 않고 내가

---

252) 亡은 無와 통하니, 없음이다. 『莊子譯注』, 65頁, 주1 참조.

253) 浸은 점점漸漸이다. 『莊子譯注』, 上同, 주2 참조.

254) 향수向秀(약227-272)에 의하면, 현해縣解는 걸린 것이 없음이다. 王叔岷, 246頁, 주12 참조.

255) 而는 如와 같고, 有는 又와 같다. 王叔岷, 上同, 주13 참조.

거역한다면, 저 (천지의) 조화造化는 무슨 허물이 있겠나? 대자연은 나에게 몸을 주고, 삶으로써 나를 수고롭게 하고, 늙음으로써 나를 편안하게 하고, 죽음으로서 나를 쉬게 하네. 그러므로 내 삶을 잘 사는 것이 곧 내 죽음을 잘 맞이하는 것이네. 지금 노련한 대장장이가 녹인 쇠를 부어 도구를 만들고자 한다고 하세. 그런데 그 쇳물이 튀어 나서면서, '나는 반드시 막야鏌鋣[名劍의 이름]가 되어야 해!' 라고 말한다면, 대장장이는 이를 상서롭지 못한 쇠라고 생각할 것이네. 지금 어쩌다가 한 번 사람의 형체를 만났는데, '꼭 사람이 되어야 해, 꼭 사람이 되어야 해!' 하고 말한다면, 조물자는 반드시 상서롭지 못한 사람이라고 여길 것이네. 지금 한 번 하늘과 땅을 큰 용광로라 생각하고 조물자를 훌륭한 대장장이라고 생각한다면, 무엇이 된들 안 될 것이 있겠는가!"

[자래子來는 말을 끝내고] 한가롭게 깊이 잠들었다가, 득의한 마음으로 깨어났다.

[俄而子來有病, 喘喘然將死. 其妻子環而泣之. 子犁往問之曰: "叱! 避! 無怛化."256) 倚其戶與之語曰: "偉哉造化! 又將奚以汝爲, 將奚以汝適? 以汝爲鼠肝乎? 以汝爲蟲臂乎?" 子來曰: "父母於子, 東西南北, 唯命之從. 陰陽於人, 不翅於父母!257) 彼近吾死而我不聽,258) 我則悍矣,259) 彼何罪焉!260) 夫大塊載我以形, 勞我以生, 佚我以老, 息我以死. 故善吾生者, 乃所以善吾死也. 今之大冶鑄金, 金踊躍曰: '我且必爲鏌鋣!' 大冶必以爲不祥之金. 今一犯人之形, 而曰: '人耳人耳!' 夫造化者, 必以爲

---

256) 성현영成玄英(608-669)의 疏에 의하면, 질叱은 야단치는 말이고, 달怛은 탄憚이니, 경驚(놀라다)이다. 王叔岷, 247頁, 주3 참조.

257) 시翅는 시啻(뿐만 아니라)이다. 『莊子譯注』, 65頁, 주5 참조.

258) 彼는 造化이고, 近은 迫이고, 而는 如이다. 王叔岷, 248頁, 주7 참조.

259) 한悍은 한捍(저항하다)과 같으니 저抵이다. 王叔岷, 上同, 주8 참조.

260) 위의 '彼近吾死' 의 彼와 이곳은 같으니, 彼는 造化이다. 王叔岷, 上同, 주9 참조.

不祥之人. 今一以天地爲大鑪, 以造化爲大冶, 惡乎往而不可哉!" 成然寐,[261] 蘧然覺.[262])]

▶ 6-6:

자상호子桑戶, 맹자반孟子反, 자금장子琴張, 이 세 사람이 서로 친구가 되어서 말을 하였다.

"누가 서로 사귀는데 무심無心에서 나오며, 서로 도우면서 표가 나지 않을 수 있을까? 누가 사물 밖에서 초연할 수 있으며, 무극無極에서 뛰놀며, 서로 삶도 잊은 채 끝이 없을 수 있을까?"

세 사람은 서로 쳐다보며 웃고, 마음에 거슬림이 없자, 마침내 서로 친구가 되었다.

[子桑戶, 孟子反, 子琴張, 三人相與友,[263] 曰: "孰能相與於无相與,[264] 相爲於无相爲?[265] 孰能登天遊霧,[266] 撓挑无極,[267] 相忘以生, 无所終窮?" 三人相視而笑, 莫逆於心, 遂相與友.[268]]

고요히 잠시 후에 자상호가 죽었고, 아직 장례는 치르지 않았다.

---

261) 成然은 한가롭게 깊이 잠든 모습이고, 매寐는 잠들음이다. 『莊子譯注』, 65頁, 주6 참조.

262) 거蘧는 自得(득의한 마음)한 모양이다. 曺礎基 103頁, 주20 참조.

263) 카나야 오사무金谷治(1920-2006)에 의하면, 앞 장의 예: 「四人相與語曰」를 따라서, 友는 語의 오기이다. 陳鼓應, 213頁, 주2 참조.

264) 「相與於无相與」는, 서로 사귀나 자연에서 나옴을 나타냄이다. 陳鼓應, 214頁, 주3 참조.

265) 「相爲於无相爲」는, 서로 도우나 形跡을 드러내지 않음을 나타냄이다. 陳鼓應, 上同, 주4 참조.

266) 登天遊霧는 정신이 사물 밖에서 노님을 나타냄이다. 陳鼓應, 上同, 주5 참조.

267) 撓挑無極은, 無極에서 뛰놀음이다. 陳鼓應, 上同, 주6 참조.

268) 宋나라 판본에는, 相與 밑에 爲자가 있다. 王叔岷, 251頁, 주3 참조.

공자가 이 소식을 듣고 자공子貢으로 하여금 가서 시중들게 하였다. [가서 보니] 어떤 이는 만가輓歌를 짓고 있고, 어떤 이는 거문고를 뜯으면서 서로 목소리를 맞추어 노래하며 말하였다. "아, 오라, 상호여! 아, 오라, 상호여! (그대는) 이미 그대의 진실로 돌아갔는데, 우리만 아직 사람이로구나!"

자공이 급히 앞으로 나아가서 말했다. "주검 앞에서 노래하는 것이 예禮입니까?"

두 사람은 서로 쳐다보고 웃으며 말하였다. "이 사람이 어찌 예禮의 뜻을 알겠나!"

자공이 돌아와 공자에게 이렇게 고하였다. "저들은 어떤 사람들입니까? 예의는 닦은 적이 없고, 자신의 몰골을 전혀 잊어버리고 주검 앞에서 노래하며 얼굴빛이 변하지 않으니, 뭐라 이름 지을 수 없네요. 그들은 어떤 사람들입니까?"

공자가 말하였다. "그들은 이 세상 밖에서 노니는 사람들이고, 나는 이 세상 안에서 노니는 사람이네. 밖과 안은 서로 미치지 못하는 곳인데 나는 자네를 조상하러 보냈으니, 내가 모자랐던 것이네! 그 사람들은 또한 조물자造物者와 짝이 되어 천지자연의 한결같은 기운[一氣]에서 노니네. 저들은 삶을 [거추장스럽게] 붙어 있는 혹부리로, 죽음을 종기가 터져나가는 것으로 생각하네. 또한 [저들이] 생사生死의 좋고 나쁨[先後]의 소재를 어찌 알겠는가! [저들은] 특수한 물류[異物]를 빌려서 한 몸[同體, 즉 도의 측면]을 취합聚合을 하네. 간과 쓸개를 안중에 두지 않고 자기의 이목耳目(의 욕구)을 잊고 사는 것이네. [삶의] 시작과 끝이 반복하지만, 그 단서는 모르네. 망연히 속세 밖에서 방황하며, (할 일 없는) 무사無事의 처음[始]에서 소요하고 있으니, 저들은 또한 정신 사납게 세속의 예禮를 지키며 그것을 세상 사람들의 이목耳目에 보여주겠는가!"

[莫然有間,[269] 而子桑戶死. 未葬. 孔子聞之, 使子貢往待事焉.[270] 或編曲,[271] 或鼓琴, 相和而歌曰: "嗟, 來! 桑戶乎! 嗟, 來! 桑戶乎! 而已反其眞, 而我猶爲人猗."[272] 子貢趨而進曰: "敢問, 臨尸而歌, 禮乎?" 二人相視而笑曰: "是惡知禮意?" 子貢反以告孔子, 曰: "彼何人者邪? 脩行无有,[273] 而外其形骸, 臨尸而歌, 顔色不變. 无以命之.[274] 彼何人者邪?" 孔子曰: "彼遊方之外者也, 而丘遊方之內者也. 外內不相及, 而丘使女往弔之, 丘則陋矣! 彼方且與造物者爲人,[275] 而遊乎天地之一氣, 彼以生爲附贅縣疣,[276] 以死爲決疣潰癰. 夫若然者, 又惡知死生先後之所在? 假於異物, 託於同體. 忘其肝膽, 遺其耳目, 反覆終始, 不可端倪.[277] 芒然彷徨乎塵垢之外, 逍遙乎无爲之業,[278] 彼又惡能憒憒然爲世俗之禮,[279] 以觀衆人之耳目哉!"[280]]

---

269) 시동奚侗(1878-1939)에 의하면, 莫然은 漠然이다. 王叔岷, 251頁, 주4; 漠然有間은 「寂漠無言而有頃」(고요히 말없고, 잠시 후에)이다. 陳鼓應, 214頁, 주7 참조.

270) 宋나라 판본에는, 待가 시侍(모시다)이다. 王叔岷, 252頁, 주5 참조.

271) 천치텐陳啓天(1893-1984)에 의하면, 편곡編曲은 만가輓歌(죽은 사람을 애도하는 노래)를 짓는 것이다. 陳鼓應, 上同, 주9 참조.

272) 王引之(1766-1834)에 의하면, 의猗는 혜兮(어조사)이다. 王叔岷, 上同, 주9 참조.

273) 「脩行无有」는, 禮儀를 닦지 않음이다. 陳鼓應, 215頁, 주13 참조.

274) 최선崔譔(3세기)과 이이李頤(1541-1601)에 의하면, 命은 名이다. 王叔岷, 253頁, 주13 참조.

275) 人은 우偶(짝)이다. 王叔岷, 254頁, 주16 참조.

276) 우肬는 우疣(사마귀)인데, 우肬는 췌贅(혹)이다. 작은 것이 우肬이고, 큰 것이 췌贅이다. 王叔岷, 上同, 주18; 縣은 현懸(매달다)이다. 우疣는 유瘤(혹)이다. 『莊子譯注』, 65頁, 주7 참조.

277) 단예端倪는 단서端緖와 같다. 王叔岷, 255頁, 주23 참조.

278) 無爲는 無事이다. 유월兪樾(1821-1907)에 의하면, 「無事之業」은 「無事之始」이다. 王叔岷, 255頁, 주24 참조.

279) 궤궤憒憒는 번란煩亂(정신 사납게)이다. 陳鼓應, 216頁, 주20 참조.

280) 觀은 시示(보이다)이다. 王叔岷, 255頁, 주25 참조.

자공이 말하였다. "그러면 선생님은 어떤 방법에 의지하십니까?"

공자가 말하였다. "나는 자연[天]으로부터 벌 받은 사람이네. 비록 그러하나, 나는 이제 자네와 함께 그것[도道]을 지향하고자 하네."

자공이 말하였다. "그 방도가 무엇입니까?"

공자가 말했다. "물고기는 서로 물에서 만나고, 사람은 서로 도道에서 만나네. 물에서 만나는 것은 못[池]을 파야만 살아갈 수 있으나, 도道에서 만나면 아무 일 없이 심성心性이 충족되는 것이네. 따라서 '물고기들은 강물에서 서로 잊고, 사람들은 도술道術에서 서로 잊고 산다.' 라고 말하네."

자공이 말하였다. "기인畸人[별난 사람]이란 무엇입니까?"

[공자가] 말하였다. "'기인' 이란 '인간 세상[人]' 에는 별나지만, '자연 세계[天]' 와 합일하는 것이네. 따라서 '자연 세계' 의 소인小人은 인간 세상의 군자君子이고, 인간 세상의 군자는 자연 세계의 소인일세."

[子貢曰: "然則夫子何方之依?" 孔子曰: "丘, 天之戮民也. 雖然吾與汝共[281]之." 子貢曰: "敢問其方." 孔子曰: "魚相造乎水, 人相造乎道.[282] 相造乎水者, 穿池而養給, 相造乎道者, 无事而生定.[283] 故曰: '魚相忘乎江湖, 人相忘乎道術'." 子貢曰: "敢問畸人." 曰: "畸人者, 畸於人而侔於天.[284] 故曰: '天之小人, 人之君子, 人之君子, 天之小人也'."]

---

281) 共은 拱(손으로 붙잡다)과 뜻이 통하니, 向(지향한다)의 뜻이 된다. 曹礎基, 105쪽, 주 3 참조.

282) 造는 조遭(만나다)의 뜻을 빌린 것이다. 楊柳橋, 133頁, 주20 참조.

283) 유월俞樾(1821-1907)에 의하면, 定은 足이며; 왕셴첸王先謙(1842-1917)에 의하면, 生은 性과 통한다. 王叔岷, 256頁, 주5 참조.

284) 기畸는 奇異이고; 모侔는 同이다. 王叔岷.

▶ 6-7:

안회가 공자에게 물었다. "맹손재孟孫才의 어머니가 죽으니 곡哭을 하고 우는데, 눈물은 없고 마음속으로 근심하고 슬퍼하지 않았으며, 상喪을 당해도 애통해 하지 않았으니, 이 세 가지가 없었는데도 [그가] 초상을 잘 치렀다는 [소문이] 노魯나라를 덮었습니다. 원래 이렇게 [슬퍼한] 사실이 없었는데도 [초상을 잘 치렀다는] 명성을 얻을 수 있습니까? 저는 이상합니다!"

공자가 대답했다. "맹손씨는 다했네! 아는 면에서도 다했네! (사람들은 삶과 죽음을) 구별했으나 얻은 것이 없었네, 그[孟孫才]는 이미 분별했던 것이네. 맹손씨는 태어나는 까닭도 모르고 죽는 까닭도 모르면서, 무엇이 삶인지 모르고 무엇이 죽음인지도 모르네. 순명하며 변화[順化]하니, 알 수 없는 변화에 대응하는 것뿐이네! 바야흐로 변화한다면, 변화하지 않는 것을 어찌 알겠으며; 바야흐로 변화하지 않았으면 이미 변화한 [뒤의 일을] 어떻게 알겠는가? 단지 너와 나만이 아마도 꿈에서 아직 깨어나지 못한 이가 아닐까! 또한 그[맹손재]는 [자기] 몸뚱이의 변화에도 마음은 해를 입지 않았고, 그 몸은 변화는 했으나 정기精氣는 소모하지 않았네. 맹손재는 혼자 (잠에서) 깨어나 남이 곡哭을 하면 [그도] 또한 곡을 하였으니, 이것이 곧 그가 합당하다고 여긴 것이네. [세상 사람들은 누구나] 서로 '우리' 라고 말하는데, '우리' 가 '우리라고 말하는 것' 임을 어찌 알겠는가? 또한 자네는 꿈속에서 새가 되어 하늘에 이르기도 하고, 꿈속에서 물고기가 되어 연못 속으로 가라앉기도 하겠지. [그러나] 지금 말하고 있는 것이 [과연] 깨어 있는 것인지 꿈꾸고 있는 것인지 알 수가 없네. 돌연히 쾌적해도 웃음에까지 미치지 못하고, 뚜렷한 웃음은 배척할 수 없으니, 자연의 안배에 맡기어 변화에 따르며, 이에 텅 비인 자연의 도道에 들어가세!"

[顔回問仲尼曰: 孟孫才其母死,[285] 哭泣无涕, 中心不慼[286], 居喪不哀. 无是三者, 以善喪蓋魯國[287]. 固有无其實而得其名者乎? 回壹怪之.[288] 仲尼曰: "夫孟孫氏盡之矣! 進於知矣![289] 唯簡之而不得, 夫已有所簡矣.[290] 孟孫氏不知所以生, 不知所以死; 不知就先, 不知就後.[291] 若化爲物, 以待其所不知之化已乎![292] 且方將化,[293] 惡知不化哉? 方將不化, 惡知已化哉? 吾特與汝其夢未始覺者邪![294] 且彼有駭形而无損心, 有旦宅而无精死.[295] 孟孫氏特覺,[296] 人哭亦哭, 是自其所以乃.[297] 且也相與吾之耳矣,[298] 庸詎知吾所謂吾之乎?[299] 且汝夢爲鳥而厲乎天,[300] 夢

285) 才는 이름이고, 其는 之와 같다. 王叔岷, 258頁, 주1 참조.

286) 척慼은 우憂(근심)이다. 王叔岷, 上同, 주2 참조.

287) 是는 此이다. 그리고 善 아래에 處가 첨가되어야 하며, 蓋는 覆이다. 王叔岷 258-259頁, 주3 참조.

288) 페이쉐하이裵學海에 의하면, 壹은 則과 같다. 王叔岷, 259頁, 주4 참조.

289) 盡, 進은 서로 같은 뜻이다. 進은 盡의 가차이다. 王叔岷, 上同, 주5 참조.

290) 簡은 간柬의 가차이니, 택擇의 의미이다. 擇은 분별이다. 王叔岷, 上同, 주6 참조.

291) 先은 生後이고, 後는 死이다. 就는 숙孰의 오자이다. 王叔岷, 上同, 주7 참조.

292) 若은 順이고, 已는 而已이다. 王叔岷, 260頁, 주8; 그리고 待는 대응[應付]이다. 陳鼓應, 219頁, 주4 참조.

293) 方將은 중복된 말이니, 將 또한 方이다. 王叔岷 260쪽, 주9 참조.

294) 其는 태殆(아마도)와 같다. 王叔岷, 上同, 주10 참조.

295) 해駭는 마땅히 改로 읽어야 함. 古籍에서 모耗(소비)는 모眊로 쓰인다. 旦은 선嬗(바뀌다)의 가차이니, 변화의 뜻이다. 宅은 神의 사舍(집)인데 몸을 가리킨다. 모정耗精을 今本에서 情死라 했다. 陳鼓應, 219頁, 주5와 6 참조.

296) 特覺은 獨覺(혼자 잠에서 깨어나다)이다. 陳鼓應, 上同, 주7 참조.

297) 自는 卽이고, 乃는 의宜자의 의미이다. 王叔岷, 262頁, 주12 참조.

298) 相與 '吾之' : 세상 사람들이 '이것은 나이다.' 라고 말한다. 曹礎基 107頁, 주17 참조.

299) 之는 者와 같다. 王叔岷, 上同, 주14 참조.

300) 성현영成玄英(608-669)의 소疏에 의하면, 여厲는 려戾와 통하고, 戾는 至이다. 王叔岷 261-262頁, 주15 참조.

爲魚而沒於淵. 不識今之言者, 其覺者乎, 其夢者乎? 造適不及笑, 獻笑不及排,[301] 安排而去化,[302] 乃入於寥天一[303]."]

▶ 6-8:

의이자意而子가 허유許由를 보니, 허유가 말했다. "요堯임금은 당신에게 무엇을 가르쳐 주었습니까?"

의이자가 대답했다. "요임금은 저에게 '너는 반드시 몸소 인의仁義를 실천하고 옳고 그름[是非]을 분명하게 구별하라!' 라고 했습니다."

허유가 말했다. "[그런데] 당신은 어찌하여 [이곳으로] 오시게 되었습니까? 요임금은 이미 인의仁義로써 당신에게 묵형墨刑을 가했고, 옳고 그름[是非]으로써 당신에게 코 베는 형벌을 가했습니다. 당신은 어떻게 소요하며 방종하고 거리낌 없이 자득하며 변화하는 경지에서 노닐 수 있겠습니까?"

[意而子見許由.[304] 許由曰: "堯何以資汝?"[305] 意而子曰: "堯謂我, 汝必躬服仁義, 而明言是非"[306] 許由曰: "而奚來爲軹[307]? 夫堯旣已黥汝

301) 造는 졸猝(갑자기)이다, 왕셴첸王先謙(1842–1917)에 의하면, 헌獻은 장章인데, 章은 창彰과 같으니, 현顯(드러나다)이다. 돌연히(猝) 쾌적(適)하나, 笑에는 못 미치고, 뚜렷한 미소이니, 배척할 수가 없음이다. 王叔岷, 263頁, 주17 참조.

302) '安排而去化'는, 자연의 안배에 맡기어 변화에 順任함이다. 陳鼓應, 221頁, 주14 참조.

303) '入於寥天一' 텅 빈 자연의 道에 들어감, 즉 道와 합일함이다. 王叔岷 263–264頁, 주18 참조.

304) 李頤(1541–1601)에 의하면, 의이자意而子는 賢士이다. 王叔岷 264頁, 주1 참조.

305) 資는 방조帮助(도움)로, 그 속에 가르치다는 뜻이 있다. 曹礎基, 108頁, 주2 참조.

306) 服은 實踐이고 明言은 명변明辨(명백히 구별하다)이라는 뜻이다. 曹礎基, 上同, 주3 참조.

307) 而는 汝이고, 지軹는 어조사이다. 王叔岷, 上同, 주2 참조.

以仁義, 而劓汝以是非矣; 汝將何以遊夫遙蕩恣睢轉徙之塗乎?"308)]

의이자가 대답했다. "비록 그러하나, 저는 그 [소요하는] 경계에서 노닐고 싶습니다."

허유가 말했다. "그렇지 않습니다. 장님은 눈썹, 눈과 얼굴의 미모를 감상할 수 없고, 소경은 (예복의) 푸르고 노랗게 수놓은 무늬의 화려함을 감상할 수 없습니다."

의이자가 말했다. "[미인인] 무장无莊이 자기 미색을 (까맣게) 잊고, [장사壯士인] 거량據梁이 자기 힘을 망각하고, 황제黃帝가 자기 지혜를 잊고 있는 것은 모두 이 [천지자연의] 단련 속에서 이루어진 것입니다. [이렇게 본다면] 조물자造物者가 저의 묵형墨刑을 (없애고 다시) 자라나게 하며, 베어진 코를 보완하여 저를 온전하게 만들어 선생님을 따르도록 하는 것이 아니라는 것을 어떻게 알겠습니까?"

허유가 대답했다. "아아, 나는 아직 그렇다는 것을 알 수 없습니다. [이제] 내가 당신을 위하여 그 요점을 말해 주겠습니다. 우리 [만물들의] 스승인 도[天道]여! (그것은) 우리 만물들을 조화시켜도 의義롭다고 보지 않으며, 또 은택을 만세에 베풀어도 어진 일[仁]을 했다고 보지 않으며, 아득한 옛날보다 더 오래 살면서도 늙었다고 생각하지 않고, 하늘과 땅을 감싸고 실어주면서 갖가지 모양을 조각해 내도 기묘한 재주로 생각지 않습니다. 이것이 바로 [도에서] 노니는 것입니다!"

[意而子曰: "雖然, 吾願遊於其藩."309) 許由曰: "不然. 夫盲者無以與

---

308) 요탕遙蕩은 소요逍遙하고 방종함이고, 자휴恣睢는 自得하여 구속 받지 않음이고, 전사轉徙는 변화이다. 陳鼓應, 223頁, 주6 참조.

309) 번藩은 영역이나 경계이다. 위의 '遙蕩恣睢轉徙之塗'를 가리킨다. 曹礎基, 109頁, 주1 참조.

乎眉目顔色之好,[310] 瞽者無以與乎靑黃黼黻之觀."[311] 意而子曰: "夫无莊之失其美,[312] 據梁之失其力,[313] 黃帝之亡其知, 皆在鑪捶之間耳. 庸詎知夫造物者之不息我黥而補我劓,[314] 使我乘成以隨先生邪[315]?" 許由曰: "噫! 未可知也.[316] 我爲汝言其大略. 吾師乎![317] 吾師乎! 齏萬物而不爲義,[318] 澤及萬世而不爲仁. 長於上古而不爲老, 覆載天地、刻彫衆形而不爲巧. 此所遊已!"[319])]

▶ 6-9:

안회顔回가 말했다. "저는 나아졌습니다."

공자가 물었다. "무슨 말이냐?"

[안회가] 말했다. "저는 인의仁義를 잊게 되었습니다."

[공자가] 말했다. "좋다. 그러나 아직 아니다."

다른 날 다시 만나서, (안회가) 말했다. "저는 나아졌습니다."

[공자가] 말했다. "무슨 말이냐?"

---

310) 與는 參與이니, 감상에 참여를 말하며; 好는 美好이다. 曹礎基, 上同, 주2 참조.

311) 보불黼黻은 禮服 위에 수놓은 무늬이고; 觀은 화려함이다. 曹礎基, 上同, 주3 참조.

312) 무장无庄은 고대의 미인이다. 失은 亡과 통하니, 망각이다. 曹礎基, 上同, 주4 참조.

313) 거량據梁은 고대의 力士이다. 曹礎基, 上同, 주5 참조.

314) 식息은 生(생겨나다)이니, 식아경息我黥은 나의 묵형을 (없애고 다시) 자라나게 함이고; 보아의補我劓는 '나의 잘라진 코를 보충해줌'이다. 曹礎基, 上同, 주7 참조.

315) 乘成은 경黥[墨刑]이나 의劓[鼻刑]를 완전하게 회복시킴을 말한다. 張默生, 223頁 참조.

316) 희噫는 意而의 이름을 탄성조로 부르는 것이라는 설도 있다. 王叔岷, 226頁, 주9 참조.

317) 吾師는 天道이다. 曹礎基, 上同, 주10 참조.

318) 제齏萬物은 만물을 調和시킴이고, '不爲義'는 義로 보지 않음이다. 曹礎基, 上同, 주 11 참조.

319) 王叔岷은 이 구절을 "遊心於道"라 했다. 王叔岷 268頁, 주13 참조.

[안회가] 말했다. "저는 예악禮樂을 잊었습니다."

[공자가 말했다.] "좋다. 그러나 아직 아니다."

다른 날 다시 만나, [안회가] 말하였다. "저는 나아진 것이 있습니다."

[공자가] 말했다. "무슨 말이냐?"

[안회가] 말했다. "저는 좌망坐忘을 하게 되었습니다."

공자는 걱정스럽게 되물었다. "좌망이란 어떤 것이냐?"

안회가 대답하였다. "지체肢體를 없는 것으로 보고, 총명지혜를 버리고, 몸을 떠나 심지心智를 내던지고, 대도大道에 통하는 것이 좌망입니다."

공자가 말했다. "[도道]와 같아지면 [한쪽으로] 좋아하는 마음이 없어지고, 변화하면 집착이 없어지네. (자네는) 과연 현명하도다! 나도 또한 자네의 뒤를 좇아가야겠네."

[顏回曰: "回益矣."320) 仲尼曰: "何謂也?" 曰: "回忘仁義矣." 曰: "可矣, 猶未也." 它日,321) 復見, 曰: "回益矣." 曰: "何謂也?" 曰: "回忘禮樂矣." "可矣, 猶未也." 復見, 曰: "回益矣."曰: "何謂也?" 曰: "回坐忘矣."322) 仲尼蹴然曰:323) "何謂坐忘?" 顏回曰: "墮肢體,324) 黜聰明,325) 離形去知,326) 同於大通. 此謂坐忘." 仲尼曰: "同則无好也, 化

---

320) 益은 진보이다. 曹礎基, 109頁, 주1 참조.

321) 최선崔譔(3세기)本에는, 它日이 異日이나, 宋本에는 他日이다. 他는 它의 俗字이다. 王叔岷, 268頁, 주2 참조.

322) 坐忘은 고요히 앉아서 마음을 잊는 것[靜坐而心亡]이다. 「齊物論」의, "南郭子綦隱几而坐, 仰天而噓, 嗒焉似喪其耦."가 坐忘을 구체적으로 보여준다. 曹礎基, 110頁, 주3 참조.

323) 축연蹵然은 거연遽然(걱정스럽게)이다. 王叔岷, 269頁, 주5 참조.

324) 타墮는 휴隳(무너뜨림)와 통하니, 墮肢體는 지체를 없는 것으로 간주함이다. 曹礎基, 上同, 주5 참조.

325) 출黜(물리치다)은 없애는 것이니, 출총명黜聰明은 총명 재지才智를 버리는 것이다. 曹

則无常也.[327] 而果其賢乎! 丘也請從而後也."[328])]

▶ 6-10:

자여子輿와 자상子桑은 친구였다. [어느 날] 장마가 열흘이나 [지속되었다.] 자여는 말하였다. '자상이 아마도 굶주릴 것이야!'

밥을 싸아 가지고 가서 먹이고자 했다. (자여가) 자상의 문 앞에 이르자 [자상이] 노래하는 듯 곡하는 듯이 하며, 거문고를 타며 말하였다.

'아버지일까! 어머니일까! 하늘일까! 사람일까!'

[그는] 소리를 이기지 못하고 시詩를 급박하게 읊었다. 자여가 (집에) 들어가 말했다. "자네 시의 노래가 왜 그런가[서글픈가]?"

(자상이) 말했다. "나는 나를 이렇게 곤궁하게 만든 것을 생각해보았지만 알 수가 없네. 부모님이 어찌 나를 곤궁하게 했겠는가? 하늘은 사사로움 없이 [만물들을] 덮어주고, 땅도 사사로움 없이 실어준다네. 하늘과 땅이 어찌 사사로이 나를 가난하게 했겠는가? 그러나 이런 곤궁에 이르게 한 것은 운명일 것이네!"

[子輿與子桑友, 而霖雨十日. 子輿曰: '子桑殆病矣!'[329] 裹飯而往食之. 至子桑之門, 則若歌若哭, 鼓琴曰: '父邪! 母邪! 天乎! 人乎!' 有不任其聲而趨擧其詩焉.[330] 子輿入, 曰: "子之歌詩, 何故若是?" 曰: "吾思夫

礎基, 上同, 주6 참조.

326) 離形은 몸을 떠남이고, 去知는 心智를 제거함이다. 曹礎基, 上同, 주8 참조.

327) 好는 偏好(한쪽으로 좋아함)이고, 常은 '항상 불변하는 것', 즉 집착이다. 曹礎基, 110頁, 주9, 10 참조.

328) 여기서 而는 너(汝)와 통함.

329) 태殆는 大槪라는 뜻이고, 病은 飢餓를 가리킨다. 曹礎基 111頁, 주2 참조.

330) 任은 勝이다. 추趨는 취趣(빠르다)의 가차이니, 질疾(빠름)이다. 王叔岷, 272頁, 주4 참조.

使我至此極者而不得也.[331] 父母豈欲吾貧哉? 天无私覆, 地无私載, 天地豈私貧我哉? 求其爲之者而不得也.[332] 然而至此極者, 命也夫!"]

331) 極은 困과 같다. 王叔岷, 272頁, 주5 참조.

332) 爲는 使이다. 王叔岷 273쪽, 주7 참조.

7. 응제왕(應帝王)

응제왕應帝王은, 제왕帝王의 천하통치의 문제에 답하는 정치론이다. 무위無爲 정치를 통하여 원시 사회 혼돈상태의 회복을 말하고 있다. 오랜 전란을 겪은 뒤에 사회 안정을 바라는 마음과 투쟁 실패 후 투쟁을 더욱 지속할 수 없는 소극적 반항의 책략이 나타나고 있다.

▶ 7-1:

설결齧缺이 왕예王倪에게[333] 말하여 네 가지를 물으니, [왕예는] 네 가지를 알지 못했다. 설결은 뛰어오르며 크게 기뻐하고, 포의자蒲衣子에게[334] 가서 고하였다.

포의자가 말하였다. "자네는 이제야 알았는가? 순舜임금[有虞氏]은 복희씨伏羲氏[泰氏]에 미치지 못하네. 순임금은 인仁을 품고서 사람들을 결합하고 끌어들이려 하였으니, 또한 인심을 얻었으나, (세속의) '시비是非' 경계는 넘지 못했네. 복희씨는 누워서 자득하는 '모습' 이었고, 깨어서는 우매하여 무지한 모습이었네. 누가 자신을 말이라고 여길 수도 있고, 누가 자신을 소라고 여길 수도 있었지. 그의 앎은 성실하고 믿음

333) 설결齧缺이나 왕예王倪는 모두 「齊物論」 편에 보이는 隱者이다.

334) 포의자蒲衣子는 堯임금 때 인물이다. 曹礎基, 112頁 주3 참조.

직했고, 그의 덕도 진실하여, 남을 그르다고 하는 데는 빠지지 않았네."

[齧缺問於王倪.[335] 四問而四不知.[336] 齧缺因躍而大喜, 行以告蒲衣子.[337] 蒲衣子曰: "而乃今知之乎?[338] 有虞氏不及泰氏.[339] 有虞氏, 其猶藏仁以要人,[340] 亦得人矣,[341] 而未始出於非人.[342] 泰氏其臥徐徐,[343] 其覺于于.[344] 一以己爲馬, 一以己爲牛.[345] 其知情信, 其德甚眞,[346] 而未始入於非人."]

▶ 7-2:

견오肩吾가 미치광이 접여接輿를 만났다.

---

335) 첸무錢穆(1895-1990)에 의하면, 「陳景元(1025-1094)曰: 四問: 一同是. 二所不知. 三物無知. 四利害.」인데, 이것에 의하면, 「應帝王」 편은 「齊物論」 편 뒤에 생긴 것이다. 王叔岷, 275頁, 주1 참조.

336) 「四問而四不知」는 「齊物論」(2-11)편을 보라. 「齊物論」에서, 설결齧缺이 왕예王倪에게 물은 것은 다음 네 가지이다. ① 사물들이 함께 옳은 것[同是]; ② 무엇을 모르고 있음[所不知]; ③ 존재들에 대하여 알 수 없음[物無知]; ④ 이로움과 해로움[利害]에 대한 질문이다. 왕예는 모두 모른다고 답했다. 陳鼓應, 232頁, 주1 참조.

337) 최선崔譔(3세기)에 의하면, 피의被衣는 왕예의 스승이다. 『淮南子』, 「道應」 편에 '齧缺問道於被衣' 이 나온다. 王叔岷, 276쪽, 주2 참고.

338) 而는 너(汝)이고, 乃는 才이다. 曹礎基, 112頁, 주4 참조.

339) 유우씨有虞氏는 순舜이고, 泰氏는 복희씨 伏羲氏이다. 曹礎基, 上同, 주5 참조.

340) 장인藏仁은 '心懷仁義'의 의미이다; 要는 要結(결합)의 의미이다. 曹礎基, 上同, 주6 참조.

341) 得人은 得人心이다. 曹礎基, 上同, 주7 참조.

342) 非人은 타인을 是非한다 이니, 세속의 是非경계를 넘지 모했음을 말한다. 崔大華, 278頁, 주2-1 참고.

343) 徐徐는 편안하여 자득自得한 모양이다. 曹礎基, 上同, 주9 참조.

344) 于于는 우매하여 앎이 없는 모양이다. 曹礎基, 上同, 주10 참조.

345) 一은 或과 같다. 王叔岷, 277頁, 주6 참조.

346) 마치창馬其昶(1855-1930)에 의하면, 情은 實이고; 류스페이劉師培(1884-1919)에 의하면, 誠과 같다. 誠과 實은 같은 뜻이다. 심甚 또한 誠이다. 王叔岷, 277頁, 주7 참조.

미치광이 접여가 말했다. "요즘 점쟁이 중시中始가 당신에게 무엇을 말하던가요?"

견오가 말했다. " '임금이 자기가 법도를 만들면 서민 중에 누가 그것을 듣고서 감화를 받지 않을 수 있겠는가?' 라고 저에게 말했습니다."

접여가 말했다. "이것은 자득한 품성[性]을 그르치는 것이네. 그가 천하를 다스리는 것은 마치 바다를 넘어가서 강(의 흙)을 파내고, 모기에게 산을 짊어지게 하는 것과 같이, (불가능한 일이네.) 성인의 통치가 법도를 밖에다 매단다는 것일까? [자신을] 바로잡은 후에 (타인들의 감화를) 밀고 나가니, [각자] 자기가 할 수 있는 바를 확실히 하게 할 뿐이네. 장차 새들은 높이 날아서 줄을 매어 쏘는 화살의 해害를 피하고, 생쥐들은 사직단社稷壇 밑에 깊이 굴을 파서 [그 속에서] 연기를 마시거나 [굴이] 파헤쳐지는 환난을 피할 줄 아네. 자네는 저 두 벌레만도 못한 것인가?"

[肩吾見狂接輿. 狂接輿曰: "日中始何以語女?"347) 肩吾曰: "告我: 君人者以己出經式義度348), 人孰敢不聽而化諸?"349) 狂接輿曰: "是欺德也.350) 其於治天下也, 猶涉海鑿河, 而使蚊負山也.351) 夫聖人之治也,

---

347) 이이李頤(1541-1601)에 의하면, 日中始가 人名이며 賢者라고 말한다. 王叔岷은 中始를 人名으로 보고, 日은 日者(점쟁이)로 보았다. 王叔岷, 278頁, 주1 참조.

348) 鄭司農(鄭衆, ?-83)에 의하면, 義는 儀로 읽으니, 經、式、義、度가 모두 法度이다. 度人은 庶民이다. 王叔岷, 279頁, 주2 참조.

349) 숙孰은 수誰이고, 化는 敎化를 받음이고, 諸는 어조사이다. 曹礎基, 113頁, 주3 참조.

350) 『呂氏春秋』, 「有度」 편에서, 高誘(?-212)注에 의하면, 欺는 誤이다. 欺德은 '자득한 性을 그르침'(誤)이다. 王叔岷, 279-280頁, 주3 참조.

351) 월해착하越海鑿河는 '큰 것을 버리고 작은 것을 찾는 것' 을 말하고, 여문부산如蚊負山은 '모기가 산을 지닐 수 없듯, 수고를 감당할 수 없음' 을 말한다. 王叔岷, 280頁, 주4 참조.

治外乎?[352] 正而後行,[353] 確[354]乎能其事者而已矣. 且鳥高飛以避矰弋之害, 鼷鼠深穴乎神丘之下, 以避熏鑿之患 而曾二蟲之無知?"[355]]

▶ 7-3:

천근天根이 은殷산의 남쪽에서 노닐다가 요수蓼水가에 이르러 우연히 이름 없는 사람을 만나 [그에게] 물었다. "천하를 다스리는 일을 묻고 싶습니다."

이름 없는 사람이 말했다. "가라! 자네는 비천한 사람이네. 어찌하여 싫증내지도 않고 물어보는가? 나는 바야흐로 조물자造物者와 함께 벗이 되려고 하네. [세상이] 싫어지면 또한 큰 새를 타고서 이 세상의 밖으로 나가 아무것도 없는 데서 노닐고 넓은 들판에 거처하려고 하네. 자네 또한 어느 겨를에 천하를 다스리는 일로 나의 마음을 미혹시킬 수 있겠는가?

[천근이] 재차 물었다.

아무 이름도 없는 사람이 말했다. "너는 마음을 고요한 곳에 노닐게 하고, 기를 맑은 상태와 합하도록 하라. 사물의 스스로 그러함에 따르고 사심이 끼어들지 않게 하라. [그러면] 천하가 다스려질 것이네."

[天根遊於殷陽,[356] 至蓼水之上, 適遭無名人而問焉, 曰: "請問爲天下."

无名人曰: "去! 汝鄙人也. 何問之不豫也?[357] 予方將與造物者爲人,[358]

---

352) 治外에서, 外는 앞에서 말한 '經式義度'이니, 治外는 法度를 밖에 매달음을 가리킨다. 陳鼓應, 234頁, 주5 참조.

353) 正은 正己(자신을 바로 잡음)이고; 行은 推行(밀고 나감)이다. 曹礎基, 113頁, 주7 참조.

354) 혜鼷는 생쥐이고; 深穴은 굴을 깊게 팜이고; 神丘는 社壇이고; 훈熏는 연기이다. 착鑿은 흙을 파냄이다. 曹礎基, 上同, 주8 참조.

355) 曾은 乃이다. 無는 不이다. 知는 如이다. 王叔岷 281頁, 주8 참조.

356) 天根은 인명이고, 은양殷陽은 殷山의 남쪽이다. 曹礎基 114頁, 주1 참조.

厭, 則又乘夫莽眇之鳥,[359] 以出六極之外, 而遊无何有之鄕, 以處壙埌之野.[360] 汝又何帠以治天下感予之心爲?"[361] 又復問. 无名氏曰: "汝遊心於淡, 合氣於漠, 順物自然; 而無容私焉, 而天下治矣."]

▶ 7-4:

양주楊朱가 노담老聃[老子]을 만나 말하였다. "여기에 어떤 사람이 있는데 신속하고 힘이 세며, 일에 능통하여 밝게 알며, 도道를 배우는 데 게으르지 않습니다. 이와 같은 사람은 밝은 왕에 비견될 수 있겠습니까?"

노자가 말했다. "이러한 사람을 성인에 비교한다면, (그는) 재지才知로 시비是非를 쉽게 뒤바꾸고, 기예技藝로 자신을 속박하며, 몸을 수고롭게 하고 마음을 두렵게 만드는 자이네. 또한 호랑이와 표범의 무늬는 사냥을 불러오고, 원숭이 잡는 데는 작살로 찌름을 불러오네. 이러한 자를 밝은 [덕을 지닌] 왕에게 비견할 수 있겠는가?"

양주가 변색이 되어 말하였다. "밝은 [덕을 지닌] 왕의 통치에 대하여, 묻고 싶습니다."

노자가 말하였다. "밝은 [덕을 지닌] 왕의 통치는 공功이 천하를 뒤덮지만 [공이] 자기에게서 나온 것처럼 여기지 않고, 만물을 변화시키고 베풀지만, 백성들은 [그것에] 의지하지 않는 듯이 하며, (그는) 자신의 이름을 드러내지 않고 모든 존재가 스스로 기뻐하게 하며, (자신은) 예측

357) 예豫는 염厭(싫음)이다. 王叔岷 282쪽, 주3 참조.
358) 人은 偶(짝)이다. 王叔岷, 282頁, 주4 참조.
359) 망묘莽眇는 큰 모양이다. 王叔岷, 282쪽, 주5 참조.
360) 광은壙埌은 큰 모양이다. 王叔岷, 282쪽, 주5 참조.
361) 예帠는 가暇(틈, 겨를)이다. 문장 끝의 爲는 乎와 같다. 王叔岷, 283쪽, 주6 참조.

할 수 없는 것에 서 있고 아무것도 없는 곳에서 노닐 뿐이네.”

[陽子居見老聃,[362]曰: “有人於此, 嚮疾彊梁, 物徹疏明,[363] 學道不勧.[364] 如是者, 可比明王乎?” 老聃曰: “是於聖人也, 胥易技係,[365] 勞形怵心者也. 且也虎豹之文來田, 猨狙之便, 執斄之狗[366]來藉.[367] 如是者, 可比明王乎?” 陽子居蹴然[368] 曰: “敢問明王之治.” 老聃曰: “明王之治, 功蓋天下而似不自己,[369] 化貸[370]萬物而民弗恃; 有莫擧名, 使物自喜; 立乎不測, 而遊於无有者也.”]

▶ 7-5:

정鄭나라에 신통한 무당이 있었는데, 계함季咸이라 한다. 사람들이 살 것인지 죽을 것인지, 생존할 것인지 망할 것인지, 화를 당할지 복을 받을지, 장수할지 요절할지를 아는데 어느 해, 어느 달, 어느 순旬, 어

---

362) 成玄英(608-699)의 疏에 따르면 陽子居는 楊朱이다. 陽과 楊은 古通이다. 노담老聃은 老子의 자字이다. 王叔岷, 284頁, 주1 참조.

363) 유월俞樾(1821-1907)에 의하면, 향嚮은 마땅히 향響(울림)이니, 響疾은 빠름이다. 彊梁은 多力이다. 사마표司馬彪(?-306)에 의하면, 物은 事이고, 철徹(통하다)이니, ‘物徹疏明’은 일이 통하여 開明함이다. 王叔岷, 上同, 주2 참조.

364) 권勧은 권倦(피로)과 같다. 王叔岷, 上同, 주3 참조.

365) 마치창馬其昶(1855-1930)에 의하면, 胥易은 才知로써 是非를 멋대로 바꿈이다. 技係는 技藝로 자신을 구속함이다. 王叔岷, 285頁, 주4 참조. 서胥는 재주가 있어 남에게 부림을 당하는 하급 관리이다. 易는 점치는 관리이다. 趙礎基, 115쪽, 주6 참조.

366) 田은 렵獵(사냥)이다. 이斄는 모우牦牛(야크)이다. 「執斄之狗」에서 ‘之狗’는 旁注가 正文에 잘못 삽입된 것 같다. 『淮南子』, 「繆稱」 편에, “虎豹之文來射, 猨狖之捷來措.” 高誘의 注에, 조措는 자刺(찌르다)이다. 자藉(깔개)는 착籍(작살)의 假借이다. 착籍은 자刺이다. 王叔岷, 287쪽, 주5 참조.

367) 자藉는 착籍(작살)이다. 王叔岷, 287쪽, 주5 참조.

368) 蹴然은 變色(얼굴 표정을 바꿈)하는 모양이다. 王叔岷, 287쪽, 주6 참조.

369) 自己는 出於自己(자신에게서 나옴)이다. 『莊子譯注』, 74頁, 주8 참조.

370) 貸는 施의 의미이다. 王叔岷, 288쪽, 주8 참조.

느 날을 알아맞히니 마치 귀신같았다. 정鄭나라 사람들이 [그를] 보고는 모두 도망쳐 달아났다. 열자列子가 [그를] 보고는 심취하여, 돌아와 호자壺子에게 말하였다. "처음에 저는 선생님의 도道가 지극하다고 생각했는데, 지금 또한 [더] 지극한 분이 계신 듯합니다."

호자壺子가 말하였다. "처음에 나는 자네에게 부화浮華한 것만을 허여許與하였고 실질은 쓰지 않았는데, 자네가 이에 도를 터득할 수 있었겠는가? 수놈만 많이 있고 암탉이 없다면 어찌 알을 낳을 수 있겠는가? 자네가 도道를 가지고 세상과 대항하려면 반드시 [자네는] 믿음성[信]이 있어야 하니, 그래야 다른 사람이 자네의 관상을 볼 수 있게 하는 것이네. 시험 삼아 한번 [그 사람과] 함께 오도록 해서 나를 [한번] 보이겠나!"

[鄭有神巫曰季咸, 知人之死生、存亡、禍福、壽夭, 期以歲月旬日若神. 鄭人見之, 皆棄而走. 列子見之而心醉.[371] 歸, 以告壺子,[372] 曰: "始吾以夫子之道爲至矣, 則又有至焉者矣."[373] 壺子曰: "吾與汝既[374]其文, 未既其實, 而固得道與?[375] 衆雌而无雄, 而又奚卵焉?[376] 而以道與世亢[377], 必信, 夫故使人得而相汝. 嘗試與來, 以予示之!"]

---

371) 列子의 이름은 열어구列禦寇이다. 『莊子譯注』, 75頁, 주2 참조.

372) 주꾸이야오朱桂曜(1898-1929)에 의하면, 호자壺子는 호구자壺丘子, 또는 호구자림壺丘子林인데, 열자列子의 스승이다. 자산子産도 壺丘子의 제자이니, 列子와 子産(?-전522)은 같은 시대 사람이다. 王叔岷, 290頁, 주3 참조.

373) 오창영吳昌瑩(19세기)에 의하면, 則은 今과 같다. 王叔岷, 上同, 주4 참조.

374) 與는 許(허락)와 같고, 文은 華[浮華]와 같다. 錢穆에 의하면, 既는 완玩, 완翫(使用, 전개)자의 잘못인 것 같다. 王叔岷, 上同, 주5 참조.

375) 固는 乃이다. 王叔岷, 上同, 주6 참조.

376) 雌、雄 이 두 글자가 서로 바뀌었다. 道家는 자雌(암컷)을 貴하게 본다. 『淮南子』, 「覽冥」 편에, '衆雄而無雌'가 보인다. 난卵(알)은 卵化[孵化]이다. 王叔岷, 上同, 주7 참조.

다음날 열자는 그[季咸]와 함께 호자를 만나니, [계함은 집 밖으로] 나와서 열자에게 말했다. "아! 당신의 스승은 죽을 것이오! 살아날 수가 없소! 열흘을 못 살 것이오! 나는 [그에게서] 괴이한 것을 보았으니, (죽어서 고요한) 젖은 재[灰]를 보았소."

열자가 들어와 눈물을 흘려 소매를 적시며 호자에게 [이 사실을] 말하였다. 호자가 말하였다. "조금 전에 나는 그에게 땅의 무늬를 보여주었네. [그것은] 흔들림도 없고 멈춤도 없는 데에서 생겨나네. 이것은 아마도 나의 자득自得의 조짐이 막혀 버린 것을 나타내네. 시험 삼아 또 [그와] 함께 오도록 하게."

다음날 또 [열자는] 그와 함께 호자를 만났다. [계함은 집에서] 나와서 열자에게 말하였다. "다행인데, 당신 스승이 나를 만난 것이! 나았소. 병이 나았으니 산 것이요! 나는 막힌 것이 변화된 것을 보았소."

열자가 들어와 [이 사실을] 호자에게 보고하였다.

호자가 말했다. "아까 나는 하늘과 땅[이 서로 통하는 모양]을 보여주었네. 명성이나 실리가 [마음속으로] 들어오지 못하고, [덕의] 조짐이 발뒤꿈치로부터 움직이는 [상태였네]. 이 사람은 아마도 내가 조짐을 호전시켰음을 보았을 것이네. 시험 삼아 다시 [그와] 함께 오도록 하게나."

다음날 [열자는] 다시 그와 함께 호자를 만났다.

[계함은] 나와서 열자에게 말하였다. "당신의 스승은 [마음의 자취가] 고르지 않소. 나는 관상을 볼 수가 없소. 시험 삼아 [마음 자취를] 고르게 해 보시오. 다시 한 번 관상을 보리다."

[明日, 列子與之見壺子. 出而謂列子曰: "嘻! 子之先生死矣! 弗活矣! 不以旬數矣![378] 吾見怪焉, 見濕灰焉.[379] 列子入, 泣涕沾襟以告壺子. 壺

377) 『列子』에는 항亢(목구멍)이 항抗(저항)이다. 抗은 한扞(막다)이다. 王叔岷, 上同, 주8 참조. 亢은 抗이다. 趙礎基, 116쪽, 주13 참조.

子曰: "鄕吾示之以地文, 萌乎不震不止.[380] 是殆見吾杜德機也.[381] 嘗又與來." 明日, 又與之見壺子. 出而謂列子曰: "幸矣, 子之先生遇我也! 有瘳矣. 全然有生![382] 吾見其杜權矣."[383] 列子入, 以告壺子. 壺子曰: "鄕吾示之以天壤,[384] 名實不入,[385] 而機發於踵.[386] 是殆見吾善者機也. 嘗又與來." 明日, 又與之見壺子. 出而謂列子曰: "子之先生不齊.[387] 吾无得而相焉. 試齊, 且復相之."]

열자가 들어와 [이 말을] 호자에게 보고하였다.

호자가 말했다. "지난번에 나는 크게 조화를 이루어 어느 쪽에도 치우치지 않는 상태를 보여주었네. 이 사람은 아마도 나의 기氣가 안정되는 기미를 보았을 것이네. 고래가 맴도는 깊은 곳도 심연이고, 멈추어 있는 물의 깊은 곳도 심연이고, 흐르는 물의 깊은 곳도 심연이네.

---

378) 『太平御覽』에는, 不 아래에 可자가 있으며, 『列子』에 또한 可자가 있다. 數는 計(세다)이다. 王叔岷, 上同, 주11 참조.

379) '기운이 젖은 재와 같음' [氣如濕灰]은 死寂(죽어서 고요함)의 징조이다. 王叔岷, 上同, 주12 참조.

380) '不震不正' 은, 최선崔譔은 '不誫不止' (움직임도 없고 멈춤도 없음)로 보았다. 장담張湛(東晉, 4세기)의 注에, 罪는 맹萌(움)이다. 高誘(?-212)에 의하면, 萌은 生이다. '萌乎不震不止' 는 '生乎不動不止' 와 같다. 王叔岷, 292쪽, 주14 참조.

381) '杜德機' 는 자득의 기조機兆(조짐)를 막음이다. 王叔岷, 上同, 주15 참조.

382) 全은 전痊(병이 낫다)이다. 王叔岷, 293頁, 주16 참조.

383) 權은 變이다. 趙礎基, 118쪽, 주7 참조.

384) 王叔岷은 '天壤' 을 '天地相通之容' 이라고 풀었다. 王叔岷, 293頁, 주18 참조.

385) 名實은 名聲과 實利이다. 『莊子譯注』, 76頁, 주6 참조.

386) 「大宗師」에 '眞人息之以踵' 이라는 말이 나온다. 이에 대해 郭象(252-312)의 注에, "在根本中來"라고 말한 바에 근거하여, 삶의 조짐[機兆]이 근본 가운데에서 나온다(生之機兆由根本中來)고 해석하였다. 王叔岷, 294쪽, 주20 참조.

387) 齊는 온정穩定(편함)한 마음의 자취이다. 『莊子譯注』, 76頁, 주7 참조.

연못에는 9개의 이름이 있으나 여기서는 셋만을 다뤘네. 시험 삼아 또 함께 와 보게나."

다음날 [열자]는 또 함께 호자를 만나 보았다. [계함은] 서서 안정 못하고 어찌할 줄 모르다가 도망가 버렸다.

호자가 말했다. "쫓아가라!"

열자가 쫓아갔지만 잡을 수 없었다. [열자가] 돌아와서 호자에게 말하였다. "이미 사라졌습니다. 이미 도망가 버렸습니다. 저는 쫓아갈 수 없었습니다."

호자가 말하였다. "방금 나는 나의 근원에서 벗어나지 않은 상태를 보여주었네. 나는 그것과 함께 텅 빈 상태로 자연에 따라 변화하니 [그는] 내가 누구인지 알지 못했을 것이네. 이에 [한번은] 풀이 바람에 쓰러지듯 하였다가, 이에 [한번은] 파도처럼 밀려 흐르는 상태라고 여겼을 것이네. 그러므로 [그가] 도망쳐 버린 것이네."

[列子入, 以告壺子. 壺子曰: "鄕吾示之以太沖莫勝.[388] 是殆見吾衡氣機也.[389] 鯢桓之審爲淵,[390] 止水之審爲淵, 流水之審爲淵. 淵有九名, 此處三焉. 嘗又與來." 明日, 又與之見壺子. 立未定, 自失而走.[391] 壺子曰: "追之!" 列子追之不及. 反, 以報壺子曰: "已滅矣, 已失矣, 吾弗及已." 壺子曰: "鄕吾示之以未始出吾宗. 吾與之虛而委蛇[392], 不知其誰

---

388) 趙礎基는 '太沖莫勝'을 陰陽二氣가 조화를 이루어 어느 한쪽에 치우침이 없는 상태로 보았다. 趙礎基, 118頁, 주11 참조.

389) 형衡은 平이다. 趙礎基, 118쪽, 주12 참조.

390) 王叔岷은 환桓을 선旋(돌다)의 의미로, 심審을 深의 의미로 보았다. 王叔岷, 295-7쪽 주4 참조.

391) 失은 일逸(도망)과 같다. 王叔岷, 297쪽. 주5 참조.

392) 趙礎基는 委蛇는 자연을 따르는 모양으로 풀었다. 趙礎基, 118쪽, 주17 참조. 郭象은 무심無心한 상태로 외물의 변화를 따르는 것이라고 풀었다. 王叔岷, 298쪽, 주6 참조.

何. 因以爲弟靡393), 因以爲波流,394) 故逃也."]

그 후 열자는 스스로 아무것도 배운 것이 없다고 생각하여 (집으로) 돌아가서 3년 동안 집 밖을 나가지 않았으며, 그의 아내를 위해 요리하고, 돼지에게도 사람에게 음식 대접하듯 먹이를 주었으며, [세상의] 일에는 아무런 친밀감이 없었다. 현란한 꾸밈새를 떠나서 소박한 경지에서 우두커니 홀로 [자연 그대로의] 모습으로 서 있으며, 번잡한 세속에서 (참된 것을) 지키며, 한결같이 이렇게 하며 [삶을] 마쳤다.

[然後列子自以爲未始學而歸,395) 三年不出, 爲其妻爨, 食豕如食人, 於事无與親. 雕琢復朴, 塊然獨以其形立.396) 紛而封哉,397) 一以是終.]

▶ 7-6:

명예를 위주로 하지 말고 지모智謀를 모으지 말라. 억지로 일을 떠맡지 말고 지교知巧를 위주로 하지 말라. 무궁함을 체험하고 아무런 자취도 없는 곳에서 노닐도록 하라. 자연으로부터 받은 바를 다하고 본 바와 얻은 것을 모두 잊으라. 또한 마음을 비우고 있을 뿐이다. 지인至人의 마음 씀씀이는 거울과 같으니 [무엇을] 맞이하지도 보내지도 않으며; 사물이 오고 가되 맞이하거나 보내지 않고 반영만 할 뿐 숨기지 않는다. 그러므로 만 번 변화해도 손상을 입지 않는 것이다.

[无爲名尸,398) 无爲謀府,399) 无爲事任, 无爲知主.400) 體盡无窮, 而遊

---

393) 弟靡는 의지할 것 하나도 없음을 말한다. 『莊子譯注』, 76頁, 주12 참조.

394) 派流는 움직이는 상태를 말한다. 趙礎基, 119頁, 주19 참조.

395) 未始學은 아직 아무것도 배우지 못함이다. 『莊子譯注』, 上同, 주13 참조.

396) 괴연塊然은 아무런 앎이 없는 모양이다. 趙礎基, 119쪽, 주25 참조.

397) 분紛을 세상의 시끄러움으로 보고, 封은 자기의 마음과 오관을 닫고서 속진에 섞이지 않음이다. 趙礎基, 119쪽, 주26 참조.

398) 成玄英(608-669)의 疏에 의하면, 시尸는 主이다. 王叔岷, 301頁, 주9; 名은 명예이

无朕.[401] 盡其所受乎天, 而无見得,[402] 亦虛而已.[403] 至人之用心若鏡. 不將不迎, 應而不藏,[404] 故能勝物而不傷.[405]]

▶ 7-7:

남해의 제왕은 숙儵이고, 북해의 제왕은 홀忽이고, 중앙의 제왕은 혼돈混沌이다. 숙과 홀은 틈을 내어 함께 혼돈의 땅에서 만나니, 혼돈이 무척 잘 대접해 주었다. 숙과 홀은 혼돈의 은덕에 보답할 것을 도모하여 이렇게 말했다. "사람들은 모두 일곱 개의 구멍이 있어 보고 듣고 먹고 숨 쉴 수 있네. 이만이 유독 [일곱 개의 구멍이] 없네. 시험 삼아 [그에게] 구멍을 뚫어 주도록 합시다."

하루에 구멍 하나씩을 뚫었다. 7일에 혼돈은 죽고 말았다.

[南海之帝爲儵, 北海之帝爲忽, 中央之帝爲混沌. 儵與忽時相與遇於混沌之地, 混沌待之甚善. 儵與忽謀報混沌之德, 曰: "人皆有七竅以視聽食息, 此獨無有. 嘗試鑿之." 日鑿一竅. 七日而混沌死.]

다. 『莊子譯注』, 上同, 주1 참조.

399) 釋德淸(1546-1623)에 의하면, 智謀가 모인 곳이 모부謀府이다. 陳鼓應, 248頁, 주2 참조.

400) 知主는 知巧를 위주로 함이다. 陳鼓應, 上同, 주4 참조.

401) 진盡은 衍字이고, '體無窮, 而遊無朕'이 正文이다. 王叔岷, 302頁, 주13 참조.

402) 其는 己와 같고, 無는 忘(잊다)이다. 所見, 所得은 모두 짐적朕迹(흔적)이다. 王叔岷, 302頁, 주14 참조.

403) 虛는 마음이 淸虛하고 淡白함이다. 『莊子譯注』, 77頁, 주4 참조.

404) 자연에 순임順任할 뿐, 私意를 품지 않음을 형용함이다. 將은 送(보내다)이다. 오면 비추고, 반드시 은장隱藏하지 않는다. 陳鼓應, 249頁, 주9 참조.

405) 陸長庚(1554-1631)에 의하면, 勝은 勝任(받음)이고; 物에는 化의 뜻이 있으니, 造物은 造化이다. 이 문장은 '故萬化而無傷'이다. 王叔岷, 303頁, 주18 참조.

외편外篇

8. 변무(騈拇: 붙은 발가락)

이 편은 편 머리의 두 자를 취하여 편명(篇名)으로 삼았다. 외편과 잡편의 제목은 대부분 이렇다. 이 편에서는 장자의 무위無爲의 통치, 즉 자연에 귀의하는 사회관과 인성론을 다루고 있다. 따라서 유가儒家의 인의仁義와 예악禮樂을 비판하며, 그것들이 미치는 사회현상에 대해 부정적 평가를 한다. 이 편은 또한 마땅히 자연에 순응해야 할 것을 말한다. 이 편의 작자는 인간은 '자연본성'이 파괴될 때 벌을 받게 된다고 말한다. 그리고 사회 혼란의 원인을 인의仁義에 의한 인간 본성의 변환에서 찾고 있다. 자연 본성을 회복할 때 모든 사회악과 분쟁이 끝날 것을 말한다.

▶ 8-1:

엄지와 검지 발가락이 붙은 것[騈拇]과 손가락이 하나 더 나 있는 것은 태어나면서 갖고 나온 것이리라! (그러나) '타고난 기능'[德]에는 군더더기다. [생후에 생긴] 혹이나 사마귀는 몸에서 생겨난 것이나, '타고난 것[性]'에서 [보면] 군더더기다. 인仁과 의義를 여기저기에 적용하는 자들은 또한 [그것들을] 오장五臟에 배속시키는구나! 그것들은 [자연에서 나온] 도道와 덕德이 아니다. 그러므로 발에 두 발가락이 붙어 있는 것은 쓸모없는 살점이 붙어 있는 것이고, 손에 손가락이 하나 더 있는 것은 쓸모없는 손가락이 심어진 것이다. 오장五臟의 본래 상태에 덧붙이는 자들은 인의仁義의 행동에 미혹하여 혼란을 일으키고 부정不正하게 되니, 여기저기에 [헛된] 총명을 쓰게 된다.

[騈拇枝指, 出乎性哉![406] 而侈於德. 附贅縣疣, 出乎形哉, 而侈於性.[407] 多方乎仁義而用之者, 列於五藏哉! 而非道德之正也.[408] 是故騈於足者, 連無用之肉也; 枝於手者, 樹無用之指也. 騈枝於五藏之情者, 淫僻於仁義之行,[409] 而多方於聰明之用也.]

그러므로 시력이 과민한 자들이 오색五色에 의해 어지럽힘을 당하고, 문채文彩를 뒤섞고, 푸르고 노란 수놓은 장식들이 눈을 휘둥그렇게 만들지 않겠는가? 이주離朱가 그런 사람이다. 청각에 방종한 이들이 오음五音과 육율六律에 미란迷亂되어 쇠붙이[金]나 돌[石]이나, 현絃[絲]이나 대나무[竹](의 악기)며, 황종黃鍾이나 대려大呂(의 음조)가 연주해내는 소리가 이런 것이 아니겠는가? 사광師曠이 그런 사람이다. 인의仁義에서 자라난 여러 곁가지에 의지하여 덕행德行을 뽐내고, 본성[性]을 막아버리고, 명성을 거두어들이며, 세상 사람들이 시도할 가치 없는 예법禮法을 고취하도록 떠받드는 것이 아니겠는가? 증자曾子와 사추史鰍가 이런 사

---

406) 이때의 性은 生이다. 王叔岷은 선영宣穎(17세기)의 설을 채용하고 있다. 王叔岷 308頁, 주1 참조.

407) 치侈는 군더더기, 쓸데없음이다. 曹礎基, 121頁, 주2 참조.

408) '方'은 '旁'이다. '多方'은 '多生枝節'로 '여러 갈래'라는 의미이다; '列於五臟'은 仁義 등을 五臟(예 仁을 肝에, 義를 심장 등)에 배열시킴은 純正한 道德이 아니다. 正은 純正을 말한다. 曹礎基 121쪽, 주4와 주5; '而非'는 '此非'와 같다. 王叔岷, 309-310頁, 주3 참조.

409) 음淫은 迷亂이고, 벽僻은 不正이다. 『莊子譯注』, 80頁, 주3 참조.

람이다. (쓸데없는) 논변에 의지하여 구슬을 쌓거나 줄로 잔 매듭을 짓듯[結繩] (말을 이리저리 꿰고,) 견백동이堅白同異와 같은 쓸모없는 말로 뽐내는 자들이 아니겠는가? 양주楊朱와 묵적墨翟이 이런 사람이다. 그러므로 이들 모두는 치우쳐지고 곁가지를 붙이는 방법으로는 세상을 지극히 바르게 할 수 없다.

[是故駢於明者,410) 亂五色, 淫文章,411) 靑黃黼黻之煌煌非乎?412) 而離朱是已.413) 多於聰者, 亂五聲, 淫六律. 金石絲竹黃鐘大呂之聲非乎?414) 而師曠是已.415) 枝於仁者,416) 擢德塞性以收名聲.417) 使天下簧鼓以奉不及之法非乎?418) 而曾、史是已.419) 駢於辯者, 纍瓦結繩竄句,420) 遊心

410) '변어명駢於明'은 과분한 明察이니, 변駢은 여기서 過分의 뜻이다. 『莊子譯注』, 81頁, 주1 참조.

411) 음淫은 혹란惑亂이고, 文章은 文彩이다. 『莊子譯注』, 上同, 주3 참조.

412) 보불黼黻은 옛날 수놓은 옷의 꽃무늬이다. 『莊子譯注』, 上同, 주4 참조.

413) 이주離朱는 黃帝 때의 인물로 시력이 아주 좋은 사람이다. 而는 如와 같다. 王叔岷, 310頁, 주6; 已는 也와 같다. 曹礎基 122頁, 주4 참조.

414) 五聲은 宮, 商, 角, 치徵, 羽이고; 六律은, 대나무를 잘라서 길고 짧은 통筒을 만들어 불며, 淸濁과 高低의 12音이 생기는데, 陰은 呂이고, 陽은 律이다. 12音은 六呂와 六律인데, 六律의 이름은 황종黃鍾, 태주太簇, 고선姑洗, 유빈蕤賓, 무역無射, 협종夾鍾이다. 曹礎基, 上同, 주5 참조.

415) 사광師曠(기원전 6세기)은 진晉의 賢大夫이다. 張默生, 246頁, 師曠注 참조.

416) 枝於仁者는, 仁義에서 자라난 많은 枝節(곁가지들)이다. 曹礎基, 上同, 주8 참조.

417) 탁擢은 발拔(빼어내다)이다. 王念孫(1744-1832)에 의하면, 색塞은 마땅히 건搴(빼내다)의 誤字이다. 건搴은 拔取(빼냄)이다. 曹礎基, 上同, 주9 참조.

418) 황고簧鼓는 생황[笙]을 불고 북을 침이니, 고취鼓吹의 뜻이고, 奉은 숭배이고, 不及은 좇아가는 것을 바랄 수 없음이고, 法은 法式이나 방양榜樣(모양, 상황)이다. 曹礎基, 123頁, 주10 참조.

419) 曾子는 공자 제자인 증삼曾參이고, 사추史鰌는 衛나라 靈公의 신하인데, 두 사람은 孝와 義로 이름났으며, 春秋시대의 賢人이다. 『莊子譯注』, 81頁, 주9 참조.

420) 『經典釋文』(陸德明撰)에 의하면, 와돈瓦敦은 마땅히 丸이니, '纍丸結繩'이고, 찬구竄句 아래에 추사棰辭 두 자가 있으니, '竄句棰辭'이다. 『後漢書 · 張衡傳』 注에, 棰辭

於堅白同異之間. 而敝跬譽無用之言非乎?[421] 而楊、墨是已. 故此皆多駢旁枝之道, 非天下之至正也.]

저 [세상을] 바르게 할 방법이란 타고난 '본성 생명'을 잃지 않게 하는 것이다. 따라서 [본성을 잃지 않은 사람은 발가락이] 붙어 있어도 군더더기로 보지 않고, [손가락이] 하나 더 났어도 곁가지로 보지 않고, 길어도 여분으로 보지 않고, 짧아도 부족하다고 보지 않는다. 그러므로 오리는 다리가 짧지만 사람들이 그것을 이어준다면 근심거리가 되는 것이고, 학은 다리가 길지만 사람들이 그것을 짧게 한다면 슬퍼지는 것이다. 그러므로 본성상 긴 것은 잘라서는 안 되고, 본성상 짧은 것은 이어서도 안 된다. [자연 그대로라면] 버려지는 근심도 없다.

[彼正正者,[422] 不失其性命之情. 故合者不爲駢, 而枝者不爲歧. 長者不爲有餘, 短者不爲不足. 是故鳧脛雖短, 續之則憂; 鶴脛雖長, 斷之則悲. 故性長非所斷, 性短非所續, 無所去憂也.]

아, 인의仁義는 아마도 사람의 (타고난) 실정이 아니리라! 저 인인仁人들은 왜 그렇게도 근심이 많은가! 또한 그들은 엄지발가락에 붙어 있는 것을 갈라내면 울고, 손에 하나 더 나 있는 손가락을 물어 뜯어내면 비명을 지른다. 두 경우, 어떤 것은 숫자에서 보면 남고, 어떤 것은 모자란다. 하지만 이들이 근심한다는 점에서는 한가지다. 지금 세상의 인인仁人들은 홀로 앉아 근심하며 세상의 환란을 염려하고, 불인不仁한

는 적사籍辭이다. 籍辭는 조사措辭의 假借이다. 王叔岷, 311-312頁, 주10 참조.

421) '폐규敝跬'는 '별설蹩躠(같은 곳으로만 늘 빙빙 돌아다니는 모양)'로 애쓰는 모양을 의미한다. 王叔岷, 312頁, 주12 참조.

422) '正正'은 '至正'을 잘못 쓴 것이다. 王叔岷, 314쪽, 주1번.

사람들은 타고난 본성을 버리고 부귀를 게걸스럽게 탐한다. 그러므로 생각한다. "인의仁義는 아마도 사람의 실정實情이 아니리라! [하夏 은殷 주周] 삼대[역사시대] 이후로 천하는 얼마나 인의仁義 때문에 시끄러운가?"

[意仁義其非人情乎![423] 彼仁人何其多憂也! 且夫駢於拇者, 決之則泣. 枝於手者, 齕之則啼. 二者或有餘於數, 或不足於數, 其於憂一也. 今世之仁人, 蒿目而憂世之患.[424] 不仁之人, 決性命之情而饕貴富. 故曰仁義其非人情乎! 自三代以下者, 天下何其囂囂也?]

▶ 8-2:

또 갈고리, 먹줄, 컴퍼스[規], 곱자[矩]를 기다려 바로잡는 것은 그들의 본성을 깎아내는 것이다, 노끈이나 밧줄, 아교나 옻 풀을 기다려 고정하는 것은 자연스러운 생명력[德]을 침해하는 것이다. (몸을 억지로) 꺾어가며 예악禮樂을 행하고, 인의仁義를 추켜세우며 세상 사람들의 마음을 달래는 것은, 그들의 (자연 그대로의) 정상을 잃게 하는 것이다. 세상에는 (자연 그대로의) 정상이 있다. (자연 그대로의) 정상이나, 굽은 것은 곱자 때문이 아니고, 곧은 것은 먹줄 때문이 아니며, 둥근 것은 컴퍼스 때문이 아니고, 네모는 곱자 때문이 아니며, 달라붙은 것은 아교나 옻 풀 때문이 아니고, 묶여 있는 것이라 해도 노끈이나 밧줄 때문이 아니다. 진실로 세상[의 사물들]은 유연하게 생겨났지만, 그들이 그렇게 생겨난 까닭은 알 수 없고, 같다고 해도 모두 왜 그렇게 된 것인지 같게

---

423) 왕염손王念孫(1744-1832)에 의하면, 意、희噫은 억抑(어찌)과 같으며, 감탄하는 말(歎聲)이다. 王叔岷, 315頁, 주4 참조.

424) 사마표司馬彪(?-306)에 의하면, 호목蒿目은 亂(어지러움)이고; 임희일林希逸(1193-1271)에 의하면, 蒿目은 獨坐懮愁의 뜻이다. 崔大華, 309頁, 주2의 1 참조.

된 이유는 알지 못한다. 그러므로 예나 지금이나 (자연스러운 본성은) 다르지 않으니 (그것을) 훼손해서는 안 된다. 그러니 인의가 또한 마치 아교나 옻 풀, 노끈이나 밧줄로써 연달아 도道와 덕德 사이에서 활동하게 하여 세상 사람들을 미혹되게 하는가!

[且夫待鉤繩規矩而正者, 是削其性者也. 待繩索膠漆而固者, 是侵其德者也. 屈折禮樂, 呴俞仁義,[425] 以慰天下之心者, 此失其常然也. 天下有常然. 常然者, 曲者不以鉤, 直者不以繩, 圓者不以規, 方者不以矩. 附離不以膠漆,[426] 約束不以纆索. 故天下誘然皆生,[427] 而不知其所以生; 同焉皆得而不知其所以得. 故古今不二, 不可虧也. 則仁義又奚連連如膠漆纆索而遊乎道德之間爲哉.[428] 使天下惑也!]

작은 착각은 방향에 착각을 일으키지만, 큰 착각은 본성에 착각을 일으킨다. 어떻게 그렇다는 것을 아는가? 우순虞舜임금이 인의仁義를 내걸고 세상을 뒤흔들자, 세상 사람들은 인의 때문에 바삐 뛰어다니지 않은 사람이 없게 되었다. 이것이 인의 때문에 (사람의) 본성을 착각하게 만든 것이 아니겠는가? 그러니 한번 말해보자. 삼대 이후로 세상 사람들은 외물을 자기 본성으로 착각하지 않는 사람이 없었다. 소인들은 재물 때문에 자기 몸을 바치고, 지식인들은 좋은 평판 때문에 자기 몸을 바치고, 귀족들은 봉토[家] 때문에 자기 몸을 바치고, 성인들은 세상 때문에 자기 몸을 바친다. 그러므로 이들 몇 사람들은 한 일이 다르

425) 구유呴俞는 취허吹噓(추켜세우다)이다. 曹礎基, 125頁, 주5 참조.

426) 附離에서, 離는 여麗와 통하니, 붙음이다. 附離는 점합粘合(끈끈하게 달라붙음)이다.

427) 유연誘然은 油然(유연하게)이다. 曹礎基, 上同, 주10 참조.

428) 연연連連은 連續不斷이고, 而는 以이고, 유遊는 활동이고, '奚…… 爲'는 '무엇 때문에 …을 하느냐?'와 같다. 曹礎基, 上同, 주13 참조.

고 평판들이 다르지만, 그들이 본성을 망치고 몸이 죽게 된 것은 한가지이다.

[夫小惑易方, 大惑易性. 何以知其然邪? 有虞氏招仁義以撓天下也,429) 天下莫不奔命於仁義, 是非以仁義易其性與?430) 故嘗試論之, 自三代以下者, 天下莫不以物易其性矣. 小人則以身殉利, 士則以身殉名, 大夫則以身殉家, 聖人則以身殉天下. 故此數子者, 事業不同, 名聲異號, 其於傷性以身爲殉, 一也.]

장臧과 곡穀 두 하인이 서로 함께 양을 치다가 둘이 모두 양을 잃어버렸다. 장臧에게 무엇을 하고 있었는지를 묻자, 책을 들고 독서를 하고 있었다 하였다. 곡穀에게 무엇을 하고 있었냐고 묻자, 주사위를 던지며 놀았다고 했다. 두 사람이 하고 있었던 일은 달랐지만, 양을 잃어버렸다는 점에서는 같다. 백이伯夷는 이름[名]을 위해 수양산에서 죽었고, 도척盜跖은 이익을 위해 동릉東陵산에서 죽었다. 두 사람이 죽은 이유는 다르지만, 그들이 몸을 망치고 생명을 잃었다는 점에서는 같다. 어찌하여 우리는 반드시 백이伯夷만이 '옳다' 고 하고, 도척盜跖은 그르다고 해야 하는가!

[臧與穀二人相與牧羊而俱亡其羊. 問臧奚事, 則挾筴讀書.431) 問穀奚事, 則博塞以遊.432) 二人者, 事業不同, 其於亡羊, 均也. 伯夷死名於首陽之下, 盜跖死利於東陵之上, 二人者, 所死不同, 其於殘生傷性, 均也. 奚必

---

429) 초招는 내걸음이고, 요撓는 撓亂(난리치다). 曹礎基, 125頁, 주2 참조.

430) 是는 此(이것)이고, 性은 本性이다. 曹礎基, 上同, 주3 참조.

431) 협挾은 지持나, 나拿(붙잡다)이고, 협筴은 책策과 통하니 書册이다. 曹礎基, 126頁, 주3 참조.

432) 박새博塞는 박새簙簺인데, 주사위(투자骰子)를 던지는 놀이이다. 陳鼓應, 263頁, 주6 참조.

伯夷之是而盜跖之非乎!]

세상에서 다 같이 죽었는데, 그 사람이 인의仁義를 위해 죽었으면 세속에서는 그를 군자라 하고, 재물을 위해 죽었으면 세속에서는 그를 소인이라 한다. [그러나] 생명이 희생된 것은 다 같은데, 어떤 이는 군자가 되고 어떤 이는 소인이 되는가? 그들이 몸을 망치고 생명을 잃기에 이르러서는 도척 또한 백이인 것이다. 그 중에 어찌 군자君子와 소인小人을 구별할 수 있겠는가!

[天下盡殉也. 彼其所殉仁義也, 則俗謂之君子, 其所殉貨財也, 則俗謂之小人. 其殉一也, 則有君子焉, 有小人焉? 若其殘生損性, 則盜跖亦伯夷已. 又惡取君子小人於其間哉!]

또한, 무릇 자기 본성을 인의仁義에 종속시켰다면, 비록 증삼曾參이나 사추史鰍와[433] 같다고 할지라도 [그것은] 내가 말하는 좋은 것이 아니다. 본성을 오미五味에 종속시켰다면, 비록 유아俞兒처럼[434] 달통했다 할지라도 [그것은] 내가 말하는 좋은 것이 아니다. 본성을 오성五聲에 종속시켰다면, 비록 사광師曠처럼 달통했다 할지라도 [그것은] 내가 말하는 귀 밝음이 아니다. 그 본성을 오색五色에 귀속시켰다면, 비록 이주離朱처럼 달통했다 해도 [그것은] 내가 말하는 눈 밝음이 아니다. 내가 말하는 좋은 것은 인의를 말하는 것이 아니고, 천성天性을 얻었음에서 좋다는 것뿐이다.

[且夫屬其性乎仁義者, 雖通如曾、史, 非吾所謂臧也. 屬其性於五味, 雖

---

433) 증曾은 증삼曾參이니, 字가 자여子輿이고, 孔子의 제자이며; 史는 사추史鰍이니 字는 子魚이고, 衛靈公의 신하이다. 趙礎基, 123頁, 주11 참조.

434) 유아俞兒는 黃帝때의 사람으로, 맛을 잘 구별하였다고 함. 王叔岷, 325頁, 주2 참조.

通如俞兒, 非吾所謂臧也. 屬其性乎五聲, 雖通如師曠, 非吾所謂聰也. 屬其性乎五色, 雖通如離朱, 非吾所謂明也. 吾所謂臧者, 非仁義之謂也, 臧於其德而已矣.[435)]

내가 말하는 좋음은 인의仁義를 일컫는 것이 아니고, 본성 생명의 실정에 맡기는 것일 뿐이다. 내가 말하는 귀 밝음이란 외계의 것을 듣는 것을 일컫는 것이 아니고, 자기 몸의 (청각에 집중하는) 것일 뿐이다. 내가 말하는 눈 밝음이란 저런 (외계의) 것들을 보는 것이 아니라, 자신을 보는 것일 뿐이다. 무릇 자신을 보지 못하고 [외계의] 저것들을 보는 것과, 자신을 얻지 못하고 [외계의] 저것들을 얻는 것은, 남이 얻은 것을 얻는 것이지 스스로 얻어야 할 것을 얻는 것이 아니다. 다른 사람이 가는 곳에 가는 것이고, 스스로 가야 할 곳에 가는 것이 아니다. 다른 사람이 가는 곳에 가고 자기가 가야 할 곳에 스스로 가지 못한다면, 비록 도척과 백이처럼 똑같이 지나치고 편벽된 짓이다. 나는 [자연스러운] 도와 덕에 부끄러움을 느낀다. 이 때문에 나는 위로 감히 인의를 지키려고도 않고, 아래로 지나치고 편벽된 행위를 하려고도 하지 않는다.

[吾所謂臧者, 非所謂仁義之謂也, 任其性命之情而已矣. 吾所謂聰者, 非謂其聞彼也,[436)] 自聞而已矣. 吾所謂明者, 非謂其見彼也, 自見而已矣. 夫不自見而見彼, 不自得而得彼者, 是得人之得而不自得其得者也, 適人之適而不自適其適者也. 夫適人之適而不自適其適, 雖盜跖與伯夷, 是同爲淫僻也. 余愧乎道德, 是以上不敢爲仁義之操, 而下不敢爲淫僻之行也.]

---

435) 德은 天性을 얻음이다. '臧於其德'은, 좋음이란 자연 본성을 얻음에 좋음의 뜻이다. 曹礎基, 127頁, 주5 참조.

436) 彼는 몸 밖의 사람이나 물건이며, 문피聞彼는 이런 外界의 것에 대한 소문을 듣는 것을 말함. 曹礎基, 上同, 주6 참조.

9. 마제(馬蹄: 말의 발굽)

이 편에서는 정치권력이 빚어낸 재해災害를 공격하면서, 자연방임이라는 생활의 쾌적함을 묘사하고 있다. 전편과 마찬가지로, 편 머리의 두 글자 '馬蹄(말발굽)'를 취하여, 제목으로 삼았다.

▶ 9-1:

말의 발굽은 서리와 눈을 밟을 만하고, 털은 바람과 추위를 막을 만하다. 풀 뜯어 먹고 물을 마시고 발을 들어 펄쩍 뛰는 것이 말의 참된 본성이다. 비록 높은 누대樓臺나 큰 침대는 [말에게는] 소용이 없는 것이다. 백락伯樂이 나타나서 "나는 말을 잘 다룬다."라고 말하기에 이르렀다. [말을] 불로 지지고, 털 깎고 발굽 깎고, 낙인찍고, 고삐로 조이고 마구간에 묶어두니, 죽는 말이 열 중 두셋이다. 굶기고 갈증 나게 하고, 뛰고 달리고, 나란히 세우고 가지런히 하고, 앞에는 재갈 물린 고통이 있고 [등 뒤에는] 채찍의 위세가 있으니, 죽은 말이 이미 반수를 넘었다고 하겠다. 도공陶工은 말한다. "나는 점토를 잘 다룬다. 둥근 그릇은 컴퍼스[規]에 맞고 네모진 그릇은 곱자[矩]에 꼭 맞는다." 목수는 말한다. "나는 나무를 잘 다룬다. 굽게 만든 것은 갈고리[鉤]에 맞고, 직선은 먹줄에 맞는다." 점토와 나무의 본성이 어찌 컴퍼스, 곱자, 갈고리와 먹줄에 맞고자 하는 것이겠는가? 그러나 세세 대대로 이들을 칭찬하여 말한다. "백락이 말을 잘 다루고, 도공과 목수가 점토와 나무를 잘 다룬다." 이는 또한 세상을 다스리는 사람들의 잘못인 것이다.

[馬蹄可以踐霜雪, 毛可以御風寒. 齕草飮水, 翹足而陸.[437] 此馬之眞性也. 雖有義臺路寢, 无所用之. 及至伯樂, 曰:[438] "我善治馬." 燒之剔之, 刻之雒之. 連之以羈馽, 編之以皁棧. 馬之死者十二三矣. 饑之渴之, 馳之驟之, 整之齊之. 前有橛飾之患, 而後有鞭筴之威. 而馬之死者, 已過半矣. 陶者曰: "我善治埴." 圓者中規, 方者中矩. 匠人曰: "我善治木." 曲者中鉤, 直者應繩. 夫埴木之性, 豈欲中規矩鉤繩哉? 然且世世稱之曰: 伯樂善治馬, 而陶匠善治埴、木. 此亦治天下者之過也.]

나는 천하를 잘 다스린다는 것은, 그렇지 않다고 여긴다. 저들 백성들은 늘 [자연스러운] 본성을 지키며, [스스로] 옷감을 짜서 입고, 농사지어 먹으니, 이것이 [자연과] 함께하는 본능[同德]이다. 순일純一하면서 치우치지 않으니 자연을 본받음이라 이름 한다. 따라서 '지극히 순일한 세상' [至德之世]에는 사람들의 행동은 느리며 자중하였으나, 그들의 눈빛은 집중하였다. 그 시대에는 산에 '작은 길[小路]' 이나 (지하) 통로[隧]도 없었고, 물가에는 배나 다리도 없었다. 모든 존재가 무더기로 살아서 사는 곳이 함께 이어져 있었다. 새나 짐승들이 무리를 이루었고 초목들도 멋대로 자라났다. 이렇기에 [아이들은] 새나 짐승들을 새끼줄로 묶어서 놀았으며, 나무 타고 올라가 새들의 둥지를 만져보고 들여다 볼 수 있었다. '지극히 순일한 세상' 에는 [사람들이] 새와 짐승들과 함

---

437) 사마표司馬彪(?-306)에 의하면, 陸은 도跳(뛰다)이다. 曹礎基, 129頁, 주2 참조.

438) 『列子』에 의하면, 백락伯樂은, 성姓이 孫, 이름[名]은 양陽이고, 백락伯樂은 字이다. 진秦 목공穆公 때의 유명한 말 조련사이다. 郭慶藩, 331頁, 주3 참조.

께 살아 만물들과 나란히 무리를 이루었으니, 어찌 [누가] 군자이며 소인인지 분별할 수 있었겠는가? 모두 아는 것이 없으니[無知], 그들의 본성[德]은 [자연에서] 떠나 있지 않았으며, 모두 다 같이 욕심이 없었으니[無欲], 이것이 '순박함' 이라 하겠다.

[吾意善治天下者不然.439) 彼民有常性. 織而衣, 耕而食. 是謂同德.440) 一而不黨, 命曰天放.441) 故至德之世, 其行塡塡, 其視顚顚.442) 當是時也, 山无蹊隧,443) 澤無舟梁. 萬物羣生, 連屬其鄕. 禽獸成羣, 草木遂長. 故其禽獸可係羈而遊, 烏鵲之巢可攀援而闚. 夫至德之世, 同與禽獸居, 族與萬物竝. 惡乎知君子小人哉! 同乎無知, 其德不離, 同乎无欲, 是謂素樸. 素樸而民性得矣.]

성인들이 나타나기[즉, 문명시대]에 이르러, 이리 절뚝 저리 절뚝거리며 [억지] 사랑[仁]을 하고 의義를 자만하니, 세상 사람들은 의혹되기 시작하였다. 방종한 마음짓이 음악[樂]이 되고, 꾀죄죄한 짓거리가 예禮가 되니, 세상 사람들[의 함께 했던 본성, 同德]이 갈라지기 시작하였다. 진실로 [자연의] 질박함이 깨트려지지 않고서 어떻게 희생 제사에 [쓰이는 화려한] 술잔이 생겨나겠는가! 백옥白玉이 깨지지 않고서 어떻게 [귀한] 옥기[珪와 璋]가 만들어지겠는가! 질박한 자연[道와 德]이 파괴되지 않

439) 意는, …로 생각함, …로 여김이다. 曹礎基, 130頁 주1 참조.

440) 同德은 공동의 본능이다. 陳鼓應, 270頁, 주1 참조.

441) 命은 名과 같다. 天放은 아마도 放天이 거꾸로 된 것이다. 放은 倣效로 읽어야 하니, '放天' 은 자연을 본받음이다. 王叔岷, 334頁, 주11 참조.

442) 『經典釋文』(陸德明撰)에, 전전塡塡은 質重한 모양이다. 고유高誘(?-212)注에, 전塡은 전蹎이다. 전전蹎蹎은 전전塡塡과 같으니, 행동이 중지重遲(무겁고 느림)이다. 전顚은 진瞋의 가차이다. '其視瞋瞋'은 보는 것이 專一함이다. 王叔岷, 336頁, 주1 참조.

443) 혜蹊는 小路이고, 수隧는 굴이다. 曹礎基, 130頁, 주9 참조.

고서 어떻게 인의仁義 도덕이 주창될 수 있겠는가! 본래의 마음이 [소박함을] 떠나지 않고서 어떻게 예악禮樂이 통용될 수 있겠는가! [인위로 만들어진] 오색五色이 뒤섞이지 않고서 어떻게 아름다운 무늬 색깔이 나오겠는가! 오음五音이 뒤섞이지 않고서 어떻게 멜로디가 이루어지겠는가! [자연의] 질박함을 깨트려 그릇을 만든 것은 기술자들의 죄요, 질박한 자연성[道와 德]을 파괴한 것은 성인의 죄로다!

[及至聖人, 蹩躠爲仁, 踶跂爲義, 而天下始疑矣. 澶漫爲樂, 摘僻爲禮, 而天下始分矣. 故純樸不殘, 孰爲犧樽! 白玉不毁, 孰爲珪璋! 道德不廢, 安取仁義! 性情不離, 安用禮樂! 五色不亂, 孰爲文采! 五聲不亂, 孰應六律! 夫殘樸以爲器, 工匠之罪也. 毁道德以爲仁義, 聖人之過也!]

▶ 9-2:

무릇 말들이란 육지에 살면서 풀을 먹고 물을 마시고, 기쁘면 목을 엇갈리며 서로 비벼대고, 성이 나면 등을 맞대고 서로 뒷발로 찬다. 말의 지혜는 이 정도에 그친다. 말에게 (마차의) 횡목橫木과 멍에를 달고, 이마에 달처럼 생긴 장식을 달아주면, 말은 멍에를 부러뜨리고, 끌채를 물어뜯고, 몸을 굽혀 멍에를 벗어나려 하며, 수레 덮개를 치받고 벗어 나가려고 하고, 재갈을 토해내고, 고삐를 물어뜯음을 안다. 그러므로 말의 지능과 거짓이 도둑에 이르게 된 것은 백락伯樂의 잘못이다. 혁서씨赫胥氏[염제炎帝] 때에는 백성들은 안주하며 무엇을 하는지 알지 못했고, 가면서도 어디로 가는지 몰랐다. 입 안 가득 [음식을] 우물거리며 기뻐하고, 배를 두들기며 놀았으니, 백성들은 이 정도에 그칠 수 있었다. 성인들이 몸을 굽신거리며 예악禮樂을 시행하고, 세상 사람들의 거동을 바로잡으려 하고, 인의仁義(의 실천)을 제창하고, 세상 사람들의 마음으로 위로하니, 백성들은 이에 비로소 높아지려 서로 경쟁하고,

사지私智를 과시하고, 다투어 이익에 귀의하게 되니 그치게 할 수가 없도다. 이것 또한 성인의 과오過誤이다!

[夫馬, 陸居則食草飮水, 喜則交頸相靡,444) 怒則分背相踶.445) 馬知已此矣.446) 夫加之以衡扼,447) 齊之以月題,448) 而馬知介倪449)、闉扼450)、鷙曼451)、詭銜452)、竊轡.453) 故馬之知而態至盜者,454) 伯樂之罪也. 夫赫胥氏之時,455) 民居不知所爲, 行不知所之, 含哺而熙, 鼓腹而遊, 民能以此

444) 곽경번郭慶藩(1844-1896)에 의하면, 미靡(쓰러지다)는 마摩(비비다)로 읽어야 한다. 王叔岷, 340頁, 주1 참조.

445) 分背는 등(背)을 맞댐이고, 제踶는 척踢(발로 차다), 즉 뒷발로 참이다. 曹礎基, 132頁, 주2 참조.

446) 선영宣穎(17세기)과 왕셴첸王先謙(1842-1917)에 따르면, 已는 止이다. 王叔岷, 341쪽 주2 참조.

447) 육덕명陸德明(556-627)에 의하면, 형衡은 원轅(끌채: 양 옆으로 길게 뻗어 나와, 짐승을 묶는 나무 대) 앞의 가로 막대이고, 그곳에 멍에[軛]를 맨다. 액扼(멍에)로 말의 목을 잡아끈다. 陳鼓應, 273頁, 주3 참고.

448) 齊는 장식이다. 月題는 말 이마의 장식인데, 생김새는 달과 같고, 林希逸(1193-1271)에 의하면, 액경額鏡은 '이마의 거울'이다. 陳鼓應, 上同, 주4 참조.

449) 손이양孫詒讓(1848-1908)에 의하면, 예倪는 예輗(끌채 끝 쐐기)이다. 개介는 올兀의 오자이니, 兀은 올杌의 약어이니, 절액折軛(멍에를 부러뜨림)이다. 陳鼓應, 274頁, 주5 참조.

450) 인액闉扼에서, 이이李頤(1541-1601)에 의하면, 인闉은 曲이고; 액扼은 軛(멍에)와 통한다. 인액闉扼은 '목을 구부려서 멍에에서 벗어나려는 것'이다. 陳鼓應, 上同, 주6 참조.

451) 李頤注에 의하면, 지鷙는 저抵(거스르다)이다. 만曼은 만幔(수레의 덮개)이니, 지만鷙曼은 수레 덮개를 반항하여 공격하는 것이다. 陳鼓應, 上同, 주7 참조.

452) 궤함詭銜은 재갈을 토해냄이다. 陳鼓應, 上同, 주8 참조.

453) 절竊은 설齧(물어뜯다)로 보아야 한다. 王叔岷, 342쪽 주3 참조

454) 성현영成玄英(608-669)의 疏에 의하면, 태態는 간사姦詐(거짓)이다. 王叔岷, 342頁, 주4 참조.

455) 육덕명陸德明(556-627)에 따르면, 상고시대의 제왕인 혁서씨赫胥氏는 염제炎帝이다. 郭慶藩(1844-1896)은 赫이 赤과 통하고, 赤은 華와 통하므로, 『列子』에 나오는 화서씨

矣.[456] 及至聖人, 屈折禮樂, 以匡天下之形,[457] 縣跂仁義,[458] 以慰天下之心. 而民乃始踶跂好知,[459] 爭歸於利, 不可止也. 此亦聖人過也.]

華胥氏일 가능성도 있다고 추측하였다. 王叔岷, 342쪽, 주5 참조.

456) 여기서 以는 已와 같고, 已는 止이다. 王叔岷, 343頁, 주7 참조.

457) 광匡은 正이다. 天下之形은 세상 사람들의 거동이다. 曹礎基, 133頁, 주15 참조.

458) 현縣은 현懸(달아매다)과 통하니, 현기縣跂는 현거縣擧이고 제창提倡이다. 위慰는 安이다. 曹礎基, 上同, 주14 참조.

459) 제지호지踶跂好知는 높아지려 서로 경쟁하고 私智를 과시함이다. 陳鼓應, 275頁, 주15 참조.

10. 거협(胠篋: 고리짝 뜯기)

「거협胠篋」편은 무위無爲 방임放任의 정치이론을 펼치며, 총명 기교를 버릴 것[絕聖棄智]을 말한다. 장자는 이른바 '인의仁義'를 버리고 원시사회로의 회기를 주장한다. 편 머리에서 도둑을 막을 목적으로 세속에서 여러 방책을 내놓지만, 이 방책들은 도리어 도둑을 위한 좋은 방편이 된다는 것이다. 전성자田成子는 제齊나라를 도둑질했을 뿐만 아니라 나라를 다스리는 '거룩하고 지혜로운 법[聖知之法]' 마저 도둑질해 갔다. 또한 분쟁과 동란을 일으키는 근원은 '지식을 좋아함[好知]'에 있음을 지적한다. 따라서 이 편에서는 지식을 버리고 소박한 자연 상태로 회귀하여 '지덕지세至德之世'를 실현할 것을 피력하고 있다.

▶ 10-1:

장차 작은 상자(의 옆)을 뜯고, 자루를 뒤지고, 궤짝을 열려고 하는 도둑을 막고 대비하고자 하면, [사람들은] 반드시 [상자나 궤 등을] 새끼줄로 꽉 묶고, 빗장과 자물쇠를 잘 채워둔다. 이것이 세속에서 말하는 지혜이다. 그러나 큰 도적이 오면 궤짝 채로 짊어지거나, 자루를 어깨에 메고 자루를 쳐들고 달아나면서, 다만 [이들은] 맨 끈이나 자물쇠가 튼튼하지 않을까 걱정한다. 그렇다면 조금 전의 이른바 [좀도둑에 대비했던]

지혜란 바로 큰 도적을 위해 재물을 모아준 셈이 아닌가?

[將爲胠篋探囊發匱之盜而爲守備,460) 則必攝緘縢,461) 固扃鐍,462) 此世俗之所謂知也. 然而巨盜至, 則負匱揭篋擔囊而趨, 唯恐緘縢扃鐍之不固也. 然則鄕之所謂知者, 不乃爲大盜積者也!]

그러므로 이 문제를 한번 따져보자. '세속의 지혜'라는 것은 큰 도적을 위해 재물을 모아 준 결과가 아닌가? 이른바 성인은 큰 도적을 지켜주는 것이 아닌가? 무엇으로서 그렇다는 것을 아는가? 옛날 제齊나라는 이웃 고을이 서로 바라보이고 닭이 울고 개 짖는 소리가 서로 들리며, 고기 잡는 그물들이 쳐지는 곳과 쟁기와 괭이로 경작되는 땅이 사방 2천여 리나 되었었다. 광대한 온 나라의 국경 내에 종묘 · 사직을 세우고 읍邑, 옥屋, 주州, 여閭, 향鄕을 다스리는데 어찌 성인의 법도를 본받지 않은 것이 있었겠는가? 그러나 전성자田成子가 하루아침에 제나라 임금을 죽이고 나라를 도둑질하였다. 도둑질한 것이 어찌 그 나라뿐이겠는가? 성인의 지혜에서 나온 법도까지 아울러 도둑질해 버린 것이다. 그래서 전성자는 [원래] 도둑이란 명칭이 붙여져야겠지만, 오히려 몸은 요순堯舜처럼 군왕으로 편안히 지냈다. 작은 나라들은 감히 그를 비난할 수가 없었고, 큰 나라들도 그를 토벌할 수 없었으므로, 12대에 걸쳐 제나라를 차지할 수 있었다. 이렇다면 이것은 제齊나라와 아울러 성인의 지혜에서 나온 그 법도[法]까지를 훔쳐내어 도적의 몸을 지킨

460) 爲는 때문이고, 거胠는 '비틀어 열다'이다. 협篋은 상자이니, 큰 것은 상箱이고, 작은 것이 협篋이다. 탐낭探囊은 '자루를 뒤짐'이다. 曹礎基, 133頁, 주1 참조.

461) 섭攝은 긴밀히 붙들어 맴이고, 함緘이나 등縢은 묶는 새끼줄이다. 曹礎基, 上同, 주2 참조.

462) 경扃(문빗장), 휼鐍은 걸쇠이니, 자물쇠이다. 『莊子譯注』, 89頁, 주3 참조.

것이 아니겠는가?

[故嘗試論之: 世俗之所謂知者, 有不爲大盜積者乎? 所謂聖者, 有不爲大盜守者乎? 何以知其然邪? 昔者齊國隣邑相望, 鷄狗之音相聞, 罔罟之所布, 耒耨之所刺, 方二千餘里. 闔四竟之內, 所以立宗廟社稷, 治邑屋州閭鄕曲者,[463] 曷嘗不法聖人哉! 然而田成子一旦殺齊君而盜其國.[464] 所盜者豈獨其國邪? 竝與其聖知之法而盜之. 故田成子有乎盜賊之名, 而身處堯舜之安. 小國不敢非, 大國不敢誅,[465] 十二世有齊國.[466] 則是不乃竊齊國竝與其聖知之法, 以守其盜賊之身乎?]

463) 읍邑, 옥屋, 주州, 여閭, 향鄕은 각각의 행정적 단위이다. 『司馬法』에 의하면, "6尺이 步, 100步가 畝, 100畝가 夫이다. 3夫가 屋, 3屋이 井, 4井이 邑"이고 또한 "5家가 比, 5比가 閭, 5閭가 族, 5族이 黨, 5黨이 州, 5州가 鄕"이라고 한다. 鄭玄(127~200)에 의하면 "25家가 閭, 2,500家가 州, 12,500家가 鄕"이다. 郭慶藩, 앞의 책, 344頁, 주4 참조.

464) 田成子는 齊나라 左相인 陳恒(또는 田常)으로 기원전 481년에 쿠데타를 일으키어 제齊임금 간공簡公을 살해하고 제나라를 田씨 천하로 만든 장본인이다. 郭慶藩, 上同, 주5 참조.

465) 성현영成玄英(608-669)의 疏에 의하면, 주誅는 토討(토벌)이다. 王叔岷, 348頁, 주11 참조.

466) 『經典釋文』(陸德明撰)에서는 경중敬仲(陳完)으로부터 莊子(田白)까지, 즉 齊의 大夫였던 9대(敬仲-孟夷-孟莊-文子-桓子-釐子-成子-襄子-莊子)와 太公으로부터 威王까지의 3대를 합쳐 12대라고 보았다. 그러나 郭慶藩은 유월俞樾(1821-1907)을 인용하여, 본문은 田成子 이후에 대대로 齊나라를 소유했다는 내용이므로 田成子의 선대에 대해 말할 이유가 없다는 점을 들어 陸德明의 설이 잘못됐다고 보았다. 그리고 '世世有齊國'이라는 말을 傳寫하는 과정에 오류가 생겼을 것이라고 추측하고 있다. 첸무錢穆(1895-1990)는, 陸德明(556-627)과 郭慶藩(1844-1896)과는 다른 견해를 제시한다. 『史記』, 「田完世家」에 따르면, 田成子로부터 齊王 建까지 10代이나 『竹書紀年』에서 『史記』, 「田完世家」에 누락되어 있는 도자悼子와 후염侯剡을 언급하고 있다는 점을 들어, 이 구절을 田成子로부터 12대라는 말로 풀고 있다. 王叔岷 역시 이러한 견해에 동의하고 있다. 王叔岷, 348-349頁, 주12 참조. 본 번역에서는 첸무錢穆와 왕쑤민王叔岷의 견해를 따랐다.

한번 논의해 보자. 세속의 지극한 지혜[至知]라는 것이 큰 도적을 위해 재물을 모아 주는 것이 아니겠는가? 이른바 지극한 성법[至聖]이 큰 도적[의 몸]을 지켜주는 것이 아닌가? 어떻게 그렇다는 것을 알 수 있는가? 옛날 용봉龍逢은 목이 잘리고, 비간比干은 가슴을 도륙당하고, 장홍萇弘은 배가 찢기어 창자가 척출되어 죽었고, (오伍)자서子胥는 [시체가 강에 던져져서] 썩어버렸다. 진실로 이 네 사람은 현명하였으나 살육됨을 면치 못한 것이다.

그러므로 도척盜跖의 부하가 도척에게 물었다. "도둑질에도 도道가 있습니까?"

도척이 대답하였다. "어디를 간들 도道가 없을 수 있겠느냐? 남의 집안에 감추어져 있는 것을 마음대로 알아내는 것은 성聖이다; [또 남보다] 먼저 들어감이 용기勇이다; [남보다] 늦게 나오는 것은 의로움義이다; 그리고 도둑질할 만한가 아닌가를 판단함이 지혜知이다; 마지막으로 고르게 나누어 갖는 것이 어진 행동[仁]이다. 이 다섯 가지를 갖추지 않고서 큰 도적이 될 수 있었던 사람이란 세상에 하나도 없었다."

이것으로 볼 때, 착한 사람도 성인의 도道를 얻지 못하면 입신立身하지 못하며, 도척도 성인의 도를 얻지 못하면 행세하지 못하는 것이다. 세상에 착한 사람은 적고 착하지 않은 사람이 많으니, 성인이 세상을 이롭게 하는 점은 적고 세상을 해롭게 하는 점이 더 많은 것이다.

[嘗試論之. 世俗之所謂至知者, 有不爲大盜積者乎? 所謂至聖者, 有不爲大盜守者乎? 何以知其然邪? 昔者, 龍逢斬,[467] 比干剖,[468] 萇弘胣,[469]

---

467) 용봉龍逢은 夏나라의 걸桀왕 때의 賢人이다. 『莊子譯注』, 90頁, 주1 참조.

468) 比干은 은殷(또는 商)나라 주紂왕의 庶出인 숙부이다. 『莊子譯注』, 上同, 주2 참조.

469) 장홍萇弘은 周나라 영靈왕의 현신이다. 치胣는 창자를 가름(剖)이다. 『莊子譯注』, 上同, 주3 참조.

子胥靡.[470] 故四子之賢而身不免乎戮. 故跖之徒問於跖曰:[471] "盜亦有道乎?" 跖曰: "何適而无有道邪? 夫妄意室中之藏, 聖也; 入先, 勇也; 出後, 義也; 知可否, 知也; 分均, 仁也. 五者不備而能成大盜者, 天下未之有也." 由是觀之, 善人不得聖人之道, 不立. 跖不得聖人之道, 不行. 天下之善人少, 而不善人多, 則聖人之利天下也少, 而害天下也多.]

그러므로 입술이 없어지면 이가 시려지고, 노魯나라의 술이 싱거웠기에 (조趙나라) 한단邯鄲이 포위당하게 되었다는 말이 있다. 성인이 생겨나니 큰 도적이 생겨난 것이다. [그러니] 성인을 쳐 없애고 도적을 멋대로 내버려 두면 세상은 비로소 다스려질 것이다. 냇물이 말라야 골짜기가 텅 비고, 언덕이 평평해져야 연못이 메워지는 것처럼, 성인이 사라지면 [나라의 법도를 훔치는] 큰 도적이 일어나지 않게 되며, 세상은 태평해지고 아무 일이 없게 될 것이다.

[故曰: 脣竭則齒寒, 魯酒薄而邯鄲圍.[472] 聖人生而大盜起. 掊擊聖人,

---

470) 子胥(즉 伍員)은 楚나라에서 吳에 망명하여 吳왕 夫差를 도와 楚를 공격하는 데 큰 공적을 남겼다. 그러나 나중에 吳왕 夫差에게 충언을 진언하다가 도리어 미움을 사게 되어 살해되고, 그 시체는 가죽 부대에 남겨져 강에 버려지게 되었다. 미靡는 부란腐爛(썩어 문드러짐)이다. 『莊子譯注』, 上同, 주4 참조.

471) 도척盜跖은 공자 당시 노魯나라의 저명한 현인인 유하계柳下季의 동생으로, 무려 9천여 명의 부하를 거느리고 여러 나라를 침략한 당대의 잔인무도하기로 유명한 대도大盜의 이름이다. 그는 도척盜跖으로 불리며, 또한 '도척'은 악당의 대명사로 통한다. "孔子與柳下季爲友. 柳下季之弟, 名曰盜跖. 盜跖從卒九千人, 橫行天下, 侵暴諸侯, 穴室樞戶, 驅人牛馬, 取人婦女. 貪得忘親, 不顧父母兄弟, 不祭先祖. 所過之邑, 大國守城, 小國入保, 萬民苦之.", 「盜跖」편 참조.

472) 서로 관계없어 보이는 말에도 상관관계가 있음을 지적하는 말이다. 이 말의 기원에는 『經典釋文』(陸德明撰)에 나오는 설명이 있고, 그리고 『淮南子』「무칭繆稱」편에 대한 허신許愼(58-148)의 주에 나오는 설명 등 두 가지 설이 있다. 『經典釋文』(陸德明撰)에 나오는 설명은 다음과 같다. 楚 선왕宣王이 제후들을 조회시켰을 때, 魯 공공恭公

縱舍盜賊, 而天下始治矣. 夫川竭而谷虛, 丘夷而淵實, 聖人已死, 則大盜不起. 天下平而无故矣.]

▶ 10-2:

성인이 죽지 않으면 큰 도적은 끊이지 않을 것이다. 그래서 성인을 존중하며 세상을 다스리면 이것은 바로 도척盜跖[같은 역신逆臣]을 크게 이롭게 하는 것이다. 말[斗]과 되[斛]를 만들어서 [곡식의] 양을 헤아리면 [큰 도적은] 그 말과 되마저도 아울러 훔칠 것이고, 저울추[權]와 저울대[衡]를 만들어서 [무게를 달면] 그 저울추와 저울대마저도 아울러 훔칠 것이고, 부신符信이나 도장으로 신표를 삼으면 그 부신과 도장마저 아울러 훔칠 것이고, 인仁과 의義를 가지고 사람들의 행위를 바로 잡으려 하면 그 인과 의마저도 아울러 도적질할 것이다. 어떻게 그렇다는 것을 아는가? [하찮은] 돈[白銀]을 도둑질한 사람은 벌을 받지만 나라를 훔친 자는 제후諸侯가 되고, 제후의 문안에 인의仁義가 있게 되면 이는 인의와 성인의 지혜까지를 도적질한 것이 아닌가? 따라서 큰 도적을 따라 하여 제후들을 (무력으로) 사로잡아 인의를 도둑질하며, 말·되·저

이 늦게 도착했을 뿐 아니라 그가 바친 술의 맛이 묽었다. 이 때문에 초의 宣王이 노하여 모욕을 주자 魯 공공은 자신에게 지나치게 심하게 대한다며 魯나라로 돌아가 버렸다. 그러자 楚 宣王은 齊나라와 함께 魯를 침공했다. 梁 惠王은 항상 趙나라를 침공하고 싶어 했는데, 楚나라의 지원군이 두려워 실행하지 못하고 있었다. 마침 楚나라가 魯나라와 전쟁을 벌이자 양혜왕은 이 틈을 타서 趙나라에 쳐들어가 趙나라 수도 한단邯鄲을 포위해 버렸다. 그리고 『淮南子』, 「繆稱」편에 대한 許愼(58-148)의 주에 나오는 설명은 다음과 같다. 楚나라가 다른 제후들에게 조회시켰을 때, 魯나라와 趙나라 모두가 楚나라 왕에게 술을 바쳤다. 魯나라의 술은 묽었고, 趙나라의 술은 진했다. 술을 담당하는 楚나라 관리가 술을 좀 달라고 趙나라 측에 요청하자 趙나라 측에서 이를 거절해 버렸다. 그러자 그 관리가 화가 나서, 趙나라의 술과 魯나라의 술을 바꿔치기 하여 楚나라 왕에게 바쳤다. 그러자 楚나라 왕은 술맛이 나쁘다는 이유로 趙나라 수도 邯鄲을 포위하고 말았다. 王叔岷, 353頁, 주10 참조.

울추·저울대·부신符信·도장의 이로움까지를 훔치는 행위는, 비록 높은 벼슬을 내리는 상賞이 있다 해서 마음을 바꾸게 할 수 없으며, 도끼로 참수를 당하는 엄한 형벌의 위협으로도 근절시킬 수 없는 것이다. 이렇게 도척[같은 악당]을 크게 이롭게 하여 그것을 근절시키지 못하는 것, 이것이 바로 성인의 잘못이다.

[聖人不死, 大盜不止. 雖[唯]重聖人而治天下, 則是重利盜跖也. 爲之斗斛以量之, 則竝與斗斛而竊之. 爲之權衡以稱之, 則竝與權衡而竊之. 爲之符璽以信之, 則竝與符璽而竊之. 爲之仁義以矯之,[473] 則竝與仁義而竊之. 何以知其然邪? 彼竊鉤者誅,[474] 竊國者爲諸侯. 諸侯之門而仁義存焉, 則是非竊仁義聖知邪? 故逐於大盜, 揭諸侯, 竊仁義竝斗斛權衡符璽之利者, 雖有軒冕之賞弗能勸, 斧鉞之威弗能禁. 此重利盜跖而使不可禁者, 是乃聖人過也.]

그러므로 (『노자』 38장에서) '물고기는 연못을 떠나서는 안 되고, 나라의 날카로운 무기는 다른 사람에게 보여주어서는 안 된다.' 라고 말한다. 저 성인의 법제는 세상을 (다스리는) 이로운 무기이니, 따라서 세상에 밝게 드러내서는 안 된다. 그러므로 성인[의 법제]를 없애고 지식을 내버리면 큰 도적이 없어질 것이고, 옥玉을 내던지고 진주眞珠를 깨뜨려 버리면 좀도둑들이 생기지 않을 것이며, 신표를 태워버리고 인장을 부숴버리면 백성들이 순박해지고, 말[斗]을 쪼개 없애고 저울대[衡]를 부수면 백성들은 다투지 않게 될 것이며, 천하의 성인이 정한 법을 다 파괴하고 없애 버리면 백성들은 비로소 함께 논의할 만하게 될 것이

473) 교矯는 바로 잡음[正]이다. 曹礎基, 137頁, 주8 참조.

474) 구鉤는 갈고리 모양으로 생긴 주물鑄物인데, 전국시대의 동전[白銀]이다. 曹礎基, 上同, 주9 참조.

다. 성인이 제정한 육률六律의 음악을 다 뒤흔들어 없애고 우슬竽瑟[현악기]를 태워 없애고 사광師曠의 귀를 막아버리면, 세상 사람들은 비로소 참된 청각을 회복할 수 있을 것이다. 무늬를 지우고 오채五彩를 없애버리고 [눈이 밝은] 이주離朱의 눈을 아교로 붙여 놓아야 세상 사람들은 비로소 눈이 밝아질 것이다. [타원을 그리는] 갈고리[鉤]와 [직선을 긋는] 먹줄[繩]을 부숴버리고, 컴퍼스[規]와 [직각을 그리는] 곱자[矩]를 내버린 다음 공수工倕의 손가락을 잘라버려야만, 세상 사람들은 비로소 자기 재주를 교묘하다고 할 것이다. 따라서 (『노자』 45장에서) 말한다. "뛰어난 재주는 서투른 듯하다."

[故曰: "魚不可脫於淵, 國之利器不可以示人."475) 彼聖人者, 天下之利器也, 非所以明天下也.476) 故絕聖棄知, 大盜乃止.477) 擲玉毁珠,478) 小盜不起. 焚符破璽, 而民朴鄙;479) 掊斗折衡, 而民不爭. 殫殘天下之聖法, 而民始可與論議. 擢亂六律; 鑠絕竽瑟, 塞師曠之耳, 而天下始人含其聰矣. 滅文章, 散五采, 膠離朱之目, 而天下始人含其明矣. 毁絕鉤繩而棄規矩, 攦工倕之指,480) 而天下始人含其巧矣. 故曰: "大巧若拙."481)]

---

475) 『老子』 36장. 만약에 물고기가 그 깊이를 알 수 없는 연못에서 자기 정체를 감추고 있지 않게 되면 사람들에게 잡혀 버릴 것이고, 임금이 나라를 지키는 날카로운 무기, 즉 통치술을 다른 신하들에게 간파당하게 되면 쿠데타를 면할 수 없다는 뜻이다. 示는 視이다. 王叔岷, 357頁, 주1 참조.

476) '非所以明天下'는 문장의 뜻이 명쾌하지 못하니, 明자 아래에 示자가 탈락되었다. 王叔岷, 上同, 주2 참조.

477) 『노자』 19장에, 「絕聖棄智, 民利百倍; 絕巧棄利, 盜賊無有.」가 나온다. 이것이 생략되어, 『장자』에는, 「絕聖棄知, 大盜乃止.」로 단축되었다. 王叔岷, 上同, 주3 참조.

478) 적擿은 척擲(던지다)이다. 珠玉은 던져서 부수어지면 도둑이 나타나지 못함을 말한 것이다. 曹礎基, 139頁, 주6 참조.

479) 부신[符]이 불타고, 인장印章이 부서져서, 그것들을 이용해 사기를 칠 수가 없게 되었다. 비鄙는 소박함이다. 曹礎基, 上同, 주7 참조.

480) 여攦(꺾다)는 절단이고; 공수工倕는 요堯임금 시절의 유명한 기술자이다. 『莊子譯

증삼曾參과 사추史鰍의 행실을 깎아버리고, 양주楊朱와 묵자墨子의 입을 틀어막고, 인의仁義를 내던져 버려야만 세상 사람들의 자연성은 섞이어 합일되게 될 것이다. 사람들이 (자연스러운) 앎을 간직하고 있으면 세상에는 과시할 일이 없어질 것이고, 사람들이 자신의 (자연스러운) 귀 밝음을 간직하고 있으면 근심 걱정이 없어질 것이다. 사람마다 자신의 (자연스러운) 앎을 간직하고 있으면 세상에는 미혹되는 일이 없어질 것이고, 또 사람들이 덕행을 은장隱藏하고 있으면 세상에는 치우치는 일이 없을 것이다. 저 증삼, 사추, 양주, 묵자, 사광, 공수, 이주 등은 모두 밖으로 덕을 내세움으로써 세상에 미혹과 착란[迷亂]을 과시한 자들이니, [그들이 세운] 정도正道는 아무 쓸모가 없다.

[削曾、史之行, 鉗楊、墨之口, 攘棄仁義, 天下之德始玄同矣.[482] 彼人含其明, 則天下不鑠矣.[483] 人含其聰, 則天下不累矣.[484] 人含其知, 則天下不惑矣. 人含其德, 則天下不僻矣.[485] 彼曾、史、楊、墨、師曠、工倕、離朱, 皆外立其德而以爚亂天下者也,[486] 法之所无用也.[487]]

注』, 92頁, 주7 참조.

481) 『老子』 45장: 「大巧若拙」을 인용함, 王叔岷, 359頁, 주12 참조.

482) 양攘은 배척이고, 玄同은 『老子』 56장에 보이니, 混同하고 暗合(속으로 합치함)이다. 曹礎基, 139頁, 주22 참조.

483) 삭鑠은 요耀(빛나다)와 통하니, 현요炫耀(과시함, 자랑함)이다. 曹礎基, 140頁, 주23 참조.

484) 성현영成玄英(608-669)疏에 의하면, 불루不累는 憂患이 없음이다. 王叔岷, 359頁, 주15 참조.

485) 벽僻(치우침)은 사벽邪僻(앞뒤가 안 맞음)이다. 曹礎基, 140頁, 주25 참조.

486) 外立其德은 저기의 재능이나 품덕을 뻐기는 것이고, 약爚은 현요炫耀(자랑하다)이고, 약란爚亂은 미란迷亂이다. 曹礎基, 140頁, 주26 참조.

487) 法에는 正義가 있으니, 法은 正道이다. 王叔岷, 上同, 주17 참조.

▶ 10-3:

그대는 '지극히 순일한 세상'[至德之世]을 알지 못하는가? 옛날에 용성씨容成氏, 대정씨大庭氏, 백황씨伯黃氏, 중앙씨中央氏, 율륙씨栗陸氏, 여축씨驪畜氏, 헌원씨軒轅氏, 혁서씨赫胥氏, 존로씨尊盧氏, 축융씨祝融氏, 복희씨伏羲氏, 신농씨神農氏가 있었으니, 그들의 시대에는 노끈으로 매듭을 지어서[結繩] [뜻을 표시]했고, 자기 [마을의] 음식을 달게 여겼고, 자기 [마을의] 옷을 아름답게 여겼으며, 자기 [마을의] 풍속을 즐겼으며, 자기 [마을의] 거처에 편안해 하였다. 이웃 나라가 서로 바라보였고 닭이나 개 짖는 소리가 서로 들려도 사람들은 늙어서 죽을 때까지 서로 왕래하지 않았다. 이러한 시대가 지극히 잘 다스려진 (시대)이다. 지금은 마침내 백성들이 목을 길게 빼고 서로 발돋움하며, "어느 곳에 현자가 있다."라고 말하면, [이에 사람들은] 길 양식을 마련하여 그곳으로 달려가니, 안으로는 자기 어버이를 버리고 밖으로는 자기가 주관해야 할 일들을 포기하게 되어, [이들의] 발자취들이 제후들의 국경에 닫게 되고, [이들의] 수레바퀴 자국은 천 리 밖에까지 교차하게 된다. 이렇게 되는 것은 임금이 지식[知]을 좋아하는 데서 생긴 잘못이다.

[子獨不知至德之世乎? 昔者, 容成氏、大庭氏、伯黃氏、中央氏、栗陸氏、驪畜氏、軒轅氏、赫胥氏、尊盧氏、祝融氏、伏羲氏、神農氏,[488] 當是時也, 民結繩而用之. 甘其食, 美其服, 樂其俗, 安其居. 隣國相望, 鷄狗之音相聞, 民至老死而不相往來.[489] 若此之時, 則至治已. 今遂至使民延頸擧踵, 曰: '某所有賢者', 贏糧而趣之,[490] 則內棄其親, 而外去其主之事,

488) 모두 상고시대 제왕의 이름이다. 당시의 史籍이 없어서 순서나 전후를 알 수 없다. 王叔岷, 360頁, 주1 참조.

489) 『老子』 80장: 「使民復結繩而用之. 甘其食, 美其服, 安其居, 樂其俗. 鄰國相望, 鷄犬之聲相聞, 民至老死不相往來.」, 『老子繹讀』, 任繼愈著, 北京圖書出版社, 2007, 176-177頁 참조.

足跡接乎諸侯之境, 車軌結乎千里之外.491) 則是上好知之過也.]

군주가 진실로 '지식' 만 좋아할 뿐 참된 도리가 없다고 한다면 세상은 크게 어지러워질 것이다. 어떻게 그렇다는 것을 알 수 있는가? 무릇 활이나 쇠뇌나 새 잡는 그물이나 주살 등[을 만드는] 지식이 많게 되자 새들은 하늘 위에서 [나는 것이] 혼란스럽게 되었다. 낚시, 미끼, 어망, 촘촘한 그물, 통발 등을 만드는 지식이 많아지자 물고기들은 물 속에서 [살기가] 혼란스럽게 되었다. 목책, 짐승 잡는 울타리, 그물 등[을 만드는] 지식이 많아지자 짐승들이 늪(의 풀 속)에서 [살기가] 혼란스럽게 되었다. 사기, 교활, 궤위詭僞한 언사言辭, 견백堅白과 동이同異의 변론들이 많게 되자, 세속 사람들은 [이런] 궤변들에 미혹되게 되었다. 따라서 세상이 암흑 속에 빠져 크게 어지럽게 된 죄는 지식을 좋아하는 데 있다. 진실로 세상 사람들은 모두 자기가 [아직] 모르고 있는 것을 추구할 줄은 알지만, 그러나 자기가 이미 알고 있는 것을 [더욱 깊이] 추구할 줄은 모른다. 모두 이미 좋지 않다고 정해진 것을 그르다고 할 줄은 알지만, 그러나 이미 좋다고 받아들인 것을 [감히] 그르다고 할 줄은 모르기에 [세상은] 크게 혼란스러운 것이다. 이 때문에 위로는 해와 달의 빛이 어지러워지고, 아래로는 산천의 정기精氣가 사라지고, 가운데로는 사철의 변화가 흐트러진다. 꼼지락대며 기어 다니는 작은 벌레나 미세한 날벌레까지도 모두가 그[자연]의 본성을 잃어버렸다. 심하도다! 지능을 좋아하는 것이 이토록 세상을 어지럽게 하다니! 삼대(夏, 殷, 周, 문명시대 진입) 이후론 언제나 이러하였을 뿐이다. 농사짓는 순박한 백성들을 버리고 교활하고 간사한 사람들을 좋아하며, 고요한 무위無爲는 버려지고

490) 영贏은 裝足(싣다)이고, 취趣는 走向(간다)이다. 曹礎基, 141頁, 주6 참조.

491) 궤軌는 차철車徹(수레 바퀴 자국)이고, 結은 交이다. 曹礎基, 上同, 주9 참조.

남을 속이는 마음을 기뻐하니, 아아, 세상을 어지럽히고 있도다!

[上誠好知而无道, 則天下大亂矣. 何以知其然邪? 夫弓、弩、畢、弋機變之知多,[492] 則鳥亂於上矣. 鉤餌、罔罟、罾笱之知多,[493] 則魚亂於水矣. 削格、羅落、罝罘之知多,[494] 則獸亂於澤矣. 知詐漸毒、頡滑堅白、解垢同異變多,[495] 則俗惑於辯矣.[496] 故天下每每大亂,[497] 罪在於好知. 故天下皆知求其所不知, 而莫知求其所已知者. 皆知非其所不善, 而莫知非其所已善者, 是以大亂. 故上悖日月之明, 下爍山川之精, 中墮四時之施. 惴耎之蟲, 肖翹之物,[498] 莫不失其性. 甚矣! 夫好知之亂天下也! 自三代以下者是已. 舍夫種種之民, 而悅夫役役之佞. 釋夫恬淡无爲, 而悅夫啍啍之意. 啍啍已亂天下矣!]

---

492) 필畢은 새 잡는 그물이고, 익弋은 주살이다. 『莊子譯注』, 94頁,주1 참조.

493) 증罾은 어망漁網이고, 구笱는 통발이다. 『莊子譯注』, 上同, 주2 참조.

494) 삭削은 대나무 말뚝이고, 格은 나무 말뚝이고, 나낙羅落은 그물로 된 울타리이다. 저부罝罘는 짐승 잡는 그물이다. 『莊子譯注』, 上同, 주3 참조.

495) 점독漸毒은 사기이고, 힐활頡滑은 교힐狡黠(교활)이다. 해구解垢는 궤곡詭曲(속이고 비틀어진) 언사이다. 『莊子譯注』, 上同, 주4 참조.

496) '견백석堅白石'을 두고 그 돌의 촉감적인 '굳음'과 시각적인 '흼'은 결코 하나로 통일될 수 없기에 '굳고 흰돌堅白石'은 결코 하나가 아니라, 촉각적인 堅石과 시각적인 白石, 즉 두 실체일 수밖에 없다거나, 또는 촉각적인 堅石과 시각적인 白石은 '같은 것(同)이냐' '다른 것(異)이냐'를 두고 열띤 논쟁을 했던 논리적 궤변론을 가리킨다. 이것은 일찍이 公孫龍(약 전330-전242)에 의해 제기된 바 있다. 王叔岷, 365-367頁, 주4 참조.

497) '每每'에는 두 가지 풀이가 있다. 첫 번째는 성현영成玄英(608-669)과 이이李頤(1541-1601)의 설명으로 '昏昏', 즉 어두워짐이라는 뜻으로 보는 풀이이다. 두 번째는 임희일林希逸(1193-1271)의 설명으로 '常常', 즉 항상의 뜻으로 보는 풀이이다. 본 번역은 전자를 따랐다. 崔大華, 333頁, 주7 참조.

498) '초교지물肖翹之物'을 작은 식물의 의미로 보는 최선崔譔(3세기)의 견해도 있지만, 본 번역에서는 벌이나 나비 등, 날아다니는 작은 벌레의 의미로 보는 林希逸, 李頤의 견해를 따랐다. 崔大華, 334頁, 주10 참조.

11. 재유(在宥: 자연 그대로 맡김)

재在는 자재自在, 즉 자득自得을 말하며, 유宥는 '풀어놓음'이다. 재유在宥는 자유롭게 풀어놓음이다. 이 편의 사상은 무위無爲의 정치이다. 첫머리의, '聞在宥天下, 不聞治天下也.' [천하를 자유롭게 풀어놓음은 들어보았으나, 천하를 통치한다는 것은 듣지 못했다.]라는 선언이 이 편의 전체 강령[總綱]이다. 천하는 통치하면 할수록 나빠지니, 인의仁義를 실시하여 인심人心을 어지럽게 한 결과이다. 천하를 통치할 것이 아니라 자유롭게 방임放任하고, 자연에 순응하면서, 임금은 무위無爲의 정치를 해야 하며, 신하들은 유위有爲의 활동을 해야 함을 말하고 있다.

▶ 11-1:

세상을 '자유롭게 풀어놓음'은 들었지만, 세상을 [인위로] 다스린다는 말은 듣지 못했다. (그대로) 둠[在]은 세상이 본성을 망칠까 두려운 것이요, 풀어놓음[宥]은 세상이 (사람의) 상덕常德을 변질시킬까 두려운 것이다. 세상이 본성을 망치지 않고 상덕을 변질시키지 않는다면 어찌 세상을 다스릴 것이 있겠는가! 옛날 요堯임금이 세상을 다스림에 세상의 사람들을 흥겹게 해주고, 그들이 자신의 본성을 즐기도록 하게 해주었으나, [마음은] 이것으로 안정할 수 있었다. 걸桀임금이 세상을 다스림에 세상의 사람들을 피폐하고 병들게 하고 그들의 본성을 괴롭혔으니, 이것으로 [마음이] 유쾌하지 않았다. [마음이] 안정되지 않고 유쾌하지 않은 것은 [사람의] '자연성[德]'이 아니다. '자연성'이 아니면서 오래갈 수 있는 것은 세상에는 없다.

[聞在宥天下499), 不聞治天下也. 在之也者, 恐天下之淫其性也;500) 宥之也者, 恐天下之遷其德也.501) 天下不淫其性, 不遷其德, 有治天下者哉!502) 昔堯之治天下也, 使天下欣欣焉人樂其性,503) 是不恬也.504) 桀之治天下也, 使天下瘁瘁焉人苦其性,505) 是不愉也. 夫不恬不愉, 非德也. 非德也而可長久者, 天下无之.]

▶ 11-2:

사람이 지나치게 기뻐하는가? (이러면) 양陽을 손상되게 한다. 크게 분노하는가? 음陰을 해하고 만다. 음양이 모두 손상을 받으면 사계절이 순서를 지키지 않고 이르며, 추위와 더위가 조화하지 않으니 사람의 몸에 손상을 주게 될 것이다! 사람의 기쁨과 분노가 정상을 잃게 되고, 거처가 정해진 곳이 없고, 사려가 자유롭지 못하고, (일을) 중도에서 폐기하게 된다. 이에 세상에서 비로소 오만하게 자신을 높이고 (남들보다) 출중하고 비범하게 여기니, 그런 다음에 도척盜跖, 증삼曾參, 사추史鰍 등의 행동이 생겨났다. 따라서 세상[의 명예와 재물]을 다하여 착한 자에

---

499) 이면李勉(717-788)은 '在'를 '任'의 잘못으로 보았다. 崔大華, 336頁, 註1 참조.

500) 음淫은 過(잘못)나 失(실수)이다. 曹礎基, 144頁, 주3 참조.

501) 천遷은 변變이다. 曹礎基, 上同, 주4 참조.

502) 『太平御覽』에 의하면, 有자 위에 기豈(어찌)자가 있다. 王叔岷, 373頁, 주2 참조.

503) 『太平御覽』에 의하면, 天下 밑에 人자가 있다. 王叔岷, 上同, 주3 참조.

504) 염恬은 정靜이다. 曹礎基, 上同, 주7 참조.

505) 췌췌瘁瘁는 피곤하여 병든 모양이다. 曹礎基, 上同, 주8 참조.

게 상을 주려 해도 부족하고, 세상[의 형법刑法]을 다하여 악한 자에게 벌을 주려 해도 못 미친다. 그러므로 세상이 아무리 크다 해도 [저들에게] 상과 벌을 주기에 부족한 것이다. 삼대[夏, 殷, 周, 즉 문명 시대] 이래로 시끄럽게 모두 상주고 벌주는 것을 일삼아 왔으나, 저 백성들은 어느 겨를에 자신의 (참된) 생명의 실정[性命之情]을 편안하게 하였겠는가!

[人大喜邪?[506] 毗於陽.[507] 大怒邪? 毗於陰. 陰陽竝毗, 四時不至, 寒暑之和不成, 其反傷人之形乎! 使人喜怒失位,[508] 居處无常, 思慮不自得, 中道不成章.[509] 於是乎天下始喬詰卓鷙,[510] 而後有盜跖、曾、史之行. 故擧天下以賞其善者不足,[511] 擧天下以罰其惡者不給.[512] 故天下之大不足以賞罰. 自三代以下者, 匈匈焉終以賞罰爲事,[513] 彼何暇安其性命之情哉![514]]

▶ 11-3:

---

506) '사邪'는 虛詞로서 '也'와 통한다.

507) '비毗'는 '毗劉暴樂'의 '毗'로 보았다. 『爾雅 · 釋詁』엔 '毗劉'가 곧 '暴樂'이라고 되어 있으며, 이 둘은 모두 벗겨내다, 떨어지다, 손상하게 함 등의 뜻이라고 한다. 王叔岷, 373頁, 주6 참조.

508) 失位는 失常이다. 曹礎基, 145頁, 주3 참조.

509) 中道不成章은 일하다 중도에서 폐기함이다. 曹礎基, 上同, 주5 참조.

510) 교喬는 교驕(교만)이며, 힐詰은 '남의 잘못을 끄집어냄'이다. 교힐喬詰은 '교만하고 과장함'이다. 탁卓은 出衆이고, 지鷙는 원래 성질이 사나운 새를 의미했으나 여기서는 '비범함'이다. 탁지卓鷙는 出衆不凡이다. 趙礎基, 上同, 주6 참조.

511) 거擧는 진盡(다하다)이고, 天下는 세상의 명예와 재물이다. 曹礎基, 上同, 주7 참조.

512) 여기서 天下는 세상의 刑法을 가리키고, 不給은 충분치 못함이다. 曹礎基, 上同, 주8 참조.

513) 성현영成玄英(608-669)의 疏에 의하면, 흉흉匈匈은 환화讙譁(시끄러움)이다. 언焉은 然이고, 終은 皆이다. 王叔岷, 374頁, 주11 참조.

514) 彼는 백성을 가리킨다. 曹礎基, 上同, 주10 참조.

[이주離朱처럼] 눈 밝은 것을 기뻐하는가? 이는 색깔로 (마음이) 혼란하게 된다. [사광師曠처럼] 귀 밝은 것을 기뻐하는가? 이는 음악 소리로 (마음이) 혼란하게 된다. 인仁을 기뻐하는가? 이는 상덕常德에 혼란이 있게 된다. 의義를 기뻐하는가? 이는 도리를 어그러지게 한다. 예禮를 기뻐하는가? 이는 묘한 재주(技巧)를 돕게 한다. 악樂을 기뻐하는가? 이는 음란을 돕게 한다. 식별[識]을 기뻐하는가? 이는 많은 재능을 도울 뿐이다. 앎을 기뻐하는가? 이는 [남을] 헐뜯는 일을 조장하게 된다. 세상이 생명의 실정을 편안하게 해준다면, 이런 여덟 가지[明 · 聰 · 仁 · 義 · 禮 · 樂 · 聖 · 知]는 가져도 좋고 없어도 된다. 세상이 바야흐로 [참된] 생명의 실상을 편안하게 못 한다면, 이런 여덟 가지는 이에 비로소 [마음을] 여유롭게 하지 못하고 혼란스럽게 하여, 세상을 어지럽게 하는 것이다.

[而且說明邪? 是淫於色也.[515] 說聰邪? 是淫於聲也. 說仁邪? 是亂於德也. 說義邪? 是悖於理也. 說禮邪? 是相於技也.[516] 說樂邪? 是相於淫也.[517] 說聖邪? 是相於藝也.[518] 說知邪? 是相於疵也.[519] 天下將安其性命之情,[520] 之八者, 存, 可也, 亡, 可也. 天下將不安其性命之情, 之八者, 乃始臠卷傖囊[521]而亂天下也.]

---

515) 而且는 將과 같고, 說은 열悅(기쁨)이고, 음淫은 난亂(어지러움)이다. 王叔岷, 375頁, 주1 참조.

516) 곽상郭象(252-312)에 의하면, 相은 조助(돕다)이다. 기초技礎는 節文(예절, 儀式)이니 묘한 재주[技巧] 이다. 王叔岷, 376頁, 주2 참조.

517) 음淫은 음일淫逸(淫亂)이다. 曹礎基, 145頁, 주4 참조.

518) 聖은 識과 통하고, 예藝는 재능이 많음이다. 王叔岷, 376頁, 주3 참조.

519) 자疵(흠)는 자訾(헐뜯다)와 통하며, 자訾는 훼諻(헐뜯다, 꾸짖다)이다. 王叔岷, 上同, 주 4 참조.

520) 將은 如와 같다. 王叔岷, 上同, 주5 참조.

521) 사마표司馬彪(?-306)에 의하면, 연권臠卷은 여유 있는 모양이 아니다. 창낭傖囊은 창

그런데도 세상은 이런 것들을 비로소 높이고 아끼니, 세상 사람들의 미혹됨이 심하도다! [이들이] 어찌 이런 것들을 다만 지나간 것으로만 내버려 두겠는가? [이 여덟 가지를] 어디의 잘못으로 여기고 내버릴 수 있겠는가? [도리어] 재계齋戒를 한 후 [그것들을] 기리고, 무릎을 꿇고서 그것들에게 진헌하며, 북치고 노래하며 춤을 추니, 내가 무슨 방법이 있겠는가! 그러므로 군자가 부득이하게 천하를 맡아 다스리게 된다면, 무위無爲만한 것이 없다. (임금이) 무위한 이후라야 (참된) 생명의 실정을 편안히 할 수 있다. 그러므로 천하를 다스리는 것보다 자기를 더 귀하게 여기는 사람에게는 세상을 맡길 수가 있고, 천하를 다스리는 것보다 자신을 더 애호하는 사람이라면 (그에게) 세상을 기탁할 수가 있다. 따라서 만약 군자가 자신의 [자연으로부터 받은] 오장五臟[간장肝臟, 심장心臟, 비장脾臟, 폐장肺臟, 신장腎臟]을 방종하게 쓰지 않고, 자신의 총명을 [離朱나 師曠처럼] 과시하지 않으며, 적연寂然하여 움직이지 않으나 용龍처럼 나타나며, 깊은 고요에서 침묵하면서도 뇌성雷聲처럼 (울리며), 심신心神 활동이 자연을 따르니, 만물들이 바람에 흙먼지 날리듯 자연스럽게 움직인다. 내가 또한 어찌 세상을 다스릴 겨를이 있겠는가!

[而天下乃始尊之惜之, 甚矣天下之惑也! 豈直過也而去之邪?[522] 乃齋戒以言之, 跪坐以進之, 鼓歌以儛之, 吾若是何哉! 故君子不得已而臨莅天下, 莫若无爲. 无爲也而後安其性命之情. 故貴以身於爲天下,[523] 則可以託天下, 愛以身於爲天下, 則可以寄天下.[524] 故君子苟能无解其五藏, 无

양搶攘으로 어지러운 모습을 의미한다. 王叔岷, 376-377頁, 주6 참조.

522) 기豈는 '어디에'이고, 直은 但이고, 過는 잘못이고, 去는 포기이다. 曹礎基, 146頁, 주10 참조.

523) 이 구절은, '자신에 대한 진중珍重이나 愛好를 天下에 대한 진중과 애호보다 중하게 보는 인물에게 天下를 넘길 수 있음'을 말한 것이다. 曹礎基, 上同, 주2 참조.

524) 『老子』 13장 참조. 『老子』의 원문은 "貴以身爲天下者, 可以寄天下, 愛以身爲天下

擢其聰明;[525] 尸居而龍見,[526] 淵默而雷聲,[527] 神動而天隨,[528] 從容无爲而萬物炊累焉.[529] 吾又何暇治天下哉!]

▶ 11-4:

최구崔瞿가[530] 노자[老聃]에게 물었다. "세상을 다스리지 않으면 어떻게 사람들의 마음을 수습할 수 있습니까?"

노자가 말했다. "자네는 신중해야 하네, 사람의 마음을 [가르치려고] 묶어 두지나 않도록 하게. 사람의 마음이란 낮음[자리]을 배척하고 높음(자리)을 다투며, 높게 되고 낮게 됨에 초췌해지며, 연약한 [마음]은 굳세고 강한 것을 이기려 하고, 날카로운 [마음]이 가혹하며, 그것[마음]이 뜨거워지면 불같이 타오르고, 차가와지면 얼음처럼 굳어지네. 그 빠르기는 고개를 숙였다가 드는 순간에 두 번이나 사해四海의 밖에까지 도달할 정도이나, 가만히 있을 때는 고요하기 연못 같으나 움직이면 멀리 하늘에 이르네. 분발하면 막아둘 수 없으니 아마도 사람의 마음일진저!"

者, 可以託天下."로 되어 있다. 王叔岷, 377頁, 주9 참조.

525) 해解는 開示이니 방종放縱의 뜻이고, 탁擢은 과시誇示이다. 陳鼓應, 297頁, 주7과 8 참조.

526) 시거尸居는 적연부동寂然不動한 모양이고, 見은 현現(나타남)과 통한다. 曹礎基, 上同, 주5 참조.

527) 연묵淵默은 심침深沈하여 정묵靜默함이다. 깊은 고요함으로 침묵하나, 뇌성雷聲처럼 진동震動함이다. 曹礎基, 上同, 주6 참조.

528) '神動而天隨'는 心神의 활동이 자연을 따름이다. 王叔岷, 378頁, 주11 참조.

529) 취루炊累는 취루吹壥와 통한다. 루壥는 흙먼지이니, 흙먼지가 바람에 이리저리 날리듯이 만물이 자연스럽게 활동한다는 의미이다. 趙礎基, 上同, 주8 참조.

530) 『經典釋文』(陸德明撰)에 의하면, 崔瞿는, 向秀(약227-272)나 崔譔(3세기)本에는 崔臞이다. 崔瞿는 인명이다. 王叔岷, 380頁 주1 참조.

[崔瞿問於老聃曰: "不治天下, 安臧人心?"[531] 老聃曰: "女愼, 无攖人心.[532] 人心排下而進上,[533] 上下囚殺.[534] 淖約柔乎剛彊,[535] 廉劌彫琢,[536] 其熱焦火, 其寒凝氷. 其疾俛仰之間, 而再撫四海之外.[537] 其居也淵而靜, 其動也懸而天.[538] 僨驕而不可係者,[539] 其唯人心乎!"]

옛날에 황제 임금이 처음으로 인의仁義를 가지고 사람의 마음을 묶어 놓으니, 요와 순은 넓적다리와 정강이의 털이 [닳아] 없어지도록 세상[사람들]의 몸을 길러주고, 오장五臟을 수고롭게 하면서 인의를 행하고, 혈기를 소모해가며 법도를 바로잡았다. 그러나 오히려 전부 다스리지 못하여, 요堯는 환두讙兜를 숭산崇山으로 추방했으며, 삼묘三苗를 삼위三峗로 몰아내었고, 공공共工을 유도幽都로 유배하였다. 이는 세상을 다 감당하지 못한 것이다! 이어서 삼왕(하·은·주, 즉 문명 시대) 때에

---

531) 安은 어떻게 이고, 장藏은 畜(기르다), 養(기르다)이다. 여기서는 수습의 뜻이다. 曹礎基, 148頁, 주2 참조.

532) 최선崔譔(3세기)은 '영攖'을 묶어둔다(羈落)는 뜻으로 보았다. 마쉬룬馬叙倫(1884-1970)에 의하면 '攖'은 '영嬰'(젖먹이, 갓난아이)이 되어야 마땅하며 『說文解字』에 '嬰'은 '두른다, 감는다(繞)'는 뜻이 있다고 하였다. 崔大華, 342頁, 주2 참조.

533) 고유高誘(?-212)注에 의하면, 進은 경競(겨루다)이다. 王叔岷, 380頁, 주4 참조.

534) 章太炎(章炳麟, 1869-1936)에 따르면 '囚殺'은 '초살噍殺', 곧 초췌憔悴라고 한다. 王叔岷, 381頁, 주5 참조.

535) 성현영成玄英(608-669)에 따르면, 요약淖約은 '柔弱을 이기려함'이다. 王叔岷, 上同, 주6 참조.

536) 염廉은 능棱(모)이고; 귀劌는 날카로움(利)이어서, 염귀廉劌는 첨리尖利이다. 조탁彫琢은 각박刻薄이다. 曹礎基, 上同, 주8 참조.

537) 무撫는 닿는다, 도달한다는 뜻이다. 趙礎基, 148頁, 주11 참조.

538) 시동奚侗(1878-1939)에 의하면, '淵而靜'은 마땅히 '靜而淵'이 되어야 한다. 高誘注에 의하면, 현천縣天은 '먼 하늘[遠天]'이다. 王叔岷, 381頁, 주9 참조.

539) 분교僨驕는 마음의 분발僨發이고; 不可係는 '구속할 방법이 없음'이다. 曹礎基, 上同, 주14 참조.

이르러 세상은 크게 놀라게 되었다. 아래로는 걸桀과 도척盜跖같은 (폭군과 도적이) 있고, 위로는 증삼曾參과 사추史鰌같은 (도덕군자가) 있게 되니 유가와 묵가가 모두 일어나 (서로 다른 자기주장)만을 한다. 이에 기쁨과 분노가 서로 엇갈리게 되고, 우매한 자와 똑똑한 자가 서로 속이고, 좋으니 나쁘니 서로 비판하고, 거짓과 진실이 서로를 헐뜯게 되어 세상이 쇠락하게 되었다.

[昔者黃帝始以仁義攖人之心, 堯舜於是乎股无胈, 脛無毛,以養天下之形, 愁其五藏以爲仁義, 矜[540]其血氣以規法度. 然猶有不勝也, 堯於是放讙兜於崇山, 投三苗於三峗, 流共工於幽都. 此不勝天下也夫! 施[541]及三王而天下大駭矣. 下有桀跖, 上有曾史, 而儒墨畢起. 於是乎喜怒相疑, 愚知相欺, 善否[542]相非, 誕信相譏, 而天下衰矣.]

큰 덕[大德]이 같지 않으니 인간의 생명은 크게 손상을 입게 된 것이다. 누구나 자기 지식[知, 이념]만을 좋아하게 되니 백성들에게 잡다한 어지러움을 일으키게 되었다. 이에 도끼와 톱 같은 형구가 만들어지고, 형법으로 사형을 집행하고, 송곳과 끌로 해결을 보게 되었다. 아, 세상이 시끌시끌 크게 혼란하구나! 잘못은 사람의 마음을 [하나의 이념으로] 묶으려는데 있는 것이다. 따라서 현자가 큰 산 바위 밑에 숨게 되고, 대국[萬乘]의 임금이 종묘 사당에서 전율하고 있다. 지금 머리 잘린 시체들이 서로 포개어 있고, 형틀 쓴 죄인들이 서로 떠밀리며, 육형肉刑을 당한 사람들이 길에서 서로 바라볼 정도이다. (이런 난세에) 유가와

540) 곽경번郭慶藩(1844-1896)에 따르면, 긍矜은 괴롭게 한다, 수고롭게 한다는 의미이다. 王叔岷, 383頁, 주13 참조.

541) '施'는 여기서 '연延(늘이다, 잇다)'으로 해석한다. 王叔岷, 上同, 주16 참조.

542) '부否'는 '악하다, 나쁘다'는 뜻이라고 한다. 趙礎基, 149頁, 주25 참조.

묵가의 지식인들이 수갑과 족쇄 사이에서 어깨를 걷어붙이고 활보를 하는구나! 아, 너무하다! 그들의 무식한 몰염치가 너무하다! 나는 성인의 이념이 [도리어 목에 둘린] 칼이나 족쇄의 쐐기가 아니며, 인의仁義가 수갑과 족쇄[를 채우는] 구멍과 장부가 아닌지를 모르겠다. 증삼曾參과 사추史鰍가 걸桀, 도척盜跖의 효시嚆矢가 되지 않을 줄을 어찌 알겠는가! 그래서 말한다. "성인과 이념을 끊어버리면 세상이 크게 다스려진다."

[大德不同, 而性命爛漫矣. 天下好知, 而百姓求竭矣.[543] 於是乎釿鋸制焉, 繩墨殺焉, 椎鑿決焉. 天下脊脊[544]大亂, 罪在攖人心. 故賢者伏處大山嵁巖之下, 而萬乘之君憂慄乎廟堂之上. 今世殊死者相枕也, 桁陽者相推也, 刑戮者相望也, 而儒墨乃始離跂攘臂乎桎梏之間.[545] 噫, 甚矣哉! 其无愧而不知恥也甚矣! 吾未知聖知之不爲桁陽接槢也, 仁義之不爲桎梏鑿枘也.[546] 焉知曾史之不爲桀跖嚆矢也! 故曰: "絕聖棄知, 而天下大治."[547]]

▶ 11-5:

---

543) '구갈求竭'은 '교갈膠葛', '교갈轇輵'로서, '잡다한 어지러움[雜亂]'이다. 王叔岷, 384頁, 주19 참조.

544) 척척脊脊은 어지러운 모양이다. 王叔岷, 上同, 주21 참조.

545) 이지離跂는 활보闊步이고, 양비攘臂는 팔뚝을 걷어 부침(흥분한 모양)이고, 질桎은 족쇄이고, 곡梏은 수갑이다. 曹礎基, 149頁, 주37 참조.

546) 접습接槢은 널이나 문짝의 한쪽 끝의 아래위로 상투같이 내밀어, '문둔테'의 구멍에 끼우는 것이다. 『동아 새국어사전』, 동아출판사, 1994, 개정판 참조. 여기서는 형구의 구멍에 끼우는 쐐기 같은 것을 말하는 듯하다. 착鑿은 순안榫眼(장붓구멍)이고, 예枘는 장부이다. 착예鑿枘는 仁義가 족쇄와 수갑을 강화하는 열쇠와 자물쇠이다. 曹礎基, 上同, 주40 참조.

547) 『老子』 19장에는, "絕聖棄智"; 그리고 「거협胠篋」 편에, 「掊擊聖人, 而天下始治矣.」가 있다. 王叔岷, 387頁, 주6 참조.

황제黃帝임금이 천자로 즉위한 지 19년에, 그의 정령政令이 온 세상에 시행되었다. 그는 광성자廣成子가 공동산空同山에 있다는 말을 듣고 찾아가 말하였다: "나는 당신이 지극한 도에 통달했다고 들었습니다. 지극한 도의 핵심에 대해 감히 묻고자 합니다. 나는 천지天地의 정수精髓를 취해 오곡이 자라도록 돕고 백성들을 기르고 싶습니다. 그리고 음양을 관리하여 여러 생물을 기르고자 하는데, 어떻게 하면 되겠습니까?"

광성자가 말했다: "당신이 묻고자 한 것은 사물의 본질인데, 당신이 다스리고자 하는 것은 사물의 찌꺼기군요. 당신이 세상을 다스린 후로 구름이 모이기도 전에 비를 내리고, 초목은 누렇게 마르기도 전에 떨어지며, 해와 달의 빛은 더욱 어두워졌소. 당신은 지능은 있으나 교묘한 사람의 마음으로 속이 좁을 뿐이오. 또한 어찌 지극한 도를 말하겠소!"

[黃帝立爲天子十九年, 令行天下. 聞廣成子在於空同之山,[548] 故往見之, 曰: "我聞吾子達於至道, 敢問至道之精. 吾欲取天地之精, 以佐五穀, 以養民人. 吾又欲官陰陽, 以遂羣生,[549] 爲之奈何?" 廣成子曰: "而所欲問者, 物之質也, 而所欲官者, 物之殘也.[550] 自而治天下, 雲氣不待族而雨,[551] 草木不待黃而落, 日月之光益以荒矣.[552] 而佞人之心翦翦者,[553]

---

548) 어떤 사람인지 알 수 없다. 일설에는 老子라고도 한다. '空同' 은 '공동崆峒' 이라고도 하며, 지어낸 산 이름이다. 趙礎基, 151頁, 주1 참조.

549) 『廣雅 · 釋言』에 의하면, 수遂는 育(기르다)이다. 王叔岷, 388頁, 주2 참조.

550) 여기서 '殘' 은 찌꺼기를 의미한다. 趙礎基, 上同, 주7 참조.

551) 족族을 족簇(모으다)이라고 보았다. 王叔岷, 388頁, 주4 참조.

552) 주준성朱駿聲(1788-1858)은, 황荒이 맹盲(昏暗)의 가차자라고 보았다. 王叔岷, 388頁, 주5 참조.

553) 영인佞人은 지교智巧한 사람이고, 전전翦翦은 협애狹隘(좁다)한 모양이다. 上同, 주

又奚足以語至道哉!"]

황제黃帝는 물러나서 세상을 버리고, 독방을 지어서 띠[茅]로 된 자리를 깔았으며, 한적하게 삼 개월을 보낸 다음 다시 찾아가서, (광성자를) 만나기를 청했다. 광성자는 머리를 남쪽으로 두고 누워 있으며, 황제 임금은 아랫자리에서 무릎으로 기어 나아가 머리를 땅에 대고 두 번 절하고 (공손하게) 물었다. "당신이 지극한 도에 통달했다는 말을 듣고 감히 묻습니다. 몸을 다스리고 어떻게 해야 오래 살 수 있습니까?"

[黃帝退, 捐天下,[554] 築特室,[555] 席白茅. 閒居三月, 復往邀之.[556] 廣成子南首而臥,[557] 黃帝順下風膝行而進,[558] 再拜稽首而問曰: "聞吾子達於至道, 敢問. 治身奈何, 而可以長久?"]

광성자가 재빠르게 일어나서 말했다: "질문이 참 좋군요! 이리 오시오. 내가 당신에게 지극한 도에 대해 말해 주겠소. 지극한 도의 핵심은 그윽하고 어두우며, 지극한 도의 극치는 어둡고 고요해서, 볼 수도 들을 수도 없고, 정신을 지키고 고요하면 몸은 장차 바르게 될 것이오. 반드시 (마음을) 고요하게 하고 맑게 하며, 당신의 몸을 수고롭게 하지 않고, 정기精氣를 흔들지 않으면 오래 살 수 있을 것이오. 눈에 보이는 것이 없고 귀에 들리는 것이 없으며, 마음에 아는 바가 없으면, 당신의 정신은 육체를 지켜줄 것이고 육체는 오래 살게 될 것이오. 당신의 내

---

10 참조.

554) 捐은 기棄(버리다)이니, 포기하고 관여하지 않음이다. 曹礎基, 151頁, 주11 참조.

555) 特室은 독거하는 방이다. 曹礎基, 上同, 주12 참조.

556) '격邀'는 '要', '求'와 통한다고 한다. 趙礎基, 上同, 주14 참조.

557) 南首는 '머리를 남쪽으로 향함'이다. 曹礎基, 上同, 주15 참조.

558) '下風'은 아랫자리라는 뜻이다. 『漢語大詞典』 제1권, 318頁, '下風' 條 참조.

면을 잘 단속하고 외부를 차단하며, 지식이 많아지면 낭패를 볼 것이오. 나는 당신을 위해 태양 위에까지 올라가 저 지극한 양기의 근원에까지 이르겠소. 당신을 위해 그윽하고 어두운 문으로 들어가 저 지극한 음기의 근원에까지 이르겠소. 하늘과 땅은 (지극한 도가) 지켜줄 것이고, 음양은 (지극한 도가) 길러줄 것이니, 당신의 몸을 신중히 지키면 만물들은 장차 스스로 왕성해질 것이오. 나는 저 하나[道]를 지킴으로써 [만물과 함께] 덕德에 머무니, 따라서 내 몸은 천이백 년을 수련했으나 아직 쇠약해지지 않았소."

황제는 머리를 (땅에) 맞대고 재배하며 말하였다. "광성자는 하늘[과 하나가 된 사람]이구나!"

[廣成子蹶然而起,[559] 曰: "善哉問乎! 來, 吾語汝至道. 至道之精, 窈窈冥冥;[560] 至道之極, 昏昏默默. 无視无聽, 抱神以靜,[561] 形將自正. 必靜必淸, 无勞女形, 无搖女精, 乃可以長生. 目无所見, 耳无所聞, 心无所知, 女神將守形, 形乃長生. 愼女內, 閉女外. 多知爲敗. 我爲女遂於大明之上矣,[562] 至彼至陽之原也. 爲女入於窈冥之門矣, 至彼至陰之原也. 天地有官, 陰陽有藏,[563] 愼守女身, 物將自壯. 我守其一以處其和.[564] 故我脩身千二百歲矣, 吾形未常衰." 黃帝再拜稽首曰: "廣成子之謂天矣!"]

---

559) 궐연蹶然은 빠르게 일어나는 모양이다. 王叔岷, 390頁, 주4 참조.

560) 요요명명窈窈冥冥은 심장深藏(깊은데 감춰둔) 상태이다. 曹礎基, 152頁, 주20 참조.

561) 抱神은 정신을 지킴이다. 『莊子譯注』, 99頁, 주13 참조.

562) 수遂는, 進 또는 往이다. 王叔岷, 391頁, 주10; 大明은 태양을 가리킨다. 陳鼓應, 306頁, 주14 참조.

563) 官은 관장管掌이고, 장藏은 축蓄(쌓다, 기르다)이다. 曹礎基, 152頁, 주30 참조.

564) 一은 道를 比喩한 것이다. 德은 和이다. 이것은 道를 지키고 德에 處함을 말한다. 王叔岷, 392頁, 주14 참조.

광성자가 말했다. "이리 오시오! 내가 당신에게 말해주겠소. 저 만물들은 끝이 없는데도 사람들은 모두 끝이 있다고 여기고, 저 만물들은 헤아릴 수 없는데도 사람들은 한계가 있다고 여기오. 나의 도를 얻은 사람은 높게는 '황제[皇]'가 되고 낮게는 '왕王'이 될 수 있고, 나의 도를 잃은 사람은 위로는 빛을 드러내지만 아래서는 흙에서 (죽고 사는) 만물이 되오. 지금 만물들은 모두 흙에서 생기고 흙으로 돌아가니, 따라서 나는 (지극한 도의) 무궁한 문으로 들어가고, (지극한 도의) 무극無極한 들판에서 노닐 것이오. 나는 해와 달과 더불어 나란히 빛나며, 나는 천지天地와 함께 영원할 것이오. 나를 향하여 와도 무심하고, 나를 떠나가도 무심할 것이오! 다른 사람들이 다 죽더라도 나만 홀로 생존할 것이로다!"

[廣成子曰: "來! 余語汝. 彼其物无窮, 而人皆以爲有終. 彼其物无測,[565] 而人皆以爲有極.[566] 得吾道者, 上爲皇而下爲王. 失吾道者, 上見光而下爲土.[567] 今夫百昌皆生於土而反於土,[568] 故余將去女, 入无窮之門, 以遊无極之野. 吾與日月參光, 吾與天地爲常.[569] 當我, 緡乎! 遠我, 昏乎![570] 人其盡死, 而我獨存乎!"]

---

565) 무측无測은 不可測이다. 曹礎基, 152頁, 주33 참조.

566) 극極은 限이다. 曹礎基, 上同, 주34 참조.

567) 見은 현現(나타남)과 통하고, 爲土는 흙에서 살고 죽고 하는 것들, 즉 百昌, 百物이다. 曹礎基, 上同, 주35 참조.

568) 『經典釋文』(陸德明撰)에 의하면 '百昌'은 곧 '百物'이다. 王叔岷, 393頁, 주4 참조.

569) 成玄英 疏에 의하면, 參은 同이고, 司馬彪 注에 의하면, 常은 久(오래다)이다. 王叔岷, 上同, 주6 참조.

570) 사마표司馬彪(?-306)에 의하면, 민緡과 혼昏은 무심한 모양이다. 곽숭도郭嵩燾(1818-1891)에 의하면, 當我는 나를 향하여 옴이고, 遠我는 나를 등지고 떠남이다. 王叔岷, 上同, 주7 참조.

▶ 11-6:

운장雲將이 동쪽으로 놀러 갔는데 태풍의 여풍餘風을 지나치니, 마침 홍몽鴻蒙을 만났다. 홍몽은 막 넓적다리를 두드리면서 참새처럼 깡충깡충 뛰며 놀고 있었다. 운장이 이를 보고 홀연히 멈추며 조용히 일어나 물었다. "노인장은 누구십니까? 노인장께서는 왜 이러고 계십니까?"

홍몽은 넓적다리를 두드리면서 깡충깡충 뛰는 것을 그치지 않고 운장에게 말하였다. "놀고 있소!"

운장이 말했다. "제가 여쭙고 싶습니다."

홍몽은 위로 운장을 쳐다보며 말하였다. "아아!"

운장이 말했다. "천기天氣는 조화롭지 못하고, 지기地氣는 막혔으며, 여섯 가지 기운이 고르지 않고, 사계절은 정상이 아닙니다. 이제 저는 육기六氣[陰, 陽, 風, 雨, 晦, 明]의 정수精髓를 모아 여러 생물을 기르고자 하는데, 어떻게 하면 되겠습니까?"

홍몽은 넓적다리를 두드리며 깡충깡충 뛰며, 머리를 내젓고 말했다. "나는 모르네! 나는 모르네!"

운장은 [다시] 물어볼 수가 없었다. 또 3년이 지난 후 [운장은] 동쪽으로 놀러 가서 송宋나라의 들판을 지나다가, 마침 홍몽을 만났다. 운장은 크게 기뻐하며 달려 나아가 말했다. "하늘[같은 분]께서 저를 잊으셨습니까? 하늘[같은 분]께서 저를 잊으셨습니까?"

[운장은] 재배하고 머리를 땅에 대고는 홍몽에게 가르침을 청했다.

[雲將東遊,[571] 過扶搖之枝,[572] 而適遭鴻蒙.[573] 鴻蒙方將拊脾雀躍而

571) 『經典釋文』(陸德明撰)의 李頤 注에 의하면, 운장雲將은 구름을 주관하는 장수라고 한다. 王叔岷, 394頁 주1 참조.

572) 부요扶搖는 아래에서 위로 휘감아 올라오는 태풍颱風이다. 扶搖之枝는 暴風의 여풍

遊.[574] 雲將見之, 倘然止,[575] 贄然立,[576] 曰: "叟何人邪? 叟何爲此?" 鴻蒙拊脾雀躍不輟, 對雲將曰: "遊!" 雲將曰: "朕願有問也." 鴻蒙仰而視雲將曰: "吁!" 雲將曰: "天氣不和, 地氣鬱結,[577] 六氣不調,[578] 四時不節. 今我願合六氣之精, 以育羣生, 爲之奈何? "鴻蒙拊脾雀躍掉頭曰: "吾弗知! 吾弗知!" 雲將不得問. 又三年, 東遊, 過有宋之野, 而適遭鴻蒙. 雲將大喜, 行趨而進, 曰: "天忘朕邪? 天忘朕邪?" 再拜稽首, 願聞於鴻蒙.]

홍몽이 말했다. "나는 하릴없이 떠돌며 찾을 바를 알지 못하고, 무심하여 갈 곳을 모르며, 노는 자로서 자득自得하여 바랄 것이 없으니, 내가 또 무엇을 알겠는가!"

운장이 말했다. "저도 또한 스스로 자득하였다고 여기고 있으나, 백성들이 제가 가는 곳으로 따라옵니다. 저 또한 [이러한] 백성들에게 어떻게 할 수 없으나, 이제 백성들에게서 벗어나고 싶습니다. [그래서] 한 말씀 듣고 싶습니다."

홍몽이 말했다. "하늘의 질서를 어지럽히고, 만물의 실정을 거스

餘風이다. 폭풍을 나무에 비견하여, 태풍의 중심을 나무줄기, 餘風을 나뭇가지에 비유하였다. 曹礎基, 154頁, 주2 참조.

573) 『經典釋文』 司馬彪 注에 의하면, 홍몽鴻蒙은 자연의 元氣를 의인화시킨 것이라고 한다.

574) 비脾는 비髀(넓적다리)의 가차이다. 王叔岷, 394-395頁, 주2 참조.

575) 당연倘然은 홀연忽然이다. 曹礎基, 上同, 주4 참조.

576) 지贄는 靜이다. 王叔岷, 395頁, 주3 참조.

577) 최선崔譔(3세기)에 의하면, 울결鬱結은 관결綰結(매듭을 짓다)이다. 王叔岷, 396頁, 주7 참조.

578) 성현영成玄英(608-669)에 의하면 '六氣'는 陰, 陽, 風, 雨, 晦, 明을 말한다. 王叔岷, 上同, 주8 참조.

르면, 아득한 하느님은 (일을) 성공시키지 않네. 짐승의 무리는 흩어지고, 새들은 모두 [괴이하게] 밤에 운다네. 재앙이 초목에까지 미치고, 화는 여러 벌레에까지 미친다네. 아아, [이는] 정치하는 사람들의 과실이 [아니겠는가]!"

운장이 말했다. "그러면 제가 어떻게 해야 되겠습니까?"

홍몽이 말했다. "아아, [자네의] 고통이 심하구나! [자네는] 가볍게 떠나서 돌아가게."

운장이 말했다. "제가 하늘[같은 분]을 만나기란 어려우니, 부디 한 말씀만 해주십시오."

홍몽이 말했다. "아아! 마음을 수양하게. 자네가 다만 무위無爲로써 처신한다면 만물은 스스로 화육될 것이네. 자네의 몸을 잊어버리고, 자네의 총명을 끊어버리고, 외물을 망각함으로 들어가게. 자연의 원기元氣와 크게 하나가 되고, 마음과 정신을 풀어버려 막연히 (아무런) 마음도 없게 되네. 만물이 많다 해도 각자 자신의 근원으로 돌아가게 되지만, 각자 자신의 근원으로 돌아간다 해도 [그것을] 알지 못하네. 혼연히 알지 못하는 사이 평생 본성을 잃지 않게 되네. [그러나] 만약 이것들을 [의식적으로] 알게 되면, [그들은] 곧바로 본성에서 떨어져 나오게 되네. 그것들의 이름도 묻지 말고 실정을 주시注視하지 않으면 만물은 진실로 스스로 자라나게 되네."

운장이 말했다. "하늘[같은 분]께서 제게 덕을 내려 주시고, 제게 침묵[말없는 말씀]으로 보여주셨으니, 제가 몸소 찾던 것을 이제야 얻었습니다."

두 번 절하고 머리를 땅에 대고, 일어나 작별을 고하고 떠나갔다.
[鴻蒙曰: "浮遊不知所求, 猖狂不知所往.579) 遊者鞅掌,580) 以觀无妄.581) 朕又何知!" 雲將曰: "朕也自以爲猖狂, 而民隨予所往. 朕也不

得已於民, 今則民之放也.[582] 願聞一言." 鴻蒙曰: "亂天之經, 逆物之情, 玄天弗成.[583] 解獸之羣, 而鳥皆夜鳴. 災及草木, 禍及止蟲.[584] 意治人之過也!"[585] 雲將曰: "然則吾奈何?" 鴻蒙曰: "意, 毒哉![586] 僊僊乎歸矣."[587] 雲將曰: "吾遇天難, 願聞一言." 鴻蒙曰: "意! 心養. 汝徒處无爲,[588] 而物自化. 墮爾形體,[589] 吐爾聰明,[590] 倫與物忘.[591] 大同乎涬溟,[592] 解心釋神, 莫然无魂.[593] 萬物云云, 各復其根.[594] 各復其根

---

579) 成玄英에 의하면, 창광猖狂은 무심한 모양이라고 한다. 王叔岷, 397頁, 주1 참조.

580) 앙장鞅掌은 失容이니, 방임放任하여 편함이다. 曹礎基, 155頁, 주17 참조.

581) 「庚桑楚」편 郭象(252−312)注에 의하면, '앙장鞅掌'은 自得한 모양이라고 한다. 한편 王叔岷은 '无妄'이 '無望'과 통한다고 보고, 『呂氏春秋』, 「下賢」편 高誘注에 의거하여 '無望'을 한계가 없음으로 풀이하였다. 王叔岷, 397−398頁, 주2 참조.

582) 放은 脫이다. 曹礎基, 上同, 주21 참조.

583) 玄天은 하느님이고, 弗成은 성공할 수 없게 함이다. 曹礎基, 上同, 주24 참조.

584) 王叔岷에 의하면 '止蟲'이 '곤충昆蟲'으로 되어 있는 판본들이 있고, 『漢書』 安師古注에 의하면 '곤昆'은 '衆', 즉 여럿을 의미한다. 王叔岷, 『莊子校詮』, 398−399쪽, 註5 참조.

585) '意'는 감탄사 '희噫'로 보아야 한다.

586) 독毒은 苦(괴로움)이다. 王叔岷, 399−400頁, 주7 참조.

587) 마치창馬其昶(1855−1930)에 의하면, 선선僊僊은 편편翩翩, 즉 새가 가볍게 나는 모양이다. 王叔岷, 400頁, 주8 참조.

588) 도徒는 但(다만)이다. 王叔岷, 400頁, 주9 참조.

589) 趙礎基에 의하면 '타墮'는 '휴隳'나 '폐廢'와 통하고 '잊어버린다.'는 의미라고 한다. 趙礎基, 155頁, 주31 참조.

590) 토吐는 두杜나 절絕(끊어내다)이다. 曹礎基, 上同, 주32 참조.

591) 시동奚侗(1878−1939)에 의하면, 倫은 '윤淪'이다. 그리고 王叔岷은 '淪'을 들어간다(入)는 의미라고 보았으며, '與'는 '於'와 같다고 하였다. 王叔岷, 400−401頁, 주11 참조.

592) 王叔岷은 '행명涬溟'을 '自然元氣'라고 보았다. 王叔岷, 401頁, 주12 참조.

593) 莫은 막漠과 통하니, 莫然은 망망연茫茫然이다. 무혼无魂은 '魂魄도 없음'이니, 망

而不知, 渾渾沌沌,[595] 終身不離.[596] 若彼知之, 乃是離之. 无問其名, 无闚其情,[597] 物故自生."[598] 雲將曰: "天降朕以德, 示朕以黙, 躬身求之, 乃今也得." 再拜稽首, 起辭而行.]

▶ 11-7:

세상 사람들은 모두 남들이 자기와 같음을 좋아하고 자기와 다름을 싫어한다. 남이 자기와 같음을 좋아하고 자기와 다름을 싫어하는 것은 남보다 뛰어나려는 마음 때문이다. 남보다 (훨씬) 뛰어나고자 하니, 어찌 항상 남보다 뛰어날 수 있겠는가! 다른 사람들에게 부합함으로써 자기가 편안할 수 있겠으나, [자신은] 남들이 (지닌) 기예技藝의 다양함에 미치지 못하는 것이다. 나라를 다스리고자 하는 이들은, 옛날 삼왕(夏·殷·周)의 좋은 점만을 취하고 그들의 근심은 보지 못하는 자이다. 이는 [개인의] 요행으로 나라[가 다스려지기를] 바라는 것이니, 요행을 바라다가 나라를 잃지 않은 사람이 몇이나 되는가! 나라의 존속은 만분의 일도 안 되고, 나라를 잃는 처지에는, 하나만 잘못해도 나머지를 몽땅 잃게 된다. 슬프구나, 영토를 가진 자가 이를 알지 못함이! 무릇 영토를 가진 것은 큰 물건[天下]을 가진 것이다. 큰 물건을 가진 이는 외물에 구애되어선 안 된다. 외물에 구애되지 않아야만 [비로소] 사물을 사물로서 [대할 수] 있다. 사물을 사물로 만드는 것은 분명히 사물이 아닌데[즉 道

심忘心이다. 曹礎基, 上同, 주36 참조.

594) 『老子』 16장에는 "夫物芸芸, 各歸其根."로 되어 있다. 云云은 衆多의 모양이다. 趙礎基, 上同, 주37 참조.

595) 혼혼돈돈渾渾沌沌은 渾然無知이다. 『莊子譯注』, 101頁, 주19 참조.

596) 불리不離는 본성을 잃지 않음이다. 曹礎基, 156頁, 주40 참조.

597) 규규는 注視이다. 曹礎基, 上同, 주42 참조.

598) 故는 固이다. 王叔岷, 402頁, 주17 참조.

이니], 어찌 천하 백성을 다스리는 일에서 끝나겠는가! [지인至人은] 하늘, 땅과 사방四方[六合]을 넘나들고, 구주九州[우주]에 노닐며, 홀로 왔다가 홀로 가니, 이를 '절대적 존재[獨有]'라고 할 수 있다. 이는 지극히 고귀하다고 말할 수 있다.

[世俗之人, 皆喜人之同乎己, 而惡人之異於己也. 同於己而欲[599]之, 異於己而不欲者, 以出乎衆爲心也. 夫以出乎衆爲心者, 曷常出乎衆哉! 因衆以寧所聞, 不如衆技衆矣. 而欲爲人之國者, 此攬乎三王之利, 而不見其患者也. 此以人之國僥倖也, 幾何僥倖而不喪人之國乎! 其存人之國也, 無萬分之一; 而喪人之國也, 一不成而萬有餘喪矣. 悲夫, 有土者之不知也! 夫有土者, 有大物也. 有大物者, 不可以物.[600] 物而不物, 故能物物. 明乎物物者之非物也,[601] 豈獨治天下百姓而已哉! 出入六合, 遊乎九州, 獨往獨來, 是謂獨有. 獨有之人, 是謂至貴.]

▶ 11-8:

득도得道한 사람의 교화敎化는 형체가 그림자에 대해, 혹은 소리가 메아리에 대해 [갖는 관계와] 같다. (大人은) 질문하면 대응하고, [마음속에] 품은 바를 모두 다 내놓기에 세상과 합칠 수 있다. [이런 사람은] 고요한 곳에 머물고 결정된 방향 없이도 [자유로이] 간다. (그는) 너를 이끌고 왕복하고 [원활하게] 순환하며 끝없는 곳에서 노닐며, 들고 남에 정해진 방향이 없고, 시간에 따라 변하니 시작도 (끝도) 없다. 언설言說과 행동거지가 대도大道와 부합을 하니, (그렇게 되면) 자기 자신에 매이지 않는다.

---

599) 欲은 여기서 좋아한다, 기뻐한다는 의미이다. 趙礎基, 156頁, 주1 참조.

600) '不可以物'은 외물에 구애를 받아서는 안 됨이다. 曹礎基, 157頁, 주11 참조.

601) '明乎物物者之非物也'에서 물질을 주재하는 것은 분명히 '비물질적인 것', 즉 道임을 말한다. 曹礎基, 上同, 주13 참조.

자신을 잊었으니 어떻게 있는 (모든) 것을 자기 것이라 하겠는가! 있는 것을 보는 자는 지난날의 군자들이요, 무無를 보는 이는 우주와 벗이 되네.

[大人之敎, 若形之於影, 聲之於響. 有問而應之, 盡其所懷,[602] 爲天下配.[603] 處乎无嚮,[604] 行乎无方. 挈汝適復之撓撓[605], 以遊无端. 出入无旁[606], 與日无始.[607] 頌論形軀, 合乎大同,[608] 大同而无己.[609] 無己, 惡乎得有有! 覩有者, 昔之君子; 覩无者, 天地之友.]

▶ 11-9:

하찮아도 이용하지 않을 수 없는 것이 사물이다. 비천해도 의지하지 않을 수 없는 것이 백성이다. 미미微微해도 하지 않을 수 없는 것이 일이다. 엉성하지만 시행하지 않을 수 없는 것이 법이다. (실제와) 떨어져 있으나 지키지 않을 수 없는 것이 의義이다. 친밀함에서 (시작하나) 확대해가는 것이 인仁이다. 절제하며 익히지 않을 수 없는 것이 예禮이다. [세상과] 합치하지만 [행동이] 고상한 것이 덕이다. 한결같지만 바뀌

---

602) 大人은 得道한 사람이다. 향嚮은 회향回嚮(메아리)이고, 진盡은 경진傾盡(마음을 다하고 힘을 다함)이다. 所懷는 마음에 있는 모든 것이고, 爲는 與이고, 配는 合이다. 曹礎基, 157頁, 주1 참조.

603) 王叔岷에 의하면 '爲'는 '與'와 같고 '配'는 '合'과 같다. 王叔岷, 405頁, 주2 참조.

604) 무향无嚮은 靜寂이다. 曹礎基, 上同, 주2 참조.

605) 적복適復은 왕복往復이며, 요요撓撓는 撓挑(원활하게 순환하다)이다. 王叔岷, 405, 406頁, 주4 참조.

606) 유월俞樾(1821-1907)에 의하면 '旁'은 곧 '方'이다. 王叔岷, 上同, 주5 참조.

607) 與는 수隨(따름)이고, 日은 시간이다. 曹礎基, 上同 주6 참조.

608) 송론頌論은 言談이고, 형구形軀는 거동이며, 合은 부합符合이고, 大同은 大道이다. 曹礎基,158頁, 上同, 주7 참조.

609) 무기无己는 망기忘己와 같다. 王叔岷, 407頁, 주8 참조.

지 않을 수 없는 것이 도道이다. 신묘하지만 [무언가를] 하지 않을 수 없는 것이 자연[天]이다. 그러므로 성인은 자연을 본받지만 [억지로] 돕지는 않으며, 덕에 가까우나 많다고 여기지 않는다. 덕德은 (자연히) 이루어지니 노심勞心하지 않으며, 도道에서 나오니 (일부러) 도모하지 않으며, 인仁에 부합하니 (이에) 의지하지는 않고, 의義와 가깝지만 (이를) 많다고 여기지도 않는다. 예禮를 따르면서도 회피하는 바가 없으며, 할 일을 받아서 사양하지 않으며, 법에 따라 가지런히 해도 혼란을 일으키지 않고, 백성에 의지하되 (그들을) 경시하지 않고, 사물들을 이용하지만 그것들을 버리지 않는다. 사물이란 [무엇을] 할 만한 것이 못되나, [그것을 사용하지] 않을 수 없는 것이다. 자연을 이해하지 못하면, 덕성德性은 순진純眞할 수 없다. 도道에 통달하지 못하면, 제대로 되는 일이 없다. 도를 알지 못하는 자는, 슬프도다! 도란 무엇을 일컫는가? 천도天道가 있고 인도人道가 있다. 무위無爲하면서도 고귀한 것은 천도天道이고, 하는 바는 있지만 번거로운 것은 인도人道이다. 군주가 되는 것이 천도이고, 신하가 되는 것은 인도이다. 천도와 인도는 서로 거리가 머니, 잘 살피지 않으면 안 된다.

[賤而不可不任者,[610] 物也. 卑而不可不因者,[611] 民也. 匿[612]而不可不爲者, 事也. 麤而不可不陳者,[613] 法也. 遠而不可不居者, 義也. 親而不可不廣者, 仁也. 節而不可不積者,[614] 禮也. 中而不可不高者,[615] 德也.

---

610) 임任은 곧 '用'이다. 曹礎基, 159頁, 주1 참조.

611) 因은 依나 順이다. 曹礎基, 上同, 주2 참조.

612) 익匿은 미微이다. 王叔岷, 408頁, 주2 참조.

613) 진陳은 실행이다. 趙礎基,上同, 주4 참조.

614) 적積은 습習이다. 王叔岷, 408頁, 주6 참조.

615) 세상과 順合하지만, 사상행위가 고상한 것이 덕 있는 사람이다. 曹礎基, 上同, 주8 참조.

一而不可不易者, 道也. 神而不可不爲者, 天也. 故聖人觀於天而不助,[616] 成於德而不累,[617] 出於道而不謀,[618] 會於仁而不恃,[619] 薄於義而不積,[620] 應於禮而不諱,[621] 接於事而不辭, 齊於法而不亂, 恃於民而不輕, 因於物而不去.[622] 物者莫足爲也, 而不可不爲. 不明於天者, 不純於德.[623] 不通於道者, 無自而可.[624] 不明於道者, 悲夫! 何謂道? 有天道, 有人道. 无爲而尊者, 天道也, 有爲而累者, 人道也. 主者, 天道也, 臣者, 人道也. 天道之與人道也, 相去遠矣, 不可不察也.]

---

616) 관觀은 效法, 즉 본받는다, 助는 방帮(돕다)이다. 趙礎基, 上同, 주11 참조.

617) 누累는 勞, 조심操心의 의미이다. 曹礎基, 上同, 주12 참조.

618) '자연의 도에 따라 [자연스럽게] 생겨남'의 의미로 해석하였다. 曹礎基, 上同, 주13 참조.

619) 會는 合이다. 曹礎基, 上同, 주14 참조.

620) 박薄은 박迫, 근近이고; 적積은 '많게 여김' (以爲多)이다. 曹礎基, 上同, 주15 참조.

621) 곽상郭象(252-312)은 '휘諱' 를 '기휘忌諱', 즉 꺼린다는 의미로 보았다. 세속의 禮는 꺼리는 바가 많으나 禮에 따르면서도 꺼리는 바가 없으면 세속의 禮를 초월하게 된다는 것이다. 王叔岷, 409-410頁, 주15 참조.

622) '因於物而不去' 는, 만물을 이용하지만 포기하지 않음이다. 曹礎基, 上同, 주20 참조.

623) 天道를 이해하지 못한다면, 德性은 순진純眞할 수 없음이다. 曹礎基, 160頁, 주22 참조.

624) 自는 由이다. '無自而可'는 모든 일이 행해질 수 없음이다. 趙礎基, 160頁, 주23 참조.

12. 천지(天地: 하늘과 땅)

이 편은, 임금은 어떤 도道와 덕德을 가져야 할 것이며, 도와 덕을 어떻게 닦아 나가야 할 것인가를 논하고 있다. 임금의 덕은 천덕天德이고, 나라를 다스리는 임금은 마땅히 무위無爲의 통치를 해야 하고 천도天道를 체현體現해야 한다. 후세의 이른바 현군이나 성현, 예로 하우夏禹, 주周 무왕武王, 공구孔丘, 증삼曾參, 사어史魚, 양주楊朱, 묵적墨翟 등등의 사람이란 본성을 잃어버린 난세亂世의 무리에 불과한 것이다.

▶ 12-1:

하늘과 땅이 비록 크지만 그것들이 변화함은 균등하며, 만물이 비록 많지만 그것들이 '자신의 알맞은 지위를 얻음' 에는 한 가지요, 사람의 무리가 비록 많지만 그들을 주재하는 이는 임금이다. 임금은 타고난 덕성을 바탕으로 하여 자연을 이루어낸다. 따라서 이렇게 말하였다. "아득한 옛날 세상에 임금 노릇을 하는 것은 '무위無爲' 였으니, 타고난 덕[天德]을 이룰 뿐이리라." 도道로써 명분을 살피면 세상의 임금들이 바르게 되고, 도로써 직분을 살피게 되면 임금과 신하의 도의道義가 분명해지고, 도로써 능력을 살피게 되면 세상의 관직들이 다스려지고, 도로써 두루 살피게 되면 모든 존재의 대응들이 완비된다. 따라서 자연

[天]과 소통하는 것이 덕德이요, 만물에 두루 미침이 도道이다. 윗자리에서 다른 사람들을 [총괄적으로] 다스리는 것이 [임금이] 할 일이고, 잔재주를 갖는 것이 [관리들의 실무적] 기능이다. 세부적 기능은 [임금의 총괄적] 정사政事에 모두 속하고, [총괄적] 정사는 '의로움[義]' 에 모두 속하고, '의로움' 은 '[타고난] 덕德' 에 모두 속하고, 덕德은 도道에 모두 속하고, 도는 '자연' 에 모두 속한다. 따라서 이렇게 말하였다. "예전에 세상을 기르는 자(임금)는 [인위적으로] 하고자 함이 없어도 세상이 만족하였고, '무위' 하여도 만물이 조화造化를 이루었기에, [그는] 깊은 연못처럼 고요하였으나 백성들은 안정되었다."(옛날부터 전해오는) 『기記』에는 이렇게 말하고 있다. " '하나[즉 도道]' 에 통달하면 모든 일이 이루어진다. 무심하게 할 수 있으면 귀신들도 감복한다."

[天地雖大, 其化均也. 萬物雖多, 其治一也.625) 人卒雖衆,626) 其主君也. 君原於德而成於天,627) 故曰 : "玄古之君天下, 无爲也, 天德而已矣." 以道觀言,628) 而天下之君正. 以道觀分, 而君臣之義明. 以道觀能, 而天下之官治. 以道汎觀, 而萬物之應備. 故通於天地者,629) 德也. 行於萬物者, 道也.630) 上治人者, 事也.631) 能有所藝者, 技也. 技兼於事,632) 事

625) 治一은 '各得其所' (각각 자신에게 [알맞은] 지위를 얻다)이다. 王叔岷, 414頁, 주1 참조.

626) 人卒은 人衆이다. 王叔岷, 上同, 주2 참조.

627) 王叔岷은 이 구절을 '君本於自得以成自然之化' 로 풀이한다. 위의 책, 주3 참조.

628) 곽경번郭慶藩(1844-1896)이 言을 名으로 해석한 것은 선영宣穎(17세기)의 說에 바탕을 둔 것이다. 王叔岷, 上同, 주5 참조.

629) 通은 편급遍及(두루 미침)이다. 曹礎基, 162頁, 주10 참조.

630) 陳景元(1025-1094)의 『莊子闕誤』에 의하면, '故通於天者, 道也; 順於地者, 德也; 行於萬物者, 義也.' 이니, 文의 뜻이 좋다. 道, 德, 義에 대하여 말한 것이다. 王叔岷, 415頁, 주9 참조.

631) 事는 政事이다. 曹礎基, 上同, 주12 참조.

632) 兼은 統屬이다. 曹礎基, 上同, 주14 참조.

兼於義, 義兼於德, 德兼於道, 道兼於天. 故曰 : "古之畜天下者, 无欲而天下足, 无爲而萬物化, 淵靜而百姓定." 記曰:[633] "通於一而萬事畢,[634] 无心得而鬼神服."]

▶ 12-2:

[공자] 선생님은 말하였다. "무릇 도道는 만물을 포괄하고 있으니 엄청나게 큰 것이다! 군자도 마음을 크게 하지 않을 수 없다. 무위無爲로써 행함이 '자연[天, 즉 道]'이고, 무위로써 말할 수 있으면 '덕德'이다. 사람들을 아끼고 사물들을 이롭게 할 수 있으면 '어질다'[仁]고 하고, (道를 파악하면, 만물은 一, 즉 道에 동귀同歸하기에,) 같지 않은 것들도 같아지니 '크다'[大]고 한다. 행동이 별스럽지 않으면 '너그럽다[寬]'라고 하고, 만 가지 다른 것들을 포용하면 '가장 부유하다[富]'라고 한다. 따라서 이전의 덕德을 잡는 것이 기강紀綱이고, 덕이 이루어져 입신立身하여 사람이 되고 도道를 따르면 완비된 것이고, 외물外物 때문에 뜻이 꺾이지 않는 것이 완미完美이다. 군자가 이 열 가지를 명백히 터득한다면 마음 씀이 커질 것이요, 물이 넘쳐나듯이 만물들과 함께 변화하여 갈 것이다. 이와 같은 사람이라면, 산속에 황금을 숨기고, 깊은 연못에 진주를 숨겨두며, 재화를 이롭게 여기지 않으며, 부귀를 가깝게 하지 않는다. 오래 사는 것을 좋아하지 않고, 요절하는 것도 애통해 여기지도 않는다. [일들이] 형통해도 영화롭게 보지 않고, [모두] 막히게 되어도 부끄럽게 여기지 않는다. 한 세상의 재물을 갈취해서 자기 개인

633) 記에 대해서 다음과 같이 말한다. '책 이름이다. 『經典釋文』(陸德明撰)에서는 노자老子의 저작이라고 하지만, 무슨 근거에서인지 모르겠다. 여기에서 인용하고 있는 구절은 『西昇經』에서 보이지만, 『西昇經』은 아마도 僞書일 것이다. 曹础基, 162頁쪽 주18 참조.

634) 성현영成玄英(608-669) 疏에 의하면, 一은 道이다. 王叔岷, 416頁, 주15 참조.

의 몫으로 하지도 않고, 세상에 왕 노릇을 하는 것을 자기의 처지가 돋보이는 것이라고 여기지도 않는다. [일단] 드러나게 되면 밝게 되지만, 만물들은 [결국, 나와] 한 몸이 되니 삶도 죽음도 같은 모습인 것이다.”

[夫子曰:[635] “夫道, 覆載萬物者也,[636] 洋洋乎大哉! 君子不可以不刳心焉.[637] 无爲爲之之謂天, 无爲言之之謂德.[638] 愛人利物之謂仁, 不同同之之謂大.[639] 行不崖異之謂寬,[640] 有萬不同之謂富.[641] 故執德之謂紀,[642] 德成之謂立,[643] 循於道之謂備,[644] 不以物挫志之謂完.[645] 君子明於此十者, 則韜[646]乎其事心之大也,[647] 沛乎其爲萬物逝也. 若然者, 藏金於山, 沈珠於淵, 不利貨財, 不近貴富. 不樂壽, 不哀夭. 不榮通, 不

635) ‘夫子’에 대한 해석은 분분하다. 노자, 장자, 공자로 보는 설이 있다. 王叔岷은 ‘夫子’를 공자로 보는 것이 옳다고 지적한다. 王叔岷, 416頁, 주1 참조.

636) 복재覆載는 포라包羅(포괄하다, 망라하다)이다. 曹礎基, 163頁, 주2 참조.

637) ‘과심刳心’에 대한 해석에는 크게 세 가지 종류가 있다. 첫째로 마음의 지혜를 제거한다는 설이 있고, 둘째로 마음을 사용한다는 설이 있고, 셋째로 마음을 크게 한다, 마음을 비운다는 설이 있다. 崔大華, 367頁, 주2 참조. 번역자는 앞의 문장에서 도가 매우 크다는 것을 강조했으므로, 세 번째 설을 따른다.

638) 郭象(252-312)注에는, 天은 天道이니, 天은 道이다. 王叔岷, 418頁, 주4 참조.

639) 天道를 파악하고 나면, 사물의 분별과 대립이 해소되어, 一, 즉 道에 同歸하니, 이것이 큼大이다. 曹礎基, 上同, 주8 참조.

640) 애이崖異는 벽이僻異(별스럽지 않음)이다. 王叔岷, 上同, 주6 참조.

641) 같지 않은 만물을 포용하면, 갖지 않은 것이 없게 된다. 이것이 가장 富한 것이다. 曹礎基, 163頁, 주10 참조.

642) 王叔岷은 이 구절을 ‘執故德’인 것으로 보아, ‘이전의 덕행을 유지할 수 있으면’으로 풀이하고 있다. 王叔岷, 418頁, 주7 참조.

643) 立은 立身成人이다. 曹礎基, 上同, 주12 참조.

644) 순循은 준순遵循(따름)이고, 備는 完備이다. 曹礎基, 上同, 주13 참조.

645) 좌挫(꺾다)는 간요干擾(교란)이고, 完은 完美이다. 曹礎基, 上同, 주14 참조.

646) 도韜는 모든 주석가들이 ‘감추다’로 풀이하고 있다.

647) 도韜는 도滔와 통하니 큼[大貌]이고; 事心은 立心, 治心과 같다. 王叔岷, 418-419頁, 주11 참조.

醜窮. 不拘一世之利以爲己私分, 不以王天下爲己處顯. 顯則明, 萬物一府,648) 死生同狀."]

▶ 12-3:

선생님께서 말씀하셨다. "무릇 도道는 깊은 연못같이 고요하고, 청명淸明하게 맑다. 종鐘과 경쇠[石]라도 두드리지 않으면 울릴 수 없다. 따라서 종과 경쇠는 소리를 가지고 있지만, 두드리지 않으면 울리지 않는다. 만물 가운데 누가 [종과 경쇠가 내는 소리의 원인을] 분별할 수 있겠는가! 무릇 왕성한 덕德을 지닌 사람은 소박하게 시간을 보낼 뿐이니, 일에 능통한 것을 부끄럽게 여기며 (자연의) 본원에 (자신을) 세우고, 슬기는 신명神明과 통하니, 따라서 그의 덕은 위대하다. 그런 (사람의) 마음이 나오는 것은 사물들에서 말미암아서 이끌린 것이다. 따라서 몸은 도道가 아니면 생겨날 수 없고, 본성은 덕德이 아니면 영통靈通하지 않는다. 몸을 보존하고 본성을 다하여 덕德을 세우고 도道를 명백하게 안다면, 왕의 덕을 지닌 자가 아니겠는가! [파도처럼] 넘실대는구나! 홀연히 나타났다 불끈 움직이니 만물들이 그를 따르는구나! 이것을 일러 왕의 덕을 지닌 사람이라고 한다. 까마득히 어두운 것을 보고, 들리지 않는 것을 듣는다. 까마득히 어두운 가운데 홀로 밝음을 보고, 소리 없는 가운데 홀로 조화로운 [소리를] 듣는다. 따라서 (도道는) 깊이깊이 숨어있으나 [사물들을] 지배할 수 있고, 신묘하고도 신묘하니, [그 속에] 정기精氣가 있다. 따라서 그가 만물(萬人)들과 교제하지만 허무의 극極에서 만물 · 만민의 수요를 제공하고, 시기에 맞게 내달리며, 만물의 귀환처가 될 수 있으니, 혹은 크고 작으며, 혹은 길고 짧으며, 혹은 가깝고도 멀다."

---

648) 一府는 一切이다. 曹礎基, 164頁, 주28 참조.

[夫子曰 : "夫道, 淵乎其居也,[649] 漻乎其淸也.[650] 金石不得,[651] 無以鳴." 故金石有聲, 不考不鳴.[652] 萬物孰能定之![653] 夫王德之人, 素逝而恥通於事,[654] 立之本原而知通於神,[655] 故其德廣.[656] 其心之出, 有物採之.[657] 故形非道不生, 生非德不明.[658] 存形窮生,[659] 立德明道, 非王德者邪! 蕩蕩乎![660] 忽然出, 勃然動, 而萬物從之乎! 此謂王德之人. 視乎冥冥, 聽乎無聲. 冥冥之中, 獨見曉焉. 无聲之中, 獨聞和焉. 故深之又深, 而能物焉.[661] 神之又神, 而能精焉.[662] 故其與萬物接也, 至无而供

649) 居는 靜이다. 王叔岷, 421頁, 주1 참조.

650) 『廣雅 · 釋詁』에서는, '유漻, 淸也' 로 풀고 있으며, 『說文解字』에서는 '漻, 淸深也' 로 풀고 있다. 王叔岷, 上同, 주2 참조.

651) 金石은 종경鐘磬(종과 경쇠), 고대의 악기이다. 陳鼓應, 325頁, 주2 참조.

652) 『淮南子』의 「詮言」 편을 살펴보면, '金石有聲, 不叩不鳴' 이 있는데, 이것에 근거하면 考와 고叩는 같은 소리로 [글자가] 전환된 것이다. 考는 고拷(치다, 두드리다)이다. 王叔岷, 422頁, 주4 참조.

653) 定은 확정이다. 만물 중에 누가 종이나 경쇠로 하여금 그런 소리를 내게끔 하겠는가? 왕성한 德을 가진 자만이 할 수 있다는 말이다. 曹礎基, 165頁, 주5 참조.

654) 素는 純眞이고, 서逝는 감[往]이다. 素逝는 천진하게 시간이 지나감을 따라서 지나쳐 감이다. '恥通於事'는 일에 연루됨을 싫어함이다. 曹礎基, 上同, 주7 참조.

655) 之는 於이다. 王叔岷, 上同, 주7; 知는 智와 통한다. 曹礎基, 上同, 주8 참조.

656) 廣은 偉大이다. 曹礎基, 上同, 주9 참조.

657) 有는 由이며, 채採는 求이다. 王叔岷, 上同, 주8; 채採는 견인, 영향이다. 曹礎基, 上同, 주10 참조.

658) 生은 性과 같다. 明은 靈通이다. 曹礎基, 上同, 주12 참조.

659) 存形은 保身이고, 궁생窮生은 진성盡性이다. 曹礎基, 上同, 주13 참조.

660) 『漢語大詞典』에서는 '탕탕蕩蕩' 을 '물이 갑자기 돌출하여 솟아나 흐르는 모양' 이라고 풀고 있다. 『漢語大詞典(縮印本)』 下卷, 5539頁 참조.

661) 道는 깊이깊이 숨어 있으나 만물을 지배함을 말한다. 曹礎基, 166頁, 주19 참조.

662) 『노자』 21장. 「孔德之容, 惟道是從, 道之爲物, 惟恍惟惚, 惚兮恍兮, 其中有象, 恍兮惚兮, 其中有物, 窈兮冥兮, 其中有精.」 참조; 能은 有와 같다. 王叔岷, 423頁, 주13 참조.

其求, 時騁而要其宿, 大小長短脩遠."663)]

▶ 12-4:

황제黃帝가 적수赤水의 북쪽에서 놀다가 곤륜崐崘산의 구릉丘陵에 올라가 남쪽을 바라보았다. 그리고 돌아왔는데, 자신의 검은 진주[道]를 잃어버렸다. 지知로 하여금 그것을 찾게 했는데 찾을 수 없었고, [눈 밝은] 이주離朱에게 그것을 찾게 했는데 찾을 수 없었고, 끽후喫詬에게 그것을 찾게 했는데 찾을 수 없었다. 이에 상망象罔을 시키니, 상망이 그것을 찾았다. 황제가 말했다. "괴이하구나! 상망이 그것을 찾을 수 있다니?"

[黃帝遊乎赤水之北, 登乎崑崙之丘而南望, 還歸, 遺其玄珠.664) 使知索之而不得, 使離朱索之而不得, 使喫詬索之而不得也. 乃使象罔, 象罔得之. 黃帝曰 : "異哉! 象罔乃可以得之乎?"]

▶ 12-5:

요堯임금의 스승을 허유許由라고 하고, 허유의 스승을 설결齧缺이라고 하고, 설결의 스승을 왕예王倪라고 하고, 왕예의 스승을 피의被衣라고 한다.

요임금이 허유에게 물었다. "설결이 천자天子가 될 수 있습니까? 저는 왕예의 도움을 받아 설결을 초빙하고 싶습니다."

---

663) 接은 交接이고; 至无는 허무의 極이고; 要는 求이고; 宿은 居止나 귀숙歸宿이다. 수원脩遠은 久遠이다. 문장의 끝의 의미가 완정하지 못하니, 아마도 脫文이 있는 것 같다. 『淮南子 · 原道』에는 이 문장 아래에 '各有其具' 4자가 있다. 曹礎基, 上同, 주21 참조.

664) 묘반림茆泮林(?-1845)에 의하면, 赤水는 강의 假名이고, 玄珠는 道의 비유이다. 王叔岷, 424頁, 주3 참조.

허유가 말했다. "세상을 위태롭게 할 것이네! 설결의 사람됨은 총명하고 예지가 있으며, (행동이) 신속하고 민첩하며, 그의 성품은 남보다 뛰어나며, 또한 사람의 재지才智를 자연(의 작용)에 덧붙이네. 그는 잘못을 막는 데는 상세하지만, 잘못이 생기는 원인을 알지 못하네. 그가 천자天子가 되도록 할 수 있겠나! 그는 또한 인사人事로써 자연을 잃었네. 바야흐로 자신을 근본으로 삼고 형적形跡이 남들과 다르며, 바야흐로 왕성한 지혜는 불처럼 재빨리 번져나가나, 바야흐로 작은 사무事務에 끌려 다니며, 바야흐로 외물外物에 구속당하니, 바야흐로 사방을 두리번거리며 만물을 접대하느라고 (바쁘고), 바야흐로 일마다 적절함을 찾으니 (비록) 만물을 따라서 변화하지만 (마음속에) 항상恒常하는 (천도天道)가 없네. 어찌 천자天子가 되기에 충분하겠는가! 비록 그러하지만 혈족이 있으면 조상이 있게 마련이니, (설결은) 백성들의 관장官長이 될 수는 있지만 천자天子는 될 수가 없네. 다스림은 어지러움의 원인이니, (설결은) 신하들에게는 재앙이며 임금에게는 해로움이네."

[堯之師曰許由, 許由之師曰齧缺, 齧缺之師曰王倪, 王倪之師曰被衣. 堯問於許由曰: "齧缺可以配天乎?665) 吾藉王倪而要之." 666) 許由曰 : "殆哉圾乎天下!667) 齧缺之爲人也, 聰明叡知, 給數以敏,668) 其性過人,669) 而又乃以人受天.670) 彼審乎禁過,671) 而不知過之所由生. 與之配天乎?

665) 配天은 天子가 되는 것이다. 陳鼓應, 329頁, 주2 참조.

666) 자藉는 차借(빌리다)와 통하니, 차조借助(도움을 빌리다)이고; 要는 요邀(초대하다)와 통한다. 曹礎基, 167頁, 주3 참조.

667) 급圾(위태로움)은 어떤 판본에는 급岌이니, 위危(위태)이다. 사마표司馬彪(?-306)에 의하면, 殆、岌이 모두 危이다. 王叔岷, 427頁, 주4 참조.

668) 數、速은 옛날에는 통했다. 王叔岷, 上同, 주5; 給은 민첩敏捷이고, 數는 빠름이고, 敏은 靈敏이니, 이 구절은 迅速敏捷이다. 曹礎基, 上同, 주6 참조.

669) 陳鼓應은 '其性過人'을 '天性過人'으로 풀었다. 『莊子今注今譯』, 305頁 번역 참조.

彼且乘人而無天.[672] 方且本身而異形,[673] 方且尊知而火馳,[674] 方且爲緖使,[675] 方且爲物絯,[676] 方且四顧而物應,[677] 方且應衆宜,[678] 方且與物化而未始有恒.[679] 夫何足以配天乎? 雖然, 有族有祖,[680] 可以爲衆父,[681] 而不可以爲衆父父. 治, 亂之率也,[682] 北面之禍也, 南面之賊也."[683]]

---

670) 乃는 且이고; 受는 授(주다)와 통하니 加(더함)이다. '以人受天' 은 사람의 才智를 自然에 덧붙여 씀이다. 曹礎基, 上同, 주7 참조.

671) 審은 明察이고; 禁過는 과오를 제지함이다. 曹礎基, 上同, 주8 참조.

672) 李善(630-689)注에 의하면, 乘은 因이다. 郭象注에서, 无를 失로 해석했다. 王叔岷, 428頁, 주8 참조.

673) 方且는 正將(바야흐로)이고; 本身은 자신을 근본으로 함, 즉 자신을 출발점으로 함이며; 異形은 형적이 남과 다름이다. 曹礎基, 上同, 주11 참조.

674) 화치火馳는 불처럼 빨리 번져나감이니, 지혜가 왕성하고 민첩함을 형용한 것이다. 曹礎基, 上同, 주12 참조.

675) 서緖는 사단絲端(실마리)이니, 사소함의 비유이다. 使는 부림(役使)이다. 緖使는 작은 일[事務]들에 끌려 다님이다. 曹礎基, 上同, 주13 참조.

676) 해絯(묶다)는 속박束縛이다. '爲物絯' 는 外物에 신세를 짐이다. 曹礎基, 168頁, 주14 참조.

677) 사고四顧는 사방을 두리번거림이고; 物應은 만물을 응대함이다. 曹礎基, 上同, 주15 참조.

678) 선영宣穎(17세기)에 따르면, '事事求宜'(일마다 적당함을 찾다)이다. 王叔岷, 429頁, 주14 참조.

679) '與物化' 는 만물의 변화를 따름이고; 未始는 未曾(없음)이고; 恒은 常이다. 曹礎基, 上同, 주17 참조.

680) 族은 血族이고, 祖는 祖宗이다. 祖、衆父父는 모두 天子를 가리킨다. 曹礎基, 上同, 주18 참조.

681) 衆父는 族의 祖이니, 여기서는 백성의 官長을 가리킨다. 陳鼓應, 331頁, 주16 참조.

682) 率은 由나 因이다. 曹礎基, 上同, 주19 참조.

683) 北面은 신하를 가리키고, 南面은 임금을 가리킨다. 적賊은 害이다. 曹礎基, 上同, 주20 참조.

▶ 12-6:

요堯 임금이 화華땅을 둘러보자 '화' 땅에 봉해진 사람이 말했다. "아, 성인이시여! 성인을 축복하고자 합니다. 성인께서 장수하시도록 빌겠습니다."

요 임금이 말했다. "사양하겠네."

"성인께서 부유해지도록 빌겠습니다."

요 임금이 말했다. "사양하겠네."

"성인께서 많은 남자 자식을 가지도록 빌겠습니다."

요 임금이 말했다. "사양하겠네."

봉인이 말했다. "장수와 부유함과 남자 자식이 많은 것은 사람들이 원하는 것들인데, 당신께서 유독 원하지 않으시니, 무엇 때문입니까?"

요 임금이 말했다. "남자 자식이 많으면 두려울 것이 많아지고, 부유하면 일이 많아지고, 장수하면 욕된 일이 많아지네. 이 세 가지는 (도道와) 덕德을 기를 수 없으니, 따라서 사양하는 것이네."

봉인이 말했다. "처음에 저는 당신을 성인으로 생각했는데, 지금 보니 (유가儒家에서 말하는) 군자君子이시군요. 자연이 만萬백성을 낳으면 반드시 그들에게 직분을 주고, 남자 자식이 많아도 그들에게 직분을 준다면 어찌 두려울 것이 있겠습니까! 부유해도 사람들이 (재산을) 나누어 가지도록 하게 한다면 무슨 일삼을 것이 있겠습니까! 무릇 성인은, 메추라기가 거처하고 자기 새끼에게 먹이를 주듯이, 새가 날아다니는 것처럼 (아무런) 흔적이 없습니다. 세상에 도道가 있으면 다른 사물들과 함께 모두 번성하고, 세상에 도道가 없으면 덕德을 닦으며 한가롭게 지냅니다. 천년千年 세월이 다 되면 (인간 세상을) 떠나 올라가 신선이 되며, 저 하얀 구름을 타고 천제天帝가 머무는 곳에 이릅니다. 세 가지 우환이 이르지 않고, 몸에 항상 재앙이 없다면, 무슨 욕됨이 있겠습니까!"

봉인이 떠나갔다.

요 임금이 그를 쫓아가 말했다. "물을 게 있네."

봉인이 말했다. "물러가겠습니다!"

[堯觀乎華, 華封人曰 : "噫, 聖人! 請祝聖人. 使聖人壽." 堯曰 : "辭." "使聖人富." 堯曰 : "辭." "使聖人多男子." 堯曰 : "辭." 封人曰 : "壽, 富, 多男子, 人之所欲也. 女獨不欲, 何邪?" 堯曰 : "多男子則多懼, 富則多事, 壽則多辱. 是三者, 非所以養德也, 故辭." 封人曰 : "始也我以女爲聖人邪, 今然君子也. 天生萬民, 必授之職, 多男子而授之職, 則何懼之有! 富而使人分之, 則何事之有! 夫聖人鶉居而鷇食, 鳥行而无彰.684) 天下有道, 則與物皆昌; 天下无道, 則脩德就閒.685) 千歲厭世,686) 去而上僊687), 乘彼白雲, 至於帝鄕688). 三患莫至, 身常无殃, 則何辱之有!" 封人去之. 堯隨之, 曰 : "請問?" 封人曰 : "退已!"]

▶ 12-7:

요堯 임금이 세상을 다스릴 때, '백성伯成 땅의 귀족인 자고[伯成子高]'가 즉위하여 제후가 되었다. 요 임금이 순舜 임금에게 제위帝位를 물려주고, 순 임금이 우禹에게 제위를 물려주자 백성자고는 제후 노릇하기를 마다하고 농사를 지었다. 우 임금이 가서 그를 만나보니 들판에서 농사를 짓고 있었다. 우 임금은 앞으로 빨리 나아가서는 멈춰 서서

684) 순鶉은 메추라기이고, 구鷇는 '막 태어난 새 새끼'이다. 창彰은 적迹(자취)이다. 曹礎基, 169頁, 주10 참조.

685) 취한就閒은 閑居이다. 曹礎基, 上同, 주11 참조.

686) 염厭은 진盡이다. 曹礎基, 上同, 주12 참조.

687) 去는 인간 세상을 떠남이고; 上僊은 승선升仙이다. 曹礎基, 上同, 주13 참조.

688) 재향帝鄕은 '천제[하느님]가 계신 곳[天帝所居的地方]'이다. 曹礎基, 上同, 주15 참조.

물었다. "예전에 요 임금이 세상을 다스릴 때, 당신은 제후諸侯되는 것을 사양하고 농사를 지으셨습니다. 요 임금이 순 임금에게 제위를 물려주고, [또] 순 임금이 저에게 제위를 물려주니, 당신은 제후 노릇 하기를 사양하고 농사를 짓고 있습니다. 그 이유가 무엇인지 감히 묻고자 합니다."

자고가 말하였다. "예전에 요 임금이 세상을 다스릴 때는, 상을 내리지 않아도 백성들은 적극적이었으며, 벌을 내리지 않아도 백성들은 조심하였습니다. 지금 당신은 상과 벌을 내려도 백성들은 또한 선량善良하지도 않습니다. '자연 본성[德]'이 이때부터 쇠약해지고, '형벌[刑]'은 이때부터 생겼습니다. 후세의 난리는 이때부터 시작된 것입니다. 선생(즉 禹임금)께서는 어찌 떠나가지 않으십니까? 내 [농사짓는] 일을 망치지 마십시오!"

[그는] 열심히 농사일 하며 [우 임금을] 거들떠보지도 않았다.

[堯治天下, 伯成子高立爲諸侯. 堯授舜, 舜授禹, 伯成子高辭爲諸侯而耕. 禹往見之, 則耕在野. 禹趨就下風,[689] 立而問焉, 曰 : "昔堯治天下, 吾子立爲諸侯. 堯授舜, 舜授予, 而吾子辭爲諸侯而耕. 敢問, 其故何也?" 子高曰: "昔堯治天下, 不賞而民勸,[690] 不罰而民畏.[691] 今子賞罰, 而民且不仁.[692] 德自此衰, 刑自此立.[693] 後世之亂, 自此始矣. 夫子闔行邪?[694] 无落吾事!"[695] 俋俋乎耕而不顧.[696]]

---

689) 추趨는 앞으로 빨리 감이고, 就는 近이고, 下風은 面前의 낮춘 말로, 足下(동료에 대한 존칭)이다. 曹礎基. 170頁, 주4 참조.

690) 勸은 적극이다. 曹礎基, 上同, 주6 참조.

691) 畏는 외기畏忌(조심하다)이니, 나쁜 짓을 못함이다. 曹礎基, 上同, 주7 참조.

692) 不仁은 善良하지 않음이다. 曹礎基, 上同, 주8 참조.

693) 立은 '생기다'이다. 曹礎基, 上同, 주9 참조.

694) 합闔은 합盍이다. 曹礎基, 上同, 주10 참조.

▶ 12-8:

태초에 '아무것'[无]도 없었고, '존재'[有]도 '이름'[名]도 없었다. '하나'[一, 즉 道]가 생겨나니, '하나'는 있으나 아직 [만물들로 구분된] 형태는 없었다. 만물들이 ['하나' 를] 얻어 생겨났으니 그것이 '자연 본성'[德]이다. 아직 형체가 없는 [도道에서] 떨어져 나와서 나누어질 수 없이 유기적으로 결합하니, 이것을 생명[命]이라 하고, (도道의 변화)가 잠시 멈추니 (개별적) 사물들을 낳는다. 사물이 생리生理를 구성한 것이 사물의 형체[形]이다. 형체에 정신이 깃들고, 각자가 자기 형식을 갖게 되니 이것이 본성[性]이다. 본성이 길러지면 자연 본성'[德]으로 되돌아가니, '자연 본성'[德]이 태초[의 '하나道'] 와 같아지기에 이른다. (태초와) 같아지면 허무虛無(의 경지)에 진입하고, 허무(도道)는 광대하다. 새나 짐승들의 지저귐처럼 (도는 자연스럽다.) 새나 짐승들의 지저귐과 화합하게 되면 천지天地와 화합하게 된다. 이런 화합은 [속인들에게는] 어리석고 혼미한 것으로 보이나, 이것은 '자연스러운 본성' [玄德, 즉 天德]이고 [도道의] 거대한 순응과 같은 것이다.

[泰初有 '无', 无 '有,' 无 '名.' 一[697]之所起, 有一而未形. 物得以生, 謂之 '德.' [698] 未形者, 有分. 且然无閒[699], 謂之命. 留動[700]而生物. 物

695) 无는 毋와 통하고, 落은 廢이다. 曹礎基, 上同, 주11 참조.

696) 읍읍悒悒은 억억抑抑이니, 專心하는 모양이다. 불고不顧는 대꾸도 하지 않음이다. 曹础基, 上同, 주12 참조.

697) 成玄英(608-669)에 의하면, '一' , 즉 아무 구분 없는 '전체성' 은 '道' 이다. "一은 마땅히 道이다. 一의 이름은 있으나 [세세하게 구분되어 드러난] 만물들의 형상은 없다." (一, 應道也. 有一之名, 而無萬物之狀.) 崔大華, 379頁, 주1 참조.

698) 만물은 이 一을 얻음으로써, 생장하게 되니, 이것이 德이다. 曹礎基, 171頁, 주4 참조.

699) 未形者는 道이고, 有分은 未形에서 분별해 나와 有形이 됨이고, 无閒은 나눌 수 없는 유기적으로 연관됨이다. 曹礎基, 上同, 주5 참조.

成生理謂之形.[701] 形體保神, 各有儀, 則謂之性.[702] 性修反德. 德至同於初. 同乃虛,[703] 虛乃大,[704] 合喙鳴.[705] 喙鳴7合, 與天地爲合. 其合緡緡,[706] 若愚若昏. 是謂玄德, 同乎大順.[707])]

▶ 12-9:

중니仲尼(공자)가 노담老聃에게 물었다. "사람이 도道를 수행하는 것은 서로 배치되니, 마치 '불가능한 것'을 '가능하다' 하고, '그렇지 않은 것'을 '그렇다' 하는 것과 같습니다. "'단단함'[堅], '흼'[白]이 서로 다른 것은 마치 시간, 공간처럼 서로 다르다."라는 궤변가들의 말이 있습니다. 이와 같으면 성인聖人이라 말할 수 있습니까?"

노담이 말했다. "이들은 (재간 있는 작은) 관리[胥]나 점쟁이[易]로 자기 재주에 묶인 자들이라, 몸을 고달프게 하고 마음을 놀라게 하는 사람들이네. 삵을 잡는 데는 개도 힘이 들지만, 원숭이는 날렵해도 산림에서 (잡혀) 오네. 구丘(공자의 이름)야! 내가 너에게 자네가 들을 수 없었

---

700) 留는 고요함(靜)이고, 動은 '움직임'을 말한다. 成玄英: "留, 靜也. 陽動陰靜, 氤氳昇降, 分布三才, 化生萬物.", 崔大華, 上同, 380쪽 참조.

701) 사물이 生理의 구조를 형성하니, 이것이 生物의 形體이다. 曹礎基, 上同, 주7 참조.

702) 형체에 정신이 깃들어 자신을 표현하게 되니, 그것이 本性이다. 保는 安이니, 居이다. 儀則은 形式이다. 曹礎基, 上同, 주8 참조.

703) 泰初에 오직 无만 있으니, 따라서 '同於初'라면 虛無의 경계에 진입하는 것이다. 曹礎基, 上同, 주11 참조.

704) 虛無한 道는 만물을 관통하니, 포괄하지 않는 것이 없다. 따라서 廣大하다. 曹礎基, 上同, 주12 참조.

705) 합훼명合喙鳴은 새나 짐승의 지저귐과 같음이다. 새나 짐승의 지저귐은 無心에서 나오기에 자연과 합치한다. 道를 비유한 것이다. 曹礎基, 주13 참조.

706) 민민緡緡은 無心한 모양이다. 曹礎基, 172頁, 주15 참조.

707) 玄德은 天德이다. 天德은 현묘玄妙하여 파악할 수 없기 때문이다. 大順은 道이다. 도조道曹는 만물과 갈등이 없기에, 大順이다. 趙礎基, 上同, 주16, 17 참조.

던 것과 자네가 말할 수 없었던 것을 말해 주겠네! 무릇 머리와 발꿈치는 있지만 [남의 말을 알아들을] 마음과 귀가 없는 이들이 많다네. 형체(몸)에 집착해 있는 사람이 '형체도 없고 모습도 없는 것' [즉 道]과 함께 존재하는 일은 전혀 없다네. 저 사람들이 움직이기도 하고 멈추기도 하고, 죽기도 하고 살기도 하며, 망하기도 하고 흥하기도 하는 것, 이것들이 또한 (자연히) 그렇게 되니, 이유는 알 수 없네. 다스림에 뜻이 있다면, 그것은 인위人爲뿐이네! 외물도 잊고 자연조차 잊는 것이 '자기를 잊는 것' [忘己]이네. 자기를 잊은 사람, 그것이 자연 속에 몰입하는 것이네!"

[夫子問於老聃曰: "有人治道若相放,708) 可不可, 然不然. 辯者有言曰: '離堅白, 若縣寓.' 709) 若是則, 可謂聖人乎?" 老聃曰: "是胥易技係, 勞形怵心者也.710) 執留之狗成思,711) 猿狙之便自山林來712). 丘! 予告若, 而所不能聞與而所不能言.713) 凡有首有趾、无心无耳者, 衆. 有形者, 與无形无狀, 而皆存者盡无. 其動止也, 其死生也, 其廢起也. 此又非其所以也.714) 有治在人.715) 忘乎物, 忘乎天, 其名爲 '忘己.' 忘己之人, 是

---

708) 『經典釋文』(陸德明撰)에 의하면, 夫子는 仲尼이다. 『孟子』 趙岐(108-201)注에, 方은 逆과 같으니, 方命은 逆命이다. 若은 而와 같다. 王叔岷, 437頁, 주1; 治道는 道를 수행함이다. 曹礎基, 172頁, 주2 참조.

709) 까오헝高亨(1900-1986)에 의하면, 현縣은 지금의 시간이고, 우寓는 지금의 공간이다. 堅、白은 시간, 공간처럼 다름[異]이다. 王叔岷, 438頁, 주2 참조.

710) 이 구절은 「應帝王」 편에 보이는데, 서胥는 재주가 있어 부림을 당하는 小吏이고, 易은 占卜을 치는 官이다. 기계技係는 서胥나 역易이 자기 기술에 억매임이다. 출怵은 경驚(놀람)이다. 曹礎基, 115頁, 주6 참조.

711) 『經典釋文』에, 留는 류猵로도 쓰니, 竹鼠(삵)이다. 손이양孫詒讓(1848-1908)에 의하면, 思는 마땅히 누累(힘들다)이다. 王叔岷, 439頁, 주4 참조.

712) 유留는 陸德明(556-627)에 의하면, 이狸(너구리)로 통한다. '成田' 의 田은 田獵(사냥)을 말한다. 『莊子新釋』, 張默生著, 307쪽. 참조.

713) 王叔岷은 '若' 과 '而' 모두 '汝' 로 해석하고 있다. 王叔岷, 440頁 주6 참조.

之謂入於天!"]

▶ 12-10:

장여면將閭葂이 계철季徹을 뵙고 말했다. "노魯나라 임금이 '가르침을 받기를 청했으나', [저는] 사양하였지만 들어주지 않았으므로 말을 했는데, 맞는 말을 했는지 아닌지 알 수 없습니다. 그것을 말씀해주십시오. 저는 노魯나라 임금에게 이렇게 말했습니다. '반드시 공경과 검소함을 실행하고, 공평하고 충성스러운 관속官屬을 발탁하신다면 사사로움이 없을 것이니, 백성들이 누가 감히 화합하지 않겠습니까!'"

계철이 껄껄 웃으며 말했다. "선생의 말씀을 제왕의 덕德에 비교하면 마치 사마귀가 성난 팔뚝으로 수레의 바퀴에 맞서는 것과 같으니, 분명 감당할 수 없을 것이네. 또한 그렇다면, 아마 자신이 위험에 처하게 될 것이고, (궁문 양옆의) 누대樓臺에 걸린 많은 법조문을 보고 궁성을 향해 몰려오는 이들이 많아질 것이네."

장여면이 두렵고 놀라 말했다. "저에게는 선생님의 말씀으로 아득해집니다. 선생님께서 대강만 말씀해 주십시오"

계철이 말했다. "대성大聖은 천하를 다스림에 백성들의 마음을 방임放任하게 하여 스스로 교화하여 풍속을 바꾸려는 것이네. [도道를 해害하려는] 그들의 마음을 다 없애버리고 모두 자득自得하는 뜻을 추진하려는 것이네. 이는 본성대로 스스로 행동해도 백성들이 그 이유를 알지 못하는 것과 같네. 만약 그렇다면, 왜 하물며 요·순 임금처럼 백성들

714) 성현영成玄英(608-669)은, "이 여섯 가지는 자연의 이치일 뿐 그렇게 되는 이유를 인간이 알 수 있는 것이 아니다(此六者, 自然之理, 不知所以然也)."라고 풀이한다. 崔大華, 385頁 참조.

715) '有治在人'은, 다스림에 뜻이 있다면 이것은 人爲에 있음이다. 曹礎基, 173頁, 주12 참조.

을 흐리멍덩하게 차례 지우며 일을 해야겠는가? [백성들은] '자연 본성[德]'에 동화되면 마음은 안정될 것이네!"

[蔣閭葂見季徹曰: "魯君謂葂也曰: '請受教.' 辭不獲命, 旣已告矣. 未知: '中否.' 請嘗薦[716]之. 吾謂魯君曰: '必服[717]恭儉. 拔出公忠之屬, 而无阿私, 民孰敢不輯[718]!'" 季徹局局然笑曰:[719] "若夫子之言, 於帝王之德, 猶螳螂之怒臂而當車軼,[720] 則必不勝任矣. 且若是, 則其自爲遽危. 其觀臺多物,[721] 將往投迹者衆." 蔣閭葂覤覤然驚曰:[722] "葂也汒若於夫子之所言矣.[723] 雖然, 願先生之言其風也."[724] 季徹曰: "大聖之治天下也, 搖蕩民心,[725] 使之成教易俗. 擧滅其賊心, 而皆進其獨志,[726] 若性之自爲, 而民不知其所以然. 若然者, 豈兄堯舜之教民溟涬然弟之哉?[727] 欲同乎德而心居矣!"[728]]

---

716) 천薦은 진陳(진술하다)이다. 王叔岷, 442頁, 주3 참조.

717) 복服은 實行이다. 曹礎基, 174頁, 주6 참조.

718) 아사阿私는 겹치는 말이니, 高誘(?-212) 注에 의하면, 阿는 私이다. 집輯은 和이다. 王叔岷, 上同, 주4 참조.

719) 국국局局은 웃는 소리니, 격격格格(껄껄 대다)에 해당함. 曹礎基, 上同, 주9 참조.

720) 질軼、철轍(바퀴 자국)은 古、今 자이다. 王叔岷, 上同, 주6; 曹礎基, 當은 당擋(막다)과 통하고, 車轍은 車輪를 가리킨다. 上同, 주10 참조.

721) 郭象、成玄英 本에는, 거遽는 處이다. 王叔岷, 上同, 주7; 관대觀臺는 宮門 양쪽의 樓臺이다. 多物은 많은 법률조문이다. 曹礎基, 上同, 주12 참조.

722) 혁혁覤覤은 경구驚懼(놀랍고 두려운) 모양이다. 혁혁虩虩과 같다. 王叔岷, 上同, 주9 참조.

723) 망汒은 망茫(막연함)과 통함. 왕셴챈王先謙(1842-1917)에 의하면, 망약汒若은 망연茫然(아득함)이다. 王叔岷, 443頁, 주10 참조.

724) 유월俞樾(1821-1907)은 風을 凡으로 읽었으니, 風은 애략崖略, 대략大略이다. 王叔岷, 上同, 주11 참조.

725) 요탕搖蕩은 放任과 같다. 王叔岷, 上同, 주12 참조.

726) 거擧는 개皆이다. 獨志는 自得之志이다. 王叔岷, 上同, 주13 참조.

727) 兄은 황況(하물며)로 읽어야 하고, 명행溟涬은 혼돈混沌하여 분명치 않은 모양이

▶ 12-11.:

자공子貢이 남쪽으로 초楚나라를 유람하다가 진晉나라로 돌아갈 때 한수漢水의 남쪽을 지나면서, 한 노인이 막 밭이랑을 일구려고 땅을 파고, 우물에 들어가서 물동이를 안고 나와서 물을 주는데, 어렵게 힘을 많이 애쓰면서 드러난 효과는 적었다.

자공이 말했다. "여기에 기계가 있으면 하루 백 이랑에 물을 대어도 힘쓸 일은 매우 적고 효과는 크니, 어르신께서는 써보지 않겠습니까?"

밭이랑을 일구던 노인은 자공을 올려다보며 말했다. "어떻게 하는 건가?"

[자공이] 말했다. "나무를 깎아서 기계를 만드는데, 뒤는 무겁고 앞은 가벼우며, 물을 긷데 [심지를] 뽑듯 [쉽게] 할 수 있고, (물이) 빠르게 흔들리며 돌출하니, 그 이름이 '두레박' [고槔]입니다."

밭이랑을 일구던 노인은 버럭 화를 내더니 [곧] 웃으면서 말했다. "내가 우리 선생님[老子]에게서 들었는데, '기계가 있게 되면 반드시 기계에 의존할 일이 생기고, 기계에 의존할 일이 있게 되면 반드시 기계에 의존할 마음이 생긴다네. 기계에 의존할 마음이 가슴속에 있으면 순백한 마음이 갖추어지지 않는다네. 순백한 마음이 갖추어지지 않으면 정신이 안정되지 않는다네. 정신이 안정되지 않으면 도道를 [마음에] 실을 수 없다고 하셨네.' 내가 몰라서가 아니네. 부끄러워서 사용하지 않는 것이네."

자공은 도무지 부끄러워서 엎드리고 대답을 못 하였다. 잠시 후에

고, 弟는 次第(순서)이니, 안배安排이다. 曹礎基, 175頁, 주22 참조.

728) 성현영成玄英(608-669) 疏에 의하면, 居는 安定이다. 而는 則과 같다. 王叔岷, 444頁, 주15 참조.

밭을 일구던 노인이 말했다. 당신은 무엇을 하는 분이오?"

[자공이] 말했다. "공자의 문도입니다."

밭을 일구던 노인이 말했다: "자네는 박학을 내세워 성인聖人을 흉내 내고, 거드름을 피우며 민중들을 압도하고, 홀로 거문고나 타며 애달픈 노래나 부르면서 이름과 명예를 세상에 파는 자가 아닌가? 자네는 마땅히 자네의 신이神異한 기상을 잊어버리고 자네의 몸을 헐어버린다면, 거의 될 것 같네! 자네 몸도 다스리지 못하면서 어느 겨를에 온 세상을 다스리겠는가? 자네는 그만 가보고, 내 일을 망치지 말게!"

[子貢南遊於楚, 反於晉, 過漢陰. 見一丈人方將爲圃畦,[729] 鑿隧而入井, 抱甕而出灌. 搰搰然用力甚多,[730] 而見功寡. 子貢曰: "有械於此, 一日浸百畦. 用力甚寡而見功多. 夫子不欲乎?" 爲圃者卬而視之,[731] 曰: "奈何?" 曰: "鑿木爲機, 後重前輕. 挈水若抽.[732] 數如泆湯,[733] 其名爲槔." 爲圃者,忿然作色, 而笑曰: "吾聞之吾師,[734] 有機械者, 必有機事. 有機事者, 必有機心. 機心存於胸中, 則純白不備. 純白不備, 則神生不定. 神生不定者, 道之所不載也. 吾非不知. 羞而不爲也. 子貢瞞然慙,[735] 俯而不對. 有閒, 爲圃者曰: "子奚爲者邪?" 曰: "孔丘之徒也." 爲圃者曰: "子非夫博學以擬聖, 於于[736]以蓋衆, 獨弦哀歌, 以賣名聲於

729) 成玄英 疏에 의하면, 水南이 陰이다. 이이李頤(1541-1601)에 의하면, 채소菜蔬가 포圃이고, 밭의 경계가 휴畦이다. 선영宣穎(17세기)에 의하면, 爲는 治이다. 王叔岷, 445頁, 주1 참조.

730) 골골搰搰은 힘쓰는 모양이다. 王叔岷, 445頁, 주3 참조.

731) 앙卬、앙仰은 古、今자이다. 王叔岷, 446頁, 주5 참조.

732) 설挈은 제提(끌다, 들다)이고, 추抽(뽑다)는 引(끌다)이다. 王叔岷, 上同, 주6 참조.

733) 數는 速으로 읽고, 湯은 蕩과 통하니, 일泆은 물이 蕩泆함이니, 蕩泆은 動蕩하여 突出함이다. 王叔岷, 上同, 주7 참조.

734) 『經典釋文』(陸德明撰)에 의하면, 吾師는 老子이다. 王叔岷, 447頁, 주9 참조.

735) 만연瞞然은 '부끄러운 모습'을 말한다. 曹礎基, 176頁, 주21 참조.

天下者乎? 汝方將妄汝神氣, 墮汝形骸, 而庶幾乎![737] 汝身不能治, 而何暇治天下乎? 子往矣. 無乏吾事!"[738]]

자공은 부끄러워 얼굴빛이 변하고 자신을 수습할 수 없어서, 삼십 리를 간 뒤에야 나아졌다. 그의 제자가 말했다. "아까 그 사람은 어떤 사람입니까? 선생님께서는 어째서 그를 만나시고는 안색이 변하고 하루 종일토록 평상의 상태로 돌아오지 못하십니까?"

자공이 말했다. "일찍이 나는 (공자 선생님을) 온 세상에 하나밖에 없는 사람으로 알았는데, 다시 저런 사람이 있는 줄 몰랐었지. 내가 [공자] 선생님으로부터 들은 것은, '일하는 데는 될 만한 것을 추구하고, 공功을 이루려면 이루어질 것을 찾고, 힘은 적게 쓰고 드러난 결과가 많은 것이 성인의 도道라는 것' 이네. 지금은 그런 것만이 아닌 것 같네. 도를 가지고 있는 사람은 '자연 본성[德]' 이 온전하고, '자연 본성' 이 온전한 사람은 몸이 온전하며, 몸이 온전한 사람은 정신이 온전하다네. 정신이 온전한 것이 성인의 도일세. 세상에 생명을 의탁하고 백성들과 함께 살아가지만, [나는] 저들이 어디로 가는지를 모르니, (이들은) 망매茫昧 · 심원深遠하여 순박함을 갖추고 있지! 공리나 기교는 반드시 저런 사람들의 마음에는 없네. 저런 사람들은 자신의 의지가 아니면 가지도 않고, 자신의 마음에 맞지 않으면 하지도 않는다네. 비록 세상이 그들을 칭찬하여 그들이 행한 바의 의미를 얻는다고 해도 고고하

736) 於于는 과대誇大하게 허망虛妄을 떠는 모양이다. 『莊子譯註』 王世舜 主編, 223頁, 주12; 蓋衆은 衆人을 압도함이다. 曹礎基, 上同, 주23 참조.

737) 方將은 複語(겹친 말)이니 當과 같고, 而는 乃와 같다. 王叔岷, 449頁, 주18; 타墮는 隳隳(무너지다)와 통하니, 훼괴毁壞이다. 上同, 주25 참조.

738) 핍乏은 폐廢, 기棄이다. 王叔岷, 上同, 주20 참조.

니 [그런 것쯤은] 돌아보지도 않는다네. 세상 사람들이 그들을 비난하며 그들의 행한 바의 의미를 놓친다고 해도, 무심하여서 [그런 것쯤은] 받아들이지 않는다네. 세상 사람들의 칭찬과 비난도 [그들에게는] 아무런 이익과 손해도 되지 않으니, 이들이 '자연 본성' 을 온전하게 이룬 사람일세! 우리는 [작은] 바람에도 출렁이는 파도 같은 사람에 불과하다네!"

[자공은] 노나라로 돌아와서 공자에게 그 이야기를 했다. 공자가 말했다. "저들은 혼돈씨渾沌氏의 방술을 빌려서 학습한 자들이네. [저들은] 하나[天道]는 알고 둘은 모른다네. 자신의 안은 다스리지만, 자신의 밖[의 세상일]은 다스리지 못한다네. (저들의 마음은) 매우 소박한 것[太素]은 잘 아니, 무위無爲하고 질박한 상태로 돌아가서 진성眞性을 체득하고 정신을 지키면서 세속에서 노니는 사람들이라네. 자네가 놀랄 것이 뭐 있겠는가? 또한, 혼돈씨의 방술은 자네나 내가 어떻게 알 수 있겠는가?"

[子貢卑陬失色,[739] 頊頊然不自得,[740] 行三十里而後愈. 其弟子曰: "向之人, 何爲者邪? 夫子何故見之, 變容失色, 終日不自反邪?" 曰: "始吾以夫子爲天下一人耳, 不知復有夫人也. 吾聞之夫子, '事求可, 功求成; 用力少, 見功多者, 聖人之道.' 今徒不然, 執道者德全, 德全者形全, 形全者神全. 神全者, 聖人之道也. 託生與民竝行而不知其所之,[741] 汒乎淳備哉![742] 功利機巧, 必忘夫人之心. 若夫人者. 非其志不之, 非其心不

739) 비추卑陬는 '부끄러워하는 모습', 또는 '황공해 하는 모습'이다. 王世舜主編, 223頁, 주16 참조.

740) 욱욱연頊頊然은 '정신 나간 모습'이다. 王世舜主編, 上同, 주17 참조.

741) 탁생託生은 세상에 寄生함이고, '與民竝行' 은 대중과 함께 생활함이고; 之는 至, 往이다. '不知其所之'는 갈 목적지를 분명히 할 필요가 없음이다. 曹礎基, 178頁, 주16 참조.

742) 망汒은 망茫(아득하다)과 통하니, 망매茫昧하고 심원深遠하여 측량할 수 없는 모양이

爲.[743] 雖以天下譽之, 得其所謂,[744] 警然不顧. 以天下非之, 失其所謂, 儻然不受.[745] 天下之非譽, 无益損焉, 是謂全德之人哉! 我之謂風波之民!"[746] 反於魯, 以告孔子. 孔子曰: "彼假脩渾沌氏之術者也.[747] 識其一, 不知其二. 治其內, 而不治其外. 夫明白入素,[748] 无爲復朴, 體性抱神,[749] 以遊世俗之間者. 汝將固驚邪?[750] 且混沌氏之術, 予與汝何足以識之哉!"]

▶ 12-12:

순망諄芒이 동쪽의 큰 골짜기[東海]로 가려는데, 마침 동해의 물가에서 원풍苑風을 만났다.

원풍이 말했다. "당신은 어디로 가십니까?"

[순망이] 말했다. "동해東海로 가는 중입니다."

원풍이 말했다. "무엇하러 갑니까?"

[순망이] 말했다. "동해라는 곳은 [물을 아무리] 부어도 차지 않고, [아무리 퍼내도] 마르지 않는다고 하니, 나는 거기 가서 노닐려고 합니다."

원풍이 말했다. "선생께서는 백성들에 대해서는 관심이 없으십니

며; 備는 完備이니, 德行이 완비함이다. 王世舜主編, 上同, 주22 참조.

743) 之는 往이고; 爲는 간干(하다)이다. 曹礎基, 178頁, 주18, 19 참조.

744) 여기와 아래 문장에서 所謂는 〈所爲〉로 통함. 張默生, 앞의 책, 312 쪽 참조.

745) 당연儻然은 無心한 모양이고; 不受는 다른 사람들의 非議를 받지 않음이다. 曹礎基, 上同, 주22 참조.

746) 我는 우리들이다. 曹礎基, 上同, 주24 참조.

747) 가假는 탁托(託)이다. 수脩는 학습이다. 曹礎基, 上同, 주25 참조.

748) 양쑤다楊樹達(1885-1956)에 의하면, 入은 마땅히 太이다. 王世舜主編, 224頁, 주28 참조.

749) '體性抱神'은 眞性을 체현하고 精神을 지킴이다. 曹礎基, 上同, 주30 참조.

750) 固는 何이다. 曹礎基, 上同, 주31 참조.

까? 성인의 정치에 대해 듣고자 합니다."

순망이 말했다. "성인의 정치요? 관직을 임용할 때 그 마땅함을 잃지 않고, 인재를 선발할 때 사람들의 능력을 놓치지 말고, 모든 일의 상황을 잘 알아서 자기가 해야 할 것을 하면, 행동과 말이 스스로 행해지고 세상이 교화되어, 손짓으로 부르고 눈짓으로 가리켜도 사방의 백성들이 모두 이르지 않음이 없으니, 이것이 성인의 정치입니다."

[諄芒裝東之大壑,751) 適遇苑風於東海之濱. 苑風曰: "子將奚之?" 曰: "將之大壑." 曰: "奚爲焉?" 曰: 夫大壑之爲物也, 注焉而不滿, 酌焉而不竭, 吾將遊焉. 苑風曰: "夫子无意於橫目之民乎?752) 願聞聖治." 諄芒曰: "聖治乎? 官施而不失其宜, 拔擧而不失其能, 畢見情事而行其所爲, 行言自爲而天下化, 手撓顧指, 四方之民莫不俱至, 此之謂聖治."]

'자연본성' 을 가진 사람에 대해 듣고자 합니다.

[순망이] 말했다. "'자연본성' 을 가진 사람은, 집 안에 있을 때도 [아무] 생각이 없고, 밖으로 다닐 때도 사려가 없습니다. 마음속에 옳고 그르고, 아름답고 미운 생각이 없습니다. 세상에서 함께 이로운 것이 '즐거움' 이요, 함께 공급받는 것이 '편안함' 입니다. 슬퍼함은 마치 부모 잃은 어린아이 같고, 가더라도 무심하여 일정한 궤도가 없는 것 같습니다. 재물에 여유가 있어도 그것이 어디에서 온 것인지를 알지 못하고, 먹고 마시는 것이 풍족해도 그것이 어디에서 오는지 알지 못합니다. 이런 것이 '자연본성' 을 가진 이[德人]의 모습입니다."

---

751) 순諄은 느리고 둔한 모양이고, 망芒은 망茫과 통하니, 밝게 볼 수 없음이니, 무기霧氣이다. 대학大壑은 東海이다. 王世舜主編, 226頁, 주1; 之는 往이다. 曹礎基, 179頁, 주1 참조.

752) 橫目之民은 사람이다. 사람의 두 눈이 가로로 납작하기 때문이다. 陳鼓應, 351頁, 주4 참조.

"'신이한 사람' [神人]에 대해서 듣고 싶습니다."

순망이 말했다. "신인神人의 정신은 빛을 발하나 [곧 비쳐진] 사물과 더불어 없어지니, 이것은 비추지 않는 곳이 없습니다. 생명이 다하고, 천지와 함께 즐기며, 만물과 함께 없어지고, 만물은 진실로 돌아가니, 이것이 (신인神人이 죽을 때의) '혼융된 경지' 라고 말합니다."

["願聞德人." 曰: "德人者, 居无思, 行无慮, 不藏是非美惡. 四海之內, 共利之之謂悅, 共給之之謂安. 怊乎若嬰兒之失其母也,[753] 儻乎若行而失其道也.[754] 財用有餘, 而不知其所自來; 飮食取足, 而不知其所從, 此謂德人之容." "願聞神人." 曰: "上神乘光,[755] 與形滅亡, 此謂照曠[756]. 致命盡情,[757] 天地樂, 而萬事銷亡, 萬物復情, 此之謂混冥."[758]]

▶ 12-13:

문무귀門无鬼와 적장만계赤張滿稽가 (주周 나라) 무왕武王의 군대를 보았다. 적장만계가 말했다. "유우씨有虞氏[舜임금]에게는 못 미치는구나! 따라서 [무왕은] 이런 문제[戰亂]를 만난 것이네."

---

753) 초怊는 추창惆悵(슬퍼함)이다. 王叔岷, 455頁, 주3 참조.

754) 당儻은 無心한 모양이고, '失其道' 는 일정한 軌道가 없음이다. 曹礎基, 180頁, 주16 참조.

755) 上神은 神人의 정신을 가리킨다. 乘은 用이니, 乘光은 光芒을 放射함이다. 曹礎基, 180頁, 주18 참조.

756) 광曠은 曠遠이며, 照曠은 비추지 않는 곳이 없음이다. 『莊子譯註』 王世舜主編, 227頁, 주11 참조.

757) 致 또한 盡이니, '致命盡情' 은 '盡命盡性' 이니, 性命, 즉 생명을 다함이다. 王叔岷, 457頁, 주3 참조.

758) 復情은 返眞, 歸根이다. 王叔岷, 457頁, 주5; 返朴한 뒤에, '有一而未形' 한 混沌상태로 돌아가는 것이 혼명混冥이다. 混冥은 幽暗하니, 神人이 죽을 때의 상태이다. 曹礎基, 上同, 주23 참조.

문무귀가 말했다. "천하가 모두 태평한데, 순舜임금이 통치를 한 것인가? 아니면, (세상이) 어지러워진 뒤에 그것을 다스린 것일까?"

적장만계가 말했다. "세상이 태평하여 이미 바라던 대로인데, 또 어찌 순 임금이 통치하기를 바랐겠는가! 순 임금이 머리에 난 종기를 치료했다는 것은, 대머리에 가발을 사용하고 병이 들어야 의사를 찾는 것과 같네. 효자가 약을 들고 사랑하는 아버지에게 올리며 그의 안색이 초췌해진 것은, 성인聖人이라면 (병들게 한 것을) 부끄럽게 여긴 것이네. 지극한 '자연본성'의 세상에서는 현자를 숭상하지도, 능력 있는 이를 등용하지도 않고, 군주는 나무의 윗가지처럼 [무심無心하게] 있을 뿐이고, 백성들은 [자유롭게 뛰노는] 들판의 사슴과 같다네. [유가儒家에서 말하는] '바르고 곧은 몸가짐' [端正]도 의義라고 여기지 않고, [묵가墨家에서 말하는] '서로 사랑함' [相愛]도 '사랑' [仁]으로 여기지 않는다네. 성실해도 [그것을] 충忠으로 알지 않으며, (일이) 합당해도 '신의[信]'라고 알지 않으며, 단순한 동작으로 서로 (일을) 시켜도 [호의를] 베풀었다고 생각지도 않는다네. 그렇기 때문에 행위에는 [남는] 자취가 없고, [이루어놓은] 일에도 전할 거리가 없는 것이라네."

[門无鬼與赤張滿稽, 觀於武王之師. 赤張滿稽曰: "不及有虞氏乎! 故離此患也."759) 門無鬼曰: "天下均治而有虞氏治之邪?760) 其亂而後治之與?"761) 赤張滿稽曰: "天下均治之爲願, 而何計以有虞氏爲!762) 有虞氏之藥瘍也,763) 禿而施髢,764) 病而求醫? 孝子操藥以脩慈父,765) 其色燋

759) 유우씨有虞氏는 우순虞舜임금이다. 離는 이罹와 통하니, 조遭(만나다)이다. 此患은 用兵하여 정벌하는 일이다. 曹礎基, 181頁, 주2 참조.

760) 均은 平이니, 太平을 가리킨다. 王世舜主編, 229頁, 주2 참조.

761) 其는 억抑(또한)이다. 王叔岷, 457頁, 주3 참조.

762) '之爲願'은 '已如願'과 같다. 之가 已와 같고, 而는 又와 같다.

763) 藥은 치료이고; 양瘍은 頭瘡(머리 부스럼)이다. 曹礎基, 上同, 주6 참조.

然. 聖人羞之. 至德之世, 不尙賢, 不使能. 上如標枝,[766] 民如野鹿. 端正而不知以爲義, 相愛而不知以爲仁, 實而不知以爲忠, 當而不知以爲信, 蠢動而相使,[767] 不以爲賜. 是故行而無迹, 事而無傳."]

▶ 12-14:

효자는 그 어버이에게 아첨하지 않고, 충신은 그 임금에게 아부하지 않는 것이 신하와 자식의 최고이다. 어버이가 하는 말씀이 옳다 여기고 하는 행동을 좋다고 한다면, 세속에서는 [부모를 무조건 따르는] 못난 아들이라고 말한다. 임금이 하는 말씀이 옳다고 여기고 하는 행위를 좋다고 한다면, 세속에서는 [자기 임금을 무조건 따르는] 못난 신하라고 말한다. '[속인들이 하는] 이것이 필연적으로 그런 것인지' 를 우리는 알 수가 없다. 세속 사람들이 그렇다고 해서 그렇다고 하고, 좋다고 해서 좋아한다면, 아첨하는 사람이라고 말하지는 않는다. 그렇다면 세속 사람들이 확실히 어버이보다 엄중하고 임금보다 존귀하단 말인가? 자기를 아첨하는 사람이라고 하면 불끈 화를 내고, 자기를 아부하는 사람이라고 하면 울컥 성을 낸다. 평생 아첨꾼이고 평생 '아부꾼' 이 비유들을 불러 모으고 말을 꾸며서 [자기 주변에] 사람들을 끌어 모으는 데, 이런 짓은 시작과 끝, 근본과 말단의 전도轉倒이다.

[孝子不諛其親, 忠臣不諂其君, 臣子之盛也.[768] 親之所言而然, 所行而善, 則世俗謂之不肖子. 君之所言而然, 所行而善, 則世俗謂之不肖臣.

764) 施는 用이고, 체髢는 가발이다. 曹礎基, 上同, 주7 참조.

765) 操는 나拿(붙잡다)이고, 수脩는 進이고, 초연燋然은 초췌憔悴한 모양이니, 우려懮慮이다. 曹礎基, 上同, 주9 참조.

766) 上은 帝王이고, 표지標枝는 나무 끝의 가지이다. 曹礎基, 上同, 주11 참조.

767) 준동蠢動은 단순한 동작이다. 陳鼓應, 354頁, 주8 참조.

768) 성盛은 최最이다. 曹礎基, 183頁, 주1 참조.

而未知: '此其必然邪?' 世俗之所謂然而然之, 所謂善而善之, 則不謂之道諛之人也.[769] 然則俗故嚴於親而尊於君邪?[770] 謂己道人,[771] 則勃然作色, 謂己諛人, 則怫然作色. 而終身道人也, 終身諛人也, 合譬飾辭聚衆也,[772] 是終始本末不相坐.[773]]

옷을 [잘] 차려입고 얼굴색을 꾸미고 교태를 부리며 세상에 아첨하나, 스스로 아부한다고 말하지 않는다. (허나,) 저 세속 사람들과 한 패거리가 되어, (그들이) 옳다 하면 옳고 그르다 하면 그른데, 스스로는 속인이 아니라 하니, 어리석음의 극치이다! 자신이 우매하다는 것을 아는 사람은 크게 우매한 것이 아니다. 자기가 헷갈리고 있음을 아는 사람은 크게 헷갈리고 있는 것이 아니다. 크게 헷갈리고 있는 사람은 평생 그것을 깨닫지 못하고, 크게 우매한 사람은 평생 알지 못한다. 셋이 가다가 한 사람이 헷갈리면, 가려고 한 곳에 그래도 도달할 수 있는 것은 헷갈림이 적기 때문이다. 두 사람이 헷갈리면 애를 써도 [갈 곳에] 도착할 수 없는 것은 헷갈린 이가 많기 때문이다. 그런데 지금은 온 세상 사람들이 헷갈리고 있으니, 내가 비록 가려고 기원해도 할 수가 없다. 이 또한 슬픈 일이 아닌가!

[垂衣裳, 設采色, 動容貌, 以眉一世, 而不自謂道諛. 與夫人之爲徒, 通

769) 왕염손王念孫(1744-1832)에 의하면, 도유導諛는 첨유諂諛인데, 혹 道諛로 쓴다. 王叔岷, 460頁, 주2 참조.

770) 마치창馬其昶(1855-1930)에 의하면, 故는 固(확실히)와 같다. 王叔岷, 460頁, 주3 참조.

771) 道人·유인諛人 모두 아첨하여 네, 네 하는 사람들이다. 발연勃然은 화난 모양이고, 作色은 화를 냄이다. 曹礎基, 183頁, 주8 참조.

772) 합비合譬는 비유를 모음이고, 식사飾辭는 말을 꾸밈이다. 曹礎基, 上同, 주10 참조.

① 773) 坐는 因이니, '不相坐'는 상호 연결이 안 됨, 脫節이니, 本末의 轉倒이다. 曹礎基, 上同, 주11 참조.

是非，而不自謂衆人，愚之至也![774] 知其愚者，非大愚也．知其惑者，非大惑也．大惑者，終身不解，大愚者，終身不靈.[775] 三人行而一人惑，所適者猶可致也,[776] 惑者少也．二人惑則勞而不至，惑者勝也.[777] 而今也以天下惑，予雖有祈嚮，不可得也．不亦悲乎!]

수준 높은 음악은 사람들의 귀에 들리지 않고, [통속적인 옛 노래] 절양折楊과 황과皇荂는[778] 환성을 지르며 즐긴다. 그렇기에 차원 높은 말씀은 뭇 속인들의 마음에 들어가지 않으니, 지극한 말들이 나오지 않는 것은 속된 말들이 판을 치기 때문이다. [이것은 마치] 부缶[저질악기]와 종鍾[고급악기]의 두 음音이 헷갈리면, 적절한 음을 얻을 수 없[는 것과 같]다. 지금 세상 사람들이 헷갈리고 있다. 내가 비록 가려고 하는 곳이 있어도 어떻게 갈 수 있겠는가! 할 수 없는데도 억지로 한다면 또 하나의 헷갈림이다. 그러므로 그대로 두어 추진하지 않는 것이 좋다. 추진하지 않는다면 누가 연달아 걱정할 필요 있겠는가? 못생긴 이가 밤에 애를 낳으면 급히 불을 밝혀 살펴보고, 다급하게 자기와 닮았을까를 걱정하는 것이다.

[大聲不入於里耳,[779] 折楊皇荂，則嗑然而笑．是故高言不止於衆人之心.

774) 夫人은 世俗人을 가리키며, 爲徒는 同黨同群(같은 패거리)이고, 通은 '通是非'는 세상 사람들이 옳다 하면 옳고; 그르다 하면 그른 것이다. 曹礎基, 184頁, 주16 참조.

775) 사마표司馬彪(?-306)에 의하면, 靈은 曉(알다)이다. 王叔岷, 461頁, 주8 참조.

776) 성현영成玄英(608-669)疏에 의하면, 적適은 往이고, 致는 至이다. 王叔岷, 上同, 주9 참조.

777) 승勝은 多이다. 王叔岷, 上同, 주10 참조.

778) 折楊과 황과皇荂는 옛날 속인들의 대중적인 노래 가락의 이름이다. 합嗑은 笑聲(웃음소리)이다. 王叔岷, 462頁, 주2 참조.

② 779) 大聲은 함지咸池, 대소大韶와 같은 중국 고대의 수준 높은 음악을 말한다. 王世舜主編, 232頁, 주1 참조.

至言不出, 俗言勝也. 以二缶鍾惑,[780] 而所適不得矣. 而今也以天下惑, 予雖有祈嚮, 其庸可得邪! 知其不可得, 而强之, 又一惑也. 故莫若釋之而不推.[781] 不推, 誰其比憂?[782] 厲之人夜半生其子,[783] 遽取火而視之. 汲汲然唯恐其似己也.[784]]

▶ 12-15:

백 년 된 나무를 쪼개서 제사에 쓸 '화려한 술통'[犧樽]을 만드는데, 청색과 황색으로 치장을 하고, 잘려나간 나머지 부분은 도랑에 버려진다. 술통을 도랑에 버려진 조각들과 비교해보면 아름답고 추함에 차이가 있다. [그러나 생명의] 본성을 잃었다는 점에서는 똑같은 것이다. 도척盜跖, 증삼曾參과 사추史鰌는 의義를 행한 점에서는 차이가 있다. 그러나 그들이 본성을 잃었다는 점에서는 똑같다. 본성을 잃는 것에는 다섯 가지가 있다. 첫째는 오색五色이 눈을 어지럽혀 눈을 밝게 하지 못한 것이다. 둘째는 오성五聲이 귀를 어지럽혀 귀를 밝게 하지 못한 것이다. 셋째는 다섯 가지 냄새[五臭]가 코를 마비시켜서 코가 막히고 머리를 어지럽게 한 것이다. 넷째는 다섯 가지 맛[五味]이 입을 흐리게 하여 맛을 알 수 없게 한 것이다. 다섯째는 버리고 취하는 것이 마음을 들쑤셔서 본성을 들떠 있게 만든 것이다. 이 다섯 가지는 모두 생명을 해치는 것이다.

---

③ 780) 缶는 조잡한 樂器이고, 종鐘은 고급 樂器이다. 缶의 악기 소리가 부鐘의 악기 소리에 방해를 받아 혼동되니, 따라서 듣는 이가 헷갈린다. 曹礎基, 184頁, 주31 참조.

781) 釋은 방기放棄이고, 추推는 推行이다. 曹礎基, 上同, 주34 참조.

782) 비우比憂는 연접하여 끊임없이 슬퍼함이다. 曹礎基, 185頁, 주35 참조.

783) 여厲는 못생김이다. 曹礎基, 上同, 주36 참조.

784) 거遽는 急이고, 급급汲汲은 홀망忽忙이나 긴장한 모양이다. 曹礎基, 上同, 주37, 38 참조.

[百年之木, 破爲犧樽,[785] 青黃而文之, 其斷在溝中. 比犧樽於溝中之斷, 則美惡有間矣. 其於失性一也. 桀跖與曾史, 行義有間矣, 然其失性均也. 且夫失性有五. 一曰: 五色亂目, 使目不明. 二曰: 五聲亂耳, 使耳不聰. 三曰: 五臭薰鼻, 困惾中顙, 四曰: 五味濁口, 使口厲爽. 五曰: 趣舍滑心, 使性飛揚. 此五者, 皆生之害也.]

그러나 양주楊朱와 묵적墨翟은 득의한 듯 활보하지만 내가 말하는 것을 얻은 것이 아니다. 얻고도 곤궁하다면 얻었다고 할 수 있는가? 그렇다면 비둘기와 올빼미가 새장에 갇혀 있어도 또한 그들이 얻은 것이 있다고 할 수 있을 것이다. 또한, 아름다운 소리와 미색을 취하려는 욕망으로 마음속이 꽉 차 있고, [고관들의] 가죽 모자, 도요새 깃털로 (장식한) 모자, 들고 있는 홀笏[手版], 긴 허리띠 등으로 외면을 속박하고; 속마음은 나무로 엮은 목책木柵처럼 꽉 막히고, 밖은 거듭 밧줄로 묶여 있으며, 밧줄에 묶인 중에 눈을 부릅뜨고 스스로 자득한 척한다면, 이 것은 어깨를 뒤로 묶이고 칼을 쓰고 수갑을 찬 것이니, (마치) 호랑이나 표범이 우리에 갇힌 낭함囊檻 속에 있는 것과 같은데 또한 자득한 것이라 할 수 있을 것인가!

[而楊墨乃始離跂[786]自以爲得. 非吾所謂得也. 夫得者困, 可以爲得乎? 則鳩鴞之在於籠也, 亦可以爲得矣. 且夫趣舍聲色以柴其內,[787] 皮弁鷸冠搢笏紳脩 以約其外,[788] 內支盈於柴柵,[789] 外重纆繳,[790] 睆睆然[791]

④ 785) 희준犧樽은 표면에 '제사에 쓰일 황소' [犧牛]를 그리고 형형색색으로 단장한 제사 때 쓰이는 술통이다. 王叔岷, 465頁, 주1 참조.

⑤ 786) 이기離跂는 활보闊步하여 득의한 모습이다. 曹礎基, 186頁, 주18 참조.

787) '柴其內'는 시목柴木(땔 나무)같이 허접한 것들이 마음속을 채움이다. 曹礎基, 上同, 주20 참조.

788) 피변皮弁은 가죽모자이고, 휼관鷸冠은 도요새 깃털로 장식한 모자이다. 진搢(꽂다)은

在纆繳之中而自以爲得, 則是罪人交臂歷指,792) 而虎豹在於囊檻, 亦可以爲得矣!]

삽揷(꽂다)이고, 홀笏은 玉, 象牙, 나무로 된 수판手版이니, 일이 있으면 그곳에 기록하여 대비하였다. 신紳은 큰 허리띠이다. 수脩는 長(길다)이다. 曹礎基, 上同, 주21 참조.

789) 지영支盈은 색만塞滿(가득 참)이고, 책柵은 木排, 柴柵이다. 曹礎基, 上同, 주22 참조.

⑥ 790) 重은 묵纆(밧줄)이고 격繳은 전요纏繞(묶음)이다. 曹礎基, 上同, 주23 참조.

⑦ 791) 환환연睆睆然은 눈을 부릅뜬 모습이다. 曹礎基, 187頁, 주24 참조.

⑧ 792) 역지歷指는 옛날 혹형酷刑의 하나이다. 몇 개의 작은 막대기로 새끼를 엮어서 손가락을 묶는다. 죄인을 묶을 때 팔을 어깨 뒤로 결박하고, 칼[枷]을 씌우고, 손가락을 묶어둔다. 함檻은 우리이고, 들어갈 수만 있고 나올 수는 없으니, 주머니[囊] 같아서, 그것을 낭함囊檻이라고 하였다. 曹礎基, 上同, 주25 참조.

13. 천도天道

이 편은 천도天道와 인도人道 두 방면에서 장자의 정치사상을 설명하고 있다. 천도는 무위無爲하니, 제왕帝王은 천도를 본받아서 '허정虛靜·염담恬淡하고, 적막寂寞·무위無爲'해야 한다고 장자는 말한다. 그러나 인도人道의 유위有爲도 폐할 수 없다고 본다. 무위無爲는 군도君道이고, 유위有爲는 신도臣道이기 때문이다. 천도에 존비尊卑·선후先後가 있듯이, '인도' 또한 마땅히 '존비·선후'가 있어야 한다. 작자는 또한 천도의 질서로부터 사회의 인륜 질서의 합법성을 논증하고 있다. 이것은 「재유在宥」편 말미의 천도와 인도 관점의 발전이다. 첸무錢穆(1895−1990)는 『장자찬전莊子纂箋』(1951년 출판)에서 왕부지王夫之(1619−1692)를 인용하여 다음과 같이 말하고 있다. "이 편의 학설은 장자의 뜻과 서로 맞지 않는다. 노자老子의 수정守靜의 언론을 논하고 발전시켰으나, 또한 노자와 다 합치하지도 않는다. 진한秦漢 기의 황노黃老의 학술로 임금에게 벼슬 살던 이들이 지은 것이다." 이 편의 제왕의 도는 '허정虛靜·무위無爲'에 있다는 논거는 『여씨춘추呂氏春秋』의 문장과 자못 비슷하다.

▶ 13−1:

하늘의 도가 움직여 정체됨이 없으니 따라서 만물이 생성된다. 제왕帝王의 도가 움직이고 정체됨이 없으니 따라서 천하의 사람들이 귀의한다. 성인聖人의 도가 움직이고 지체됨이 없으니 따라서 사해 안이 복종한다. 천도를 명백히 알고, 성도聖道를 철저히 이해하고, 제도帝道를 전면적으로 이해한 이라면 스스로 했다 해도 알지 못하는 사이에 자연에 따른 것이다. 성인의 고요함은, '고요함' [靜]이 좋다고 느낀 것이 아니라, (자연적이기에) 따라서 고요함이다. 만물은 (어느 것도) 마음을 어지럽힐 수 없으니, 따라서 고요한 것이다. 물이 고요하면 수염이나 눈썹도 밝게 비추는데, 평평하여 수준기水準器에 맞먹는다면 큰 장인도 법도로 취할 것이다. 물[水]의 고요함이 이렇게 밝은데 하물며 정신은 어떻겠는가! 성인의 마음은 얼마나 고요하겠는가! 천지의 거울이요 만물의 거울이로다. (무릇 마음이) 비고 고요하여 담담하고 적막 무위無爲하니, 천지의 일정한 이치理致이고 도道와 덕德의 내용[實]이다. 그러므로 제왕, 성인은 이곳에서 쉬는 것이다. 쉬면 (마음이) 비고, 비면 채워지고, 채워지면 갖추게 되는 것이다. 비면 고요해지고, 고요해지면 움직이게 되고, 움직이면 얻게 되는 것이다. (임금이) 고요하면 무위无爲하게 되고, '무위' 하면 (신하들이) 일을 맡아서 책임을 지게 된다. (임금이) '무위' 하면 (마음이) 즐겁고, 즐거우면 우환이 있을 수 없으니, 장수할 것이다.

[天道運而无所積, 故萬物成.[793] 帝道運而无所積, 故天下歸.[794] 聖道運而无所積, 故海內服. 明於天, 通於聖, 六通四辟於帝王之德者,[795] 其自

793) 성현영成玄英(608-669) 疏에 의하면, 적積은 체滯(停滯하다)이다. 王叔岷, 472頁, 주1; 成은 生成이다. 曹礎基, 188頁, 주2 참조.

794) 歸는 귀부歸附이다. 曹礎基, 上同, 주3 참조.

795) '明於天'은 天道를 명백히 앎이다. '通於聖'은 聖道를 통효通曉(투철하게 이해)함이다. 벽辟은 開通이니, '六通四辟'은 전면적으로 철저히 이해함이다. 帝王之德은 帝道이다. 曹礎基, 上同, 주4, 5, 6 참조.

爲也, 昧然无不靜者矣![796] 聖人之靜也, 非曰靜也善, 故靜也. 萬物无足以鐃心者,[797] 故靜也. 水靜則明燭鬚眉,[798] 平中準, 大匠取法焉. 水靜猶明, 而況精神! 聖人之心靜乎! 天地之鑑也, 萬物之鏡也. 夫虛靜恬淡、寂漠无爲者, 天地之平, 而道德之至.[799] 故帝王聖人休焉.[800] 休則虛, 虛則實, 實者倫矣.[801] 虛則靜, 靜則動, 動則得矣. 靜則无爲, 无爲也則任事者責矣. 无爲則俞俞,[802] 俞俞者憂患不能處, 年壽長矣.]

(무릇 마음이) 고요하고 담담 적막하여 '무위' 함이 만물의 근본이다. 이것을 알고서 남향을 하였으니 요堯가 임금이 된 것이요, 이것을 알고서 북면을 하였으니 순舜이 신하가 된 것이다. 이 마음으로 위에 있으면 제왕帝王, 천자의 덕이요, 이 마음으로 아래에 있으면 (도와 덕이 높으나 제왕帝王의 자리에 오르지 않은) 현성玄聖 소왕素王의 덕이다. 이 마음으로 속세에서 물러나 강이나 바다에서 한가로이 노닐면 산림 속에 사는 은자隱者들도 심복하고, 이 마음으로 나아가 세상을 다스리면 공이 크고 이름도 드러나서 천하가 통일된다. 고요하게 있으니 성인이요, 움직이면 왕이 된다. '무위' 하여 높아지고, 소박하여 세상에 더불어 (훌륭함을) 다툴 사람이 없도다. 무릇 천지의 덕을 밝히 앎, 이것이 큰

796) 매연昧然은 몽몽懵懵동동憧憧(혼미 無知하여 마음이 불안)함, 자각이 없음이다. 曹礎基, 189頁, 주7 참조.

797) 요鐃는 요撓(어지럽다)와 통한다. 요撓는 亂(어지러움)이다. 王叔岷, 473頁, 주4 참조.

798) 촉燭은 동사로 쓰였으니, 照(비추다)이다. 曹礎基, 上同, 주10 참조.

799) 임희일林希逸(1193-1271)에 의하면, 平은 定이다. 崔大華, 404頁, 주4; 至는 質이니, 質은 實이다. 王叔岷, 473頁, 주6 참조.

800) 休는 止이고, 언焉은 於此이다. 曹礎基, 上同, 주16 참조.

801) 者는 則이고, 윤倫은 비備의 오자이다. 王叔岷, 473-474頁, 주8 참조.

802) 유유俞俞는 유유愉愉이다. 王叔岷, 474頁, 주11 참조.

근본이요 대종大宗이니, 하늘과 더불어 조화한 자이다. 따라서 천하를 고르게 하였다면 사람들과 더불어 조화한 것이다. 사람들과 더불어 조화를 이룬다는 것이 인락人樂이고, 하늘과 더불어 조화를 이룬 것이 천락天樂이다.

[夫虛靜恬淡、寂漠无爲者, 萬物之本也. 明此以南鄕, 堯之爲君也. 明此以北面, 舜之爲臣也. 以此處上, 帝王天子之德也. 以此處下, 玄聖素王之道也.[803] 以此退居而閒游江海, 山林之士服. 以此進爲而撫世, 則功大名顯而天下一也. 靜而聖, 動而王, 无爲也而尊, 樸素而天下莫能與之爭美. 夫明白於天地之德者, 此之謂大本大宗, 與天和者也. 所以均調天下,[804] 與人和者也. 與人和者, 謂之人樂. 與天和者, 謂之天樂.]

장자莊子는 말한다. "나의 스승[천도天道]이여! 나의 스승[천도天道]이여! 만물을 파괴해도 사악하다고 여기지 않고, 은택이 만대[萬歲]에 미쳐도 어질다 여기지 않고, 상고上古보다 오래되었어도 장수長壽했다고 여기지 않으며, 하늘을 싣고 땅을 덮고 있으며, 모든 형상을 조각해 놓았으나 교묘하다고 여기지 않으니, 이것이 천락天樂[자연의 즐거움]이다. 그러므로 말한다. '천락天樂을 아는 자는 살아 있을 때도 자연의 움직임과 같고, 죽어서는 만물과 함께 변화하니, 고요해서 음陰과 덕德이 같고, 움직이면 양陽과 합류한다.' 그러므로 천락을 아는 자는 자연재해가 없고, 사람을 나무라지도 않으며, 외물外物에 구애받지도 않으며, 귀신의 추궁追窮을 받지 않는다. 그러므로 말한다. '움직임은 자연과 같고, 고요함은 땅과 같아, 고요한 세계에 마음을 오로지 하여 세상에 왕

---

803) 현성玄聖소왕素王은, 세상 사람이 앙모하는 道와 德을 가졌으나, 帝王의 자리에 오르지 않은 사람이다. 曹礎基, 上同, 주23 참조.

804) 균조均調는 겹친 말이니, 均 또한 調이다. 王叔岷, 475頁, 주16 참조.

王 노릇해도 귀신들이 해치지 않고, 정신은 피로하지 않으며, 마음이 고요한 세계에 오로지하면 만물이 복종하게 된다.' 허정한 마음을 천지에 밀어 만물에 통하니, 이것이 천락天樂[자연의 즐거움]이다. 천락天樂은 성인의 마음으로 천하를 기르는 것이다.

[莊子曰: "吾師乎! 吾師乎![805] 韲萬物而不爲戾,[806] 澤及萬世而不爲仁, 長於上古而不爲壽, 覆載天地、刻雕衆形而不爲巧, 此之爲天樂. 故曰: '知天樂者, 其生也天行, 其死也物化, 靜而與陰同德, 動而與陽同波.'[807] 故知天樂者, 无天怨,[808] 无人非, 无物累, 无鬼責. 故曰: '其動也天, 其靜也地, 一心定而王天下.[809] 其魄不祟, 其魂不疲,[810] 一心定而萬物服.' 言以虛靜推於天地, 通於萬物, 此之謂天樂. 天樂者, 聖人之心, 以畜天下也."]

▶ 13-2:

무릇 제왕帝王의 덕은 천지天地를 근본으로 삼고, 도道와 덕德을 위주로 하고, 무위无爲를 상법常法으로 한다. (제왕이) '무위' 하면 천하를 이용하면 남음이 있으나, '유위有爲' 한다면 천하를 이용해도 부족하다. 그러므로 옛사람들은 '무위' 를 귀히 여겼다. 임금은 '무위' 하고 아래

---

805) 吾師는 天道를 가리킨다. 曹礎基, 190頁, 주32 참조.

806) 成玄英(608-669)疏에, 제韲는 쇄碎(부수다)이다. 여戾는 暴(해치다)이다. '제만물韲萬物' 은 만물을 파괴함이다. 괴乖(어그러지다)는 여戾이니, 戾는 사衺(邪)이다. 王叔岷, 476頁, 주1; 「大宗師」 편에는, 許由曰: … '韲萬物而不爲義' 가 보인다. 참조.

807) 同波는 合流이다. 曹礎基, 上同, 주39 참조.

808) 왕셴첸王先謙(1842-1917)에 의하면, 이 네 구절은 「각의刻意」 편에도 보이는데, '원怨' 이 거기에서 '재災' 이다. 王叔岷, 476頁, 주3 참조.

809) '一心定' 은 마음을 靜寂의 세계에 오로지함이다. 曹礎基, 上同, 주41 참조.

810) 불수不祟는 害를 끼치지 않음이고; 魂은 정신이고; 불피不疲는 피로하지 않음이다. 曹礎基, 上同, 주42 참조.

사람들도 또한 '무위' 하면, 이는 아래 사람들이 임금과 더불어 덕이 같아지게 된다. 아래 사람들과 임금의 덕이 같아지면, (그들은) 신하가 될 수 없다. 아래 사람은 '유위有爲' 하고, 임금도 또한 '유위' 하면 (임금은) 아래와 더불어 도가 같게 된다. 임금이 아래(백성)와 도道가 같으면 주인이 될 수 없다. 임금은 반드시 '무위' 하여 천하를 이용하고, 아래 사람은 반드시 '유위' 하여 천하를 이용해야 하니, 이것은 바꿀 수 없는 원칙[道]이다. 그러므로 옛날에 천하를 다스리는 자는, 지혜가 비록 천지天地를 포괄해도 스스로 생각하지 않았으며, 변론[辯]이 비록 만물에 두루 미쳐도 스스로는 말하지 않았으며, 능력이 비록 사해[海內]에 미쳐도 스스로 행하지는 않았다. 자연은 생산하지 않으나 만물들은 저절로 생겨나고, 땅은 돕지 않으나 만물들은 자라나며, 제왕帝王은 '무위' 하나 천하는 성공한다. 그러므로 말한다. '자연보다 신비로운 것은 없고, 땅보다 부유한 것은 없으며, 제왕보다 큰 것은 없다.' 그러므로 말한다. 제왕의 덕은 천지天地와 짝한다. 이것은 천지를 타고서 만물을 달리게 하고 뭇사람들을 노역시키는 방법이다.

[夫帝王之德, 以天地爲宗,[811] 以道德爲主, 以无爲爲常.[812] 无爲也, 則用天下而有餘. 有爲也, 則爲天下用而不足. 故古之人貴夫无爲也. 上无爲也, 下亦无爲也, 是下與上同德. 下與上同德則不臣.[813] 下有爲也, 上亦有爲也, 是上與下同道. 上與下同道則不主. 上必无爲而用天下, 下必有爲爲天下用, 此不亦之道也. 故古之王天下者, 知雖落天地,[814] 不自慮

811) 宗은 根本이다. 曹礎基, 191頁, 주1 참조.

812) 常은 常法이다. 曹礎基, 上同, 주2 참조.

813) 不臣은 신하가 될 수 없음이다. 曹礎基, 上同, 주7 참조.

814) 知는 智(지혜)와 같고; 淸의 선영宣穎(17세기)에 의하면, 落은 낙絡(잇다, 얽다)과 같으니, 포락包絡(동이거나 싸서 묶음)이다. 王叔岷, 477頁, 주6 참조.

也. 辯雖彫萬物,[815] 不自說也. 能雖窮海內, 不自爲也. 天不產而萬物化, 地不長而萬物育, 帝王无爲而天下功.[816] 故曰: 莫神於天, 莫富於地, 莫大於帝王. 故曰: 帝王之德配天地. 此乘天地, 馳萬物, 而用人羣之道也.]

근본은 임금에게 있고 말단은 아래 사람에게 있으며, 요점은 임금에게 있고 자잘한 것은 신하들에게 있다. 삼군[37,500명]과 다섯 가지 무기[궁弓, 수殳(창), 모矛, 과戈, 극戟]를 쓰는 것은 덕德의 말단이요, 상벌, 이로움과 해로움, 다섯 가지 형벌[의劓, 묵墨, 월刖, 궁宮, 大辟사형]은 가르침의 말단이다. 예禮[상하존비의 등급], 법[법률조문], 등차等差[數], 도度[구체적 조치]를 정하여 실제와 명분을 비교하고 검사하는 것은 다스림의 말단이요, 종과 북의 음이나 새나 짐승 깃털로 춤을 추는 것은 음악의 말단이요, 곡哭하며 울며[泣], (친소의 관계에 따라) 차등의 상복을 입는 것은 슬픔의 말단이다. 이 다섯 가지 말단은 모름지기 정신을 쓰고 마음을 움직인 뒤에 오는 것이다. 이런 말단의 학문은 옛사람들도 가지고 있었으니, (그것들은) 근본은 아니었다. 임금이 앞서면 신하가 따르고, 아비가 앞서면 자식이 따르고, 형이 앞서면 아우가 따르고, 연장자가 앞서면 젊은이가 따르고, 남자가 앞서면 여자가 따르고, 남편이 앞서면 아내가 따른다. 무릇 귀한 자가 앞서고 천한 자가 따르는 것은 천지天地의 운행(질서)이니, 따라서 성인은 그것을 본받는 것이다. 하늘은 높고 땅은 낮기에 (하늘이) 신비롭고 (땅이) 밝은 것은 (각각 처한) 지위(때문)이다. 봄, 여름이 먼저 오고 가을과 겨울이 뒤에 오는 것은 사계절의

815) 짱삥린章炳麟(1869-1936)에 의하면, 조彫는 周(두루)의 가차이다. 王叔岷, 478頁, 주7 참조.

816) 功은 成功이다. 曹礎基, 192頁, 주6 참조.

순서이다. 만물이 변화하는데 싹이 여러 모양을 드러내고, 왕성함이 쇠퇴로의 변모는 변화의 진행이다. 무릇 천지天地가 지극히 신비로워도 귀함과 천함이나 먼저와 나중의 순서가 있으니, 하물며 인도人道에 있어서이겠는가? 종묘에서는 가까운 친척을 귀히 여기고, 조정朝廷에서는 높은 지위를 숭상하고, 마을에서는 나이 많은 사람을 숭상하고, 일할 때는 현명한 이를 숭상하는 것은 대도大道의 순서이다. 도를 말하면서 그 질서가 아니면 도道가 아니다. 도를 말하나 그 도道가 아니라면 어디서 도를 취하겠는가?

[本在於上, 末在於下. 要在於主, 詳在於臣. 三軍五兵之運,[817] 德之末也. 賞罰利害, 五刑之辟,[818] 教之末也. 禮法度數, 形名比詳,[819] 治之末也. 鐘鼓之音, 羽旄之容,[820] 樂之末也. 哭泣衰絰隆殺之服,[821] 哀之末也. 此五末者, 須精神之運, 心術之動, 然後從之者也.[822] 末學者, 古人有之, 而非所以先也.[823] 君先而臣從, 父先而子從, 兄先而弟從, 長先而小從, 男先而女從, 夫先而婦從. 夫尊卑先後, 天地之行也, 故聖人聚

---

817) 주周나라 제도에 의하면, 大國은 3軍이 있는데, 1軍은 12,500명이다. 曹礎基, 193頁, 주3; 成玄英疏에 의하면, 五兵은 ① 弓(활); ② 수殳(창); ③ 모矛(창), ④ 과戈(창)과 ⑤ 극戟(끝이 두 가닥으로 갈린 창)이다. 運은 動이다. 王叔岷, 480頁, 주1 참조.

818) 成玄英(608-669)疏에 의하면, 벽辟은 法이다. 五刑은, 의劓(코 벰), 墨, 월刖(발꿈치를 벰), 宮(생식기 제거), 大辟(사형)이다. 王叔岷, 上同, 주2 참조.

819) 形名은 名實이니, 循名責實(명분을 따라 실제를 물음)이다. 比는 비교이고, 審은 考核(핵심을 고증하다)이다. 曹礎基, 193頁, 주8 참조.

820) 우羽는 鳥毛이고, 모旄는 獸毛이다. 容은 진용陣容의 자태姿態이다. 曹礎基, 上同, 주10 참조.

821) 쇠衰는 최縗와 통하니, 喪服이고; 질絰은 마관대麻冠帶이니, 喪禮에 쓰인다. 융隆(높이다)은 제급提級(級을 올림)이고, 殺은 降級(級을 낮춤)이다. 喪服은 참최斬衰, 제최齊縗, 大功, 小功, 시마緦麻로 구분됨. 曹礎基, 上同, 주12, 13 참조.

822) 運은 用이고, 從은 來이다. 曹礎基, 上同, 주15 참조.

823) 곽상郭象(252-312)注에, '所以先'은 本이다. 王叔岷, 481頁, 주9 참조.

象焉.[824] 天尊地卑, 神明之位也.[825] 春夏先, 秋冬後, 四時之序也. 萬物化作, 萌區有狀.[826] 盛衰之殺, 變化之流也.[827] 夫天地至神(矣),[828] 而有尊卑先後之序, 而況人道乎! 宗廟尙親, 朝廷尙尊, 鄕黨尙齒, 行事尙賢, 大道之序也. 語道而非其序者, 非其道也. 語道而非其道者, 安取道!]

이렇기에 옛날에 대도大道를 이해한 이는 먼저 자연[天]을 이해하였고, 도道와 덕德은 그 다음이었다. 도와 덕이 밝혀지면 인의仁義가 그 다음이었고, 인의가 밝혀지면 (친소親疏의) 구분[分]과 (존비尊卑의) 지킴[守]이 그 다음이었고, (친소親疏의) 구분[分]과 (존비尊卑의) 지킴[守]이 밝혀지면 그 다음이 (사물의) 형체[形]와 명칭[名]이었고, (사물의) 형체[形]와 명칭[名]이 밝혀지면 그 다음이 재능에 따라 직무職務를 받는 것이고, 재능에 따라 직무職務를 받는 것이 밝혀지면 시비是非를 가리는 것이 그 다음이고, 시비가 밝혀지면 상벌이 그 다음이고, 상벌이 밝혀지면 어리석은 이와 지혜로운 이가 적절히 처신하고, '인자하고 현명한 이[仁賢]' 와 '못난이[不肖]' 가 실정에 따라서 반드시 자기 능력에 따라 구분되고, 반드시 각자의 명분을 따라서 실질을 찾는다. 이런 방식으로 임금을 섬기고, 이런 방식으로 아래 사람을 기르며, 이런 방식으로 사물을 다스리고, 이런 방식으로 몸을 닦으니, 지모智謀를 쓰지 않아도 반

---

824) 取象은 效法이다. 曹礎基, 194頁, 주19 참조.

825) 하늘은 위에 있으니 존귀하고, 땅은 아래에 있으니 비천하다. 神은 하늘에서 내려오고, 밝음[明]은 땅에서 나온다. 위치는 고정된 것이다. 曹礎基, 上同, 주20 참조.

826) 萌은 맹아萌芽이다. 區는 句와 통하니, 句는 구부러진 식물의 싹이다. 有狀은 각자의 形狀을 나타냄이다. 曹礎基, 上同, 주21 참조.

827) 殺은 降이고, 流는 進行이다. 曹礎基, 上同, 주22, 23 참조.

828) 『莊子闕誤』(陳景元[1025-1099]撰)에 의거하여, 矣를 장군방張君房(11세기)本에 의해 보충함. 曹礎基, 上同, 주24 참조.

드시 자연[天]으로 돌아가게 되니, 이것이 태평太平이고 지극한 다스림이라 말할 수 있다. 그러므로 고서古書에서 말한다. '형체가 있으면 명분이 있다.' 형명形名은 옛사람도 논술한 바 있으나, 근본은 아니다. 옛날의 대도大道를 말하는 사람은 (논술의) 다섯 번째로 (1.천天, 2.도덕道德, 3.인의仁義, 4.분수分守, 5.형명形名) 형명形名을 열거하였고, (논술의) 아홉 번째로 상벌賞罰을 말하였다. 우선 형명形名을 말한다면 근본을 모르는 것이고, 불쑥 상벌을 말한다면 그 시원始原을 모르는 것이다. 도道를 반대로 말하고 도를 거슬러 말하는 자는 타인의 통치를 받는 것이니, 어찌 다른 사람을 다스릴 수 있겠는가! 우선 형명形名(사물의 形과 사물을 나타내는 名)과 상벌賞罰을 얘기한다면, 이것은 통치의 수단을 아는 것이지 통치의 원칙[道]을 아는 것이 아니다. 천하(통치)를 위해 쓰일 수는 있으나 천하를 통치하기에는 부족하다면, 이들은 (말 잘하는) 변사辯士이니 한 가지 재주에 치우친[一曲] 사람이다. 예법과 제도를 정하고 형명形名을 비교, 검사하는 일이 옛사람에게도 있었으나, 이것은 아래 사람이 윗사람을 섬기는 것이지 임금이 아래 사람을 기르는 근거는 아니다.

[是故古之明大道者, 先明天, 而道德次之. 道德已明, 而仁義次之. 仁義已明, 而分守次之.[829] 分守已明, 而形名次之. 形名已明, 而因任次之.[830] 因任已明, 而原省次之.[831] 原省已明, 而是非次之. 是非已明, 而賞罰次之. 賞罰已明, 而愚知處宜, 仁賢不肖襲情,[832] 必分其能, 必由其名.[833] 以此事上, 以此畜下, 以此治物, 以此脩身, 知謀不用, 必歸其天,

829) 分守에서, 親疏의 分과 尊卑의 守를 말한 것이다. 王叔岷, 483頁, 주3 참조.

830) 因任은 재능의 대소에 따라 직무를 받음이다. 『莊子譯注』, 王世舜主編, 244頁, 주13 참조.

831) 原省은 考察이다. 曹礎基, 195頁, 주3 참조.

832) 엽襲은 因이고; 情은 실정이다. 『莊子譯注』, 王世舜主編, 上同, 주15 참조.

833) '必分其能'은, 사람은 각기 재능이 있기에 자기능력을 분담함이고; '必由其名'은,

此之謂大平, 治之至也. 故書曰: '有 形有名.' 形名者, 古人有之,[834] 而非所以先也.[835] 古之語大道者, 五變而形名可擧,[836] 九變而賞罰可言也. 驟而語形名,[837] 不知其本也. 驟而語賞罰, 不知其始也. 倒道而言, 迕道而說者,[838] 人之所治也, 安能治人! 驟而語形名賞罰, 此有知治之具,[839] 非知治之道. 可用於天下,[840] 不足以用天下, 此之謂辯士, 一曲之人也. 禮法數度, 形名比詳, 古人有之, 此下之所以事上, 非上之所以畜下也.]

▶ 13-3:

옛날에 순舜이 요堯임금에게 물었다. "천자天子의 마음 씀은 어떠합니까?"

요 임금이 말하였다. "과인은 호소할 데 없는 자[孤, 獨, 鰥, 寡]를 업신여기지 않고, 가난한 백성을 버리지 않았으며, 죽은 자를 비통해하며, 고아를 기뻐하고 친밀하게 대하며, 과부를 불쌍하게 여기니 이것이 과인의 마음 씀씀이네."

순이 말하였다. "좋기는 좋으나, 큰 것은 아닙니다."

요 임금이 말하였다. "그러면 어떠해야 하는가?"

능력에는 각각 이름이 있으니 서로 섞일 수 없고, 반드시 循名하여 실질을 구함이다. 『莊子譯注』, 122頁, 주7 참조.

834) 有之는 논술한 바 있음이다. 曹礎基, 195頁, 주13 참조.

835) 곽상郭象(252-312)注에, '所以先'은 本이다. 王叔岷, 481頁, 주9 참조.

836) 變은 논술의 전개, 설명이고; 擧는 列擧이다. 曹礎基, 上同, 주14 참조.

837) 취驟는 첫째로, 우선이다. 曹礎基, 上同, 주15 참조.

838) 도倒、오迕는 모두 反의 뜻이다. 曹礎基, 196頁, 주17 참조.

839) '治之具'는 통치의 수단이다. 曹礎基, 上同, 주19 참조.

840) '用於天下'는, 천하를 통치하는 데에 쓰임, 통치자를 위해 애씀이다. 曹礎基, 上同, 주20 참조.

순이 말하였다. "자연[天]은 이루어지고 땅은 편안하여 해와 달은 비추며, 사계절의 운행은 낮과 밤처럼 규칙이 있고, 구름은 떠서 움직이나 비가 (애쓰지 않아도 순조롭게) 내리는 것입니다."

요 임금이 말하였다. "그럼 과인은 (집착하여) 마음을 어지럽히고 있고, 그대는 자연과 합해 있는데, 과인은 사람과 합해 있네."

무릇 천지天地는 옛사람들이 위대하다고 여기고, 황제黃帝, 요, 순 임금이 함께 아름답게 여긴 것이다. 그러므로 옛날의 천하를 다스린 왕은 어떠했겠는가? 천지와 같이 (무위無爲)했을 뿐이다!

[昔者舜問於堯曰: "天王之用心何如?"[841] 堯曰: "吾不敖无告, 不廢窮民,[842] 苦死者, 嘉孺子而哀婦人.[843] 此吾所以用心已."[844] 舜曰: "美則美矣,[845] 而未大也." 堯曰: "然則何如?" 舜曰: "天德而出寧,[846] 日月照而四時行, 若晝夜之有經, 雲行而雨施矣."[847] 堯曰: "膠膠擾擾乎![848] 子, 天之合也; 我, 人之合也." 夫天地者, 古之所大也, 而皇帝、堯、舜之所共美也. 故古之王天下者, 奚爲哉? 天地而已矣.]

---

841) 成玄英(608-669)疏에 의하면, 天王은 天子와 같다. 王叔岷, 485頁, 주1 참조.

842) 오敖는 오傲(거만)의 가차이다. 无告는 마땅히 孤、獨、환鰥、과寡의 輩(무리)이다. 王叔岷, 上同, 주2 참조.

843) 왕셴첸王先謙(1842-1917)에 의하면, 苦는 悲憫(비통하고 고민함)이고; 嘉는 喜愛(기쁘고 친밀함)이고; 哀는 연憐(불쌍히 여김)이다. 王叔岷, 上同, 주3 참조.

844) 已는 也와 같다. 王叔岷, 上同, 주4 참조.

845) 美는 好이다. 曹礎基, 197頁, 주7 참조.

846) 짱삥린章炳麟(1869-1936)에 의하면, 손이양孫詒讓(1848-1908)이 말한, 出은 土의 誤字이다. 德은 登의 가차이니, 登은 成이다. 王叔岷, 486頁, 주5 참조.

847) 經은 규칙이고; 雲行의 行은 浮動이고; 施는 시강施降이다. 曹礎基, 上同, 주10, 11 참조.

848) 성현영成玄英(608-669)疏에 의하면, '교교요요膠膠擾擾'는 모두 요란擾亂(혼란)한 모양이다. 王叔岷, 486頁, 주7 참조.

▶ 13-4:

공자가 서쪽의 주周 왕실에 책을 맡기려 하니, 자로子路가 꾀를 내어 말하였다. "제가 듣기로 주나라의 도서를 담당하는 관리에 노담老聃이라는 사람이 있는데, 일을 그만두고 (고향에) 돌아가려고 하니 선생님께서 책을 (그곳에) 맡기시려면 가시어 (그를) 통해 보십시오."

공자가 말하였다. "좋네."

(그는) 가서 노담을 만났으나, 노담이 (책 수용을) 허락하지 않았다. 이에 『십이공경十二公經』[849](즉 『春秋』)을 펴서 설득하였다. 노담이 그의 말을 끊으며 말하였다. "너무 길군요. 요점만 듣고 싶습니다."

공자가 말하였다. "요점은 인의仁義에 있습니다."

노담이 말하였다. "묻건대 인의는 사람의 본성입니까"

공자가 말하였다. "그렇습니다. 군자는 인仁하지 않으면 이루지 못하고, 의義롭지 않으면 살지 못합니다. 인의는 진인眞人의 본성이니 장차 무엇을 하겠습니까?"

노담이 말하였다. "묻건대 인의는 무엇입니까?"

공자가 말하였다. "마음이 화락하고 겸애兼愛하여 사심이 없는 것, 이것이 인의의 실정實情입니다."

노담이 말하였다. "아! 위험한 뒷말이군. 무릇 겸애는 또한 우원하지 않은가! 사심私心을 없앤다는 것도 사심이요. 선생이 만약 천하 사람들이 그 순박함을 잃지 않기를 바란다면, 천지는 본래 상법常法이 있고, 달과 해는 본래 밝고, 별들은 본래 배열되어 있고, 금수는 본래 무리를 짓고, 수목들은 본래 서 있는 것이요. 선생도 또한 천덕天德에 의지하여 움직이고, 도道를 따라 달려서 나가면, 이미 된 것이오! 어찌

---

849) 十二經은 『春秋』를 가리키는데, 『春秋』가 春秋시대 12임금의 年號을 따라 편찬되었기에, '十二公經' 으로도 불린다.

힘들여 인의를 걸고 북을 두드리며 도망자를 찾습니까? 아! 선생은 인간의 본성을 어지럽게 하고 있소!"

[孔子西藏書於周室, 子路謀曰: "由聞周之徵藏史有老聃者,850) 免而歸居, 夫子欲藏書, 則試往因焉."851) 孔子曰: "善." 往見老聃, 而老聃不許, 於是繙十二經以說.852) 老聃中其說,853) 曰: "大謾,854) 願聞其要." 孔子曰: "要在仁義." 老聃曰: "請問: 仁義, 人之性邪?" 孔子曰: "然. 君子不仁則不成, 不義則不生. 仁義, 眞人之性也, 又將奚爲矣?" 老聃曰: "請問: 何謂仁義?" 孔子曰: "中心物愷,855) 兼愛无私, 此仁義之情也."856) 老聃曰: "意, 幾乎後言!857) 夫兼愛, 不亦迂乎! 无私焉, 乃私也. 夫子若欲使天下无失其牧乎?858) 則天地固有常矣,859) 日月固有明矣, 星辰固有列矣, 禽獸固有羣矣, 樹木固有立矣. 夫子亦放德而行,860) 循道而趨, 已至矣. 又何偈偈乎揭仁義, 若擊鼓而求亡子焉?861) 意, 夫子亂人之性也!"]

---

850) 징장사徵藏史는 圖書와 典籍을 수집하고 관리하는 비서관이다. 징장徵藏은 收藏이다. 曹礎基, 198頁, 주3 참조.

851) 因은 由이니, 통과이다. 曹礎基, 上同, 주5 참조.

852) 번繙은 演繹이다. 說은 說服이다. 曹礎基, 上同, 주7 참조.

853) '中其說' 은, 공자가 말하는 중에 끼어든 말이다. 曹礎基, 上同, 주8 참조.

854) 大는 太이고, 만謾은 만曼(길다)의 가차이니, 長(길다)이다. 王叔岷, 488頁, 주6 참조.

855) 시동奚侗(1878-1939)에 의하면, 物은 易의 誤字이다. 하휴何休(129-182)注에, 易은 和易이고, 개愷(즐거움)이다. '中心易愷' 는 '中心和樂' 이다. 王叔岷, 489頁, 주9 참조.

856) 선영宣穎(17세기)에 의하면, 兼愛는 仁이요, 無私는 義이다. 情은 實이다. 王叔岷, 489頁, 주10 참조.

857) 기幾는 危이고; 後言은 하찮은 뒷말이다. 曹礎基, 199頁, 주15 참조.

858) 목牧은 朴이다. 王叔岷, 490頁, 주14 참조.

859) 固는 본래이다. 曹礎基, 上同, 주19 참조.

860) 사마표司馬彪(?-306)에 의하면, 放은 依이다. 王叔岷, 490頁, 주14 참조.

861) 성현영成玄英(608-669)疏에 의하면, 亡子는 도인逃人이다. 王叔岷, 上同, 주17 참조.

▶ 13–5:

사성기士成綺가 노자老子를 만나 물었다. "저는 선생이 성인聖人이라고 들었으니, 저는 따라서 먼 길을 마다하지 않고 와서 뵙기를 바라고, 백일 밤을 자고 (걸어서) 발이 거듭 부르터도 감히 쉬지 못했습니다. 이제 제가 당신을 뵈니 성인이 아닙니다. 쥐구멍에 남은 쌀알이 있으나 버려두고 말살하면, 불인不仁입니다. 날것과 익은 것들이 눈앞에서 다 소모되지 않았는데, (선생께서는) 끝없이 쌓아 두기만 하시네요."

노자는 아무 소리 없이 대답하지 않았다. 사성기가 다음날 다시 뵙고 말하였다. "어제는 제가 선생님을 자극했습니다만, 지금 제 마음은 쉬려고 하니, 어째서입니까?"

노자가 말하였다. "무릇 교묘한 지혜를 지닌 신성한 사람은 자기 스스로 초탈하였다고 생각하오. 어제 자네가 나를 소라 불렀다면 소이고, 나를 말이라 불렀다면 말이니, 사실이 있다면, 사람들이 그렇게 이름 부르는데 (그것을) 받지 않는다면 재차 (그것 때문에) 재앙을 입는다오. 나의 작위作爲는 항상 (변함없이) 그런 작위이지, 내가 고의로 (타인의) 작위를 한 것이 아니네."

사성기는 (자기 잘못을 알고 부끄러워) 기러기처럼 비스듬히 걷고 (자기) 그림자를 피하듯 (몸을 옆으로) 하였으나, (당황하여) 신발을 신고 (노자의 방으로) 나아가서 물었다. "몸을 닦으려면 어떻게 해야 합니까?"

노자가 말하였다. "자네 용모는 엄정하고, 눈빛은 주시하듯 하고, 이마는 널찍하나 양 끝은 각이 있고, 입은 크게 벌리고 입술은 움직이니, 자네의 모습은 오만하나 마치 말을 매어 놓아 움직이지 못하게 한 것 같소. 움직이려 하나 붙잡히고, 발사하면 쇠뇌같이 빠르고, (지나치게) 명찰明察 하지만 고집이 있고, 지능은 교묘하나 큰 것만을 보려 하니, 모든 것이 믿을 수 없소. 변경에 그런 사람이 있었는데, 그 이름은 도둑이었소."

[士成綺見老子而問曰: "吾聞夫子聖人也, 吾固不辭遠道而來願見,[862] 百舍重趼而不敢息.[863] 今吾觀子, 非聖人也. 鼠壤有餘蔬,[864] 而弃妹,[865] 不仁也, 生熟不盡於前, 而積斂无崖."[866] 老子漠然不應.[867] 士成綺明日復見, 曰: "昔者吾有刺於子, 今吾心正却矣,[868] 何故也?" 老子曰: "夫巧知神聖之人, 吾自以爲脫焉. 昔者子呼我牛也而謂之牛, 呼我馬也而謂之馬. 苟有其實, 人與之名而弗受, 再受其殃. 吾服也恒服, 吾非以服有服."[869] 士成綺雁行避影,[870] 履行遂進而問: "修身若何?" 老子曰: "而容崖然,[871] 而目衝然,[872] 而顙頯然,[873] 而口闞然,[874] 而狀義然,[875]

---

862) 固는 故와 통한다. 曹礎基, 200頁, 주2 참조.

863) 司馬彪(?-306)에 의하면, 百舍는 百日止宿이니, 매우 먼 거리이다. 중견重趼은 중견重繭이니, 거듭 부르틈이다. 王叔岷, 491-492頁, 주1 참조.

864) 司馬彪에 의하면, 소蔬(채소)는 서糈로 읽어야하니, 낟알(粒)이다. 땅을 파서 나온 흙이나, 쥐가 굴을 파서 나온 흙을 모두 壤이다. 王叔岷, 492頁, 주2 참조.

865) 시동奚侗(1878-1939)에 의하면, 妹는 末이니, 末殺은 抹殺이니, 소멸掃滅이다. 王叔岷, 上同, 주3 참조.

866) 애崖는 애涯(끝)이다. 王叔岷, 493頁, 주5 참조.

867) 漠은 막嘆이니, 고유高誘(?-212)注에 의하면, 막연嘆然은 無聲이다. 王叔岷, 493頁, 주6 참조.

868) 극郤은 식息(쉬다)이고, 페이쉐하이裵學海에 의하면, 正은 則과 같다. 王叔岷, 上同, 주7 참조.

869) 服은 行이니, 作爲이다, 恒은 常이다. 所作과 所爲가 종래 이와 같으니, 다른 造作이 있는 것이 아님을 말함이다. 曹礎基, 201頁, 주15 참조.

870) 안행雁行은 기러기처럼 비스듬한 걸음이고, 피영避影은 자기 그림자를 피하듯이 몸을 기우림이다. 士成綺는 스스로 자기 잘못을 알고 부끄러워서, 몸을 옆으로 하고 비스듬히 걸어갔다. 曹礎基, 上同, 주17 참조.

871) 而는 汝이고, 容은 용모이고, 안연崖然은 岸然(엄정한, 高傲貌)이다. 曹礎基, 上同, 주19 참조.

872) 충연衝然은 눈의 광채를 쏘아보는 모양이다. 曹礎基, 上同, 주20 참조.

873) 상顙(이마)은 액額(이마)이고; 규頯(광대뼈)는 가운데는 넓고 양쪽은 뚜렷이 각진 모양

似繫馬而止也. 動而持,[876] 發也機,[877] 察而審,[878] 知巧而覩於泰,[879] 凡以爲不信. 邊竟有人焉,[880] 其名爲竊."]

▶ 13-6:

노자老子는 말한다. "무릇 도道는 크다고 궁窮하지 않고, 작다고 빠지는 일이 없어서, 따라서 만물에 갖추어져 있네. 광대하여 포용하지 못하는 것이 없고, 깊고 깊어서 측량할 수가 없소. 형刑、상賞、인仁、의義는 정신의 말단이니, 지인至人이 아니라면 누가 그것을 확정할 수 있겠소! 지인至人이 천하를 가졌다면 또한 위대하지 않겠소! (그러나 무심無心하며 무위無爲하니) 무슨 누累가 되겠소. 세상에서 권력을 뽐내려 하나 그들과 함께하지 않을 것이네. 아무 데도 의지하지 않는 곳에 머무르며, 외물과 더불어 바뀌지 않을 것이네. 사물의 본성을 다하며, 천도天道를 지킬 것이네. 그러므로 천지에서 벗어나서 만물들을 잊으니 정신에 속박이 없소. 도道와 통하고, 덕德에 합하여, 인의仁義를 물리치고 예악禮樂을 배척하니, 지인至人의 마음은 무위無爲에 정해질 것이오."

[夫子曰:[881] "夫道, 於大不終,[882] 於小不遺,[883] 故萬物備. 廣廣乎其无

이다. 曹礎基, 上同, 주21 참조.

874) 감연闞然은 입을 벌리고 입술을 움직이는 모양이다. 曹礎基, 上同, 주22 참조.

875) 義는 아峨(높다)와 통한다. 義然은 오만한 모양이다. 曹礎基, 上同, 주23 참조.

876) 지持는 구속이다. '動而持' 는 본래 움직이고 싶으나 억지로 구속당함이다. 曹礎基, 上同, 주25 참조.

877) '發也機' 는 기계에서 발사하는 것처럼 신속함이다. 也는 如이고, 機는 활 쏘는 방아쇠이다. 曹礎基, 上同, 주26 참조.

878) '察而審' 은, 과분하게 明察하나 또한 固執함이다. 曹礎基, 上同, 주27 참조.

879) 도睹는 봄(視)이다. 泰는 太過이다. 曹礎基, 上同, 주28 참조.

880) 경竟은 境과 통한다. 曹礎基, 上同, 주30 참조.

881) 唐寫本、『道藏』成玄英疏本、林希逸口義本、羅勉道循本, 宋本에는 모두 老子를 夫

不容也,[884] 淵[淵]乎其不可測也.[885] 形德仁義,[886] 神之末也, 非至人孰能定之! 夫至人有世,[887] 不亦大乎! 而不足以爲之累. 天下奮棅,[888] 而不與之偕. 審乎無假, 而不與利遷.[889] 極物之眞, 能守其本.[890] 故外天地, 遺萬物,[891] 而神未嘗有所困也. 通乎道, 合乎德, 退仁義, 賓禮樂,[892] 至人之心有所定矣."[893]]

▶ 13-7:

세상 사람들이 말하는 것을 귀하게 여기기 때문에 책이 존재한다. (그런데) 책은 말에 지나지 않으며, 말에는 소중한 것이 있다. 말이 소중한 것은 뜻 때문이다. 뜻에는 추구하는 바가 있다. (그러나) 뜻이 추구하는 것은 말로는 전할 수 없다. 그런데도 세상에서는 말을 소중하게 여

子로 했으니, 夫子는 老子이다. 成玄英(608-669)疏에 의하면, 莊周의 스승 老君은 따라서 夫子로 불린다. 王叔岷, 496頁, 주1 참조.

882) 成玄英疏에 의하면, 終은 窮이다. 王叔岷, 上同, 주2 참조.

883) 유遺는 누漏(새다)이다. 曹礎基, 202頁, 주3 참조.

884) 廣은 광曠이니, 曠曠然은 광대한 모양이다. 王叔岷, 上同, 주3 참조.

885) '淵淵乎'는 깊고 깊은 모양이다. '연연淵淵'에서 원래 淵자 하나가 탈락했으나, 『續古逸叢書』(張元濟輯)本에 의거하여 보충한다. 曹礎基, 上同, 주6 참조.

886) 形은 刑의 가차이니, 刑德은 賞罰을 말한다.(福永光司의 설) 陳鼓應, 383頁, 주4 참조.

887) 선영宣穎(17세기)에 의하면, 世는 天下이다. 王叔岷, 497頁, 주6 참조.

888) 분병奮棅은 긍병矜棅이니, 긍권矜權(권력을 뽐내다)이다. 王叔岷, 上同, 주7 참조.

889) 無假는 빌리는 바가 없음이니, '處於無待'(대비 없는 곳에 머무름)이다. 시동奚侗(1878-1939)에 의하면, 利는 物의 오자이니, '不與物遷'이다. 陳鼓應, 384頁, 주8 참조.

890) 極은 盡이고, 眞은 本性이고; 本은 天道이다. 曹礎基, 上同, 주14, 15 참조.

891) 遺는 忘이다. 曹礎基, 上同, 주17 참조.

892) 賓은 빈擯(물리치다)과 통하니, 포기이다. 曹礎基, 203頁, 주20 참조.

893) 곽상郭象(252-312)注에 의하면, 定은 '定於無爲'이다. 王叔岷, 498頁, 주11 참조.

기기 때문에 책을 전하고 있다. 세상 사람들이 (그것을) 아무리 소중히 여긴다고 하더라도 나(장자)는 소중하게 여기지 않는다. [소중히 여겨야 할 것은 뜻이지, 말이 아니기 때문이다.] (그러므로) 그들이 소중히 여기는 것은 진짜 귀한 것이 아니다. 눈으로 보아서 보이는 것은 형체와 색깔이고, 귀로 들어서 들리는 것은 말과 소리이다. 슬프도다! 세상 사람들은 그 형체, 색깔, 말, 소리로 도道의 참모습을 터득할 수 있다고 생각하는 것이! 이런 것들로는 도의 참모습을 터득할 수 없는 것이다. 그러므로 '(참으로) 아는 사람은 말하지 않고, 말하는 사람은 알지 못한다.' 라는 뜻을 세상 사람들이 어찌 알겠는가!

[世之所貴道者, 書也. 書不過語, 語有貴也. 語之所貴者, 意也. 意有所隨. 意之所隨者, 不可以言傳也. 而世因貴言傳書. 世雖貴之哉, 猶不足貴也. 爲其貴非其貴也. 故視而可見者, 形與色也. 聽而可聞者, 名與聲也. 悲夫, 世人以形色名聲爲足以得彼之情! 夫形色名聲, 果不足以得彼之情. 則 '知者不言, 言者不知', 而世豈識之哉!]

▶ 13-8:

(제齊) 환공桓公이 대청마루 위에서 책을 읽고 있었다. 수레바퀴를 쪼아내는 목수 편扁이 마루 아래에서 바퀴를 쪼고 있다가, 망치와 끌을 내려놓고 위를 향하여 환공에게 물었다.

"여쭙건대, 임금님이 읽고 계신 것이 누구의 말씀입니까?"

(환)공이 말하였다. "성인의 말씀이다."

(목수 편이) 말하였다. "그 성인이 살아 있습니까?"

(환)공이 말하였다. "이미 죽었다."

(목수 편이) 말하였다. "그러면, 임금님께서 읽고 계신 것은 죽은 사람의 찌꺼기로군요!"

환공이 말하였다. "과인이 책을 읽는 데 바퀴장인이 어찌 말참견 하는가? 말이 되면 괜찮겠으나, 못되면 죽으리로다."

바퀴장인 편扁이 말하였다. "저 또한 제가 하는 일로 터득한 바 있습니다. 바퀴를 쪼아내는데, [맞물리는 곳이] 느슨하면 미끈거려 튼튼하지 못하고, 꼭 끼면 빡빡하여 잘 들어가지 않습니다. 느슨하지도 않고 꼭 끼지도 않게, 손놀림이 마음에 맞는 것은 입으로는 말할 수 없으니 바로 거기에 헤아림이 있는 것입니다. (그 헤아림을) 저는 제 자식에게도 말로 일러 줄 수 없으며, 제 자식도 또한 그것을 저한테서 받을 수 없는 것입니다. 이래서 이 직업으로 나이가 70이 되어 늙었어도 바퀴를 깎고 있는 것입니다. 옛날 사람과 함께 그가 전해줄 수 없었던 것[精髓] 또한 죽어버린 것입니다. 그러하니 임금님이 읽고 계신 것은 옛사람의 찌꺼기일 뿐입니다!"

[桓公讀書於堂上. 輪扁斲輪於堂下. 釋椎鑿而上, 問桓公曰: "敢問公之所讀者, 爲何言邪?" 公曰: "聖人之言也." 曰: "聖人在乎?" 公曰 "已死矣." 曰: "然則君之所讀者, 古人之糟魄已夫!" 桓公曰: "寡人讀書, 輪人安得議乎? 有說則可, 無說則死." 輪扁曰: "臣也, 以臣之事觀之. 斲輪, 徐則甘而不固, 疾則苦而不入. 不徐不疾, 得之於手, 而應於心. 口不能言, 有數存言於其閒. 臣不能以喻臣之子, 臣之子亦不能受之於臣. 是以行七十而老斲輪. 古之人與其不可傳也死矣. 然則君之所讀者, 古人之糟魄已夫."]

14. 천운(天運: 하늘의 움직임)

제목 천운天運은, 본 편의 첫 구절에서 따온 것이다. 이 편은 천도天道, 즉 자연의 도는 끊임없이 발전한다는 것을 설명하고 있다. 그것에 따르면 성공하나, 위배하면 실패할 뿐만 아니라 화禍를 입게 됨을 말한다. 작자는 천지 만물의 변화를 육극六極(命, 醜, 福, 賞, 禍, 罰)과 오상五常(仁, 義, 禮, 智, 信)의 작용으로 귀결하니 「내편」에서 묘사한 '아득하고 아득한' [玄之又玄] 설명이 아니다. 내용을 일곱 부분으로 나눌 수 있다. 첫째는, 우주 만물의 운동은 자기 운동의 결과라는 점이다. 둘째는 태재太宰인 탕蕩과 장자의 담론이다. 셋째는, 황제黃帝의 음악에 대한 담론이다. 넷째는, 사금師金의 공자 예제禮制에 대한 평론이다. 다섯째는, 노담老聃과 공자가 도道에 관해 논의한 것이다. 여섯째는, 노담의 인의仁義와 삼황三皇오제五帝의 정치에 대한 비판이다. 일곱째는, 공자에게 노담이 육경六經이란 선왕先王들의 흔적임을 말하고, 선왕의 통치를 비판하고 있다.

▶ 14-1:

"하늘은 움직이는가? 땅은 정지해 있는가? 해와 달은 있을 곳을 다투고 있는가? 누가 (하늘의 움직임을) 주관하고 있는가? 누가 (땅의 정지를) 유지하고 있는가? 누가 (해와 달을) 한가하게 일없이 밀어가고 있는가? 혹 어느 기관이 (천지일월天地日月의) 운행과 정지를 틀어쥐고 스스로 못 움직이게 하는가? 혹 운행을 시키며 스스로 정지하지 못하게 하는가? 구름이 비를 만드는가, 비가 구름을 만드는가? 누가 이것[눈과 비]을 일으키며 내리게 하는가? 누가 일없이 흥이 나서 구름과 비를 일으키는가? 바람은 북쪽에서 일어나서, 한 번은 서쪽으로 한 번은 동쪽으로 (부니), 위에서 노니는데, 누가 (이런 숨을) 들이쉬고 내쉬는가? 누가 할 일 없이 이것을 부추기고 있는가? 무슨 이유에서일까?"

무함巫咸 소祒가[894] 말하였다. "오시오! 내가 자네에게 말하겠소. 천지에는 동, 서, 남, 북, 위(上), 아래(下)의 여섯 방향[六極]과 오행五行[五常]이 있으니, 제왕帝王이 이에 순종하면 다스려지고, 이에 거역하면 흉凶이 오니, 『낙서洛書』의 아홉 가지 기록된 내용은 태평太平의 실현이고 도道와 덕德의 완비이니, 위(하늘)에서 천하를 비추어서 천하가 받들어 올리니, 이분이 높으신 제왕帝王이시네."

["天其運乎? 地其處乎?[895] 日月其爭於所乎?[896] 孰主張是?[897] 孰維綱是?[898] 孰居无事而推行是?[899] 意者其有機緘而不得已邪?[900] 意者其運

894) 『經典釋文』(陸德明撰)에 의하면 「이이李頤(1541-1601)는, '巫咸은 殷나라 재상인데, 소祒는 도사나 승려에 부탁하여 붙여진 이름[寄名]이다.' 라고 말한다.」, 王叔岷, 508頁 주12 참조.

895) 處는 止이다. 曹礎基, 206頁, 주1 참조.

896) 所는 處所이다. 曹礎基, 上同, 주2 참조.

897) 主張은 전개를 주관함이다. 曹礎基, 上同, 주3 참조.

898) 유강維綱은 유계維繫이니, 維持이다. 曹礎基, 주4 참조.

899) 해와 달이 서로 분주하게 달리는데, 누가 한가하게 일없이 그들을 밀어가고 있는가? 曹礎基, 上同, 주5 참조.

900) 意者는 或者이고; 機는 관關(기관)이고; 함緘은 봉함, 폐閉함이다. 曹礎基, 上同, 주6 참조.

轉而不能自止邪? 雲者爲雨乎? 雨者爲雲乎? 孰隆施是?[901] 孰居无事淫樂而勸是?[902] 風起北方, 一西一東, 有上彷徨,[903] 孰嘘吸是? 孰居无事而披拂是?[904] 敢問何故?" 巫咸袑曰: "來! 吾語女. 天有六極、五常,[905] 帝王順之則治, 逆之則凶. 九洛之事,[906] 治成德備,[907] 監照下土,[908] 天下戴之, 此謂上皇."]

▶ 14-2:

송宋나라 태재太宰인 탕蕩이 장자莊子에게 인仁에 대해 물었다.

장자가 말하였다. "호랑이와 이리가 인仁합니다."

(탕이) 말했다. "무슨 말씀입니까?"

장자가 말했다. "아비와 자식들이 서로 친하니, 어째서 인仁하지 않습니까?"

---

901) 융隆은 興(일으키다)이고, 施는 降(내리다)이다. 是는 此이니, 구름雲과 비雨이다. 曹礎基, 上同, 주7 참조.

902) 짱삥린章炳麟(1869-1936)에 의하면, 음락淫樂의 淫은 喜歆(일으키다)의 假借이다. 喜歆이면 興이다. 王叔岷, 507頁, 주9; 勸 은 助長이고, 是는 雲雨이다. 曹礎基, 上同, 주8 참조.

903) 陳景元(碧虛, 1025-1094)의 『莊子闕誤』에서 張君房(11세기)本을 인용하여, 有자를 在로 바꾸었다. 따라서 有上은 在上이다. 시동奚侗(1878-1939)에 의하면, 방황彷徨은 고상翶翔(새의 빙빙 돌고 나는 것)이다. 王叔岷, 508頁, 주10 참조.

904) 성현영成玄英(608-669)疏에 의하면, 피불披拂은 선동扇動(鼓動)이다. 王叔岷, 上同, 주11 참조.

905) 天은 天地이고; 六極은 동서남북과 상하의 여섯 방향이다. 五常은 五行이다. 曹礎基, 上同, 주13 참조.

906) 구낙九洛은 九疇洛書를 가리킨다. 『書經 · 洪範』 편의 기록에 의하면, 禹임금이 洪水를 다스릴 때, 하느님이 洛水의 神龜의 등에 표시한 책을 우임금에게 주었는데, 내용이 九類이다. 이 책이 洛書이다. 曹礎基, 上同, 주15 참조.

907) 治成은 太平의 실현이고; 德備는 道와 德의 完備이다. 曹礎基, 上同, 주16 참조.

908) 감조監照는 위에서 아래를 비춤이고, 下土는 天下이다. 曹礎基, 上同, 주17 참조.

(탕이) 물었다. "극진한 인仁에 관하여 묻겠습니다."

장자가 말했다. "극진한 '인' 은 친밀함이 없습니다."

태재가 말했다. "제가 듣기로, '친밀함이 없으면 사랑도 없으며, 사랑함이 없으면 효도하지 못한다.' 라고 합니다. 극진한 '인'이 불효不孝라면, 되겠습니까?"

장자가 말했다. "그렇지 않습니다. 극진한 '인'은 높은 것인데, 효孝는 본래 (지인至仁의 경지를) 말하기에 부족합니다. 이것은 효孝를 지나치게 한 말도 아니고, 효와는 관계가 없습니다. 남쪽으로 가는 이가 (초楚 나라의 수도인) 영郢에 이르렀는데 북쪽의 명산冥山은 보지 못했으니, 이것은 무엇 때문입니까? (영은) 그곳과 멀리에 있습니다. 따라서 말합니다. '(겉으로 표시하는) 경효敬孝는 쉬우나, (속마음에서 하는) 애효愛孝는 어렵고; 애효는 쉬우나 (자연본성本性에서) 어버이를 잊음[忘親]은 어렵고; 어버이 잊기는 쉬우나 어버이가 나를 잊게끔 하기는 어렵고; 어버이가 나를 잊게끔 하기는 쉬우나 천하 사람들이 모두 잊고서 (무친無親 무소無疏하기는) 어려우며; 세상을 잊기는 쉬우나 세상 모두가 잊어버리는 (물아物我 양망兩忘은) 어렵습니다.' 천덕天德을 가진 이는 요堯나 순舜임금도 잊고서 (세상을) 다스리려고 하지 않으니, 이로움과 복택이 만세에 미쳐도 세상은 알지 못합니다. 어찌 단지 긴 한숨을 내쉬며 인仁이니 효孝를 애기하겠습니까! 효孝, 제悌, 인仁, 의義, 충忠, 신信, 정貞, 염廉 이 여덟 가지는 스스로 노력하지만 천덕天德[자연본성]에 누를 끼치니 칭찬할 수 없네요. 그러므로 말합니다. '지극히 귀한 나라의 작위[國爵]도 폐기해 버리고, 지극히 부유한 나라의 재산도 폐기해 버리고, 지극히 현달한 명예도 폐기해 버려야 하네!' 이 때문에 도道는 변멸變滅하지 않습니다."

[商大宰蕩問仁於莊子.909) 莊子曰: "虎狼, 仁也." 曰: "何謂也?" 莊子

曰: "父子相親, 何爲不仁?" 曰: "請問至仁." 莊子曰: "至仁無親." 大宰曰: "蕩聞之: '無親則不愛, 不愛則不孝.' 謂至仁不孝, 可乎?" 莊子曰: "不然. 夫至仁尙矣, 孝固不足以言之.[910] 此非過孝之言也, 不及孝之言也.[911] 夫南行者至於郢, 北面而不見冥山, 是何也? 則去之遠也.[912] 故曰: '以敬孝易, 以愛孝難;[913], 以愛孝易, 以忘親難;[914] 忘親易, 使親忘我難; 使親忘我易, 兼忘天下難;[915] 兼忘天下易, 使天下兼忘我難.'[916] 夫德遺堯、舜而不爲也,[917] 利澤施於萬世, 天下莫知也. 豈直太息而言仁孝乎哉![918] 夫孝、悌、仁、義、, 忠、信、貞、廉, 此皆自勉以役其德者也, 不足多也.[919] 故曰: '至貴, 國爵竝焉; 至富, 國財竝焉; 至願, 名譽竝焉.'[920] 是以道不渝.[921]"]

---

909) 商은 宋나라이다. 宋나라는 商의 후대이기 때문에 宋으로 칭한다. 大宰는 太宰이다. 탕蕩은 太宰의 이름이다. 曹礎基, 207頁, 주1 참조.

910) 孝는 본래 至仁의 경지를 설명하기에 부족하다. 曹礎基, 上同, 주4 참조.

911) '不及孝'는 효와 관계없음이다. 『莊子譯注』, 129頁, 주3 참조.

912) 사마표司馬彪(?-306)에 의하면, 명산冥山은 北海산 이름이다. 冥山은 남쪽의 영郢에서는 멀리에 있다. 王叔岷, 510頁, 주6 참조.

913) 敬孝는 겉에 표시가 있으나, 愛孝는 內心에서 발동하기 때문에, 敬孝는 쉽고 愛孝는 어렵다. 曹礎基, 208頁, 주10 참조.

914) 忘親은 본성에 순응함, 자연에서 나옴이다. 曹礎基, 上同, 주11 참조.

915) 我는 親하고, 天下人은 疏하니, 親疏遠近을 잊는 것, 즉 無親無疏는 해내기 힘이 든다. 曹礎基, 上同, 주13 참조.

916) 내가 비록 天下를 잊더라도, 天下 人들이 반드시 나를 잊게 하기는 쉽지 않다. 천하의 사람들도 나를 잊었을 때, 나와 천하 만물이 조금도 상간相干 없으니, 物我兩忘이다. 曹礎基, 上同, 주14 참조.

917) 天德을 가진 이는, 堯、舜같은 제왕도 잊어버림이다. 遺는 忘이다. 曹礎基, 上同, 주15 참조.

918) 直은 但이고, 太息은 긴 歎息이니, 우심懮心의 표현이다. 曹礎基, 上同, 주17 참조.

919) 면勉은 노력이고, 役은 勞役이니 폐를 끼침이고, 多는 찬송이다. 曹礎基, 上同, 주18 참조.

▶ 14-3:

북문성北門成이 황제黃帝임금에게 물었다. "임금께서 광막한 들판에서 함지咸池곡을 연주하셨는데, 저는 처음 듣고는 두려웠고, 다시 들으니 마음이 풀어지고, 끝에 들으니 마음이 안정할 수 없었습니다. 황홀하고 흐릿하여 정신을 어떻게 할 수가 없었습니다."

(황제)임금이 말했다. "자네는 아마 그랬을 것이네! 내가 인사人事로써 연주하고, 자연[天]으로 금琴을 울리고, (음악으로) 예의禮義를 나타내고 천도天道를 세웠네. 지극한 음악은 먼저 인사人事로써 응대하고, 천리天理에 순명하고, 그 다음에 사계절과 조화하여 만물과 크게 화합하는 것이네. 사계절이 번갈아 일어나고 만물들이 순차적으로 생겨나니, 한 번은 왕성하고 한 번은 쇠퇴하니, (마치) 문치文治와 무공武功의 각종 변화이네. 한 번은 맑고 한 번은 흐리니, 음양이 조화하며 그 소리가 넓게 퍼졌네, 잠자던 벌레들이 비로소 움직일 때(즉 봄)에 나는 우레와 번개로 그들을 깨웠으며; (곡이) 끝나도 꼬리가 없었으며, 시작에도 머리가 보이지 않았네. 한 번은 죽었다가 한 번은 살아나고, 한 번은 넘어지고 한 번은 일어나니, (악곡의) 상태는 무궁하여 전부를 모두 예측할 수 없었네. 자네는 그러므로 놀란 것이네.

[北門成問於黃帝曰: "帝張咸池之樂於洞庭之野,[922] 吾始聞之懼, 復聞之怠,[923] 卒聞之而惑.[924] 蕩蕩默默,[925] 乃不自得."[926] 帝曰: "汝殆其

---

920) 곽상郭象(252-312)注에, 竝은 제기除棄(버림)이다. 선영宣穎(17세기)에 의하면, 竝은 병기屛棄이다. 願은 마땅히 顯이다. 王叔岷, 511頁, 주14 참조.

921) 성현영成玄英(608-669)疏에 의하면, 투渝는 變이다. 王叔岷, 512頁, 주15 참조.

922) 선영宣穎(17세기)에 의하면, 洞庭은 廣漠과 같다. 王叔岷, 513頁, 주2; 張은 設이니, 演奏이다. 曹礎基, 210頁, 주2 참조.

923) 태怠는 마음이 풀어짐이다. 曹礎基, 上同, 주3 참조.

924) 卒은 最終이고; 惑은 心神不定(정신이 안정되지 않음)이다. 曹礎基, 上同, 주4 참조.

然哉! 吾奏之以人, 徵之以天,[927] 行之以禮義, 建之以太清.[928] 四時迭起, 萬物循生;[929] 一盛一衰, 文武倫經;[930] 一淸一濁, 陰陽調和, 流光其聲;[931] 蟄蟲始作, 吾驚之以雷霆; 其卒无尾, 其始无首; 一死一生, 一僨一起,[932] 所常无窮, 而一不可待. 汝故懼也.]

내가 음양의 조화로 악곡을 연주하니 해와 달의 밝은 빛으로 비추었네. 음악의 소리가 짧기도 하고 길기도 하며, 부드럽기도 하고 굳세기도 하고, 변화가 다양하여 상투적인 것을 지키지 않았고; 골짜기에는 골짜기가 차고 함정에는 함정이 차고; 틈을 메우며 신묘한 곳에 머무니 만물을 (모두) 받아들였네. 음악 소리는 넉넉함을 발양하였으며, 그 모습은 높으나 명쾌하였네. 이 때문에 귀신들은 음암陰暗한 곳을 지켰으며 해, 달, 별들은 그들의 궤도를 달리니, 나는 (음악을) 그칠 곳에서 그치게 하고, 멈출 수 없는 곳에서 흐르게 하였네. (북성문) 자네는 생각해 보려 했으나 알 수가 없었네. (멀리서) 바라보나 볼 수 없었고, 좇아갔으나 미칠 수 없었고, 사방이 공허한 길에 서서 똑바로 보고자

---

925) 탕탕蕩蕩은 황홀이고; 默默은 昏昏暗暗(흐릿함)이다. 曹礎基, 上同, 주5 참조.

926) '不自得'은, '정신이 안정되지 않고, 입으로 말할 수 없어서, 평상심을 잃음'이다. 王叔岷, 513頁, 주4 참조.

927) 『經典釋文』(陸德明撰)에 의하면, 징徵은 古本에 휘徽로 썼다. 휘徽는 혼渾(彈琴함)이다. 王叔岷, 513頁, 주6 참조.

928) '行之以禮義'는 악곡의 내용으로 禮義를 표현함이고; 大淸은 天道를 가리킨다. 建은 立이다. 曹礎基, 上同, 주8 참조.

929) 성현영成玄英(608-669)疏에 의하면, 순循은 順이다. 王叔岷, 514頁, 주8 참조.

930) 倫經은 經綸과 같다. 王叔岷, 上同, 주9 참조.

931) 시동奚侗(1878-1939)에 의하면, 光은 廣의 가차이다. 王叔岷, 上同, 주11 참조.

932) 분僨은 '넘어짐'이고; 所常은 常態이다. '一不可待'는 전체 모두를 예측할 수 없음이다. 曹礎基, 주18 참조.

했으나 오동나무에 기대어 이렇게 읊조릴 뿐이었네. '시력도, 지능도 보려는 것에서 다 소모되었고, 힘도 좇아가려는데 다 소모되었으니, 나는 따라갈 수가 없구나!'

(자네의) 몸은 (사방이) 고요한 곳에 있는데 마음이 노곤함에 이르렀네. 자네가 노곤해지니 따라서 (긴장이) 풀린 것이네.

[吾又奏之以陰陽之和, 燭之以日月之明.[933] 其聲能短能長, 能柔能剛, 變化齊一, 不主故常;[934] 在谷滿谷, 在阬滿阬; 塗郤守神, 以物爲量.[935] 其聲揮綽,[936] 其名高明.[937] 是故鬼神守其幽, 日月星辰行其紀,[938] 吾止之於有窮, 流之於无止. 子欲慮之而不能知也,[939] 望之而不能見也, 逐之而不能及也, 儻然立於四虛之道,[940] 倚於槁梧而吟. '目知窮乎所欲見,[941] 力屈乎所欲逐,[942] 吾旣不及, 已夫!'[943] 形充空虛, 乃至委蛇.[944] 汝委蛇, 故怠.]

내가 또한 '느리지 않음[无怠]'을 주제로 한 악곡을 연주하여 자연

---

933) 촉燭은 照이다. 曹礎基, 211頁, 주20 참조.

934) 主는 守이고, 故常은 老一套(상투적)이다. 曹礎基, 上同, 주21 참조.

935) 도塗는 색塞(막힘)이고; 守는 停留이고, 神은 신묘한 곳이고, 量은 量器이니, 용납이다. 曹礎基, 上同, 주22 참조.

936) 휘揮는 양揚(날리다)이니, 휘작揮綽은 관유寬裕함을 發揚함이다. 王叔岷, 516頁, 주5 참조.

937) 名은 狀이고; 高明은 高亢(昂揚)하고 明快함이다. 曹礎基, 上同, 주23 참조.

938) 유幽는 陰暗한 곳이고; 紀는 궤도이다. 曹礎基, 上同, 주24 참조.

939) 子는 北門成이다. 王叔岷, 517頁, 주9 참조.

940) 당儻은 당矘(똑바로 보다)이다. 王叔岷, 上同, 주10 참조.

941) 知는 智와 통하고; 궁窮은 진盡이다. 曹礎基, 上同, 30 참조.

942) 굴屈도 盡이다. 曹礎基, 上同, 주31 참조.

943) 吾는 아마도 子나 女였을 것이다. 夫는 矣와 같다. 王叔岷, 上同, 주13 참조.

944) 위사委蛇는 퇴이頹弛(느슨해지다)한 모습이다. 王叔岷, 518頁, 주14 참조.

변화의 규칙들과 조화하고, 따라서 (만물들이) 혼탁하게 서로 좇아가며 모여 사는 모습이니, (여러 음이) 합주하여 (한 가지) 모습으로 구분할 수 없는 형국이며, (음률이) 분방하게 올라가면서 정의情意는 깊어도 소리는 없었네. (정해진) 격식 없이 움직이며, 깊고 현묘玄妙한 곳에 머무르니, 혹 (음音이) 죽었다고 하고 혹 살았다고도 하며, 혹 결과가 있다고 하고 혹 꽃이 피었다고도 하였네. (음률이) 분산했다 움직이며 유동하고 발전하니, 낡은 멜로디가 없었네. 세속의 사람들은 (음악이) 의심 들어서 성인에게 검증을 구하였네. 성인은 (만물의) 성정에 달통하고, 자연의 명에 순종하네. 자연기능이 움직이지 않아도 오관五官(耳, 目, 口, 鼻, 心)은 모두 완비되었는데, 이것을 천락天樂[자연의 즐거움]이라 하니 말을 안 해도 마음은 기쁜 것이네. 그러므로 유염씨有炎氏[즉 神農氏]는 노래하여 말했네. '들으려 해도 그 소리가 들리지 않고, 보려고 해도 그 모습이 보이지 않는데, 하늘과 땅에 충만하고, 육극六極(天地와 사방)을 포용하고 있네.' 자네가 들으려 해도 방법이 없기에 자네[北門成]는 진실로 당혹했을 것이네. (함지咸池의) 악곡은 처음에는 두렵고, 두렵게 되면 재난을 입은 것 같고; 내가 또한 느린 음으로 풀어내면 마음이 풀어지고 피하여 숨게 되고; 끝에는 곤혹하게 되고, 곤혹하면 우둔하고 (무지無知하게) 되고, 우둔 무지하면 도道와 같게 되네. 도를 실을 수 있으면 도와 함께 하게 되네."

[吾又奏之以无怠之聲, 調之以自然之命,945) 故若混逐叢生,946) 林樂而无形,947) 布揮而不曳,948) 幽昏而无聲.949) 動於无方,950) 居於窈冥,951)

945) '无怠之聲' 은 무태无怠를 주제로 한 악곡이다. 調는 和이고; '自然之命' 은 자연변화의 규칙이다. 趙礎基, 212頁, 주35 참조.

946) 혼축混逐은 혼잡하게 서로 좇아감이며; 叢生은 叢聚竝生이다. 만물의 動態로서 악곡의 情態를 묘사한 것이다. 趙礎基, 上同, 주36 참조.

或謂之死, 或謂之生; 或謂之實, 或謂之榮. 行流散徙,[952] 不主常聲.[953] 世疑之, 稽於聖人.[954] 聖也者, 達於情而遂於命也.[955] 天機不張而吾官皆備,[956] 此之謂天樂, 无言而心說. 故有焱氏爲之頌曰:[957] '聽之不聞其聲, 視之不見其形, 充滿夫地, 苞裹六極.' 汝欲聽之而无接焉,[958] 而故惑也.[959] 樂也者,[960] 始於懼, 懼故祟.[961] 吾又次之以怠, 怠故遁;[962] 卒之於惑, 惑故愚; 愚故道. 道可載而與之俱也."]

---

947) 林樂은 群樂이니, 合奏이고; 无形은 합주할 때 衆音이 혼연일체가 되어 구분할 수 없음이다. 趙礎基, 上同, 주37 참조.

948) 포휘布揮는 장양張揚이고; 예曳는 견인牽引이다. 불예不曳는 묶음이 없음이니, 樂音들이 상쾌爽快분방奔放함이다. 趙礎基, 上同, 주38 참조.

949) 유혼幽昏은 情意가 깊음이고; 而는 則이다. 趙礎基, 上同, 주39 참조.

950) 无方은 일정한 격식이 없음이다. 趙礎基, 上同, 주40 참조.

951) 居는 止이고; 요명窈冥은 深沈하여 玄妙한 모양이다. 實은 결과이고; 榮은 꽃이 핌이다. 趙礎基, 上同, 주41 참조.

952) 行流는 유동하고 발전함이고; 산사散徙는 분산하여 움직임이다. 趙礎基, 上同, 주43 참조.

953) 常聲은 옛날 소리, 즉 낡은 곡조이다. 趙礎基, 上同, 주44 참조.

954) 계稽는 考(살펴보다)나 驗(증험)이다. 趙礎基, 上同, 주45 참조.

955) 達은 通이고; 遂는 順이고; 命은 '자연의 命'이다. 趙礎基, 上同, 주46 참조.

956) 天機는 자연기능이고; 不張은 不動이고; 五官은 耳、目、鼻、口、心이다. 趙礎基, 上同, 주47 참조.

957) 염焱은 염炎과 같으니, 有炎氏는 神農氏이다. 趙礎基, 上同, 주50 참조.

958) 接은 촉觸(닿다)이니, 不接은 파악할 수 없음이다. 趙礎基, 213頁, 주51 참조.

959) 而는 汝이니, 北門成을 가리키고; 惑은 樂曲을 들은 효과이다. 趙礎基, 上同, 주52 참조.

960) 樂은 咸池의 악이다. 趙礎基, 上同, 주53 참조.

961) 故는 如와 같다. 王叔岷, 521頁, 주16; 수祟는 재화災禍이다. 『莊子譯注』, 131頁, 주45 참조.

962) 둔遁은 도익逃匿이니, 마음이 풀어짐이다. 趙礎基, 上同, 주55 참조.

▶ 14-4:

공자가 서쪽으로 위衛나라에 출행하려는데, 안연顔淵이 태사太師인 김金에게 물었다. "(지금) 공자 선생님의 행차는 어떠합니까?"

태사인 김이 말했다. "애석하구나, 자네 선생은 궁색할 것이오!"

안연이 말했다. "무엇 때문입니까?"

태사인 김이 말했다. "(제사에 쓸) 풀 강아지도 아직 전시되지 않았는데 (그것을) 상자나 동개에 채우고, 무늬 지고 수놓은 천으로 옷 입히고, 시축尸祝(제관祭官)들은 재계하고서 풀 강아지를 모셔 올리네. (그러나) 이것은 전시가 끝나기에 미쳐서는 지나가는 사람들이 그것의 머리나 등짝을 밟고 다니고, 풀 베는 사람은 (그것을) 취하여 불태워버릴 뿐이네. (그러나 이것을) 다시 취하여 상자나 동개에 담고서, 무늬 있고 수놓은 천으로 감싸고, 그 밑에서 놀면서 잠을 잔다면, (풀 강아지를 받드는) 저들은 악몽은 안 꾸겠으나, 반드시 장차 자주 귀신들에게 놀라게 될 것이네! 지금 자네 선생이 선왕先王이 전시했던 풀 강아지[즉, 인의예지仁義禮智 등]를 취하여 제자들을 모아서 그 아래에서 놀게 하고 잠자게 하니, 따라서 송宋나라에서는 (환퇴桓魋의 위협으로) 나무가 베어지고, 위衛나라에서는 (도망을 쳐) 족적足跡을 감추었으며, 송宋나라와 주周나라를 왕래하며 궁핍을 당한 것, 이것이 악몽이 아닐까? (공자가) 진陳나라와 채蔡나라에서 포위당하여 칠일七日 간 식사도 못 하여 삶과 죽음이 서로 가까웠으니, 이것이 (귀신들에게) 놀림을 당한 것이 아닐까? 물 위를 다니는데 배를 쓰지 않는 이가 없으며, 육지를 다니는데 수레를 쓰지 않는 이가 없으니, 배를 물에서 가게 할 수는 있으나 육지에서 (그것을) 밀고 가기를 바란다면, 평생 걸려도 한 치[寸] 한 자[尺]도 나아가지 못할 것이네. 옛날과 지금이 물길이나 육지가 아닐까? 주周나라와 노魯나라가 배와 수레가 아닐까? 지금 노魯나라에서 주周나라 (방법을) 실행하기를 바라는 것, 이것은 육지에서 배를 미는 것과 같은 것이네. 힘만 들고 결과는 없으니, 몸에는 반드시 재앙이 있을 것이네. 공자는 무상無常한 전환을 모르니, 사물을 대함에 끝없음을 모르네. 그러므로 (순리에 따라 몸을) 구부리거나 펴더라도 남을 탓할 수가 없네.

[孔子西遊於衛, 顔淵問師金曰:963) "以夫子之行爲奚如?" 師金曰: "惜乎, 而夫子其窮哉!"964) 顔淵曰: "何也?" 師金曰: "夫芻狗之未陳也, 盛以篋衍,965) 巾以文繡,966) 尸祝齊戒以將之.967) 及其已陳也, 行者踐其首脊, 蘇者取而爨之而已.968) 將復取而盛以篋衍, 巾以文繡, 遊居寢臥其下, 彼不得夢, 必且數眯焉.969) 今而夫子, 亦取先王已陳芻狗, 取弟子游居寢臥其下,970) 故伐樹於宋, 削迹於衛,971) 窮於商、周,972) 是非其夢邪? 圍於陳、蔡之間, 七日不火食, 死生相與隣, 是非其夢邪? 夫水行莫如用舟, 而陸行莫如用車, 以舟之可行於水也, 而求推之於陸, 則沒世不行尋常.973) 古、今非水、陸與? 周、魯非舟、車與? 今蘄行周於魯,974)

---

963) 이이李頤(1541-1601)에 의하면, 師金은 魯나라 太師(三公 중에 제일 높은 벼슬)이며, 金은 그 이름이다. 王叔岷, 522頁, 주1 참조.

964) 선영宣穎(17세기)에 의하면, 而는 爾(너)이다. 王叔岷, 上同, 주2 참조.

965) 짱뼁린章炳麟(1869-1936)에 의하면, 연衍은 마땅히 건鞬(동개: 등에 지는 활과 화살꽂이)의 가차이다. 王叔岷, 上同, 주3 참조.

966) 건巾은 衣(옷 입히다)이니, 식飾이다. 王叔岷, 上同, 주4 참조.

967) 제齊는 재齋(재계하다)와 통하고; 將은 奉이고; 之는 芻狗이다. 曹礎基, 214頁, 주9 참조.

968) 蘇者는 풀 베는 사람이다. 찬爨은 불 땜이다. 曹礎基, 上同, 주10 참조.

969) 且는 將이고; 數는 자주이고; 미眯는 귀신에 놀람이다. 曹礎基, 215頁, 주12 참조.

970) 取는 마땅히 聚(모으다)이다. 王叔岷, 523頁, 주9 참조.

971) 삭적削迹은 絕迹이다. 曹礎基, 上同, 주16 참조.

972) 궁窮은 困이다. 商은 宋을 가리키니, 商周는 宋周 사이를 왕래하였음을 말한다. 曹礎基, 上同, 주17 참조.

973) 왕셴첸王先謙(1842-1917)에 의하면, 8尺이 심尋이고, 尋의 倍(곱)가 常이다. 마치창馬

是猶推舟於陸也. 勞而无功, 身必有殃. 彼未知夫无方之傳,[975] 應物而不窮者也.]

또한 자네는 왜 도르래[고槔]를 못 보았는가? (두레박을) 끌려면 몸을 구부리고 (손을) 놓으면 올라오네. 그것(두레박)은 사람에 끌려오는 것이고, 사람을 끄는 것이 아니네. 따라서 삼황三皇이나 오제五帝의 예의와 법도는 같음[同]이 귀중한 것이 아니고 (천하가) 다스려짐이 중하네. 그러므로 비유하자면 삼황오제의 예의와 법도는 (먹을 수 있는 나무 열매인) 풀명자, 배, 귤, 유자와 같네! 그들의 맛은 서로 다르나 모두 입에 맞으면 되는 것이네. 따라서 예의와 법도는 [법가法家의 주장처럼] 시대(의 요구)에 상응하여 변하는 것이네. 지금 원숭이와 긴팔원숭이를 취해 주공周公(이 입던) 의복을 입히면, 그들은 반드시 물어뜯으며 당겨 찢으며, 다 없애고 나면 후련해할 것이네. 옛날과 지금의 다름을 보는 것이 원숭이들과 주공의 차이와 같을 것이네. 그러므로 (미인인) 서시西施가 심장에 병을 얻어서 동네에서 눈살을 찌푸리니, 그 동네의 미운 이들이 그것을 보고 예쁘다고 여기어 (집에) 돌아와서 또한 심장을 움켜잡고 동네에서 찌푸리니, 그 동네의 부자들은 굳게 문을 닫고 나오지 않았으며, 가난한 이들이 이것을 보고는 처자들을 이끌고서 (동네를) 떠나가 버렸네. 저들은 (서시) 찌푸리는 것의 아름다움을 알았지만, 찌푸림이 아름답게 되는 까닭을 알지 못하였네. 애석하구나, 자네 선생의 궁색함이!"

其昶(1855-1930)에 의하면, 심상尋常은 尺寸과 같다. 王叔岷, 524頁, 주12 참조.

974) 기蘄는 기祈(빌다)의 가차이니, 求이다. 王叔岷, 524頁, 주13 참조.

975) 彼는 孔子이다. 成玄英疏에 의하면, 方은 常과 같고; 傳은 轉과 같다. 王叔岷, 上同, 주14 참조.

[且子獨不見夫桔槔者乎?[976] 引之則俯, 舍之則仰.[977] 彼, 人之所引, 非引人也. 故俯仰而不得罪於人.[978] 故夫三皇五帝之禮義法度,[979] 不矜於同而矜於治.[980] 故譬三皇五帝之禮義法度, 其猶柤梨橘柚邪![981] 其味相反, 而皆可於口. 故禮義法度者, 應時而變者也. 今取猨狙而衣以周公之服, 彼必齕齧挽裂, 盡去而後慊.[982] 觀古今之異, 猶猨狙之異乎周公也. 故西施病心而矉其里, 其里之醜人見之而美之, 歸亦捧心而矉其里. 其里之富人見之, 堅閉門而不出, 貧人見之, 挈妻子而去走. 彼知矉美,[983] 而不知矉之所以美. 惜乎, 而夫子其窮哉!"]

▶ 14-5:

공자 나이가 51세인데 도道를 물을 데가 없어서, 이에 남쪽으로 패沛시에 가서 노담老聃을 찾아뵈었다. 노담이 말하였다. "당신은 어서 오시오! 내가 듣기로 당신은 북쪽의 현자인데, 당신 또한 도를 얻었습니까?"

공자가 말했다. "아직 얻지 못하였습니다."

노자가 말하였다. "당신은 어디에서 그것을 찾으렵니까?"

---

976) 獨은 何와 같다. 王叔岷, 525頁, 주1 참조.

977) 舍는 捨와 통하니, 放이다. 曹礎基, 216頁, 주25 참조.

978) 모두 순종하니 남을 탓할 것이 없음을 말함이다. 曹礎基, 上同, 주27 참조.

979) 三皇은 伏羲、神農、黃帝를 말하고; 五帝는 소호少昊、전욱顓頊、고신高辛、요堯、순舜이다. 曹礎基, 上同, 주28 참조.

980) 긍矜은 尙(높다), 귀중이다. 曹礎基, 上同, 주29 참조.

981) 사柤(풀명자나무)는 사樝(풀명자나무)이고; 귤유橘柚은 귤나무와 유자나무이다. 王叔岷, 526頁, 주4 참조.

982) 시동奚侗(1878-1939)에 의하면, 겸慊(흡족하다)은 마땅히 快이다. 王叔岷, 526-527頁, 주6 참조.

983) 宋本에는 미빈美矉이 빈미矉美로 되어 있다. 王叔岷, 528頁, 주8 참조.

(공자가) 말하였다. "저는 높고 낮은 예명禮命[나라의 예적禮籍과 임금의 책명策命]에서 찾으려 했으나, 5년이 되어도 얻지 못했습니다."

노자가 말하였다. "당신은 또 어디에서 찾으려 했습니까?"

(공자가) 말하였다. "저는 그것을 음양陰陽에서 찾고자 했으나, 12년이 되어도 얻지 못했습니다."

노자가 말하였다. "그렇습니다. 도를 바치게 하려 하니 사람들은 그것을 임금에게 바치지 않는 이가 없고; 도를 위로 보내려 하면 사람들은 그것을 자기 어버이에게 올리지 않는 이가 없고; 도를 사람들에게 일러주려면 사람들은 자기 형제들에게 알려주지 않는 이가 없으며; 도를 사람들에게 주려고 하면 사람들은 자기 자손에게 주지 않는 이가 없습니다. 그러나 할 수 없는 것은, 다른 것이 아닙니다. 내심에 주재主함이 없으면 머무르지 않고, 밖과 합하지 않으면 진행할 수 없습니다. 내심에서 나온 것도 밖이 대응하지 않으면 성인은 내보내지 않고, 밖에서 들어온 것도 내심에서 주재하지 않으면 성인은 간직하지 않습니다. 명예는 (누구나 갖고자 하니) 공기公器이고, 많이 취할 수는 없습니다. 인의仁義는 선왕先王이 (잠시 머물던) 여관이니 하룻밤은 머무를 수 있으나 오래 거처할 곳은 아니며, 우연히 (사람들을) 만날 수는 있으나 잘못이 많게 됩니다.

[孔子行年五十有一而不問道, 乃南之沛見老聃. 老聃曰: "子來乎! 吾聞子, 北方之賢者也, 子亦得道乎?" 孔子曰: "未得也." 老子曰: "子惡乎求之哉?" 曰: "吾求之於度數,[984] 五年而未得也." 老子曰: "子又惡乎求之哉?" 曰: "吾求之於陰陽, 十有二年而未得."[985] 老子曰: "然. 使道

984) 공영달孔穎達(574–648)疏에 의하면, 數度는 尊卑禮命의 多少이다. 王叔岷, 528–529頁, 주3 참조.

985) 唐寫本에는 得자 아래에 也자가 있다. 王叔岷, 529頁, 주4 참조.

而可獻, 則人莫不獻之於其君; 使道而可進, 則人莫不進之於其親;[986] 使道而可以告人, 則人莫不告其兄弟; 使道而可以與人, 則人莫不與其子孫. 然而不可者, 无他也. 中无主而不止, 外无正而不行.[987] 由中出者, 不受於外,[988] 聖人不出; 由外入者, 无主於中, 聖人不隱.[989] 名,[990] 公器也, 不可多取. 仁義, 先王之蘧廬也,[991] 止可以一宿, 而不可久處, 覯而多責.[992]]

옛날 지인至人들은 인仁에서 길을 빌리고, 의義에서 (잠시) 기거하고, 소요하는 언덕에서 노닐었으며, 소략한 (소출이 나는) 밭에서 먹고살며, 빌릴 필요 없는 채원菜園에 의지하였습니다. 소요逍遙하니 무위无爲요; 소략하니 쉬운 부양扶養이요; 빌리지 않으니 나갈 것이 없습니다. 옛날 이것이 참[道]을 찾는 놀음이라 했습니다. 부유함을 이것[참]으로 여기면 녹봉을 양보할 수 없고; 현달함이 이것이라 여기면 명성을 양보할 수 없고; 권력을 가까이 하면 권병權柄을 남에게 줄 수 없습니다. (권력은) 휘두르면 (뺏길까) 두렵고, 그것을 놓으면 서글퍼지며, 모두 (깊은) 관찰이 없다면 추구함에 끝이 없으니, 이것은 자연[天]이 죽인 백성들입니다. 원망[怨], 은혜[恩], 탈취[取], 시여[與], 간구[諫], 가르침[教],

986) 進은 上送이다. 曹礎基, 218頁, 주6 참조.

987) 中은 內心이다. 主는 主宰, 主意이다. 止는 留(머무르다)이다. 外는, 中과 상대하니, 外境이다. 曹礎基, 上同, 주8, 9; 正은 마땅히 匹(짝)이다. 『公羊』傳, 何休(129-182) 注에는, 匹은 合이다. 王叔岷, 529頁, 주6 참조.

988) 受는 應이다. 王叔岷, 529頁, 주7 참조.

989) 은隱은 장藏(간직하다)이다. 王叔岷, 530頁, 주8 참조.

990) 名은 名譽이다. 曹礎基, 上同, 주12 참조.

991) 거여蘧廬는 傳舍(여관)이다. 王叔岷, 上同, 주10 참조.

992) 구覯는 遇見(우연한 만남)이고; 責(꾸짖다)은 過(실수)이다. 王叔岷, 上同, 주12 참조.

살림[生], 죽임[殺] 이 여덟 가지는 (세상을) 바로잡는 수단입니다. 오직 대도大道를 따르고 막힘이 없다면 이에 (이것들을) 쓸 수가 있습니다. 따라서 말합니다. '바르게 함은 치리治理하는 수단이다.' 자기 마음이 이와 같지 않다고 여기면 천도天道의 문은 열리지 않을 것입니다."

[古之至人, 假道於仁, 託宿於義,[993] 以遊逍遙之虛,[994] 食於苟簡之田,[995] 立於不貸之圃.[996] 逍遙, 无爲也; 苟簡, 易養也; 不貸, 无出也. 古者謂是采眞之遊.[997] 以富爲是者, 不能讓祿; 以顯爲是者, 不能讓名; 親權者, 不能與人柄. 操之則慄, 舍之則悲, 而一无所鑒,[998] 以闚其所不休者, 是天之戮民也.[999] 怨、恩、取、與、諫、敎、生、殺八者, 正之器也. 唯循大變无所湮者爲能用之.[1000] 故曰: '正者, 正也.' 其心以爲不然者, 天門弗開矣."[1001]]

▶ 14-6:

공자가 노담老聃을 뵙고 인의仁義를 말하였다. 노담이 말했다. "겨

---

993) 탁숙託宿은 寄居이다. 曹礎基, 219頁, 주17 참조.

994) 虛는 墟이다. 王叔岷, 531頁, 주1 참조.

995) 苟는 且이고; 한簡는 略이다. 王叔岷, 上同, 주2 참조.

996) 立은 立足이니, 의지함이고; 불대不貸는 대출이 필요 없는, 자급자목을 찾음이다. 曹礎基, 上同, 주20 참조.

997) 眞은 道이다. 王叔岷, 上同, 주4 참조.

998) 一은 모두이고; 以는 而이고, 규窺는 視(보다)이고, 休는 止이다. 曹礎基, 上同, 30, 31 참조.

999) 육戮은 殺이다. 曹礎基, 上同, 주32 참조.

1000) 성현영成玄英(608-669)疏에 의하면, 순循은 順이고; 變과 변卞은 통하니, 大卞은 大法이니, 大道이다. 인湮은 塞이고; 爲는 乃이다. 王叔岷, 532頁, 주6 참조.

1001) 正은 治理이다. 天門은 天道의 門이다. 不開는 접납接納하지 않음이다. 曹礎基, 上同, 주35 참조.

가 눈에 들어가 눈에 착각을 일으키면 천지 사방의 방향이 바뀌듯이, 모기가 피부를 깨물면 온 밤을 잘 수 없네. '인의' 는 끔찍하여 내 마음을 어지럽히니, 혼란이 이보다 큰 것이 없네. 자네는 천하 (사람들에게) 소박함을 잃지 않게 하고, 자네 또한 풍속에 따라 행하고 천덕天德을 가지고 자립할 것이지, 또 어째서 둥둥 큰 북을 치며 잃어버린 자식을 찾으려는가? 고니는 매일 목욕을 안 해도 희며, 까마귀는 매일 검게 하지 않아도 검은색이네. (이들의) 흑백의 (자연스러운) 소박함은 (억지로) 바꿀 필요가 없으며, 명예를 관람시킨다 해도 크게 할 필요는 없네. 샘물이 마르면 물고기들이 육지에서 더불어 서로 처하며, 습기를 서로 불어넣고, 물거품으로 서로 적시는데, (넓은) 강호江湖에서 서로 잊음만 못하네."

[孔子見老聃而語仁義. 老聃曰: "夫播穅眯目, 則天地四方易位矣;1002) 蚊虻噆膚, 則通昔不寐矣.1003) 夫仁義憯然乃憤吾心,1004) 亂莫大焉. 吾子使天下无失其朴, 吾子亦放風而動,1005) 總德而立矣,1006) 又奚傑傑然若負建鼓而求亡子者邪?1007) 夫鵠不日浴而白, 烏不日黔而黑.1008) 黑白之朴, 不足以爲辯;1009) 名譽之觀, 不足以爲廣. 泉涸, 魚相與處於陸, 相

1002) 파播는 철撤이고, 미眯는 눈에 티가 들어가 방해 받음이다. 易은 變이다.

1003) 석昔은 夜(밤)이고; 通昔은 整夜(온밤)이다. 曹礎基, 220頁, 주3 참조.

1004) 참憯(아프다)은 참慘(참혹)과 통하고; 분憤은 궤憒(심란하다), 亂이다. 乃는 而와 같다. 王叔岷, 534頁, 주3 참조.

1005) 『呂氏春秋』, 고유高誘(?-212)注에 의하면, '放風而動' 은 '依俗而動' 이다. 王叔岷, 上同, 주5 참조.

1006) 총總은 持이고; 德은 天德이고, 立은 自立이다. 曹礎基, 上同, 주8 참조.

1007) 建鼓는 곧 大鼓이고; 傑傑然은 새 우는 소리의 象聲語이다. 負는 격擊(치다)이다. 王叔岷, 535頁, 주7 참조.

1008) 사마표司馬彪(?-306)에 의하면, 검黔은 黑이다. 王叔岷, 536頁, 주8 참조.

1009) 변辯은 變이다. 曹礎基, 221頁, 주13 참조.

呴以濕, 相濡以沫, 不若相忘於江湖!"]

공자가 노담을 만나고 돌아와서 삼일이나 말을 안 했다. 제자들이 물었다. "선생님이 노담을 뵈었으니 또한 가르침은 무엇입니까?"

공자가 말했다. "나는 지금 여기서 용을 보았네! 용이란 합치면 용이 되지만 풀어놓으면 무늬가 생기고, 운기雲氣를 타고서 음양을 기르네. 나는 입을 벌린 채 다물 수 없었으니, 내 또한 노담老聃에게서 무슨 가르침이 있었겠나!"

자공子貢이 말했다. "그러면 지인至人이란 진실로 또한 시체처럼 (고요)하면서도 용처럼 나타나고, 우레 같은 소리를 내다 연못같이 침묵하며, 발동하면 천지天地처럼 (변환變幻 · 막측莫測하는) 것입니까? 저 역시 (노담을) 볼 수 있으면 합니다."

마침내 (그는) 공자의 명성을 빌려서 노담을 뵈었다. 노담은 바야흐로 당堂에 오만하게 앉아서 응하면서 가볍게 말하였다. "내가 나이는 늙고 쇠약하니, 자네는 장차 무엇으로 나를 가르칠 셈인가?"

자공이 말하였다. "삼황三皇과 오제五帝가 천하를 다스린 것은 같지 않으나 그들이 명성을 이어온 것은 한 가지입니다. 선생님만이 홀로 성인聖人이 그르다고 하시니, 어떻게 된 것입니까?"

노담이 말했다. "젊은 자네, 조금 나오게! 자네는 어째서 같지 않다고 말하는가?"

(자공이) 대답하였다. "요임금이 순에게 주었고, 순임금이 우에게 주었고, 우임금은 힘을 썼는데, 탕湯은 병력을 썼고, 문왕文王은 주紂에 순명하며 반역하지 못했고, 무왕武王은 '주' 에게 반역하고 순종하지 않으려 했으니, 그러므로 '같지 않음' 을 말한 것입니다."

[孔子見老聃歸, 三日不談. 弟子問曰: "夫子見老聃, 亦將何規哉?" 1010)

孔子曰:"吾乃今於是乎見龍! 龍, 合而成體, 散而成章, 乘雲氣, 而養乎陰陽. 予口張而不能嗋,[1011] 予又何規老聃哉!" 子貢曰:"然則人固有尸居而龍見, 雷聲而淵默, 發動如天地者乎?[1012] 賜亦可得而觀乎?" 遂以孔子聲見老聃.[1013] 老聃方將倨堂而應,[1014] 微曰:[1015] "予年運而往矣,[1016] 子將何以戒我乎?"[1017] 子貢曰:"夫三王五帝之治天下不同,[1018] 其係聲名一也.[1019] 而先生獨以爲非聖人, 如何哉?" 老聃曰:"小子少進! 子何以謂不同?" 對曰:"堯授舜, 舜授禹, 禹用力而湯用兵, 文王順紂而不敢逆, 武王逆紂而不肯順, 故曰不同."]

노담이 말하였다. "젊은 자네, 조금 앞으로 나오게! 내가 자네에게 삼황오제가 천하를 다스렸다고 말했네. 황제黃帝가 천하를 다스려 백성의 마음을 하나로 하였네. 백성들은 자기 어버이가 비록 죽더라도 곡하지 않았으나, 백성들은 비난하지 않았네. 요임금이 천하를 다스리자 백성들이 마음으로는 (서로) 친밀하게 됐는데, 백성들은 또한 자기 어버이를 위해 상복喪服에 차등을 두지 않아도 백성들은 비난하지 않았네. 순임금이 천하를 다스리자 사람들이 마음에서 다투게끔 했으니, 백성

1010) 規는 규회規誨, 教導이다. 曹礎基, 222頁, 주2 참조.

1011) 협嗋은 合이다. 王叔岷, 538頁, 주5 참조.

1012) '如天地'는 天地처럼 그렇게 변환變幻 막측莫測함임. 曹礎基, 上同, 주8 참조.

1013) '孔子聲'은 공자의 名聲을 빌림이다. 曹礎基, 上同, 주10 참조.

1014) 거倨는 거踞(거만하다)이고; 方將은 복합어이니, 將은 方과 같다. 王叔岷, 540頁, 주9 참조.

1015) 미微는 가볍게 이다. 曹礎基, 上同, 주12 참조.

1016) '年運而往'은 연세가 늙고 쇠약함이다. 曹礎基, 上同, 주13 참조.

1017) 계戒는 가르침(教)이다. 曹礎基, 上同, 주14 참조.

1018) 三王은 다른 版本에는 '三皇'이다. 王叔岷, 540頁, 주11 참조.

1019) 계係는 계繼(잇다)이다. 王叔岷, 上同, 주12 참조.

중에 임산부가 열 달이면 아이를 낳고, 아이는 나서 다섯 달이면 말을 하고, (아이가) 웃음에는 못 이르렀으나 처음으로 누가 누구인지를 알게 되니, 사람들은 비로소 요절하게 되었네. 우禹임금이 천하를 다스리자 사람들은 마음이 변하게 되어, 사람들은 (시비是非를 가리는) 마음이 있게 되니 전쟁이 합당하게 되었고; 도둑을 죽인 것은 사람을 죽인 것이 아니며; 스스로는 동아리를 만들고 (이것이) 천하라고 소리칠 뿐이네! 이 때문에 세상이 크게 놀라게 되니, 유가와 묵가들이 모두 일어났네. 시작할 때는 윤서倫序가 있었으나 자네 (말과는) 위배 되니 무슨 말을 하겠는가? 내가 자네에게 말한, 삼황오제가 세상을 다스렸다고 하나 이름만 다스린 것이지, 난리가 이보다 심할 수가 없구나! 삼황三皇의 통치는 위로 일월日月의 광명과 어긋나고, 아래로 산천山川의 정령精靈들을 녹여버리고, 중간으로는 사계절의 운행을 파괴한 것이네. 그들의 지혜는 전갈의 꼬리보다 참혹하고, 생물을 잡아먹는 야수들보다 생명의 실정을 편안히 못하는데, 오히려 자신을 성인이라 여기니 부끄럽지 않은가! 염치가 없는 것인가!"

자공은 놀랍고 두려워서 섰으나 불안하였다.

[老聃曰: "小子少進! 余語汝三王五帝之治天下. 黃帝之治天下, 使民心一. 民有其親死不哭,[1020] 而民不非也. 堯之治天下, 使民心親, 民有爲其親殺其殺,[1021] 而民不非也. 舜之治天下, 使民心競, 民孕婦十月而生子, 子生五月而能言, 不至乎孩而始誰,[1022] 則人始有夭矣. 禹之治天下, 使

1020) 有는 雖(비록)과 같다. 王叔岷, 541頁, 주4 참조.

1021) 곽상郭象(252-312)注에 의하면, 殺은 강降이고; 唐寫本에는, '殺其殺'이 '殺其服'이다. 唐寫本을 따른다. 王叔岷, 上同, 주5 참조.

1022) 해孩는 해咳(아이의 웃음)이고; 짱삥린章炳麟(1869-1936)에 의하면, 수誰는 誰何이다. 王叔岷, 542頁, 주7 참조.

民心變, 人有心而兵有順,[1023] 殺盜非殺人, 自爲種而天下耳![1024] 是以天下大駭, 儒墨皆起. 其作始有倫, 而今乎歸, 女何言哉![1025] 余語汝: 三皇五帝之治天下, 名曰治之, 而亂莫甚焉! 三皇之治, 上悖日月之明, 下睽山川之精, 中墮四時之施.[1026] 其知憯於蠣蠆之尾,[1027] 鮮規之獸,[1028] 莫得安其性命之情者, 而猶自以爲聖人, 不亦可恥乎! 其无恥也?" 子貢蹵蹵然立不安.[1029]]

▶ 14-7:

공자가 노담에게 말하였다. "『시詩』, 『서書』, 『예禮』, 『악樂』, 『역易』, 『춘추春秋』, 이 여섯 경전을 다스리는데 스스로 오래되어 이 일들을 익숙히 압니다. 72임금에게 (관록官祿을) 찾아서 선왕先王의 도리를 논하였고, 주공周公(旦)과 소공召公(奭)의 자취를 선양하였고, 한 임금에게 이끌려 쓰이지는 않았습니다. 어려워요, 임금의 설득이! 도는 밝히기 어려워요!"

노자가 말했다. "다행이오, 자네가 세상을 다스리는 임금을 못 만

1023) 順은 理이다. 王叔岷, 上同, 주9; 心은 是非、姦詐의 마음이고; 順은 合理이다. 曹礎基, 上同, 주29 참조.

1024) 種은 類이니, 화伙(동아리)이다. 曹礎基, 上同, 주31 참조.

1025) 婦와 負는 통용되니, 負는 違背이다. 女는 汝이니, 子貢이다. 王叔岷, 544頁, 주12 참조.

1026) 패悖는 亂이고; 明은 光이다. 「胠篋」편에서, 규睽는 삭爍이니, 熔化(녹이다)이다. 精은 精靈이다. 타墮는 휴隳(무너뜨리다)와 통하니, 파괴이다. 施는 운행이다. 曹礎基, 142頁, 주5, 6, 7 참조.

1027) 其知는 三皇五帝의 智이고; 참憯은 慘과 통한다. 여채蠣蠆는 꼬리에 毒있는 벌레, 긴 꼬리는 채蠆(전갈)이고, 짧은 꼬리는 갈蝎이다. 曹礎基, 224頁, 주35 참조.

1028) 선규鮮規는 規鮮이니, 생물을 잡아먹는 野獸이다. 曹礎基, 上同, 주36 참조.

1029) 成玄英(608-669)疏에 의하면, 축축蹵蹵은 경송驚悚한 모양이다. 王叔岷, 546頁, 주19 참조.

난 것이! 여섯 경전은 선왕들의 묵은 흔적이니 어찌 그것이 도道이겠는가! 지금 자네가 말하는 바는 또한 흔적이네. 흔적이란 신발에서 나온 것이니, 흔적이 어찌 신발이 되겠는가! 하얀 익조鶂鳥는 (암수가) 서로 쳐다보며 눈동자를 안 움직이면 감화되어 잉태하며; 벌레는, 수컷이 먼저 온 바람에 따라 울고 암컷은 나중 바람에 대응하면 감화되어 잉태하고; 유類가 같으면 스스로 암컷과 수컷이 되니, 따라서 느낌으로 감화하여 잉태孕胎하네. 성性은 바뀔 수 없고, 수명은 변하지 않으며, 시간은 멈출 수 없고, 도道는 막을 수 없네. (막히지 않은) 도道를 얻게 되면 안 될 수가 없네. 도를 잃으면 가능할 수가 없지."

공자는 석 달을 나오지 않다가, 다시 (노자를) 만나서 말했다. "제가 도를 얻었습니다. 까마귀와 까치는 부화하여 새끼를 낳고, 물고기는 입의 거품을 맞바꾸어 부화하며, 벌은 화생化生하고, 동생을 갖게 되면 형은 우는 법이지요. 오랫동안 저는 더불어 짝이 되지 못했어요! 더불어 변화하여 짝이 못됐으니, 어찌 남을 교화할 수 있었겠습니까!"

노자가 말했다. "됐네, 공구孔丘가 도를 얻었네."

[孔子謂老聃曰: "丘治詩、書、禮、樂、易、春秋六經, 自以爲久矣, 孰知其故矣.[1030] 以奸者七十二君,[1031] 論先王之道, 而明周、召之迹, 一君無所鉤用.[1032] 甚矣夫, 人之難說也![1033] 道之難明邪?" 老子曰: "幸矣, 子之不遇治世之君也! 夫六經, 先王之陳迹也, 豈其所以迹哉![1034] 今子之所

1030) 숙孰은 熟과 통하고, 故는 事이다. 曹礎基, 225頁, 주2 참조.

1031) 간奸은 求이니, 官祿을 求함이다. 七十二는 實數가 아니고, 많음을 나타내는 虛數이다. 曹礎基, 上同, 주3 참조.

1032) 이이李頤(1541-1601)에 의하면, 구鉤는 引이다. 王叔岷, 547頁, 주4 참조.

1033) 說은 說服이다. 曹礎基, 上同, 주6 참조.

1034) 所以迹은 道를 가리킨다. 王叔岷, 548頁, 주7 참조.

言, 猶迹也. 夫迹, 履之所出, 而迹豈履哉! 夫白鶂之相視, 眸子不運而風化;[1035] 蟲, 雄鳴於上風, 雌應於下風而風化;[1036] 類自爲雌雄, 故風化. 性不可易, 命不可變, 時不可止, 道不可壅. 苟得於道, 无自而不可;[1037] 失焉者,[1038] 无自而可.” 孔子不出三月, 復見, 曰: “丘得之矣.[1039] 烏鵲孺,[1040] 魚傅沫,[1041] 細要者化,[1042] 有弟而兄啼. 久矣夫, 丘不與化爲人![1043] 不與化爲人, 安能化人!” 老子曰: “可. 丘得之矣.”]

1035) 역鶂은 익鷁(鷁鳥)이다. 風은 암수가 서로 유혹하는 것이고, 化는 느껴서 잉태함이다. 王叔岷, 上同, 주9 참조.

1036) 上風과 下風은, 먼저 부는 바람이 上風이고, 나중에 부는 것이 下風이다. 曹礎基, 上同, 주15 참조.

1037) 自는 由이다. 曹礎基, 上同, 주20 참조.

1038) 焉은 此이니, 道를 가리킨다. 曹礎基, 上同, 주21 참조.

1039) 得之는 得道를 말한다. 曹礎基, 226頁, 주23 참조.

1040) 오작烏鵲은 오아烏鴉(까마귀)와 작鵲(까치)이고, 유孺(새끼를 낳다)는 부화孵化하여 새끼를 낳음이다. 曹礎基, 上同, 주24 참조.

1041) 부傅는 ‘서로’ 이고, 부말傅沫은 입의 거품을 교환하여 受胎함이다. 曹礎基, 上同, 주25 참조.

1042) 要는 요腰(허리)와 통하니, 細腰는 蜂(벌)이다. 陳鼓應, 421頁, 주12 참조.

1043) 爲人은 爲偶와 같다. 王叔岷, 550頁, 주19 참조.

15. 각의(刻意: 의지의 단련)

각의刻意는 의지의 단련을 의미한다. 편의 첫 두 글자로 편명을 삼았다. 「각의」 편은 양신養神의 도道를 논하며, 작자는 은거隱居, (집을 떠나서) 유학遊學하기, 벼슬살이 등 각종 폐단을 비판한다. 그리고 사람은 염담恬淡하게 무위無爲하여 자연에 순응하고, 심성의 순박함을 지킴으로써 진인眞人의 정신경지에 도달할 수 있음을 말하고 있다.

▶ 15-1:

의지를 단련하여 행동을 높이고, 세상을 떠나 속세와 다르게 살면서 고담高談을 하며, (세사를) 원망하고 비난함은 (자신의) 청고淸高함을 나타내기 위함일 뿐이다. 이것은 산골짜기에 숨어사는 선비, 세상을 비난하는 사람, 마른 나무처럼 바싹 야위거나 연못에 몸을 던지는 사람 등이 좋아하는 바이다. 인, 의, 충, 신, 공손, 검소, 남을 밀어줌, 양보를 말하는 것은 수신修身일 뿐이다. 이것은 세상을 태평하게 하려는 선비, 가르치는 사람, 유랑하거나 집에 있는 학자들이 좋아하는 바이다. 큰 공로를 말하고, 큰 명성을 세우며, 군주와 신하를 예禮로 대하고, 상하의 등급을 유지하고 보호하여 치도治道를 세울 뿐이다. 이것은 벼슬아치, 임금을 높이고 나라를 강하게 하려는 이들, 공을 이루고 다른 나라를 병합하려는 사람들이 좋아하는 바이다. 수풀이나 늪지대에 가서 한적하고 넓은 곳에 거처하고, 물고기나 낚으며 한가하게 지내며, 세상을 도피하려는 것일 뿐이다. 이것은 강가나 바닷가에서 노니는 선비, 세상을 도피하려는 이들, 한가로운 여가를 좋아하는 이들뿐이다. 느리고 급하게 호흡하며, (몸 안의) 혼탁한 공기를 토해내고 새 공기를 받아들이고, 곰이 나뭇가지에 매달리거나 새가 목을 길게 늘이는 (것처럼 체조)하여 장수하려는 것뿐이다. 이들은 (기를) 끌어들이는 선비들, 몸을 기르는 사람들, 팽조彭祖처럼 장수하려는 사람들이 좋아하는 바이다. 만약 의지를 단련하지 않고도 고상하며, 인의仁義 없이도 수신하며, 공적과 명성 없이도 다스려지고, 강가나 바닷가 없이도 한가하며, (기를) 이끌지 않아도 장수하게 되며, 없는 것도 없고 있지 않은 것도 없으며, 담담하게 끝이 없는데도 온갖 아름다움이 그를 따른다. 이것은 하늘과 땅의 도道이며 성인의 덕德이다.

[刻意尙行,[1044] 離世異俗, 高論怨誹, 爲亢而已矣.[1045] 此山谷之士, 非世之人,[1046] 枯槁赴淵者之所好也;[1047] 語仁義忠信, 恭儉推讓, 爲脩而已矣. 此平世之士, 敎誨之人, 遊､居學者之所好也; 語大功, 立大名, 禮君臣,[1048] 正上下,[1049] 爲治而已矣. 此朝廷之士,[1050] 尊主彊國之人,

1044) 각의刻意는 의지의 단련이다. 『莊子譯注』, 140頁, 주1 참조.

1045) 항亢은 高이다. 爲亢은 淸高함을 나타기 위함이다. 曹礎基, 227頁, 주4 참조.

1046) 非는 誹(비난하다)이다. 王叔岷, 552頁, 주4 참조.

1047) 고고枯槁는 몸이 여위고 파리함이니, 포초鮑焦, 개지추介之推 등처럼, 현실에 불만하고 산중에 은거하며 스스로 淸高하다고 여기고, 나무를 껴안고 죽었다. 부연赴淵은, 신도적申徒狄, 무광務光, 변수卞隨 등처럼, 물에 빠져 자살함이다. 好는 喜愛이다. 曹礎基, 上同, 주7 참조.

1048) '禮君臣' 은 君臣을 禮로 대우함이다. 曹礎基, 上同, 주12 참조.

1049) '正上下' 는 상하 등급을 유지 보호함이다. 曹礎基, 上同, 주13 참조.

1050) '朝廷之士' 는 벼슬아치이다. 曹礎基, 228頁, 주15 참조.

致功并兼者之所好也; 就藪澤, 處閒曠, 釣魚閒處, 無爲而已矣.[1051] 此江海之士, 避世之人, 閒暇者之所好也; 吹呴呼吸,[1052] 吐故納新, 熊經鳥申,[1053] 爲壽而已矣. 此道引之士,[1054] 養形之人, 彭祖壽考者之所好也; 若夫不刻意而高, 無仁義而脩, 無功名而治, 无江海而閒, 不道引而壽, 無不忘也,[1055] 無不有也. 澹然無極, 而衆美從之. 此天地之道, 聖人之德也.]

▶ 15-2:

그러므로 말한다. 청정 담박하여 고요하며 텅 비어서 무위無爲하는데, 이것이 하늘과 땅의 준칙이요 도덕의 본질이다. 따라서 말한다. 성인은 너그럽기에 (밖과 충돌이 없으니) 평안하고 (모든 일이) 쉽다. 평안하고 쉬우니 청정하고 담박하다. 청정 담박하면 우환憂患이 들어올 수 없고, 나쁜 기운이 엄습할 수 없으므로, 그 덕이 온전하고 정신은 결함이 없다. 따라서 말한다. 성인의 삶이란 자연의 운행이요, 죽음도 물리의 변화이다. 고요하면 음陰의 기운과 덕을 함께 하고, 움직이면 양陽의 기운과 함께 파동 친다. [성인은] 복을 위해 나서지도 않고, 화 때문에

1051) 시동奚侗(1878-1939)에 의하면, '無爲'는 마땅히 '爲無'여야 한다. 爲無는 爲逃이니, 도세逃世(세상을 피함)이다. 王叔岷, 554頁, 주11 참조.

1052) 공기를 느리게 내보내는 것이 구呴이고, 빨리 내보내는 것이 취吹이다. 구呴는 허噓(입으로 불다)와 통한다. 토고吐故는 체내의 혼탁한 공기를 내뿜는 것이고; 납신納新은 신선한 공기를 들이마심이다. 曹礎基, 上同, 주22 참조.

1053) 經은 현적懸吊(걸리다)이고; 申은 伸(펴다)과 통한다. 웅경熊經은 곰처럼 나무에 걸려있음이고; 鳥申은 새처럼 몸을 펼침이다. 모두 신체 단련동작이다. 曹礎基, 上同, 주23 참조.

1054) 成玄英疏에 의하면, 道는 도導(이끌다)와 통한다. 人자 아래에 也가 있다. 王叔岷, 555頁, 주15 참조.

1055) 짱삥린章炳麟(1869-1936)에 의하면, 망忘은 亡의 가차이다. 王叔岷, 上同, 주18 참조.

앞서지도 않는다. 느낀 뒤에 반응하고, 압박이 있어야 움직이며, 어쩔 수 없는 뒤에야 행동한다. [성인은 후천적으로 얻은] 지혜나 습관을 버리고 자연[天]의 이치에 따른다. 그러므로 자연의 재앙이 없고, 외물의 얽맴이 없으며, 남들의 비난도 없고, 귀신들의 책망도 없다. 그(성인)는 사는 것을 떠다니듯 (가볍게) 여기고, 죽는 것은 마치 쉬는 것과 같다. [성인은] 사려하지 않고 예측하여 도모하지 않는다. 빛나나 번쩍이지 않고, 믿을 수 있으나 (꼭) 필연은 아니다. 그가 잠이 들면 꿈꾸지 않고, 깨어나면 근심이 없다. 그의 정신은 순수하고, 그의 혼은 피로하지 않다. 텅 비어서 없으니 편안하며 담박하여 자연[天]의 덕에 합치한다.

[故曰: 夫恬惔寂漠,[1056] 虛無無爲, 此天地之平, 而道德之質也.[1057] 故聖人休休焉, 則平易矣.[1058] 平易則恬惔矣. 平易恬惔, 則憂患不能入, 邪氣不能襲, 故其德全而神不虧. 故曰: 聖人之生也天行,[1059] 其死也物化; 靜而與陰同德, 動而與陽同波; 不爲福先, 不爲禍始; 感而後應, 迫而後動, 不得已而後起. 去知與故,[1060] 循天之理. 故無天災, 無物累, 無人非, 無鬼責. 其生若浮, 其死若休. 不思慮, 不豫謀. 光矣而不耀, 信矣而不期.[1061] 其寢不夢, 其覺無憂. 其神純粹, 其鬼不罷. 虛無恬惔, 乃合天德.]

▶ 15-3:

1056) 담惔(타다)는 담淡(담박하다)와 통한다. 曹礎基, 229頁, 주1 참조.

1057) 平은 準則이고; 質은 본질이다. 曹礎基, 上同, 주2 참조.

1058) '休休焉'은 寬容의 모양이다. 너그러우면 外界와 모순되지 않으니, 저해를 받지 않아서 平易하다고 말한다. 曹礎基, 上同, 주3 참조.

1059) 天行은 天道의 운행이니, 자연의 변화발전이다. 曹礎基, 上同, 주5 참조.

1060) 去는 포기이고; 知는 智와 통하고; 故는 습관이다. 지혜나 습관은 모두 후천적으로 얻은 것이기에, 자연이 아니다. 그러므로 버린다. 曹礎基, 上同, 주10 참조.

1061) 期는 必이다. 王叔岷, 559頁, 주14 참조.

따라서 슬픔과 즐거움은 덕을 망치는 것이고; 기쁨과 노여움은 도道의 과실過失이고; 좋아함과 싫어함은 덕德의 상실이다. 그러므로 마음에 근심과 즐거움이 없는 것이 덕의 지극함이다. 순일純一한 (도道를 가지고) 움직이지 않으니 고요의 극치이고; 거스를 바 없으니 비어 있음의 지극함이고; 외물과 섞이지 않으니 담담함의 극치이고; 저촉됨이 없으니 순수함의 지극함이다. 그러므로 말한다. 몸이 고단한데 쉬지 않으면 피곤하고, 정력精力이 사용되는데 그치지 않으면 고갈된다. 물의 본성은 뒤섞지 않으면 맑고 흔들지 않으면 평평하다. 적체되어 막히면 또한 맑을 수가 없다. [이것이] 자연 현상이다. 따라서 말한다. 순수하여 뒤섞이지 않고, 고요하고 한결같아 변하지 않고, 담담하여 무위無爲하며, 움직이되 자연처럼 가는 것, 이것이 정신을 기르는 도道이다.

[故曰: 悲樂者, 德之邪;[1062] 喜怒者, 道之過; 好惡者, 德之失. 故心不憂樂, 德之至也; 一而不變,[1063] 靜之至也; 无所於忤,[1064] 虛之至也; 不與物交, 淡之至也; 无所於逆,[1065] 粹之至也. 故曰: 形勞而不休則弊, 精用而不已則勞, 勞則竭. 水之性, 不雜則淸, 莫動則平; 鬱閉而不流,[1066] 亦不能淸. 天德之象也. 故曰: 純粹而不雜, 靜一而不變, 淡而无爲, 動而天行, 此養神之道也.]

▶ 15-4:

오吳나라나 월越나라의 명검을 가진 사람은 갑匣에 넣어 보관하고

1062) 邪는 邪妄(荒謬한 背理)이다. 『莊子譯注』, 141頁, 주12 참조.

1063) '一而不變'은 純一한 道를 가지고 不動함이다. 曹礎基, 230頁, 주20 참조.

1064) 오忤(거스르다)는 逆이다. 曹礎基, 上同, 주21 참조.

1065) 逆은 抵觸이다. 외물과 저촉됨이 없으니, 매우 순수하다. 曹礎基, 上同, 주23 참조.

1066) 욱郁은 적체積滯이고; 閉는 폐새閉塞이다. 曹礎基, 230頁, 주24 참조.

감히 쓰지 않는 것은 지극한 보물이기 때문이다. 정신은 사방으로 통하고 흘러서 끝까지 가지 않는 곳이 없으며, 위로는 하늘을 만나고 아래로는 땅에 서리며 만물들을 화육化育하지만, 형상을 그릴 수 없으니, 그 이름은 하느님[帝]과 같다. 순수한 도는 오로지 정신으로 지켜서 (밖으로 나가게 하지 말 것이며), 지켜서 잃지 않으니 (도와) 정신이 하나가 된다. 순일純一한 (도에) 정통하면 자연의 이치와 합치한다. 속담에 이런 말이 있다. "대중은 이익을 중시하고, 청렴한 선비는 명예를 중시하며, 현명한 사람은 뜻을 숭상하고, 성인聖人은 순수함을 귀히 여긴다." 따라서 소박함은 함께 뒤섞인 것이 없음을 말하고, 순수함은 정신을 훼손하지 않음을 말하며, 순수함과 소박함을 체현하면 '참된 사람[眞人]' 이다.

[夫有干、越之劍者,[1067] 柙而藏之, 不敢用也, 寶之至也. 精神四達竝流,[1068] 无所不極, 上際於天, 下蟠於地, 化育萬物, 不可爲象,[1069] 其名爲同帝.[1070] 純素之道, 唯神是守;[1071] 守而勿失, 與神爲一. 一之精通, 合於天倫.[1072] 野語有之曰: "衆人重利, 廉士重名, 賢人尙志, 聖人貴精."[1073] 故素也者, 謂其無所與雜也; 純也者, 謂其不虧其神也. 能體純素, 謂之眞人.]

1067) 干은 작은 나라 이름인데, 나중에 吳나라에 의해 멸망했으니, 干은 吳나라를 가리킨다. 曹礎基, 230頁, 주1 참조.

1068) 竝은 방旁(옆)이다. '四達竝流'는 四通八達이어서 흐르지 않는 곳이 없음을 말한다. 曹礎基, 231頁, 주5 참조.

1069) 象은 形이다. 曹礎基, 上同, 주9 참조.

1070) 同帝는 天帝와 같음이다. 曹礎基, 上同, 주10 참조.

1071) '唯神是守'는 오로지 자기 정신을 지켜 밖으로 튀어나가게 하지 않음이다. 曹礎基, 上同, 주11 참조.

1072) 天倫은 자연의 이치이다. 曹礎基, 上同, 주14 참조.

1073) 精은 순수이다. 曹礎基, 上同 주15 참조.

16. 선성(繕性: 본성을 함양함)

선성繕性은 본성을 서서히 기른다[涵養]는 뜻이다. 속학俗學과 세속의 사상은 마음을 닦아 본성을 기를 생각이 없음을 지적한다. 작자는 고대의 순박한 유풍遺風을 그리워하며, 시대가 진전하면 할수록 도와 덕이 점차 쇠퇴해지며, 순박한 참된 세계로 갈 수 없음을 말한다. 수신修身과 양성養性의 핵심은 '자신을 바로 잡음[正己]'과 '뜻을 얻음[得志]'이기에, 자신을 수양하고 또 외물에도 적응해야 비로소 자신의 본성을 잃지 않을 수 있음을 말하고 있다.

▶ 16-1:

세속의 학문(예 유학儒學, 법학法學 등)을 닦아 본성을 서서히 길러서 그것을 회복하려 하고; 세속의 사상 감정을 닦아서 (명예나 지위 등을) 얻고자 밝은 지혜를 얻으려 하나, 이것은 바보 같고 몽매한 사람이다. [繕性於俗俗學,1074) 以求復其初;1075) 滑欲於俗思,1076) 以求致其

1074) 原本에는 俗學이 俗俗學이나, 리우원디엔劉文典(1889-1958), 『莊子補正』에 의거해 俗 한 자를 없앰. 俗學은 당시 유행한 儒學, 法學 등을 말한다. 曹礎基, 231頁, 주1 참조.

1075) 初는 本性이다. 曹礎基, 232頁, 주2 참조.

明,[1077] 謂之蔽蒙之民.[1078]]

▶ 16-2:

옛날 도道를 닦은 이는 편안함으로써 지혜를 길렀고; (지혜가) 생겨나도 그것으로 일할 필요가 없었으니, 이것이 지혜로써 편안함을 기름이다. 지혜[慧]와 편안함[恬, 즉 定]이 번갈아 서로 길러주니 조화로움[和, 즉 道]과 이치[理, 즉 德]가 본성에서 나온다. 무릇 덕德이란 조화로움[和]이며, 도란 이치[理]이다. 덕은 포용하지 않음이 없으니 인仁이고; 도道는 다스리지 않음이 없으니 의義이고; 의리[義]가 분명하여 사물과 친해지는 것이 충忠이고; 마음속이 성실하여 (외물이 마음에) 되돌아간 것이 즐거움[樂]이다. 신실한 행위가 관용을 체현하고 문리文理와 합치면 (이것이) 예禮이다. 예와 악樂이 한쪽으로 치우쳐 실행되면 천하는 어지러워진다. 남들이 스스로 바르다 해도 (그들이) 나의 덕을 (억지로) 받게 하면 자기 덕은 밖에서 부가될 수 없는 것이다. 만약 덕이 밖에서 부가되면 만물은 반드시 자기 본성을 잃게 된다.

[古之治道者, 以恬養知;[1079] 生而无以知爲也,[1080] 謂之以知養恬. 知與恬交相養, 而和、理出其性.[1081] 夫德, 和也; 道, 理也. 德无不容, 仁也;

1076) 활滑은 治이고; 欲은 情이다. 활욕滑欲은 사상 감정의 수양이다. 俗思는 세속관념이다. 曹礎基, 上同, 주3 참조.

1077) 致는 얻음이고; 明은 明智이다. 曹礎基, 上同, 주4 참조.

1078) 폐몽蔽蒙은 몽폐蒙蔽이니, 혼용昏庸(바보)폐색閉塞이고; 民은 人이다. 曹礎基, 上同, 주5 참조.

1079) 知는 智이고; 염恬은 安이다. 王叔岷, 567頁, 주3 참조.

1080) 宋本에는 生자 위에 知자가 있다. 王叔岷, 上同, 주4; '无以知爲'는 지혜로써 일할 필요가 없음이다. 曹礎基, 上同, 주2 참조.

1081) 마치창馬其昶(1855-1930)은, 司馬子微(司馬承禎, 647-735)를 인용하여, 염恬 知는 定、慧이고; 和、理는 道、德이다로 말한다. '出其'는 '生於'이다. 『呂氏春秋』高

道无不理, 義也; 義明而物親,[1082] 忠也; 中純實而反乎情,[1083] 樂也; 信行容體而順乎文,[1084] 禮也. 禮、樂偏行,[1085] 則天下亂矣. 彼正而蒙己德, 德則不冒,[1086] 冒則物必失其性也.]

▶ 16-3:

옛날 사람들은 혼돈하여 모호한 중에 한 세상과 더불어 담담하고 적막하였다. 이때는 음양이 화순하여 영리榮利를 추구하지 않았고, 귀신들도 소란을 피우지 않았으니 사계절이 절기에 맞았으며, 만물들은 손상되지 않았고, 뭇 생물들은 요절하지 않았으니, 사람들은 지혜가 있어도 그것을 쓸 곳이 없었다. 이때가 가장 순수한 시대였다. 이때는 무위無爲하여 항상 자연과 합하였다. 덕이 하락하고 쇠약하게 되니 수인燧人이나 복희伏戱가 처음으로 천하를 다스리게 되어, 이 때문에 (군생羣生들은) 순조로우나 하나가 되지 못했다. 덕이 또한 하락하고 쇠퇴하니 신농神農이나 황제黃帝에게 미치어 천하를 다스리게 되니, 안정됐으나 순조롭지 않았다. 덕이 또한 하락하고 쇠퇴하니, 당요唐堯와 우순虞舜에 미치어 비로소 천하를 다스리게 되니, 교화敎化의 기풍은 시작하

誘注에, 出은 生이다. 王叔岷, 567頁, 주5 참조

1082) 義明은 의리가 명백함이고; 物親은 사물과 相親함이다. 曹礎基, 232頁, 주7 참조.

1083) 中은 心中이고; 순실純實은 朴實이고; '反乎情'은, 和理한 본성이 外物에 작용하고, 또 외물이 자신에게 반작용하는 性情이다. 曹礎基, 上同, 주8 참조.

1084) 信行은, 言行이 信用을 지킴이고; 容體는 容을 體로 삼으니, 모든 것을 寬容이 主가 됨이다. 順은 合이다. 행위가 忠信하고 寬容仁愛하면, 자연의 文理와 節度에 합치하니, 이것이 禮이다. 曹礎基, 上同, 주9 참조.

1085) 시동奚侗(1878-1939)에 의하면, 편徧은 편偏(치우치다)이다. 王叔岷, 568頁, 주11 참조.

1086) 彼는 타인이고; 己는 我이고; 몽蒙은 蒙受(받음)이며; 모冒는 복개覆蓋(덮개)이니, 外加(외부에서 부가함)이다. 曹礎基, 233頁, 주11 참조.

였으나 순박한 기풍이 파괴되고 도道와 배치되어 거짓을 행하게 되어, 위해危害를 실행하게 되니, 그런 후에 [사람들은] 본성을 버리고 각기 사심私心을 따르게 되었다. (서로) 마음과 마음을 살펴 알아맞히면 천하(세상)를 안정시킬 수가 없게 되니, 그런 뒤에 꾸밈을 붙이고 박학을 더한다. (그러나) 꾸밈은 바탕[質]을 소멸시켰고, 박학은 심성心性을 함몰시킨 뒤에, 백성들은 비로소 미혹되어 혼란을 일으켜서, 자기 (본래의) 성정으로 되돌아와 자기의 원초(상태)를 회복할 수 없게 되었다.

[古之人, 在混芒之中,[1087] 與一世而得澹漠焉.[1088] 當是時也, 陰陽和靜,[1089] 鬼神不擾, 四時得節, 萬物不傷, 羣生不夭, 人雖有知, 无所用之. 此之謂至一.[1090] 當是時也, 莫之爲而常自然.[1091] 逮德下衰,[1092] 及燧人、伏羲始爲天下, 是故順而不一.[1093] 德又下衰, 及神農、黃帝始爲天下, 是故安而不順. 德又下衰, 及唐、虞始爲天下, 興治化之流,[1094] 澡淳散朴,[1095] 離道以善,[1096] 險德以行,[1097] 然後去性而從於心.[1098] 心

1087) 혼망混芒은 혼혼돈돈混混沌沌(모호하여 깨끗지 못함)이다. 曹礎基, 233頁, 주12 참조.

1088) 與는 相處이고; 得은 能이다. 曹礎基, 上同, 주13; 成玄英疏에 의하면, 漠은 막寞(쓸쓸함)과 통한다. 王叔岷, 570頁, 주2 참조.

1089) 和靜은 和順하고 寧靜(榮利를 도모하지 않음)이다. 曹礎基, 上同, 주14 참조.

1090) 至一은 가장 순수한 시대를 가리킨다. 曹礎基, 上同, 주18 참조.

1091) '莫之爲'는 無爲이고; 常自然은 '언제나 자연과 합치함'이다. 曹礎基, 주19 참조.

1092) 체逮는 及(미치다)이다. 曹礎基, 234頁, 주1 참조.

1093) 羣生들은 비록 순조로웠으나, 아직 混同(혼합되어 같음)은 되지 않음이다. 王叔岷, 上同, 주7 참조.

1094) 興은 개시이고; 治化는 통치, 敎化이고; 流는 風氣이다. 曹礎基, 上同, 주4 참조.

1095) 澡는 요란擾亂이다. '澡淳散朴'은 순박한 기풍을 파괴함이다. 曹礎基, 134頁, 주5 참조.

1096) 離道는 背道이다. 원래는 '善'으로 되어 있으나, 郭慶藩(1844-1896)은 '爲'자로 보았다. 善은 마땅히 僞이다. 曹礎基, 上同, 주6 참조.

1097) 험險은 危害이다. 曹礎基, 上同, 주7 참조.

與心識知,[1099] 而不足以定天下, 然後附之以文,[1100] 益之以博.[1101] 文滅質, 博溺心,[1102] 然後民始惑亂, 无以反其性情而復其初.[1103]]

이것으로 보면, 세상은 도道를 버렸고 도 (또한) 세상을 버린 것이다. 세상과 도가 서로 상대방을 버린 것이니, 도를 따르는 사람이 무엇에 의지하여 세상을 일으킬 수 있으며, 세상 또한 무엇에 의지하여 도를 일으킬 수 있겠는가! 도는 세상을 일으킬 수 없으며, 세상 역시 도를 일으킬 수 없으니, 비록 성인이 산림 가운데 있지 않더라도 그의 덕은 숨겨져 버릴 것이다. 숨겨짐은 진실로 스스로가 숨는 것이 아니다. 옛날 이른바 은사隱士는 몸을 감춘 것이 아니라 나타나지 않은 것이고; 자기 말을 막고 발설하지 않은 것이 아니다. 자기 지혜를 감추고 발설하지 않은 것이 아니라 세상 운수가 (자연도리, 즉 天道에) 어긋난 것이다. 세상 운수와 합당하여 (자연도리, 즉 天道가) 왕성하게 돌아간다면, 지극한 하나의 (도道에로) 돌아가서 (만물들과 혼합되니) 아무 자취도 남지 않는다. 세상 운수에 합당하지 않으면 세상에서 크게 곤궁할 것이니, 깊고 조용한 곳에 뿌리를 내리고 시운時運의 변화를 기다린다. 이것이 몸을 보존하는 방법이다.

[由是觀之, 世喪道矣, 道喪世矣. 世與道交相喪也, 道之人何由興乎世, 世亦何由興乎道哉! 道无以興乎世, 世无以興乎道, 雖聖人不在山林之中, 其德隱矣. 隱故不自隱.[1104] 古之所謂隱士者, 非伏身而弗見也,[1105] 非

1098) 心은 여기서 私心이다. 曹礎基, 上同, 주8 참조.

1099) 식지識知는 상대방의 心思를 알아맞힘이다. 『莊子譯注』, 145頁, 주7 참조.

1100) 附는 加이고; 文은 분식粉飾이다. 曹礎基, 235頁, 주11 참조.

1101) 益은 增이고; 博은 博學이다. 曹礎基, 上同, 주12 참조.

1102) 익심溺心은 자연적 심성을 없앰이다. 曹礎基, 上同, 주14 참조.

1103) 反은 返(돌아오다)와 통하고; 復은 회복이다. 曹礎基, 上同, 주15 참조.

閉其言而不出也. 非藏其知而不發也,[1106] 時命大謬也.[1107] 當時命而大行乎天下,[1108] 則反一无迹;[1109] 不當時命而大窮乎天下,[1110] 則深根寧極而待.[1111] 此存身之道也.]

▶ 16-4:

옛날에 몸을 보존한 사람은 변설로 지식을 꾸미지 않았고, 지식으로써 천하를 곤궁하게 만들지도 않았고, 지식으로써 자기 심성心性을 곤궁하게 만들지도 않았다. 홀로 자신의 바른 자리에 처하며 자기 본성으로 돌아가니, 자기는 또한 무엇을 도모하겠는가! 도는 본래 [대도大道와 위배되는] 작은 행위가 아니고, 덕은 본래 [천덕天德에 위배되는] 조그만 편견들이 아니다. 조그만 편견들은 덕德을 손상시키고, 작은 행위들은 도道를 해친다. 따라서 말한다. "자신을 길러서 대도大道와 합하게 할 뿐이다."(내심內心의 순수한) 심성을 보전保全함이 뜻을 얻음이다.

[古之存身者, 不以辯飾知, 不以知窮天下,[1112] 不以知窮德,[1113] 危然處

1104) 첸무錢穆(1895-1990)는 그의 『莊子纂箋』에서 마치창馬其昶(1855-1930)을 인용하여, 故는 固와 같음을 말했다. 不은 非와 같다. 王叔岷, 574頁, 주3 참조.

1105) 伏은 장藏이고; 弗은 不이다. 見은 現과 통한다. 曹礎基, 上同, 주21 참조.

1106) 知는 智와 통하고; 發은 出, 즉 운용이다. 曹礎基, 上同, 주22 참조.

1107) 時命은 世運이고; 유謬는 天道와 맞지 않음을 말한 것이다. 曹礎基, 上同, 주23 참조.

1108) 當은 合이고; 大行은 盛行이니, 天道의 盛行을 말한다. 曹礎基, 上同, 주24 참조.

1109) 反一은 至一한 道에 돌아옴이고; 無迹은 흔적을 남기지 않음이다. 曹礎基, 上同, 주25 참조.

1110) 궁窮은 곤돈困頓(어려움)이다. 曹礎基, 上同, 주26 참조.

1111) 深根은 뿌리를 깊고 깊게 자라게 함이고; 영寧은 정靜(고요함)이니, 不動이고; 極은 本이다. 深根寧極은 고요한 곳에 깊이 감춤이다. 待는 時運의 변화를 기다림이다. 曹礎基, 上同, 주27 참조.

1112) '不以知窮天下'는 자기의 智謀로써 세상을 곤란하게 하지 않음이다. 曹礎基, 주

其所而反其性, 已又何爲哉![1114] 道固不小行,[1115] 德固不小識. 小識傷德,[1116] 小行喪道. 故日, 正已而已矣.[1117] 樂全之謂得志.[1118]]

▶ 16-5:

옛날에 뜻을 이루었다고 함은 높은 벼슬의 획득을 말하는 것이 아니고, 더 이상의 즐거움이 없다는 뜻이다. 오늘날 이른바 뜻을 이루었다함은 벼슬의 획득을 말한다. [벼슬의 상징인] 수레[軒]와 모자[면冕]가 몸에 있으나, (그것은) 생명[性命]이 아니고, 외물이 우연히 와서 [몸에] 의탁한 것이다. 잠시 의탁하면 그것이 오는 것도 막을 수 없고, 그것이 떠나도 멈추게 할 수 없다. 따라서 높은 벼슬을 얻었다 해서 마음이 산뜻하지도 않고, 곤궁에 처해 있다 해서 세속에 빌붙지 않았으니, 즐거움은 벼슬자리에 있건 곤궁에 처해 있건 똑같기에, 그러므로 근심이 없었을 뿐이다. [그러나] 요즘은 잠시 머물던 것이 떠나버리면 즐거워하지 않으니, 이런 점에서 보면, 비록 즐거워한다 해도 [마음속은 늘] 황폐하다. 그러므로 말한다. 외물에 자신을 잃어버리고, 세속에 의해 본성을 잃은 이들은 '거꾸로 선 인간' 이라 한다.

[古之所謂得志者, 非軒冕之謂也, 謂其无以益其樂而已矣. 今之所謂得志

30 참조.

1113) 궁덕窮德은 자기의 心性을 곤혹스럽게 하지 않음이다. 曹礎基, 上同, 주31 참조.

1114) 危는 獨이다. 危然은 뭇사람과 다른 모양이다. '處其所' 는 자기가 있어야할 곳에 처함이다. 反은 返과 통하니 '反其性' 은 그의 本性을 회복함이다. 원문의 已는 『續古逸叢書』(張元濟輯, 2001)에 의거하여, 己로 고침. 曹礎基, 上同, 주32 참조.

1115) 固는 본래이고; 小行은 大道와 위배되는 행위들이다. 曹礎基, 236頁, 주33 참조.

1116) 小識은 天德에 위배되는 見識이니, 사람의 편견임. 曹礎基, 上同, 주34 참조.

1117) 正己는 자신을 길러서 大道와 합하게 함이다. 曹礎基, 上同, 주35 참조.

1118) 樂全은 내심의 순수한 心性을 保全함이다. 曹礎基, 上同, 주36 참조.

者，軒冕之謂也. 軒冕在身，非性命也，物之儻來，寄者也. 寄之，其來不可圉，其去不可止. 故不爲軒冕肆志，[1119] 不爲窮約趨俗，[1120] 其樂彼與此同，故无憂而已矣，今寄去則不樂，由是觀之，雖樂，未嘗不荒也.[1121] 故日，喪己於物，失性於俗者，謂之倒置之民.]

1119) 사지肆志는 快意(마음의 상쾌함)이다. 曹礎基, 上同, 주6 참조.

1120) 궁약窮約은 困窮이고; 추趨는 附이다. 王叔岷, 577頁, 주20 참조.

1121) 황荒은 폐란廢亂이다. 王叔岷, 上同, 주22 참조.

17. 추수(秋水: 가을장마)

본 편은 하백河伯과 북해약北海若과의 대화를 통해 대소大小, 귀천貴賤, 시비是非, 유무有無 등의 상대성을 지적하고, 그것으로 '만물이 모두 같음' [萬物齊一]의 이치를 설명하고 있다. 그리고 사람들은 마땅히 천명天命을 따를 것이며, 자연으로 돌아가서 자유를 누릴 것을 말한다. 작자가 무한한 우주와 인식의 무한을 설파하는 관점은 일정한 계몽적 의미가 있다. 본 편은 또한 문학적 색체가 짙으며, 우언이나 고사故事는 굉장한 매력이 있다. 서술이 매끄럽고, 멋대로이고, 왕양汪洋하다.

▶ 17-1:

가을비가 때맞추어 내리니 모든 하천이 황하黃河로 흘러들어 직류直流의 흐름이 커졌으며, 양쪽 물가나 모래섬, 물가 사이에서 소, 말 등을 (멀어서) 구분할 수가 없었다. 이에 하백河伯[황하의 의인화]은 들떠서 스스로 기뻐하며, 세상의 아름다움이 다 자기에게 있다고 여겼고, 물 흐름을 따라서 동쪽으로 가서 북해北海[즉 발해渤海]에 이르러 동쪽을 바라보니 물의 끝을 볼 수 없었다. 이에 하백은 비로소 자기 면목을 돌려서, (바다의 신神인) 약若을 멀리서 바라보고 한탄하며 말하였다. "속담에 '도道를 백 번이나 들어도 자기와 같은 이는 없다.' 라고 여긴다 했으니, 저를 두고 한 말입니다. 또 중니仲尼(공자의 자字)의 식견識見을 적은 것으로 보면, 백이伯夷의 도의를 가볍게 본다고 제가 들은 적이 있는데, 처음에 저는 (그 말을) 믿지 못했습니다. 지금 제가 그대의 끝없음을 보았습니다. 제가 그대의 문에 이르지 못했다면 위태했을 것입니다. 저는 대도大道(를 터득한 이)로부터 오랫동안 비웃음을 샀을 것입니다."

[秋水時至, 百川灌河, 涇流之大,1122) 兩涘渚崖之間, 不辯牛馬.1123) 於是焉河伯欣然自喜, 以天下之美爲盡在己. 順流而東行, 至於北海, 東面而視, 不見水端. 於是焉河伯始旋其面目, 望洋向若而歎曰:1124) "野語有之曰: '聞道百, 以爲莫己若' 者, 我之謂也. 且夫我嘗聞少仲尼之聞, 而輕伯夷之義者, 始吾弗信; 今我睹子之難窮也. 吾非至於子之門則殆矣. 吾長見笑於大方之家."1125)]

발해渤海(의 신神) 약若이 말했다. "우물 안의 개구리가 바다를 말할 수 없는 것은 장소에 구애받기 때문이고; 여름벌레가 얼음을 말할 수 없는 것은 계절에 고정되었기 때문이고; 시골(의 비루한) 선비가 도道를 말할 수 없는 것은 가르침에 묶여있기 때문이네. 지금 자네는 (자네의) 한계에서 나와서 큰 바다를 보고 이에 자네의 추醜함을 알았으니, 자네에게 이제 대도大道를 말해 줄 수 있겠네. 세상의 물에는 바다보다 큰 것은 없으니, 모든 하천이 모여들고, 어느 때 (물 흐름이) 그치고 미려尾

1122) 경涇(통하다), 경徑(지나다), 경經은 古字가 서로 통하였다. 徑, 涇은 直波(直流의 물결)이다. 王叔岷, 582頁, 주2 참조.

1123) 사涘는 애涯(물가)이고; 저渚는 모래섬이고; 辯은 別이다. 王叔岷, 上同, 주3 참조.

1124) 사마표司馬彪(?-306)와 최선崔譔(3세기)에 의하면, 망盳(쳐다봄)洋은 望羊과 같으니, 仰視貌(올려다보는 모습)이다. 王叔岷, 583頁, 주6 참조.

1125) 司馬彪에 의하면, 大方은 大道이다. 家는 人과 같으니, '大方之家'는 '大道之人'과 같다. 王叔岷, 上同, 주9 참조.

閭에서[1126] 물이 빠지는지를 모르니, 어느 때 그치고 (텅) 비지 않는지를 알지 못하며; 봄가을에도 변하지 않고, 홍수와 가뭄을 모르네. 이 점이 강하江河의 물 흐름보다 과하니, 헤아릴 수가 없네. (허나) 나는 이 점에서 스스로를 많다고 본적이 없으니, 스스로를 천지天地에 견주면, 음양에서 기를 받았으니 내가 천지 사이에 있는 것은, 마치 작은 돌이나 작은 나무가 큰 산에 있는 것과 같아 바야흐로 작음을 보인 것인데, 또한 어찌 스스로 많다고 여기겠는가!

[北海若曰: "井鼃不可以語於海者, 拘於虛也;[1127] 夏蟲不可以語於氷者, 篤於時也;[1128] 曲士不可以語於道者,[1129] 束於敎也. 今爾出於崖涘, 觀於大海. 乃知爾醜, 爾將可與語大理矣.[1130] 天下之水, 莫大於海, 萬川歸之, 不知何時止而不盈; 尾閭泄之, 不知何時已而不虛; 春秋不變, 水旱不知. 此其過江河之流,[1131] 不可爲量數. 而吾未嘗以此自多者, 自以比形於天地, 而受氣於陰陽, 吾在天地之間, 猶小石小木之在大山也, 方存乎見少, 又奚以自多!]

천하[四海]가 천지[우주] 사이에 있는 것을 따져보면 큰 연못에 소라 구멍만하지 않은가? 중국이 천하 속에 있는 것은 큰 창고에 낱알이 있는 것과 같지 않은가? 사물의 수를 만萬이라 한다면 사람은 하나에 처

1126) 미려尾閭는, 司馬彪에 의하면, 바닷물이 빠져나가는 곳이다. 王叔岷, 上同, 주6 참조.

1127) 虛·墟는 古·今자이다. 王叔岷, 585-586頁, 주1 참조.

1128) 독篤은 固이다. 王叔岷, 586頁, 주2 참조.

1129) 사마표司馬彪(?-306)에 의하면, 曲士는 鄕曲(시골)의 선비이다. 王叔岷, 587頁, 주3 참조.

1130) 페이쉐하이裵學海에 의하면, 將은 今과 같다. 大理는 大道와 같다. 王叔岷, 上同, 주4 참조.

1131) 此其는 중복글자이니, 此 또한 其이다. 王叔岷, 上同, 주7 참조.

할 뿐이며; 사람의 다수가 (중국中國의) 아홉 주州[九州]에 있으나, 곡식이 자라고 배와 수레가 소통하는데 사람은 한 곳에 처할 뿐이며; 이것을 만물에 대비한다면, 말 몸에 (하나의) 터럭 끝이 있는 것과 비슷하지 않을까? 오제五帝가 선양禪讓한 것, (하, 은, 주의) 삼대 왕들이 전쟁한 것, 인인仁人들이 우려한 것들, 협객俠客들이 애쓴 것들이 이것에 다 있을 것이네. 백이는 사양하여 유명해졌고, 중니는 말이 박식하다 여기니, 이것은 스스로를 많다고 여긴 것이네, 자네가 조금 전에 스스로 물이 많다고 여긴 것과 비슷하지 않은가!"

[計四海之在天地之間也, 不似礨空之在大澤乎?[1132] 計中國之在海內, 不似稊米之在大倉乎? 號物之數謂之萬, 人處一焉; 人卒九州,[1133] 穀食之所生, 舟車之所通, 人處一焉; 此其比萬物也, 不似豪末之在於馬體乎? 五帝之所運,[1134] 三王之所爭, 仁人之所憂, 任士之所勞,[1135] 盡此矣. 伯夷辭之以爲名, 仲尼語之以爲博, 此其自多也, 不似爾向之自多於水乎!"]

하백이 말하였다. "그러면 제가 천지는 큰 것이고 터럭 끝은 작은 것이라 하면, 되겠습니까?"

발해의 약이 말하였다. "아니네. 사물이라면, 부피에는 (대大나 소小나) 무궁하고, 시간은 그침이 없고, 한계는 (수시로 변하니) 무상無常하며, 처음과 끝은 고정되어 있지 않네. 이 때문에 도를 얻은 이는 먼 것과 가까운 것을 보았기에, 따라서 작은 것도 작다고 보지 않고, 크다고

1132) 시동奚侗(1878-1939)에 의하면, 뇌礨는 마땅히 나螺(소라)로 읽어야 한다. 空은 孔(구멍)이다. 王叔岷, 588頁, 주9 참조.

1133) 司馬彪에 의하면, 卒은 衆이다. 王叔岷, 589頁, 주11 참조.,

1134) 運은 아마도 마땅히 선禪(사양하다)으로 보아야 한다. 王叔岷, 590頁, 주13 참조.

1135) 이이李頤(1541-1601)에 의하면, 任은 能이고; 勞는 服이다. 任士는 협사俠士이다. 王叔岷, 上同, 주14 참조.

크게 보지 않으니, 물량이 무궁함을 알며; 옛날과 지금의 일들을 따져 보면, 진실로 긴 시간이라 고민할 필요도 없고, 짧은 시간도 따라갈 수 없으니, 시간은 그침이 없음을 알 수 있고; 차고 빔을 살피니, 그러므로 (때時를) 얻었다고 기뻐하지 않고, (그것을) 잃었어도 걱정이 없으니, (득실의) 한계가 무상함을 알고; 대도大道를 이해하면 따라서 살아도 기뻐하지 않고 죽어도 화禍로 보지 않으며, 처음과 끝은 고정할 수 없음을 아네. 사람이 아는 것을 따져보면 알지 못하는 것만 못하고; 산 때는 아직 태어나지 않은 때만 못하네. 지극히 작은 (인간의) 지식으로 지대한 경지를 궁구한다면, 그것 때문에 미란迷亂이 와서 스스로 어쩔 수가 없게 되네. 이것을 보면, 또한 터럭 끝이 어떻게 아주 작은 끝을 확정할 수 있는가! 또한 천지天地가 지대至大한 영역을 끝가지 다할 수 있는가!"

[河伯曰: "然則吾大天地而小毫末,[1136] 可乎?" 北海若曰: "否. 夫物, 量无窮,[1137] 時无止, 分无常,[1138] 終始无故.[1139] 是故大知觀於遠近,[1140] 故小而不寡, 大而不多,[1141] 知量无窮;[1142] 證曏今故,[1143] 故遙而不悶, 掇而不跂,[1144] 知時无止; 察乎盈虛, 故得而不喜, 失而不憂,[1145] 知分

1136) 宋本에는 호豪(호걸)가 호毫(터럭)이다. 豪、毫는 正、俗字이다. 王叔岷, 591頁, 주1 참조.

1137) 量은 容積이다. 無窮은 無窮大와 無窮小를 포괄한다. 曹礎基, 240頁, 주2 참조.

1138) 分은 구분, 한계이다. 曹礎基, 241頁, 주4 참조.

1139) 故는 固(고정)와 통한다. 曹礎基, 上同, 주5 참조.

1140) 知는 智와 통하니, 大智는 道를 얻은 사람이고; '觀於遠近'은 먼 것도 보았고 또한 가까운 것도 보았음이다. 曹礎基, 上同, 주6 참조.

1141) 寡는 小이고; 多는 大이다. 曹礎基, 上同, 주7 참조.

1142) 量은 物量이다. 曹礎基, 上同, 주8 참조.

1143) 향금曏今은 今昔(현재와 과거)이고; 故는 事이다. 曹礎基, 上同, 주9 참조.

1144) 郭象注에 의하면, 요遙(멀다)는 長이고, 철掇은 短과 같다. 기跂는 企와 통하니 企

之无常也;[1146] 明乎坦塗,[1147] 故生而不說, 死而不禍, 知終始之不可故也.[1148] 計人之所知, 不若其所不知; 其生之時, 不若未生之時. 以其至小, 求窮其至大之域,[1149] 是故迷亂而不能自得也. 由此觀之, 又何以知毫末之足以定至細之倪![1150] 又何以知天地之足以窮至大之域!"]

하백이 말하였다. "세상에서 논의하는 이들이 말하길, '지극히 정밀하고 작은 것은 몸이 없고, 지극히 큰 것은 (둘레를) 감쌀 수 없다.' 라고 하는데. 이것은 사실입니까?"

발해의 약이 말했다. "작은 것에서 큰 것을 보는 것도 다함이 없고, 큰 것에서 작은 것을 보는 것도 분명치 않네. 정精은 작음 중에 미세한 것[微]이고; 부垺는 큰 것 중에 큰 것[殷]이네. 따라서 (이것이) 다르게 분별分別되는 것이네. 이런 것들은 모양[形]을 가지네. 정밀한 것[精]과 거친 것[粗]은 형태에 따라서 정해지고; 형태가 없으면 수數로써 나누어볼 수 없고; 둘러쌀 수 없는 것은 수로써 다할 수 없는 것이네. 말로써 할 수 있는 것들은 거친 물건들이네; 뜻으로 불러올 수 있는 것은 정밀한 것[精]이네; 말로도 따질 수 없고 뜻으로도 살펴서 불러올 수 없으면 정精이나 조粗로 헤아릴 수 없네. 이 때문에 대인大人의 행동은 사

及(좇아가다)이다. 王叔岷, 592頁, 주9 참조.

1145) 「大宗師」 편에 의하면, 得은 時요, 失은 順이다. 安時하여 處順하니, 哀樂이 들어올 수 없음이다. 王叔岷, 上同, 주11 참조.

1146) 分은 得失의 한계를 가리킨다. 曹礎基, 上同, 주15 참조.

1147) 탄도坦塗는 大道이다. 曹礎基, 上同, 주16 참조.

1148) 故는 固와 통하니, 定이다. 曹礎基, 上同, 주19 참조.

1149) 成玄英疏에 의하면, 至小는 智이고, 至大는 境이니, 유한한 小智로 무궁한 大境을 찾는다면 무궁한 경지는 두루 미칠 수 없으니, 유한의 智는 이미 상실해 버린다. 王叔岷, 593頁, 주16 참조.

1150) 예倪(끝)는 애崖(끝)이다. 王叔岷, 上同, 주17 참조.

람을 해칠 마음도 없고 사랑과 은혜[仁恩]도 찬미하지 않네, 행동으로 이롭게 하지도 않고 노예를 천시하지도 않네, 재화를 다투지 않고 사양辭讓을 크게 보지도 않고, 일하면서 남을 돕지도 않고 자력으로 밥 먹는 것을 크게 보지도 않고, 탐심과 오욕을 천시하지도 않으며; 행동이 세속과 달라도 괴벽함을 찬미하지 않고; 대중을 따른다고 하나 (남을) 교묘히 아첨함을 천시하지도 않고; 세상의 작록爵祿을 권하지도 않고 형벌 받음을 수치로 여기지 않으며; 옳고 그름[是、非]은 나누어질 수 없고, 작고 큼은 한계 지을 수 없음을 아네. '도인道人은 명성을 (구하지) 않고, 지덕至德은 얻을 것을 (구하지) 않고, 대인大人은 자기에게 매이지 않는다.' 는 것을 들었네. 지극한 구분은 없는 것이네."

[河伯曰: "世之議者皆曰: '至精无形, 至大不可圍.' 是信情乎?"[1151] 北海若曰: "夫自細視大者不盡, 自大視細者不明. 夫精, 小之微也; 垺, 大之殷也.[1152] 故異便.[1153] 此勢之有也.[1154] 夫精粗者, 期於有形者也;[1155] 无形者, 數之所不能分也; 不可圍者, 數之所不能窮也. 可以言論者, 物之粗也; 可以意致者, 物之精也; 言之所不能論, 意之所不能致者, 不期精粗焉.[1156] 是故大人之行, 不出乎害人, 不多仁恩;[1157] 動不爲利, 不賤門隸;[1158] 貨財弗爭, 不多辭讓; 事焉不借人,[1159] 不多食乎力; 不賤

1151) 信은 實이다. 曹礎基, 242頁, 주3 참조.

1152) 成玄英疏에 의하면, 精、微는 小이고; 부垺、은殷은 大이다. 王叔岷, 595頁, 주3 참조.

1153) 便은 辨(분별하다)과 통한다. 異便은 分別이다. 曹礎基, 上同, 주8 참조.

1154) 高誘(?-212)注에 의하면, 形은 勢이다. 따라서 勢는 形이다. 정精、미微와 부垺、은殷은 모두 形이다. 王叔岷, 上同, 주5 참조.

1155) 期는 定이다. 王叔岷, 上同, 주6 참조.

1156) 期는 待이니, 여기서는 헤아림이다. 曹礎基, 上同, 주14 참조.

1157) '不出乎害人'은 남을 해칠 마음이 없음이고; 多는 찬미이다. 曹礎基, 243頁, 주16 참조.

1158) 문예門隸는 노예이다. 曹礎基, 上同, 주17 참조.

貧汚; 行殊乎俗, 不多辟異;1160) 爲在從衆, 不賤佞諂. 世之爵祿不足以爲勸, 戮恥不足以爲辱, 知是非之不可爲分, 細大之不可爲倪.1161) 聞曰: '道人不聞,1162) 至德不得, 大人无己.' 約分之至也."1163)]

하백이 말하였다. "혹 사물의 밖 혹 사물 안, 어디에 근거하여 귀천貴賤을 구분하며, 어디에 근거하여 크고 작음을 구분합니까?"

발해의 약이 말하였다. "도道에서 보면, 사물에는 귀한 것 천한 것이 없네, 개체로 보면, 자기는 귀하고 상대는 천하며; (뭇)사람들에 따르면, 귀함과 천함은 자기에게 있지 않네. 차등의 관점에서, 자기보다 크기에 크다고 하면 만물은 크지 않은 것이 없고; 자기보다 작기에 작다고 하면 만물은 작지 않은 것이 없네. 천지天地가 낱알 만함을 알고 터럭 끝이 언덕이나 산만 함을 아는 것은 차등의 수치를 본 것이네. 공능功能에서 보면, 그것이 있기에 있다고 하면 만물은 있지 않은 것이 없고; 그것이 없기에 없다고 하면 만물은 없지 않은 것이 없네. 동서東西가 서로 반대임을 알면 서로 없을 수 없으니 공능의 분할이 정해진 것이네. 취향趣向에서 보아, 그것이 그렇기에 그렇다고 하면 만물은 그러하지 않은 것이 없고; 그것이 (그러한 것이) 아니라고 해서 아니라고 하면 만물은 (그러하지) 않은 것이 없네.

[河伯曰: "若物之外. 若物之內,1164) 惡至而倪貴賤?1165) 惡至而倪小

1159) 차인借人은 남에게 도움을 줌이다. 曹礎基, 上同, 주19 참조.

1160) 벽辟은 벽僻과 통하니, 偏(치우침)이다. 벽이辟異는 편이偏異이다. 曹礎基, 上同, 주22 참조.

1161) 예倪는 애한倪限이니, 限界이다. 王叔岷, 597頁, 주17 참조.

1162) 聞은 聞名(명성)이다. 曹礎基, 上同, 주28 참조.

1163) '約分之至'는 分限이 없음이다. 王叔岷, 上同, 주21 참조.

1164) 若은 或과 같다. 王叔岷, 598頁, 주1 참조.

大?" 北海若曰: "以道觀之, 物无貴賤; 以物觀之, 自貴而相賤, 以俗觀之, 貴賤不在己.[1166] 以差觀之, 因其所大而大之, 則萬物莫不大; 因其所小而小之, 則萬物莫不小. 知天地之爲稊米也, 知毫末之爲丘山也, 則差數覩矣. 以功觀之,[1167] 因其所有而有之, 則萬物莫不有; 因其所无而无之, 則萬物莫不无. 知東西之相反, 而不可以相无, 則功分定矣. 以趣觀之,[1168] 因其所然而然之, 則萬物莫不然; 因其所非而非之, 則萬物莫不非.]

요堯임금이나 걸桀임금이 스스로 그러함을 알고서 서로 그르다 하면 (각기) 지키는 취향을 볼 수가 있네. 옛날에 요나 순은 선양하여 임금이 되었으나, 자지子之나 (연왕燕王인) 쾌噲는 (선양을 했으나) 절명을 하였고; 탕湯이나 무武왕은 전쟁을 하여 왕이 되었으나 (초楚나라) 백공白公은 전쟁으로 멸망하였네. 이것으로 보면, 전쟁이나 선양의 예禮에는, (그리고) 요임금과 (폭군) 걸桀왕의 행동에는, 귀貴하고 천賤한 때가 있으니 항상恒常 같을 수 없네. 대들보는 성城을 허물 수 있으나 작은 구멍을 막을 수 없는 것은 기능이 다름을 말하고; 기기騏驥나 화류驊騮 (같은 준마)가 하루에 천리千里를 달리나 쥐 잡는 데는 삵이나 족제비만 못한 것은 재능이 다름을 말한 것이고; 솔개나 수리부엉이가 밤에 벼룩을 잡고 터럭 끝을 볼 수 있으나, 낮에 나오면 눈을 부릅떠도 언덕이나 산을 보지 못하는 것은 성능이 다름을 말한 것이네.

1165) 惡至는 何從?이니, 무엇에 근거하여 이다. 曹礎基, 244頁, 주1; 예倪는 한계이다. 王叔岷, 上同, 주2 참조.

1166) 첸무錢穆(1895-1990)은 『莊子纂箋』에서 마치창馬其昶(1855-1930)을 인용하여, 俗은 '徇乎人' (사람들을 따름)이라고 말한다. 王叔岷, 上同, 주5 참조.

1167) 功은 功能이나 功用이다. 王叔岷, 599頁, 주9 참조.

1168) 취趣는 추趨이니, 傾向이다. 曹礎基, 245頁, 주10 참조.

[知堯桀之自然而相非, 則趣操覩矣.[1169] 昔者堯舜讓而帝, 之噲讓而絕;[1170] 湯武爭而王, 白工爭而滅.[1171] 由此觀之, 爭讓之禮, 堯桀之行, 貴賤有時, 未可以爲常也. 梁麗可以衝城,[1172] 而不可以窒穴, 言殊器也; 騏驥驊騮一日而馳千里, 捕鼠不如狸狌,[1173] 言殊技也; 鴟鵂夜撮蚤, 察毫末, 晝出瞋目而不見丘山, 言殊性也.]

그러므로 말하네. '혹 옳음을 스승으로 보고 그름을 없는 것으로 하며, 다스림을 스승으로 보고 혼란을 없는 것으로 하는 것은 아닌가?' 이것은 천지의 도리와 만물의 실정을 아직 이해하지 못한 것이네. 이는 하늘을 스승으로 땅을 없는 것으로 보고, 음陰을 스승으로 양陽을 없는 것으로 보는 것과 같으니, 이것이 실행될 수 없음이 분명하네. 그러나 말만 하고 버리지 못하면 어리석거나 (남을) 속이는 일이네. 오제五帝와 삼왕三王은 선양 방식이 달랐고, (하, 은, 주) 삼대가 계승방법이 달랐네. 시기에 맞지 않고 세속에 거슬리면 찬탈자라 말하고; 시기에 맞고 세속에 순종하면 의義의 무리라고 하였네. 하백이여, 침묵하게나, 자네가 어찌 귀천의 도리나 대소大小의 한계를 알겠는가!"

[故曰: 蓋師是而无非,[1174] 師治而无亂乎? 是未明天地之理, 萬物之情者

1169) 취조趣操는 意趣(意向)를 가짐이다. 王叔岷, 上同, 주13 참조.

1170) 之는 燕나라 재상 子之이고; 쾌噲는 燕王의 이름이다. 子之나 噲는 莊子와 같은 시대이기에 昔者가 필요 없으나, 장자의 門人들이라면 昔者를 쓸 수 있다. 王叔岷, 600頁, 주1 참조.

1171) 楚나라 白公은 난리를 일으켜서 자살로 끝났다. 王叔岷, 上同, 주2 참조.

1172) 여麗는 여欐(들보)와 통하니, 양동梁棟은 대들보이니, 큰 나무이다. 질窒은 塞(막다)이고; 穴은 작은 구멍이다. 曹礎基, 上同, 주18 참조.

1173) 기기騏驥、화류驊騮는 모두 준마駿馬이다. 이狸는 삵이고; 생狌은 족제비이다. 曹礎基, 上同, 주20 참조.

1174) 蓋는 或과 같다. 王叔岷, 604頁, 주9 참조.

也. 是猶師天而无地, 師陰而无陽, 其不可行明矣. 然且語而不舍, 非愚則誣也.[1175] 帝王殊禪, 三代殊繼. 差其時[1176]、逆其俗者, 謂之簒夫; 當其時、順其俗者, 謂之義之徒. 默默乎河伯, 女惡知貴賤之門, 小大之家!"]

하백이 말하였다. "그러면 제가 무엇을 해야 합니까? 무엇을 하지 말아야 합니까? 제가 (무엇을) 사양하고 받으며; (어떻게) 나아가고 물러나야 합니까. 제가 도대체 어찌해야 합니까?"

발해 약이 말하였다. "도道에서 보면 무엇이 귀한 것이고 무엇이 천한 것인가, 이것은 전화轉化하는 것이네. 자네의 뜻을 고수固守하지 말게나, 도道와 크게 저촉될 수 있네. 무엇이 적고 무엇이 많은가, 이것은 (적은 것은 많은 것으로, 많은 것은 적은 것으로 전화하는) 대사代謝이고 전화轉化이네. 한 가지로만 행하지 말게, (아니면) 도와 어그러질 수 있네. 의젓하니 나라의 임금 같이 사사로운 덕德을 없게 하게! 유유하게 제사를 받는 토지 신[社]처럼 사사로이 복福을 주지 말게! 광활하니 사방의 끝이 없어 한계를 없게 하게! 만물들을 모두 품어주니 누구를 편들 것인가! 이것이 치우침이 없는 것이네. 만물들이 같은데 무엇이 짧고 무엇이 긴 것인가? 도道에는 끝도 시작도 없으나 개체에는 죽음과 삶이 있으니, 이루어졌다[成] 해도 (그것을) 믿을 수 없는 것이네. (만물은) 혹 비기도 하고 혹 차기도 하나, 그 모양[形]에 머무르지 않네. 나이는 기다릴 수 없고, 시간은 정지하지 않네. 소멸하면 생성하고 차면 비고, 끝나면 또 시작하네. 이것이 대도大道의 원칙을 말한 것이고, 만물의 도리를 논한 것이네. 개체가 생기면 말이 급히 달리듯 하고 말이 뛰어가듯 하니, 움직여 변하지 않음이 없고, 옮겨가지 않는 때가 없네. 무

1175) 誣는 편騙(속이다)이다. 曹礎基, 246頁, 주27 참조.

1176) '差其時'는 시기가 맞지 않음이다. 曹礎基, 上同, 주30 참조.

엇을 할 것인가? 무엇을 하지 말 것인가? (만물들은) 본래 변화를 마땅히 스스로 행할 뿐이네.”

[河伯曰: “然則我何爲乎? 何不爲乎? 吾辭受趣舍, 吾終奈何?”[1177] 北海若曰: “以道觀之, 何貴何賤, 是謂反衍.[1178] 无拘而志, 與道大蹇.[1179] 何少何多, 是謂謝施;[1180] 无一而行, 與道參差.[1181] 嚴嚴乎若國之有君,[1182] 其无私德; 繇繇乎若祭之有社,[1183] 其无私福; 泛泛乎其若四方之无窮, 其无所畛域.[1184] 兼懷萬物, 其孰承翼![1185] 是謂无方.[1186] 萬物一齊, 孰短孰長? 道无終始, 物有死生, 不恃其成; 一虛一盈, 不位乎其形.[1187] 年不可擧,[1188] 時不可止; 消息盈虛, 終則有始.[1189] 是所以語

1177) 辭는 거절이고; 受는 接受이고; 취趣는 進取이고; 舍는 放棄이다. 終은 究竟이다. 曹礎基, 247頁, 주1 참조.

1178) 衍은 延과 통하니, 발전이다. 反衍은 반대방향으로 발전하는 것이니, 轉化이다. 貴는 전화하여 賤이 되고, 賤은 전화하여 貴가 된다. 曹礎基, 247頁, 주2 참조.

1179) 无는 毋이고; 拘는 固守이고; 而는 你이고; 건蹇은 저색阻塞이니, 저촉抵觸이다. 曹礎基, 上同, 주3 참조.

1180) 代謝의 謝는 쇠락衰落이니, 減少이고; 施는 移이니, 전轉(구르다)이다. 曹礎基, 上同, 주4 참조.

1181) 一은 專(오로지)이다. 王叔岷, 607頁, 주6 참조.

1182) 엄嚴과 엄儼(의젓하게)은 古通이다. 王叔岷, 上同, 주7 참조.

1183) 요요繇繇는 유유悠悠와 통하니, 自得한 모양이다. 社는 토지의 神이다. 曹礎基, 上同, 주7 참조.

1184) 범범泛泛은 범범汎汎과 같다. 成玄英疏에 의하면, 汎汎은 보편의 모습이다. ‘无所畛域’은 ‘不可界限’이다. 王叔岷, 608頁, 주9 참조.

1185) 孔穎達(574-648)疏에, 회懷는 安撫(편안히 어루만지다)이다. 承翼은 扶翼(돕다)이니, 扶助이다. 王叔岷, 上同, 주10 참조.

1186) 왕셴첸王先謙(1842-1917)注에 의하면, 無方은 偏向이 없음이다. 陳鼓應, 457頁, 주10 참조.

1187) 一은 或이다. 리우셴신劉咸炘(1897-1932)을 인용하여, 錢穆(1895-1990)은 『莊子纂箋』에서, ‘不位’는 『老子』에서 말하는 ‘不居’라고 말한다. 王叔岷, 609頁, 주14 참조.

1188) 擧、與는 古通인데, 與는 待와 같다. ‘年不可擧’는 ‘年不可待’이다. 王叔岷, 上

大義之方,[1190] 論萬物之理也. 物之生也, 若驟若馳, 无動而不變, 无時而不移. 何爲乎? 何不爲乎? 夫固將自化!"[1191]]

하백이 말하였다. "그러면 도道에서 무엇이 귀한 것입니까?"

발해의 약이 말했다. "도를 알자면 반드시 이치[理]에 통달해야 하고, 이치에 통달하려면 반드시 변화를 이해해야 하고, 변화를 이해하면 외물은 자기를 해치지 않네. 덕이 지극한 이는 불에 데지 않고, 물에 빠지지 않고, 추위와 더위가 해를 끼칠 수 없고, 금수禽獸도 해칠 수 없는데, (이것은) 그들이 압박한다는 것이 아니라 안위安危를 관찰하고, 화복禍福에 냉정하며, 거취去就에 신중해서 해칠 수 없음을 말한 것이네. 따라서 말하네. '천성天性을 내심에 온장하고, 인사人事는 외부(행동)에서 나타나고, 덕德은 천성天性에서 나타난다.' 천성天性과 인위人爲의 운동변화를 알려면 천성을 근본으로 하고, 천덕天德을 안수安守해야 하며, 혹 주저하고 (몸을) 굽혔다 펴면서 근본으로 돌아가, 말이 끝나니 (침묵해야) 하네."

(하백이) 말했다. "무엇이 자연[天]입니까? 무엇이 인위人爲입니까?"

발해의 약이 말했다. "소와 말의 네 다리, 그것이 자연이고; 말 머리를 묶고 코뚜레를 끼우니, 이것이 인위이네. 따라서 말하네. '인위로 자연을 파괴하지 말고, 기교로 자연의 명命을 소멸하지 말며, (이익을) 얻고자 이름을 좇지 말고 (자연을) 삼가 지키고 잃지 않는 것, 이것이

同, 주15 참조.

1189) 消息은 消滅과 生息이다. 有는 又로 읽는다. 王叔岷, 上同, 주17 참조.

1190) '大義之方'은 大道의 方向、原則이다. 曹礎基, 248頁, 주15 참조.

1191) 將은 마땅히 當이다. 王叔岷, 610頁, 주 19; 固는 本來이고, 自化는 변화를 스스로 행함이다. 曹礎基, 248頁, 주16 참조.

참[眞]으로 되돌아가는 것이네.”

[河伯曰: “然則何貴於道邪?” 北海若曰: “知道者必達於理, 達於理者必明於權,1192) 明於權者不以物害己. 至德者, 火弗能熱, 水弗能溺, 寒暑弗能害, 禽獸不能賊,1193) 非謂其薄之也,1194) 言察乎安危, 寧於禍福,1195) 謹於去就, 莫之能害也. 故曰: 天在內, 人在外, 德在乎天.1196) 知天人之行,1197) 本乎天, 位乎得,1198) 蹢躅而屈伸,1199) 反要而語極.”1200) 曰: “何謂天? 何謂人?” 北海若曰: “牛馬四足, 是謂天; 落馬首,1201) 穿牛鼻, 是謂人. 故曰: 无以人滅天, 无以故滅命,1202) 无以得殉名,1203) 謹守而勿失, 是謂反其眞.”]

▶ 17-2:

1192) 權은 變이다. 曹礎基, 上同, 주1 참조.

1193) 賊 또한 害이다. 王叔岷, 611頁, 주3 참조.

1194) 박薄은 迫이다. 王叔岷, 上同, 주4 참조.

1195) 寧은 靜이니 冷靜함이다. 曹礎基, 上同, 주3 참조.

1196) '天在內'란 天性을 內心에 온장蘊藏했음이고; '人在外'는 외부 행동에서 人事를 표현함이고; '德在乎天'은 天性에서 道德을 體現함이다. 曹礎基, 上同, 주4 참조.

1197) '天人'은 天性과 人爲이고; 行은 動이니, 운동변화이다. 曹礎基, 上同, 주5 참조.

1198) 得은 德과 통하니, 마땅히 德이다. '位乎得'은 天德을 安守함이다. 曹礎基, 上同, 주7 참조.

1199) 척촉蹢躅은 進退가 확정되지 않은 모습이니, 척촉蹢躅으로 쓰기도 한다. 或進或退이다. 曹礎基, 上同, 주8 참조.

1200) 反은 返이고; 要는 本要이다. 反要는 歸根返本이다. 極은 盡이니, 語極은 언어가 이에 이르러 끝남이니, 沈默하고 無言함이다. 曹礎基, 249頁, 주9 참조.

1201) 落은 낙絡(실로 묶음)이다. 王叔岷, 612頁, 주9 참조.

1202) 故는 巧故이며, 리우셴신劉咸炘(1897-1932)에 의하면, 自然의 分이 命이니, 命은 自然이다. 王叔岷, 612頁, 주11 참조.

1203) 得은 貪이고; 순殉은 축逐(좇다)이다. 王叔岷, 613頁, 주12 참조.

외발짐승[夔]이 (다리가 많은) 노래기를 부러워하고, 노래기는 (다리가 없는) 뱀을 부러워하고, 뱀은 (형체가 없는) 바람을 부러워하고, 바람은 눈짓을 부러워하고, 눈짓은 (아무 것도 없는) 마음을 부러워한다.

외발짐승이 노래기에게 말한다. '나는 발 하나로 뛰어오르며 다니는데, 나는 (별 다른) 방법이 없소. 지금 자네는 만개의 발을 움직이니 장차 어쩔 셈인가?'

노래기가 말한다. '그렇지 않소. 자네는 (입에서 물을) 뿜어내는 것을 보지 못했소? 뿜으면 큰 것은 진주만 하고, 작은 것은 안개 같은데, 섞여서 내리면 다 셀 수 없소. 지금 나는 나의 본능을 움직인 것이요, 그렇게 된 이유는 모르오.'

노래기가 뱀에게 말한다. '나는 많은 다리들로 가는데도 자네의 무족無足을 따라잡지 못하니, 무엇 때문인가?'

뱀이 말한다. '본능으로 움직인 것인데 어떻게 바꾸겠나? 내 어찌 발을 쓸 수 있는가?'

뱀이 바람에게 말한다. '나는 나의 척추와 옆구리를 움직여 가는데, 마치 (다리가) 있는 것 같네. 지금 자네는 (바람과 먼지가) 굴러서 북쪽바다에서 일어나 굴러서 남쪽바다로 들어가니 아무 것도 없는 것 같은데, 무엇인가?'

바람이 말한다. '그러네. 나는 불리어 북쪽바다에서 일어나 남쪽바다로 들어가네. 그러나 (나는 유약하기에) 손가락으로 나를 지목하면 나를 이길 수 있고, (발로) 나를 밟으면 또한 나를 이길 수 있네. 비록 그러나 큰 나무를 부러뜨리고 큰 집을 날려 보내는 것은 나만이 할 수 있네. 그러므로 많은 작은 것들을 이기지 못함을 큰 승리로 만드네. 크게 이기는 것은 성인만이 할 수 있네.'

[夔憐蚿,1204) 蚿憐蛇, 蛇憐風, 風憐目, 目憐心. 夔謂蚿曰: "吾以一足

跉踔而行,[1205] 予无如矣.[1206] 今子之使萬足, 獨奈何?"[1207] 蚿曰: "不然. 子不見夫唾者乎? 噴則大者如珠, 小者如霧, 雜而下者不可勝數也. 今予動吾天機,[1208] 而不知其所以然." 蚿謂蛇曰: "吾以衆足行, 而不及子之无足, 何也?" 蛇曰: "夫天機之所動, 何可易邪? 吾安用足哉!" 蛇謂風曰: "予動吾脊脅而行, 則有似也.[1209] 今子蓬蓬然起於北海, 蓬蓬然入於南海,[1210] 而似无有, 何也?" 風曰: "然. 予蓬蓬然起於北海, 而入於南海也. 然而指我則勝我, 鰌我亦勝我.[1211] 雖然, 夫折大木, 蜚大屋者, 唯我能也. 故以衆小不勝爲大勝也. 爲大勝者, 唯聖人能之."]

▶ 17-3:

공자가 광匡땅에서 노닐다가 위衛나라 사람들이 그를 포위하니, 수 겹이었으나 현악기를 타고 노래하기를 그치지 않았다. 자로子路가 들어가 (공자를) 뵙고 말하였다. "왜 선생님께서는 즐거우십니까?"

공자가 말하였다. "오너라! 내가 자네에게 말하겠네. 나는 곤궁함을 피한지 오래되었으나, 면할 수 없다면 운명[命]이고; 순리를 찾은 지 오래되었으나, 얻지 못한 것은 시세時勢이네. 요임금이나 순임금 시절

1204) 연憐은 선모羨慕(부러워함)이다. 曹礎基, 249頁, 주1 참조.

1205) 成玄英疏에 의하면, 참탁跉踔은 도척跳躑(뛰어오름)이다. 王叔岷, 614頁, 주2 참조.

1206) 无如는 无如何가 생략된 것이다. 曹礎基, 250頁, 주3 참조.

1207) '獨柰何' 는 '장차 어쩔 셈인가?' 이다. 『莊子譯注』, 156頁, 주4 참조.

1208) 天機는 天生의 機能, 즉 本能이다. 曹礎基, 上同, 주6 참조.

1209) 成玄英疏에 의하면, 似는 像이니, 뱀이 비록 다리가 없지만, 形像은 있다. '則有似也' 는 '則似有也' 이다. '似有' 는 도치된 것이니, 뜻이 통하기 어렵다. 王叔岷, 616頁, 주6 참조.

1210) 봉봉蓬蓬은 바람과 먼지가 구르는 모양이다. 공중에서 轉動하니 모양은 안 보이니, 따라서 아무것도 없는 것 같음이다. 曹礎基, 上同, 주10 참조.

1211) 추鰌(미꾸라지)는 추蹭(밟다)와 통하니, 답踏(밟다)이다. 曹礎基, 上同, 주11 참조.

에는 곤궁을 당한 사람이 없었다는 것도 지혜로써 얻은 것은 아니며; 걸桀이나 주紂임금 때에 순통한 사람이 없는 것도 지혜로써 잃은 것이 아니네. 시세時勢가 마침 그러한 것이었네. 물속을 다니면서 용이나 교룡[蛟]을 피하지 않은 것은 어부의 용기이고; 뭍을 다니면서 코뿔소나 호랑이를 피하지 않은 것은 사냥꾼의 용기이며; 서슬이 번쩍이는 칼이 앞에서 교차하는데도 죽음을 삶처럼 보는 것은 열사烈士의 용기이며; 궁핍에는 운명이 있음을 알고, 순통함도 때가 있음을 알면서, 큰 난리를 만나도 두려워하지 않는 것은 성인의 용기이네. 자로子路여, (가만히) 있게! 나의 운명도 (곧) 멈출 것이네!"

얼마 안 있어 갑사甲士를 이끄는 관리가 들어와서 사죄하며 말했다. "양호陽虎로 여겨서 포위하였습니다. 지금 (당신은) 아니니 사죄하며 물러납니다."

[孔子遊於匡, 衛人圍之數帀, 而弦歌不惙.[1212] 子路入見, 曰: "何夫子之娛也?"[1213] 孔子曰: "來! 吾語女. 我諱窮久矣,[1214] 而不免, 命也; 求通久矣,[1215] 而不得, 時也.[1216] 當堯舜之時而天下无窮人, 非知得也;[1217] 當桀紂之時而天下无通人, 非知失也. 時勢適然. 夫水行不避蛟龍者, 漁父之勇也;[1218] 陸行不避兕虎者, 獵夫之勇也; 白刃交於前, 視死若生者, 烈士之勇也; 知窮之有命, 知通之有時, 臨大難而不懼者, 聖

1212) 현弦、현絃은 古、今자이다. 王叔岷, 618-619頁, 주1 참조.

1213) 오娛는 樂이다. 王叔岷, 619頁, 주3 참조.

1214) 成玄英疏에, 휘諱는 기忌(싫어함)이라 했지만, 궁窮을 증오하는 것은 공자의 뜻이 아니니, 휘諱는 피避이다. 王叔岷, 上同, 주5 참조.

1215) 通은 順利、得意이다. 曹礎基, 251頁, 주6 참조.

1216) 時는 時勢이다. 曹礎基, 上同, 주7 참조.

1217) 知는 智와 통한다. 曹礎基, 上同, 주9 참조.

1218) 교蛟는 龍이나 뿔이 없음이고; 漁父는 漁夫를 말한다. 曹礎基, 上同, 주12 참조.

人之勇也. 由處矣, 吾命有所制矣."1219) 无幾何, 將甲者進,1220) 辭曰: "以爲陽虎也, 故圍之. 今非也, 請辭而退."]

▶ 17-4:

공손룡公孫龍이 위魏나라 (공자公子인) 모牟에게 물었다. "저는 어려서 선왕先王의 도道를 배우고, 커서는 인의仁義의 행동을 이해했으며, (사물의) 다름[異]과 같음[同]을 합치고, (굳고 하얀 돌[堅白石]에서) 굳음과 흼을 분리하고, 그렇지 않음[不然]을 그렇다[然] 하고, 불가[不可]를 가능[可]하다고 했습니다. 백가百家들의 지식을 곤란하게 하고, 여러 사람들의 변론을 궁박하여, 저 스스로 지극히 통달했다고 여겼습니다. 지금 제가 장자莊子의 말씀을 들으니 막연하여 경이롭습니다. 알지 못하겠으니, (저의) 담론이 못 미치는 것입니까? 아는데 (그만) 못한 것입니까? 지금 저는 제 주둥이를 열 수도 없으니, (열) 방법을 묻습니다."

공자公子인 모牟는 책상에 기대어 크게 탄식하고, 하늘을 쳐다보고 웃으며 말했다. "자네는 홀로 우물구덩이의 개구리(얘기)를 듣지 못했는가? (그가) 동해東海의 자라에게 말했네. '내가 즐거운가? 내가 우물 난간위로 뛰어오르면 깨진 벽돌 가장자리에 들어가서 쉬거나, 물에 뜨면 (물이 내) 겨드랑이와 턱을 받아들고, 진흙을 밟으면 발이 덮이거나 발등이 가려지네. 장구벌레나 게, 올챙이들을 돌아보면, 나만큼 할 수 있는 것이 없네. 또한 구덩이의 물을 독점하니, 넓적다리를 벌려 우물구덩이의 즐거움을 즐기니 이것 또한 즐거움이니, 선생께서는 때때로 들어와 보시지 않겠습니까?'

1219) 制는 止(멎다)와 같다. 王叔岷, 620頁, 주11 참조.

1220) 將은 率領(통솔)이다. '將甲者'는 甲士를 이끄는 將官이다. 曹礎基, 252頁, 주16 참조.

[公孫龍問於魏牟曰:[1221] “龍少學先王之道, 長而明仁義之行, 合同異, 離堅白; 然不然, 可不可. 困百家之知, 窮衆口之辯, 吾自以爲至達矣. 今吾聞莊子之言, 汒焉異之.[1222] 不知, 論之不及與?[1223] 知之, 弗若與? 今吾无所開吾喙, 敢問其方.”[1224] 公子牟隱机大息, 仰天而笑曰: “子獨不聞夫埳井之鼃乎? 謂東海之鱉曰: ‘吾樂與! 出跳梁乎井幹之上, 入休乎缺甃之崖; 赴水則接腋持頤,[1225] 蹶泥則沒足滅跗.[1226] 還虷蟹與科斗,[1227] 莫吾能若也. 且夫擅一壑之水,[1228] 而跨跱埳井之樂,[1229] 此亦至矣, 夫子奚不時來入觀乎!’]

동해의 자라가 왼발을 아직 넣지 않았는데 오른쪽 무릎이 이미 (단단히) 걸렸네. 이에 머뭇거리며 물러나서 그에게 바다를 말해주었네. ‘천리나 되는 먼 길도 바다의 크기에 해당되지 않으며; 천 길의 높이도 바다의 깊이를 다하지 못하네. 우禹임금 때 19년 홍수가 났으나 (바다에는) 물이 더 보태지지 않았고; 탕湯임금 때 8년 동안 일곱 번 가물었으나 물가는 더 줄어들지 않았네. (바다는) 잠시거나 오래거나 변하지 않

1221) 魏牟는 魏나라 公子이기에 公子牟로 불린다. 曹礎基, 253頁, 주1 참조.

1222) 망언汒焉은 망연茫然이니, 汒은 아마도 茫자이다. 焉､然은 같은 뜻이다. 王叔岷, 622頁, 주3 참조.

1223) 論은 談論이고; 與는 여歟와 통한다. 曹礎基, 上同, 주7 참조.

1224) 方은 術이니, 방법이다. 曹礎基, 上同, 주9 참조.

1225) 接이나 持는 받침이다. 曹礎基, 上同, 주12 참조.

1226) 궐蹶은 답踏(밟다)이고; 부跗는 발등이다. 沒､滅은 매埋(묻다)의 뜻이다. 曹礎基, 上同, 주13 참조.

1227) 간虷은 장구벌레이고; 해蟹는 게이고; 科斗는 蝌蚪(올챙이)이다. 曹礎基, 上同, 주14 참조.

1228) 천擅은 獨占이고; 학壑은 갱坑(구덩이)이다. 曹礎基, 254頁, 주16참조.

1229) 과치跨跱는 넓적다리를 벌리고 일어남이다. 曹礎基, 上同, 주17 참조.

고, 많거나 적거나 나가거나 물러남이 없으니, 이것 또한 동해의 즐거움이네.'

이에 우물구덩이의 개구리는 이 말을 듣고서, 깜짝 놀라며 좁은 마음에 자신이 못났다고 느꼈네. 또한 (인간의) 지식은 시비是非의 한계를 모르나 오히려 장자莊子의 말씀을 보려고 하는 것, 이것은 마치 모기로 하여금 산을 등에 지게 하고, 노래기로 하여금 황하를 달리게 하는 것이니, 반드시 감당할 수 없는 것이네. 또한 지식은 아주 묘한 (장자莊子의) 말씀을 논할 줄 모르면서 한 때의 이익을 스스로 추구하려는 것, 이것이 우물구덩이의 개구리가 아닌가! 또한 그(장자)는 바야흐로 땅속의 샘물[黃泉]을 밟고서 하늘의 높은 곳에 오르니, 남쪽도 북쪽도 아닌데 풀어지듯 사방에 통달하고, 측정할 수 없는 깊이에 몰입하였고; 서쪽도 아니고 동쪽도 아닌데 미묘한 경지에서 시작하여 통하지 않는 곳이 없는[大通] 경지로 돌아왔네. (허나) 자네는 꾀죄죄하게 좁은 생각에서 구하려 하고 논변에서 찾고자 하니, 이것은 다만 (좁은) 구멍으로 하늘을 보는 것이고, 송곳으로 점点찍어 땅을 재보는 것이니, 또한 조그만 일이 아니겠는가! 자네는 떠나 버리게! 또한 자네는 홀로 (조趙나라) 수릉壽陵의 소년이 (서울인) 한단邯鄲에서 걷는 법을 배운 얘기를 못 들었는가? 나라 사람들이 할 수 있는 것을 하지도 못하고, 또 예전의 걸음 방법을 잊어버리고 다만 기어서 돌아왔을 뿐이네. 지금 자네가 떠나지 않으면, 장차 자네의 옛 방법도 잊어버리고 자네의 직업도 잃게 되네."

공손룡은 입을 열고 다물지 못했으며, 혀를 들었으나 내려놓지 못하고, 이에 도망쳐버렸다.

[東海之鱉左足未入, 而右膝已縶矣.[1230] 於是逡巡而卻,[1231] 告之海曰: '夫千里之遠, 不足以擧其大; 千仞之高, 不足以極其深. 禹之時十年九

潦, 而水弗爲加益; 湯之時八年七旱, 而崖不爲加損. 夫不爲頃、久推移,[1232] 不以多、少進退者, 此亦東海之大樂也.' 於是埳井之鼃聞之, 適適然驚,[1233] 規規然自失也.[1234] 且夫知不知是非之竟,[1235] 而猶欲觀於莊子之言, 是猶使蚉負山, 商蚷馳河也,[1236] 必不勝任矣. 且夫知不知論極妙之言,[1237] 而自適一時之利者, 是非埳井之鼃與! 且彼方跐黃泉, 而登大皇,[1238] 无南无北, 奭然四解,[1239] 淪於不測;[1240] 无東无西, 始於玄冥,[1241] 反於大通.[1242] 子乃規規然而求之以察,[1243] 索之以辯, 是直用管窺天, 用錐指地也,[1244] 不亦小乎! 子往矣! 且子獨不聞夫壽陵餘子

1230) 집縶은 반絆(얽어매다)이다. 王叔岷, 625頁, 주13 참조.

1231) 준순逡巡은 지의遲疑하며 배회徘徊하는 모양이다. 曹礎基, 上同, 주21 참조.

1232) 경頃은 잠시이다. 曹礎基, 上同, 주28 참조.

1233) 適適然은 노란 모양이다. 曹礎基, 上同, 주30 참조.

1234) 規規然은 협소한 모양이고; 自失은 자기가 남만 못함이다. 曹礎基, 上同, 주31 참조.

1235) 왕셴첸王先謙(1842-1917)에 의하면, 위의 知는 智이고; 竟、境은 古、今字이다. 王叔岷, 628頁, 주1 참조.

1236) 司馬彪(?-306)에 의하면, 상거商蚷는 노래기이다. 王叔岷, 上同, 주2 참조.

1237) 極妙는 無限微妙이다. 極妙之言은 莊子의 高論을 가리킨다. 適은 往이니, 追求이다. 與는 歟다. 曹礎基, 上同, 주34 참조.

1238) 彼는 莊子를 가리키며; 方은 正在이고; 차跐는 밟음이고; 黃泉은 땅속의 샘물이고; 大皇은 하늘의 높은 곳이다. 曹礎基, 上同, 주35 참조.

1239) 석奭은 釋의 가차이니, 釋然은 조금도 장애 받지 않는 모양이다. 四解는 사방의 通達이다. 曹礎基, 255頁, 주36 참조.

1240) 윤淪은 入이고; 不測은 측정할 수 없는 깊이를 가리킨다. 曹礎基, 上同, 주37 참조.

1241) 郭慶藩『莊子集釋』에서는, '無東無西'를 마땅히 '無西無東'으로 보았는데, 東과 (大)通과 韻 때문이다. 王叔岷, 629頁, 주5; 始는 開始이고; 玄冥은 미묘한 경계이다. 曹礎基, 上同, 주39 참조.

1242) 反은 返이고; 大通은 無所不通의 경계이다. 曹礎基, 上同, 주40 참조.

1243) 乃는 却(도리어)이고; 規規然은 비루한 모양이고; 察은 細看이니, 좁은 관점이다. '求之以察'은 좁은 관점에서 비교함이다. 曹礎基, 上同, 주41 참조.

1244) 指는 点이니, 指地는 땅을 점찍어 재보는 것이다. 曹礎基, 上同, 주43 참조.

之學行於邯鄲與?[1245] 未得國能, 又失其故行矣. 直匍匐而歸耳. 今子不去, 將忘子之故, 失子之業." 公孫龍口呿而不合,[1246] 舌擧而不下, 乃逸而走.[1247])]

▶ 17-5:

장자가 복수濮水에서 낚시를 하는데, 초나라 (위威)왕이 대부 두 사람을 사신으로 보내어 말하게 하였다. "나라 안의 일로써 폐를 끼치겠습니다!"

장자는 낚시 대를 들고 뒤돌아보지 않으며. 말했다. "내가 듣기에, 초나라에 신성한 거북이 있어서 죽은 지 이미 3,000년인데, 왕께서 대그릇에 담아 천으로 감싸서 종묘 위에 감추어 두었네. 이 거북은 차라리 죽어서 뼈를 남기어 귀하고 싶은가? 차라리 살아서 진흙 속에서 꼬리를 끌겠는가?"

두 대부들은 말했다. "차라리 살아서 진흙 속에서 꼬리를 끌 것입니다."

장자는 말했다. "가시오! 나는 장차 진흙 속에서 꼬리를 끌 것이오."

[莊子釣於濮水, 楚王使大夫二人往先焉,[1248] 曰: "願以境內累矣!" 莊子持竿不顧, 曰: "吾聞楚有神龜, 死已三千歲矣, 王巾笥而藏之廟堂之上. 此龜者, 寧其死爲留骨而貴乎? 寧其生而曳尾於塗中乎?"[1249] 二大夫

1245) 成玄英(608-669)은, 수릉壽陵이 燕나라 邑이라 말했으나, 아마도 趙나라 읍이다. 餘子는 少年이다. 曹礎基, 上同, 주44 참조.

1246) 거呿、거祛는 古通이다. 祛는 開이다. 王叔岷, 630頁, 주9 참조.

1247) 逸(달아나다)은 逃(도망치다)이다. 曹礎基, 上同, 주49 참조.

1248) 司馬彪(?-306)에 의하면, 楚王은 楚나라 威王이다. 先은 (王의 말을) 선포함이다. 王叔岷, 631頁, 주1 참조.

曰: "寧生而曳尾塗中." 莊子曰: "往矣! 吾將曳尾於塗中."]

▶ 17-6:

혜시惠施가 양梁나라 재상인데, 장자가 가서 그를 보고자 하였다. 누가 혜시에게 말했다. "장자가 오니, 당신을 대신하여 재상이 되려고 합니다."

이에 혜시가 놀라서, 나라 안에서 삼일 낮 삼일 밤을 (장자를) 찾았다. 장자가 가서 그를 만나서 말했다. "남방에 새가 있는데, 그 이름이 원추鵷鶵새인데, 자네가 그것을 아는가? 원추는 남해南海에서 출발해서 북해北海로 가는데, 오동나무가 아니면 쉬지 않고, '멀구슬' 나무 열매가 아니면 먹지 않고, 예천醴泉의 물이 아니면 마시지 않네. 이에 올빼미가 썩은 쥐를 얻었는데, 원추가 지나가니 위로 그것을 보고, '악!' 하였네. 지금 자네가 자네의 양梁나라 때문에 나를 (보고) 악! 하고 놀라는가?"

[惠子相梁, 莊子往見之. 或謂惠子曰: "莊子來, 欲代子相." 於是惠子恐, 搜於國中三日三夜. 莊子往見之, 曰: "南方有鳥, 其名爲鵷鶵, 子知之乎? 夫鵷鶵, 發於南海, 而飛於北海, 非梧桐不止, 非練實不食,[1250] 非醴泉不飮.[1251] 於是鴟得腐鼠, 鵷鶵過之, 仰而視之曰: '嚇!' 今子欲以子之梁國而嚇我邪?"]

▶ 17-7:

장자와 혜시가 호濠강의 다리에서 노닐었다. 장자가 말했다. "피

1249) 도塗는 진흙(泥)이다. 王叔岷, 632頁, 주6 참조.

1250) 武延緖(19세기)에 의하면, 연실楝實(멀구슬나무 열매)은 鳳凰이 먹는다고 하는데, 아마도 연練은 연楝의 가차이다. 王叔岷, 634頁, 주7 참조.

1251) 예천醴泉은 美泉이니, 생김이 醴酒(감주)와 같다. 王叔岷, 635頁, 주8 참조.

라미들이 나와서 스스로 자족하고 노니, 이것은 물고기들의 즐거움이네."

혜시가 말하였다. "자네가 물고기가 아닌데, 어찌 물고기가 즐거운지 알겠나?"

장자가 말했다. "자네가 내가 아닌데, 내가 물고기의 즐거움을 모르는 줄 어떻게 아는가?"

혜시가 말했다. "나는 자네가 아니니, 진실로 자네를 모른다고 하겠네. 자네는 진실로 물고기가 아니니, 자네가 물고기의 즐거움을 모른다 하면 되는 것이네."

장자가 말하였다. "처음을 따라가세. 자네가, '네가 어찌 물고기의 즐거움을 아는가?' 라고 말한 것은, 일단 (자네가) 이미 '내가 그것을 안다는 것' 을 알고서 나에게 물은 것이네. 나는 그것을 호濠강 위에서 안 것이네."

[莊子與惠子遊於濠梁之上. 莊子曰: "儵魚出遊從容,[1252] 是魚之樂也." 惠子曰: "子非魚, 安知魚之樂?" 莊子曰: "子非我, 安知我不知魚之樂?" 惠子曰: "我非子, 固不知子矣; 子固非魚也, 子之不知魚之樂, 全矣." 莊子曰: "請循其本.[1253] 子曰: '汝安知魚樂' 云者, 旣已知吾知之而問我, 我知之濠上也."]

1252) 從容은 自得(스스로 만족함)하는 모습이다. 曹礎基, 257頁, 주2 참조.

1253) 순循(좇다)은 좇음이고; 本은 始이다. 曹礎基, 上同, 주4 참조.

18. 지락(至樂: 지극한 즐거움)

'지락至樂'은 편 머리의 두 글자이니, 지극한 쾌락이란 뜻이다. 사람에게는 무엇이 최대의 쾌락인가? 사람들은 삶과 죽음을 어떻게 대해야 하나? 본 편은 이런 문제를 토론하고 회답을 모색하고 있다. 작자는 세속에서 추구하는 부귀나 장수에 쾌락이 있다고 여기나, 이런 것들은 해로운 면도 있으니, 지락至樂은 아니라고 본다. 이 편의 작자는 다만 무위無爲하여 자연에 맡기고 천도天道를 본받는 것이 '지락'이라고 보는 것이다. 결론은 "지극한 즐거움[至樂]은 즐거움이 없는 것[無樂]이요; 지극한 명예[至譽]는 명예가 없는 것[無譽]"이다.

▶ 18-1:

천하에 지극한 즐거움이란 있는 것인가 없는 것인가? 몸을 살릴 길은 있는 것인가 없는 것인가? 지금 무엇을 하고 무엇에 의거依據하는가? 무엇을 피하고 무엇에 처하는가? 무엇을 취하고 무엇을 제거하는가? 무엇을 즐기고 무엇을 싫어하는가? 대개 세상에서 존귀하게 여기는 것은: 부함, 귀함, 장수와 아름다움[美]이다. 즐기는 것은: 몸의 편안함, 진한 맛, 아름다운 옷, 아름다운 용모, 음音과 소리聲이다. 아래로 여기는 것은: 가난함, 비천함, 요절夭折, 헐뜯음[譏毁]이다. 고생으로

여기는 것은: 몸이 안일安逸할 수 없음, 입이 맛있는 음식을 얻을 수 없음, 몸이 아름다운 옷을 얻을 수 없음, 눈이 아름다운 용모를 얻을 수 없음, 귀가 황홀한 음악을 얻을 수 없음이다. 만약 [이런 것들을] 얻을 수 없으면 크게 걱정하고 두려워하게 되니, 몸의 보양保養 또한 어리석은 일이 된다.

[天下有至樂无有哉? 有可以活身者無有哉? 今奚爲奚據? 奚避奚處? 奚就奚去? 奚樂奚惡? 夫天下之所尊者: 富, 貴, 壽, 善也;[1254] 所樂者: 身安, 厚味, 美服, 好色, 音聲也; 所下者:[1255] 貧, 賤, 夭, 惡也;[1256] 所苦者, 身不得安逸, 口不得厚味, 形不得美服, 目不得好色, 耳不得音聲. 若不得者, 則大憂以懼, 其爲形也亦愚哉![1257]]

▶ 18-2:

대개 부자는, 몸을 괴롭히며 열심히 일하여 재산을 많이 쌓지만 다 쓸 수는 없으니, 몸을 위함에는 소원疏遠하게 된다! 대개 귀한 이들은, 밤으로 낮을 이어가며 좋고 나쁨을 깊게 생각하니, 몸을 위함에는 또한 소원한 것이다! 사람은 태어나면 근심과 함께 살아가니, 장수하는 자는 정신이 흐린데도 오랫동안 근심하며 죽지 않으니, 얼마나 괴롭겠는가! 몸을 위함이 또한 소원한 것이다! 열사烈士는 천하 (사람들이) 선하다고는 하지만, (자기) 몸도 살리기에는 족하지 않다. 나는 [세상에서 말하는] 선함이 진실로 선한 것인지 진실로 선하지 않은 것인지 아직 모

1254) 善은 美이다. 美와 善은 같은 뜻이다. 王叔岷, 640頁, 주2 참조.

1255) '所下者'는 아래로 여기는 것, 비천하게 여기는 것이다. 『莊子譯注』, 164頁, 주4 참조.

1256) 惡는 참훼讒毁(헐뜯음)이다. 王叔岷, 上同, 주3 참조.

1257) 爲形은 몸을 保養함이다. 曹礎基, 259頁, 주7 참조.

른다. 만약 선한 것이라면 (자기) 몸 살리기에 부족하며, 선함이 아니라고 한다면 (이것은) 사람들을 살리는데 족하다. 그러므로 말한다. '충직하게 간언해도 (임금이) 듣지 않으면 뒤로 물러나고 다투지 말라!' 그러므로 (오伍)자서子胥는 다툼으로써 몸을 망쳤다. 다투지 않았다면 [충렬이란] 이름 또한 이루어지지 않았다. 진실로 선함이란 있는가 없는가?

[夫富者, 苦身疾作,1258) 多積財而不得盡用, 其爲形也亦外矣!1259) 夫貴者, 夜以繼日, 思慮善否, 其爲形也亦疏矣! 人之生也, 與憂俱生, 壽者惛惛,1260) 久憂不死, 何苦也! 其爲形也亦遠矣! 烈士爲天下見善矣,1261) 未足以活身. 吾未知善之 誠善邪? 誠不善邪? 若以爲善矣, 不足活身; 以爲不善矣, 足以活人. 故曰: "忠諫不聽, 蹲循勿爭."1262) 故夫子胥爭之, 以殘其形. 不爭, 名亦不成. 誠有善无有哉?]

▶ 18-3:

지금 세속 사람들이 행위를 하고 즐기는데, 나는 또한 즐기는 것이 과연 즐거움인지 과연 즐거움이 아닌지 알 수 없다. 내가 세속 사람들이 즐기는 것을 보니, 모두 무리를 지어 달려가며, 과감하게 그치려 하지 않으며, 모두 즐겁다고 말하는데, 나는 그것이 즐거운 것이라 여기지도 않으며, 또한 그것이 즐겁지 않은 것으로도 여기지 않는다. 과연 즐거움이란 있는가, 없는가? 나는 무위無爲를 참된 즐거움으로 여기나, 또 (그것은) 세속 사람들에게는 큰 고통이다. 그러므로 말한다. "지

1258) 疾作은 힘들여 일함이다. 曹礎基, 上同, 주8 참조.
1259) 外는 疏、遠이다. 王叔岷, 上同, 주6 참조.
1260) 혼혼惛惛은 암모闇貌(정신이 아둔한 모양)이다. 王叔岷, 上同, 주7 참조.
1261) 爲는 被이고; 見은 現과 통한다. 曹礎基, 260頁, 주14 참조.
1262) 준순蹲循은 준순逡巡이니, 却退(뒤로 물러남)이다. 王叔岷, 641頁, 주10 참조.

극한 즐거움은 즐거움이 없으며, 지극한 명예는 명예가 없다." 세상의 '옳고 그름[是非]'은 과연 결정할 수가 없다. 그러나 무위無爲는 '옳고 그름'을 결정할 수가 있다. 지극한 즐거움[至樂]과 몸을 살리는 것[活身]은 오직 '무위無爲'만이 (그것들에) 근접한다. 시험 삼아 말해보면: 하늘은 무위하므로 맑고, 땅은 무위하므로 평안하다. 그러므로 이 두 가지의 무위가 서로 합하여 만물은 모두 변화하여 생성된다. 황홀하고 어두워 좇아서 나옴이 없구나! 어두우며 황홀하여 흔적[象]이 없구나! 만물은 번다繁多하기도 한데 모두 '무위'를 따라 번져 간다. 그러므로 말한다. "천지天地는 무위하나, 하지 않는 일이 없다." 사람은 누가 무위無爲할 수 있겠는가!

[今俗之所爲與其所樂, 吾又未知樂之果樂邪? 果不樂邪? 吾觀夫俗之所樂, 擧羣趣者,[1263] 誙誙然如將不得已,[1264] 而皆曰樂者, 吾未之樂也,[1265] 亦未之不樂也. 果有樂无有哉? 吾以无爲誠樂矣, 又俗之所大苦也! 故曰: "至樂无樂, 至譽无譽." 天下是非果未可定也. 雖然, 无爲可以定是非. 至樂活身, 唯无爲幾存.[1266] 請嘗試言之: 天无爲以之淸, 地无爲以之寧, 故兩无爲相合, 萬物皆化生.[1267] 芒乎惚乎, 而无從出乎! 惚乎芒乎, 而无有象乎! 萬物職職,[1268] 皆從无爲. 故曰: "天地无爲也而

1263) 擧는 모두(皆)이고; 취趣는 추趨(빨리 가다)와 통한다. 『莊子譯注』, 164頁, 주19 참조.

1264) 경경연誙誙然은 뒤돌아보지 않음, 과감한 모양이고; 已는 止이다. 『莊子譯注』, 上同, 주20 참조.

1265) '未知樂'은 '즐거운 것으로 여기지 않음'이다. 『莊子譯注』, 上同, 주21 참조.

1266) 成玄英疏에 의하면, 幾는 近이다. 王叔岷, 643頁, 주8 참조.

1267) 原本에는 生자가 없으나, 리루원디엔劉文典(1889-1958)의 『莊子補正』에 의거하여 보충한다. 曹礎基, 上同, 주28 참조.

1268) 이이李頤(1541-1601)에 의하면, 職職은 번식繁殖의 모양이다. 王叔岷, 644頁, 주11 참조.

无不爲也." 人也孰能得无爲哉!]

▶ 18-4:

장자의 처가 죽어 혜시가 조문弔問을 가니, 장자는 바야흐로 (예법을 무시하고) 책상다리를 한 채 동이를 두들기며 노래하고 있었다. 혜시가 말하였다. "더불어 살면서 자식을 기르고 늙어서 죽었으니 곡하지 않는 것 또한 족한데, 또 동이를 두들기며 노래를 하는 것은 또한 심하지 않은가!"

장자가 말하였다. "그렇지 않네. 그이가 처음 죽었을 때 내 또한 어찌 한탄하지 않았겠는가! 그러나 처妻가 (아직 생명도 없었을) 그 처음을 살펴보면 본래 삶[生]이란 없었다네. 삶[生]이 없는 것이 아니라 본래 형체도 없었네. 형체만 없는 것이 아니라 본래 기氣도 없었네. (헌데) 황홀한 중에 (무엇이) 섞이면서 변화해서 기氣가 있게 되고, 기가 변화해서 형체가 있게 된 것이며, 형체가 변화해서 삶이 있게 된 것이네. 지금 (그것이) 또 변화해서 죽어가는 것이네. 이것(아내의 생사 변화)은 서로 더불어 춘하추동 사계절이 되어 운행하는 것이네. 사람들이 천지天地에 이미 편안히 누워 쉬는데, 내가 꺽꺽이며 따라서 곡을 한다면 스스로 천명天命에 통달하지 않는 것이라 여기는 것이니, 따라서 (곡을) 그친 것이네."

[莊子妻死, 惠子弔之, 莊子則方箕踞鼓盆而歌.[1269] 惠子曰: "與人居, 長子老身, 死不哭, 亦足矣; 又鼓盆而歌, 不亦甚乎!" 莊子曰: "不然. 是其始死也,[1270] 我獨何能无槩然![1271] 然察其始而本无生;[1272] 非徒无

1269) 方은 正在이고; 기거箕踞는 책상다리를 하고 앉음이니, 禮法에 구애받지 않는 편안한 자세이다. 고鼓는 두드림이다. 曹礎基, 261頁, 주1 참조.

1270) 是는 此이니, 자기 妻를 말한다. 曹礎基, 上同, 주4 참조.

生也，而本無形;[1273] 非徒无形也，而本無氣. 雜乎芒惚之間,[1274] 變而有氣，氣變而有形，形變而有生，今又變而之死，是相與爲春秋冬夏四時行也.[1275] 人且偃然寢於巨室,[1276] 而我噭噭然隨而哭之,[1277] 自以爲不通乎命，故止也."]

▶ 18–5:

지리숙支離叔(몸 잊은 아재)과 골개숙滑介叔(지능 잊은 아재)이 명백冥伯(먼 하늘같은)의 언덕, (멀고 아득한) 곤륜崐崘의 터, 즉 황제黃帝가 쉬었던 곳을 유람遊覽을 하였다. 갑자기 (골개숙의) 왼쪽 팔꿈치에 혹이 생기니, 그 마음이 허둥지둥하며 그것을 싫어하는 것 같았다.

지리숙이 말하였다. "자네는 그것을 싫어하는가?"

골개숙이 말하였다. "아니네. 내가 어찌 싫어하겠는가! 산다는 것은 빌리는 것이고, 빌려서 사는데; 산다는 것은 먼지나 티끌이네. 죽음과 삶은 낮과 밤(과 같은 것)이네. 또 나는 자네와 함께 변화를 보는데, 변화가 내게 미쳤으니 내가 또 어찌 (그것을) 싫다고 하겠는가!"

[支離叔與滑介叔觀於冥伯之丘,[1278] 崐崘之虛,[1279] 黃帝之所休. 俄而

1271) 저백수褚伯秀(13세기)에 의하면, 개槩는 의미가 통하지 않는다. 마땅히 개연嘅然이니, 탄歎이다. 獨은 亦(또한)과 같다. 然은 乎와 같다. 王叔岷, 645頁, 주4 참조.

1272) 其始는 자기 妻가 아직 생명이 없었을 때이다. 曹礎基, 上同, 주6 참조.

1273) 形은 形體이다. 『莊子譯注』, 165頁, 주6 참조.

1274) 저백수褚伯秀(13세기)에 의하면, 망홀芒笏은 황홀恍惚이다. 王叔岷, 646頁, 주5 참조.

1275) 是는 자기 妻의 生死變化를 가리킨다. 曹礎基, 262頁, 주9 참조.

1276) 成玄英疏에 의하면, 언연偃然은 安息貌이다. 巨는 大이고, 사마표司馬彪(?–306)에 의하면, 天地가 室이다. 且는 已와 같다. 王叔岷, 上同, 주8 참조.

1277) 교교噭噭는 哭聲을 나타내는 의성어이다. 曹礎基, 上同, 주11 참조.

1278) 李頤(1541–1601)에 의하면, 지리支離는 忘形이고; 골개滑介는 忘智이다. 冥伯은 丘名인데, 묘명杳冥이니, 天空(하늘 공간)을 가리킨다. 王叔岷, 647頁, 주1 참조.

柳生其左肘,[1280] 其意蹶蹶然惡之.[1281] 支離叔曰："子惡之乎？" 滑介叔曰: "亡, 予何惡! 生者, 假借也, 假之而生; 生者, 塵垢也. 死生爲晝夜. 且吾與子觀化, 而化及我, 我又何惡焉!"]

▶ 18-6:

장자가 초楚나라로 가다가 텅 빈 해골을 보니, 뼈가 마른 것이 모양만 있어 말채찍으로 치면서 이어서 물었다. "선생은 삶을 탐하여 도리를 잃고 이처럼 되었소? 또한, 그대는 나라를 망하게 한 일이 있어 형벌로 죽임을 당해 이처럼 되었소? 또한, 그대는 선하지 않은 행위가 있어 부모나 처자에게 더러운 꼴을 남기기 부끄러워서 이처럼 되었소? 또한, 그대는 춥고 배고픈 근심이 있어 이처럼 되었소? 또한, 그대의 나이가 이에 미치게 된 것이오?"

이에 말을 마치고 [장자는] 해골을 끌어다가 베고 잤다. 한밤중에 해골이 꿈에 나타나 말하였다. "당신의 이야기는 변사와 비슷한데, 당신이 말하는 것들은 모두 살아 있는 인간들이 (짊어질) 부담들이요. 죽으면 이런 일들은 없소. 당신은 (또한) 죽음의 이야기를 듣고 싶소?"

장자가 대답했다. "그렇소."

해골이 말하였다. "죽으면 위로는 군주가 없고 아래로는 신하도 없소. 또한, 사계절에 (할) 일도 없소. 따라서 방종하고 자유롭게 천지天地를 춘추로 알고 (세월을 보내니), 비록 남면하는 제왕의 즐거움도 (이

1279) 虛는 墟(터)와 통한다. 곤륜崐崘의 墟는 요원遙遠하고 묘망渺茫하여, 쉽게 갈 수 없는 곳이다. 曹礎基, 上同, 주2 참조.

1280) 柳는 유瘤(혹)의 가차이다. 其는 於와 同義이다. 王叔岷, 647-648頁, 주3 참조.

1281) 成玄英疏에 의하면, 궐궐蹷蹷은 경동모驚動貌이다. 싫어하는 것 같으나 실제는 싫어하지 않음이다. 王叔岷, 648頁, 주4 참조.

보다) 넘칠 수 없소.” 장자는 믿지 않으며 말을 하였다. “내가 생명을 관장하는 신[司命]으로 하여금 그대의 몸을 다시 생겨나게 하고, 그대의 뼈와 살과 피부를 만들게 하여, 그대를 부모와 처자, 마을 사람, 아는 사람들에게 돌아가게 해준다면, 그대는 그걸 바라겠소?”

해골은 양미간을 깊이 찌푸리며 말하였다. “내 어찌 남면하는 제왕의 즐거움을 버리고서 산 사람들의 수고로움을 다시 하겠습니까!”

[莊子之楚, 見空髑髏,1282) 髐然有形,1283) 撽以馬捶,1284) 因而問之, 曰: “夫子貪生失理而爲此乎?1285) 將子有亡國之事,1286) 斧鉞之誅而爲此乎? 將子有不善之行, 愧遺父母妻子之醜而爲此乎?1287) 將子有凍餒之患而爲此乎? 將子之春秋故及此乎?”1288) 於是語卒, 援髑髏枕而臥. 夜半, 髑髏見夢曰: “向子之談者似辯士, 視子所言, 皆生人之累也,1289) 死則无此矣. 子欲聞死之說乎?” 莊子曰: “然.” 髑髏曰: “死, 无君於上, 无臣於下, 亦无四時之事, 從然以天地爲春秋,1290) 雖南面王樂, 不能過也” 莊子不信, 曰: “吾使司命復生子形,1291) 爲子骨肉肌膚, 反子父母妻

1282) 司馬彪(?-306)、李頤(1541-1601)에 의하면, 촉루髑髏는 白骨貌이다. 王叔岷, 649頁, 주2 참조.

1283) 효연髐然은 뼈의 마른 모양이다. 有形은 산 사람의 두개골이 갖는 모양이다. 曹礎基, 263頁, 주3 참조.

1284) 교撽(치다)는 때림이고; 추捶는 추箠이고 채찍이다. 曹礎基, 上同, 주4 참조.

1285) 爲는 如와 같다. 王叔岷, 650頁, 주4 참조.

1286) 將은 억抑이다. 抑은 또한(又)이다. 曹礎基, 264頁, 주6 참조.

1287) 유遺는 급給(주다)이다. 부모나 처자식에게 못 생겨서 체면을 떨어뜨림이니, 나쁜 일 한 셈이다. 曹礎基, 264頁 주7 참조.

1288) 成玄英疏에 의하면, 春秋는 나이이다. 故는 當이다. 王叔岷, 650頁, 주7 참조.

1289) 累는 負擔(짊어질 일들)이다. 曹礎基, 上同, 주13 참조.

1290) 從은 종縱과 통하니, 縱然은 放縱하고 자유로운 모양이다. 以는 因, 循(좇다)이다. 天地를 春秋로 여기고, 天地 자연의 변화를 좇으며, 세월을 보냄을 말한다. 曹礎基, 上同, 주15 참조.

子, 閭里知識, 子欲之乎?" 髑髏深矉蹙頞曰:[1292] "吾安能弃南面王樂, 而復爲人閒之勞乎!"[1293]]

▶ 18-7:

안연顔淵이 동쪽의 제齊나라로 가려는데, 공자는 근심스러운 빛이 있었다. 자공子貢이 자리를 떠나서 물어 말하였다. "소생이 감히 묻겠습니다. '안회가 동쪽의 제나라로 가는데' 선생님이 근심스러운 빛이 있으신 것은, 어찌된 것입니까?"

공자가 말하였다. "좋네, 자네의 질문이! 옛날 관자管子 말씀이 있는데, 내가 그것을 매우 좋아하네, '옷의 주머니가 작으면 큰 것을 담을 수 없고, 두레박줄이 짧으면 깊은 물을 길을 수 없다.' 라고 말했네. 이것은, 운명에는 정해진 것이 있고 형태에는 맞는 것이 있어서, 덜거나 더할 수가 없네. 나는 안회가 제후齊侯와 더불어 요, 순, 황제黃帝의 도를 말하고, 수인燧人, 신농神農의 말로써 거듭한다면, 그[제후齊侯]가 장차 안으로 자기에게서 구하려고 하나 깨닫지 못하고, 깨닫지 못하면 의심을 갖게 되며, 사람이 의심하면 [안회를] 죽일 것이 두렵네."

[顔淵東之齊, 孔子有憂色. 子貢下席而問曰: "小子敢問: 回東之齊, 夫子有憂色, 何邪?" 孔子曰: "善哉汝問! 昔者管子有言, 丘甚善之, 曰: '褚小者不可以懷大, 綆短者不可以汲深.' 夫若是者, 以爲命有所成, 而形有所適也.[1294] 夫不可損益. 吾恐回與齊侯言堯、舜、黃帝之道, 而重以

1291) 司命은 사람의 생명을 주관하는 神을 말한다. 曹礎基, 上同, 주16 참조.

1292) 빈矉은 빈顰(찡그리다)과 통하고; 알頞은 액額(이마)자이다. 축蹙은 찡그림이다. '심빈深矉 축알蹙頞' 은 양미간을 깊게 찡그림이니, 우수憂愁를 나타내는 모양이다. 曹礎基, 上同, 주19 참조.

1293) 『莊子闕誤』(陳景元[1035-1094]撰)에서는, 張君房(11세기)本을 인용하여 人閒을 生人으로 보았다. 王叔岷, 652頁, 주15 참조.

燧人、神農之言 彼將內求於己而不得, 不得則惑, 人惑則死.]

▶ 18-8:

자네는 또한 무슨 (이야기를) 듣지 못했는가? 옛날에 바다의 새가 노魯나라의 교외에 이르렀는데, 노나라 제후는 이 새를 맞이하여 종묘 안에서 술대접을 하고, (매우 장중한) '구소九韶' 음악을 연주演奏하고, 소, 양, 돼지로써 찬을 올렸네. 새는 이에 눈이 아찔해져서 걱정하고 슬퍼하며 감히 한 조각의 고기도 먹지 못했고, 감히 한 잔의 술도 마시지 못하고, 사흘이 되어 죽어 버렸네. 이는 [임금이] 자기가 길러지는 것으로서 새를 기른 것이며, 새가 길러지는 것으로서 새를 기르지 않은 것이네. 무릇 새가 길러지는 것으로서 새를 기르려는 자는 마땅히 그를 깊은 숲에 살게 하고, 물가에 노닐게 하며, 강이나 호수 위에 떠다니고 미꾸라지나 피라미를 먹게 하며, (무리의) 항렬行列을 따라 쉬게 하며, 만족하며 득의하게 살게 해야 하네. 저(새)는 사람의 말도 듣기 싫어하는데, 어찌 저 시끄러운 (음악)을 연주하는가! 함지咸池나 구소九韶의 음악을 하늘과 땅 사이의 (드넓은) 들판에서 그것을 연주했다면 새는 그것을 듣고 날아가 버리고, 짐승은 그것을 듣고 도망가며, 물고기는 그것을 듣고 아래로 깊이 들어가 버리네, 사람들만은 그것을 듣고 서로 둘러싸고 그것을 바라보네. 물고기는 물에 처하면 살지만 사람은 물에 처하면 죽으니, 저들은 반드시 서로 다르네, 그들의 좋아함과 싫어함은 본래 다른 것이네. 그러므로 옛 성인은 능력을 하나로 보지 않았으며, 일도 같다고 보지 않았네. 이름[名]은 실제[實]에 머무르고, 의리[義]는 적합함에서 확정되네. 이는 조리가 통달하여 행복을 얻음을 말하네.

1294) 成은 定이고; 適은 合이다. 曹礎基, 265頁, 주5 참조.

[且女獨不聞邪?[1295] 昔者海鳥止於魯郊, 魯侯御而觴之于廟,[1296] 奏九韶以爲樂,[1297] 具太牢以爲膳.[1298] 鳥乃眩視憂悲, 不敢食一臠,[1299] 不敢飮一杯, 三日而死. 此以己養養鳥也, 非以鳥養養鳥也. 夫以鳥養養鳥者, 宜栖之深林, 游之壇陸, 浮之江湖, 食之鰌鰷,[1300] 隨行列而止, 委蛇而處.[1301] 彼唯人言之惡聞, 奚以夫譊譊爲乎![1302] 咸池九韶之樂,[1303] 張之洞庭之野,[1304] 鳥聞之而飛, 獸聞之而走, 魚聞之而下入, 人卒聞之, 相與還而觀之. 魚處水而生, 人處水而死, 彼必相與異, 其好惡故異也.[1305] 故先聖不一其能, 不同其事, 名止於實, 義設於適, 是之謂條達而福持.]

▶ 18-9:

열자列子가 길을 가다가 길가에서 식사하며 백 년 된 해골을 보고, 쑥 풀을 뽑아 그것을 가리키며 말하였다. "오직 나와 너만이 죽은 적도

1295) 獨은 何이다. 王叔岷, 654頁, 주6 참조.

1296) 成玄英疏에 의하면, 御는 迎(맞이하다)이다. 어御는 아訝(맞이함)의 가차이니, 訝는 相迎이다. 王叔岷, 上同, 주7; 상觴은 동사로 쓰였으니, 술로 대접함이다. 曹礎基, 266頁, 주11 참조.

1297) 구소九韶는 舜시대의 음악으로 매우 莊重하다. 曹礎基, 上同, 주12 참조.

1298) 成玄英疏에 태뇌太牢는 牛, 羊, 豕이다. 王叔岷, 上同, 주8 참조.

1299) 현시眩視는 보기에 아찔함이다; 연臠은 고깃점이다. 曹礎基, 上同, 주14, 15 참조.

1300) 成玄英疏에 의하면, 유鰌는 미꾸라지이고; 조鰷는 피라미이다. 曹礎基, 上同, 주18 참조.

1301) 委蛇는 위이逶迤이니, 字異나 義同이다. 위이逶迤는 從容自得이다. 王叔岷, 655頁, 주13 참조.

1302) 成玄英疏에 의하면, 요譊는 '시끄럽게 떠들음'이고; 唯는 乃와 같고; '以夫'는 '用彼'와 같다. 王叔岷, 上同, 주14 참조.

1303) 함지咸池는 黃帝 때의 음악이다. 曹礎基, 上同, 주23 참조.

1304) 張은 奏이다. 成玄英疏에 의하면, '洞庭의 野는 天地의 間이지, 太湖의 洞庭이 아니다.' 王叔岷, 上同, 주5 참조.

1305) 故는 固와 통하니, 固는 본래이다. 曹礎基, 上同, 주29 참조.

없고 산 적도 없음을 알지. 자네는 과연 근심스러운가? 나는 과연 즐거운가?"

[列子行食於道從,[1306] 見百歲髑髏, 攓蓬而指之,[1307] 曰: "唯予與汝知而未嘗死、未嘗生也. 若果養乎?[1308] 予果歡乎?"]

▶ 18-10:

물류物類는 기미幾微에서 말미암는다. (그것이) 수분水分을 만나면 녹조류가 되고, 물과 흙을 만나면 갈파래[青苔]가 되며, 언덕에서 나면 질경이풀이 되고, 질경이 풀이 거름더미에서 오족烏足(질경이의 변종)이 되며, 오족의 뿌리는 (풍뎅이의 유충인) 굼벵이가 되고, 그(오족)의 잎에서 나비가 된다. 나비는 오래지 않아서 변화하여 벌레가 되며, 부뚜막 아래에서 생겨나는데, 그 (유충의) 모양이 껍질을 막 벗은 것과 같아서 그 이름이 (어리고 예쁜) 구철鴝掇이다. 구철이 천 일이 지나 새가 되는데, 그 이름이 (껍질이 딱딱한) 건여골乾餘骨이다. 건여골이 (내뱉은) 거품이 쌀의 좀 벌레가 되고, 쌀의 좀 벌레는 눈에놀이[식혜食醯]가 되고, 하루살이는 눈에놀이에서 생겨서 낳고, 누런 풍뎅이[황병蟥蛢]는 때 지난 술에서 생기며, 작은 모기는 썩은 오소리에서 생긴다. 양해羊奚(썩은 대의 마디에서 생기는 버섯류)에서는 순箰이 나오지 않으며, 오랜 대나무에서 (대竹의) 근충根蟲[青寧]이 나오고, 뿌리벌레[根蟲]에서 표범이 나오며, 표범은 어미 원숭이를 낳고, 원숭이는 사람을 낳는다. 사람은 또한 기機로

1306) 司馬彪(?-306)에 의하면, 從은 '길의 옆[道旁]' 이다. 從은 徒의 오자이다. 朱駿聲(1788-1858)에 의하면, 徒는 도涂(길)의 가차이다. 도涂는 塗(길)이다. 王叔岷, 657-658頁, 주1 참조.

1307) 司馬彪(?-306)에 의하면, 건攓은 발拔(빼내다)이다. 王叔岷, 658頁, 주2 참조.

1308) 郭慶藩 『莊子集釋』에서, 養을 양恙(근심)으로 읽는다. 王叔岷, 659頁, 주4 참조.

돌아간다. 만물은 모두 기에서 나왔다가 모두 기로 들어간다.

[種有幾,[1309] 得水則爲㡭,[1310] 得水土之際則爲鼃蠙之衣,[1311] 生於陵屯則爲陵舄,[1312] 陵舄得鬱棲則爲烏足,[1313] 烏足之根爲蠐螬,[1314] 其葉爲胡蝶. 胡蝶胥也化而爲蟲,[1315] 生於竈下,[1316] 其狀若脫, 其名爲鴝掇.[1317] 鴝掇千日爲鳥, 其名爲乾餘骨.[1318] 乾餘骨之沫爲斯彌,[1319] 斯彌爲食醯,[1320] 頤輅生乎食醯,[1321] 黃軦生乎九猷,[1322] 瞀芮生乎腐

1309) 有는 由와 같다. 幾는 微이다. '種有幾'는 物類는 모두 幾微에서 나온 것임을 말한다. 王叔岷, 上同, 주5 참조.

1310) 王先謙에 의하면, 㡭는 옛날 繼(잇다)자이다. 이는 水綿은 해캄(Spirogyra)이니, 녹조류이다. 曹礎基, 上同, 주6 참조.

1311) 와빈鼃蠙은 靑苔(푸른 이끼, 갈파래)이다. 王叔岷, 660頁, 주7 참조.

1312) 司馬彪에 의하면, 둔屯은 부阜(언덕)인데, 석舄은 陵屯에서 살기에, 陵舄으로 개명하였으며, 조燥(건조)습溼(습기)에 따라 변한다. 이것이 車前草(질경이풀)로 불린다. 王叔岷, 661頁, 주8 참조.

1313) 成玄英疏에 의하면, 울서鬱棲는 분양糞壤이다. 질경이풀이 늙으면, 변하여 糞土가 되며, 거기서 다시 烏足의 뿌리가 된다. 王叔岷, 上同, 주8; 烏足은 질경이의 변종이다. 曹礎基, 268頁, 주9 참조.

1314) 제조蠐螬는 풍뎅이의 유충, 굼벵이이다. 曹礎基, 上同, 주10 참조.

1315) 서胥는 不久이다. 曹礎基, 上同, 주12 참조.

1316) 조竈는 조灶(부엌)과 같다. 曹礎基, 上同, 주13 참조.

1317) 구철鴝掇은 건여골乾餘骨의 幼蟲인데, 모양이 유눈幼嫩하여 막 껍질 벗은 것 같음이다. 曹礎基, 上同, 주14 참조.

1318) 乾餘骨은 매우 딱딱한 甲蟲이다. 옛날에는 飛蟲을 鳥로 불렀다. 曹礎基, 上同, 주15 참조.

1319) 까오헝高亨(1900–1986)에 의하면, 사미斯彌는 쌀의 두충蠹蟲(좀 벌레)이다. 王世舜主編, 340頁, 주13 참조.

1320) 사마표司馬彪(?–306)에 의하면, 食은 식蝕(좀먹다)이니, 식혜蝕醯는 눈에놀이(蠛蠓)이다. 혜계醯雞가 식혜食醯이다. 王叔岷, 663頁, 주15 참조.

1321) 이노頤輅는 蜉蝣(하루살이)이다. 『莊子譯注』 王世舜主編, 上同, 주15 참조.

1322) 까오헝高亨은, 황황黃軦을 황병蟥蛢으로 생각한다. 『莊子譯注』 王世舜主編, 上同, 주16; 九는 久와 통하고, 유猷는 유酉와 통하니, 술이다. 구유九猷는 시간을 넘긴 술

蠸,[1323] 羊奚比乎不箰,[1324] 久竹生靑寧,[1325] 靑寧生程,[1326] 程生馬,[1327] 馬生人, 人又反入於機. 萬物皆出於機, 皆入於機.]

이다. 曹礎基, 上同, 주19 참조.

1323) 무예瞀芮는 작은 모기이고; 권蠸(노린재)은 환貛(오소리)이다. 曹礎基, 上同, 주20 참조.

1324) 양해羊奚는 죽고竹菰(썩은 대나무뿌리의 마디에서 생기는 버섯종류)이다. 比는 連이고; 불순不箰은 순箰이 나지 않는 竹이다. 曹礎基, 上同, 주21 참조.

1325) 久竹은 진부陳腐한 대나무이고; 청영靑寧은 竹의 根虫이다. 曹礎基, 上同, 주22 참조.

1326) 程은 秦나라 사람들이 말하는 표범[豹]이다. 王叔岷, 665頁, 주19 참조.

1327) 까오헝高亨, 『莊子新箋』에서, 馬는 爲자이다. 爲는 母猴(어미 원숭이)이다. 曹礎基, 上同, 주24 참조.

19. 달생(達生)

본 편은 편 머리의 달생達生 두 글자를 취해 편명으로 하였다. 달達은 통달이고, 생生은 생존이나 생명이니, 달생達生은 생명에 통달한다는 뜻이다. '달생'을 어떻게 이룰 것인가? 이 편에서는 각종 욕망을 버릴 것을 분명히 요구하며, 그래야 심신心神이 안정되어 매사가 순조롭고 잘 풀린다고 보고 있다. 이 편의 작자에 의하면, 핵심은 생사生死를 간파하고, 명리名利를 좇고자 하는 잡념을 배제해서, 그런 것에 마음을 더 많이 쓸 필요가 없고, 항상 천리天理만을 따르면 된다는 것이다.

▶ 19-1:

양생養生의 실정을 이해하는 이는 살면서 할 수 없는 일들을 추구하지 않는다. 운명의 실정을 이해하는 이는 지식으로 힘을 써 볼 수 없는 일들을 추구하지 않는다. 몸을 기르자면 반드시 물질 조건을 우선시해야 하나, 물질은 남으면서도 몸을 못 키운 이가 있다. 살자면 반드시 죽지 않는 것이 우선이다. 몸은 죽지 않았으나 삶이 없어진 이들이 있을 수 있다. 삶이 왔다면 (그것을) 물리칠 수 없으며, 삶이 떠난다면 (그것을) 막을 수 없다. 슬프도다! 세상 사람들은 몸을 길러서 충분히 생존할 수 있다고 여기나, 몸을 길러 과연 생존하기에도 부족하다고 여긴다면 세상에서 무엇을 해야 하는가? (사는 것이) 비록 부족하나 그것을 영위하지 않을 수 없는 것은, 아마도 (고난을) 면할 수 없기 때문이다! 삶의 도모를 면하려 한다면 세상을 버리는 것만 한 것이 없다. 세상을 버리면 아무런 부담이 없게 되고, 부담이 없게 되면 마음이 순정純正해지고 평화롭게 되니, 순정하고 평화롭게 되면 몸은 새롭게 살아날 것이고, 새로 살아나면 거의 다 된 것이다! 세상사, 어느 것을 버려야만 하나? 인생에는 무엇을 잊어버려야 하나? 세상사를 버리면 몸이 고단하지 않고, 인생사를 잊어버리면 정신이 소모되지 않는다. 마음이 온전해지고 정신이 회복되면 자연[天]과 하나가 된다. 하늘과 땅은 만물의 부모이다. (하늘과 땅이) 합하면 형체가 이루어지고, 흩어지면 (다른 것이) 시작된다. 몸과 정신이 소모되지 않으니 이것이 변화를 일으킬 수 있다. 정신 안에 또 정신이 있으니 돌아와서 자연[天]을 도울 수도 있다.

[達生之情者, 不務生之所无以爲;[1328] 達命之情者, 不務知之所无奈何.[1329] 養形必先之物,[1330] 物有餘而形不養者有之矣. 有生必先无離形,[1331] 形不離而生亡者有之矣. 生之來不能却, 其去不能止. 悲夫! 世之人以爲養形足以存生, 而養形果不足以存生, 則世奚足爲哉! 雖不足爲而不可不爲者,[1332] 其爲不免矣. 夫欲免爲形者,[1333] 莫如棄世. 棄世則无累, 无累則正平,[1334] 正平則與彼更生,[1335] 更生則幾矣.[1336] 事奚足

1328) 達은 분명히 아는 것이고; 生은 생명을 가리키니, 養生을 말한다. 務는 求이고; '所无以爲'는 '할 수 있는 방법이 없음'이다. 曹礎基, 270頁, 주1, 2 참조.

1329) 知는 智와 통하며; '所无柰何'는 힘을 쓸 수 없는 것이다. 曹礎基, 上同, 주2 참조.

1330) 物은 물질조건이다. 曹礎基, 上同, 주4 참조.

1331) 无는 毋와 통하고; 離形은 죽음이다. 曹礎基, 上同, 주6 참조.

1332) 사는 데는, 비록 관여할 가치는 없으나, 때로는 관여하지 않을 수 없음을 말한다. 曹礎基, 上同, 주10 참조.

1333) 有形은 謀生이다. 曹礎基, 上同, 주11 참조.

棄? 而生奚足遺?[1337] 棄事則形不勞, 遺生則精不虧.[1338] 夫形全精復, 與天爲一. 天地者, 萬物之父母也, 合則成體, 散則成始. 形､精不虧, 是謂能移.[1339] 精而又精, 反以相天.[1340]]

▶ 19-2:

열자列子선생이 관윤關尹에게 물었다. "지인至人은 물속에서 다녀도 숨이 막히지 않고, 불을 밟아도 데이지 않으며, 만물의 높은 곳[上]을 다녀도 두렵지 않다는데, 어떻게 해야 이처럼 될 수 있을까요?"

관윤이 말했다. "이것은 순정純正하고 평화로운 기운을 지킨 것이지 지교智巧나 과감果敢 등의 부류가 아니네. 앉게나, 내가 자네에게 말해 줄 것이네. 무릇 모습, 형상, 소리와 색깔이 있는 것들은 모두 사물[物]이니, 사물과 사물이 어떻게 서로 차이가 날 수 있을까! 어느 사물이 우선일 것인가? (사물이면) 모양과 색깔(을 가졌을)뿐이네. 그러면 사물은 형태가 없는 것[道]에서 만들어지고, 변화 없는 것[道]에서 끝나네. 이것[이런 도리]을 얻어서 아는 사람이라면, (그의 마음에) 외물外物들이 머무를 수 있겠는가! 저(지인至人)들은 끝없이 (순환하는) 도를 품고서, (마음은) 만물들이 시작하고 끝나는 (무위無爲하는 도)에서 노닐며, 마음을 순일純一하게 하고, 순정純正한 기운을 보양하고, 덕성德性을 (도道와) 합하며,

1334) 正平은 마음의 純正과 평화이다. 曹礎基, 上同, 주12 참조.

1335) 彼는 몸이고; 更生은 新生이다. 曹礎基, 上同, 주13 참조.

1336) 幾는 近이다. 曹礎基, 上同, 주14 참조.

1337) 事는 世事이고; 生은 人生이고; 遺는 忘懷(마음에 담아 두지 않음)이다. 曹礎基, 上同, 주15 참조.

1338) '精不虧' 는 정신이 소모되지 않음이다. 曹礎基, 上同, 주16 참조.

1339) 이移는 變이다. 曹礎基, 271頁, 주22 참조.

1340) 相은 助이다. 曹礎基, 上同, 주23 참조.

만물들을 만들어낸 (도道에) 통달하였네.

[子列子問關尹曰:[1341] "至人潛行不窒, 蹈火不熱,[1342] 行乎萬物之上而不慄. 請問何以至於此?" 關尹曰: "是純氣之守也,[1343] 非知巧果敢之列.[1344] 居, 予語女! 凡有貌象聲色者皆物也, 物(與物)何以相遠![1345] 夫奚足以至乎先? 是(形)色而已.[1346] 則物之造乎不形,[1347] 而止乎无所化.[1348] 夫得是而窮之者,[1349] 物焉得而止焉![1350] 彼將處乎不淫之度,[1351] 而藏乎无端之紀,[1352] 遊乎萬物之所終始,[1353] 壹其性,[1354] 養

1341) 子列子는 열어구列禦寇이다. 스승이면 子를 붙이는데, 「達生」, 「讓王」 2편에서만 列子 위에 子를 붙였으니, 이 편의 작자가 『列子』에서 이 내용을 베끼고 수정하지 않은 것 같다. 關尹은 老子의 제자이고, 姓은 尹이고 名은 喜인데, 函谷關令이기에 關令尹으로 불린다. 曹礎基, 272頁, 주1 참조.

1342) '潛行不窒'은 물속을 잠행할 때 호흡이 막히지 않음이다. 陳鼓應, 504頁, 주2 참조.

1343) 成玄英疏에 의하면, '是保守純和之氣'이다. 之는 所와 같다. 王叔岷, 671頁, 주4 참조.

1344) 知는 智와 통하고; 列은 類이다. 曹礎基, 上同, 주5 참조.

1345) 『道藏』의 各本이나 蜀本、宋本 등에서, '物何以相遠?'은 '物與物何以相遠!'으로 되어 있다. 『列子』에도 같으나, 唐寫本에는 '與何以相遠!'으로, 與자의 상하에 物이 빠져 있다. 따라서 '物與物何以相遠!'으로 보충한다. 王叔岷, 672頁, 주6 참조.

1346) 『莊子闕誤』(陳景元撰)에 의거하여, 시동奚侗(1878-1939)은, '是色而已'는 마땅히 '是形色而已'라고 말한다. 郭慶藩 『莊子集釋』, 634頁, 주4. '同是形色之物耳, 未足以相先也.'에도, 形色이 함께 나온다. 王叔岷, 上同, 주7 참조.

1347) 造는 소조塑造(본 떠 만들음), 낳다(産生)이고; 不形은 형체가 없는 것, 즉 道이다. 曹礎基, 上同, 주9 참조.

1348) 之는 乃와 같다. 所는 어조사이니, '无所化'는 不化이다. 不形、不化는 道를 말한다. 王叔岷, 上同, 주8; 止 는 終이다. 曹礎基, 上同, 주10 참조.

1349) 궁窮은 효曉(환히 알다)와 통한다. 曹礎基, 上同, 주11 참조.

1350) 焉得은 '어디에 …할 수 있을까?'이고; 止는 留이고; 焉은 於此이니, 天道를 헤아리는 마음이다. 曹礎基, 上同, 주12 참조.

1351) 彼는 至人이고; 處는 守이고; 淫은 남濫(넘치다)이니, 過分이다. 曹礎基, 上同, 주13 참조.

1352) 端은 끝이니, 无端之紀는 순환의 도리이다. 曹礎基, 上同, 주14 참조.

其氣,[1355] 合其德,[1356] 以通乎物之所造.[1357] 夫若是者, 其天守全,[1358] 其神無郤,[1359] 物奚自入焉!]

술 취한 사람이 수레에서 떨어지면 (떨어져) 상하기는 하나 죽지는 않는 법이네. (그의) 골절은 남들과 같으나 위험을 당하는 일에서 남들하고 다른 것은, 그 정신이 온전하기 때문이네. (수레에) 탄 것 또한 모르며, 떨어진 것도 또한 모르고, 죽는지 · 사는지 · 놀라는지 · 두려운지가 그의 흉중에 들어오지 않으니, 이러하기에 무엇을 만나도 두렵지 않은 것이네. 저 사람이 술에서 온전함을 얻은 것이 이와 같은데, 하물며 자연[天]에서 온전함을 얻었다면 어떻겠는가! 성인은 천도天道에 마음을 두고 있으니 따라서 외물이 (그를) 다치게 할 수가 없네. 복수하겠다는 자라도 (명검인) 막야鏌鋣나 간장干將을 부러뜨리지 않는 것은 (검 자체가 사람을 죽이는 것이 아니기 때문이며), 비록 미워하는 마음이 있다 해도 (바람에 날려 온) 기와 조각을 원망하지는 않는데, 이것은 (그것들 자체가 싫고 좋아함 없이 누구에게나) 세상에서 고르게 대하기 때문이네. 그러므로 공격과 전투의 어지러운 혼란이 없고 살육의 형벌이 없는 것은, 모두 (무심無心하고 무위無爲하는) 이 도道에서 말미암은 것이네. 인위로 (조성

1353) 遊는 游心이다. 만물들은 道에서 생겨나고, 또 끝나면 道에로 돌아가니, '萬物之所終始' 는 無爲의 道이다. 曹礎基, 上同, 주15 참조.

1354) '壹其性' 은 심성을 純一하게 함이다. 曹礎基, 上同, 주16 참조.

1355) '養其氣' 는 純正한 氣를 保養함이다. 曹礎基, 273頁, 주17 참조.

1356) '合其德' 은 德性으로 하여금 天道와 합하게 함임. 曹礎基, 上同, 주18 참조.

1357) '物之所造' 는 造物者이니, 道를 가리킨다. 曹礎基, 上同, 주19 참조.

1358) '天守全' 은 자연의 道를 지녀서 완전무결함을 말한다. 『莊子譯注』, 173頁, 주14 참조.

1359) 극郤은 극隙(틈)과 통하니, 누동漏洞이다. 曹礎基, 上同, 주21 참조.

된) 형세를 전개하지 말고 자연스러운 형세를 전개해야 하고, 자연을 펼쳐나가면 은덕[德]이 생겨나고, 인위를 전개하면 적해賊害(하는 마음)이 생기네. 자연[天]을 싫어하지 말고, 인위人爲도 소홀히 하지 않아야 사람들은 참됨을 거의 가질 것이네."

[夫醉者之墜車, 雖疾不死. 骨節與人同, 而犯害與人異,1360) 其神全也. 乘亦不知也, 墜亦不知也, 死生驚懼不入乎其胷中, 是故遻物而不慴.1361) 彼得全於酒而猶若是, 而況得全於天乎? 聖人藏於天,1362) 故(物)莫之能傷也.1363) 復讐者不折鏌、干,1364) 雖有忮心者不怨飄瓦, 是以天下平均. 故无攻戰之亂, 无殺戮之刑者, 由此道也. 不開人之天, 而開天之天, 開天者德生, 開人者賊生. 不厭其天, 不忽於人,1365) 民幾乎以其眞.1366)]

▶ 19−3:

중니仲尼(공자)가 초楚나라로 가는데, 숲에 이르니 곱사등이가 매미를 잡는 것이 마치 (손으로) 줍는 것 같음을 보았다.

중니가 말했다. "당신의 재주가 숙달되셨군요! 무슨 도술이 있습니까?"(곱사등이가) 말하였다. "저에게 도술이 있지요. 대여섯 달 동안

1360) 骨자 위에 其자가 있고, 害는 難이다. 犯害는 조해遭害(害를 만남)이다. 王叔岷, 675頁, 주2 참조.

1361) 『經典釋文』(陸德明撰)에 의하면, 오遻는 오遌(만나다)이다. 遌는 악遌(만나다)이다. 王叔岷, 上同, 주5 참조.

1362) '藏於天'은 天道에 마음을 둠이다. 曹礎基, 上同, 주31 참조.

1363) 成玄英疏에 의하면, 원래 物자가 莫자 위에 있다. 王叔岷, 上同, 주8 참조.

1364) 막간鏌干은 명검인 막야鏌鎁와 간장干將을 말한다. 옛날 楚나라에 부부 두 사람이 劍을 잘 주조했는데, 남편은 干將이고 아내는 鏌鎁라고 한다. 이것이 명검의 이름으로 변한 것이다. 曹礎基, 上同, 주33 참조.

1365) 其는 於와 같다. 王叔岷, 677頁, 주15 참조.

1366) 民은 人과 같고; 以는 有와 같다. 王叔岷, 上同, 주16 참조.

(매미 잡는) 막대기에 구슬 2개를 쌓아도 떨어지지 않으면, 실수는 미미한 것입니다. 구슬 3개를 쌓아도 떨어지지 않으면, 실수는 1/10뿐입니다. 5개를 쌓아도 떨어지지 않으면 (손으로) 줍는 것과 같습니다. 몸 동작은 (나무) 그루터기처럼 정지하여 (부동不動)하고, 내 어깨 조절은 마른 나무의 가지와 같습니다. 비록 천지天地가 크고 만물이 많지만, 매미 날개만 알뿐입니다. 내가 뒤를 보거나 옆으로 하지 않고 만물 때문에 매미 날개를 바꾸지 않으니, 왜 (매미를) 못 붙잡겠습니까!"

공자는 제자들을 돌아보며 말하였다. "뜻을 쓰는 데 집중하여 입신入神한 것 같은 것은, 이 곱사등이 노인장을 두고 말한 것이 아닐까!"

[仲尼適楚, 出於林中,1367) 見痀僂者承蜩, 猶掇之也.1368) 仲尼曰: "子巧乎!1369) 有道邪?" 曰: "我有道也. 五六月累丸二而不墜, 則失者錙銖,1370) 累三而不墜, 則失者十一. 累五而不墜, 猶掇之也. 吾處身也,1371) 若厥株拘;1372) 吾執臂也,1373) 若枯木之枝. 雖天地之大, 萬物之多, 而唯蜩翼之知, 吾不反不側, 不以萬物易蜩之翼. 何爲而不得?" 孔子顧謂弟子曰: "用志不分, 乃凝於神,1374) 其痀僂丈人之謂乎!"]

1367) 出은 至와 같다. 王叔岷, 上同, 주1 참조.

1368) 구루痀僂(곱사등이)는 구루傴僂(곱사등이)와 같고; 承은 증拯과 같으니 取이다. 철掇(줍다)은 습취拾取(줍다)이다. 曹礎基, 274頁, 주2, 3 참조.

1369) 巧는 熟達이다. 曹礎基, 上同, 주4 참조.

1370) 치수錙銖는 무게를 재는 미미한 수이다. 묘반림茆泮林(?-1845)에 의하면, 『列子』에는 누환累丸은 누완壘垸이다. 累丸은 대나무 끝에 구슬을 쌓기이다. 王叔岷, 678頁, 주4 참조.

1371) 處身은 運身이다. 曹礎基, 275頁, 주7 참조.

1372) 궐厥은 궐橛(그루터기)과 통하고; 拘는 止이다. 曹礎基, 주8 참조.

1373) 執은 持와 통하니 조절이다. 曹礎基, 上同, 주9 참조.

1374) 응凝은 마땅히 疑이다. 疑는 의擬(비기다)와 같다. 王叔岷, 680頁, 주8 참조.

▶ 19-4:

안연顔淵이 공자에게 물었다. "저는 예전에 상심觴深 호수를 건너간 적이 있었는데, 뱃사공이 노를 젓는 모습이 신묘하였습니다. 제가 뱃사공에게 물어보았습니다. '노 젓는 법을 배울 수 있겠습니까?' (뱃사공이 대답했다.) '물론입니다. 헤엄을 잘 치는 사람이라면 빠르게 할 있고, 잠수하는 사람이라면 배를 본 적이 없어도 노를 잘 저을 수 있습니다.' 제가 [또] 묻자, 저에게 대답하여 주지 않았습니다. 어떻게 된 것인지 묻고 싶습니다."

중니仲尼가 말하였다. "헤엄을 잘 치는 사람이 빠르게 할 수 있다는 말은 물을 잊었음 (두려움이 없음)이고; 잠수하는 이가 배를 본 적이 없어도 노를 저을 수 있다는 것은, 그는 호수를 마치 언덕같이 여겨, 배가 뒤집히는 일을 수레가 뒤로 밀리는 것으로 안 것이네. 뒤집어지고 밀리며 온갖 모습들이 눈앞에서 펼쳐져도 마음에 들어올 수 없으니, 어디를 간들 한가롭고 자유롭지 않겠는가! (내기에 하찮은 깨진) 기와를 걸면 (재주가) 신묘하고, 은전銀錢을 걸면 (마음이) 떨리고, 황금을 가지고 내기를 하면 마음이 혼란해지지. 재주는 한가지이나 신중해지는 것은 [몸] 밖의 것이 소중하기 때문이지. 무릇 밖이 중하면 내심은 졸렬해지네."

[顔淵問仲尼曰: 吾嘗濟乎觴深之淵. 津人操舟若神. 吾問焉曰: '操舟可學邪?' 曰: '可. 善游者數能.[1375] 若乃夫沒人, 則未嘗見舟而便操之也.'[1376] 吾問焉而不吾告. 敢問何謂也?" 仲尼曰: "善游者數能, 忘水也. 若乃夫沒人之未嘗見舟而便操之也, 彼視淵若陵, 視舟之覆, 猶其車却也. 覆却萬方陳乎前而不得入其舍.[1377] 惡往而不暇![1378] 以瓦注者巧,[1379] 以鉤

1375) 數、速은 통용되니, 數能은 速成이다. 王叔岷, 682頁, 주3 참조.

1376) '若乃夫'는 若夫와 같다. 沒人은 潛水하는 사람이다. 王叔岷, 上同, 주4 참조.

注者憚,[1380] 以黃金注者殙.[1381] 其巧一也, 而有所矜,[1382] 則重外也. 凡外重者內拙."]

▶ 19-5:

전개지田開之가 주周나라 위공威公을 뵈었다. 위공이 말하였다. "과인은 축신祝腎이 양생養生의 도를 배웠다고 들었네. 자네는 축신과 교유하였으니 또한 무엇을 들은 것이 있는가?"

전개지가 말했다. "저는 비(를 들고) 청소하며 문과 마당에서 시중을 들었는데, 그 선생님에게서 무엇을 배웠겠습니까?"

위공이 말하였다. "전 선생께서는 겸양하지 마시오. 과인이 듣고자 합니다."

(전)개지가 말하였다. "선생님께서, '양생을 잘하는 것은 마치 양을 기르는 것과 같으니, 뒤로 처지는 놈을 보면 채찍질을 해야 한다.' 라고 말씀하셨습니다."

위공이 말하였다. "무슨 뜻인가요?"

전개지가 말하였다. "노魯나라에 선표單豹라는 이가 있었는데, 그는 바위 동굴에 살며 물을 마시고 사람들과 이익을 다투지 않았는데,

---

1377) 成玄英疏에 의하면, 舍는 心中과 같다. 萬方은 萬端과 같다. 而는 亦과 같다. 王叔岷, 683-684頁, 주7 참조.

1378) 惡往은 '어디를 가든' 이고; 가暇는 한가閑暇하고 자유로움이다. 曹礎基, 276頁, 주10 참조.

1379) 注、射는 도물賭物(거는 물건)이다. 王叔岷, 684頁, 주9 참조.

1380) 구鉤는 은정銀錠(주조한 銀錢)이다. 탄憚(꺼리다)은 파怕(두려워하다)이다. 曹礎基, 上同, 주12 참조.

1381) 혼殙은 심사가 혼란함이다. 曹礎基, 上同, 주13 참조.

1382) 긍矜은 신중이다. 曹礎基, 上同, 주15 참조.

나이가 70살이 되어도 얼굴빛은 오히려 어린아이와 같았습니다. 불행하게도 호랑이와 맞닥뜨려 배고픈 호랑이가 그를 잡아먹어 버렸습니다. 장의張毅라는 사람이 있었는데, 부잣집이건 가난한 집이건 [이익을 얻기 위해] 찾아다니지 않은 집이 없었습니다. 나이 40살에 속에 열병이 나서 죽었습니다. (선)표는 자신의 속을 길렀으나 호랑이가 그의 외형[몸]을 잡아먹었고, (장)의는 그 외형은 길렀으나 병이 그의 속을 공격한 것입니다. 이 두 가지 경우는 모두 그들이 뒤처지는 것을 채찍질하지 못한 경우입니다."

중니仲尼(공자)가 말했다. "(선표처럼 너무) 깊이 숨지도 말고, (장의처럼 너무) 노출하지도 말고, 나무처럼 (무심無心하게 들어감과 노출 사이의) 중간에 서 있어야 하네. 이 세 가지를 해낼 수 있으면 (지인至人이나 신인神人처럼) 이름이 최고가 될 것이네."

(다니는) 길을 두려워해서 열 명 가운데 하나가 죽었다면 아버지와 아들들, 형제들은 서로 경계할 것이고, (사람들은) 반드시 많은 수가 된 다음에야 외출하는 것을 또한 알 것이 아닌가! 사람들이 위험을 자초하는 일은, 잠자는 돗자리(에서의 색욕色欲)이나 음식 사이에 (있으니) 이에 경계할 줄 모르면 과실過失이다.

[田開之見周威公.[1383] 威公曰: "吾聞祝腎學生,[1384] 吾子與祝腎游. 亦何聞焉?" 田開之曰: "開之操拔篲以侍門庭.[1385] 亦何聞於夫子!" 威公曰: "田子無讓. 寡人願聞之." 開之曰: "聞之夫子. 曰: '善養生者, 若

1383) 『史記 · 周本紀』에 의하면, 考王이 자기 동생을 河南에 封했는데, 그가 桓公이다. 환공이 죽자 아들 위공威公이 대신하였다. 이 周威公이 아마도 이 사람 같다. 최선崔譔(3세기)에 의하면, 周威公의 이름이 조竈이다. 王叔岷, 上同, 686頁, 주1 참조.

1384) 신腎은 견堅(굳음)이고, 신腎、견堅、긴緊、현賢은 서로 통한다. 사마표司馬彪(?-306)에 의하면, 學生은 養生의 道를 배움이다. 王叔岷, 上同, 주2 참조.

1385) 成玄英疏에 의하면, 발수拔篲는 소추掃帚(비)이다. 王叔岷, 上同, 687頁, 주3 참조.

牧羊然. 視其後者而鞭之'."威公曰:"何謂也?"田開之曰:"魯有豹單者, 巖居而水飮, 不與民共利. 行年七十, 而猶有嬰兒之色. 不幸遇餓虎. 餓虎殺而食之. 有張毅者. 高門縣薄,[1386] 無不走也. 行年四十而有內熱之病以死. 豹養其內, 而虎食其外. 毅養其外, 而病攻其內. 此二子者, 皆不鞭其後者也."仲尼曰:"无入而藏,[1387] 无出而陽,[1388] 柴立其中央.[1389] 三者若得,[1390] 其名必極."[1391] 夫畏塗者, 十殺一人, 則父子兄弟相戒也, 必盛卒徒而後敢出焉, 不亦知乎! 人之所取畏者,[1392] 衽席之上[1393]、飮食之閒, 而不知爲之戒者, 過也."]

▶ 19-6:

(제관祭官인) 축인祝人과 종인宗人이 순일純一한 검은 옷을 입고 돼지 우리에 가까이 가서 돼지들을 설득하였다. "너희들은 어찌 죽음을 싫어하는가? 우리는 앞으로 석 달 동안 너희들을 (잘) 길러주고, 열흘간 계戒를 지키고, 사흘간 재齋를 드리고 나서, 하얀 띠[茅]로 (만든) 자리를 깔고, 도마 위에 너희의 어깨와 궁둥이를 올리려는데, 너희들은 그렇

1386) 高門은 富豪한 집이고; 縣은 현懸과 통하며, 박薄은 부簿(箔)과 통하니, 懸薄은 발(염帘, 염簾)을 늘어놓음이다. 발로 문을 했으니, 貧苦한 집이다. 曹礎基, 上同, 277頁, 주8 참조.

1387) '入而藏'은 선표單豹처럼 깊이 감춤이다. 曹礎基, 278頁, 주12 참조.

1388) 陽은 노출露出이니; '出而陽'은 장이張毅라는 사람처럼, 과도하게 노출시킴이다. 曹礎基, 上同, 주13 참조.

1389) 시립柴立은 나무처럼 無心하게 서 있음이고; 中央은 出과 入의 중간이다. 曹礎基, 上同, 주14 참조.

1390) 得은 해낼 수 있음이다. 曹礎基, 上同, 주15 참조.

1391) 極은 最高處이다. 曹礎基, 上同, 주16 참조.

1392) '所取畏者'는 스스로 위험한 일을 취하는 것이다. 曹礎基, 上同, 주21 참조.

1393) 임석衽席은 잠잘 때 쓰는 자리이니, 색욕이다. 曹礎基, 上同, 주22 참조.

게 하겠느냐?"

돼지를 위해 대책을 꾸민다면, 이렇게 말할 것이다. '돼지우리 안에서 쌀겨와 술 찌꺼기를 먹겠으니 (우리를) 우리[牢] 난간 속에 놓아두십시오.' 자신을 위한 모책謀策이라면, 살아서 큰 수레와 높은 모자의 존귀함을 가지며, 죽어서는 좋은 영구차에 화려하게 장식해 준다면 하겠다고 한다. 돼지를 위한 모책에서는 버렸던 것들을 자신을 위해서는 취하였으니, 돼지와 다른 것이 무엇인가!

[祝宗人玄端以臨牢筴,1394) 說彘曰: "汝奚惡死? 吾將三月犧汝,1395) 十日戒, 三日齊, 藉白茅, 加汝肩尻乎彫俎之上. 則汝爲之乎?" 爲彘謀, 曰: "不如食以糠糟,而錯之牢筴之中." 自爲謀, 則苟生有軒冕之尊, 死得於腞楯之上, 聚僂之中,1396) 則爲之. 爲彘謀, 則去之. 自爲謀, 則取之. 所異彘者何也?]

▶ 19-7:

(제齊) 환공桓公은 소택沼澤에서 사냥을 하고 관중管仲이 말을 몰았는데, 귀신을 보았다. 환공이 관중의 손을 꼭 쥐면서 말하였다. "중보仲父님은 무엇을 보셨습니까?"

(관중이) 대답하였다. "신은 본 것이 없습니다."

환공은 돌아와서 신음하며 병이 들어, 며칠을 (밖으로) 나오지 못했다.

제齊나라 선비 황자皇子 고오告敖가 말하였다. "환공이 스스로 병이

1394) 玄端은 아마도 균현袀袨이니, 純一한 검은 옷이다. 뇌牢는 우리이고; 책筴은 木欄이다. 王叔岷, 690-691頁, 주1 참조.

1395) 司馬彪(?-306)에 의하면, 환犧은 養이다. 王叔岷, 691頁, 주2 참조.

1396) 전腞은 전輇(상여)의 가차이고; 순楯은 순輴(상여)의 가차이다. 누僂는 루蔞와 통하니, 棺의 장식이고; 취루聚僂는 번다한 장식의 棺材이다. 曹礎基, 279頁, 주7 참조.

난 것이지 귀신이 어찌 환공을 해칠 수 있겠습니까! 분통이 쌓인 기운이 퍼졌다가 (본래로) 돌아오지 못하여 쇠약하고 피곤한 것입니다. (기운이) 올라가서 내려오지 못하면 사람들은 화를 잘 내고; 아래로 내려가서 위로 올라오지 못하면 사람들은 잘 잊어버리게 됩니다. 위로 올라가지도 않고 아래로 내려가지도 않아, (마음이) 몸 가운데에서 (노기怒氣와) 합치게 되면 병이 됩니다."

환공이 말하였다. "그렇다면 귀신은 있는 것이오?"

(황자 고오가) 말하였다. "있습니다. 화덕에는 이履 귀신이 있고, 부엌에는 계髻 귀신이 있으며, 집안 번잡한 곳에 뇌정雷霆 귀신이 있습니다. 동북쪽의 구석에는 배아倍阿나 해룡鮭蠪 귀신이 날뛰고 있고, 서북쪽 구석에는 일양泆陽 귀신이 삽니다. 물에는 '망상罔象' 신이, 언덕에는 '줄峷' 신이, 산에는 '기夔' 가, 들에는 '방황彷徨' 신이 있으며, 연못에는 '위사委蛇' 신이 있습니다."

환공이 말하였다. "'위사' 의 모양은 어떠한지, 묻고 싶소."

황자皇子가 말하였다. "위사는, 몸의 크기가 (수레의) 바퀴통만 하며, 길이는 (멍에의) 끌채만 하고, 자주색 옷을 입고, 붉은 관을 쓰고 있습니다. 그것은 못생겼는데, 수레나 우레 소리를 들으면 손을 받들고 일어섭니다. 이를 보았다면 패자가 될 일이 가깝습니다."

환공이 흔연히 웃으며 말하였다. "그것이 과인이 본 것이오."

이에 (환공이) 의관을 바로 하고 그(황자)와 함께 앉아 (이야기하니), 종일이 가지 않았는데 병이 떠나간 줄도 몰랐다.

[桓公田於澤, 管仲御, 見鬼焉. 公撫管仲之手曰: "仲父何見?"1397) 對曰: "臣无所見." 公反, 誒詒爲病,1398) 數日不出. 齊士有皇子告敖

1397) 齊桓公이 管仲을 존칭하여 중보仲父라고 부름.

1398) 희이誒詒는 신음하는 소리이다. 曹礎基, 280頁, 주7 참조.

者,[1399] 曰: "公則自傷, 鬼惡能傷公! 夫忿滀之氣, 散而不反, 則爲不足;[1400] 上而不下, 則使人善怒; 下而不上, 則使人善忘; 不上不下, 中身當心,[1401] 則爲病." 桓公曰: "然則有鬼乎?" 曰: "有. 沈有履.[1402] 竈有髻, 戶內之煩壤, 雷霆處之;[1403] 東北方之下者, 倍阿鮭蠪躍之;[1404] 西北方之下者, 則泆陽處之.[1405] 水有罔象,[1406] 丘有峷,[1407] 山有夔,[1408] 野有彷徨,[1409] 澤有委蛇.[1410]" 公曰: "請問: 委蛇之狀何如?" 皇子曰: "委蛇, 其大如轂, 其長如轅, 紫衣而朱冠. 其爲物也惡, 聞雷車之聲, 則捧其首而立.[1411] 見之者殆乎霸.[1412]" 桓公辴然而笑,[1413] 曰: "此寡人

1399) 成玄英疏에 의하면, 皇子는 姓이고, 고오告敖는 字이다. 王叔岷, 695頁, 주6 참조.

1400) 忿은 분憤과 통하고; 축滀(모이다)은 畜(비축)과 통한다. 不足은 쇠비衰憊이다. 王叔岷, 695-696頁, 주7 참조.

1401) 옛날 사람들 생각에, 마음이 몸의 중간에 있는데, 怒氣가 중간에서 울결鬱結되어 마음의 부분과 합쳐지게 되면, 마음이 혼란해져서 병을 얻게 된다고 여겼다. 『莊子譯注』, 178頁, 주9 참조.

1402) 심沈은 심煁(화덕)이고, 이履는 鬼名이다. 王叔岷, 696頁, 주10 참조.

1403) 짱빙린章炳麟(1869-1936)을 인용하여, 첸무錢穆(1895-1990)은 『莊子纂箋』에서, '煩壤은 번양煩孃' 인데, 孃은 번요煩擾라고 말한다. 戶內의 煩擾處이다. 王叔岷, 697頁, 주12 참조.

1404) 司馬彪에 의하면, 배아倍阿는 神名이고; 해롱鮭蠪은 모양이 아이와 같고, 1자[尺]4치[寸]이고, 검은 옷, 붉은 머리띠, 큰 모자를 쓰고, 검劍과 극戟을 가졌다. 王叔岷, 上同, 주13 참조.

1405) 사마표司馬彪(?-306)에 의하면, 일양泆陽은 표범 머리(豹頭), 말 꼬리(馬尾)를 가졌으며, 神名이다. 王叔岷, 上同, 주14 참조.

1406) 망상罔象은 水神의 이름이다. 曹礎基, 281頁, 주21 참조.

1407) 줄峷은 怪獸이다. 曹礎基, 上同, 주22 참조.

1408) 기夔는 외발 짐승이다. 王叔岷, 698頁, 주17 참조.

1409) 『經典釋文』(陸德明撰)에 의하면 彷徨은 方皇이다. 司馬彪에 의하면, 方皇은 모양이 뱀 같고, 머리가 두 개이고 五彩의 무늬이다. 王叔岷, 上同, 주18 참조.

1410) 위사委蛇는 또는 委邪로 쓰며, 좌우에 머리가 있고, 紫衣를 입고, 전관旃冠을 쓰는데, 임금이 그것을 먹으면 천하의 伯이 된다고 함. 王叔岷, 上同, 주19 참조.

之所見者也!" 於是正衣冠與之坐, 不終日而不知病之去也.]

▶ 19-8:

기성자紀渻子는 (주周 선宣)왕을 위해 투계鬪鷄를 길렀는데, 열흘이 되자 왕이 물었다. "닭이 싸울만하냐?"

(기성자가) 대답하였다. "아직입니다. (실제는) 맹탕인데 교만한 기세입니다."

열흘이 지나자, (왕이) 또 묻자 (기성자가) 대답하였다. "아직입니다. 무슨 소리나 그림자에도 반응합니다."

열흘이 지나자, (왕이) 또 묻자, (기성자가) 대답하였다. "아직입니다. (상대를) 노려보며 기세가 등등합니다."

열흘이 지나자 (왕이) 또 묻자, (기성자가) 대답하였다. "거의 다 되었습니다! 다른 닭이 울어도 이미 변화가 없습니다! 멀리서 보면 나무로 조각한 닭처럼 보입니다! 덕이 온전한 것이지요! 다른 닭은 감히 대응도 못하고 도망칠 것입니다!"

[紀渻子爲王養鬪鷄,1414) 十日而問: "鷄可已乎?"1415) 曰: "未也, 方虛憍而恃氣."1416) 十日又問, 曰: "未也. 猶應嚮景."1417) 十日又問, 曰:

1411) 奉、捧은 正、俗字이다. 司馬彪에 의하면, 首는 手이다. 首、手는 古通이다. 王叔岷, 699頁, 주21 참조.

1412) 成玄英(608-669)疏에 의하면, 태殆는 近이다. 其는 則과 같다. 王叔岷, 上同, 주22 참조.

1413) 진연㽎然은 흔연欣然이다. 王叔岷, 699-700頁, 주23 참조.

1414) 기성紀渻은 사람의 姓名이다. 王은 周宣王이다. 郭慶藩 『莊子集解』에서, 俞樾(1821-1907)을 인용하여 『列子 · 黃帝』 편에 이 일을 싣고 있는데, '紀渻子爲周宣王養鬪鷄.' 구절이 나온다. 王叔岷, 700頁, 주1 참조.

1415) 저백수褚伯秀(13세기)는, '鷄已乎?' 는 『列子』에 의거하여, 마땅히 '鷄已鬪已乎?' 로 읽어야 한다고 말한다. 王叔岷, 上同, 주2 참조.

"未也, 猶疾視而盛氣." 十日又問, 曰: "幾矣! 鷄雖有鳴者, 已无變矣! 望之似木鷄矣! 其德全矣! 異鷄无敢應者, 反走矣!]

▶ 19-9:

공자가 여량呂梁을 유람하였는데, (위에서 아래로) 물의 직류直流가 30길[인仞]이었고, 물거품이 40리나 흘러가니, 커다란 자라, 악어, 물고기, 거북이들은 헤엄을 칠 수가 없었다. [공자는] 한 남자가 헤엄치는 것을 보고 [그가] 고생되어 죽으려 한다고 여기고, 제자를 시켜서 그를 구하고자 하였다. [그는] 몇 백 걸음 거리에서 나와 머리를 풀어헤치고 흥얼거리면서 제방 아래서 놀고 있었다.

공자가 쫓아가서 물었다. "나는 그대가 귀신인 줄 알았는데 자세히 보니 사람이군요. 헤엄치는데 비법이 있는지 묻고 싶소이다."

(그가) 말하였다. "없습니다. 저는 비법이 없습니다. 저는 본연本然에서 시작하여 커서는 습성이 되었고, 자연스러운 이치[命]로 된 것이니, 배꼽 모양으로 (물의 소용돌이와 함께 물속으로) 들어가고 샘솟듯 올라오니, 물의 이치에 순종한 것으로 사사로운 것은 없으니, 이것이 제가 따라온 것입니다."

공자가 말하였다. "본연本然에서 시작하여 커서는 습성이 되었고, 자연스러운 이치[命]로 되었다는 것은 무슨 뜻입니까?"

(그가) 말하였다. "나는 능淩강에서 태어나서 능강에서 편안했던 것이 본연이요, 물가에서 성장하여 물을 편안하게 여김이 습성이고, 내가 그렇게 하고도 그런 줄 모른 것이 자연스러운 이치[命]입니다."

1416) 方은 正是이고; 교憍는 교驕(교만)와 통한다. 虛驕는 실제는 텅 비었는데 교만한 기색이 있음이다. 曹礎基, 282頁, 주3 참조.

1417) 향嚮은 향響과 통하고; 景은 영影(그림자)와 통한다. 曹礎基, 上同, 주4 참조.

[孔子觀於呂梁,[1418] 縣水三十仞,[1419] 流沫四十里, 黿鼉魚鼈之所不能游也. 見一丈夫游之, 以爲有苦而欲死也, 使弟子竝流而拯之. 數百步而出, 被髮行歌而游於塘下.[1420] 孔子從而問焉, 曰: "吾以子爲鬼. 察子則人也. 請問: 蹈水有道乎?" 曰: "亡, 吾無道. 吾始乎故,[1421] 長乎性, 成乎命.[1422] 與齊俱入,[1423] 與汨偕出,[1424] 從水之道而不爲私焉,[1425] 此吾所以蹈之也." 孔子曰: "何謂始乎故, 長乎性, 成乎命?" 曰: "吾生於陵而安於陵, 故也; 長於水, 而安於水, 性也; 不知吾所以然而然, 命也."]

▶ 19-10:

목수 경[梓慶]이 나무를 깎아 '악기 걸이' 를 만들었는데, 악기 걸이가 완성되자 보는 이들은 귀신이 만든 것이라고 경탄하였다. 노魯나라 제후가 (그것을) 보고 물었다. "그대는 어떠한 기술로써 이렇게 만들었는가?"

(그가) 대답하였다. "저는 목수입니다, 어떤 기술이 있겠습니까! 그렇지만 한 가지가 있긴 합니다. 저는 악기 걸이를 만들고자 하면 신기

1418) 觀은 遊覽이다. 呂梁은 지금 江蘇省銅山縣의 東南쪽에 있는 呂梁洪이다. 홍洪은 큰물이다. 曹礎基, 282頁, 주1 참조.

1419) 縣은 懸(매달리다)과 통한다. 懸水는 물이 위에서 아래로 直流함이다. 曹礎基, 上同, 주2 참조.

1420) 당塘은 제방이다. 曹礎基, 283頁, 주9 참조.

1421) 故는 舊이니, 本然이다. 陳鼓應, 523頁, 주5 참조.

1422) 命은 자연의 이치이다. 陳鼓應, 上同, 주6 참조.

1423) 왕어王敔(1656-1730)에 의하면, 齊는 제臍(배꼽)와 통하니, 물의 선와旋渦(소용돌이)가 배꼽과 같음을 말한다. 陳鼓應, 523-524頁, 주7 참조.

1424) 골汨은 용류湧流(샘솟듯 흐름)이다. 陳鼓應, 524頁, 주8 참조.

1425) 從은 順이고; '不爲私' 는 私意를 따라 행동하지 않음이다. 曹礎基, 283頁, 주15 참조.

神氣를 소모하는 일이 없고 반드시 고요한 마음가짐으로 재계齋戒합니다. 사흘 재계하면 상賞을 경하慶賀한다거나 작록爵祿을 마음에 품지 않고; 닷새 재계하면 비판이나 칭찬, 교묘함과 졸렬함을 생각하지 않고; 이래 재계하면 홀연 나의 사지四肢나 몸도 잊어버리게 됩니다. 이때에는 조정에도 나가지 않으며 정교精巧에 몰두하며, 밖의 혼란을 배제하고; 산림에 들어가서 (나무들의) 천연 성질을 살피고, (악기 걸이의) 몸체가 지극하게 되면 그런 뒤에 악기 걸이의 모습이 보이게 되고, (그것을) 손으로 가공합니다. 이러하지 못하면 그만둡니다. 이것은 나의 자연[天]이 (나무의) 자연[天]과 합쳐지는 것이니, 그 기물[악기 걸이]이 귀신의 솜씨처럼 보이는 것은 아마 이렇기 때문일 겁니다!"

[梓慶削木爲鐻. 鐻成, 見者驚猶鬼神. 魯侯見而問焉, 曰: "子何術以爲焉?" 對曰: "臣,工人. 何術之有. 雖然有一焉. 臣將爲鐻, 未嘗敢以耗氣也.1426) 必齊以靜心. 齊三日, 而不敢懷慶賞爵祿. 齊五日, 不敢懷非譽巧拙. 齊七日, 輒然忘吾有四肢形體也. 當是時也, 無公朝. 其巧專而外滑消.1427) 然後入山林, 觀天性, 形軀至矣. 然後成見鐻. 然後加手焉. 不然則已. 則以天合天,1428) 器之所以疑神者, 其是與!"]

▶ 19-11:

동야직東野稷은 말 모는 솜씨를 (위衛) 장공莊公에게 보였는데, 나가고 물러남이 먹줄에 들어맞았고, 좌우로 도는 것은 컴퍼스에 들어맞으

1426) 모기耗氣는 神氣를 소모함이다. 曹礎基, 284頁, 주4 참조.

1427) 골소滑消는 활소滑消인데, 활滑은 亂이고, 소消는 亡이니, 排除이다. 王叔岷, 708頁, 주9 참조.

1428) 왕셴첸王先謙(1842–1917)에 의하면, '以天合天'은 나의 天으로 나무의 天의 만남을 말한다. 則은 是와 같다. 王叔岷, 709頁, 주12 참조.

니, 장공은 (그 재주가) 조보造父도 뛰어넘을 수가 없다고 말하고, 그가 백 바퀴를 돌고 오도록 하였다.

안합顏闔이 이 (광경을) 우연히 보고 들어와 (장공을) 뵙고 말하였다. "직稷의 말은 장차 실패할 것입니다."

(장)공은 침묵하고 대꾸하지 않았다. 잠깐 사이에 과연 (동야직의) 말이 실패하고 돌아왔다. (장)공이 말하였다. "그대는 어찌하여 그것을 알았는가?"

(안합이) 말하였다. "그 말은 힘을 다하였는데 오히려 (자꾸) 요구하니, 그러므로 실패할 것이라고 말씀드린 것입니다."

[東野稷以御見莊公,1429) 進退中繩, 左右旋中規, 莊公以爲文弗過也,1430) 使之鉤百而反. 顏闔遇之, 入見曰: "稷之馬將敗." 公密而不應.1431) 少焉果敗而反. 公曰: "子何以知之?" 曰: "其馬力竭矣. 而猶求焉, 故曰敗."]

▶ 19-12:

공수工倕가 원을 그리면 컴퍼스[規]와 곱자[矩]에 맞았고, 손가락과 사물이 화합하여 마음으로 따져보지 않으니, 따라서 마음이 하나가 되어 막힘이 없었다. 발을 잊을 수 있는 것은 신발이 발에 꼭 알맞기 때문이고; 허리를 잊을 수 있음은 허리에 맨 벨트가 알맞기 때문이고; 지식이 '옳고 그름(是非)'을 잊을 수 있는 것은 마음이 적절하기 때문이고; 안에서 변하지 않으며 (밖으로) 외물을 좇지 않는 것은 만나는 일들

1429) 東野는 姓이고, 직稷은 名이다. 莊公은 衛莊公이다. 王叔岷, 709頁, 주1 참조.

1430) 시동奚侗(1878-1939)에 의하면, 이 문장에 脫誤가 있으니, 文은 父의 誤記이고, 조보造父에서 造자가 빠졌다. 王叔岷, 710-711頁, 주3 참조.

1431) 密은 黙(묵묵하다)이다. 曹礎基, 285頁, 주9 참조.

이 적합하기 때문이다. 본래 적합하여 적합하지 않은 적이 없는 것은 (의식적으로) 적합함을 잊은 적합함이다.

[工倕旋而蓋規矩,[1432] 指與物化而不以心稽,[1433] 故其靈臺一而不桎.[1434] 忘足, 屨之適也; 忘要, 帶之適也; 知忘是非, 心之適也; 不內變, 不外從, 事會之適也;[1435] 始乎適而未嘗不適者,[1436] 忘適之適也.]

▶ 19-13:

(노魯나라에) 손휴孫休가 있었는데, 문 앞에 이르러 편경자扁慶子선생님에게 알리면서 말하였다. "저는 고향에서 수양 없다고 여겨지지도 않았고, 난리를 만나면 용기 없게 보이지도 않았는데, 그러나 전원에서 (농사를 지으면) 좋은 시절을 만난 적이 없고, 임금을 섬겨도 (성군聖君의) 치세를 만나지 못하였으며, 고향에서 배척받고, 주州나 부部에서 축출을 당했어요. 이렇다면 (저는) 어째서 하늘로부터 벌 받은 것입니까? 저는 어째서 이런 운명을 만난 것입니까!"

편자扁子가 말하였다. "자네는 어찌 지인至人들이 한 바를 들은 적이 없는가? (그들은) 자기의 간과 쓸개를 잊어버리고, 귀와 눈을 버려두고, 먼지 낀 (세상) 밖(청정한 경지)에서 망연히 자유롭게 노니니, 무위無爲하며 소요하네, 이것이 (혜택을) 주나 (그 공功을) 자부하지 않고, 장성하게 하나 주재하지 않음이네. 지금 자네는 지식을 뽐내며 어리석은 자들

1432) 수倕는 堯 때의 工人이고; 선旋은 원을 그림이고; 蓋는 합盍의 가차이니, 合이다. 曹礎基, 286頁, 주1 참조.

1433) 계稽는 算이다. 曹礎基, 上同, 주2 참조.

1434) 주준성朱駿聲(1788-1858)에 의하면, 질桎은 질庢(막히다)의 가차이니, 질庢은 애지礙止이고, 애閡(문을 잠그다)와 통한다. 영대靈臺는 心(마음)이다. 王叔岷, 713頁, 주2 참조.

1435) 事會는 遇事이고; 適은 合이다. 曹礎基, 上同, 주5 참조.

1436) 始는 本이다. 曹礎基, 上同, 주6 참조.

을 놀리려 하고, 수양으로 (다른 이들의) 더러움을 폭로하며, (자신을) 해나 달처럼 번쩍이며 드러내고 있네. 자네가 자네 몸을 보전保全하고, 구규九竅(감각과 생리기관)를 갖출 수 있으니, 요절하거나 농아聾啞, 장님, 절름발이가 되지 않고, 사람으로 칠 수 있는 것은 다행이니, 어느 겨를에 하늘을 원망하는가! 자네는 물러가게!"

손휴는 나왔는데, 편자는 (안으로) 들어가 잠깐 앉은 뒤에 하늘을 우러러 탄식을 하였다. 제자가 물었다. "선생님은 어째서 한숨을 쉬십니까?"

편자가 말하였다. "조금 전에 (손)휴가 왔었는데 나는 그에게 지인至人의 덕을 가지고 말해주었네. 나는 그가 놀라서 미혹되었을까봐 걱정되네."

제자가 말하였다. "그렇지 않을 것입니다. 손자가 말한 것이 옳습니까? 선생님이 말씀하신 바는 틀린 것입니까? 그릇된 것은 본래 올바른 것을 미혹할 수는 없습니다. 손 선생이 말한 것이 그른 것입니까? 선생님이 말씀하신 것이 옳은 것입니까? 그가 원래부터 미혹되어서 온 것이라면, 어찌 선생님의 죄가 되겠습니까!"

편자가 말하였다. "그렇지 않다네. 옛날에 어떤 새가 노魯나라 교외에 머물자 노나라 임금은 기뻐하여 큰 잔치로 그것을 대접하고, (멋진) '구소九韶' 음악을 연주하여 즐겁게 해주었는데, 새는 다만 슬퍼하고, 아득히 바라만 보고, 마시거나 먹지 못했는데, 이것은 자기가 길러지는 방식으로 새를 기른 것이네. 새를 기르는 방식으로 새를 기른다면 마땅히 깊은 수풀에 살게 하고, 강과 호수에 떠다닐 수 있게 하며, (미꾸라지나 피라미를) 먹게 하고 만족하며 득의得意하게 살게 해서, 평평한 땅에서 편안하게 해줄 뿐이네. 지금 손휴는 견문도 적고 소견이 작은 사람이네, 내가 지인至人의 덕을 그에게 알려준 것은, 비유하면, 마치 수레와 말을 (아주 작은) 생쥐에게 실으려는 것과 같고, 종과 북(의 음악)으로 메추라기를 즐겁게 해주려는 것과 같은 짓이었네. 그가 또한 어찌 놀라움이 없을 수 있겠는가!"

[有孫休者, 踵門而詫子扁慶子曰1437): "休居鄕不見謂不脩,1438) 臨難不見謂不勇. 然而田原不遇歲,1439) 事君不遇世,1440) 賓於鄕里,1441) 逐於州部, 則胡罪乎天哉? 休惡遇此命也!" 扁子曰: "子獨不聞夫至人之自行邪?1442) 忘其肝膽, 遺其耳目, 芒然彷徨乎塵垢之外,1443) 逍遙乎无事之業,1444) 是謂爲而不恃, 長而不宰.1445) 今汝飾知以驚愚, 脩身以明汚,1446) 昭昭乎若揭日月而行也.1447) 汝得全而形軀, 具而九竅,1448) 无

1437) 成玄英(608-669)疏에 의하면, 孫은 姓, 休는 名이고, 魯人이다. 편扁은 姓이고 名은 子慶인데, 魯의 賢人이며, 孫休의 스승이다. 司馬彪(?-306)에 의하면, 종踵은 至이고; 타詫는 告이다. 王叔岷, 714-715頁, 주1 참조.

1438) 見은 요즘 말로 被이다. 王叔岷, 715頁, 주2; 수脩는 修攘이다. 『莊子譯注』, 183頁, 주3 참조.

1439) 田原은 전원에서 경작함을 가리키고; 歲는 좋은 시절이다. 曹礎基, 287頁, 주5 참조.

1440) '不遇世'는 聖君明主의 시대를 만나지 못함이다. 曹礎基, 288頁, 주6 참조.

1441) 유월俞樾(1821-1907)에 의하면, 빈賓은 빈擯(배척하다)의 가차이다. 王叔岷, 715頁, 주3 참조.

1442) 獨은 何와 같고; 自行은 所爲이다. 王叔岷, 716頁, 주6 참조.

1443) 망芒은 망茫(아득하다)과 통하니 茫然, 無知한 모양이다. 彷徨은 放縱하게 걷는 모습이고; '塵垢之外'는 淸淨한 경계이다. 曹礎基, 주11 참조.

1444) 無事는 無爲이다. 曹礎基, 上同, 주12 참조.

1445) '爲而不恃, 長而不宰'는 만물에 혜택을 주나 그 功에 자부하지 않고, 만물을 성장시키나 만물을 주재하지 않고 자연에 맡김이니, 老子의 사상이다. 『莊子譯注』, 184頁, 주12 참조.

1446) 知는 智와 통하고; 明汚는 더러운 것을 폭로함이다. 曹礎基, 上同, 주14 참조.

1447) 소소昭昭는 光明이 顯露하는 모양이고; 게揭는 擧이다. '揭日月而行'은 자기를 현요炫耀(뻐기다)함이다. 曹礎基, 上同, 주15 참조.

1448) 得은 할 수 있음이고; 全은 保全이고; 而는 你(너)이고; 具는 具備이다. 曹礎基, 上同, 주16, 17; 九竅는 두 눈, 두 귀, 두 코의 구멍, 입, 항문肛門, 요도尿道이다. 『莊

中道夭於聾盲跛蹇,[1449] 而比於人數, 亦幸矣, 又何暇乎天之怨哉? 子往矣! 孫子出. 扁子入, 坐有閒, 仰天而歎. 弟子問曰: "先生何爲歎乎?" 扁子曰: "向者休來, 吾告以至人之德, 吾恐其驚而遂至於惑也." 弟子曰: "不然. 孫子之所言是邪? 先生之所言非邪? 非固不能惑是. 孫子所言非邪? 先生所言是邪? 彼固惑而來矣, 又奚罪焉!" 扁子曰: "不然. 昔者有鳥止於魯郊, 魯君說之, 爲具太牢以饗之, 奏九韶以樂之, 鳥乃始憂悲眩視, 不敢飮食. 此之謂以己養養鳥也. 若夫以鳥養養鳥者, 宜棲之深林, 浮之江湖, 食之以委蛇, 則平陸而已矣.[1450] 今休款啓寡聞之民也,[1451] 譬之若載鼷以車馬, 樂鴳以鐘鼓也. 彼又惡能无驚乎哉!]

子譯注』, 上同, 주16 참조.

1449) 於는 알閼의 가차이니, 요알夭閼은 요절夭折이고; 건蹇은 파각跛脚(절뚝발이)이다. 比는 列이니, '比於人數'는 사람으로 간주함이다. 曹礎基,上同, 주18 참조.

1450) 原文의 '食之以委蛇, 則平陸而已矣.'는 아마도 궐문闕文인 것 같다. 「至樂」의 구절을 인용하여, 왕셴첸王先謙(1842-1917)은, '食之以鰌鰷, 委蛇而處.'를 보충하였다. 陳鼓應, 531-532頁, 주1; '平陸' 앞에 安자가 있어야 한다. 王叔岷,718頁, 주20 참조.

1451) 이이李頤(1541-1601)에 의하면, 관款은 空이고; 계啓는 開이니, 빈 것을 여는 것이니, 所見이 적음이다. 王叔岷, 上同, 주21 참조.

20. 산목(山木)

본 편은 난세亂世를 만나 잘못하면 해를 보게 되니, 권위權位나 명리名利를 포기하고, 마음을 씻고 욕심을 적게 가지며, 천도天道에 따르며, 자기를 비우고[虛己] 무위無爲해야 화禍를 면할 수 있음을 말한다. 「인간세人間世」 편(제4)과 주제가 비슷하다.

▶ 20-1:

장자莊子가 산속을 가다가 가지와 잎이 무성한 큰 나무를 보게 되었다. 벌목하는 이는 그 옆에 서 있을 뿐 자르지 않았다. 그 이유를 물으니, 대답하였다. "용도가 없습니다."

장자가 말하였다. "이 나무는 무용하여 제명을 사는 것이다!"

선생님(장자)이 산에서 나와 친구 집에 머물렀다. 친구가 기뻐하면서 동자童子에게 기러기를 잡아서 요리하게 하였다. 동자가 물었다. "한 마리는 잘 울고, 다른 한 마리는 잘 울지를 못하는데, 어느 놈을 잡을까요?"

주인이 말하였다. "울지 못하는 놈을 잡아라."

다음 날 제자가 장자에게 물었다. "어제 산속의 나무는 무용했기에 제명을 다 살 수 있었는데, 지금 주인의 기러기는 무용하기 때문에 죽습니다. 선생님께서는 장차 어떻게 처신하시겠습니까?"

장자가 미소 지으며 말하였다. "나는 장차 유용과 무용의 중간으로 처신하겠다. 유용과 무용의 중간은 그럴듯하지만, 그렇지 못하다. 따라서 곤혹을 면치 못할 것이다. 생명의 원리인 도덕을 타고 소요하듯이 활동한다면, 그렇지 않을 것이다. 영예도 없고 비방도 없고, 한번은 용龍이 되고 한번은 뱀[蛇]이 되고, 시간과 함께 변화해가며, 한 가지만 고집하지 않으련다. 한 번은 올라가고 한 번은 내려가고, 화합함을 준칙으로 삼아서 만물의 근원에 노닐어, 외물을 외물로 보고, 외물에 의해서 외물 취급을 당하지 않는다면 어떻게 곤혹困惑할 수 있겠는가! 이것은 신농神農과 황제黃帝의 법칙이다. 모든 일의 실정과 인리人理의 전환은 이렇지 못하다: 합하려 하면 헤어지게 하고, 이룰 것이라면 파괴하려 하고, 청빈하면 꺾으려 하고, 지위가 높으면 손상 입히고[虧], 일하면 비평[議]하고, 현명하면 모함하고, 못났으면 속이려 하니, 어떻게 꼭 해야 할 것을 고집할 수 있겠는가! 슬프도다! 제자들아! 기억하라, 오직 자연의 이치[道]와 자연적 본성[德]만을 따를지어다!"

[莊子行於山中, 見大木枝葉盛茂, 伐木者, 止其旁而不取也. 問其故, 曰: "无所可用." 莊子曰: "此木以不材得終其天年." 夫子出於山, 舍於故人之家. 故人喜, 命豎子殺雁而烹之. 豎子請, 曰: "其一能鳴, 其一不能鳴. 請奚殺?" 主人曰: "殺不能鳴者." 明日, 弟子問於莊子曰: "昨日山中之木, 以不材得終其天年; 今主人之雁, 以不材死. 先生將何處?" 莊子笑曰: "周將處夫材與不材之間. 材與不材之間, 似之而非也, 故未免乎累. 若夫乘道德而浮遊則不然. 无譽无訾, 一龍一蛇, 與時俱化, 而无肯專爲. 一上一下, 以和爲量,[1452] 浮遊乎萬物之祖, 物物而不物於物, 則胡可得

1452) 和는 中和이고; 量은 度量이다. 『莊子譯注』, 185頁, 주11 참조.

而累邪! 此神農, 黃帝之法則也. 若夫萬物之情, 人倫之傳,[1453] 則不然: 合則離, 成則毁, 廉則挫, 尊則議, 有爲則虧,[1454] 賢則謀, 不肖則欺. 胡可得而必乎哉! 悲夫! 弟子志之, 其唯道德之鄕乎!"]

▶ 20-2:

시남市南에 사는 (웅熊)의료宜僚가 노후魯侯를 찾아뵈었는데, 근심하는 얼굴빛이었다. 시남자市南子[熊宜僚]가 물었다. "임금께서는 근심하는 안색이신데, 무엇 (때문)입니까?"

노후가 대답하였다. "과인은 선왕의 도를 배웠고, 선군의 업적을 닦았으며, 귀신을 공경하고 현자를 존숭하였고, 몸소 행하고 잠시도 떠난 적이 없네. 그러나 걱정을 면치 못하니, 과인은 그래서 걱정이네."

시남자가 말하였다. "임금께서 걱정을 제거하는 방법이 비천하십니다! 털이 풍만한 여우와 무늬 있는 표범이 산림 속에서 사는데, 바위 구멍에 숨어 있는 것은 (그들의) 고요함입니다. 밤에 행동하고 낮에 거처에 있는 것은 경계입니다. 배가 고프고 목이 마르고 궁핍해도 또한 강이나 호수 가에서 머뭇거리며 먹이를 찾는 것은, 멈출 줄 알고 신중함입니다. 그런데도 그물이나 덮치기 그물에 (붙잡히는) 걱정에서 벗어나지 못하니, 이들이 무슨 죄가 있겠습니까? 그 가죽이 죄가 된 것입니다. 이제 노나라가 어찌 임금의 가죽이 아니겠습니까? 저는 임금께서 몸도 잊고 나라도 잊어버리시고, 마음을 깨끗이 하고 욕심을 없애고, 아무도 없는 들판에서 노닐기를 바랍니다. 남월南越 땅에 도시가 하나

1453) 成玄英(608-669)疏에 의하면, 倫는 理이다. 傳은 轉과 같다. '人倫之傳'은 人理의 轉變이다. 王叔岷, 724頁, 주20 참조.

1454) '尊則議'는 뜻을 통하기 어렵다. 議、虧는 마땅히 서로 바뀌어야 한다. '尊則虧, 有爲則議'라면, 뜻이 분명하다. 王叔岷, 725頁, 주22 참조.

있는데 그 이름을 건덕建德의 나라라고 합니다. 그 백성들은 우직하고 소박하여 사심과 욕심이 적은데, 농사지을 줄 알지만 저장할 줄 모르며, (남에게) 베풀더라도 보답을 바라지 않으며, 의義가 (어디로) 가는지 알지 못하고, 예禮가 (어디에) 행해지는지 알지 못합니다. 무심無心하여 확실함이 없는데, 이에 대도大道를 걷는 것입니다. 그들의 삶은 즐거울 만하고, 그들의 죽음은 장사지낼 만합니다. 저는 임금께서 나라와 습속을 버리시고 도道와 함께 서로 돕기를 바랍니다."

[市南宜僚見魯侯,[1455] 魯侯有憂色. 市南子曰: "君有憂色, 何也?" 魯侯曰: "吾學先王之道, 脩先君之業, 吾敬鬼尊賢, 親而行之, 无須臾居. 然不免於患, 吾是以憂." 市南子曰: "君之除患之術淺矣! 夫豐狐文豹,[1456] 棲於山林, 伏於巖穴, 靜也. 夜行晝居, 戒也. 雖飢渴隱約,[1457] 猶且胥疏於江湖之上而求食焉,[1458] 定也.[1459] 然且不免於罔羅機辟之患.[1460] 是何罪之有哉? 其皮爲之災也. 今魯國獨非君之皮邪?[1461] 吾願君刳形去皮,[1462] 洒心去欲, 而遊於无人之野. 南越有邑焉, 名爲建德之國. 其民愚而朴, 少私而寡欲. 知作而不知藏, 與而不求其報. 不知義之所適, 不知禮之所將.[1463] 猖狂妄行, 乃蹈乎大方[1464]. 其生可樂, 其死可葬. 吾

1455) 사마표司馬彪(?-306)에 의하면, 웅의료熊宜僚는 市南에 살아서 號가 되었다. 『左傳』에는, 市南에 熊宜僚가 사는데, 楚人이다. 王叔岷, 726頁, 주1 참조.

1456) 풍호豊狐는 털이 풍만한 여우이고; 文豹는 무늬가 있는 표범이다. 曹礎基, 292頁, 주4 참조.

1457) 은약隱約은 貧困이다. 『莊子譯注』, 187頁, 주5 참조.

1458) 서소胥疏는 자저趑趄(머뭇거림)이다. 曹礎基, 上同, 주7 참조.

1459) 定은 知止審愼(멈출 줄 알고 신중함)이다. 『莊子譯注』, 上同, 주7 참조.

1460) 망罔은 망網(그물)이고, 벽辟은 벽繴(덮치기 그물)이다. 王叔岷, 729頁, 주8 참조.

1461) 獨은 기豈(어찌)와 같다. 王叔岷, 上同, 주10 참조.

1462) 고刳(도려내다)는 割開이니, 고형刳形은 忘身이고; 去皮는 忘國이다. 曹礎基, 上同, 주12 참조.

願君去國捐俗,[1465] 與道相補而行."[1466])]

임금이 말하였다. "그곳은 멀고도 험하고, 또 강과 산이 있는데, 과인에게는 배도 수레도 없으니 어떻게 해야겠는가?"

시남자가 말하였다. "임금께서는 오만의 포기, 자리에 연연하지 않음을 (배와) 수레로 삼으십시오."

임금이 말하였다. "그 길은 아득하고 먼데[유원幽遠] (부릴) 사람들도 없으니, 과인은 누구를 이웃으로 하겠나? 과인은 양식도 없고 먹을 것도 없는데, 어떻게 거기에 이를 수 있겠는가?"

시남자가 말하였다. "임금의 비용을 적게 하고 욕심을 적게 하면, 양식이 없다고 한들 충분할 것입니다. 임금께서 강을 건너서 바다에 떠서 있으면, 바라보아야 해안가도 보이지 않고, 가면 갈수록 그 끝을 알 수 없을 것입니다. 임금을 전송하는 자들은 모두 바닷가에서 돌아갈 것이니, 임금께서는 이것에서부터 (속세와) 멀어지는 것입니다. 그러므로 사람이나 (나라)를 자기 소유[통치]로 하면 짐을 지게 되고, 남에 의해 소유되면 근심이 있게 되니, 진실로 요堯임금은 남을 소유[통치]하지도 않고, 남에게 소유[통치] 받지도 않은 것입니다. 저는, 임금께서 부담을 버리시고, 임금께서 근심을 제거하여, 오직 홀로 도道와 더불어 광막하고 공허한 경지에서 노닐기를 바랍니다. 배 두 척을 부쳐서 물을 건너가는데 빈 배가 와서 부딪치면, 아무리 속 좁은 사람이라도 화를 내지

1463) 適은 往이고; 將은 行이다. 曹礎基, 上同, 주18 참조.

1464) 成玄英(608-669)疏에 의하면, 창광猖狂은 無心이고, '無心妄行'은 '的當(확실함)'이 없음이다. 方은 道와 같다. 王叔岷, 730頁, 주18 참조.

1465) 損은 기棄이고; 俗은 世俗이다. 曹礎基, 293頁, 주22 참조.

1466) 相輔는 相助이다. 曹礎基, 上同, 주23 참조.

않습니다. 누가 배 위에 타고 있다면, (간격을) 벌려 멈추라고 소리칠 것입니다. 한 번 소리쳐도 듣지 못하고, 두 번 소리쳐도 듣지 못하여, 이에 세 번씩이나 소리치게 되면, 반드시 욕이 뒤따르게 됩니다. 좀 전에는 화를 내지 않다가 이제 화를 내는 것은, 전에는 배가 비어 있었고 이번에는 사람이 타고 있기 때문입니다. 사람이 자신을 비우고 세상에 노닐 수 있다면, 누가 그를 해칠 수 있겠습니까?"

[君曰: "彼其道遠而險,[1467] 又有江山, 我无舟車, 奈何?" 市南子曰: "君无形倨,[1468] 无留居,[1469] 以爲君車"[1470] 君曰: "彼其道幽遠而无人, 吾无糧, 我无食, 安得而至焉?" 市南子曰: "少君之費, 寡君之欲, 雖无糧而乃足. 君其涉於江而浮於海,[1471] 望之而不見其崖, 愈往而不知其所窮.[1472] 送君者皆自崖而反, 君自此遠矣! 故有人者累,[1473] 見有於人者憂.[1474] 故堯非有人, 非見有於人也. 吾願去君之累, 除君之憂, 而獨與道遊於大莫之國.[1475] 方舟而濟於河,[1476] 有虛船來觸舟, 雖有惼心之人不怒. 有一人在其上, 則呼張歙之.[1477] 一呼而不聞, 再呼而不聞, 於是

1467) 彼其는 중복이니, 其 또한 彼이다. 王叔岷, 731頁, 주1 참조.

1468) 사마표司馬彪(?-306)에 의하면, 오만한 모양을 없앰이다. 王叔岷, 上同, 주2 참조.

1469) 유거留居는 자리에 '연연戀戀함이 없음' 이다. 王叔岷, 上同, 주3 참조.

1470) 魯君의 '我无舟車' 에 대한 말이니, 아마도 車 위에 마땅히 舟가 있어야 한다. 王叔岷, 上同, 주4 참조.

1471) 其는 則과 같다. 王叔岷, 上同, 주7 참조.

1472) 애崖、애涯(물가)는 古通이다. 愈는 '…할수록 …하다' 이다. 王叔岷, 上同, 주8 참조.

1473) 有人은 '백성이나 나라를 자기 소유[己有]로 함' 이다. 『莊子譯注』, 187頁, 주24 참조.

1474) 見은 지금 말로 被(입게 …됨)이다. 王叔岷, 732頁, 주10 참조.

1475) 莫은 漠과 통하니, '大莫之國'은 廣漠하고 공허한 경계이다. 『莊子譯注』, 上同, 주26 참조.

1476) 方舟는 並舟이고, 濟는 渡(물을 건너다)이다. 『莊子譯注』, 上同, 주27 참조.

1477) 『經典釋文』(陸德明撰)에 의하면, 張은 開이고; 흡歙(움츠리다)은 감歛(수축하다)이니,

三呼邪, 則必以惡聲隨之. 向也不怒而今也怒, 向也虛而今也實. 人能虛己以遊世, 其孰能害之!"]

▶ 20-3:

북궁사北宮奢가 위衛 영공靈公을 위해 세금을 거두어 종을 만들려는데, (우선) 외성의 문밖에 제단을 만들(제사 하)고, 3개월 만에 (편編) 종鍾을(매다는 종가鍾架의) 위아래까지 완성하였다. (주周나라) 왕자인 경기慶忌가 그것을 보고 물었다. "자네는 무슨 기술로 설치했는가?"

북궁사가 대답하였다. "온 마음을 다했을 뿐 감히 다른 방법을 쓸 수 없었습니다. 저는 들었습니다. '쪼고 다듬는 일이 끝나면 순박함으로 돌아간다.' (저는) 아이처럼 아무것도 알지 못하는 듯하며, 몰라서 어리숙합니다. 황홀하여 (무엇을) 보내고 맞아드렸는지 (모릅니다.) 오는 것은 막지 않았고, 가는 것은 그치게 하지 않았습니다. 힘 있게 (반대하면, 그것을) 따랐으며, (세금을 바치려 하면) 그것을 따랐으니, 백성들이 스스로 (힘을) 다한 것입니다. 그러므로 아침, 저녁으로 세금을 거두어들였지만 조금도 손상을 입히지 않았으니, 하물며 대도大道를 가진 이들이야 어떻겠습니까?"

[北宮奢爲衛靈公賦斂以爲鍾,[1478] 爲壇乎郭門之外, 三月而成上下之縣.[1479] 王子慶忌見而問焉, 曰; "子何術之設?" 奢曰: "一之間, 无敢設也.[1480] 奢聞之, '旣彫旣琢, 復歸於朴' 侗乎其无識,[1481] 儻乎其怠

수렴收斂(정지)이다. 王叔岷, 733頁, 주16 참조.

1478) 이이李頤(1541–1601)에 의하면, 북궁사北宮奢는 衛나라 大夫인데, 北宮에 살았기에 그것이 號가 되었고, 사奢는 그의 名이다. 王叔岷, 734頁, 주1 참조.

1479) 縣은 현懸(걸다)과 통한다. 편종編鐘을 거는데, 鍾架를 상하로 나누기 때문에, '上下之懸' 이라고 한 것이다. 曹礎基, 295頁, 주3 참조.

1480) '一之間' 은 온 마음으로 종을 만들 생각일 뿐 잡생각이 없음을 말한다. 『莊子譯

疑.[1482] 萃乎芒乎,[1483] 其送往而迎來, 來者勿禁, 往者勿止. 從其彊梁, 隨其曲傅,[1484] 因其自窮.[1485] 故朝夕賦斂而毫毛不挫,[1486] 而況有大塗者乎!"[1487])]

▶ 20-4:

공자가 진陳나라와 채蔡나라 사이에서 포위를 당하여 7일 동안 익힌 음식을 먹지 못하였다. 대부大夫인 임任이 가서 그를 조문하면서 말하였다. "당신은 거의 죽을 지경입니까?"

(공자가) 대답하였다. "그렇습니다."

(임이 말하였다.) "당신은 죽는 것이 싫습니까?"

(공자가) 말하였다. "그렇습니다."

임任이 말하였다. "내가 한 번 죽지 않는 방법을 말해 보도록 하겠습니다. 동쪽 바다에 새가 사는데, 이름이 의태意怠[의이鷾鴯, 제비]라고 합니다. 그 새는 느리게 날거나 (높이 날지 못하여) 무능한 것 같습니다. (뭇 새들에) 이끌려서 날고, (그들 사이에서) 서식하며; 나아갈 때 앞장서지 않고, 물러설 때도 뒤에 서지 않으며; 음식을 먹을 때에는 먼저 먹지 않고 나머지만을 먹습니다. 그렇기에 행렬에서 배척당하지 않고, 외부

注』, 189頁, 주6 참조.

1481) 동侗은 동혼童昏의 童의 가차이다. 其는 若과 같다. 王叔岷, 735頁, 주7 참조.

1482) 당倘은 당儻과 같으니, 倘然은 驚疑貌이다. 怠疑는 이의佁儗이니, 애치騃癡(어리석음)와 같다. 王叔岷, 735-736頁, 주8 참조.

1483) 시동奚侗(1878-1939)에 의하면, 췌萃는 홀芴(황홀)의 가차이다. 홀망芴芒은 홀황惚恍(황홀)과 같다. 王叔岷, 736頁, 주9 참조.

1484) 강량彊梁은 多力, 수隨는 從이다. 王叔岷, 736-737頁, 주11 참조.

1485) 궁窮은 盡이다. 曹礎基, 295頁, 주12 참조.

1486) 좌挫(꺾다)는 損害이다. 曹礎基, 上同, 주13 참조.

1487) 成玄英(608-669)疏에 의하면, 도塗는 道이다. 王叔岷, 737頁, 주15 참조.

사람들이 끝내 해를 입힐 수 없으니, 환난을 면하는 것입니다. 곧은 나무는 먼저 베어지고, 맛이 단 우물은 먼저 고갈됩니다. 당신은 아마도 지식을 치장하여 어리석은 이들을 놀라게 하고, 몸을 수양하여 (남들의) 혼탁을 밝혀내며, 해와 달처럼 밝고 밝게 비추고 다니니, 따라서 (화를) 면치 못하는 것입니다. 내가 옛날에 커다란 성취를 이룬 사람에게서 '스스로 내세우는 이는 성공할 수 없게 되며, 공이 이루어지면 패망하게 되고, 명예가 이루어지면 파멸하게 된다.' 고 들었습니다. 누가 공과 명예를 버리고 또한 뭇 사람과 함께 할 수 있겠습니까? (그러하니) 도道가 움직여도 현달한 곳에서 살지 마시고, 덕德이 작동한다고 칭송받는 자리에 처하지도 마시고; 순박하고 또 평범하여 아무 목적도 없는 듯이 흔적도 남기지 마시고, 권세도 버리며, 공명功名을 이루려 하지 마십시오. 이러기에 남들에게 따지지 않으면 남들도 따지지 않을 것입니다. 지인至人은 (세상에 공명功名이) 알려지지 않는데, 당신은 무엇 때문에 기뻐하십니까?"

공자가 말하였다. "훌륭합니다."

(그는) 교유를 거부하고, 제자들을 물리치고, 커다란 늪지로 도피하여 가죽옷이나 갈옷을 입고서, 도토리나 밤(같은 소박한 음식)을 먹었다. 짐승 사이에 들어가도 짐승의 무리가 어지러워지지 않았고, 새들 속에 들어가도 새의 행렬이 어지러워지지 않았다. 새나 짐승도 싫어하지 않는데 하물며 사람이야!

[孔子圍於陳、蔡之間, 七日不火食. 大公任往弔之,[1488] 曰: "子幾死乎?" 曰: "然" "子惡死乎?" 曰: "然" 任曰: "予嘗言不死之道. 東海有鳥焉, 其名日意怠.[1489] 其爲鳥也, 翂翂翐翐而似无能.[1490] 引援而飛, 迫脅而

1488) 이이李頤(1541–1601)에 의하면, 太公은 大夫를 가리키고; 任은 이름이다. 王叔岷, 738頁, 주2 참조.

棲.[1491] 進不敢爲前, 退不敢爲後, 食不敢先嘗, 必取其緖.[1492] 是故其行列不斥, 而外人卒不得害, 是以免於患. 直木先伐, 甘井先竭. 子其意者飾知以驚愚, 脩身以明汚, 昭昭乎如揭日月而行, 故不免也. 昔吾聞之大成之人曰: '自伐者无功, 功成者墮, 名成者虧.' 孰能去功與名, 而還與衆人! 道流而不明居, 得行而不名處;[1493] 純純常常,[1494] 乃比於狂;[1495] 削迹捐勢,[1496] 不爲功名, 是故无責於人, 人亦无責焉. 至人不聞,[1497] 子何喜哉?" 孔子曰: "善哉!" 辭其交游, 去其弟子, 逃於大澤; 依裘褐, 食杼栗; 入獸不亂羣, 入鳥不亂行. 鳥獸不惡, 而況人乎!]

▶ 20-5:

공자가 자상우子桑雩에게 물었다. "나는 노魯나라에서 두 번 쫓겨나고, 송宋나라에서는 (내가 강학하던) 나무가 잘렸으며, 위衛나라에서 자취가 끊어지고, 송宋나라와 주周나라를 (왕래)하며 곤궁을 당했으며, 진

1489) 첸무錢穆(1895-1990)에 의하면, 意怠는 의이鷾鴯(제비), 즉 '바닷제비'이다. 曹礎基, 296頁, 주4 참조.

1490) 司馬彪(?-306)에 의하면, '분분翂翂 질질狭狭'은 천천히 느린 모양이고; '飛不高貌'(날아도 높지 않은 모양)이다. 王叔岷, 739頁, 주5 참조.

1491) 李頤에 의하면, 박협迫脅은 뭇 새들에 끼어서 자리 잡아 해가 오는 것을 피함이다. 王叔岷, 上同, 주6 참조.

1492) 서緖는 餘이다. 王叔岷, 上同, 주8 참조.

1493) 明居는 顯露한 곳에서 삶이고; 得은 德과 통하고; 名處는 칭송받는 자리에 처함이다. 流、行은 모두 운동이나 작용이다. 曹礎基, 296頁, 주16 참조.

1494) '純純常常'은 순박하고 또한 평범한 모양이다. 曹礎基, 297頁, 주17 참조.

1495) 比는 似(같다)이고; 狂은 거동이 목적이 없음을 말한다. 曹礎基, 上同, 주18 참조.

1496) 삭적削迹은 흔적을 남기지 않음이고; 손세捐勢는 權勢의 포기이다. 曹礎基, 上同, 주19 참조.

1497) 不聞은 功名으로 세상에서 유명해지기를 추구하지 않음이다. 曹礎基, 上同, 주21 참조.

陳나라와 채蔡나라 사이에서는 포위를 당하기도 하였습니다. 내가 이렇게 여러 차례의 곤궁을 당하는 동안 친교는 더욱 소홀해지고, 제자와 벗들은 더욱 흩어져만 갔습니다. 그 까닭은 무엇입니까?"

자상우가 말하였다. "당신은 가假땅 사람이 도망친 이야기를 듣지 못하였습니까? 임회林回는 천금千金의 값어치가 나가는 구슬을 버리고 갓난아기를 업고 도망쳤는데, 어떤 이는 '돈 때문일까?' 라고 말하나, 어린아이의 값은 적습니다. 짐이 되기 때문입니까? 어린아이는 짐 되는 점이 많습니다. 천금의 값어치가 나가는 구슬을 버리고 어린아이를 업고 도망친 것은 무엇 때문입니까?' 라고 묻자, 임회는 '저 구슬이라는 것은 나와 이익의 관계에 놓여있는 것이고, 이 아이는 자연[天]이 맺어준 관계에 있는 것입니다.' 라고 대답했습니다. 이익으로 맺어진 관계는, 급박하고 궁벽하며 화禍나 환란 혹은 해가 미치면 서로 버리는 것입니다. 자연[天]이 맺어준 관계는 급박하고 궁벽하며 화나 환란 혹은 해가 미치면 서로 거두어줍니다. 서로 거두어 주는 관계와 서로 버리는 관계는 참으로 많은 차이가 납니다. 또한, 군자의 교류는 담박하기가 마치 물과 같지만, 소인의 교류는 달콤하기가 마치 감주甘酒와 같아서; 군자는 담박함을 통해 친해지지만, 소인은 달콤하다가도 관계가 끊어집니다. 아무 이유 없이 맺어졌으면, 아무 이유 없이 헤어집니다."

공자가 말하였다. "(진심에서) 가르침을 들었습니다."

(공자는) 느린 걸음으로 배회하듯이 돌아가서 학문을 끊어버리고 책을 버리니, 제자들은 그 앞에서 읍揖 하지 않았으나, 그들의 (공자에 대한) 사랑은 더욱 깊어만 갔다.

훗날 자상호가 다시 말하였다. "순임금이 죽을 때, 우임금에게 영을 내렸다. '그대는 경계하라! 표현함에는 순응만 한 것이 없고, 감정은 진솔함만 한 것이 없다.' 순응하면 떠날 일이 없고, 진솔하게 되면 노고가 없게 된다. 떠남도 없고 수고롭지도 않다면 꾸미기 위해 형적形跡을 추구할 일이 없게 되고, 꾸며서 형적을 추구하지 않는다면 진실로 외물을 필요로 하지 않을 것이다."

[孔子問子桑雽曰:1498) "吾再逐於魯,1499) 伐樹於宋,1500) 削迹於衛,1501) 窮於商、周,1502) 圍於陳、蔡之間. 吾犯此數患, 親交益疏, 徒友益散, 何與?" 子桑雽曰: "子獨不聞假人之亡與? 林回棄千金之璧, 負赤子而趨. 或曰: '爲其布與? 赤子之布寡矣; 爲其累與? 赤子之累多矣. 棄千金之璧, 負赤子而趨, 何也?' 林回曰: '彼以利合, 此以天屬也.' 夫以利合者, 迫窮禍患害相棄也; 以天屬者, 迫窮禍患害相收也. 夫相收之與相棄亦遠矣. 且君子之交淡若水, 小人之交甘若醴. 君子淡以親, 小人甘以絕. 彼

1498) 자상우子桑雽는 아마도 「大宗師」 편의 子桑戶인 것 같다. 唐寫本에는 雽를 호雩로 쓰고 있다. 王叔岷, 744頁, 주1 참조.

1499) 『史記』, 「孔子世家」에 따르면, 노나라 昭公(기원전 541-510) 때, 소공이 季氏의 세력을 제거하고자 하였으나, 실패하여 국외로 달아난 일이 있었다. 이때 공자는 소공의 편에 서서 季氏에 반대하였으므로, 그도 또한 제齊나라로 떠나야 했다. 定公(기원전 509-495) 때에는 공자는 大司寇로서 정치에 참여하고 있었는데, 齊나라에서 노나라의 국력을 약화시키려고 미녀와 악사들을 노의 定公과 季桓子에게 보내니, 노나라의 군신으로 하여금 국사에 무심하게 만들었다. 공자는 또한 어쩔 수 없어 衛나라로 떠날 수밖에 없었다. 이것이 공자가 노나라에서 두 번 쫓겨난 일이다. 曹礎基, 298頁, 주2 참조.

1500) 공자가 송나라에서 유세할 때, 송나라에 있는 커다란 나무 아래에서 강학을 하였다. 송나라의 司馬인 환퇴桓魋는 공자를 죽이려는 마음을 가지고 있었으나 공자는 이미 떠나버린 후였으므로 그가 강학하던 나무를 잘라 버리었다. 앞의 「天運」 편(第14)편, 曹礎基, 215頁, 주16 참조.

1501) 삭적削迹은 絕迹이다. 공자가 일찍이 衛나라에서 관직에 있었는데, 그에 대한 謀害가 있어서 陳나라로 옮겨갔던 사건이 있었다. 曹礎基, 215頁, 주16 참조.

1502) 공자가 예악을 묻기 위해 周나라에 갔을 때, 조금의 수확도 얻지 못하고 단지 老子에게 희롱만 당하고 돌아온 일을 가리킨다. 窮은 困이다. 商은 宋나라이니, 商周는 宋周 사이를 왕래함이다. 曹礎基, 215頁, 주17 참조.

无故以合者, 則无故以離." 孔子曰: "敬聞命矣!" 徐行翔佯而歸,[1503] 絕學捐書, 弟子无揖於前,[1504] 其愛益加進. 異日, 桑雩又曰: "舜之將死, 眞泠禹曰:[1505] '汝戒之哉! 形莫若緣, 情莫若率.'[1506] 緣則不離, 率則不勞; 不離不勞, 則不求文以待形;[1507] 不求文以待形, 固不待物."]

▶ 20-6:

장자가 거친 베옷을 입었으나 수선하였고 허리띠를 바르게 하고 신발을 묶고서, 위왕魏王[梁惠王]을 방문하였다.

양혜왕이 물었다. "선생은 왜 이렇게 고달프게 보입니까?"

장자가 말하였다. "가난한 것이지 고달픈 것이 아닙니다. 선비가 도와 덕을 갖추고 있으나 실행 못한 것이 고달픔이고; 옷이 해지고 신발이 구멍 났으면 가난한 것이지 파망破亡이 아닙니다. 이것이 이른바 때를 만나지 못한 것입니다. 왕께서는 (잘) 뛰는 원숭이를 보지 못하셨습니까? 그 원숭이가 녹나무, 가래나무, 장수樟樹에서 살면서, 가지들을 붙잡고 휘어잡아 끌면서 그들 사이에서 왕 노릇을 하면, 비록 예羿나 봉몽蓬蒙[과 같은 명사수]라도 곁눈질할 수가 없습니다. 그러나 (가시가 많은) 산뽕나무, 멧대추나무, 탱자나무, 호깨나무에 올라가는 동안, 위태롭게 옆으로 걸으면서 곁눈으로 쳐다보며, 두렵게 움직이며 전율하

1503) 徐行은 慢步이고; 翔佯은 徘徊이다. 曹礎基, 298頁, 주17 참조.

1504) 挹은 揖이다. 曹礎基, 上同, 주19 참조.

1505) 王引之에 따르면 眞은 迺(乃)의 오자이다. 주준성朱駿聲(1788-1858)에 의하면, 泠은 命의 가차이고; 命은 令이다. 그러므로 眞泠은 迺(乃)命, 또는 乃令이다. 王叔岷, 746-747頁, 주16 참조.

1506) 成玄英疏에 의하면, 緣은 順이고; 率은 眞率이다. 王叔岷, 747頁, 주18; 形은 形態이니, 표현이다. 曹礎基, 주23 참조.

1507) 文은 裝飾이고; 以는 與이고; 待는 需要이고; 形은 形迹이니, 행위표현이다. 曹礎基, 주27 참조.

니, 이는 근육과 뼈가 더 오그라들고 쉽게 유연하지 않아서가 아니라, 처한 상황이 불편해서 자기 능력을 발휘할 수 없는 것입니다. 이제 혼암昏暗한 임금과 부패한 재상宰相이 있는 상황에 있으면서 고달프지 않기를 원한다 한들 어찌 그것이 가능하겠습니까? 이것이 (은殷나라의) 비간比干의 심장이 (주紂왕에 의해) 도려내어져 죽은 증거입니다."

[莊子衣大布而輔之,[1508] 正緳係履而過魏王.[1509] 魏王曰:"何先生之憊邪?"[1510] 莊子曰:"貧也, 非憊也. 士有道德不能行, 憊也. 衣弊履穿, 貧也, 非弊也.[1511] 此所謂非遭時也. 王獨不見夫騰猿乎?[1512] 其得柟梓豫章也,[1513] 攬蔓其枝, 而王長其閒,[1514] 雖羿、蓬蒙不能眄睨也.[1515] 及其得柘棘枳枸之閒也,[1516] 危行側視, 振動悼慄.[1517] 此筋骨非有加急而不柔也,[1518] 處勢不便, 未足以逞其能也. 今處昏上亂相之閒,[1519] 而

1508) 사마표司馬彪(?-306)에 의하면, 大布는 추포麤布(거친 베)이다. 王叔岷, 748頁, 주1 참조.

1509) 司馬彪에 의하면, 혈緳(허리띠)은 帶(띠)이다. 正은 整(가지런히 하다)이다. 王叔岷, 上同, 주2; 過는 過訪이고; 魏王은 梁惠王이다. 曹礎基, 299頁, 주2 참조.

1510) 비憊는 피핍疲乏(고달픔)이다. 曹礎基, 上同, 주3 참조.

1511) 폐弊는 破(깨짐)이다. 曹礎基, 300頁, 주5 참조.

1512) 등원騰猿은 잘 뛰는 원숭이이다. 曹礎基, 上同, 주6

1513) 得은 遇上(만남, 에 있음)이고; 남柟은 녹나무이고; 재梓는 가래나무이고; 豫章은 장수樟樹(녹나무)이니 모두 큰 나무들이다. 曹礎基, 上同, 주7 참조.

1514) 남攬은 잡음이고; 만蔓은 만曼(끌다)와 통하니, 반인攀引(달라붙어 끌음)이다. 王長은 王이나 長으로 행세함이다. 曹礎基, 上同, 주8 참조.

1515) 예羿와 그 학생인 봉몽蓬蒙은 명사수이다. 면예眄睨는 사시斜視(비스듬히 보다)이다. 曹礎基, 上同, 주9 참조.

1516) 자柘는 산뽕나무이고; 극棘은 가시 많은 멧대추나무이고; 지枳는 탱자나무이고; 구枸는 호깨나무이다. 모두 가시가 많다. 曹礎基, 上同, 주10 참조.

1517) 振은 震과 통하니 懼이고; 도悼도 懼이고; 율慄은 戰慄이다. 曹礎基, 上同, 주12 참조.

1518) 急은 긴緊(오그라들다)이고; 柔는 송연鬆軟이다. 曹礎基, 上同, 주13 참조.

欲无僪, 奚可得邪? 此比干之見剖心徵也夫!"]

▶ 20-7:

공자가 진陳나라와 채蔡나라 사이에서 곤경에 빠져서 7일 동안 익힌 음식을 먹지 못하였으나, 왼쪽에는 마른 나무(막대)를 잡고, 오른쪽에는 마른 나뭇가지로 두드리며, 표씨猋氏[神農]의 시詩를 노래하였는데, 박자 치는 도는 있으나 기술이 없어, 노래하는 소리는 있었지만 궁宮음과 각角음이 없었으니 (성조聲調가) 맞지 않았다. (그러나 두드리는) 나무 소리와 사람의 소리가 막힘이 없이 사람의 마음에 응하였다. 안회顔回가 단정하게 서서 손을 마주 잡고 눈을 돌려 공자를 유심히 바라보았다. 공자는, 안회가 자신을 과장하여 확대에 이르고, 자신을 사랑하여 애상哀傷에 이르는 것이 걱정되어 말했다. "자연이 내리는 손실을 받지 않기는 쉽지만, 인간이 붙이는 것을 받지 않기는 어렵네. 시작도 없고 끝도 없으니 인간과 자연은 하나이네. 지금 노래하고 있는 이는 누구란 말이냐?"

안회가 말했다. "자연이 내리는 손실을 받지 않기가 쉽다는 말이 무슨 뜻입니까?"

공자가 말했다. "기근飢饉, 갈증, 추위와 더위[한서寒暑] 같이 (자연이) 막혀서 나아가지 못함도 천지天地의 운행이요, 조화造化의 발현일 뿐이니, 변화와 함께 나아감에 이른 것이네. 남의 신하가 된 자는 [임금의 명령을] 도피할 수 없네. 신하의 도리를 지키는 방법도 또한 이와 같은데, 하물며 자연[天]을 함께 따름은 어떻겠는가!"

[孔子窮於陳蔡之閒, 七日不火食. 左據槁木,[1520] 石擊槁枝, 而歌猋氏之

1519) 昏上은 혼용한 임금이다. 曹礎基, 上同, 주16 참조.

1520) 거據는 持이다. 曹礎基, 301頁, 주2 참조.

風.[1521] 有其具而无其數,[1522] 有其聲而无宮角.[1523] 木聲與人聲, 犁然有當於人之心.[1524] 顔回端拱還目而窺之.[1525] 仲尼恐其廣己而造大也, 愛己而造哀也,[1526] 曰: "回, 无受天損易, 无受人益難. 无始而非卒也, 人與天一也. 夫今之歌者其誰乎?" 回曰: "敢問无受天損易." 仲尼曰: "飢渴寒暑, 窮桎不行,[1527] 天地之行也, 運物之泄也,[1528] 言與之偕逝之謂也.[1529] 爲人臣者, 不敢去之.[1530] 執臣之道猶若是, 而況乎所以待天乎!"]

(안회가 말했다.) "사람이 붙이는 것을 받지 않는 것이 어렵다는 말은 무슨 뜻입니까?"

공자가 말하였다. "처음 등용되어 사통팔달四通八達하게 되면 작위와 녹봉이 한꺼번에 와서 끝이 없으나, 이런 외물外物의 이득은 자신(에

1521) 왕셴첸王先謙(1842-1917)에 의하면, 표猋는 마땅히 염焱자가 되어야 한다. 표씨猋氏는 염씨焱氏이다. 成玄英疏焱에 의하면, 焱氏는 神農이다. 風은 詩이다. 王叔岷, 752頁, 주2 참조.

1522) 具는 박자를 치는 기구이고; 數는 박자를 치는 기술이다. 曹礎基, 上同, 주4 참조.

1523) 宮角은 본래 宮商角徵羽의 五音 중 2음인데, '无宮角'은 聲調와 맞지 않음이다. 曹礎基, 上同, 주5 참조.

1524) 이연犁然은 無礙貌이고; 當은 應과 같다. 王叔岷, 753頁, 주5 참조.

1525) 단공端拱은 똑바로 서서 손을 잡음이고; 還目은 轉目이며; 규窺는 注視이다. 曹礎基, 上同, 주7 참조.

1526) 王先謙에 의하면, 造는 至이다. '自廣하여 自大에 이르고, 自愛하여 自傷에 이름이니, 모두 處窮하는 바가 아니다.'라고 말한다. 王叔岷, 753頁, 주7 참조.

1527) 질桎(차꼬)은 질庢의 가차이니, 질窒(막히다)이다. 王叔岷, 754頁, 주13 참조.

1528) 運物은 造化이며, 泄은 發現이다, 王叔岷, 754-755頁, 주14 참조.

1529) 成玄英疏에 의하면, '與變化俱往'(변화와 함께 나아감)이다. 王叔岷, 755頁, 주15 참조.

1530) 去는 떠남, 逃避이다. 曹礎基, 302頁, 주17 참조.

속한 것)은 아니니, 나의 명운命運은 밖에 있기에, (나 자신이 어찌할 수 없네.) 군자는 도둑질하지 않고, 현명한 사람은 훔치지 않으니, 내가 그것들을 가져서 무엇 하겠는가! 그러므로 새 중에는 제비보다 지혜로운 것이 없는데, 보아서 살만한 곳이 아니면 쳐다보지도 않고, 비록 열매를 떨어뜨려 주어도 그것을 버리고 달아나네. 사람을 경외하지만 사람 사는 곳을 파고드는 것은 (사람들이) 나라를 보존하려는 것과 같네."

(안회가 말했다.) "시작도 없고 끝도 없다는 것은 무슨 말입니까?"

공자가 말하였다. "만물들은 변화하나 (나는) 그것들이 교체되고 바뀌는 것을 모르니 어찌 그 끝을 알 수 있을 것이며, 어찌 그 시작을 알 수 있을 것인가? 그저 평정하게 기다릴 뿐이네."

(안회가 말하였다.) "인간과 자연이 같다는 말은 무슨 뜻입니까?"

공자가 말하였다. "인간세계가 있는 것도 자연이고; 자연이 있는 것도 또한 자연이네. 사람이 자연을 (자기 것으로) 소유할 수 없는 것은 (사람의) 본성[性] 때문이네. 성인은 편안하게 순화하여 (생명을) 마치는 것이네."

["何謂无受人益難?" 仲尼曰: "始用四達,1531) 爵祿竝至而不窮, 物之所利, 乃非己也,1532) 吾命其在外者也.1533) 君子不爲盜, 賢人不爲竊, 吾若取之, 何哉! 故曰: 鳥莫知於鷾鴯, 目之所不宜處, 不給視, 雖落其實, 棄之而走. 其畏人也, 而襲諸人間,1534) 社稷存焉爾." "何謂无始而非

1531) 왕어王敔(1656-1730)를 인용하여 첸무錢穆(1885-1990)은 '한 번 임용되면 곧 通顯함이다.'라고 말한다. 王叔岷, 756頁, 주2 참조.

1532) 작녹爵祿은 몸 밖의 물건이니, 자기 자신에게 미치지 못함이다. 王叔岷, 上同, 주4 참조.

1533) '命其在外者'는 命運은 밖에서 조정되고, 내가 주재하는 것이 아님을 말한다. 『莊子譯注』, 194頁, 주17 참조.

1534) 습襲은 찬진鑽進이고; 諸는 之於이다. 曹礎基, 上同, 주29 참조.

卒?" 仲尼曰: "化其萬物, 而不知其禪之者,[1535] 焉知其所終? 焉知其所始? 正而待之而已耳."[1536] "何謂人與天一邪?" 仲尼曰: "有人, 天也: 有天, 亦天也. 人之不能有天, 性也. 聖人晏然體逝而終矣!"[1537]]

▶ 20-8:

장자가 어느 날 조릉雕陵의 밤나무 농원을 거닐다가 남쪽에서 오는 이상한 새를 보게 되었다. 날개의 넓이가 일곱 자[七尺]나 되고 눈의 직경도 한 치[一寸]나 되었으나, 그 새는 장자의 이마를 치면서 밤 숲에 앉았다.

장자가 말했다. "이것은 무슨 새일까? 날개는 커도 잘 날지 못하고 눈이 커도 잘 보지 못하는구나!"

(그는) 바지 깃을 걷어잡고 조심스레 걸어가서 새총을 잡아들고 그 새를 기다렸다. (바로 그때) 매미 한 마리가 바야흐로 그늘을 즐기느라 자기 몸을 잊고 있는 광경을 보게 되었다. 이때 사마귀가 톱 이빨을 드러내며 매미를 잡고자 했는데 그 역시 자기 몸을 잊고 있었다. (그 순간) 이상한 새가 쫓아가 사마귀를 잡고자 하니 그 이득에 홀려서 자기의 타고난 (보는) 능력마저 잃어 버렸다. 장자가 섬뜩함을 느끼며 외쳤다. "아! 만물은 서로 맞물려서 두 종류가 서로 (잡아먹고자) 끌어당기는구나!"

(장자는 놀라) 새총을 버리고 되돌아갔다. 그때 밤 밭지기가 쫓아오며 그를 욕하였다. 장자는 (집으로) 되돌아와서 사흘 동안 마음이 좋지 않았다. 인차藺且[장자의 제자]가 좇아와서 물었다. "선생님께서는 요즈

1535) 선禪은 交替되고 전환됨이다. 曹礎基, 303頁, 주31 참조.

1536) 正은, 定이니 平靜이다. 曹礎基, 上同, 주33 참조.

1537) '晏然體逝'는 '安然順化'와 같다. 王叔岷, 758頁, 주18 참조.

음 어째서 마음이 매우 좋지 않으십니까?"

장자가 말했다. "나는 (사물의) 형체에 마음이 사로잡혀 나 자신을 잊어버렸었네. 나는 더러운 물[즉, 속세의 사정]을 꿰들어 보고는 (내가 추구하는) 맑은 물[즉, 도道의 추구]에 미혹된 것이었네. 나는 스승님이 이렇게 말씀하신 것을 들은 적이 있네. '어느 곳을 가든 그곳 풍속을 따르고 그곳의 법령[令]을 따르라!' 지금 내가 조릉에 가서 놀다가 나 자신을 잊어버렸네. 이상한 새는 나의 이마를 치면서 밤 숲에 앉아 노닐면서 (자기의 타고난) 본성을 잊어버렸네. (이에) 밤 밭지기가 나를 욕하려 했던 것이네. 나는 그래서 마음이 좋지 않네."

[莊周遊乎雕陵之樊. 覩一異鵲自南方來者. 翼廣七尺, 目大運寸, 感周之顙而集於栗林. 莊周曰: "此何鳥哉! 翼殷不逝, 目大不覩." 蹇裳躩步, 執彈而留之. 覩一蟬方得美蔭, 而忘其身. 螳蜋執翳而搏之, 見得而忘其形. 異鵲從而利之, 見利而忘其眞. 莊周怵然曰: "噫物固相累, 二類相召也." 捐彈而反走, 虞人逐而誶之. 莊周反入, 三日不庭. 藺且從而問之: "夫子何爲頃間甚不庭乎?" 莊周曰: "吾守形而忘身. 觀於濁水而迷於淸淵. 且吾聞諸夫子, 曰: '入其俗, 從其俗'. 今吾遊於雕陵而忘吾身. 異鵲感吾顙, 遊於栗林而忘眞, 栗林虞人以吾爲戮. 吾所以不庭也."]

▶ 20-9:

양자[楊朱]가 송나라에 가는 길에 여관에서 묵었다. 여관 주인에게는 첩이 둘 있었는데, 하나는 아름답고 다른 하나는 추했다. (그런데) 추한 자는 귀히 대접받고, 아름다운 자는 천하게 대접받고 있었다. 양자가 그 까닭을 물으니, 여관에서 일하는 어린아이가 대답하였다. "아름다운 자는 자신을 아름답게 여기기 때문에 우리는 그 아름다움을 알지 못합니다. 추한 자는 스스로 추하게 여기기 때문에 우리는 그 추함을 알지 못합니다."

양자가 말하였다. "제자들아, 기억하라! 현명하게 행동하면서도 자신을 현명하게 여기는 태도를 제거한다면 어디를 간들 사랑받지 않겠는가?"

[陽子之宋,[1538] 宿於逆旅. 逆旅人有妾二人. 其一人美, 其一人惡. 惡者貴而美者賤. 陽子問其故, 逆旅小子對曰: "其美者自美, 吾不知其美也. 其惡者自惡, 吾不知其惡也." 陽子曰: "弟子記之! 行賢而去自賢之行, 安往而不愛哉!"]

1538) 陽、楊은 古通이니, 陽子는 楊子이니, 楊朱이다. 王叔岷, 764頁, 주1 참조.

21. 전자방(田子方)

전자방田子方은 편 머리의 인명이다. 편 전체의 내용이 좀 잡다하다. 요점은 도가를 선양하고 유가의 성지聖智나 예의禮儀 등을 비판하고 있다. 이 편에서는 동곽순자東郭順子、온백설자溫伯雪子、노담老聃、장장인臧丈人、백혼무인伯昏无人 등의 인물들을 통하여, 순진한 자연이나 무위無爲, 과욕寡欲 등의 사상이 주장되고 있다.

▶ 21-1:

전자방田子方이1539) 위魏나라 문후文侯를 모시고 앉아 자주 계공谿工을 칭찬하였다. 문후가 말했다. "계공은 선생님의 스승이오?"

전자방이 말했다. "아닙니다. 저의 고향 사람입니다. 도를 말하면 자주 합당하였습니다. 그래서 그를 칭찬합니다."

문후가 말했다. "그렇다면 선생님에게는 스승이 없소?"

전자방이 말했다. "있습니다."

(문후가) 말했다. "선생님의 스승은 누구요?"

(전)자방이 말했다. "동곽東郭(에 사는) 순자順子입니다."

1539) 田子方은 인명이다. 姓은 田, 名은 無擇으로 魏文候의 스승이다. 陸德明(556-627), 『經典釋文』, 王叔岷, 768頁, 주1 참조.

문후가 말했다. "그렇다면 선생님은 왜 아직 그를 칭찬한 적이 없소?"

자방이 말했다. "그의 사람됨은 참됩니다. 모습은 사람이나 자연[天](의 덕성)을 가졌고, (마음은) 허심하게 순응하여 참됨을 보존하여 깔끔하게 모든 것들을 포용합니다. 만물(만인)들이 [각기 다른 자기주장 때문에 그것들을 포괄하는] 도道가 없어도, [이론異論들을] 바르게 수용함으로써 그 주장들이 [일면적인 것임을] 깨우쳐 주며, 각자가 자기 생각을 또한 없게끔 합니다. 어찌 제가 [만인들의 시비 너머에 있는] 그를 칭찬할 수 있겠습니까?"

(전)자방이 나가니 문후는 멍하니 실의失意하여 온종일 말이 없다가, 앞에 서 있는 신하를 불러 그에게 말했다. "(동곽순자는) 아득하여 덕이 온전한 군자로다! 일찍이 나는 성인이나 지자知者의 말이나 인의仁義의 행동을 지극하다고 여겼으나, 자방子方의 스승 이야기를 듣고 보니 내 몸이 풀어져 움직이고 싶지 않고, 입은 다물어져 말하고 싶지 않구나. 내가 배운 것은 정말 흙으로 빚은 (생명 없는) 인형[土偶]일 따름이지! [내가 다스리는] 위나라도 정말이지 나의 부담[累]일 뿐이네!"

[田子方侍坐於魏文侯, 數稱谿工.[1540] 文侯曰: "谿工, 子之師邪?" 子方曰: "非也. 無擇之里人也. 稱道數當. 故無擇稱之." 文侯曰: "然則子無師邪?" 子方曰: "有." 曰: "子之師誰邪?" 子方曰: "東郭順子."[1541] 文侯曰: "然則夫子何故未嘗稱之?" 子方曰: "其爲人也眞. 人貌而天, 虛緣而葆眞,[1542] 淸而容物. 物无道, 正容以悟之, 使人之意也

1540) 數는 자주이고; 칭稱은 칭찬이다. 曹礎基, 306頁, 주2 참조.

1541) 성현영成玄英(608-669)疏에 의하면, 성의 동쪽에 살았기 때문에 姓을 東郭이라고 한 것이고, 名이 順子이다. 王叔岷, 上同, 주4 참조.

1542) 유월俞樾(1821-1907)이 '人貌而天虛'로 읽어야 한다고 말하여, 王先謙『莊子集

消.[1543] 无擇何足以稱之!" 子方出. 文侯儻然,[1544] 終日不言, 召前立臣而語之曰: "遠矣, 全德之君子! 始吾以聖知之言、仁義之行爲至矣, 吾聞子方之師, 吾形解 而不欲動, 口鉗而不欲言.[1545] 吾所學者, 眞土梗耳![1546] 夫魏, 眞爲我累耳!"]

▶ 21-2:

(초楚나라 사람) 온백설자溫伯雪子가[1547] 제齊나라에 가다가 노魯나라에 머물렀다. 만나기를 청하는 노나라 사람이 있었는데, 온백설자가 말했다. "안 되오. 노나라 군자들은 [형식에 주중하는] 예의禮儀에는 밝으나 사람의 마음을 아는 데는 졸렬하다고 나는 들었소. 나는 만나고 싶지 않소."

제나라에 갔다가 돌아오는 길에 다시 노나라에서 묵었다. 그 사람이 또 만나기를 청했다. 온백설자가 말했다. "갈 때 나를 만나고 싶어 했고, 지금 또한 나를 만나고자 하니, 이것은 반드시 나를 일으킬 만한 것이 있을 것이다." 나가서 손님을 만나고, 들어와서는 한숨을 지었다. 다음날도 손님을 만나고 또 들어와서는 한숨을 지었다. 그의 하인

解』, 마치창馬其昶(1855-1930), 첸무錢穆(1895-1990)가 그것을 따르나, 『莊子』는 天、人을 대립해 얘기하고 있다. 虛는 虛室의 뜻이니, 心이다. 허연虛緣은 '虛而順物'이다. 王叔岷, 769頁, 주6 참조.

1543) 意는 意志이고; 소消는 消亡이다. 曹礎基, 306頁, 주11 참조.

1544) 당연儻然은 失意의 모양이다. 曹礎基, 上同, 주12 참조.

1545) 겸鉗은 閉이다. 王叔岷, 770頁, 주10 참조.

1546) 陸德明(556-627) 『經典釋文』에, 眞은 直이니, 直은 乃와 같다. 사마표司馬彪(?-306)에 의하면, 사경土梗은 土人이니, 土偶(선비의 짝)이다. 王叔岷, 770, 771頁, 주11 참조.

1547) 溫伯雪子의 姓은 溫이고, 字가 雪子이고, 나이가 많아 溫伯이다. 楚나라 사람이다. 曹礎基, 307頁, 주1 참조.

이 말했다. "매번 그 손님을 만나고 들어와서는 반드시 한숨을 짓는 것은 왜입니까?"

[온백설자가] 말했다. "내가 진실로 너에게 말한 것처럼, '노나라 사람들은 (형식적인) 예의에는 밝지만 사람의 마음을 아는 데는 졸렬하다.' 지난번에 나를 만난 사람은 나아가고 물러남이 컴퍼스나 곱자(처럼) 맞았고; 조용하기가 한 마리 용 같고 혹은 호랑이 같았으나, 나에게 고할 때는 자식 같았고, 나를 이끌 때는 아버지 같았으니, (지나친 형식이라) 그래서 한숨을 지은 것이다."

중니仲尼(공자의 비칭卑稱)가 온백설자를 만났으나 아무 말도 하지 않았다. 자로子路가 말했다. "선생님께서 온백설자를 만나고 싶어 한지 오래되었습니다. 보고는 아무 말씀도 하지 않으시니, 왜입니까?"

중니가 말했다. "그와 같은 분은 얼핏 보아도 도를 갖추신 분이니, 또한 말할 필요가 없는 것이네."

[溫伯雪子適齊, 舍於魯, 魯人有請見之者. 溫伯雪子曰: "不可. 吾聞: 中國之君子明乎禮義, 而陋於知人心.[1548] 吾不欲見也." 至於齊, 反舍於魯, 是人也又請見. 溫伯雪子曰: "往也蘄見我, 今也又蘄見我. 是必有以振我也."[1549] 出而見客. 入而歎. 明日見客, 又入而歎. 其僕曰: "每見之客也, 必入而歎, 何耶?" 曰: "吾固告子矣: 中國之民, 明乎禮義, 而陋乎知人心. 昔之見我者, 進退一成規, 一成矩; 從容一若龍, 一若虎. 其諫我也似子, 其道我也似父. 是以歎也!" 仲尼見之而不言. 子路曰: "吾子欲見溫伯雪子久矣, 見之而不言, 何邪?" 仲尼曰: "若夫人者, 目擊而道存矣, 亦不可以容聲矣."[1550]]

1548) 中國은 魯나라이다. 누陋는 졸拙(서투르다)이다. 義, 儀는 古通이다. 禮儀는 형식에 치중한다. 王叔岷, 772頁, 주2 참조.

1549) 기蘄는 기祈의 가차이고; 진振은 起이다. 王叔岷, 上同, 주3 참조.

▶ 21-3:

안회顔回가 중니仲尼에게 물었다. "스승님께서 걸으시면 (저도) 역시 걷고, 스승님께서 달려 나가면 (저도) 역시 달려 나가고, 스승님께서 뛰시면 (저도) 역시 뛰며, 스승님께서 빨리 달리시어 (차이가 나) 먼지가 끊어지면, 저는 뒤에서 눈만 휘둥그레 뜨고 (놀랍니다)!"

스승(중니)이 말했다. "안회야, 무슨 말이냐?"

[안회가] 말했다. "스승님이 걸으시면 (저도) 역시 걷는다는 것은, 스승님이 말씀하시면 (저도) 역시 말한다는 것입니다. 스승님이 달려 나가시면 (저도) 역시 달려 나간다는 것은, 스승님이 변론하시면 (저도) 역시 변론한다는 것입니다. 스승님이 뛰시면 저도 역시 뛴다는 것은, 스승님이 도를 말하시면 (저도) 역시 도를 말한다는 것입니다. 스승님께서 빨리 달리시어 먼지가 끊어져서 저는 뒤에서 눈만 휘둥그레 뜨고 놀랄 뿐이라는 것은, 스승님께서 말을 하지 않아도 (사람들이) 신복信服하고, 친밀하지 않아도 (사람들이) 스스로 모여오고[自合], 작위를 못 주어도 백성들이 찾아드니, 그 까닭을 알지 못할 뿐이라는 것입니다."

중니가 말했다. "아, (잘) 살펴보지 않을 수 있겠느냐? 무릇 슬픔은 마음이 죽는 것보다 더한 것이 없는데, 육체의 죽음은 그 다음이네. 해는 동쪽에서 떠서 서녘 끝으로 지는데, 만물은 이러하지 않은 것이 없으니, 머리가 있고 발이 있는 자(사람)는 이것[해 뜨고 지는 도리]을 기다린 뒤에 일을 이루니, 해가 뜨면 일을 하고 해가 지면 일을 쉰다네. 만물 또한 그러하네. 그 의지하는 것에 따라 죽고 그 의지하는 것에 따라 또한 사는 것이네. 내가 일단 받아서 (사람의) 형체를 이루고, (몸이) 다할 때까지 죽지 않으니, 외물에 대응하여 활동하고 밤낮 끊어짐 없이 사물

1550) 격擊은 촉觸(닿다)이고, 道存은 天道를 체현함이고; 容은 庸과 통하니 用이다. 曹礎基, 308頁, 주14 참조.

에 따라 활동을 하지만, (순환하여) 그 끝나는 곳을 알지 못하네. 순조로워 (사람의) 몸을 갖추었으나 점치는 이도 그 앞을 예측할 수 없네. 나는 이렇게 매일매일 전진할 뿐이네. 내가 평생토록 자네와 함께 있었지만, 기회를 잡지 못했다면 슬픈 일이 아닌가! 아마도 내가 보인 것만 집착하는 것만 같구나. 그것들은 이미 사라진 것이네. 그러나 자네는 그것들이 지금도 있는 것으로 여기고 찾고자 하니, 이것은 마치 파장한 장터에서 말을 찾는 것과 같네. 내가 자네에게 행한 것 또한 대부분 잊었을 것이고, 자네가 나에게 한 것 또한 대부분 잊었네. 비록 그렇지만, 자네에게 무슨 문제가 있겠는가! 비록 [자네가] 옛날의 (흔적)을 놓쳤다고 해도, 놓칠 수 없는 것[너머의 흔적超跡]은 (남아) 있네."

[顏淵問於仲尼曰: "夫子步亦步, 夫子趨亦趨, 夫子馳亦馳. 夫子奔逸絕塵, 而回瞠若乎後矣!"[1551] 仲尼曰: "回, 何謂邪?" 曰: "夫子步亦步也, 夫子言, 亦言也. 夫子趨, 亦趨也, 夫子辯, 亦辯也. 夫子馳, 亦馳也, 夫子言道, 回亦言道也. 及奔逸絕塵, 而回瞠若乎後者, 夫子不言而信,[1552] 不比而周,[1553] 无器而民滔乎前,[1554] 而不知所以然而已矣." 仲尼曰: "惡! 可不察與![1555] 夫哀, 莫大於心死, 而人死亦次之. 日出東

1551) 步는 行이고; 추趨는 빨리 감이고; 치馳는 포跑(달리다)이고; 분일奔逸은 快跑(빨리 달림)이고; 절진絕塵은 快跑를 형용한 것이다. 人馬가 빨리 뛰면 나중에 이는 먼지와 상당한 거리가 있음이 絕塵이다. 당瞠은 눈을 부릅뜸이다. 曹礎基, 309頁, 주1 참조.

1552) 信은 信服이다. 曹礎基, 上同, 주3 참조.

1553) 唐寫本에, 夫子步亦步也, 夫子趨亦趨也, 夫子馳亦馳也, 에서 '也' 字는 모두 者자이다. 마땅히 者자로 보아야 한다. 比는 親과 같다. 周는 合이다. 王叔岷, 775頁, 주3 참조.

1554) 成玄英(608-669)疏에 의하면, 器는 爵位이다. 滔、蹈는 古通이다. 王叔岷, 上同, 주4 참조.

1555) 成玄英疏에는, '何可不忘懷鑑照, 夷心審察邪!' 로 보고, '惡' 과 '可不察與' 를 연속으로 읽었으나, 선영宣穎(17세기)은 띄어서 읽었다. 띄어 읽는 것이 뜻이 분명하다.

方, 而入於西極, 萬物莫不比方.[1556] 有首有趾者, 待是而後成功.[1557] 是出則存, 是入則亡.[1558] 萬物亦然, 有待也而死, 有待也而生. 吾一受其成形, 而不化以待盡,[1559] 效物而動,[1560] 日夜无隙,[1561] 而不知其所終. 薰然其成形,[1562] 知命不能規乎其前,[1563] 丘以是日徂.[1564] 吾終身與汝交一臂而失之,[1565] 可不哀與! 汝殆著乎吾所以著也.[1566] 彼已盡矣.[1567] 而汝求之以爲有, 是求馬於唐肆也.[1568] 吾服汝也甚忘,[1569] 汝服吾也亦甚忘. 雖然, 汝奚患焉! 雖(忘)[亡][1570]乎故吾, 吾有不(忘)[亡]者存."]

王叔岷, 776頁, 주6 참조.

1556) 比方은 중복 어휘이니, 比는 方이다. 王叔岷, 上同, 주8 참조.

1557) '有目有趾者' 는 사람(人)이고; 是는 日出入之理이다. 成功은 중복 어휘이니, 功 또한 成이다. 王叔岷, 上同, 주9 참조.

1558) 存亡은, 해 뜨면 일을 하고, 해가 지면 쉬는 일이다. 曹礎基, 上同, 주11, 12 참조.

1559) 其는 天道를 가리킨다. 까오헝高亨(1900-1986)은, 化는 亡자의 誤記로 보았다. 不亡은 몸의 不亡이니, 사는 것이다. 待盡은 몸의 죽음을 기다림이다. 曹礎基, 上同, 주14 참조.

1560) 效는 應이다. 王叔岷, 777頁, 주13 참조.

1561) 무극無隙은 間斷 없음이다. 曹礎基, 310頁, 주16 참조.

1562) 숙연薰然은 和順한 모양이다. 曹礎基, 上同, 주18 참조.

1563) 知命은 知命者이니 점치는 사람이고; 規는 測度(알아서 맞춤)이다. 曹礎基, 上同, 주19 참조.

1564) 以是는 因此이고; 조徂(가다)는 往이다. 日徂는 매일매일 변화해 감이니, 前進이다. 曹礎基, 上同, 주20 참조.

1565) '交一臂而失之' 는 '失之交臂'이니, 기회를 잡지 못함이다. 『莊子譯注』, 200頁, 주16 참조.

1566) 郭象(252-312)注에, 著는 見(現)이다. 王叔岷, 778頁, 주18 참조.

1567) 彼는 形迹이다. 曹礎基, 上同, 주23 참조.

1568) 홍이훤洪頤煊(1765-1833)은 唐肆를 空肆(빈 가게, 장터)로 풀이하였다. 王叔岷, 上同, 주20 참조.

1569) 服은 실행이고; 女는 汝이다. 甚忘은 '大可忘却'(대부분 잊었을 것임)이다. 曹礎基, 上同, 주26 참조.

▶ 21-4:

공자가 노담老聃을 만났는데, 노담은 머리를 막 감고서 풀어헤친 채 말리고 있었는데, 꼼짝도 하지 않아 사람이 아닌 것 같았다. 공자는 (문 앞에서) 숨어서 기다렸다. 잠시 후 만나서 말했다. "제 눈이 아물아물한 걸까요? 아니면 확실한 걸까요? 조금 전에 선생님의 몸은 마른 나무처럼 (부동不動하여) 특출하니, 뭇사람들을 떠나 홀로 계신 듯이 했습니다."

노담이 말했다. "나는 만물의 시초[道]에서 마음을 노닐게 했소."

공자가 말했다. "무슨 말씀입니까?"

[노담이] 말했다. "(무심無心하여) 마음은 피로한 듯 알 수 없고, 입은 벌렸으나 말은 할 수 없는데, 시험 삼아 자네를 위해서 대강을 말해보겠소. (땅속의) 지극한 음기는 서늘하고 차가우며, (천상의) 양기는 매우 더운데, 서늘하고 찬 것[陰氣]은 하늘에서 나오고, 매우 더운 것[陽氣]은 땅에서 나온 것이니, 두 가지 기가 서로 소통해 화합하여 만물이 생겨나네. 무엇이 이것[음양]을 주재하고 있으나, 그 형체는 볼 수 없소. (음양이 번갈아) 줄고 늘고, 차고 비며, 한번은 어둡고 한번은 밝아지고, 해가 바뀌고 달이 변화하며 매일 일을 하고 있지만, 그 공능功能은 보이지 않는다네. (만물의) 생성은 싹트는 곳[所萌]이 있고, 죽음은 돌아갈 곳[所歸]이 있으니, 시초와 종말이 서로 반복하지만 그 단서는 없고, 그 궁극도 알 수 없소. 이것[허무虛無의 도道] 외에 무엇이 (만물들을) 주재할 수 있겠소!"

[孔子見老聃. 老聃新沐,[1571] 方將被髮而乾,[1572] 慹然似非人.[1573] 孔子

1570) 吾는 위에 吾자가 있기 때문에 겹쳐 나온 것이다. 忘은 亡의 假借이다. 亡、存이 對言이다. 所亡(놓친 것)은 자취跡이고, 所不亡(놓칠 수 없는 것)은 「자취를 넘어서는 것, 超跡」이다. 王叔岷, 上同, 주22 참조.

便而待之,[1574] 少焉見, 曰: "丘也眩與,[1575] 其信然與?[1576] 向者先生形體掘若槁木,[1577] 似遺物離人而立於獨也."[1578] 老聃曰: "吾遊心於物之初."[1579] 孔子曰: "何謂邪?" 曰: "心困焉而不能知,[1580] 口辟焉而不能言, 嘗爲汝議乎其將:[1581] 至陰肅肅,[1582] 至陽赫赫,[1583] 肅肅出乎天, 赫赫發乎地,[1584] 兩者交通成和而物生焉. 或爲之紀,[1585] 而莫見其形.

1571) 新沐은 방금 머리를 감음이다. 曹礎基, 311頁, 주1 참조.

1572) 方將은 복합어휘이니, 將 또한 方이다. 『經典釋文』(陸德明撰)本에는 乾이 간干이다. 주준성朱駿聲(1788-1858)에 의하면, 干은 乾의 가차이다. 王叔岷, 779頁, 주1 참조.

1573) 사마표司馬彪(?-306)에 의하면, 집慹은 不動貌이다. 慹은 칩蟄과 통하니, 蟄伏不動이다. 曹礎基, 312頁, 주3 참조.

1574) 장태염章太炎(章炳麟, 1869-1936)에 의하면, 便은 병屛의 假借이다. 屛은 退와 같으니, 隱이다. 王叔岷, 779-780頁, 주3 참조.

1575) 眼은 眼花(눈이 아물아물함)이고; 與는 歟와 같다. 信然은 확실히 믿을 수 있음이다. 曹礎基, 上同, 주6 참조.

1576) 其는 억抑(혹시)과 같다. 王叔岷, 780頁, 주4 참조.

1577) 굴掘은 굴崛(高峻貌)이니, '掘若槁木'은 고목槁木처럼 特出함이다. 王叔岷, 上同, 주5 참조.

1578) 遺物은 만물을 버림이고; 離人은 뭇사람들을 떠나 있음이다. 曹礎基, 주8 참조.

1579) '物之初'는 '物之祖'이니, 道를 말한다. 王叔岷, 上同, 주6 참조.

1580) 孟子에 의하면, 心之官은 耳目之官(지각능력)과 인간의 이성능력이나 추리력을 말함.

1581) 상嘗은 試이고; 將은 확실하지 않음이니, 大概이다. 曹礎基, 上同, 주11 참조.

1582) 至陰은 땅속의 陰氣이고; 숙숙肅肅은 서늘하고 참이다. 曹礎基, 上同, 주12 참조.

1583) 至陽은 하늘 위의 陽氣이고; 혁혁赫赫은 아주 뜨거운 모양이다. 曹礎基, 上同, 주13 참조.

1584) 숙숙肅肅은 차가운 陰氣를, 혁혁赫赫은 더운 陽氣를 말하는데 여기서 肅肅이 하늘(天)에서 나오고 赫赫이 땅(地)에서 생긴다고 한 것은 陰 중에 陽이 있고 陽 중에 陰이 있는 것과 같이 서로 섞임(交, 交泰)을 말하는 것이다. (郭象[252-312]의 『注』, 『疏』), 『校詮』(注3, 713)

1585) 或은 무엇인가이고; '爲之紀'는 음양의 綱紀가 됨이니, 음양을 지배함이다. 曹礎基, 上同, 주16 참조.

消息滿虛, 一晦一明, 日改月化, 日有所爲, 而莫見其功. 生有所乎萌, 死有所乎歸,[1586] 始終相反乎无端, 而莫知乎其所窮. 非是也, 且孰爲之宗![1587)」

공자가 말했다. "이것[허무虛無의 도道]에서 '노닐음[遊]'을 묻고 싶습니다."

노담이 말했다. "이것을 얻으면 지극히 아름답고 지극히 즐겁소. 지극한 아름다움을 얻고 지극한 즐거움에서 노닌다면, 그런 사람을 지인至人이라 하오."

공자가 말했다. "그 방법을 듣고자 합니다."

[노담이] 말했다. "풀을 먹는 짐승은 늪이 바뀌는 것을 걱정하지 않고, 물에 사는 벌레는 물이 바뀌는 것을 걱정하지 않소. 작은 변화들은 있으나 생활의 기본조건은 잃지 않았으니 기쁨과 노여움, 슬픔과 즐거움이 가슴속에 파고들지 못하오. 천하는 만물들이 (모두) '하나'로 되는 곳이오. (만물들을) 하나로 통합하는 것[道]을 얻게 되면, 사지四肢와 몸의 모든 부분도 티끌과 먼지처럼 (하찮게) 보게 되며, 죽음과 삶, 종말과 시초도 낮과 밤처럼 (평범하게) 여기게 되니 마음을 어지럽힐 수 없는데, 하물며 [내 생명 밖 외물을] 얻고 잃음, 불행과 행복 따위가 어떻게 [마음속에] 끼어들 수 있겠소! (몸에) 예속된 외물들을 진흙을 버리듯 하는 것은 자기 몸이 외물들보다 값짐을 아는 것이오. 값진 것은 내 안에 있는 것이니 (외물들의) 변화[변환]에도 잃지 않소. 또한, 만물은 [언제나] 변화하여 끝이 없으니, 무엇이 (내) 마음을 괴롭힐 수 있겠소! 이미 도

1586) '所乎萌'(싹 터나온 곳), '所乎歸'(돌아갈 곳)은 모두 虛無이니, 만물의 출생도 허무요, 사망도 허무로 돌아간 것이다. 曹礎基, 上同, 주18 참조.

1587) 是는 此이니, 虛無의 道이다. 宗은 主宰이다. 曹礎基, 313頁, 주20 참조.

를 가진 사람은 이런 점을 명확히 알고 있소."

[孔子曰: "請問遊是."[1588] 老聃曰: "夫得是, 至美至樂也. 得至美而遊乎至樂, 謂之至人." 孔子曰: "願聞其方." 曰: "草食之獸不疾易藪,[1589] 水生之蟲不疾易水, 行小變而不失其大常也,[1590] 喜怒哀樂不入於胸次.[1591] 夫天下也者, 萬物之所一也. 得其所一而同焉,[1592] 則四支百體將爲塵垢, 而死生終始將爲晝夜, 而莫之能滑, 而況得喪禍福之所介乎! 棄隸者若棄泥塗,[1593] 知身貴於隸也. 貴在於我而不失於變. 且萬化而未始有極也, 夫孰足以患心! 已爲道者,[1594] 解乎此."]

공자가 말했다. "선생님은 덕이 천지와 짝하면서도 오히려 지극한 말을 빌려서 마음을 닦고 있으니, 옛날의 군자인들 누가 (이런 수행을) 면할 수 있겠습니까!"

노담이 말했다. "그렇지 않소. 무릇 물이 아주 맑은 것은 움직이지 아니[無爲]하여, [물의] 본성이 저절로 그렇게 한 것이오. 지극한 사람至人은 덕德을 [일부러] 닦아서 얻는 것이 아니라 모든 것들이 그의 은덕을 떠날 수 없기 때문이오. 마치 하늘이 저절로 높고 땅이 저절로 두터우며 일월日月이 저절로 밝은 것 같으니, 무슨 수양이 필요하겠소!"

1588) 遊是는 '游心於虛無之道'를 가리킨다. 曹礎基, 313頁, 주21 참조.

1589) 疾은 患(걱정)이고; 易은 變換이고; 수藪(늪)는 풀이 많이 자라는 湖澤이다. 曹礎基, 上同, 주23 참조.

1590) 大常은 생활의 기본조건이다. 曹礎基, 上同, 주24 참조.

1591) 次는 中이다. 曹礎基, 上同, 주25 참조.

1592) 同은 通(통함)의 뜻이다. 曹礎基, 上同, 주27 참조.

1593) 예자隸者는 자기에게 부속된 몸 밖의 外物. 예 官爵、俸祿、재산 등의 부류이다. 니도泥塗는 泥土, 즉 하찮은 물건이다. 『莊子譯注』, 201頁, 주29 참조.

1594) 爲는 有와 같다. 王叔岷, 784頁, 주12 참조.

공자가 나와서 안회에게 말했다. "[지금껏] 나는 도에 대해서 마치 [술 단지] 속의 [미미한] 눈에놀이 벌레 같았구나! 선생님[노담老聃]께서 나를 계몽하지 않았다면, 나는 천지天地의 온전함도 알지 못했을 것이네."

[孔子曰: "夫子德配天地, 而猶假至言以脩心. 古之君子, 孰能脫焉?1595)" 老聃曰: "不然. 夫水之於汋也,1596) 无爲而才自然矣. 至人之於德也, 不脩而物不能離焉. 若天之自高, 地之自厚, 日月之自明, 夫何脩焉!" 孔子出, 以告顔回曰: "丘之於道也, 其猶醯雞與!1597) 微夫子之發吾覆也,1598) 吾不知天地之大全也."]

▶ 21-5:

장자가 노魯나라 애공哀公을 만났다. 애공이 말했다. "노나라에는 유가의 선비儒士가 많지만, 선생의 학술을 실행하는 이들은 적소."

장자가 말했다. "노나라에는 유가의 선비가 적습니다."

애공이 말했다. "온 노나라가 유자儒者의 복장을 하고 있는데, 왜 적다고 말합니까?"

장자가 말했다. "제가 듣기에, 유자가 둥근 갓을 쓰는 것은 천시天時를 앎이요, 네모난 신을 신는 것은 지형地形을 앎이요, 패옥佩玉인 결玦을 허리에 찬 것은 일이 닥치면 결단성이 있음을 뜻하는 것입니다. [하지만] 군자가 그런 도술을 가졌다고 해서 반드시 그런 복식을 입는

1595) 성현영成玄英(608-669)疏에 의하면, 脫은 免이다. 王叔岷, 上同, 주15 참조.

1596) 작汋은 '물이 아주 맑다.(水之澄湛)'는 뜻이다. 才는 性과 통한다. 王叔岷 784, 785頁 주16 참조.

1597) 郭象注에 의하면, 혜계醯鷄는 蠛蠓(눈에놀이)이다. 王叔岷, 785頁, 주20 참조.

1598) 夫子는 老聃을 가리키고; '發吾覆'은 나에 대한 계몽이다. 曹礎基, 314頁, 주44 참조.

것도 아니며; 그런 복식을 입었다고 해서 반드시 그 도술을 아는 것도 아닙니다. 임금께서 진실로 그래서는 안 된다고 여기신다면, 왜 나라 안에 '이 도를 알지 못하면서 이 복식을 입는 자는 그 죄가 사형이다.' 라고 포고하지 않으십니까?"

이에 애공이 포고를 내고, 닷새가 되니, 노나라에서 유가의 복장을 하는 자가 없었다. 오직 한 사람[공자孔子]이 유가의 복장을 하고 애공의 문 앞에 섰다. 애공이 그를 불러들여 나랏일을 물으니, (대답이) 변화무쌍하여 막힘이 없었다.

장자가 말했다. "노나라에 유자儒者는 한 사람뿐입니다. 많다고 할 수 있겠습니까?"

[莊子見魯哀公.1599) 哀公曰: "魯多儒士, 少爲先生方者."1600) 莊子曰: "魯少儒." 哀公曰: "擧魯國而儒服,1601) 何謂少乎?" 莊子曰: "周聞之: 儒者冠圜冠者, 知天時; 履句屨者, 知地形; 緩佩玦者,1602) 事至於斷. 君子有其道者, 未必爲其服也,1603) 爲其服者, 未必知其道也. 公固以爲不然, 何不號於國中曰: '无此道而爲此服者, 其罪死!'" 於是哀公號之, 五日, 而魯國无敢儒服者. 獨有一丈夫儒服, 而立乎公門.1604) 公卽召而問以國事, 千轉萬變而不窮. 莊子曰: "以魯國而儒者一人耳. 可謂多乎?"]

1599) 莊子는 魏惠王이나 齊宣王과 같은 시대 사람인데, 魯哀公은 그보다 120년 뒤의 인물이니, 장자가 노애공을 만난 일은 寓言일 뿐이다. 王叔岷, 786頁, 주1 참조.

1600) 성현영成玄英(608-669)疏에 의하면, 方은 術이다. 王叔岷, 上同, 주2 참조.

1601) 擧는 全과 같다. 王叔岷, 上同, 주3 참조.

1602) 완緩은 수綬(絲帶)의 오기이다. 王叔岷, 787頁, 주6 참조.

1603) 有、爲는 서로 뜻을 보충하니, 爲 또한 有이다. 无、有가 對文이니, 爲 또한 有이다. 王叔岷, 788頁, 주7 참조.

1604) 成玄英 疏에 의하면, 一人은 孔子를 말한다. 而는 有와 같다. 王叔岷, 上同, 주10 참조.

▶ 21-6:

백리해白里奚는 벼슬이나 녹봉에 마음에 없었으니, 그래서 소를 먹이면 소가 살찌니, 진秦나라 목공穆公으로 하여금 그 천한 신분을 잊어버리고 정사를 맡기게 하였다. 유우씨有虞氏[虞舜]는 죽음과 삶이 마음에 없었으니, 따라서 사람을 감동하게 함에는 족했다.

[百里奚爵祿不入於心,1605) 故飯牛而牛肥, 使秦穆公忘其賤, 與之政也. 有虞氏死生不入於心,1606) 故足以動人.]

▶ 21-7:

송나라 원군元君이 그림을 그리게 하자, 많은 화공이 모두 모여들어 [임금께] 읍을 하고, 서서는 침으로 붓을 적시고 먹을 갈았는데, [방] 밖에 있는 자들이 절반이나 되었다. 한 화공이 늦게 도착하여 태연하게 급히 달려 나가지도 않고, (임금께) 읍을 하고는 (그 자리에) 서지도 않고, 이어 (궁 안의) 숙소로 가버렸다. 원공元公이 사람을 시켜 그를 살펴보니, 넓적다리 둘을 벌리고 앉아서 옷을 벗은 채였다.

원공이 말했다. "됐다. 그가 정말로 화공畫工이다!"

[宋元君將畫圖, 衆史皆至,1607) 受揖而立; 舐筆和墨,1608) 在外者半. 有一史後至者, 儃儃然不趨,1609) 受揖不立, 因之舍.1610) 公使人視之, 則

1605) 百里奚는 字이고, 그의 姓은 孟이다. 빈천하여 소를 길렀는데 소 키우는 일에 만족하여 부귀를 잊어버리고 작록을 마음에 두지 않았다. 曹礎基, 315頁, 주1 참조.

1606) 有虞氏는 虞舜이다. 曹礎基, 上同, 주4 참조.

1607) 史는 畫師이다. 曹礎基, 上同, 주2 참조.

1608) 지舐는 첨舔(빨다, 핥다)이니, 지필舐筆은 침으로 筆을 적시는 것이고; 和墨은 調色(색을 화합함)이다. 曹礎基, 316頁, 주4 참조.

1609) 방이지方以智(1611-1671)를 인용하여, 마치창馬其昶(1855-1930)은, 천천儃儃은 탄탄坦坦(안정, 泰然)의 뜻으로 말한다. 王叔岷, 789頁, 주17; 추趨는 빨리 감이니, 不趨는 임금에 대한 예의가 없음이다. 曹礎基, 上同, 주6 참조.

解衣般槃礴羸.1611) 君曰: "可矣. 是眞畵者也.!"]

▶ 21-8:

(주周) 문왕文王이 장臧을 순시하다가, 한 남자[강태공姜太公]를 보았는데, 그가 낚시하고 있으나 정말로 낚시하는 것은 아니었다. 그의 낚시는 고기를 낚으려고 낚싯대를 잡은 것이 아니라, 그냥 낚시하고 있을 뿐이었다. 문왕이 그를 등용해 정사를 맡기고 싶었으나, 대신들과 친족들이 받아들이지 않을까 염려했다. (그를) 끝내 내버려 두려고 했으나, 백성들이 하늘(처럼 우러러보는 사람을 무시하면 실망할 것)을 참을 수 없었다. 그래서 (다음날) 아침에 대부大夫(귀족)에게 말하였다. "간밤에 과인이 꿈에 현인을 보았는데, 수염이 새까맣고, 한쪽 발굽이 매우 붉은 얼룩말을 타고 있었소, (그는) '장臧에 있는 남자에게 자네의 정치를 맡기면, 아마도 나라의 병폐는 나아질 것이오.' 라고 호령했네."

여러 대부는 삼가 두려워하며 말했다. "선왕께서 임금에게 명령하신 것입니다."

문왕이 말했다. "그렇다면 점을 쳐보도록 하시오."

여러 대부가 말했다. "선왕의 명命이니, 왕께서는 의심하지 마십시오. 또 무슨 점을 칠 필요가 있겠습니까?"

마침내 장臧의 남자를 영입하여 정사를 맡기니, (그는) 법전을 바꾸지도 않았고, 반半 쪽 자리 명령도 내리지 않았다. 3년이 지나, 문왕이 나라를 살펴보았더니, 각종 선비의 우두머리들이 제거되어 사당私黨들이 해산되었고, 하급관리들도 개인의 공덕을 쌓기에 힘쓰지 않게 되었

1610) 之는 至이고; 舍는 客館이다. 曹礎基, 上同, 주7 참조.

1611) 盤、般、槃은 古通이다. 사마표司馬彪(?-306)에 의하면, 반박般礴은 기좌箕坐(넓적다리 둘을 벌리고 앉음)이다. 라羸는 벌거벗음이다. 王叔岷, 789頁, 주18 참조.

고, (다른 나라의) 용량 기구[유斞: 6斛4말斗; 곡斛:10말斗]들이 국경 안으로 반입되는 일도 없어졌다. 선비들의 우두머리들이 제거되고 붕당이 해산된 것은 (정치가) 임금에게 통일된 것이고; 하급관리들도 개인의 공덕을 쌓기에 힘쓰지 않은 것은 (그들이) 한마음으로 힘을 합친 것이며; '유斞나 곡斛[타국의 용량 단위]' 이 국경 안으로 반입되지 않으니, 제후들이 왕에게 복종하였다. 문왕은 이에 (그를) 스승[太師]으로 삼고, 북면北面하고서 물었다. "(이렇게 훌륭한) 정치가 온 천하에 파급될 수 있겠습니까?"

장臧의 남자는 흐리멍덩하게 대응하지 않고서 덤덤하게 사양하고, (문왕이) 아침에 명령하였으나 저녁에 도망갔으니, 종신토록 (소식을) 들을 수 없었다.

안연顔淵이 중니仲尼에게 물었다. "문왕은 아직 될 일이 아니지 않습니까? 어째서 꿈을 빌려 말했습니까?"

중니가 말했다. "잠자코 있게. 자네는 아무 말도 말게. 저 문왕은 할 일을 다 했는데 또 무엇을 비난하겠는가? 그는 다만 일시一時(의 상황)에 따라서 행했을 따름이네."

[文王觀於臧,[1612] 見一丈夫釣, 而其釣莫釣, 非持其釣有釣者也, 常釣也. 文王欲擧而授之政, 而恐大臣父兄之弗安也; 欲終而釋之, 而不忍百姓之无天也.[1613] 於是旦而屬之夫夫曰:[1614] "昔者寡人夢見良人,[1615]

1612) 文王은 周文王이다. 장臧은 渭水에 가까운 곳의 地名이다. 觀은 巡視이다. 丈夫는 옛날 남자의 부름이니, 姜太公을 말한다. 조釣는 낚시이고; 막조莫釣는 진심으로 낚시함이 아님이다. 曹礎基, 317頁, 주1 참조.

1613) "无天, 無所仰望.", '无天'은 곧 '太公은 덕이 하늘처럼 높은 사람이니, 무시할 수 없음' 이다. 曹礎基, 上同, 주6 참조.

1614) 사마표司馬彪(?–306)에 의하면, 夫夫는 大夫이다. 王叔岷, 791頁, 주4; 단旦은 早晨(새벽)이고; 屬은 會集(모임)이다. 曹礎基, 上同, 주7 참조.

1615) 昔은 夜이고; 良人은 君子이다. 曹礎基, 上同, 주8 참조.

黑色而頓,[1616] 乘駁馬而偏朱蹄,[1617] 號曰: 寓而政於臧丈人,[1618] 庶幾乎國有瘳乎!"[1619] 諸大夫蹵然曰:[1620] "先君王也."[1621] 文王曰: "然則卜之." 諸大夫曰: "先君之命, 王其无它,[1622] 又何卜焉!" 遂迎臧丈人而授之政, 典法无更, 偏令无出.[1623] 三年, 文王觀於國, 則列士壞植散羣,[1624] 長官者不成德,[1625] 斔斛不敢入於四竟.[1626] 列士壞植散羣, 則尙同也;[1627] 長官者不成德, 則同務也;[1628] 斔斛不敢入於四竟, 則諸侯无二心也.[1629] 文王於是焉以爲大師,[1630] 北面而問曰: "政可以及天下

1616) 而는 須의 초기 글자이니, 협모頰毛(뺨에 난 털)이고; 而頓을 이어 쓰면, 호수鬍鬚(수염)이다. 曹礎基, 上同, 주9 참조.

1617) 육덕명陸德明(556-627)의 『經典釋文』에 의하면, '偏朱蹄'는 一蹄偏赤(한 발굽이 매우 붉음)이다. 박駁은 박駮으로도 쓰이는데, 馬色不純(얼룩말)이다. 王叔岷, 上同, 주8 참조.

1618) 寓는 탁托이고; 而는 你(너)이다. 曹礎基, 上同, 주12 참조.

1619) 추瘳(낫다)는 病愈(병이 낫다.)이다. 曹礎基, 上同, 주13; 有는 可이다. 王叔岷, 792頁, 주10 참조.

1620) 추연蹵然은 놀란 모양이다. 曹礎基, 上同, 주14 참조.

1621) 유월兪樾(1821-1907)에 의하면, 先君 아래에 命자가 빠졌다. 命은 令이다. 文王의 아버지는 계력季歷이다. 王叔岷, 上同, 주11; 季歷은 생전에 수염이 많고 검었으며, 얼룩말을 타기 좋아했으며, 말발굽은 아주 붉었으니, 여러 大夫들은 文王의 말을 듣고, 先王이 文王에게 托夢했음을 알고 긴장하였다. 曹礎基, 上同, 주15 참조.

1622) 无它는 마땅히 의심을 갖지 않음이다. 曹礎基, 上同, 주17 참조.

1623) 偏은 半이다. 曹礎基, 318頁, 주19 참조.

1624) 列士는 각종의 士이고; 植은 植黨의 식이다. 『左傳』 두예杜預(222-285) 注에, 植은 將主이니, 黨群의 우두머리이다. 曹礎基, 318頁, 주20 참조.

1625) 長官은 下屬의 관리들이고; '不成德'은 마음을 써서 개인의 功德을 세우려 하지 않음이다. 曹礎基, 上同, 주21 참조.

1626) 1유斔는 6곡斛 4두斗이고; 1곡斛은 10말斗이다. 竟은 境이다. 王叔岷, 793혈, 주17; 曹礎基, 上同, 주22 참조.

1627) 尙同은 임금에게 통일됨이다. 曹礎基, 上同, 주23 참조.

1628) 同務는 齊心合力이다. 曹礎基, 上同, 주24 참조.

乎?" 臧丈人昧然而不應,[1631] 泛然而辭, 朝令而夜遁, 終身无聞. 顔淵問於仲尼曰: "文王其猶未邪?[1632] 又何以夢爲乎?" 仲尼曰: "默, 女无言. 夫文王盡之也, 而又何論刺焉! 彼直以循斯須也."[1633])]

▶ 21-9:

열어구列禦寇가 백혼무인伯昏无人을 위해 활을 쏘아 보였다. (오른손으로) 활을 가득 당기면 물을 담은 잔을 (왼손) 팔꿈치에 올려놓을 정도(로 안정이) 되었고, [화살을] 쏘면 [뒤따르는] 화살촉과 (앞선) 화살이 다시 합치할 (정도로 잇달았으니), 이번 화살도 다시 (과녁에) 있는 셈이다. 이때는 마치 나무 인형 같았다.

백혼무인이 말했다. "이는 (공들인) 활쏘기이지 마음을 비운 무심의 활쏘기는 아닐세. 시험 삼아 자네와 함께 높은 산에 올라 위태로운 바위를 밟고 서서 백길 (아래의) 깊은 연못에 임했다고 하세. 자네는 활을 쏠 수 있겠는가?"

이에 백혼무인이 마침내 높은 산에 올라 위태로운 바위를 밟고 서서 백길 (아래의) 깊은 연못에 임하여, 등을 돌리고 뒷걸음질 쳐, 발꿈치의 3분의 2를 밖(허공)에 내밀고, (열)어구에게 읍하면서 그를 올라오라고 했다. (열)어구는 땅에 엎드려서 [벌벌 떠니, 식은] 땀이 발꿈치까지 흘러내렸다.

백혼무인이 말했다. "무릇 지인至人은 위로는 푸른 하늘을 엿보고,

1629) '無二心'은 복종이다. 曹礎基, 上同, 주25 참조.

1630) 大師는 太師이니, 임금의 스승이다. 上同, 주26 참조.

1631) 昧然은 몽몽懵懵동동憧憧한(성정이 흐리터분한) 모양이다. 曹礎基, 上同, 주29 참조.

1632) '猶未邪'는 '還不行嗎?'(되지 않겠느냐?)이다. 曹礎基, 上同, 주33 참조.

1633) 直은 只是(다만)와 통한다. 循은 按이다. 斯須는 '짧은 순간'(頃刻之間)이다. 文王은 一時의 필요에 따라서 그렇게 했을 뿐이다. 曹礎基, 上同, 주37 참조.

아래로는 (땅속) 황천黃泉에 (몸을) 잠기면서, (우주의) 팔방에서 거리낌 없이 노니는데 신기神氣는 변함없네. 지금 자네는 놀라서 어지럽게 현혹되고 있는데, 자네가 쏴서 맞추기에는 어려움이 있을 것이네!"

[列禦寇爲伯昏无人射. 引之盈貫,1634) 措杯水其肘上,1635) 發之, 適矢復沓,1636) 方矢復寓.1637) 當是時, 猶象人也.1638) 伯昏无人曰: "是射之射, 非不射之射也.1639) 嘗與汝登高山, 履危石, 臨百仞之淵, 若能射乎?"1640) 於是无人遂登高山, 履危石, 臨百仞之淵, 背逡巡, 足二分垂在外, 揖禦寇而進之. 禦寇伏地, 汗流至踵. 伯昏无人曰: "夫至人者, 上闚青天, 下潛黃泉, 揮斥八極,1641) 神氣不變. 今汝怵然有恂目之志,1642) 爾於中也殆矣夫!"1643)]

▶ 21-10:

견오肩吾가 손숙오孫叔敖에게1644) 물었다. "선생께선 세 번이나 초

1634) 주준성朱駿聲(1788-1858)에 의하면, 貫은 만彎(당기다)의 가차이다.

1635) 조措는 置이니, 왼 팔꿈치에 杯水를 놓음이니, 매우 안정됨이다. 其는 於이다.

1636) 『列子, 黃帝』편에는 適이 적鏑(화살촉)이다. 沓은 合이다. 발사하면, 화살촉鏑과 화살矢이 다시 합친다.[復合, 중답重沓], 王叔岷, 796頁, 주4 참조.

1637) 方은 今이다. 아직 쏘지 않은 화살이 今矢이고, 이미 쏜 화살에 비기면, 今矢는 또 後矢가 된다. 寓는 居, 在의 뜻이다. 後矢가 또 현弦(활시위)에 있게 되니, 하나처럼 보임이다. 王叔岷, 上同, 주5 참조.

1638) 선영宣穎(17세기)에 의하면, '不動如木偶' (부동함이 나무 인형과 같다.)이다. 象은 像이다. 王叔岷, 797頁, 주6 참조.

1639) 성현영成玄英(608-669)疏에 의하면, "言汝雖巧, 仍是有心之射, 非忘懷無心, 不射之射也.", 郭慶藩, 725頁, 주1 참조.

1640) 若은 汝이다. 郭慶藩, 上同, 주2 참조.

1641) "揮斥, 猶縱放也." 따라서 揮斥은 '거리낌 없이 노님' 이다. 郭慶藩, 上同, 주1 참조.

1642) 순恂은 현眩(아찔함)의 가차이니, 현혹眩惑이다. 王叔岷, 798頁, 주11 참조.

1643) 中은 射中(쏴서 맞춤)이니, 맞춤에 어려움이 있음을 말함. 曹礎基, 320頁, 주17 참조.

楚나라의 재상[令尹]이 되었지만 영화라고 여기지 않았고, 세 번이나 그 자리를 물러났지만 근심하는 빛이 없었습니다. 저는 처음에 선생을 의심했는데, 지금 선생의 코 둘레를 보니 아주 즐거운 모습을 하고 계시군요. 선생의 마음 씀은 어떠한 것입니까?"

손숙오가 말했다. "내가 어찌 다른 사람보다 나은 데가 있겠소! 나는 저절로 찾아오는 것을 물리칠 수 없고, 저절로 물러가는 것을 멈추게 할 수 없다고 여기오. 나는 (이해) 득실은 내가 관여할 수 있는 것이 아니라고 여겨, 근심의 기색이 없을 뿐이오. 내가 어찌 다른 사람보다 나은 데가 있겠소! 또한 그것이 그것(재상의 자리)에 있는지 나에게 있는지 알 수 없질 않소. 그것이 그것에 있다면 나에게 있지 않은 것이요; 나에게 있다면 그것에는 없는 것이오. (내가) 바로 유유자적하며 사방을 (만족하게) 바라보는데, 어느 겨를에 남들이 귀한지 천한지 관심을 쓰겠소!"

중니가 이 말을 듣고 말했다. "옛날의 진인眞人이라면, 지자智者도 (그를) 설득할 수 없고, 미인美人도 (그를) 음란하게 할 수 없고, 도둑도 (그에게서) 탈취할 수가 없으니, 복희伏戱나 황제黃帝도 (그를) 벗 삼을 수 없었네. 죽음과 삶은 역시 큰일이나 (진인眞人) 자신을 바꿀 수는 없는데, 하물며 벼슬이나 봉록 따위야 말할 나위가 있겠는가! 이와 같은 사람은, 그 정신이 큰 산을 지나도 장애 받을 수 없고, 못에 들어가도 젖지 않으며, 천한 지위에 있어도 (정신이) 고달프지 않네. (덕德이) 천지에 충만하기에 다 남들에게 주면서도 자기는 그만큼 많이 갖게 되네."

[肩吾問於孫叔敖曰: "子三爲令尹而不榮華, 三去之而无憂色. 吾始也疑子, 今視者之鼻間栩栩然,1645) 子之用心獨奈何?" 孫叔敖曰: "吾何以

1644) 肩吾는 隱者이며, 叔敖는 楚의 莊王 때의 令尹으로 賢人이다. 曹礎基, 上同, 주1 참조.

過人哉! 吾以其來不可却也, 其去不可止也. 吾以爲得失之非我也, 而无憂色而已矣. 我何以過人哉! 且不知其在彼乎, 其在我乎? 其在彼邪, 亡乎我.[1646]在我邪? 亡乎彼. 方將躊躇, 方將四顧,[1647] 何暇至乎人貴人賤哉!" 仲尼聞之曰: "古之眞人, 知者不得說,[1648] 美人不得濫, 盜人不得劫, 伏戲、黃帝不得友. 死生亦大矣, 而无變乎己, 況爵祿乎! 若然者, 其神經乎大山而无介,[1649] 入乎淵泉而不濡, 處卑細而不憊, 充滿天地. 旣以與人,[1650] 己愈有."]

▶ 21-11:

초楚나라 왕이 범凡나라 왕과 함께 앉아 있었다. 얼마 있다가 초왕의 시종들이 '범 나라가 멸망했습니다.' 라고 여러 번이나 말했다.

범왕이 말했다. "범 나라가 멸망했다고 해서, 내 (마음속 범 나라의) 존재가 상실되는 것이 아니요. 범 나라의 멸망이 내 (마음속 범 나라의) 존재를 없애기에 부족하다면, 초나라의 존재가 (내 마음속에 초나라의) 존재를 존속시키기에 부족하오. 이렇게 보면 범 나라는 애초 멸망한 적도 없고 초나라는 애초 존재한 적도 없소."

[楚王與凡君坐.[1651] 少焉, 楚王左右曰 '凡亡' 者三.[1652] 凡君曰: "凡之

1645) 허허연栩栩然은 환희에 찬 모습이다. 王叔岷, 799頁, 주3 참조.

1646) 亡은 不在이다. 曹礎基, 321頁, 주10 참조.

1647) 方將은 正在(바로 …에 있음)이고; 주저躊躇는 從容自得하는 모양이고; 四顧는 사방으로 내다봄이니, 自得한 모양의 표현이다. 曹礎基, 上同, 주11, 12 참조.

1648) 說은 說服이고; 남濫은 淫이고; 겁劫은 힘으로 奪取함이다. 曹礎基, 上同, 주14, 15, 16 참조.

1649) 성현영成玄英(608-669) 疏에 의하면, 介는 애礙(방해)이다. 王叔岷, 800頁, 주12 참조.

1650) 旣는 盡(다)이니, 전부이고; 與는 給(공급)이다. 曹礎基, 上同, 주22 참조.

1651) 成玄英疏에 의하면, 楚文王이 凡僖侯와 함께 合從會盟의 일을 논했다. 凡은 國名이며 汲郡에 있었던 나라로서 지금의 凡城이 그것이다. 郭慶藩, 728頁, 주1 참조.

亡也, 不足以喪吾存.[1653] 夫凡之亡不足以喪吾存; 則楚之存, 不足以存存.[1654] 由是觀之, 則凡未始亡, 而楚未始存也.]

1652) 三은 여러 번임을 말한다. 曹礎基, 322頁, 주2 참조.

1653) '喪吾存'은 내 심리에 존재하는 凡나라가 상실[망함]이다. 曹礎基, 上同, 주3 참조.

1654) '不足以存存'은, 내 마음에 存亡得失에 대한 관념이 없기에, 존재한다고 해서[存] 그 存을 내가 느낄 수는 없음이다. 曹礎基, 上同, 주4 참조.

22. 지북유(知北遊: 지식이 북쪽에서 노닐음)

본 편은 13개의 우언寓言에서 문답 형식으로 도道를 논하기에, 이 편은 도가道家의 본체론이다. '도'는 허무虛無하나 도처에 존재하며, 광대무변한데, 그것이 만물들을 생성하고 지배한다. 선영宣穎(17세기)은 본편의 주제를 무無로 개괄했으니, 핵심을 파악한 것이다.

▶ 22-1:

지知[지식]가 북쪽 현수玄水가에서 노닐다가 은분隱弅[숨겨진 봉긋한 모양]의 언덕에 올랐을 때, 우연히 무위위無爲謂를 만났다.

지가 무위위에게 말했다. "저는 당신에게 묻고 싶은 것이 있습니다. 무엇을 생각하고 무엇을 염려하면 도를 알 수 있습니까? 어떻게 하면 도를 지킬 수 있습니까? 무슨 방법으로 도를 얻을 수 있습니까?"

세 가지를 물었지만 무위위는 대답이 없었다. 대답하지 않은 것이 아니라, 대답을 몰랐다. 지知는 물을 수 없어서 남쪽 백수白水로 돌아와, 호결狐闋의 언덕에 올라가서 광굴狂屈을 만났다. 지知는 이 말들을 광굴에게 물으니, 광굴이 말했다. "아! 내가 알고 있으니, 자네에게 말해주지."

(그는) 말하려던 중 자기가 말할 것을 잊어버리고 말았다. 지知는

물을 수가 없어서 궁전으로 돌아가, 황제黃帝를 만나서 물었다.

황제는 말하였다. "생각이 없고 염려가 없어야 비로소 도道를 알게 되고; 어떤 곳에도 없으며 어떤 행동도 하지 않아야 비로소 도에 편안히 머물 수 있으며; 따를 방법이 없어야 비로소 도를 얻을 수 있네."

[知北遊於玄水之上, 登隱弅之丘, 而適遭無爲謂焉. 知謂無爲謂曰: "予欲有問乎若: 何思何慮則知道? 何處何服則安道?1655) 何從何道則得道?" 三問而無爲謂不答也, 非不答, 不知答也. 知不得問, 反於白水之南, 登狐闋之上, 而睹狂屈焉. 知以之言也問乎狂屈. 狂屈曰: "唉! 予知之, 將語若, 中欲言而忘其所欲言." 知不得問, 反於帝宮, 見黃帝而問焉. 黃帝曰: "無思無慮始知道, 無處無服始安道, 無從無道始得道."]

지知가 황제에게 물었다. "나와 당신은 그것(道)을 알고 있고 그들(무위위와 광굴)은 알지 못하는데, 도대체 누가 옳은가요?"

황제가 말하였다. "무위위는 정말 옳고 광굴은 그와 비슷하지. 나와 자네는 결코 가까이 갈 수 없다네. 아는 사람은 말하지 않고, 말하는 사람은 알지 못한다네. 그래서 성인은 말할 수 없는 가르침을 행한다네. 도道는 말로 얻을 수 없고 덕은 (인위적으로) 이를 수 없다네. 인仁은 행할 수 있고, 의義에는 (의와 불의不義를 선택하여, '불의'를) 버릴 수 있으며, 예禮는 (진심眞心이 아닌, 형식을 중시하니) 서로 속일 수 있다네. 그래서 말한다네. '도道를 잃은 후에 덕德이 있고, 덕을 잃은 후에 인仁이 있고, 인을 잃은 후에 의義가 있으며, 의를 잃은 후에 예禮가 있게 된다. 예라는 것은 도의 허식이며 혼란의 시작이다.'(『老子』 38장) 그러므로 말한다네. '도道는 날마다 덜어내는데, 덜고 또 덜어서 무위無爲에

1655) 處는 居이고; 服은 行이다. '何處何服'은 '어떻게 하다.'이다. 安은 지킴, 掌握이다. 曹礎基, 324頁, 주4 참조.

이르지만, 무위하더라도 행하지 못하는 일이 없네.'(『老子』 48장) 지금 이미 사물이 되었기 때문에 근본으로 돌아가고자 하면 어찌 어렵지 않겠는가! 그것이 쉬운 사람은 오직 위대한 사람뿐일 것이네! 삶은 죽음이 뒤따르고, 죽음은 삶의 시작임으로, 누가 그 기강을 알겠는가! 사람의 삶은 기氣가 모인 것이니, (기가) 모이면 삶이고 흩어지면 죽음이라네. 삶과 죽음이 서로 변하는 것이라면 나 또한 무엇을 걱정하겠는가! 그러므로 만물은 하나라네. 이것은 아름다운 것은 신기한 것이라 여기고, 싫어하는 것은 더럽고 썩은 것이라고 하지. (그러나) 더럽고 썩은 것이 다시 신기한 것이 되고, 신기한 것이 다시 더러운 것이 된다네. 그러므로 말한다네. '천하에는 하나의 기氣뿐이다.' 성인은 그런 까닭에 하나를 귀하게 여긴다네."

[知問黃帝曰: "我與若知之, 彼與彼不知也, 其孰是邪?" 黃帝曰: "彼無爲謂眞是也, 狂屈似之; 我與汝終不近也." 夫知者不言, 言者不知, 故聖人行不言之敎. 道不可致, 德不可至. 仁可爲也, 義可虧也,1656) 禮相僞也.1657) 故曰: '失道而後德, 失德而後仁, 失仁而後義, 失義而後禮.' 禮者, 道之華而亂之首也. 故曰: '爲道者日損, 損之又損之, 以至於無爲, 無爲而無不爲也.' 今已爲物也, 欲復歸根, 不亦難乎! 其易也, 其唯大人乎! 生也死之徒, 死也生之始, 孰知其紀! 人之生, 氣之聚也; 聚則爲生, 散則爲死. 若死生爲徒, 吾又何患! 故萬物一也, 是其所美者爲神奇, 其所惡者爲臭腐; 臭腐復化爲神奇, 神奇復化爲臭腐. 故曰: '通天下一氣耳.' 聖人故貴一."]

1656) 휴虧는 버림이다. 義와 不義를 선택하여 不義를 버려야하니, 義에는 버림[虧]이 있다. 曹礎基, 324頁, 주20 참조.

1657) 禮에는 일정한 형식을 통해 이루어지니 결코 眞心이나 본성에서 나온 것이 아니다. 따라서 虛僞와 속임수가 있을 수 있다. 曹礎基, 上同, 주21 참조.

지知가 황제에게 말했다. “내가 무위위에게 물으니, 무위위는 응답하지 않았소. 응답하지 않은 것이 아니라 응답할 줄 몰랐던 것이지요. 내가 광굴에게 물었을 때 광굴은 나에게 일러주려고 하였으나 일러주는 것을 잊었소. 지금 내가 당신에게 물으니 당신은 그것을 알고 있는데, (우리는) 왜 [道와] 가깝지 않은가요?”

황제는 말했다. “그(무위위)는 정말 그렇기에 [말할 줄] 모르고, 이(광굴)는 그것과 비슷하기에 그것을 잊어버렸소. 나와 당신은 결코 (道에) 가까이 갈 수 없기에 (말할 줄) 아는 것이라네.”

광굴은 그 말을 듣고, 황제가 말할 줄 안다고 생각했다.

[知謂黃帝曰: “吾問無爲謂, 無爲謂不應我, 非不我應, 不知應我也. 吾問狂屈, 狂屈中欲告我而不我告, 非不我告, 中欲告而忘之也. 今予問乎若, 若知之, 奚故不近?1658)” 黃帝曰: “彼其眞是也, 以其不知也; 此其似之也, 以其忘之也; 予與若終不近也, 以其知之也.” 狂屈聞之, 以黃帝爲知言.]

▶ 22-2:

천지天地는 위대한 아름다움이 있지만 떠벌리지 않고, 네 계절은 분명한 법칙이 있지만 논의하지 않으며, 만물은 이루어진 이치가 있지만 말하지 않는다. 성인聖人은 천지의 아름다움에 근원하고, 만물의 이치에 통달하니, 그 때문에 지인至人은 무위無爲하며, 대성大聖은 창작創作하지 않으니, 천지天地신명神明의 정묘精妙함과 합하여, (만물들이) 천지를 따라서 천변만화千變萬化한다. 만물들은 이미 죽거나 생기거나 모나거나 둥글어도, (아무도) 그 (변화의) 근본을 알지 못하는데, 가볍게 만

1658) 해奚는 何이고; 不近은 不相近이다. 『莊子譯注』, 211頁, 주31 참조.

물들은 예부터 이미 존재하였고, 육합六合[우주]이 크기에 그 안에서 벗어나지 못하며, 가을 터럭이 작다 해도 그(道)가 있어야 형체를 이룰 수 있다. 천하에는 (모든 것이) 뜨거나 가라앉지 않음이 없어서 끝내 고정되지 않으며, 음양과 사계절은 운행하는 데 각각 순서가 있다. (道는) 흐릿하여 없는 것 같지만 존재하고, 저절로 생겨나서 형체는 없지만 신묘하고, 만물을 기르나 (그것을) 알지 못한다. 이것이 근본이니, 자연[天]을 관찰하여 알 수 있다.

[天地有大美而不言, 四時有明法而不議, 萬物有成理而不說. 聖人者, 原天地之美, 而達萬物之理, 是故至人无爲, 大聖不作, 觀於天地之謂也.[1659] 今彼神明至精,[1660] 與彼百化.[1661] 物已死生方圓, 莫知其根也, 扁然而萬物自古以固存.[1662] 六合爲巨, 未離其內;[1663] 秋豪爲小, 待之成體. 天下莫不沈浮, 終身不故;[1664] 陰陽四時運行, 各得其序. 惛然若亡而存, 油然不形而神, 萬物畜而不知. 此之謂本根, 可以觀於天矣.]

▶ 22-3:

설결齧缺은 피의被衣에게 도道를 물었다. 피의가 말했다. "만약 자네 모습을 바르게 하고, 자네의 시선을 한곳에 모으면 하늘의 조화가 찾아들 것이고; 자네의 지식을 수습하고, 자네의 태도를 통일하면 장차 신명이 찾아들 것이네. 덕은 자네를 아름답게 할 것이고, 도는 자네

1659) 觀은 같게 봄이다. 曹礎基, 326頁, 주6 참조.

1660) 今은 合자의 오기이고; 왕셴첸王先謙(1842-1917)에 의하면, '彼神明'의 彼는 天地이다. 王叔岷, 812頁, 주4 참조.

1661) 與는 隨와 같고; 彼는 天地이다. 百化는 千變萬化이다. 曹礎基, 上同, 주8 참조.

1662) 편연扁然은 편연翩然(가벼운 모양)이다. 以는 已이다. 王叔岷, 812頁, 주6 참조.

1663) 이離는 超出이다. 曹礎基, 上同, 주13 참조.

1664) 故는 陳舊(옛것)이다. 曹礎基, 上同, 주15 참조.

와 함께 머물게 될 것이다. 자네가 어리석기 갓 태어난 송아지같이 하고, 그 까닭을 캐묻지 않아야 한다네!"

말이 채 끝나기도 전에 설결은 골아서 떨어졌다. 피의는 매우 기뻐하면서 노래를 부르면서 떠나갔다. "몸은 마른 가지와 같고, 마음은 꺼진 재와 같구나. 참으로 진실을 알고 있지만 스스로 자랑하지 않네. 어둡고 흐릿하여 무심하니 함께 이야기해 볼 수도 없구나. 그런 사람은 누굴까?"

[齧缺問道乎被衣, 被衣曰: "若正汝形, 一汝視, 天和將至; 攝汝知, 一汝度, 神將來舍.[1665] 德將爲汝美, 道將爲汝居, 汝瞳焉如新生之犢而无求其故!"[1666] 言未卒, 齧缺睡寐. 被衣大說, 行歌而去之, 曰: "形若槁骸, 心若死灰, 眞其實知, 不以故自持. 媒媒晦晦, 無心而不可與謀. 彼何人哉!"]

▶ 22-4:

순舜임금이 (보좌관인) 승丞관에게 물었다. "도道는 얻을 수 있는가?"

(승관이) 말했다. "임금의 몸도 임금 것이 아닌데, 어찌 도를 얻을 수 있겠습니까?"

순이 말했다. "제 몸이 제 것이 아니라면, 누구의 것인가?"

(승관이) 말했다. "그것은 천지가 형체를 맡긴 것입니다. 삶도 임금의 것이 아닌데, 그것은 천지가 조화를 맡긴 것입니다. 본성과 운명도 임금 것이 아닌데, 천지가 유순함을 맡긴 것입니다. 자손도 임금 것이

1665) 섭攝은 收斂이고; 知는 智와 같고; 一은 하나 되게 함(동사)이고; 度는 태도이고; 神은 神明이고; 舍는 居이다. 曹礎基, 327頁, 주3 참조.

1666) 동언瞳焉은 준연惷然이니, 어리석은 모습이다. 王叔岷, 814-815頁, 주6 참조.

아닌데, 천지가 껍데기를 맡긴 것입니다. 그래서 가도 가는 곳을 모르고, 머물러도 가지고 있는 것을 모르고, 먹어도 맛을 모릅니다. 천지의 굳센 양기陽氣가 한 것이니, 어찌 얻을 수 있는 것이 있겠습니까!"

[舜問乎丞曰:1667) "道可得而有乎?" 曰: "汝身非汝有也, 汝何得有夫道?" 舜曰: "吾身非吾有也, 孰有之哉?" 曰: "是天地之委形也; 生非汝有, 是天地之委和也; 性命非汝有, 是天地之委順也; 孫子非汝有, 是天地之委蛻也. 故行不知所往, 處不知所持, 食不知所味. 天地之强陽氣也, 又胡可得而有邪!"]

▶ 22-5:

공자가 노담老聃에게 물었다. "지금 한가하시니, 지극한 도道에 대해서 여쭙겠습니다."

노담이 말했다. "자네는 재계하고, 자네 마음을 소통시키고, 자네 정신을 씻어내고, 자네 지식을 깨부수게. 도道란 깊고 멀어서 말하기 어렵다네! 이에 자네를 위해 대략을 말하겠네. 밝은 것은 어두운 것에서 생기고, 형체 있는 것은 형체가 없는 것에서 생기며, 정신은 도에서 생기고, 형질은 정기精氣에서 생기며, 만물은 형체가 형체를 서로 낳기에 따라서 아홉 구멍을 가진 것[人獸]은 태胎에서 생겨나고, 여덟 구멍을 가진 것[魚鳥]은 알에서 난다네. 생겨나도 자취가 없고, 사라져도 끝이 없으며, 문도 없고 방도 없어서 사방이 통하여 막힘없이 넓고 크다네. 이것[도道]에 통하면 사지四肢가 강건하며, 사려가 창통暢通하고, 눈과 귀가 총명하며, 마음을 써도 수고롭지 않으며, 사물을 대해도 모가 나지 않(고 원만하)네. 하늘은 높지 않을 수 없고, 땅은 넓지 않을 수 없

1667) 승丞은 輔、弼、疑、丞의 官名이다. 王叔岷, 817頁, 주1 참조.

으며, 일월은 뜨고 지지 않을 수 없으며, 만물은 번창하지 않을 수 없으니, 이것이 도라고 하는 것이네! 또 '널리 아는 것이 반드시 앎은 아니고, 말을 잘하는 것이 꼭 지혜인 것도 아니어서,' 성인은 그것을 내버렸을 뿐이네. 저 더해도 더할 수 없고, 덜어도 덜 수 없는 것이 성인이 지키는 것이네. 깊고 깊어 바다와 같고, 높고 높아 (산처럼) 끝나는 곳에서 다시 시작하며, 만물을 운행하게 하면서 그것을 빠트리지 않았으니, (자네가 말하는) 군자君子의 도는 (성인聖人의 도道) 밖의 것이 아닌가! 만물이 다 와서 취해 가니, 이것이 (성인聖人의) 도가 아닌가!

[孔子問於老聃曰: "今日晏閒,1668) 敢問至道." 老聃曰: "汝齊戒, 疏瀹而心, 澡雪而精神, 掊擊而知!1669) 夫道, 窅然難言哉!1670) 將爲汝言其崖略.1671) 夫昭昭生於冥冥, 有倫生於無形,1672) 精神生於道, 形本生於精,1673) 而萬物以形相生, 故九竅者胎生,1674) 八竅者卵生.1675) 其來無迹, 其往無崖, 無門無房, 四達之皇皇也.1676) 邀於此者,1677) 四肢彊, 思慮恂達,1678) 耳目聰明, 其用心不勞, 其應物無方. 天不得不高, 地不得

1668) 성현영成玄英(608-669)疏에 의하면, 晏은 安이다. 王叔岷, 818頁, 주1 참조.

1669) 而는 你이고; 소약疏瀹은 疏通이고; 조설澡雪은 쇄척洒滌(씻다)이다. 王叔岷, 819頁, 주2 참조.

1670) 요연窅然은 深遠한 모양이다. 曹礎基, 329頁, 주6 참조.

1671) 애략崖略은 約略이다. 王叔岷, 上同, 주3 참조.

1672) 倫은 紋理이고, 有倫은 紋理구조가 있는 것이니, 有形이다. 曹礎基, 上同, 주9 참조.

1673) 精은 精氣이다. 『莊子譯注』, 214頁, 주10 참조.

1674) 胎生은 人과 獸의 부류를 말한다. 曹礎基, 330頁, 주12 참조.

1675) 난생卵生은 魚鳥의 부류를 말한다. 曹礎基, 上同, 주13 참조.

1676) 四達은 통하지 않는 곳이 없음이고; 皇은 大이니, 皇皇은 寬廣이다. 曹礎基, 上同, 주17 참조.

1677) 요邀는 규竅의 가차이고; 고유高誘(?-212)注에 의하면, 규竅는 通이다. 此는 道를 가리킨다. 王叔岷, 820頁, 주9 참조.

1678) 순恂은 창통暢通이다. 曹礎基, 上同, 주20 참조.

不廣, 日月不得不行, 萬物不得不昌, 此其道與!" 且夫 '博之不必知, 辯之不必慧,' 聖人以斷之矣. 若夫益之而不加益, 損之而不加損者, 聖人之所保也. 淵淵乎其若海, 巍巍乎其終則復始也, 運量萬物而不匱.[1679] 則君子之道, 彼其外與![1680] 萬物皆往資焉而不匱,[1681] 此其道與!]

온 나라에 사람들이 있는데, 음陰도 아니고 양陽도 아니며, 하늘과 땅 사이에 살고 있지만, 잠시 사람이었으나, 이내 만물의 원초[宗]에로 돌아간다네. 근본에서 관찰해 보면, 삶이란 큰 호흡에 (불과)하니, 오래 살고 빨리 죽는다고 해도 그 차이가 얼마나 되겠는가? 눈 깜짝할 사이에 지날 뿐이네. 어찌 요堯를 옳다 하고 걸桀을 그르다 하겠는가!

[中國有人焉,[1682] 非陰非陽, 處於天地之間, 直且爲人,[1683] 將反於宗.[1684] 自本觀之, 生者, 喑醷物也.[1685] 雖有壽夭, 相去幾何? 須臾之說也. 奚足以爲堯桀之是非!]

나무 열매나 풀 열매에도 이치가 있으며, 사람의 도리[人理]가 비록 많지만, 서로 차례[齒]가 있다네. 성인은 이것[人理]을 만나면 따르며, 지나가도 집착하지 않는다네. 화합하여 대응하는 것이 덕德이요,

---

1679) 궤匱、遺는 古通이다. 王叔岷, 821-822頁, 주17 참조.

1680) 則은 而와 같으니, 然而(그러나)이고; 彼는 君子의 道이니, 아직 聖人의 道가 아니기에, 外를 말한 것이다. 曹礎基, 上同, 주29 참조.

1681) 資는 取이다. 王叔岷, 822頁, 주19 참조.

1682) 中國은 國中을 말한다. 曹礎基, 334頁, 주1 참조.

1683) 왕셴첸王先謙(1842-1917)에 의하면, 直은 姑且(잠시)이다. 王叔岷, 823頁, 주3 참조.

1684) 宗은 原物之初이다. 王叔岷, 上同, 주4 참조.

1685) 시동奚侗(1878-1939)에 의하면, 억醷은 마땅히 희噫가 되어야 한다. 암희喑噫는 大呼(큰 호흡)이다. 王叔岷, 上同, 주5 참조.

만나면 대응하는 것이 도道라네. 이것이 제帝가 흥성하는 바요, 왕王이 일어나는 바라네.

[果蓏有理, 人倫雖難, 以相齒.1686) 聖人遭之而不違,1687) 過之而不守. 調而應之, 德也; 偶而應之,1688) 道也. 帝之所興, 王之所起也.]

천지 가운데 인간의 삶은 준마駿馬가 틈을 지나가는 것과 같아서 홀연忽然이라네. (물이) 솟아오르듯 (싹이) 터서 나오듯 생겨나지 않을 수 없으며; 소멸하여 잠잠해지듯 사라지지 않을 수 없다네. 일단 변화했으면 태어나고, 또 변화하여 죽으니, 살아있는 것들은 그것을 애달파하고 사람들도 그것을 슬퍼한다네. 하늘의 활집을 끄르고 하늘의 속박을 무너뜨리면, 잡다하니 어지럽게 변하여 혼백이 사라지고 몸도 따라가니, 위대한 돌아감이지!

[人生天地之間, 若白駒之過郤,1689) 忽然而已. 注然勃然,1690) 莫不出焉; 油然漻然,1691) 莫不入焉. 已化而生,1692) 又化而死, 生物哀之, 人類悲之. 解其天弢, 墮其天袠1693), 紛乎宛乎,1694) 魂魄將往, 乃身從之, 乃

1686) 奚侗에 의하면, 難然은 盛貌이다. 盛은 多이다. 人倫에서 倫은 理이다. 王叔岷, 824頁, 주9 참조.

1687) 조遭는 遇(만남)이고; 之는 人理이고; 不違는 順從이다. 曹礎基, 331頁, 주10 참조.

1688) 곽상郭象(252-312)注에 의하면, 調는 和이고; 偶는 遇로 읽어야 한다. 王叔岷, 825頁, 주11 참조.

1689) 성현영成玄英(608-669)疏에 의하면, 백구白駒는 駿馬이다. 극郤은 극隙이니 孔(구멍)이다. 극郤、隙은 古通이다. 王叔岷, 上同, 주13 참조.

1690) 注然은 물이 솟구쳐 흐름 같고; 勃然은 싹이 터서 나오는 모습이다. 『莊子譯注』, 216頁, 주2 참조.

1691) 유연油然유연漻然은 消亡、靜寂하는 모양이다. 『莊子譯注』, 上同, 주3 참조.

1692) 已는 旣(이미)이다. 王叔岷, 826頁, 주15 참조.

1693) 도弢는 도韜(활집)와 통하고, 타墮는 휴隳(무너뜨리다)와 통하니, 毁이다. 질袠은 劍袋이다. 도弢와 질袠은 束縛의 뜻이다. 曹礎基, 332頁, 주6 참조.

大歸乎!]

형체가 없는 것이 형체가 있는 곳으로 가고, 형체가 있는 것이 형체가 없는 곳으로 가는 것은 세상 사람들이 모두 다 알고 있기에 장차 (도道에) 이르려는 사람은 추구할 것이 아니라는 것, 이것은 뭇 사람들이 다 말하는 것이네. 그가 (도道에) 이르면 말하지 않을 것이고, 말한다면 도달하지 못한 것이라네. (도道를) 분명히 보았다 하나 그것[道]은 볼 수 없으니, 말 잘하는 것은 침묵만 못하다네. 도道는 들을 수 없으니, 듣는 것은 귀를 막는 것만 못하다네. 이것을 위대한 터득이라고 한다네."

[不形之形, 形之不形, 是人之所同知也, 非將至之所務也,[1695] 此衆人之所同論也. 彼至則不論,[1696] 論則不至. 明見無値,[1697] 辯不若默. 道不可聞, 聞不若塞. 此之謂大得."]

▶ 22-6:

동곽자東郭子가 장자에게 물었다. "이른바 도道는 어디에 있습니까?"

장자가 말했다. "없는 곳이 없지요."

1694) '紛乎宛乎' 는, 紛紜(잡다하여 어지러움) 宛轉(멋대로 변함)이다. 『莊子譯注』, 上同, 주7 참조.

1695) 將至는 將至者로 道에 이르려는 사람이다. 務는 求이다. 曹礎基, 上同, 주11 참조.

1696) 至는 道에 이름을 말한다. 道에 도달한 사람은 말하지 않고, 말하는 사람은 道에 이르지 못함을 뜻한다. 曹礎基, 上同, 주13 참조.

1697) 치値는 直의 가차이니, 直은 正見이다. '明見無直' 은 不見을 明見으로 여기는 것이다. 따라서 '明見無見' 은 '道不可見, 見而非也.' 와 같은 뜻이다. 王叔岷, 827頁, 주21 참조.

동곽자가 말했다. "반드시 (있는 곳을 지적해) 주세요."

장자가 말했다. "개미에게 있소."

(동곽자가) 물었다. "어째서 그렇게 낮은 데 있습니까?"

(장자가) 말했다. "돌피[제稊]나 피[패稗]에도 있소."

(동곽자가) 말했다. "어째서 그렇게 더 낮아집니까?"

(장자가) 말했다. "기와나 벽돌에도 있소."

(동곽자가) 말했다. "어째서 점점 더 심해집니까?"

(장자가) 말했다. "똥오줌에도 있소."

동곽자는 대꾸하지 못했다. 장자는 말했다. "선생의 물음은 진실로 근본에 못 미치고 있소. 관리인 획獲이 시장 우두머리에게 돼지를 발로 밟게 하고 (돼지의 살찐 정도를) 물으면, (돼지의) 아래쪽을 누를수록 더욱 살찐 놈이지요. 당신은 (도道를) 절대 고립화하지 마시오, (도는) 어떤 사물에도 벗어나지 않소. '지극한 도[至道]'는 이와 같고, 큰 말도 그렇소이다. 주周(두루), 편徧(보편), 함咸(포괄), 이 세 가지는 이름은 다르나 실제는 같으니, 모두 하나를 가리키오. 서로 더불어 허무의 경지에서 노닐고, 선생의 언론을 (대언大言으로) 합친다면 끝이 없을 것이오! 서로 함께 무위無爲합시다! 담담히 조용합시다! 적막하게 청정합시다! 조화롭게 편히 쉽시다! 나의 뜻은 적막해져, 일단 떠났다고 하여도 그 다다를 곳도 알지 못하오. (마음이 여기저기) 오고 간다 해도 그칠 곳을 모르오. 내가 일단 이미 갔다 왔다 하지만, 그것이 끝나는 곳을 알지 못하오. 텅 비어 광활한 곳을 방황하며, 마음에 큰 지혜[大智]를 품게 되니, 그것이 끝나는 데를 알지 못하지요. 사물을 사물로 만드는 것[天道]은 사물과의 한계가 없으며, 사물이 한계를 가진다는 것은 이른바 사물 (자체)의 한계이지요. 한계가 없는 것(도道)도 [상대적 입장, 물物의 처지에서 보면] 한계가 있는 것이고, (사물의 입장에서의) 한계는 (도道의 처지에서 보면) 한계가 없는 것이 되지요. 이른바 가득 차거나 텅 비거나 쇠약해지는 것은 그것이 가득 차거나 텅 비게 하지만 (그 도道 자체가) 가득 차거나 텅 빈 것은 아니며, 그것이 쇠약하게 만들지만 (그 도道 자체가) 쇠약하게 되는 것이 아니요. 그것은 뿌리와 가지를 만들지만 (그 도道 자체는) 뿌리도 가지도 아니며, 그것이 쌓거나 흩어지게 하지만 (그 도道 자체가) 쌓거나 흩어지는 것이 아니요."

[東郭子問於莊子曰: "所謂道, 惡乎在?" 莊子曰: "無所不在." 東郭子曰: "期而後可."[1698] 莊子曰: "在螻蟻." 曰: "何其下邪?" 曰: "在稊稗." 曰: "何其愈下邪?" 曰: "在瓦甓." 曰: "何其愈甚邪?" 曰: "在屎溺." 東郭子不應. 莊子曰: "夫子之問也, 固不及質.[1699] 正獲之問於監市履狶也,[1700] 每下愈況. 汝唯莫必,[1701] 無乎逃物. 至道若是, 大言亦然. 周、遍、咸三者, 異名同實, 其指一也. 嘗相與遊乎無何有之宮,[1702] 同合而論,[1703] 無所終窮乎! 嘗相與无爲乎! 澹而靜乎![1704] 漠而清乎![1705] 調而閒乎![1706] 寥已吾志,[1707] 无往焉而不知其所至,[1708] 去而

1698) 期는 必(반드시)와 같다. 王叔岷, 829頁, 주3 참조.

1699) 質은 本이다. 王叔岷, 830頁, 주7 참조.

1700) 성현영成玄英(608-669)疏에 의하면, 正은 官號(관직의 명칭)이다. 監市는 시장의 우두머리[市魁]이고; 획獲은 그의 名이고; 희狶는 큰 돼지이고; 履는 천踐(밟다)이다. 황況은 多益이니, 豕肥(살찐 돼지)이다. 王叔岷, 830頁, 주8 참조.

1701) 必은 절대화이다. 道를 절대화하여 보지 말아야 한다. 道는 어떤 물건에도 떨어져 나간 일이 없다. 曹礎基, 334頁, 주11 참조.

1702) 嘗은 試이고; '无何有之宮'은 虛無의 경지이다. 曹礎基, 上同, 주14 참조.

1703) 而는 你이고; '同合而論'은 '大言' 가운데 당신의 언론을 합침이다. 曹礎基, 上同, 주15 참조.

1704) '澹而靜'은 恬淡이 淸靜이다. 『莊子譯注』, 217頁, 주14 참조.

1705) '漠而清'은 寂寞하고 淸虛함이다. 『莊子譯注』, 上同, 주15 참조.

1706) '調而閒'은 조화로우며 安閑함이다. 『莊子譯注』, 上同, 주16 참조.

1707) '寥已吾志'는 '吾志寥已'이니, '나의 心志가 쓸쓸함'이다. 曹礎基, 上同, 주17

來而不知其所止, 吾已往來焉, 而不知其所終. 彷徨乎馮閎,[1709] 大知入焉,[1710] 而不知其所窮. 物物者與物无際, 而物有際者, 所謂物際者也; 不際之際, 際之不際者也. 謂盈虛衰殺, 彼爲盈虛非盈虛, 彼爲衰殺非衰殺, 彼爲本末非本末, 彼爲積散非積散也."]

▶ 22-7:

아하감婀荷甘은 신농神農과 함께 노룡길老龍吉에게서 배웠다. 신농은 책상에 기댄 채 문을 닫고 낮잠을 자고 있는데, 아하감이 한낮에 문을 열고 들어와 말했다. "노룡 선생님이 돌아가셨소!"

신농은 (놀라) 지팡이를 잡고 일어서다가 픽하고 지팡이는 내던지며 탄식하였다. "하늘(같은 선생님)은 내가 비루하고 얄팍함을 아시고, 따라서 나를 버리고 돌아가셨구나! 선생님께서는 지극한 말씀[狂言]으로 나를 계발시켜 주시지 않으시고 돌아가셨구나!"

엄강조弇堈弔가 이 말을 듣고서 말하였다. "도道를 체현한 이에게 천하의 군자들이 모여들어 의탁하는 법이네. 지금 도에 대해 (노룡길은) 가을 터럭의 끝(즉, 도)의 만분의 일조차도 가지지 못했지만, 오히려 그 지극한 말을 감추고 죽을 줄 아는데, 하물며 도를 체득한 분이야! (도는) 보려고 해도 형체가 없고, 들으려 해도 소리가 없는데, 사람들이 말하는 것은 (무엇을 모르고) 멋대로 떠드는 것이니, 도를 말한 것은 결코 도

참조.

1708) 原文에는 无이나, 无는 본래 기旡이다. 旡는 옛날의 旣자이다. 王叔岷, 832頁, 주15 참조.

1709) 곽상郭象(252-312)注에 의하면, 풍굉馮閎은 허곽虛廓(텅 비고 광활함)이다. 王叔岷, 832頁, 주16 참조.

1710) '大知入焉' 은 大智가 마음에 들어옴이니, 마음이 大智를 품음이다. 焉은 여기(於此)이다. 曹礎基, 上同, 주20 참조.

가 아니네.”

[妸荷甘與神農同學於老龍吉. 神農隱几, 闔戶晝瞑,[1711] 妸荷甘日中奓戶而入,[1712] 曰: “老龍死矣!” 神農隱几擁杖而起,[1713] 嚗然放杖而笑,[1714] 曰: “天知予僻陋慢訑,[1715] 故棄予而死已矣! 夫子无所發予之狂言而死矣夫!”[1716] 弇堈弔聞之, 曰: “夫體道者, 天下之君子所繫焉.[1717] 今於道, 秋豪之端萬分未得處一焉, 而猶知藏其狂言而死, 又況夫體道者乎! 視之无形, 聽之无聲, 於人之論者, 謂之冥冥, 所以論道, 而非道也.”]

▶ 22-8:

이때 태청泰淸이 무궁无窮에게 물었다. “자네는 도를 아는가?”

무궁이 말했다. “나는 모른다네.”

다시 무위无爲에게 물었다. 무위가 말했다. “나는 안다네.”

(태청이) 말했다. “그대가 알고 있는 도에, 또한 설명이 있는가?”

(무위가) 말했다. “있지.”

1711) 명瞑은 옛날의 眠(잠자다)바이다. 曹礎基, 335頁, 주3 참조.

1712) 사마표司馬彪(?-306)에 의하면, 차奓는 開이다. 王叔岷, 834頁, 주2 참조.

1713) 유월兪樾(1821-1907)을 인용하여, 郭慶藩 『莊子集釋』에서는, ‘擁杖而起’(지팡이를 잡고 일어서다)를 일단 말했다면, 당연히 ‘은궤隱几’는 말할 필요가 없다. 아마도 위의 문장: ‘神農隱几闔戶晝瞑’과 관련되어, 아래 문장에 끼어든 것임. 王叔岷, 上同, 주3 참조.

1714) 박嚗은 지팡이 던지는 의성어이고; 笑는 아마도 嘆의 오자이다. 笑의 속자가 소咲(웃음)이니, 嘆이 咲로 오기된 것이다. 王叔岷, 834-835頁, 주5 참조.

1715) 벽루僻陋는 견식이 볼 것 없음이고; 만이慢訑는 만탄謾誕과 같으니 浮慢虛誕이다. 王叔岷, 835頁, 주5 참조.

1716) 狂言은 至言을 가리킨다. 보통 사람들은 이해할 수 없기에 狂言이라고 한 것이다. 曹礎基, 上同, 주8 참조.

1717) 성현영成玄英(608-669)疏에 의하면, 계繫는 屬이다. 계언繫焉은 ‘物所歸投也.’(만물이 돌아가 의탁함)이다. 王叔岷, 836頁, 주8 참조.

(태청이) 말했다. "그 설명이 무엇인가?"

무위가 말했다. "내가 알기로, 도는 (만물들을) 귀하게 할 수도 있고 천하게 할 수도 있고; 모을 수도 있고 흩어지게 할 수도 있네. 이것이 내가 알고 있는 설명이네."

태청은 이 말을 또한 무시无始에게 물었다. "그렇다면 무궁은 모르고 무위는 알고 있는데, 누가 옳고 누가 그른가요?"

무시가 말했다. "(도를) 모르는 것은 깊고, 아는 것은 얕네. 모르는 것은 내적이고, 아는 것은 외적이네."

이때 태청이 (하늘을) 우러러보며 탄식하였다. "알지 못하는 것이 아는 것인가! 아는 것이 알지 못하는 것인가! 누가 알지 못하는 것이 아는 것임을 알겠는가?"

무시가 말했다. "도는 들을 수 없으니 들을 수 있으면 (도가) 아니고; 도는 볼 수 없으니 볼 수 있으면 (도가) 아니며; 도는 말할 수 없으니 말할 수 있으면 (도가) 아니네! 형체를 형체로 만드는 것[道]은 형체가 없음[無形]을 알겠는가! 도에는 합당한 이름이 없네."

(또) 무시가 말했다. "누가 도를 물어서 그것에 대답하는 이는 도를 모르는 것이네. 어찌 도를 묻는 사람 또한 도를 들어본 일도 없지 않겠는가! 도는 물을 수도 없고 물어도 대답할 수 없네. (도는) 물을 수 없는데 묻는 것은 질문이 궁색한 것이고; 대답할 수 없는데 대응하는 것은 내용이 없는 것이네. 내용이 없는 것으로서 공허한 물음을 기다린다면, 이것은 밖으로는 우주를 보지 못하고, 안으로는 태초太初를 알지 못하는 것이네. 그런 이유로 (멀고 높은) 곤륜(산의 경계)를 넘어보지도 못하고, (아득한) 태허太虛(의 경지)에서 노닐지도 못할 것이네."

[於是泰淸問乎无窮曰: "子知道乎?" 無窮曰: "吾不知." 又問乎无爲, 无爲曰: "吾知道." 曰: "子之知道, 亦有數乎?" 1718) 曰: "有." 曰: "其

數若何?” 无爲曰: “吾知道之可以貴, 可以賤; 可以約, 可以散. 此吾所以知道之數也.” 泰淸以之言也問乎无始曰: “若是, 則无窮之弗知與无爲之知, 孰是而孰非乎?” 无始曰: “不知深矣, 知之淺矣; 弗知內矣, 知之外矣.” 於是泰淸中而歎曰:[1719] “弗知乃知乎! 知乃不知乎! 孰知不知之知?” 无始曰: “道不可聞, 聞而非也; 道不可見, 見而非也; 道不可言, 言而非也. 知形形之不形乎! 道不當名.” 无始曰: “有問道而應之者, 不知道也. 雖問道者, 亦未聞道.[1720] 道无問, 問无應. 无問問之, 是問窮也; 无應應之, 是无內也.[1721] 以无內待問窮, 若是者, 外不觀乎宇宙, 內不知乎大初, 是以不過乎崑崙, 不遊乎太虛.”]

▶ 22-10:

광요光曜가 무유无有에게 물었다. “선생께서는 존재합니까? 존재하지 않으십니까?”

광요가 물을 수 없어서 그[无有]의 모양을 한참 바라보았더니, 황홀하고 홀연하여, 하루 종일 그를 바라보아도 볼 수가 없었고, (그 소리를) 들으려고 해도 들을 수 없었으며, 손에 쥐려고 해도 쥘 수 없었다.

광요가 말했다. “지극하구나! 그 누가 이런 경지에 이를 수 있겠는가! 나[빛光]는 무의 존재[無形體、不能聽、不能搏이지만 볼 수 있음]는 알고 있었지만, 무无의 무无는 알지 못하네. (나는 빛으로) 이것[无有: 無形體、不能聽、不能搏이지만 볼 수 있음]은 어떻게 이[无의 无] 경지에 이를 수 있을

1718) 數는 說과 같다. 王叔岷, 837頁, 주3 참조.

1719) 최선崔譔(3세기)本에는, 中은 앙卬이다. 卬은 앙昂(머리를 들다)과 통한다. 王叔岷, 838頁, 주6 참조.

1720) 雖는 豈特이다. ‘豈特問道者亦未聞道?’ (어찌 道를 묻는 것이 또한 道를 듣지 못한 것이 아니겠는가?)이다. 王叔岷, 839頁, 주13 참조.

1721) 內는 內容이다. 曹礎基, 337頁, 주14 참조.

까?"

[光曜問乎无有曰: "夫子有乎? 其无有乎?" 光曜不得問, 而孰視其狀貌, 窅然空然,[1722] 終日視之而不見, 聽之而不聞, 搏之而不得也. 光曜曰: "至矣! 其孰能至此乎! 予能有无矣, 而未能无无也; 及爲无有矣, 何從至此哉!"]

▶ 22-11:

대사마大司馬의 집에 '띠쇠' 장인이 있었는데, 나이가 여든이나 조금도 실수가 없었다. 대사마가 물었다. "자네 재주가 좋은 것인가? 무슨 도술이 있는가?"

(장인이) 말했다. "저는 지키는 것이 있습니다. 저는 스무 살부터 띠쇠 만드는 것을 좋아해서 다른 것은 거들떠보지 않고, 띠쇠가 아니면 쳐다보지 않았습니다. 이것은 (기술을) 쓸 때 쓰는 부분은 쓰지 않는 부분의 도움을 받았기에, 그래서 오랫동안 그것을 쓸 수 있었습니다. 하물며 '쓰지 못할 데가 없는 것' [도道]이라면 어떻겠습니까! 사물에 어느 것이 그것에 의지하지 않을 수 있겠습니까!"

[大馬之捶鉤者,[1723] 年八十矣, 而不失豪芒. 大馬曰: "子巧與? 有道與?" 曰: "臣有守也. 臣之年二十而好捶鉤, 於物無視也, 非鉤無察也. 是用之者, 假不用者也, 以長得其用, 而況乎无不用者乎! 物孰不資焉!"[1724]]

1722) 숙孰은 숙熟과 같고; 시동奚侗(878-1939)에 의하면, 요窅는 묘杳의 가차이니, 명冥이다. 冥然은 恍惚이다. 空은 忽과 통하니, 空然은 忽然이다. 王叔岷, 840頁, 주4 참조.

1723) 大馬는 官號이고, 楚에 大司馬가 있다. 추捶는 打鍛이다. 구鉤는 조釣이니, 兵器로 劍과 비슷하나 꼬부라졌으니, 사람을 죽일 수 있다. 曹礎基, 338頁, 주1 참조.

1724) 奚侗에 의하면, 資와 濟는 통한다. 두예杜預(222-285)注에 의하면, 濟는 成이다. 王叔岷, 843頁, 주5 참조.

▶ 22-12:

염구冉求가 중니仲尼에게 물었다. "천지가 생기기 전을 알 수 있습니까?"

중니가 말했다. "알 수 있네. 과거는 현재와 같네."

염구는 (더) 물을 말을 잊었기에 물러났다. 다음날 다시 찾아뵙고 말했다. "어제 제가 '천지가 생기기 전을 알 수 있습니까?' 라고 물으니, 선생님께서는 '알 수 있네. 과거는 현재와 같네.' 라고 말씀하셨습니다. 어제는 (그 말을) 분명히 알 수 있었는데, 오늘은 모호하여 알 수가 없습니다. 무슨 뜻인지 여쭤보아도 되겠습니까?"

중니가 말했다. "어제 분명했던 것은 심신心神이 먼저 그것을 깨달은 것이고; 오늘 모호한 것은 밖의 사물 때문에 막혀서 의문이 든 것이네! 과거도 없고 현재도 없으며, 시작도 없고 끝도 없다네. 자손이 있기 전에 자손이 있는 것이 가능할까?"

염구가 미처 대답을 못 했다. 중니가 말했다. "끝났으니 대답하지 말게! 삶으로써 죽음을 살리는 일을 하지 말고, 죽음으로써 산 것을 죽이는 일을 하지 말게. (삶이나 죽음은 각각 자화自化할 뿐이네!) 죽음과 삶이 서로 의지하고 있는가? (삶이나 죽음은) 모두 (각각 독립하여) 자기 한 몸이네. 천지보다 먼저 생긴 것은 사물인가? 사물을 사물이게끔 하는 것[道]은 사물이 아니네. 사물이 생겨나도 (다른) 사물들보다 앞설 수는 없는데, 또한 그것[道]은 사물들의 변위變爲를 하고 있네. 또한 그것[道]이 만물들을 사물로 만드는 일도 끝이 없네[无窮]. 성인聖人이 사람을 사랑하는 것도 끝내 그치지 않음[无窮]은, 또한 이것[大道]에서 본받은 것이네."

[冉求問於仲尼曰: "未有天地可知邪?" 仲尼曰: "可. 古猶今也." 冉求失問而退, 明日復見, 曰: "昔者吾問: '未有天地可知乎?' 夫子曰: '可. 古猶今也.' 昔日吾昭然, 今日吾昧然,[1725] 敢問何謂也?" 仲尼曰: "昔之昭

然也, 神者先受之;[1726] 今之昧然也, 且又爲不神者求邪![1727] 無古無今, 無始無終, 未有子孫而有子孫, 可乎?" 冉求未對, 仲尼曰: "已矣, 未應矣![1728] 不以生生死, 不以死死生.[1729] 死生有待邪? 皆有所一體.[1730] 有先天地生者物邪? 物物者非物. 物出不得先物也,[1731] 猶其有物也.[1732] 猶其有物也無已![1733] 聖人之愛人也終無已者, 亦乃取於是者也."[1734]]

▶ 22-13:

안연이 중니에게 물었다. "저는 예전에 선생님께서 '보내는 일도 없고 맞는 일도 없다.' 라는 말을 들었습니다. 저는 그 이유를 여쭙고자 합니다."

중니가 말했다. "옛사람은 밖[언행이나 활동]은 변화해도 마음은 평정平靜했었는데; 요즘 사람들은 마음이 변화하면 외표外表 또한 변화에

1725) 昧는 糊塗(模糊함)이다. 曹礎基, 339頁, 주2 참조.

1726) '神者先受之' 는 心神이 먼저 깨달음이다. 『莊子譯注』, 220頁, 주3 참조.

1727) '不神者' 는 외계 사물 및 도리를 가리킨다. 『莊子譯注』, 上同, 주4 참조.

1728) 成玄英疏에 의하면, 未는 無이다. 馬其昶은, 未는 勿(하지 말라)이라고 한다. 王叔岷, 845頁, 주7 참조.

1729) 죽었으면 그것을 살릴 필요가 없고; 산 것은 그것을 죽게 할 필요가 없으니, 그 스스로의 변화에 맡길 뿐이다. 王叔岷, 上同, 주8 참조.

1730) 所는 其와 같다. 王叔岷, 上同, 주9 참조.

1731) 出은 生과 같다. 사물의 탄생은 (다른) 사물보다 앞설 수 없는 것은, 사물의 앞선 것 역시 사물이기 때문이다. 王叔岷, 846頁, 주12 참조.

1732) 猶는 且이고; 其는, 物을 낳는 것이니, 非物, 즉 道이고; 有는 爲(하다)이니, 變爲이다. 曹礎基, 340頁, 주11 참조.

1733) 无已는 无止境이니, 만물들을 生化하여 끝이 없음[无窮]이다. 曹礎基, 上同, 주12 참조.

1734) 是는 此이고, 大道를 가리킨다. 曹礎基, 上同, 주13 참조.

적응하지 못하네. 외물과 함께 변화해도 (득도得道한 사람은 모든 것에 무심無心하여) 한결같이 변치 않는다네. 어디에서 변화하고 어디에서 변화하지 않는가? 어디에서 다른 것[外物]들과 마찰하겠는가? 반드시 그것들과의 마찰은 적을 것이네! 희위씨狶韋氏는 (노니는 곳遊處으로) 정원[囿]이 있었고, 황제黃帝는 작은 정원[圃]이 있었고, 유우씨有虞氏[순舜임금]는 궁실이 있었고, 탕湯왕과 무武왕은 왕실이 있었네. 유가儒家나 묵가墨家의 선생들같이, 군자라는 사람들도 시비를 다투어 서로 헐뜯었으니, 하물며 요즘 사람들이야! 성인聖人은 사물을 대함에 사물들을 해치지 않으니, 사물을 해치지 않으면 사물 또한 해치질 않을 것이네. 오직 해침을 당하지 않는 자만이 그들과 함께 환영을 받을 수 있네. 산림이여! 늪가의 땅이여! 우리를 기쁘게 하니 즐겁도다! 즐거움이 끝나기 전에 슬픔이 또한 뒤따르네. 슬픔과 즐거움이 오는 것을 내가 막을 수 없고, 그것이 가는 것을 막을 수 없네. 슬프도다! 세상 사람들은 바로 사물이 머물다 가는 여관일 뿐! 보이는 것은 보고 보이지 않는 것은 못 보니, 할 수 있는 것은 할 수 있고 할 수 없는 것은 할 수 없음이네. 알 수 없고 할 수 없는 것은 본래 인간이 면免할 수 없는 것이네. 사람이 면할 수 없는 것을 면해보고자 애쓰는 것이, 어찌 슬프지 않은가! 지극한 말은 말을 없애고, 지극한 행동은 행동을 없애네. 모든 것을 알려고 하면 아는 것이 천박해지네!"

[顏淵問乎仲尼曰: "回嘗聞諸夫子曰: '无有所將, 无有所迎.' 回敢問其遊."[1735] 仲尼曰: "古之人 外化而內不化.[1736] 今之人, 內化而外不化. 與物化者,[1737] 一不化者也. 安化安不化.[1738] 安與之相靡,[1739] 必與之

1735) 成玄英疏에 의하면, 將은 送(보냄)이다. 游、遊는 古通이다. 奚侗에 의하면, 遊는 由의 가차이다. 王叔岷, 847頁, 주1 참조.

1736) 外는 言行이나 활동이고; 內는 心神이다. 曹礎基, 340頁, 주3 참조.

莫多. 狶韋氏之囿, 黃帝之圃, 有虞氏之宮, 湯、武之室.[1740] 君子之人, 若儒、墨者師, 故以是非相韲也,[1741] 而況今之人乎! 聖人處物不傷物, 不傷物者, 物亦不能傷也. 唯无所傷者, 爲能與人相將迎.[1742] 山林與! 皐壤與![1743] 使我欣欣然而樂與! 樂未畢也, 哀又繼之. 哀樂之來, 吾不能禦, 其去弗能止. 悲夫, 世人直爲物逆旅耳![1744] 夫知遇而不知所不遇, 知能能而不能所不能.[1745] 无知无能者, 固人之所不免也. 夫務免乎人之所不免者, 豈不亦悲哉! 至言去言, 至爲去爲, 齊知之所知,[1746] 則淺矣."]

1737) 外物의 변화에 순응하면서도 하나는 불변하니, 그것이 道이다. 得道한 이들은 모든 것에 無心하니, 한 가지는 不化한다고 말한다. 曹礎基, 340−341頁, 주5 참조.

1738) 安은 어디[何]에 이다. 曹礎基, 341頁, 주6 참조.

1739) 미靡는 마摩(비비다)와 통하니, 마찰摩擦이다. 曹礎基, 上同, 주7 참조.

1740) 郭象注에 의하면, 群聖들은 遊處에서 無心하게 변화에 자신을 맡겼음[任化]이다. 囿、圃、宮, 室은 모두 遊處의 장소이지, 이것에 廣狹의 구별은 없었다. 王叔岷, 849頁, 주7 참조.

1741) 제韲는 排擠의 제擠이다. 王叔岷, 上同, 주8 참조.

1742) 爲는 乃이고; 人은 唐寫本에는 之이다. 之는 物이다. 王叔岷, 850頁, 주9 참조.

1743) 고皐는 澤邊地이다. 王叔岷, 上同, 주10 참조.

1744) 直은 但이고; 역여逆旅는 旅館이다. 曹礎基, 341頁, 주17 참조.

1745) 『呂氏春秋』 高誘注에 의하면, 知는 見과 같고; 遇도 見이니, '知遇而不知所不遇' 는 '見見而不見所不見' (보이는 것은 보고, 보이지 않는 것은 보지 못 한다.)과 같다. 王叔岷, 850−851頁, 주12 참조.

1746) 齊는 모두, 전부이다. 무엇이든 알려고 하면, 아는 것이 얄팍해진다. 曹礎基, 上同, 주22 참조.

잡편雜篇

23. 경상초庚桑楚

편 머리의 인명人名 경상초庚桑楚로 편명을 삼았다. 이 편의 주제는 도道를 배움이다. 먼저 '경상초'와 제자와의 대화를 통하여 만물은 모두 자연의 규칙을 가지고 있음을 지적하고 무위無爲의 정치를 주장한다. 이어서 남영주南榮趎와 노담老聃의 담화를 통하여 양생養生의 도道를 말한다. 이 편에서 '몸은 고목 같고, 마음은 죽은 재와 같음' (身若槁木, 而心若死灰)을 말하니, 무욕无欲하고 무구無求하여, 자연스럽고 무위無爲하는 생활태도를 이상으로 보고 있다. 이 편은, 사람이 공명功名·득실得失에 무심하며, 자연규칙에 순응하고, 무욕하고 무구無求하는, 무위無爲의 정치를 설득하고 있다.

▶ 23-1:

노담老聃의 제자 중 경상초庚桑楚라는1747) 사람이 있었는데, (그는) 노담의 도道에서 약간 얻어서, 북쪽 외루산畏壘山에 살고 있었다. 그는 아랫사람 중에 지식을 뽐내는 이들은 쫓아내고, 인仁을 과시하려는 여

1747) 사마표司馬彪(?-306)에 의하면, '庚桑楚에서 楚는 名으로, 庚桑은 姓이다.' 王叔岷, 856頁 주1 참조.

자들은 멀리하였는데, 무지한 이들과 함께 살며 용모를 꾸미지 아니하는 이들에게 일을 시켰다. 3년을 살자, '외루' 지방에 크게 풍년이 들었다. 외루 사람들이 서로 말하였다. "경상자庚桑子가 처음 오니 우리는 놀라서 경이롭게 여겼었네. 지금 우리는 날[日]로 따져서는 부족한데, 햇수로 따지니 (양식이) 남아도는데, 그는 아마도 성인일 것이야! 우리는 (그를) 제祭 받는 시주[尸]로 삼아 경모하고, (그를 위해) 사당[社稷]을 세워야 하지 않겠는가?"

경상자가 듣고는 남쪽을 향해 앉아 기쁜 내색을 하지 않았다. 제자들이 이상히 여겼다. 경상자가 말했다. "너희들은 나에 대해 뭐가 그리 이상하단 말이냐? 대개 봄기운이 돌면 온갖 풀이 돋아나고, 한가을이 되면 온갖 열매가 열리게 되는 것이네. 봄과 가을에 이유 없이 그렇게 되겠는가? 자연의 도[天道]가 행해졌을 뿐이네. 내가 듣기로, 지인至人은 사방이 한 장丈 밖에 안 되는 (작은) 방에서 조용히 지내나, 백성들은 무심하여 어디로 가는지도 모른다네. 지금 외루의 작은 백성들이 몰래 나를 현인들 사이에 모시려 하니, 내 어찌 그런 본보기가 되는 사람이 되겠는가? 이 때문에 나는 (스승인) 노담의 말을 떠올리고, 언짢아하는 것이네."

[老聃之役有庚桑楚者,[1748] 偏得老聃之道,[1749] 以北居畏壘之山, 其臣之畫然知者去之, 其妾之挈然仁者遠之;[1750] 擁腫之與居, 鞅掌之爲使.[1751]

1748) 고대 門徒들은 스승을 위해 잡일을 했기 때문에, 役은 門徒이다. 曹礎基, 343頁, 주1 참조.

1749) 마치창馬其昶(1855-1930)에 의하면, 偏은 少이니, 편득偏得은 마땅히 少得이다. 王叔岷, 856頁, 주2 참조.

1750) 곽상郭象(252-312)注에 의하면, 획연畫然은 飾知이고; 혈연絜然은 矜仁(仁을 誇示함)이다. 臣、妾은 服役하는 士女(청춘 남녀)이다. 설挈은 혈絜과 古에는 通用이다. 혈絜은 결潔과 같다. 王叔岷, 858頁, 주4 참조.

居三年, 畏壘大壤.[1752] 畏壘之民相與言曰: "庚桑子之始來, 吾洒然異之.[1753] 今吾日計之而不足, 歲計之而有餘. 庶幾其聖人乎! 子胡不相與尸而祝之, 社而稷之乎?" 庚桑子聞之, 南面而不釋然.[1754] 弟子異之. 庚桑子曰: "弟子何異乎予? 夫春氣發而百草生, 正得秋而萬寶成.[1755] 夫春與秋, 豈无得而然哉?[1756] 天道已行矣! 吾聞至人, 尸居環堵之室,[1757] 而百姓猖狂不知所如往.[1758] 今以畏壘之細民, 而竊竊焉欲俎豆予於賢人之閒,[1759] 我其杓之人邪![1760] 吾是以不釋於老聃之言."]

제자들이 말하였다. "그렇지 않습니다. 8자나 16자 되는 (작은) 도랑에서는 커다란 물고기가 몸을 돌릴 수 없지만, (몸이 작은) 도롱뇽이나 미꾸라지에게는 이롭습니다. 6자나 7자 되는 (작은) 언덕에는 큰 짐승이 제 몸을 숨길 수 없지만, 요귀妖鬼같은 여우에게는 그곳이 좋습니다.

1751) 최선崔譔(3세기)에 의하면, 옹종擁腫은 無知의 모양이고; '鞅掌之爲使' 는 容儀(容貌와 擧止)를 꾸미지 않는 사람을 부렸음이다. 王叔岷, 上同, 주5 참조.

1752) 壤은 양穰(풍년)이다. 王叔岷, 上同, 주6 참조.

1753) 쇄洒와 쇄灑는 古通이니, 洒然은 쇄연灑然(놀란 모양, 기쁜 모양)이다. 王叔岷, 859頁, 주7 참조.

1754) 釋然은 이열怡悅(기뻐하는) 모습이다. 王叔岷, 上同, 주10 참조.

1755) 萬寶는 萬實이다. 王叔岷, 上同, 주11 참조.

1756) 无得은 无故이고; 然은 '그렇게' 이다. 『莊子譯注』, 225頁, 주20 참조.

1757) 성현영成玄英(608-669)疏에 의하면, '죽은 시체처럼 적박寂泊한 것' 이 尸居이다. 사마표司馬彪(?-306)에 의하면, 1丈이 도堵(담장)이고, 환도環堵는 面이 各 1丈이니, 작은 것이다. 尸居는 靜處이다. 王叔岷, 860頁, 주13 참조.

1758) 창광猖狂은 無心한 모양이다. 如往은 겹친 말이니, 如 또한 往이다. 王叔岷, 上同, 주14 참조.

1759) 細民은 小民이고; 절절언竊竊焉은 '몰래' 이고; 조두俎豆는 祭器이나, 여기서는 동사이니, 제사로 모심이다. 『莊子譯注』, 225頁, 주24 참조.

1760) 其는 기豈이고; 표杓는 방양榜樣(본보기)이다. 曹礎基, 344頁, 주19 참조.

현인을 존귀하게 여기고 재주 있는 사람에게 벼슬을 내리니, (백성들에게) 선한 일과 이익 되는 일을 앞세운 것은 요堯임금이나 순舜임금 이래로 그러해 온 것입니다. 하물며 외루畏壘의 백성이야 말할 것이 있겠습니까? 선생님께서도 또한 (그들의 간청을) 따라 주세요.” 경상자가 말하였다. “자네들은 가까이 오게. 수레를 삼킬 수 있는 (커다란) 짐승도 홀로 산을 떠나면 그물[網罟]에 (걸릴) 걱정에서 벗어나지 못하고, 배를 삼킬만한 (큰) 물고기라도 파도쳐서 물을 잃게 되면 개미들도 (그를) 괴롭힐 수 있다네. 그렇기에 새나 짐승들은 (산이) 높아도 (그것을) 싫어하지 않으며, 물고기나 자라는 (물이) 깊어도 (그것을) 싫어하지 않는다네. 자기 몸뚱이와 생명을 온전히 하려는 이는 자신의 몸을 감추고, 깊거나 먼 곳을 싫어하지 않을 뿐이네. 또 요堯임금, 순舜임금이 어찌 칭찬받을 만하겠는가? 이는 그들이 분변分辨함에 장차 담장을 마구 부숴 쑥갓을 심는 격이구나! 머리털을 선택하여 빗질하고, 쌀알을 세어서 밥 짓는 꼴이니, 그리 자잘하면 어찌 세상을 구한단 말인가! 현인을 천거하면 백성들이 서로 다투고 배격하고, 지식인에게 일을 맡기면 백성들은 서로를 속인다네. 백성들이 이익을 도모하기에 매우 노력하니, 자식은 아비를 죽이고, 신하는 임금을 시해하며, 대낮에 도둑질하고, 한낮에도 담장을 뚫는 것이네. 내가 자네들에게 말하노니, 큰 난리의 근본은 반드시 요와 순임금 사이에서 생길 것이니, 난리의 말단은 천년 뒤에도 있을 것이네. 천년 후에는 아마도 반드시 사람과 사람들이 서로 잡아먹는 일이 있을 것이네!”

[弟子曰:“不然. 夫尋常之溝, 巨魚无所還其體, 而鯢鰌爲之制;[1761] 步

1761) 성현영成玄英(608-669)疏에 의하면, 8尺이 심尋이고, 그 두 배(16尺)가 常이니, 尋常은 小瀆(작은 도랑)이다. 還은 선旋(회전)의 가차이다. 시동奚侗(1878-1939)에 의하면, 制는 마땅히 利자이다. 王叔岷, 862頁, 주1 참조.

仞之丘陵,[1762] 巨獸無所隱其軀, 而孽狐爲之祥.[1763] 且夫尊賢授能, 先善與利, 自古堯舜以然, 而況畏壘之民乎! 夫子亦聽矣!"[1764] 庚桑子曰: "小子來! 夫函車之獸, 介而離山,[1765] 則不免于罔罟之患; 呑舟之魚, 碭而失水,[1766] 則蟻能苦之. 故獸不厭高, 魚鼈不厭深. 夫全其形生之人, 藏其身也, 不厭深眇而已矣.[1767] 且夫二子者,[1768] 又何足以稱揚哉! 是其於辯也, 將妄鑿垣牆而殖蓬蒿也![1769] 簡髮而櫛,[1770] 數米而炊, 竊竊乎又何足以濟世哉![1771] 擧賢則民相軋,[1772] 任知則民相盜.[1773] 之數物者, 不足以厚民. 民之於利甚勤,[1774] 子有殺父, 臣有殺君, 正晝爲盜, 日中穴阫.[1775] 吾語女,[1776] 大亂之本, 必生于堯舜之間, 其末存乎千世之

1762) 丘陵에서 陵은 없는 글자인데, 습관상 끼어든 것 같다. 위의 '尋常之溝' 에 '步仞之丘' 가 서로 짝한다. 6尺이 步이고, 七尺이 인仞(길. 길이 단위)이다. 王叔岷, 863頁, 주2 참조.

1763) 설孽과 얼孽이니, 요얼妖孽(妖鬼)이니, 설호孽狐는 요괴의 여우이다. 祥은 善이니, 得意이다. 曹礎基, 上同, 주26 참조.

1764) 聽은 從이다. 王叔岷,上同, 주5 참조.

1765) 介는 獨個(홀로)이다. 曹礎基, 345頁, 주32 참조.

1766) 탕碭은 탕蕩(파도치다)과 통한다. 王叔岷, 865頁, 주9 참조.

1767) 묘眇는 遠이다. 王叔岷, 866頁, 주12 참조.

1768) 향수向秀(약 227–272), 최선崔譔(3세기), 곽상郭象(252–312)이 모두, '二子者' 를 堯、舜으로 보았다. 王叔岷, 上同, 주13 참조.

1769) 辯은 辨(분별)과 통하고; 봉호蓬蒿는 쑥갓이다. 曹礎基, 上同, 주38 참조.

1770) 간簡은 柬과 통하니, 선택이다. 즐櫛(빗)은 머리를 빗음이다. 『莊子譯注』, 225頁, 주47 참조.

1771) 사마표司馬彪(?–306)에 의하면, 절절竊竊은 찰찰察察(자잘하게)이다. 王叔岷, 867頁, 주18 참조.

1772) 상알相軋은 서로 傾軋(배제하고 타격함)이다. 王叔岷, 868頁, 주19 참조.

1773) 盜는 기편欺騙(속임)이다. 曹礎基, 上同, 주40 참조.

1774) 勤은 노력이니, '於利甚勤' 은 謀利에 노력함이다. 曹礎基, 上同, 주43 참조.

1775) 혈배穴阫는 담장을 뚫음이다. 曹礎基, 上同, 주45 참조.

1776) 女는 汝와 통한다. 曹礎基, 上同, 주46 참조.

後. 千世之後, 其必有人與人相食者也!"]

▶ 23-2:

남영주南榮趎가[1777] 공경스럽게 바로 앉아 물었다. "저같이 나이 먹은 사람들은 앞으로 어떻게 공부해야 이런 (스승님의) 말씀을 따를 수 있겠습니까?"

경상자庚桑子가 말하였다. "자네의 몸을 온전히 하고, 목숨을 보전하며, 자네 생각을 미혹되게 해서는 안 되네. 이렇게 삼 년을 하면 이런 (내가 한) 말들을 따를 수 있을 것이네."

남영주가 말했다. "눈은 모양에서, 저는 그 차이를 모르겠으나, 장님은 스스로 볼 수 없으며; 귀는 모습에서, 저는 그 차이를 모르겠으나, 농아聾啞는 스스로 들을 수 없으며; 심장의 모습에서, 저는 그 차이를 모르겠으나, 미친 사람은 스스로 생각하지 못합니다. (저의) 모양이나 (득도得道한 이들의) 모양은 비슷한데, 혹 무엇이 가로막고 있는 것입니까? 지금 (터득을) 구하려고 하지만 얻을 수 없습니다. 저에게 말씀하시기를, '너의 몸을 온전히 하고, 목숨을 보전하며, 자네 생각을 미혹되게 하지 말라!' 고 하셨습니다. 제가 열심히 도를 듣고자 하였으나 귀에만 미쳤을 뿐입니다."

경상초가 말하였다. "할 말은 다했네. 땅벌은 '콩잎애벌레[곽촉藿蠋]' 를 키울 수 없으며, 월越나라 닭은 백조의 알을 부화시킬 수는 없지만, 노魯나라 닭은 진실로 부화시킬 수 있네. (이) 닭과 (저) 닭은, 닭의 덕성이 다르지 않지만, 어느 것은 할 수 있고 어느 것은 할 수 없는 것은, 그들의 재능에는 진실로 큰 것과 작은 것이 있어서이네. 지금 나

1777) 성현영成玄英(608-669)疏에 의하면, 남영주南榮趎는, 姓은 南榮이고, 名은 주趎이며; 이이李頤(1541-1601)에 의하면, 그는 庚桑子의 학생이다. 王叔岷, 870頁, 주1 참조.

의 재능은 너무 작아 자네를 교화할 수 없네. 자네는 왜 남쪽으로 가서 노자老子를 찾아보지 않는가?"

[南榮趎蹵然正坐曰:[1778] "若趎之年者已長矣, 將惡乎託業以及此言邪?"[1779] 庚桑子曰: "全汝形, 抱汝生,[1780] 无使汝思慮營營.[1781] 若此三年, 則可以及此言矣." 南榮趎曰: "目之與形, 吾不知其異也, 而盲者不能自見; 耳之與形, 吾不知 其異也, 而聾者不能自聞; 心之與形, 吾不知其異也, 而狂者不能自得. 形之與形亦辟矣,[1782] 而物或閒之邪? 欲相求而不能相得. 今謂趎曰: '全汝形, 抱汝生, 勿使汝思慮營營.' 趎勉聞道達耳矣!" 庚桑子曰: "辭盡矣. (曰)奔蜂不能化藿蠋,[1783] 越雞不能伏鵠卵, 魯雞固能矣. 雞之與雞, 其德非不同也, 有能與不能者, 其才固有巨小也. 今吾才小, 不足以化子. 子胡不南見老子!"]

남영주가 길양식을 메고서 칠일 밤낮을 소비하여 노자가 있는 곳에 도달했다. 노자가 물었다. "자네는 (경상庚桑) 초楚로부터 온 것인가?"

남영주가 대답했다. "예."

1778) 축연蹵然은 恭敬하는 모양이다. 曹礎基, 347頁 , 주1 참조.

1779) 惡은 何이고; 托은 의거함이다. 此言은, 위에서 庚桑楚가 말한 '藏身深眇' 등의 말이다. 曹礎基, 上同, 주2 참조.

1780) 抱는 保이다. 王叔岷, 上同, 주2 참조.

1781) 고유高誘(?-212)注에 의하면, 營은 惑이다. 王叔岷, 上同, 주4 참조.

1782) 벽辟은 비譬(비유하다)와 통하니, 比類(비슷한 종류)나 相似(비슷함)이다. 曹礎基, 348頁, 주7 참조.

1783) 原文에, 분奔자 앞에 曰이 있으나, 리우원디엔劉文典(1889-1958), 『莊子補正』에 의거해 제거한다. 분봉奔蜂은 과나蜾蠃(나나니벌, 땅벌)이고; 곽藿은 '쥐눈이콩' 이며; 촉蠋은 애벌레인데, 콩 속에 나는 것이 곽촉藿蠋(콩잎에 붙는 큰 녹색 애벌레)이다. 伏은 부孵(알)이다. 곡鵠은 백조이다. 曹礎基, 上同, 주10 참조.

노자가 말했다. "자네는 왜 여러 것과 무리(를 이뤄서) 왔는가?"

남영주가 놀라서 뒤를 돌아보았다. 노자가 말하였다. "자네는 내가 말한 뜻을 못 알아들었는가?"

남영주가 부끄러워 고개를 숙였다가 고개를 들어 탄식하며 말하였다. "저는 제가 물은 것을 잊어버렸기에, 지금 대답할 것을 잊었습니다."

노자가 말했다. "무슨 소리인가?"

남영주가 대답하였다. "(저는) 지식인이 아닙니까? 사람들이 나를 우둔하다 할 것이고; 지식인이라 하면, 나 자신이 고뇌苦惱할 것이라고 생각합니다. 인仁을 베풀지 않으면 제가 남을 해害친다고 여기고, '어질음[仁]' 을 베풀면 도리어 나 자신을 걱정스럽게 여기며; 의로운 사람이 아니라고 보면 다른 사람들을 해칠 것이라 여기고, (제가) 의로운 사람이라 여기면 도리어 나 자신을 근심할 것입니다. 제가 어찌해야 이것들을 피하겠습니까? 이 세 가지는 제 문제인데, (경상) 초(스승)의 소개로 (여기에 와서) 묻게 되었습니다."

노자가 말하였다. "조금 전 자네 표정을 보고 나는 이미 자네의 심사心事를 알았고, 이제 또한 자네가 말을 하니 믿게 되었네. 자네는 부모의 상喪을 당한 것처럼 실신하였으며, 대막대기를 들고 바다에서 그들을 구하려 하고 있네. 자네는 허망虛妄한 사람이니, 정신이 멍하네! 자네는 자네의 (타고난) 천성을 회복하려고 하나 진입할 방도가 없으니, 가엽기만 하네!"

[南榮趎羸糧,1784) 七日七夜至老子之所. 老子曰: "子自楚之所來乎?" 南榮趎曰: "唯." 老子曰: "子何與人偕來之衆也?" 南榮趎懼然顧其後. 老

1784) 영羸은 담擔(메다), 王叔岷, 873頁, 주11 참조.

子曰: "子不知吾所謂乎?" 南榮趎俯而慙, 仰而歎曰: "今者吾忘吾答, 因失吾問."[1785] 老子曰: "何謂也?" 南榮趎曰: "不知乎? 人謂我朱愚,[1786] 知乎? 反愁我軀. 不仁則害人, 仁則反愁我身; 不義則傷彼, 義則反愁我己. 我安逃此而可? 此三言者, 趎之所患也, 願因楚而問之." 老子曰: "向吾見若眉睫之間, 吾因以得汝矣, 今汝又言而信之.[1787] 若規規然若喪父母,[1788] 揭竿而求諸海也. 女亡人哉,[1789] 惘惘乎! 汝欲反汝情性而无由入,[1790] 可憐哉!"]

남영주는 (제자들의) 숙소에 들어가기를 청하고, 자신이 좋아하는 것[천도天道]을 찾고, 싫어하는 것[인의仁義 등]을 제거하고자 열흘 동안 스스로 고뇌하다가 다시 노자를 찾아뵈었다. 노자가 말하였다. "자네는 스스로 (천도天道에 맞지 않는 것)들을 씻어 냈는데, 왜 (자네는) 번민이 있고 즐겁지 않은가! 그런데 (자네) 속에서 나쁜 것들이 흘러나온다네. 외물에 (마음이) 사로잡혔다고 번잡하거나 급박해서도 안 되며, 장차 속(마음)을 닫아두게; 마음에서 사로잡혔다면 얽힌 것을 정리整理하지 않은 채 급박하게 하지 말고 장차 밖을 닫아두게. 밖이나 속이 사로잡혔다면 도道나 덕德도 유지할 수 없는데, 하물며 (자네처럼, 갓) 도를 배운

1785) 今者는 현재이고; 失은 忘의 뜻이다. 曹礎基, 上同, 주14 참조.

1786) 知는 智와 통하고; 朱愚는 수우銖愚이니 우둔愚鈍이다. 曹礎基, 上同, 주15 참조.

1787) 向은 방금 전이고; 若은 你(너)이고; '眉睫之間' 은 본래 눈을 가리키나 표정으로 뜻을 풀었고; 得汝는 너의 心事를 파악함이다. 曹礎基, 349頁, 주19 참조.

1788) 첫째의 若은 你이고; 둘째의 若은 如와 같으며; 規規然은 失身한 모양이다. 曹礎基, 349頁, 주21 참조.

1789) 女는 汝와 통하고; 亡은 妄(망령)의 가차이다. 曹礎基, 上同, 주23 참조.

1790) 망망惘惘은 멍한 모양이고; 反은 返(되돌아옴)이다. '反汝情性' 은 너의 天性을 회복함이다. '无由入' 은 들어갈 길이 없음이다. 曹礎基, 上同, 주24 참조.

자가 (그것을) 실천할 수 있겠는가!"

남영주가 말했다. "사람이 병이 나면 마을 사람들이 문안을 오는데, 병자가 자기 병을 말할 수 있으면 병자는 아직 병든 것이 아닙니다. 제가 대도大道를 듣는 것은 마치 약을 먹었는데 병이 심해진 것과 같습니다. 저는 양생養生의 방법만 듣고자 합니다."

노자가 말하였다. "양생의 방법은, (정신과 몸은) 합일하는가? 떨어지지[離失] 않을 수 있는가? 점을 치지 않아도 길흉을 알 수 있는가? 멈출 수 있는가? 끝낼 수 있는가? 남에게 요구하지 않고 자기에게 구할 수 있는가? 오가는 것은 쉬운가? (아이처럼) 아무것도 모르는가? 어린아이와 같을 수 있는가? 어린아이는 종일 울어도 목이 쉬지 않으니, 이는 (자연의 도와) 화합이 지극한 것이네. 종일토록 주먹을 꼭 쥐어도 손이 굳지 않으니, 이는 (자연의) 덕을 함께 하는 것이요. 종일토록 보면서도 눈을 깜박이지 않는 것은 마음이 밖에 치우쳐 있지 않음이네. 가되 가는 곳을 모르고, 가만히 있되 할 바를 모르며, 만물을 따라 변화하고, 물결 따라 흐름이네. 이것이 양생의 방법일 뿐이네."

남영주가 말했다. "그러면 이것이 지인至人의 덕입니까?"

(노자가) 대답하였다. "아니네. 이는 얼음이 녹고 언 것이 풀린 것이니(장애가 걷히고 마음이 풀린 것이니, 자네도) 그렇게 할 수 있는가? 지인至人은 (여러 사람과) 서로 더불어 땅에 순명하여 먹고살며, 자연[天]에 따르며 즐기어, 사람이나 사물과 이익과 손해 때문에 서로 어렵게 하지 않으며, 서로 더불어 괴이한 짓을 하지 않으며, 서로 더불어 모략을 꾸미지도 않으며, 다투어 일을 만들지도 않네. 왕래가 쉬우니 떠났다가 (아이처럼) 아무것도 모르게 오는 것이니, 이것이 양생養生의 방법일 뿐이네."

(남영주가) 물었다. "그러면 이것이 지극한 것입니까?"

(노자가) 대답하였다. "아니네. 내가 자네에게 말하기를 '아이와 같아야 한다.' 라고 말하지 않았나. 아이는 움직이되 하는 바를 모르고, 감에 가는 곳을 모르고, 몸은 마른나무 가지와 같고, 마음은 죽은 재와 같네. 이와 같다면 재앙도 또한 오지 않고 복도 역시 오지 않네. 재앙도 복도 없으니 인재人災가 어떻게 있겠나?"

[南榮趎請入就舍,[1791] 召其所好, 去其所惡,[1792] 十日自愁,[1793] 復見老子. 老子曰: "汝自洒濯, 熟哉郁郁乎![1794] 然而其中津津乎猶有惡也.[1795] 夫外韄者不可繁而捉, 將內揵; 內韄者不可繆而捉, 將外揵.[1796] 外、內韄者, 道德不能持, 而況放道而行者乎!"[1797] 南榮趎曰: "里人有病, 里人問之, 病者能言其病, 然其病病者,[1798] 猶未病也. 若趎之聞大道, 譬猶飲藥以加病也, 趎願聞衛生之經而已矣."[1799] 老子曰: "衛生之經, 能抱一乎? 能勿失乎?[1800] 能無卜筮而知吉凶乎? 能止乎? 能已乎? 能舍諸

1791) '入就舍' 는 제자들의 宿舍에 入居함이다. 曹礎基, 上同, 주25 참조.

1792) 召는 초招이니, 吸收이고; 所好는 天道이고, 所惡는 仁義 등을 가리킨다. 曹礎基, 上同, 주26 참조.

1793) 자수自愁는 스스로 고뇌함이다. 曹礎基, 上同, 주27 참조.

1794) 쇄탁洒濯은 세척洒滌(씻음)이고; 숙熟은 숙孰과 통하니, 何이다. 욱욱郁郁은 민민불락悶悶不樂(답답하여 즐겁지 않음)의 모양이다. 曹礎基, 上同, 주29 참조.

1795) 액체가 흘러나오고 들어가는 것이 진津이니, 津津은 삼출滲出、流露(흘러나옴)의 모양이다. '津津乎有惡也' 는 '有惡也津津乎' 와 같다. 曹礎基, 上同,주30 참조.

1796) 획韄은 속박束縛이니, 외획外韄은 外物에 이끌림이다. 번繁은 雜이고; 착捉은 촉促이니 急迫이다. 건揵은 閉이다. 내획內韄은 마음의 속박이다. 무繆는 주무綢繆, 전박纏縛이다. 曹礎基, 上同, 주31 참조.

1797) 放은 방仿(본뜨다, 모방하다)과 통하니, 效仿, 즉 학습이다. 曹礎基, 上同, 주32 참조.

1798) 위싱우于省吾(1896-1984)에 의하면, 高山寺의 卷子本(두루마리 책)에는 '然其病' 세 글자가 없다. '然其病' 은 衍文이다. 王叔岷, 879-880頁, 주7 참조.

1799) 衛生은 養生이고; 經은 原則 또는 방법이다. 曹礎基, 350頁, 주36 참조.

1800) '能抱一乎? 能勿失乎?' 는 『老子』 10章: "載營抱一, 能無離乎?" 와 비슷하다. 陳鼓應, 644頁, 주20 참조.

人[1801]而求諸己乎?[1802] 能翛然乎?[1803] 能侗然乎?[1804] 能兒子乎? 兒子終日嗥而嗌不嗄,[1805] 和之至也; 終日握而手不掜, 共其德也; 終日視而目不瞚,[1806] 偏不在外也. 行不知所之, 居不知所爲, 與物委蛇, 而同其波.[1807] 是衛生之經已." 南榮趎曰: "然則是至人之德已乎?" 曰: "非也. 是乃所謂氷解凍釋者, 能乎?[1808] 夫至人者, 相與交食乎地而交樂乎天,[1809] 不以人物利害相攖,[1810] 不相與爲怪, 不相與爲謀, 不相與爲事, 翛然而往, 侗然而來. 是謂衛生之經已." 曰: "然則是至乎?" 曰: "未也. 吾固告汝曰: '能兒子乎.' 兒子動不知所爲, 行不知所之, 身若槁木之枝, 而心若死灰. 若是者, 禍亦不至, 福亦不來. 禍、福无有, 惡有人災也!"]

▶ 23-3:

마음이 크게 안정되면 자연[天]의 빛을 낸다. 자연에서 빛이 발하

1801) 諸는 之於이고; '舍諸人'은 남에게 요구하지 않음이다. 曹礎基, 350頁, 주40 참조.

1802) 같거나 비슷한 문구가 『管子』「心術」下편에 보인다. "專於意, 一於心, … 能專乎? 能一乎? 能無卜筮而知吉凶乎? 能止乎? 能已乎? 能毋問於人而自得之於己乎?", 『管子校注』中, 黎翔鳳撰, 北京: 中華書局, 2004, 780頁 참조.

1803) 최선崔譔(3세기)에 의하면, 소연翛然은 往來가 어렵지 않은 모양이다. 王叔岷, 881頁, 주17 참조.

1804) 동侗은 無知貌이다. 王叔岷, 上同, 주18 참조.

1805) 호嗥는 울부짖음이고; 익嗌은 목구멍이고; 사嗄는 아啞와 통하니, 사아沙啞(목이 잠김)이다. 曹礎基, 上同, 주44 참조.

1806) 순瞚은 순瞬(눈을 깜작이다.)이다. 王叔岷, 883頁, 주22 참조.

1807) '與物委蛇'는 사물에 따라 변화함이고; '同其波'는 물결 따라 흐름이다. 曹礎基, 上同, 주47 참조.

1808) '能乎' 2자가 宋本에는 있기에 마땅히 보충한다. 王叔岷, 883頁, 주28 참조.

1809) 交와 요邀(맞다)와 통하고, 요邀의 古字가 요徼이다. 『說文解字』(許愼撰)에 의하면, 요徼는 循(좇다)이니, 循은 順이다. 曹礎基, 上同, 주49 참조.

1810) 영攖은 亂이다. 王叔岷, 884頁, 주30 참조.

면 사람은 그 사람됨을 나타내고, 사물은 그 사물다움을 나타낸다. 사람이 수련하면 이에 지금 (자기) 본성을 회복[常]한다. 본성을 회복한 사람[有恒者]에게는 사람들이 깃들고 자연[天]이 돕는다. 사람들이 모여들면[歸附] 자연의 백성들[天民]이고; 자연의 도움을 받으니 자연의 자식들[天子]이라 한다.

[宇泰定者,[1811] 發乎天光. 發乎天光者, 人見其人.[1812] 人有脩者, 乃今有恒.[1813] 有恒者, 人舍之,[1814] 天助之. 人之所舍, 謂之天民; 天之所助, 謂之天子.]

▶ 23-4:

배우는 것은 배울 수 없는 것을 배우는 것인가? 실천하는 것은 실천할 수 없는 것을 실천하는 것인가? 변론하는 것은 변론할 수 없는 것을 변론하는 것인가? 앎[知]은 알 수 없는 곳에서 그치는 것이 지극한 것이다. 만약 이렇게 하지 않으면 자연 본성은 파괴될 것이다. 사물을 갖추어 몸을 기르고, 헤아리지 못할 데에 저축하여 마음을 키우니, '마음 지혜' 를 받들어 외물들과 소통해야 한다. 만약 이렇게 했는데도 많은 나쁜 일들이 일어났다면, 모두 하늘(이 한 것)이요 사람의 짓이 아니니, 화합을 어렵게 하지 말고 (이것이) 마음에 들어오게 해서는 안 된다. 마음에는 주관해야 할 것이 있는데, 무엇을 주관할지 모르면서 마땅히 (마음대로) 주관하게 해서는 안 된다. 자기에게 정성을 보이지 않고

1811) 「人間世」 편에 '虛室生白' 이 나오는데, 여기의 宇나 「人間世」 편의 室은, 모두 心을 비유한 것이다. 泰定은 大定과 같다. 王叔岷, 886頁, 주1 참조.

1812) 見은 現(나타내다)이다. 曹礎基, 351頁, 주2 참조.

1813) 수脩는 마음의 修練이다. 恒은 常이니, 本性의 회복이다. "歸根曰靜, 靜曰復命, 復命曰常."(『老子』 16章), 曹礎基, 上同, 주3 참조.

1814) 舍는 居이다. 曹礎基, 上同, 주4 참조.

발동하면, 비록 발동했다 해도 합당할 수 없으며; (마음속에) 이미 들어왔으나 버릴 줄을 모른다면, 반드시 다시 합당치 못하게 된다. 드러나는 곳에서 나쁜 짓을 하게 되면 사람들은 (그를) 잡아서 죽이게 되고; 보이지 않는 곳에서 나쁜 짓을 하면 귀신이 (그를) 벌한다. 사람에게나 귀신에게나 광명光明 정대正大해야 그 다음에 홀로 행할 수 있다. 마음에 적합하면 무명無名해도 행동하고; 밖의 일에 마음을 쓰면 재물 모으는 데 뜻을 두려고 한다. 이름나지 않게 행동하는 사람은 항상 빛을 발산하지만; 재물 모으는 데 뜻을 둔 사람은 오직 장사치들이니, 들고 나온 것은 큰 것들이나 (남을 속이려는 것이다.) 외물外物을 (마음) 비워서 대하면 외물들이 들어오고; 외물들을 (마음에서) 막으면 자기 몸도 수용할 수가 없는데 어찌 다른 사람들을 포용할 수 있겠는가? 다른 사람을 포용하지 못하는 사람은 (그들과) 친할 수 없고, 친한 이가 없는 사람은 (그들에게) 사람이 없다. 무기 중에 뜻보다 (더) 해치는 것이 없으니, 막야鏌鎁[명검의 이름]는 그 다음이고; (사람을 해치는) 적들 가운데 음양(의 기운)보다 큰 것은 없지만, 천지天地 사이에서 피할 수 없는 것(은 마음)이다. 음양이 해친 것이 아니고, 마음이 그렇게 한 것이다.

[學者, 學其所不能學也? 行者, 行其所不能行也? 辯者, 辯其所不能辯也? 知止乎其所不能知, 至矣. 若有不卽是者, 天鈞敗之.[1815] 備物以將形, 藏不虞以生心,[1816] 敬中以達彼,[1817] 若是而萬惡至者, 皆天也, 而非人也, 不足以滑成,[1818] 不可內於靈臺.[1819] 靈臺者有持,[1820] 而不知

1815) 天鈞은 또한 天均으로 쓴다. 「天運」편에, '天均者, 天倪也.' 가 나오니, 성현영成玄英(608-669)疏에는, 天均을 '自然之性' 으로 해석하였다. 之는 矣와 같다. 王叔岷, 887頁, 주8 참조.

1816) 將은 養이다. 虞는 헤아림이다. 王叔岷, 888頁, 주9 참조.

1817) 成玄英疏에 의하면, 中은 內智이고; 彼는 外境이다. 王叔岷, 上同, 주10 참조.

1818) 成玄英疏에 의하면, 골滑은 亂이요; 成은 和이다. 王叔岷, 上同, 주12 참조.

其所持, 而不可持者也.[1821] 不見其誠己而發, 每發而不當,[1822] 業入而不舍,[1823] 每更爲失.[1824] 爲不善乎顯明之中者, 人得而誅之; 爲不善乎幽闇之中者, 鬼得而誅之. 明乎人, 明乎鬼者, 然後能獨行. 券內者,[1825] 行乎无名; 券外者, 志乎期費.[1826] 行乎无名者, 唯庸有光;[1827] 志乎期費者, 唯賈人也. 人見其跂, 猶之魁然.[1828] 與物窮者,[1829] 物入焉; 與物且者,[1830] 其身之不能容, 焉能容人! 不能容人者无親, 无親者盡人.[1831] 兵莫憯於志,[1832] 鏌鎁爲下; 寇莫大於陰陽, 无所逃於天地之間. 非陰陽賊之, 心則使之也.]

▶ 23-5:

1819) 곽상郭象(252-312)注에 의하면, 영대靈臺는 心(마음)이고; 成玄英疏에 의하면, 內는 入이다. 王叔岷, 上同, 주13 참조.

1820) 有持는 '有所主' 이니, 주관하는 바이다. 陳鼓應, 651頁, 주8 참조.

1821) '而不可' 는 '則不該' (마땅히…해서는 안 됨)이다. 曹礎基, 352頁, 주12 참조.

1822) 每는 雖와 같고; '而不當' 에서 而는 亦이다. 王叔岷, 890頁, 주15 참조.

1823) 業은 已(이미)이고; 入은 마음속에 들어옴이다. 曹礎基, 上同, 주14 참조.

1824) 每는 必과 같고; 失은 不當이다. 王叔岷, 上同, 주16 참조.

1825) 券은 계契(계약문서)이니, 여기서는 동사로 契合(의기투합)이다. 曹礎基, 上同, 주19 참조.

1826) 費는 財이다. 期費는 極費이니, 財用을 窮極함이다. 王叔岷, 891-892頁, 주20; 志는 願이고, 期는 必이다. 曹礎基, 353頁, 주20 참조.

1827) 庸은 常이다. 曹礎基, 上同,21 참조.

1828) 기跂는 들고 나옴이나, 표방의 뜻이다. 괴魁는 偉大이다. 曹礎基, 上同, 23 참조.

1829) 與는 待이고; 窮은 空이다. 빈 마음으로 外物을 대함은 외물을 받아드림이다. 曹礎基, 上同, 주24 참조.

1830) 且는 조阻(막다)와 통한다. 曹礎基, 上同, 주25 참조.

1831) '無親者盡人' 은 '無親者空人' 이니, 空人은 無人과 같다. 王叔岷, 893頁, 주26 참조.

1832) 참憯은 慘과 통하니, 傷害이다. 曹礎基, 上同, 주27 참조.

도는 (만물들을) 통하여 하나가 되고, (사물은) 분리되면 완성되고 완성되면 부수어진다. (만물은) 어디에서 구분되는가? 구분은 전체(에 따른 것)이다. 전체는 무엇 때문에 있을까? 전체는 그것[도道]이 있기 때문이다. 그러므로 (정신이 밖으로) 내달리기만 하고 되돌아올 줄 모르니, (그 사람은) 귀신으로 나타난다. (밖으로) 나가서 얻은 것[명리名利 등등], 이것은 죽음을 얻은 것이다. (정신은) 소멸이 되고 몸만 있으니 귀신과 한가지이다. 유형한 것[사람이나 물건]은 무형한 것[道]을 본받았으니 안정된 것이다. (도道는) 나왔으나 근원이 없고, 들어가되 들어갈 문門이 없다. (도道는) 실재하나 일정한 한계가 없으며, 장구하되 처음과 끝이 없고, 실재하나 (일정 장소에) 거처하지 않음이 우宇이고, 장구長久하나 처음과 끝이 없는 것이 주宙이다. 생기기도 하고 죽기도 하며; 나오기도 하며 들어가기도 한다. 나고 들되 그 형체가 보이지 않으니, 이것이 천도天道의 문이다. 천도의 문은 무无이니, 만물은 '무' 에서 나온다. 유有는 '유' 에서 생길 수 없고 반드시 '무' 에서 나오며, '무유无有' 는 '무' 와 '유' 의 통일이다. 성인은 이것[无有]에 마음을 둔다.

[道通(爲一), 其分也(成也), 其成也毁也.[1833] 所惡乎分者?[1834] 其分也以備.[1835] 所以惡乎備者?[1836] 其有以備. 故出而不反, 見其鬼;[1837] 出而

1833) 위싱우于省吾(1896-1984)에 의하면, 高山寺 『卷子本』에, 「道通, 其分也成也, 其成也毁也.」인데, 今本에는 '成也' 이 두 자가 빠져 있다. 「齊物論」 편에도, 「其分也成也, 其成也毁也.」가 나온다. 『卷子本』이 옳다. 王叔岷. 895頁, 주1; 陳鼓應에 의하면, 「齊物論」 편에, '道通爲一' 이 나오니, 아마도 '爲一' 이 탈락했다. 陳鼓應, 654頁, 주1 참조.

1834) '所惡乎分者' 는 '萬物何以有區別?' (만물은 어디에서 구분되는가?)의 뜻이다. 曹礎基, 354頁, 주3 참조.

1835) 備는 전체이다. 曹礎基, 上同, 주4 참조.

1836) '所以惡乎備者' 는 '何以萬物構成全體?' (무엇으로 만물들은 전체를 구성할까?)이다. 大道 때문이다. 曹礎基, 上同, 주5 참조.

得, 是謂得死. 滅而有實,[1838] 鬼之一也. 以有形者象无形者而定矣.[1839] 出无本, 入无竅.[1840] 有實而无乎處,[1841] 有長而无乎本剽,[1842] (有所出而無竅者有實.)[1843] 有實而无乎處者, 宇也. 有長而无本剽者, 宙也. 有乎生, 有乎死, 有乎出, 有乎入, 入出而无見其形, 是謂天門. 天門者, 无有也, 萬物出乎无有. 有不能以有爲有, 必出乎无有, 而无有一无有. 聖人藏乎是.[1844]]

▶ 23-6:

옛사람들은 지식이 최고의 경지에 도달한 일이 있다. 어디에까지 이르렀는가? '아직 만물이 생기기 전의 것' [未始有物]이 있었다고 여겼으니, (그것은) 지극하고 극진하여 (무엇을) 더 보탤 수 없겠다. 그 다음은 물[物]이 있다고 여긴 것이나, 삶[生]은 (무无의) 상실이요 죽음[死]은 (무无로) 되돌아감[返]으로 생각하였으니, 이것은 이미 (생사의) 구분[分別]이 있다. 그 다음은 처음에 '무유无有' 이고, 이윽고 생겨났으나, 생기자 곧바로 죽는다고 여긴 것이다. (이는) 없음[无有]을 머리로 삼고 삶[生]을 몸으로 여기며 죽음[死]을 꽁무니[尻]로 여기니, 누가 유有와 무无, 삶[生]과 죽음[死]이 하나의 도道임을 알겠는가? 나는 그와 벗이 되고 싶

1837) 反은 返이고; 見은 現이다. 정신으로 밖으로 달리고 돌아오지 않아, 몸과 분리되면, 그 사람은 鬼로 나타난다. 曹礎基, 上同, 주6 참조.

1838) 정신은 소멸되고 몸만 남았으니, 實은 몸이다. 曹礎基, 上同, 주8 참조.

1839) 有形은 人이나 物의 형체를 가리키고, 无形은 道를 가리키며, 象은 본받음이고; 定은 安定이다. 『莊子譯注』, 231頁, 주10 참조.

1840) 本은 근원이고; 규竅는 門이다. 曹礎基, 上同, 주10 참조.

1841) '无乎處' 는 일정한 한계가 없음이다. 實은 존재이다. 曹礎基, 上同, 주11 참조.

1842) 長은 久이고; 표剽는 표標와 통하니 末端이다. 曹礎基, 上同, 주12 참조.

1843) 宣穎은 ( )안의 九字는 衍文으로 본다. 曹礎基, 上同, 주13 참조.

1844) 藏은 居이니, 居心(마음을 둠)이다. 是는 无有이다. 曹礎基, 355頁, 주20 참조.

다. 이 세 가지는 비록 다르나 같은 족속들이다. (예를 들어, 초楚나라의) 소昭씨와 경景씨는 맡은 직무로 이름이 났고, 굴屈씨는 봉토로써 이름이 났으니, (이름나기는 하나이지만, 그 방법은) 서로 다른 것이다.

[古之人,[1845] 其知有所至矣.[1846] 惡乎至? 有以爲未始有物者, 至矣, 盡矣, 弗可以加矣. 其次以爲有物矣, 將以生爲喪也,[1847] 以死爲反也,[1848] 是以分已.[1849] 其次曰始无有, 旣而有生, 生俄而死; 以无有爲首, 以生爲體, 以死爲尻, 孰知有无死生之一守者,[1850] 吾與之爲友. 是三者雖異,[1851] 公族也. 昭、景也, 著戴也,[1852] 甲氏也, 著封也, 非一也.]

▶ 23-7:

타고난 검은 점이 있으면 (사람들은) 시끄럽게 떠들며 말한다. "그것을 없애라!" (내가) "그것을 없애라!" 하고 말했던 것을 (내가) 하지

1845) 「齊物論」(▶ 2-7)에서, '古之人, 其知有所至矣. 惡乎至? 有以爲未始有物者. 至矣! 盡矣! 不可以加矣. 其次以爲有物矣,' 의 부분이 똑같다.

1846) 知는 智와 통하니 지식이다. '有所至' 는 최고의 경지에 도달함이다. 曹礎基, 27頁, 주1 참조.

1847) 그러나 作者는 无를 本으로 보기 때문에, 生은 无에서 有로 변한 것이기에, '虛無의 道' 에서 보자면, 生은 그 '도' 의 상실이다. 그러므로 喪이다. 趙礎基, 上同, 주2 참조.

1848) 死를 本原인 无로 돌아감(返)으로 본다. 趙礎基, 上同. 주3 참조.

1849) 是는 此이고; 以는 已와 통하니, '이미' 이다. 此는 生死를가리키니, '未始有物' 보다 한 층 아래이다. 趙礎基, 上同, 주4 참조.

1850) 유월兪樾(1821-1907)에 의하면, 守는 道자이니, 一守는 一道이다. 王叔岷, 899頁, 주21 참조.

1851) '是三者' 는 无有、生、死이니, 이 세 가지는 모두 '未始有物' 에서 나왔기에, 祖宗이 같다. 그래서 公族이다. 趙礎基, 356頁, 주8 참조.

1852) 昭、景은 楚왕족의 姓氏이고; 戴는 任이니 職이고; 마쉬룬馬叙倫(1884-1970)에 의하면, 甲은 屈의 가차이다. 昭、景、屈은 楚의 公族三姓이다. 陳鼓應, 657頁, 주8, 9, 10 참조.

말았어야 했다. 비록 그러하나 (내가 한 말을 보통 사람들은) 알지 못했을 것이다. (12월의) 납臘 제사에 소의 위胃나 발굽[蹄]은 진설 안 할 수도 있지만 (제례制禮대로) 진설해야만 한다. 집을 볼 때 안방을 두루 살피나 또한 뒷간도 가서 본다! 이것은 "그것을 없애라!" 라는 말을 예로 든 것이다. "이것을 없앰" [移是]을 시험 삼아 말해보자! 이는 (자기) 심지心智를 기본으로 보고, (자기) 지식을 지도로 삼아, 이로써 옳고 그름을 제어하는 것이다. 과연 이름과 실질이 있기에 자기가 실질이 되고 남들은 자기에게 부합하도록 하여, 이로써 (남들은 나를) 따름을 절도로 삼는 것이다. 이러한 사람은, (자기에게) 이로우면 총명한 사람으로, 이롭지 못하면 어리석은 사람이라고 생각하고; 현달顯達해 지면 영광으로 간주하고 곤궁하게 되면 모욕으로 생각한다. 요즘 사람들은 "이것을 없애는 것"[移是]에 사로잡힌 사람들이니, 이는 마치 (대붕大鵬을 비웃는) 매미나 콩새와 똑같은 (무지한) 것들이다.

[有生黬也, 披然曰 "移是."[1853] 嘗言 "移是,"[1854] 非所言也.[1855] 雖然, 不可知者也. 臘者之有膍胲,[1856] 可散而不可散也; 觀室者周於寢廟, 又適其偃焉![1857] 爲是擧 "移是".[1858] 請嘗言 "移是". 是以生爲本,[1859]

1853) 첸무錢穆(1895-1990)에 의하면, 피연披然은 분연紛然이다. 王叔岷, 902頁, 주2 참조.

1854) 嘗言은 전에 말한 적이 있음이다. 『莊子譯注』, 232頁, 주3 참조.

1855) '非所言' 은 말하지 말았어야 할 것이다. 『莊子譯注』, 上同, 주4 참조.

1856) 납臘은 臘祭이니, 12월의 제사이다. 비膍는 牛胃이고, 해胲는 우제牛蹄이니, 소의 內臟과 四肢가 진설되었으면, 牛胃나 牛蹄는 진열하지 않을 수 있으나, 制禮상 필요하니, 철수시킬 필요는 없다. 趙礎基, 357頁, 주7 참조.

1857) 觀室은 居室의 유람이고; 周는 두루 이다. 침묘寢廟는 東西廂이 있으면 廟이고; 상廂(행랑)은 없고 室만 있으면 침寢이다. 적適은 往이고; 偃은 언匽과 통하니, 변소이다. 趙礎基, 上同, 주8 참조.

1858) 擧는 예를 들어 설명함이다. 趙礎基, 上同, 주9 참조.

1859) 生은 자기의 心性을 가리킨다. 知는 智와 통한다. 心智는 개인의 인식을 가리키고;

以知爲師, 因以乘是非;1860) 果有名實, 因以己爲質,1861) 使人以爲己節,1862) 因以死償節.1863) 若然者, 以用爲知,1864) 以不用爲愚, 以徹爲名, 以窮爲辱.1865) 移是, 今之人也, 是蜩與學鳩同於同也.]

▶ 23-8:

저잣거리에서 다른 사람의 발을 밟으면 버릇없었음을 사과하지만, 형이면 "아" 하고, 어버이이면 (대응이) 없을 것이다. 그러므로 말한다. '지극한 예'[至禮]는 (남을) 남으로 보지 않으며, 지극한 의[至義]는 사물과 나의 구분이 없으며, 지극한 지혜[至知]는 모략이 없고; 지극한 인[至仁]은 친소의 구분이 없고; 지극한 신용[至信]은 돈을 배제한다. 뜻의 혼란을 소통시키고, 마음의 속박을 풀어 주며, 덕의 부담을 없애주며, 도의 막힌 곳을 뚫어 주어야 한다. 고귀[貴], 부유[富], 드날림[顯], 위엄[嚴], 명예[名], 이익[利]의 여섯 가지는 뜻을 어지럽히는 것이다. 용모, 거동, 낯빛, 정서[情理], 말투, 생각의 여섯 가지는 마음을 얽매는 것이다. 증오, 욕망, 기쁨, 노여움, 슬픔, 즐거움의 여섯 가지는 덕을 억누르는 것이다. 떠남과 취임就任, (물건을) 갖거나 줌, 지식, 본능의 여섯 가지는 도를 막는 것이다. 이 네 방면의 여섯 가지가 마음속을 요동시

師는 지도이다. 趙礎基, 上同, 주 10 참조.

1860) 乘은 駕御(제어)이다. 趙礎基, 上同, 주11 참조.

1861) 質은 實, 主이다. 名은 實의 賓이고; 己가 주이니, 곧 人은 賓이다. 趙礎基, 上同, 주13 참조.

1862) 節은 부합이다. 趙礎基, 上同, 주14 참조.

1863) 償은 순殉(따라죽다)이다. 趙礎基, 上同, 주15 참조.

1864) 用은 利이니, 자기에게 利로움이다. 知는 智와 통하니, 총명이다. 趙礎基, 上同, 주16 참조.

1865) 徹은 通이니, 顯達이고; 名은 聲譽, 光榮이다. 趙礎基, 上同, 주17 참조.

키지 않는다면 (마음은) 올바르게 되며, 올바르면 고요하게 되며, 고요하면 밝아지며, 밝아지면 (마음은 텅) 비게 되고, 비게 되면 하는 일이 없어도 하지 않음이 없게 된다.

[蹍市人之足, 則辭以放鶩,[1866] 兄則以嫗, 大親則已矣.[1867] 故曰: 至禮有不人,[1868] 至義不物,[1869] 至知不謀,[1870] 至仁无親,[1871] 至信辟金.[1872] 徹志之勃,[1873] 解心之謬,[1874] 去德之累,[1875] 達道之塞.[1876] 貴、富、顯、嚴、名、利六者, 勃志也. 容、動、色、理、氣、意六者,[1877] 謬心也. 惡、欲、喜、怒、哀、樂六者, 累德也. 去、就、取、與、知、能六者,[1878] 塞道也. 此四六者不盪胸中則正,[1879] 正則靜, 靜則明, 明則虛, 虛則无爲而无不爲也.]

1866) 전蹍(밟다)은 채跦(밟다)이다. 방오放鶩는 방종放縱 망동妄動이다. 趙礎基, 358頁, 주1 참조.

1867) 大親은 父母이다. '已矣'는 그만둠이다. 趙礎基, 上同, 주3 참조.

1868) '不人'은 남을 남으로 보지 않음이다. 趙礎基, 上同, 주4 참조.

1869) '至義不物'은 최대의 義는 物我의 구분이 없음이다. 『莊子譯注』, 233頁, 주6 참조.

1870) 知는 智이고; 不謀는 모략이 필요 없음이다. 『莊子譯注』, 上同, 주7 참조.

1871) 不親은 親疏의 不分이다. 趙礎基, 上同, 주7 참조.

1872) 벽辟은 배제이다. 趙礎基, 上同, 주8 참조.

1873) 奚侗에 의하면, 발勃은 패悖의 가차이다. 徹은 通이다. 悖는 亂이다. 王叔岷, 907-908頁, 주9 참조.

1874) 류謬는 마땅히 무繆(얽다)이다. 繆는 계박繫縛이다. 王叔岷, 908頁, 주10 참조.

1875) 루累는 타루拖累(번거롭게 함)이다. 趙礎基, 上同, 주11 참조.

1876) 達은 通이고; 새塞는 장애이다. 趙礎基, 上同, 주12 참조.

1877) 容은 용모; 動은 거동; 色은 색깔; 理는 정리情理(정서); 氣는 辭氣(말투), 意는 의지이다. 趙礎基, 上同, 주14 참조.

1878) 去는 버림이고; 就는 따름이고; 與는 給이고; 知는 智와 통하고; 能은 본능이다. 趙礎基, 上同, 주16 참조.

1879) 탕盪은 動이다. 趙礎基, 359頁, 주17 참조.

▶ 23-9:

도道는 덕德의 주인이고, (도道가 사람이나 만물을) 생장生長시켜 화육化育하는 것은 덕의 빛이다. 천성天性이 삶[生]의 본질이다. 천성의 움직임이 (자연스러운) 행위[爲]이고, 인위人僞가 보태지면 (천성天性을) 잃게 된다. (감성으로) 아는 것[知]은 접촉(에서 생기고); (이성으로) 아는 것은 사려思慮이다. 인식능력[知]으로도 알 수 없는 것은, 마치 비스듬히 보는 것과 같다(제한적이고 모호模糊하다). 어찌할 수 없이 움직여 (천성天性에 맞으면) 덕德이라 하며, 활동하되 나 (자신)을 잃지 않음이 다스림[治]이니, (덕德과 다스림治은) 이름은 서로 반대이나 실제는 서로 순응한다.

[道者, 德之欽也;[1880] 生者,[1881] 德之光也. 性者,[1882] 生之質也. 性之動謂之爲, 爲之僞謂之失.[1883] 知者, 接也;[1884] 知者, 謨也;[1885] 知者之所不知, 猶睨也.[1886] 動以不得已之謂德, 動而无非我之謂治,[1887] 名相反而實相順也.[1888]]

1880) 흠欽은 主이니, 君이다. 道를 얻는 것이 德이다. 趙礎基, 359頁, 주1 참조.

1881) '生'은 人과 物의 生長과 化育이다. 이것은 德의 광휘光輝한 표현이다. 趙礎基, 上同, 주2 참조.

1882) 性은 天性을 가리키니, 天性이 生의 본질이다. 趙礎基, 上同, 주3 참조.

1883) 天性의 활동이 爲(행위)이고; 사람의 작용이 보태지면, 이런 人爲는 天性에 위배되니, 失이다. 趙礎基, 上同, 주5 참조.

1884) 接은 접촉이다. 耳聞이나 目見 등 감성인식은 접촉에서 생긴다. 趙礎基, 上同, 주6 참조.

1885) 謨는 모려謀慮, 思索이다. 趙礎基, 上同, 주7 참조.

1886) 예睨(흘겨보다)는 斜視(비스듬히 봄)이다. 이러면, 아는 것이 매우 제한되고, 모호하다. 趙礎基, 359-360頁, 주8 참조.

1887) 无非는 不失과 같다. 王叔岷, 910頁, 주23 참조.

1888) 德은 內에 있고 治는 外에 있으니, 德과 治가 名에서는 서로 반대이나, 사실에서는 相順이다. 王叔岷, 上同, 주24 참조.

예羿는 조그만 과녁도 잘 맞추었지만, 다른 사람들이 자신을 칭찬하지 못하게 하는 데는 서툴렀다. 성인은 자연[天]의 일을 잘 해내지만 사람의 일에는 매우 서툴다. 자연의 일도 훌륭히 해내고 인사人事도 잘 해내는 것은 지인至人만이 할 수 있다. 비록 (나를) 벌레로 보면 벌레 같을 수 있으며, 벌레 같음으로써 자연[天]과 같을 수 있다. 지인至人에게는 자연이 무엇인가? 사람의 자연이 무엇인가? 하물며 내가 말하는 자연이나 인위야 무얼 말하겠는가! 한 마리의 참새가 예羿에게로 날아들면 예는 그것을 반드시 맞추겠지만, 그것은 (인위적인) 위력이다. 하지만 천하를 가지고 새장으로 삼았다고 하면 참새가 도망갈 곳은 없을 것이다. 그렇기에 은殷나라 탕湯왕은 요리사라는 (직함)으로 이윤伊尹을 새장에 붙들었고, 진秦나라 목공穆公은 다섯 마리의 양가죽을 (직함)으로 하여 백리해百里奚를 새장에 붙들었다. 그러므로 그들이 좋아하는 것으로서 새장에 가두지 않고서는 얻을 수 없는 것이다.

[羿工乎中微, 而拙乎使人无已譽.[1889] 聖人工乎天而拙乎人.[1890] 夫工乎天而俍乎人者, 唯全人能之.[1891] 唯蟲能蟲, 唯蟲能天.[1892] 全人惡天,[1893] 惡人之天, 而況吾天乎人乎! 一雀適羿, 羿必得之, 威也; 以天下爲之籠, 則雀無所逃. 是故湯以庖人籠伊尹, 秦穆公以五羊之皮籠百里

1889) 工은 善이고, 中微는 微小한 목표를 맞힘이고, 졸拙은 不善이고, '无已譽'는 자신을 찬양하지 않음이다. 趙礎基, 360頁, 주12 참조.

1890) '工乎天'은 天時에 잘 순응함이고, '拙乎人'은 人事의 처리는 잘못함이다. 趙礎基, 上同, 주13 참조.

1891) 시동奚侗(1878-1939)에 의하면, 양俍은 마땅히 良이니, 善이다. 全人은 至人과 같다. 王叔岷, 911-912頁, 주3 참조.

1892) 雖、唯는 古通이니, 卽과 같다. 王叔岷, 912頁, 주4 참조.

1893) 惡을 오烏로 읽으면, 烏는 無와 같다. 之는 與와 같다. 이 문장은 대개 '全人無天, 無人與天, 而況吾所謂天乎人乎!' (至人에게는 天도 없고, 人과 天도 없으니, 하물며 내가 말하는 天이야 人이야 존재하겠는가!)의 뜻이다. 王叔岷, 912頁, 주5 참조.

奚. 是故非以其所好籠之而可得者, 無有也.]

외발인 사람은 치장하기를 포기하고, 비난도 칭찬도 배제하며; 형벌을 받은 사람은 높은 곳을 오르되 두려워하지 않는 것은 죽고 삶을 버렸기 때문이다. 왕래하며 두려움이 없는 것, 이것은 사람임을 잊었기 때문이다. 자기를 사람으로 보지 않게 되면, (자연을 회복한) '자연의 사람[天人]' 이다. 그러므로 (그는) 공경해 주어도 기뻐하지 않으며, 모욕을 주어도 화내지 않으니, 오직 자연과 화합하여 그렇게 된 것이다. '노하지 않은 데서' [不怒] 분노를 표출했으니, 분노는 (결국) '노하지 않은 데서[不怒]' 나온 것이고; 나온 데가 무위無爲라면, 함[爲]은 '함이 없음[無爲]' 에서 나온 셈이다. 고요하고자 하면 기氣를 고르게 해야 하고, 영통靈通하고자 하면 마음에 순종해야 한다. 유위有爲 또한 (천도天道와) 합하려면 '하지 않을 수 없음' [不得已]에 따라야 한다. '하지 않을 수 없어서' 하는 그런 부류가 성인聖人의 도道이다.

[介者拸畫,[1894] 外非譽也; 胥靡登高而不懼,[1895] 遺死生也. 夫復謵不餽, 而忘人.[1896] 忘人, 因以爲天人矣. 故敬之而不喜, 侮之而不怒者, 唯同乎天和者爲然. 出怒不怒,[1897] 則怒出於不怒矣; 出爲无爲, 則爲出於无爲矣. 欲靜則平氣, 欲神則順心,[1898] 有爲也欲當,[1899] 則緣於不得

1894) 介者는 외발인 사람이고; 치拸는 棄(버림)이고; 화畫는 장식이고; 外는 배제이다. 趙礎基, 361頁, 주22 참조.

1895) 『呂氏春秋』 고유高誘(?-212)注에 의하면, 서미胥靡는 刑罪를 받은 사람이다. 王叔岷, 914頁, 주10 참조.

1896) 습謵은 습慴(두려워함)의 가차이고; 不은 無이고; 괴愧、궤餽는 正、假자이다. 而는 是와 같다. 王叔岷, 915頁, 주11 참조.

1897) 出은 만듦이다. 不怒에서 怒가 만들어짐은, 無爲에서 생긴 것이니, 不怒, 無爲가 근본이라 볼 수 있고 怒와 有는 부차적인 것이다. 趙礎基, 上同, 주27 참조.

1898) 平氣、順心은 모두 마음이 平正하고 氣和함이다. 神은 靈通이다. 趙礎基, 上同, 주

已.[1900] 不得已之類, 聖人之道.]

28 참조.

1899) 當은 天道와 合하는 것이다. 趙礎基, 上同, 주29 참조.

1900) 연緣은 順이다. 王叔岷, 916頁, 주16 참조.

24. 서무귀(徐無鬼)

서무귀徐無鬼는 인명人名이다. 본 편의 주제는 무위無爲사상이다. 사람들은 왜 '청정淸靜하고 무위無爲' 하며, 자연을 따를 수 없을까? 그 원인은 여러 가지 미혹: 기욕嗜欲, 시비是非, 명리名利 등등이다. 이 편은 이런 미혹들에서 벗어나는 여러 방법을 설명하고 있다. 핵심은 '무위이치無爲而治' (무위無爲하여 다스림)의 설파이다.

▶ 24-1:

서무귀徐无鬼가 여상女商을 통해 위魏나라 무후武侯를 만났다. 무후가 (서무귀를) 위로하며 말했다. "선생은 빈곤해 보이십니다. 산림의 고달픔에 고초를 겪으시니, 이에 과인을 보고자 한 것이겠지요."

서무귀가 말했다. "제가 임금님을 위로하려 합니다. 임금님께서는 또한 저를 어떻게 위로하겠단 말씀입니까! 임금께서 욕망을 채우려 하고, 좋아하고 미워하심을 기르려 하신다면, 생명의 실정은 망가질 것입니다. 임금께서 욕망을 억제하여 좋아하고 싫어하는 (감정을) 배제하려고 한다면, 귀와 눈이 괴로울 것입니다. (그래서) 제가 임금님을 위로하고자 하는데, 임금님은 또한 저를 어떻게 위로하겠단 말씀입니까!"

무후는 실망하여 즐겁지 않은 모습으로 아무 대답도 하지 않았다.

[徐无鬼因女商見魏武侯.1901) 武侯勞之曰,1902) "先生病矣!1903) 苦於山林之勞. 故乃肯見於寡人."1904) 徐无鬼曰, "我則勞於君. 君有何勞於我!1905) 君將盈嗜欲,1906) 長好惡, 則性命之情病矣.1907) 君將黜耆欲,1908) 掔好惡,1909) 則耳目病矣.1910) 我將勞君. 君有何勞於我!" 武侯超然不對.1911)]

잠시 후 서무귀가 말했다. "시험 삼아 임금께 제가 개狗의 상相을 관찰하여 (그 품질을) 말씀드리고자 합니다. 하등의 품질은 배부르면 그만입니다. 이것은 여우와 삵의 특성입니다. 중간 정도의 재질을 가진 개는 태양을 바라보는 듯합니다. 가장 재질이 좋은 개는 (정신을 집중하여) 마치 자기 자신이 있는 줄도 모릅니다. 제가 개의 상을 살피는 일은 또한 제가 말을 살피는 것만 같지 않습니다. 제가 말을 살펴보니, (말이 달림에) 곧은 것은 먹줄을 친 듯하고, 굽은 것은 갈고리에 맞으며, 반듯

1901) 徐는 姓이고, 字는 无鬼이고, 隱士이다. 姓은 女이고, 名은 商으로 魏나라의 幸臣(총애 받는 신하)이다. 魏武侯의 名은 격擊이고, 文侯의 아들이다. 王叔岷, 918頁, 주1 참조.

1902) 勞는 慰勞이다. 趙礎基, 363頁, 주2 참조.

1903) 病은 貧困이다. 趙礎基, 上同, 주3 참조.

1904) 마치창馬其昶(1855-1930)에 의하면, 故는 고顧와 같다. 王叔岷, 上同, 주3 참조.

1905) 則은 將이고; 有는 又와 같다. 王叔岷, 上同, 주4 참조.

1906) 영盈은 滿이다. 기嗜(즐김)는 기耆이다. 耆欲은 즐기려는 욕심이다. 趙礎基, 上同, 주6 참조.

1907) 病은 파괴, 상해를 입음이다. 趙礎基, 上同, 주8 참조.

1908) 출黜(물리치다, 쫓다)은 減損, 억제이다. 趙礎基, 上同, 주9 참조.

1909) 견掔은 견牽과 통하니, 배제이다. 趙礎基, 上同, 주10 참조.

1910) 病은 困苦이다. 趙礎基, 上同, 주11 참조.

1911) 사마표司馬彪(?-306)에 의하면, 超然은 悵然(失意不樂貌)와 같다. 王叔岷, 918頁, 주7 참조.

한 것은 곱자[矩]를 댄 듯하고, 동근 것은 그림쇠[規]와 같은데, 이것이 (가장 뛰어난) 국마國馬이나, 천하의 말만 못합니다. '천하(의) 마' 는 (하늘로부터 부여받은) 재능이 있으나, 마치 없는 듯 잃어버린 듯, 마치 자기 자신을 잃어버린 듯합니다. 이와 같으면, (훌쩍) 초월하여 먼지가 따라오지 못하니, 어디를 간지 모릅니다."

(이 말을 듣고) 무후는 크게 기뻐하며 웃었다.

[少焉, 徐無鬼曰: "嘗語君吾相狗也.[1912] 下之質, 執飽而止.[1913] 是狸德也. 中之質,[1914] 若視日. 上之質, 若亡其一.[1915] 吾相狗, 又不若吾相馬也. 吾相馬, 直者中繩, 曲者中鉤, 方者中矩, 圓者中規. 是國馬也. 而未若天下馬也. 天下馬有成材,[1916] 若卹若失, 若喪其一.[1917] 若是者, 超軼絕塵,[1918] 不知其所." 武侯大悅而笑.]

서무귀가 (무후를 만나고) 나오자 여상女商이 물었다. "선생은 우리

1912) 상嘗은 試이고; 語는 일러줌이고; 相狗는 개의 相을 관찰하여 좋고 나쁨을 분간함이다. 趙礎基, 上同, 주13 참조.

1913) 執은 守이고; 止는 일의 그침이니, 만족이다. 趙礎基, 上同, 주15 참조.

1914) 태양을 바라보듯 하는 것은 의지와 기개가 '그저 배부름' 만을 추구하는 것보다 높고 원대하다는 의미이다. 趙礎基, 上同, 주17 참조.

1915) 여기서 '하나(一)' 란 '몸(身)' 으로 해석될 수도 있고(陸德明) '一은 자기 자신(己)' 으로 해석될 수도 있다(선영宣穎[17세기]의 『南華經解』). 宣穎: '若亡其一' 은 '神凝之至, 不知有己也.'(정신의 뭉침이 지극하면, 자기가 있는 줄도 모른다.), 崔大華, 655頁, 주4.1 참조. 여기서는 宣穎의 설을 따랐다.

1916) 훈련이 필요 없는 자연 본능이다. 趙礎基, 上同, 주22 참조.

1917) 휼卹은 亡의 뜻이 있다. 『列子』에서는, 휼卹이 滅이다. 滅은 亡과 뜻이 같다. 王叔岷, 920頁, 주14 참조.

1918) 초일超軼은 超越이고; 絕塵은 빨리 달려 나가니, 먼지가 좇아가지 못하고, 멀리 앞서 갔기에, 먼지와 멀리 차이가 나는 모양이니, 말이 빨리 뛰는 모양이다. 趙礎基, 364頁, 주24 참조.

임금님께 무엇을 말씀드렸는지요? 제가 우리 임금님께 말씀을 드릴 때 가로로 시詩, 서書, 예禮, 악樂에 관해 말씀드렸고, 세로로는 (『주서周書』의 편명인) 「금판金版」, 「육도六弢」에 관해 말씀드렸고, 일하여 큰 공이 있는 것은 다 헤아릴 수 없는데도 우리 임금님은 웃은 적이 없었습니다. 지금 선생은 우리 임금님께 어떤 말씀을 해드렸기에 우리 임금님이 이처럼 기뻐하시는지요?"

서무귀가 대답했다. "저는 다만 제가 개와 말의 상相을 살피는 일에 관해 말씀드렸을 뿐입니다."

여상이 말했다. "그와 같을 뿐입니까?"

(서무귀가) 말했다. "그대는 저 월越나라에서 유배당한 사람에 대해 들어보지 못하였습니까? (자기) 나라를 떠난 지 며칠이면, 아는 사람을 보면 기쁩니다. (자기) 나라를 떠난 지 열흘이나 한 달이면, 일찍이 자기 나라에서 한 번 본 적이 있는 사람을 만나도 기쁩니다. 일 년이 되면 (아는 사람과) 비슷한 사람만 보아도 또한 기쁩니다. (아는) 사람을 떠난 지가 오래면 오랠수록 사람이 그립고 그만큼 깊어지는 것이 아니겠습니까? 빈집으로 도망친 사람이라도, 명아주 풀이 족제비들이 (다니는) 길마저 막아버린 (황량한 곳) 빈 땅에서 비틀거리고 있다면, '사람 발자국' 소리만 들어도 기뻐할 것인데, 하물며 형제나 친척의 기침 소리가 바로 곁에서 들린다면야! 오래되었네요, 진인眞人의 말씀이 우리 임금의 곁에서 기침 소리처럼 들려오지 않은 지가!"

[徐無鬼出, 女商曰, "先生獨何以說吾君乎?1919) 吾所以說吾君者, 橫說之則以詩、書、禮、樂, 從說之則以金板、六弢,1920) 奉事而大有功者,1921)

1919) 獨은 乃와 같다. 王叔岷, 922頁, 주1; 以는 用이니, 何以는 '무엇을 써서' 이다. 趙礎基, 上同, 주26 참조.

1920) 사마표司馬彪(?–306)、최선崔譔(3세기)에 의하면, 「金版」, 「육도六弢」는 모두 『周

不可爲數, 而吾君未嘗啓齒.[1922] 今先生, 何以說吾君, 使吾君說若此乎?" 徐無鬼曰: "吾直告之吾相狗、馬耳."[1923] 女商曰, "若是乎?" 曰, "子不聞夫越之流人乎?[1924] 去國數日, 見其所知而喜. 去國旬月, 見所嘗見於國中者喜.[1925] 及期年也, 見似人者而喜矣.[1926] 不亦去人滋久思人滋深乎?[1927] 夫逃虛空者,[1928] 藜藋柱乎鼪鼬之逕.[1929] 踉位其空,[1930] 聞人足音跫然而喜矣. 又況乎昆弟親戚之謦欬其側者乎![1931] 久矣夫, 莫以眞人之言謦欬吾君之側乎!"]

서무귀가 무후를 뵈었다. 무후가 말했다. "선생은 산림에서 살면서 도토리나 밤을 먹고, 파나 부추를 실컷 드시면서 과인을 버리신 지 오래되었습니다! (그런데 오셨으니) 이제 늙으신 것입니까? 술이나 고기

書』의 편명이다. 弢、도韜는 通用이다. 從은 縱의 正、假자이다. 王叔岷, 上同, 주2 참조.

1921) 奉事는 從事이고; '不可爲數'는 계산할 수 없을 정도로 많음이다. 趙礎基, 上同, 주28 참조.

1922) 묘반림茆泮林(?-1845)에 의하면, 계치啓齒는 笑(웃음)이다. 王叔岷, 上同, 주3 참조.

1923) 直은 但(다만)이다. 趙礎基, 上同, 주31 참조.

1924) 流人은 유배당한 사람이다. 趙礎基, 上同, 주32 참조.

1925) 喜자 위에 而자가 있다. 王叔岷, 921頁, 주7; 嘗은 曾(일찍이)이다. 趙礎基, 上同, 주36 참조.

1926) 似人은 '알 것 같은 사람'이다. 趙礎基, 上同, 주38; 而는 亦(또한)과 같다. 王叔岷, 上同, 주8 참조.

1927) 人은 친하고, 아는 사람이고; 자滋는 愈(더욱)이다. 趙礎基, 上同, 주39 참조.

1928) 虛空은 虛室、虛穴이다. 王叔岷, 923頁, 주10 참조.

1929) 여조藜藋는 명아주이고; 柱는 색塞(막다)이고; 생유鼪鼬는 족제비이다. 逕은 徑(길)이다. 趙礎基, 上同, 주41 참조.

1930) 양踉은 양창踉蹌이고, 비틀거림이다. 位는 處이다. 空은 空地이다. 趙礎基, 上同, 주42 참조.

1931) 경해謦欬(기침)는 해수咳嗽(기침)이다. 王叔岷, 925頁, 주13 참조.

의 맛을 구하고 싶어서입니까? 아니면, 과인 또한 나라의 복을 얻을 수 있겠습니다!"

서무귀가 대답했다. "(저) 무귀는 가난하고 천하게 태어나서 일찍이 임금님의 술이나 고기를 먹은 적이 없는데, 장차 임금님을 위로하러 왔습니다."

임금이 말했다. "무엇이오? 과인을 어떻게 위로하려고 합니까?" (서무귀가) 대답했다. "임금님의 정신과 육체를 위로하려고 합니다."

무후가 말했다. "무슨 말입니까?"

서무귀가 말했다. "천지天地가 만물을 기르는 것은 똑같습니다. 높이 올랐다고 하여 길다고 여길 수 없고, 아래에 있다고 해서 짧다고 여길 수 없습니다. 임금님은 홀로 만승(나라)의 군주로서, 한 나라의 백성을 괴롭혀서 귀, 눈, 코, 입의 (욕구를) 기르고 있으니 심신이 쾌적하지 않은 것입니다. 심신은 평화를 좋아하고 혼란을 싫어합니다. 혼란은 병이기에, 그러므로 (임금님을) 위로하려는 것입니다. 임금님 병의 원인이 무엇입니까?"

[徐無鬼見武侯. 武侯曰: "先生居山林, 食芧栗, 厭蔥韭, 以賓寡人,1932) 久矣夫! 今老邪? 其欲干酒肉之味邪?1933) 其寡人亦有社稷之福邪!"1934) 徐無鬼曰: "无鬼生於貧賤, 未嘗敢飮食君之酒肉. 將來勞君也." 君曰: "何哉? 奚勞寡人?" 曰: "勞君之神與形." 武侯曰: "何謂邪?" 徐無鬼曰: "天地之養也一. 登高, 不可以爲長. 居下, 不可以爲短. 君獨爲萬乘之主,

1932) 사마표司馬彪(?-306)에 의하면, '賓'은 '빈擯'과 같고 '버린다(棄)'는 뜻이다. 王叔岷, 927頁, 주2 참조.

1933) 성현영成玄英(608-669)疏에 의하면, 간干은 求이다. 其는 殆(乃)이다. 王叔岷, 上同, 주3 참조.

1934) 其는 抑(아니면)과 같다. 王叔岷, 928頁, 주4 참조.

以苦一國之民, 以養耳目鼻口, 夫神者, 不自許也.[1935] 夫神者, 好和而惡姦.[1936] 夫姦, 病也. 故勞之. 唯君所病之何也?"]

무후가 말했다. "선생을 뵈옵고자 한 지가 오래 되었습니다. 과인은 백성을 사랑하고자 하며 정의를 위해 전쟁을 그치고자 하는데, 괜찮겠습니까?"

서무귀가 말했다. "안됩니다. 백성을 사랑하는 것은 백성을 해치는 일의 시작입니다. 정의를 위해 전쟁을 그치는 것은 전쟁을 조성하는 근본입니다. 임금님께서 지금부터 그렇게 하신다면 반드시 성공할 수 없습니다. (애민愛民하고 정의를 세우려는) 아름다움을 이루겠다는 것이 흉기입니다. 임금님께서 비록 인의를 행한다 해도 거의 허위일 뿐입니다! 형세는 반드시 (다른) 형세를 만들어내니, 이룬 것이 있으면 반드시 허물어짐이 있게 되고, 변고가 있으면 반드시 밖으로 전쟁이 있습니다. 임금님께서는 또한 반드시 높은 망루에서 학의 행렬 같은 (진법陣法을) 펼치지 마십시오. 궁중의 제단[錙壇]에서 제사 드림에 보병도 기병도 쓰지 마십시오. 덕德에는 거스르는 마음을 품지 마시고, 재주로 남을 이기려 하지도 마시고, 모략으로 남을 이기려 하지 마시고, 전쟁으로 남을 이기려 하지도 마십시오. 남의 (나라) 선비와 백성들을 죽이고, 남의 (나라) 토지를 겸병함으로써 나의 사사로움과 나의 심신을 기른다면, 그런 전쟁은 누가 좋은지를 알지를 못합니다. 이긴 자는 어디에 있습니까? 임금께서 그렇게 하지 마시고, 가슴속에서 진정을 닦음으로써 천지의 참모습에 순응하여, (마음을) 어지럽히지 마십시오. (그렇게 하신다

1935) 神은 心神이고; 許는 可이니, '自許'는 자신이 쾌적함을 느낌이다. 趙礎基, 366頁, 주8 참조.

1936) 平은 평화이고; 간姦은 亂이다. 趙礎基, 上同, 주9 참조.

면) 백성들은 죽음에서 이미 벗어난 것이니, 임금께서 전쟁 중지를 장차 어디에 쓸 필요가 있겠습니까!"

[武侯曰: "欲見先生, 久矣. 吾欲愛民, 而爲義偃兵, 其可乎?" 徐無鬼曰: "不可. 愛民, 害民之始也. 爲義偃兵, 造兵之本也. 君自此爲之, 則殆不成.[1937] 凡成美, 惡器也.[1938] 君雖爲仁義, 幾且僞哉![1939] 形固造形,[1940] 成固有伐,[1941] 變固外戰. 君亦必无盛鶴列於麗譙之閒,[1942] 无徒驥於錙壇之宮.[1943] 无藏逆於得,[1944] 无以巧勝人. 无以謀勝人, 無以戰勝人. 夫殺人之士民, 兼人之土地, 以養吾私與吾神者, 其戰不知孰善? 勝之惡乎在?[1945] 君若勿已矣,[1946] 脩胷中之誠, 以應天地之情而勿攖.[1947] 夫民死已脫矣. 君將惡乎用夫偃兵哉!"]

1937) 페이쉐하이裴學海에 의하면, 태殆는 必과 같다. 王叔岷, 928頁, 주12 참조.

1938) 成美는 '愛民爲義' 하는 좋은 명성을 세움을 가리킨다. 惡器는 凶器이다. 趙礎基, 上同, 주15 참조.

1939) 幾且는 '거의' 의 뜻이고; 僞는 虛僞이다. 趙礎基, 上同, 주16 참조.

1940) 形은 形勢이고; 固는 必이고; 造는 造成이다. 趙礎基, 上同, 주17 참조.

1941) 짱삥린章炳麟(1869-1936)에 의하면, 伐은 敗와 같다. '成固有伐' 은 '有成者必有敗也.' (성공이 있으면 반드시 실패도 있다.)이다. 敗는 毁毀이다. 王叔岷, 929頁, 주16 참조.

1942) 곽상郭象(252-312)注에 의하면, 학열鶴列은 陳兵이고; 여초麗譙는 高樓이다. 王叔岷, 929頁, 주18 참조.

1943) 无는 毋이고; 徒는 步兵이고, 기驥는 騎兵이다. 徒驥는 亦徒亦驥이니, 또한 보병도 있고 또한 기병도 있음이다. 치단錙壇은 祭壇이다. 宮에 있는 錙壇이 錙壇之宮이다. 趙礎基, 上同, 주21 참조.

1944) 마치창馬其昶(1855-1930)에 의하면, 得은 德과 같다. 逆은 모순이다. 趙礎基, 367頁, 주22 참조.

1945) 之는 者와 같다. 王叔岷, 931頁, 주22 참조.

1946) 勿已는 不然이다. 趙礎基, 上同, 주25 참조.

1947) 수脩는 修養이고; 誠은 眞情이고; 應은 順이고; 영攖은 요擾(어지럽히다)이다. 趙礎基, 上同, 주26 참조.

▶ 24-2:

황제黃帝임금이 구자具茨(지금 형양滎陽의 대외大隗)산에서 (지인至人인) 대외大隗를 만나려고 하였다. 방명方明이 수레를 몰고, 창우昌宇는 동승하여 시중들고, 장약張若과 습붕謵朋은 길잡이가 되고, 곤혼昆閽과 골계滑稽는 수레를 뒤따르며 시중하였다. 양성襄城 들판에 이르러 이들 일곱 사람은 길을 잃었으나 길을 물을 곳이 없었다. 마침 말먹이는 소년을 만나 길을 물었다. "너는 구자具茨산을 아는가?"

(소년이) 대답했다. "예."

(황제임금은 물었다.) "너는 대외大隗(선생)이 있는 곳을 아는가?"

(소년이) 대답했다. "예."

황제가 말했다. "기발하구나, 소년이여! 구자산을 알 뿐만 아니라 또한 대외(선생)이 있는 곳도 아는구나. 천하를 다스리는 방법을 묻고 싶구나."

[黃帝將見大隗乎具茨之山.[1948] 方明爲御, 昌寓驂乘, 張若、謵朋前馬, 昆閽、滑稽後車.[1949] 至於襄城之野,[1950] 七聖皆迷, 无所問塗. 適遇牧馬童子, 問塗焉. 曰, "若知具茨之山乎?" 曰, "然." "若知大隗之所存乎?"[1951] 曰, "然." 黃帝曰, "異哉, 小童! 非徒知具茨之山, 又知大隗之所存. 請問爲天下."]

1948) 대외大隗는 태외泰隗라고도 하니, 옛날 至人의 형상이다. 구자具茨는 산이름이며, 사마표司馬彪(?-306)에 따르면, 河南省 형양滎陽의 密縣 동쪽에 있는 산으로 지금의 대외大隗山이다. 문장에서의 말은 사실이 아니고 寓言이다. 趙礎基, 368頁, 주1 참조.

1949) 방명方明, 창우昌寓(즉 宇자), 장약張若, 습붕謵朋, 곤혼昆閽, 골계滑稽는 가설의 人名이다. 御는 '수레를 몸' 이고; 참승驂乘은 수레에 같이 타서 시중함이고; 前馬는 向導(길 안내인)이고; 後車는 수레 뒤에 따르는 시종들이다. 趙礎基, 上同, 주2 참조.

1950) 양성襄城은, 河南省 襄城縣이다.

1951) 存은 在이다. 趙礎基, 上同, 주5 참조.

소년이 말했다. "천하를 다스림 또한 이와 같을 따름입니다. 또 무슨 일이 있겠습니까! 저는 어렸을 때부터 스스로 이 세계 안에서 노닐었습니다. 저는 마침 눈 어지럼병이 들었습니다. 어떤 어른이 제게 가르쳐주시며 말씀하셨습니다. '너는 저 태양의 수레를 타고 양성襄城 들판에 가서 놀아라.' 지금 저는 병이 조금 나았습니다. 저는 또 다시 세계 밖에서 노닐고자 합니다. 천하를 다스리는 방법도 또한 이와 같을 따름입니다. 제가 또 무슨 일을 하겠습니까?"

황제가 말했다. "천하를 다스리는 일은 참으로 자네의 일이 아니네. 비록 그렇지만 천하 다스리는 일을 묻고 싶구나."

소년은 사양했다. 황제가 또 물었다. 소년이 대답했다. "천하를 다스리는 일 또한, 말을 먹이는 것과 무엇이 다르겠습니까? 또한 말을 해치는 것을 제거할 따름입니다."

황제 임금은 거듭하여 절하고 머리를 조아리면서 '하늘이 내린 스승[天師]' 이라 일컫고 물러났다.

[小童曰, "夫爲天下者, 亦若此而已矣. 又奚事焉? 予少而自遊於六合之內. 予適有瞀病.[1952] 有長者教予曰, '若乘日之車, 而遊於襄城之野.' 今予病少痊. 予又且復遊於六合之外. 夫爲天下, 亦若此而已. 予又奚事焉?" 黃帝曰, "夫爲天下者, 則誠非吾子之事. 雖然, 請問爲天下." 小童辭. 黃帝又問. 小童曰, "夫爲天下者, 亦奚以異乎牧馬者哉? 亦去其害馬者而已矣." 黃帝再拜稽首, 稱天師而退.]

▶ 24-3:

지식 있는 선비는 사고의 변화가 없으면 즐겁지 않고, 변사辯士는

1952) 무瞀는 눈 어지럼증이다. 趙礎基, 上同, 주8 참조.

담론에 (논리적) 순서가 없으면 즐겁지 않으며, 관찰자는 (남의 단점을 지적하여) 능욕하고 꾸짖는 일이 없으면 즐겁지 않으니, (이들은) 모두 외물에 속박 받는 사람들이다. 걸출한 인재는 조정을 진작시키며, 중간 정도의 사람은 (하나의) 관직을 운용할 수 있고, 장사壯士는 난리의 극복을 자랑하며, 용감한 선비는 환난을 극복하려고 분발하며, 무장한 무사는 전쟁을 즐기며, 은자隱者는 자기 명성을 지키기 바라며, 법가法家류의 인물들은 통치의 기반을 넓히려 하고, 예교禮敎에 밝은 선비는 의식을 중시하며, 인의仁義를 말하는 선비는 교제를 귀하게 여기고, 농부들은 밭에서 경작하는 일이 없으면 서로 합칠 수 없고, 상인들은 시장 우물가에서 (사고파는) 일이 없으면 서로 친해질 수 없으며, 서민들은 일상의 작업이 있어야 노력하고, 여러 수공업자는 기계器械의 기교가 있어야 의기 왕성하며, 돈과 재물이 쌓이지 않으면 욕심 많은 자가 걱정하며, 권세가 남들보다 출중하지 않으면 뻐기려는 사람들은 슬퍼하고, 권세와 이익을 좇는 무리는 변화를 좋아한다. (이들은) 때를 만나면 쓰이는 바가 있으니 무위無爲할 수가 없다. 이들은 모두 한때 영합하여 외물들을 주재할 수 없다. 몸도 마음도 (명리名利, 권세 등에) 쫓겨 다니니, 온갖 외물들에 빠져서 죽을 때까지 (본성으로) 돌아오지 못하니, 슬프도다!

[知士无思慮之變則不樂,[1953] 辯士无談說之序則不樂,[1954] 察士無淩誶之事則不樂,[1955] 皆囿於物者也.[1956] 招世士興朝,[1957] 中民之士榮

1953) 知는 智와 통한다. 王叔岷, 936頁, 주1 참조.

1954) 序는 서敘(차례)와 통하니, 차례이다. 王叔岷, 上同, 주2 참조.

1955) 察士는 오늘날 觀察者이고; 능수淩誶는 능욕凌辱하고 책매責罵(꾸짖음)함이다. 趙礎基, 369頁, 주3 참조.

1956) 유囿는 속박이다. 『莊子譯注』, 241頁, 주4 참조.

1957) 초招는 교翹와 통하니, 교수翹秀(걸출한 인재)이고; 興朝는 '朝廷을 진흥시킴' 이다. 『莊子譯注』, 上同, 주5 참조.

官,[1958] 筋力之士矜難,[1959] 勇敢之士奮患,[1960] 兵革之士樂戰,[1961] 枯槁之士宿名,[1962] 法律之士廣治,[1963] 禮教之士敬容,[1964] 仁義之士貴際.[1965] 農夫无草萊之事則不比,[1966] 商賈无市井之事則不比, 庶人有旦暮之業則勸,[1967] 百工有器械之巧則壯,[1968] 錢財不積則貪者憂, 權勢不尤則夸者悲,[1969] 勢物之徒樂變.[1970] 遭時有所用, 不能无爲也. 此皆順比於歲, 不物於易者也.[1971] 馳其形性,[1972] 潛之萬物,[1973] 終身不反,

---

1958) 中은 正이니, 중간 정도의 사람이다. 榮은 營과 통하니, 榮官은 하나의 관직을 운영함이다. 『莊子譯注』, 上同, 주6 참조.

1959) '筋力之士'는 大力士이니 壯士이다. 긍矜은 자랑이니, 긍난矜難은 난리를 해결을 자랑으로 여김이다. 趙礎基, 上同, 주7 참조.

1960) 奮患은 환란을 배제하려고 분투함이다. 『莊子譯注』, 上同, 주8 참조.

1961) 兵革은 持兵(무기를 듬)이고, 피혁披革(갑옷을 입음)이니, 武裝이다. 趙礎基, 上同, 주9 참조.

1962) '枯槁之士'는 隱士이다. 宿名은 자기의 명성을 지킴이다. 趙礎基, 上同, 주10 참조.

1963) '法律之士'는 法家류의 인물이고; 廣治는 통치 기반의 확충이다. 趙礎基, 上同, 주11 참조.

1964) 敬容은 儀式을 존중함이다. 趙礎基, 上同, 주12 참조.

1965) 貴際는 交際를 중시함이다. 趙礎基, 上同, 주13 참조.

1966) '草萊之事'는 제초 등 들판에서의 耕作을 말하고; 不比는 합할 수가 없음이다. 趙礎基, 上同, 주14 참조.

1967) '旦暮之業'은 일상의 工作이고; 勸은 노력이다. 趙礎基, 上同, 주16 참조.

1968) 百工은 각종 수공업자이고; 巧는 技巧이고; 壯은 의기 왕성이다. 趙礎基, 上同, 주17 참조.

1969) 우尤는 出衆이고; 夸者는 뻐기는 사람이다. 趙礎基, 上同, 주18 참조.

1970) 勢物은 권세와 이익이다. 趙礎基, 370頁, 주19 참조.

1971) 順比는 투합投合이고; 歲는 時이니, '順比於歲'는 一時에 投合하는 것이다. '不物於易'은 變易 중에 외물을 주재할 수 없음이니, 도리어 외물에 견제를 받음을 의미한다. 趙礎基, 上同, 주20 참조.

1972) 形性은 몸[身]과 마음[心]이다. 몸도 마음도, 名利나 권세, 이익에 쫓겨 다님이다. 趙礎基, 上同, 주21 참조.

1973) 잠潛은 침익沈溺(물에 빠짐)이고; 之는 於이다. 趙礎基, 上同, 주22 참조.

悲夫!]

▶ 24-4:

장자가 말했다. "활을 쏘는 사람이 미리 기약하지 않고 쏜 것을 맞은 것으로 보아 '잘 쏘는 사람' 이라고 한다면, 천하 (사람들이) 모두 (명사수인) 예羿가 될 텐데, 그래도 되겠는가?"

혜자惠子[惠施]가 말했다. "되네."

장자가 말했다. "천하에는 (누구나 옳다고 인정하는) 공리公理가 없는데, 각자가 자기가 옳다고 인정하는 것만 옳다고 본다면, 천하 (사람들) 모두가 (성군인) 요堯임금이 될 텐데, 그래도 되겠는가?"

혜자가 말했다. "그러네."

장자가 말했다. "그렇다면 유가 · 묵가 · 양주楊朱 · 공손룡公孫龍 네 학파가, 자네와 더불어 다섯이 되는데, (그 중) 과연 어느 학파가 옳은가? 혹 노거老遽와 같은 (사람)인가? 그(노거老遽)의 제자가 말했다. '저는 스승의 도를 얻어서, 저는 겨울에 정鼎에 불을 땔 수 있고, 여름에는 얼음을 만들 수 있습니다.' 노거가 말했다. '그것은 다만 양陽으로써 양을 부르고, 음陰으로써 음을 부른 것이니, 내가 말한 도道는 아니네. 내가 자네에게 나의 도를 보여주겠네.' 이에 그를 위해 거문고의 음을 맞추는데, 하나는 사랑채에 두고, 또 하나는 거실居室에 두었네. (한쪽 거문고에서) 궁宮음을 두드리면 (다른 쪽 거문고에서도) 궁음이 울리고, (한쪽에서) 각角음을 두드리면 (다른 쪽에서도) 각음이 울렸으니, 음률이 같기 때문이네. 만약 줄 하나의 음조를 바꾸면, 오음五音에는 맞지 않았으나, 그것[일현一弦]을 두드리면 스물다섯 현弦이 모두 울렸네. 일찍이 그것(일현一弦)은 소리에 다름이 있어서가 아니라, 음을 (주재하는) 임금일 뿐이네. 아마도 (자네와 네 학파의 관계도) 이와 같은 것인가?"

혜자가 말했다. "지금 유가 · 묵가 · 양주 · 공손룡 네 학파가 나와 더불어 이제 막 변론을 하고 있네. (그들은) 말로써 서로 반박하고, 명성으로써 서로를 억누르지만, 아직 내가 틀렸다고 하지는 않았으니, 이와 같으면 (자네 생각에) 어떤가?"

장자가 말했다. "제齊나라 사람이 그 아들을 송宋나라로 유배시키고, 그가 (아들을) 불구자로 만들어 문지기를 시켰으며, 그는 (악기樂器인) 견鈃과 종鐘을 구하여 (소리 안 나게 높이) 매달았고, 잃어버린 자식을 찾는다면서 문밖으로 나가보지도 않았으니, (이는) 상식에도 맞지 않는 짓이네! 초楚나라 사람은 (남의 집에) 기거하면서 (그 집) 문지기를 (밖으로) 걷어찼으며, 한밤중 아무도 없을 때 뱃사공과 싸움을 했으니, 아직 배가 강기슭을 떠나기도 전에 (뱃사공과) 원한을 맺은 것이네."

[莊子曰: "射者非前期而中,[1974] 謂之善射, 天下皆羿也, 可乎?" 惠子曰: "可." 莊子曰: "天下非有公是也,[1975] 而各是其所是, 天下皆堯也, 可乎?" 惠子曰: "可." 莊子曰: "然則儒、墨、楊、秉四,[1976] 與夫子爲五, 果孰是邪? 或者魯遽者邪?[1977] 其弟子曰: "我得夫子之道矣, 吾能冬爨鼎而夏造冰矣."[1978] 魯遽曰, '是直以陽召陽,[1979] 以陰召陰. 非吾所謂道也. 吾示子乎吾道.' 於是爲之調瑟, 廢一於堂,[1980] 廢一於室. 鼓宮,

1974) 期는 약속으로 前期는 豫定이다. 미리 목표점을 예정하지 않고 쏜 것을 맞은 것으로 치면 천하사람 모두가 예羿와 같은 명사수이다. 趙礎基, 370頁, 주1 참조.

1975) 公是는 모두가 옳다고 인정하는 것이니, 公理와 같다. 趙礎基, 371頁, 주2 참조.

1976) 성현영成玄英(608-669)疏에 의하면, 병秉은 公孫龍의 字이다. 王叔岷, 943頁, 주3 참조.

1977) 노거老遽는 周나라 초기 사람이다. 王叔岷, 上同, 주4 참조.

1978) 찬爨은 불 땜이다. 정鼎은 세 발과 두 귀가 달린, 국을 끓이거나 삶는데 쓰는 기물이다. 趙礎基, 上同, 주5 참조.

1979) 直은 特(다만)이다. 王叔岷, 上同, 주6 참조.

1980) 『經典釋文』(陸德明撰)에는, 廢가 '두다(置)' 이다. 王叔岷, 944頁, 주7 참조.

宮動, 鼓角, 角動. 音律同矣. 夫或改調一弦, 於五音無當也.[1981] 鼓之二十五弦皆動, 未始異於聲,[1982] 而音之君已(形也). "且若是者邪?"[1983] 惠子曰: "今夫儒、墨、楊、秉, 且方與我以辯. 相拂以辭, 相鎮以聲, 而未始吾非也, 則奚若矣?"[1984] 莊子曰: "齊人, 蹢子於宋者,[1985] 其命閽也不以完,[1986] 其求鈃鍾也以束縛,[1987] 其求唐子也而未始出域,[1988] 有遺類矣夫![1989] 楚人寄而蹢閽者, 夜半於无人之時而與舟人鬪, 未始離於岑, 而足以造於怨也."]

▶ 24-5:

장자가 장례식에 가다가 마침 혜시[惠子]의 무덤을 지나게 되어 따르던 사람들을 돌아보고 말했다. "영郢 땅 사람이 자기 코끝에 흰 흙을 파리 날개처럼 얇게 바르고는 돌쟁이 석[石]에게 그것을 깎아내게 하도

1981) 改調는 조정하고 변환함이고; 无當은 不合이다. 趙礎基, 371頁, 주11 참조.

1982) 未始는 未嘗이다. 一弦의 音이 비록 五音과 맞지 않으나, 그것은 25弦의 共鳴을 일으키니, 모든 音의 君(임금)이라 할 수 있다. 이것으로 '公是' (즉 공리公理)를 비유한 것이다. 趙礎基, 上同, 주13 참조.

1983) 且는 將(아마도, 대개)이다. 이것은 莊子가 惠施에게 물은 것이니, 惠施의 학설이 老遽의 '音之君' 처럼, 各家의 반향을 얻을 수 있는지를 물은 것이다. 趙礎基, 上同, 주14 참조.

1984) 奚若은 何如이니, '어떠하냐?' 이다. 趙礎基, 372頁, 주18 참조.

1985) 馬其昶에 의하면, 척蹢은 적謫(귀양 가다)이다. 王叔岷, 주16 참조.

1986) 혼閽은 문지기이고; '不以完' 은 신체를 온전하게 하지 않음이다. 趙礎基, 上同, 주19 참조.

1987) 견鈃은 樂器인데, 작은 鐘과 같으나 목이 길다. 趙礎基, 上同, 주20 참조.

1988) 唐은 失이고; 域은 역閾(문지방)의 가차이니, '未始出域' 은 門을 나서지 않음이다. 趙礎基, 上同, 주21 참조.

1989) 遺類는 '倫類(사물의 條理나 순서)를 잃음' 이니, 常理의 違反이다. 趙礎基, 上同, 주22 참조.

록 했다. 돌쟁이 석은 '바람' 소리를 내며 도끼를 휘둘렀으며, 조금도 개의치 않고 그것을 깎아냈으니, 모두 깎였지만 코는 멀쩡했다. 영 땅의 사람도 선 채로 표정에 변화가 없었다. 송나라 원군元君이 그 소식을 들었다. 돌쟁이 석을 불러서 말했다. '시험 삼아 과인을 위해서 그렇게 해 보라.' 돌쟁이 석이 말했다. '신은 일찍이 그렇게 깎을 수 있었습니다. 비록 그렇지만 신의 상대가 죽은 지 오래되었습니다.' (혜시) 선생이 죽고부터 내게는 상대가 되어 줄 사람이 없구나! 나는 더불어 말할 사람이 없구나!"

[莊子送葬, 過惠子之墓, 顧謂從者曰: "郢人, 堊慢其鼻端, 若蠅翼, 使匠石斲之. 匠石, 運斤成風. 聽而斲之.[1990] 盡堊, 而鼻不傷. 郢人, 立不失容. 宋元君聞之. 召匠石曰: "嘗試爲寡人爲之." 匠石曰: '臣則嘗能斲之. 雖然, 臣之質死久矣.'[1991] 自夫子之死也, 吾无以爲質矣! 吾无與言之矣!"]

▶ 24-6:

관중管仲이 병이 들자 (제齊나라) 환공桓公이 위문하여, 말하였다. "중부仲父의 병이 위독한데 말하는 것을 기피할 수도 없으니, 죽음에 이른다면, 과인은 누구에게 국정國政을 위임하면 좋겠습니까?"

관중이 말했다. "임금께서는 누구에게 맡기고자 하십니까?"

환공이 말했다. "포숙아鮑叔牙에게 맡기고 싶네."

관중이 말했다. "안됩니다. 그 사람됨은 깨끗하고 청렴하고 착한 선비이나, 그는 자기보다 못한 사람들과는 친근하지 않으며, 또 한 번 남의 잘못을 들으면 죽도록 잊지 않습니다. 그에게 나라를 다스리도록

1990) 聽은 任(맡김)이니, 조금도 개의치 않음이다. 趙礎基, 주4 참조.

1991) 質은 대상, 즉 영郢人이다. 王叔岷, 951頁, 주9 참조.

한다면 위로는 임금을 거스르고, 아래로는 백성을 거스를 것입니다. 그가 임금님께 죄를 얻을 것은 장차 오래지 않을 것입니다!"

환공이 말했다. "그렇다면 누가 좋겠는가?"

(관중이) 대답했다. "어찌할 수 없으면 습붕隰朋이 좋을 것입니다. 그 사람됨은 위 사람들에게는 비교하는 마음이 없고, 아래 사람들과는 친근합니다. (자신이) 황제黃帝임금만 같지 못함을 부끄러워하고, 자기만 같지 못한 사람들을 가련하게 여깁니다. 남들에게 덕德을 나누어주는 것을 성聖이라 하고, 남들에게 재물을 나누어주는 것을 슬기로움[賢]이라 하나, (자기) 현명함을 가지고 (거만스레) 남들에게 임하면서 사람을 얻은 적은 아직 없었습니다. 현명함을 가지고 남의 아래 자리에 자처하면서 사람을 얻지 못하는 일이 아직 없었습니다. 그는 나라의 일에 대하여 (남의 말을) 듣지 않을 수 있으며, 그는 집안일에 대하여 (남의 생각을) 거들떠보지 않을 수 있습니다. 어찌할 수 없다면, 습붕이 좋을 것입니다."

[管仲有病, 桓公問之, 曰: "仲父之病病矣,1992) 可不謂云,1993) 至於大病,1994) 則寡人惡乎屬國而可?"1995) 管仲曰: "公誰欲與?" 公曰, "鮑叔牙." 曰: "不可. 其爲人絜廉善士也. 其於不己若者不比之,1996) 又一聞人之過, 終身不忘. 使之治國, 上且鉤乎君,1997) 下且逆乎民. 其得罪於君也, 將弗久矣!" 公曰, "然則孰可?" 對曰: "勿已,1998) 則隰朋可. 其

1992) 선영宣穎(17세기)에 의하면, 아래의 病은 危이다. 王叔岷, 952頁, 주2 참조.

1993) '可不謂'는 마당히 '不可諱'(꺼려서는 안 됨)이다. 云은 說이다. 『莊子譯注』, 244頁, 주4 참조.

1994) 大病은 죽음이다. 趙礎基, 373頁, 주4 참조.

1995) 屬國은 국정을 위임함이다. 趙礎基, 374頁, 주5 참조.

1996) '不己若'은 '不若己'(자기와 같지 않음)이고; 比는 親近이다. 趙礎基, 上同, 주8 참조.

1997) 구鉤는 구拘이니, 逆이다. 王叔岷, 953頁, 주6 참조.

爲人也, 上忘而下不畔,[1999] 愧不若黃帝,[2000] 而哀不己若者.[2001] 以德分人, 謂之聖, 以財分人謂之賢, 以賢臨人, 未有得人者也. 以賢下人, 未有不得人者也. 其於國有不聞也, 其於家有不見也. 勿已, 則隰朋可."]

▶ 24-7:

오吳나라 왕이 강에 (배를) 띄워 (유람하고) 원숭이 산에 올랐다. 많은 원숭이가 그 광경을 보고 놀라서 (놀던 곳을) 버리고 달아나 깊은 덤불 숲속으로 도망갔다. 원숭이 한 마리가 이리저리 뛰어다니고 (나뭇가지를) 잡기도 하고 움켜잡으면서, 왕에게 재주를 보여주었다. 왕은 그 원숭이를 활로 쏘니, (그 원숭이는) 재빠르게 화살을 (손으로) 잡았다. 왕은 보좌하던 신하들에게 명령하여 급하게 쏘아대니, 원숭이는 (화살을 받아) 쥐다가 (맞아) 죽었다. 왕은 자기 친구 안불의顔不疑를 돌아보며 말했다. "이 원숭이는 자기 재주를 자랑하고 민첩함을 믿고서 내게 거만하게 굴어서 이런 죽음에까지 이른 것이네. 경계하라! 아아! 자네의 얼굴빛으로 남에게 교만하게 구는 일이 없도록 하게나!"

안불의는 돌아가서 동오董梧를 스승으로 섬기고 (교만한) 얼굴빛을 없애고, 즐거움을 버리고 (영화榮華로움을) 사양하여, 삼 년이 되니 나라 사람들이 그를 칭송했다.

[吳王浮於江, 登乎狙之山. 衆狙見之, 恂然棄而走,[2002] 逃於深蓁.[2003]

1998) '勿已'는 '不得已'와 같다. 王叔岷, 上同, 주7 참조.

1999) 上忘은 윗사람에게 비교할 마음이 없음이고; 반畔은 반伴(짝)과 통하니, 下畔은 아랫사람들에 대해 親善, 단결이다. 趙礎基, 上同, 주12 참조.

2000) '愧不若黃帝'는 '黃帝임금에 견줄 수 없음을 부끄러워함'이다. 趙礎基, 上同, 주13 참조.

2001) 哀는 연애憐愛(가엽게 여겨 사랑함)이다. 趙礎基, 上同, 주14 참조.

2002) 성현영成玄英(608-669)疏에 의하면, 순恂은 포구怖懼(두려움)이다. 王叔岷, 956頁,

有一狙焉，委蛇攫搔,[2004] 見巧乎王. 王射之. 敏給搏捷矢.[2005] 王命相者趨射之.[2006] 狙執死. 王顧謂其友顏不疑曰: "之狙也,[2007] 伐其巧, 恃其便以敖予,[2008] 以至此殛也![2009] 戒之哉! 嗟乎, 无以汝色驕人哉!" 顏不疑歸而師董梧以鋤其色,[2010] 去樂辭顯,[2011] 三年, 而國人稱之.]

▶ 24-8:

남백자기南伯子綦가 벽에 기대어 앉아서 하늘을 우러러 한숨을 내쉬었다. 안성자顏成子가 들어와서 뵙고 말하였다. "선생님은 출중하신 분이십니다. 몸은 마른 뼈다귀처럼 할 수 있고, 마음은 식은 재와 같게 할 수 있으십니다!"

(남백자기가) 대답했다. "나는 일찍이 산중의 동굴 속에서 산 적이 있네. 그때 (제齊나라 임금인) 전화田禾가 한 번 나를 보러 왔는데, 제나라 사람들은 세 번이나 (현인을 얻었다고) 그를 축하했네. (그러나) 나의 (명성)이 반드시 앞서 있었기에, 그는 따라서 그것을 알았던 것이네. 내가 반

주2 참조.

2003) 진蓁은 진榛(잡목의 숲)이다. 王叔岷, 上同, 주3 참조.

2004) 委蛇는 위이逶迤이니, 轉來轉去(이리저리 오감)이고; 확攫은 박搏(잡다)이고; 조搔는 조抓(움켜쥐다)이다. 趙礎基, 375頁, 주4 참조.

2005) 敏給은 빠르게 이고; 첩捷은 接이고; 矢는 箭頭(화살)이다. 趙礎基, 上同, 주6 참조.

2006) 相은 助이니, 相者는 吳王의 사냥을 돕는 사람이다. 추趨는 촉促과 통하니, 急이다. 趙礎基, 上同, 주7 참조.

2007) 之는 此이다. 趙礎基, 上同, 주10 참조.

2008) 伐은 과夸(자랑)이고; 便은 민첩함이고; 오敖는 오傲(거만)와 통하고, 여予는 나(我)이다. 오여敖予는 내 앞에서 거만함이다. 趙礎基, 上同, 주11 참조.

2009) 극殛은 죽음이다. 王叔岷, 959頁, 주8 참조.

2010) 동오董梧는 吳나라의 현인이며; 주준성朱駿聲(1788-1858)에 의하면, 서鋤는 去와 같다. 色은 교색驕色이다. 王叔岷, 960頁, 주9 참조.

2011) 去樂은 '聲樂을 포기함'이고; 辭顯은 '榮華를 버림'이다. 趙礎基, 上同, 주16 참조.

드시 (명성을) 판 것이 있었기에, 그가 따라서 그것을 사려고 했던 것이네. 만약 내가 그런 일이 없었다면, 그가 어떻게 알았겠는가? 만약 내가 팔지 않았다면, 그가 어떻게 사려 할 수 있었겠는가? 아아! 나는 사람이 (명리名利를 추구하려고) 자기(의 본성)을 잃는 것을 슬퍼하며, 나는 또한 남을 슬퍼하는 사람들에게도 서글픔을 느끼니, 나는 남을 슬퍼하는 사람의 슬픔을 또한 슬퍼하였네. 그런 뒤에 (슬픔을 느끼고, 매일매일 그것을 버리고, 마침내 적막한 무위無爲에 도달하여) 나날이 멀어졌네 (이처럼 마른 뼈다귀와 식은 재처럼 되었네.)"

[南伯子綦隱几而坐,2012) 仰天而噓. 顔成子入見曰:2013) "夫子, 物之尤也.2014) 形固可使若槁骸, 心固可使若死灰乎!"2015) 曰: "吾嘗居山穴之口矣.2016) 當是時也, 田禾一覩我, 而齊國之衆三賀之.2017) 我必先之,2018) 彼故知之. 我必賣之, 彼故鬻之. 若我而不有之, 彼惡得而知之? 若我而不賣之, 彼惡得而鬻之? 嗟乎! 我悲人之自喪者,2019) 吾又悲夫悲人者,2020) 吾又悲夫悲人之悲者, 其後而日遠矣!"]

2012) 남백자기南伯子綦는「齊物論」편에는 남곽자기南郭子綦로 쓰였다. 은隱은 의지함이고; 궤几는 앉을 때 벽에 기대는 방석이다. 趙礎基, 上同, 주1 참조.

2013) 안성자顔成子는「齊物論」편에는, 顔成子游로 쓰였다. 자기子綦의 제자이다.『莊子譯注』, 245頁, 주3 참조.

2014) 우尤는 최最(제일)이니, '出類拔萃' (卓越하며 出衆함)이다. 趙礎基, 376頁, 주3 참조.

2015) 固는 乃이고; 고해槁骸는 고골枯骨(마른 뼈다귀)이다. 趙礎基, 주4 참조.

2016) 口는 中이다. 王叔岷, 961頁, 주4 참조.

2017) 田禾는 齊나라 임금인 齊太公이다. '賀之' 는 임금이 賢能한 사람을 얻은 것을 축하함이다. 趙礎基, 上同, 주5 참조.

2018) '我必先之' 는, 내 名聲이 반드시 그보다 앞섬을 말한다. 先之는 먼저 표시한 바를 가리킨다.『莊子譯注』, 246頁, 주7 참조.

2019) 自喪은 名利를 좇아서 자기의 본성을 잃음이다. 趙礎基, 上同, 주8 참조.

2020) '吾又悲夫悲人者' 는 '다른 사람을 위해 비애하는 그 사람들까지도 서글퍼하는 이들도, 나는 서글프다고 여김' 이다. 趙礎基, 上同, 주10 참조.

▶ 24-9:

공자가 초楚나라에 가니, 초나라 왕이 술 접대를 하였다. 손숙오孫叔敖는 술잔을 잡고 일어섰는데, 시남의료市南宜僚는 술을 받아 제사를 지내며 말했다. "옛사람들은 이런 경우에 한마디 말씀이 있었지요."

(공자가) 말했다. "나는 '말 없는 말'을 들었는데, (그것을) 아직 한 번도 말한 적이 없지만, 여기서 그것을 말해보겠습니다. 시남의료市南宜僚가 '알[丸]'을 (가지고) 놀았기에 두 가문은 환난을 면했습니다. (초나라 재상인) 손숙오는 편안히 자면서 깃털 부채를 부치고 있었으나, (수도인) 영郢 땅 사람들은 무기들을 버렸습니다. 내 입이 (새들처럼) 석 자 (정도로 길다면 말을 더 잘할 수) 있었을 텐데요."

[仲尼之楚,[2021] 楚王觴之.[2022] 孫叔敖執爵而立.[2023] 市南宜僚受酒而祭曰: "古之人乎! 於此言已." 曰: "丘也聞不言之言矣, 未之嘗言, 於此乎言之. 市南宜僚弄丸而兩家之難解.[2024] 孫叔敖甘寢秉羽而郢人投兵.[2025]

2021) 之는 往이다. 趙礎基, 377頁, 주1 참조.

2022) 상觴(술잔)은 酒器이나, 여기서는 동사로 쓰여, 술로 접대함이다. 趙礎基, 上同, 주2 참조.

2023) 『左傳』에 의하면, 손숙오孫叔敖는 楚莊王의 재상이니, 공자는 그때 출생하지 않았다. 魯哀公16년에, 즉 공자가 죽은 뒤에, 白公이 亂을 일으켰으나, 의료宜僚는 아직 楚에 벼슬 살지 않았다. 또한 宣公12년 『傳』에, 楚에 熊相宜僚가 있었으나, 孫叔敖와 同時이니, 공자와는 많은 시간 차이가 있다. 따라서 이것은 寓言이요 사실이 아니다. 王叔岷, 963頁, 주1 참조.

2024) 성현영成玄英(608-669)疏에는 다음과 같은 고사를 싣고 있다. 楚의 白公勝이 반란을 일으켜 令尹인 子西를 살해하려 하자, 자기子綦가 白公에게 의료宜僚를 추천하였다. 宜僚는 그저 공놀이만 하며 白公의 요청을 거절하였다. 白公은 의료를 얻지 못해 반란이 성사되지 않았고; 그 결과 白公과 子西 모두 화를 면했다는 것이다. 解는 免이다. 趙礎基, 上同, 주6 참조.

2025) 甘寢은 安寢이고; 秉은 나拿(붙잡다)이고; 羽는 羽毛扇(깃털 부채)이다. 投兵은 무기를 내려놓음이다. 趙礎基, 上同, 주7 참조.

丘願有喙三尺."]

저들[손숙오孫叔敖와 의료宜僚]은 말할 수 없는 도道를 말한 것이고, 이(공자孔子)는 말할 수 없는 논변을 한 것이다. 그러므로 근본에서 보면 덕은 도와 하나[一]이나, 말은 (사람들의) 앎이 알 수 없는 곳에서 그치니, 지극하도다! 도道는 하나로 (통합되는) 곳이니, (개개사물들이 얻는) 덕德이 함께 할 수는 없고, 앎이 알 수 없는 곳은 변론으로 거론할 수 없다. 이름[名]은 유가나 묵가처럼 (다르면 싸움이 일어나니) 흉하도다! 그러므로 바다는 동쪽으로 흐르는 (모든 물들을) 사양하지 않으니, 지극히 큰 것이 된다. 성인은 천지를 모두 포괄하고 그 은택이 천하에 미치지만, (사람들은) 그가 누구인 줄 모른다. 이런 까닭에 (성인은) 살아서는 작위를 바라지 않고, 죽어서는 시호諡號가 없으며, 실리實利를 거두지 않으니, 명성도 서지 않는다. 이것이 큰 사람[大人]이다. 개가 (주인이나 손님도 구별 못 하고) 잘 짖는다고 해서 좋은 것은 아니고, 사람은 말을 잘한다고 해서 슬기롭다고 하지 않는데, 하물며 크다고 할 수 있겠는가! (마음으로) 커지려고 한다고 해서 큼을 이룰 수 없는데, 하물며 덕德이 있다고 할 수 있겠는가! 크게 갖춘 것으로 천지만 한 것도 없으니, 그러한데 (천지가) 무엇을 (더) 구하겠는가? 크게 갖추었을 뿐이다. 크게 갖출 줄 아는 사람은 구할 것도 없고, 잃어버릴 것도 없고, 버릴 것도 없으니, 외물과 자기(본성)를 바꾸지 않는다. (본래의) 자기 자신으로 돌아가면 궁함이 없으니, 옛날(의 대도大道)을 따라서 실천하여 (영원토록) 소멸하지 않음이 대인大人의 순정純正이다.

[彼之謂不道之道, 此之謂不言之辯,[2026] 故德總乎道之所一,[2027] 而言休

2026) 彼는 市南宜僚와 孫叔敖를 가리키며; 此는 공자를 가리킨다. 趙礎基, 上同, 주9 참조.

乎知之所不知, 至矣! 道之所一者, 德不能同也. 知之所不能知者, 辯不能擧也. 名若儒, 墨而凶矣![2028] 故海不辭東流, 大之至也. 聖人并包天地, 澤及天下, 而不知其誰氏. 是故生无爵, 死无謚, 實不聚,[2029] 名不立, 此之謂大人. 狗不以善吠爲良, 人不以善言爲賢, 而況爲大乎! 夫爲大不足以爲大, 而況爲德乎! 夫大備矣, 莫若天地, 然奚求焉? 而大備矣. 知大備者, 无求, 无失, 无棄, 不以物易己也. 反己而不窮, 循古而不摩,[2030] 大人之誠.[2031]]

▶ 24-10:

(남백南伯) 자기子綦에게 아들 여덟이 있었는데, (이들을) 앞에 진열시키고 구방인九方歅을 불러서 물었다. "나를 위해서 내 아이들의 관상을 보아주게. 누가 상서로운가?"

구방인이 말했다. "곤梱(의 관상)이 상서롭습니다."

자기는 놀라서 말했다. "어떻다고요?"

(구방인이) 대답했다. "곤은 장차 나라의 임금과 함께 식사하면서 일생을 보낼 것입니다."

자기는 (놀라) 눈물을 흘리면서 말했다. "내 아들이 어찌하여 이런 (서글픈) 지경에 이르게 되었는가!"

2027) 總은 귀근歸根 결체結蒂(근본에서 보면)이고; 一은 齊一, 공통적이다. 『莊子譯注』, 247頁, 주11 참조.

2028) 「人間世」 편에서, '名也者, 상알相軋也' (名은 서로 배척한다)라고 말했으니, 이름이 다르면 싸움이 생긴다. 따라서 凶이다. 王叔岷, 967頁, 주12 참조.

2029) 實은 實利이고; 취聚는 收(거두다)이다. 趙礎基, 趙礎基, 378頁, 주19 참조.

2030) 마摩는 滅이다. 옛날의 大道를 따라서 행하여, 영원히 불멸함을 말한다. 趙礎基, 378頁, 주26 참조.

2031) 誠은 純正이다. 趙礎基, 上同, 주27 참조.

구방인이 말했다. "임금과 함께 식사하면 은택이 삼족에게까지 미치는데, 하물며 부모이겠습니까? 지금 당신은 그 말을 듣고 우시다니, 이것은 복을 막는 것입니다. 아들은 상서로운데 아버지는 상서롭지 않군요."

자기가 말했다. "(구방)인아! 네가 어찌 그 (까닭을) 알겠는가! 만약 곤梱이 (정말로) 상서로울까? 술과 고기는 다 코나 입으로 들어가면 되는 것이네. 자네는 그것들이 오는 곳을 알 수 있겠는가! 내가 아직 가축을 먹인 적이 없으나, 어미양은 방의 서남쪽에서 (새끼를) 낳으며, 사냥을 즐긴 일은 없어도, 메추라기는 방의 동북쪽에서 태어난다고 하세. (이처럼 얻은 재물들의 출처를 모르겠는데) 자네는 괴이하게 여기지도 않으니 이유가 무엇인가? 내가 내 아들들과 더불어 노닌 것은 천지에서 노닌 것이네. 나는 그들과 더불어 하늘에서 먹을 것을 취해왔고, 그들과 더불어 땅에서 먹을 것을 취해왔네. 나는 그들[天地]과 더불어 일을 도모하지 않았고, 그들과 더불어 꾀를 쓰지 않았으며, 그들과 더불어 괴이한 짓을 하지 않았네. 나는 그들과 더불어 천지의 성실함을 탔으나 그들과 더불어 외물 때문에 혼란되지는 않았었네. 나는 그들과 더불어 자연과 하나로서 따랐으며, 나는 그들과 더불어 (외물들과) 투합하지 않았네. (그런데도) 지금 도리어 세속의 보상이 있다니! 괴이한 징조에는 반드시 괴이한 행동이 따를 것이네. 위태롭도다! 나와 내 아들의 죄가 아니라 아마도 하늘이 준 것이리라! 나는 이런 까닭에 울었던 것이네."

[子綦有八子.2032) 陳諸前, 召九方歅曰:2033) "爲我相吾子. 孰爲祥?" 九

2032) 자기子綦는 楚나라 司馬子綦가 아니고, 成玄英疏』에 의하면, 위 문장에 나온 南郭子綦이다. 王叔岷, 969頁, 주1 참조.

2033) 陳은 대열을 지음이고; 구방인九方歅은 秦穆公 때 사람으로, 相을 잘 보았다고 한다. 趙礎基, 379頁, 주2 참조.

方歎曰: "梱也爲祥." 子綦瞿然喜曰,[2034] "奚若?" 曰: "梱也, 將與國君同食, 以終其身." 子綦索然出涕曰:[2035] "吾子, 何爲以至於是極也!" 九方歎曰: "夫與國君同食, 澤及三族, 而況於父母乎! 今夫子聞之而泣, 是禦福也.[2036] 子則祥矣, 父則不祥." 子綦曰: "歎! 汝何足以識之! 而梱祥邪? 盡於酒肉, 入於鼻口矣. 而何足以知其所自來![2037] 吾未嘗爲牧, 而牂生於奧; 未嘗好田, 而鶉生於宎.[2038] 若勿怪, 何邪? 吾所與吾子遊者, 遊於天地. 吾與之邀樂於天, 吾與之邀食於地.[2039] 吾不與之爲事, 不與之爲謀, 不與之爲怪. 吾與之乘天地之誠, 而不以物與之相攖.[2040] 吾與之一委蛇,[2041] 而不與之爲事所宜. 今也然有世俗之償焉![2042] 凡有怪徵者[2043], 必有怪行. 殆乎! 非我與吾子之罪, 幾天與之也. 吾是以泣也."]

얼마 안 있어 곤梱으로 하여금 연燕나라로 가게 하였는데, 도둑이 그를 잡았다. (도둑은) 온전한 상태로 곤을 팔아넘기기는 어려웠으므로 발꿈치를 베는 것만 못하다고 생각했다. 이에 발꿈치를 베어 제齊나라

2034) 이이李頤(1541－1601)에 의하면, 驚貌(놀란 모습)이다. 王叔岷, 970頁, 주4 참조.

2035) 사마표司馬彪(?－306)에 의하면, 索然은 눈물을 흘리는 모양이다. 王叔岷, 上同, 주5 참조.

2036) 어禦는 거距(떨어지다)이니, 距、거拒(막다)는 古、今字이다. 王叔岷, 971頁, 주9 참조.

2037) 곤梱자 위의 而는 若、如의 가차이고; 아래의 而는 若, 汝이다. 矣는 耳와 같다. 王叔岷, 971頁, 주11 참조.

2038) 장牂은 어미양이고; 오奧는 방의 서남쪽이다. 요宎는 동북쪽이다.

2039) 왕센첸王先謙(1842－1917)에 의하면, 요邀(맞아드리다)는 요徼(求取)이다. 王叔岷, 972頁, 주14 참조.

2040) 영攖은 영요攖擾이니, 요란擾亂이다. 王叔岷, 上同, 주15頁 참조.

2041) 一은 皆이고; 委蛇는 위이逶迤이니 隨順의 모양이고; 宜는 合이다. 趙礎基, 380頁, 주15 참조.

2042) 然은 却(도리어)이고; 償은 보답이다. 趙礎基, 上同, 주16 참조.

2043) 괴징怪徵은 괴이한 징조이다. 趙礎基, 上同, 주17 참조.

에 팔아넘겼다. 마침 거공渠公이 거리에서 문지기(자리)를 (그에게) 맡기니, (그는) 평생 고기를 먹으면서 일생을 마쳤다.

[无幾何, 而使梱之於燕, 盜得之於道, 全而鬻之則難, 不若刖之則易, 於是乎刖而鬻之於齊, 適當渠公之街, 然身食肉而終.]

▶ 24-11:

설결齧缺[허유許由의 스승]이 허유許由를 만나서 물었다. "그대는 장차 어디로 가려느냐?"

(허유가) 대답했다. "요堯임금을 피하렵니다."

(설결이) 말했다. "무엇을 하려느냐?"

(허유가) 대답했다. "요임금은 급하게 인仁을 베풀려하나, 저는 그가 천하의 웃음거리가 될까 두렵습니다. 후세에는 사람과 사람들이 서로 (잡아) 먹게 될 것입니다! 무릇 백성이란 모으기는 어렵지 않으나 그들을 사랑하면 친밀해지고, 그들을 이롭게 하면 모여들고, 그들을 칭찬해주면 힘써 일합니다. 그들이 싫어하는 일을 불러오면 곧 흩어집니다. 사랑과 이익은 인의에서 생기나, 인의를 포기하는 이들은 적지만 인의를 이용하려는 이들은 많습니다. 인의가 실행되면 성실함은 없어지고, 나아가 (물고기 잡이나 사냥처럼 많으면 많을수록 좋은) 도구일 뿐입니다. 이것은 마치 한 사람의 재단으로 천하(의 복잡다단한 일들을) 단칼로 해결하려는 것과 같습니다. 요임금은 현인이 천하를 이롭게 하는 것은 알지만, 그것이 천하를 해치는 것임을 알지 못하니, 어질음[賢]을 버린 사람만이 이것을 알 것입니다."

[齧缺遇許由曰:[2044] "子將奚之?" 曰, "將逃堯." 曰: "奚謂邪?"[2045]

2044) 「天地」 편에 의하면, 許由의 스승이 설결齧缺이다. 王叔岷, 974頁, 주1 참조.
2045) 謂는 爲와 같다. 王叔岷, 上同, 주2 참조.

曰: "夫堯畜畜然仁,[2046] 吾恐其爲天下笑. 後世其人與人相食與! 夫民, 不難聚也, 愛之則親, 利之則至, 譽之則勸, 致其所惡則散, 愛利出乎仁義, 捐仁義者寡,[2047] 利仁義者衆.[2048] 夫仁義之行, 唯且无誠,[2049] 且假乎禽貪者器.[2050] 是以一人之斷制利天下,[2051] 譬之猶一覕也. 夫堯知賢人之利天下也, 而不知其賊天下也, 夫唯外乎賢者知之矣."[2052]]

▶ 24-12:

스스로 흡족한 사람이 있고, 잠시 몸 편하기를 찾는 사람이 있고, 힘들게 일하는 사람이 있다. 이른바 스스로 흡족한 사람은 선생의 말씀을 하나 배우면 그것을 유순하게 자만하여 사적으로 스스로 기뻐하고, 스스로 만족하니, 아직도 배우지 않는 것이 있는 줄도 모르는데, 이 때문에 스스로 흡족한 사람이라고 한다. 잠시 동안 편한 것을 찾는 사람은, 돼지에 (붙어사는) 이(슬蝨)와 같은 그런 것이니, (목덜미에 난) 성긴 긴 털 사이를 선택하여 스스로 (그곳을) 넓은 궁전이나 큰 정원으로 여기는 것이니, (돼지) 발굽이 갈라지고 굽은 곳이나, 젖이나 다리 사이를 스스로 편안한 방이나 유리한 장소라고 여기나, (이蝨들은,) 백정이 하루아침에 팔뚝을 휘둘러 건초를 깔고 불을 붙이면 자기들도 돼지와 함께 타버

2046) 畜畜은 汲汲(급하게 추구함)이다. 趙礎基, 381頁, 주2 참조.

2047) 연捐은 포기抛棄이다. 趙礎基, 上同, 주7 참조.

2048) 利는 利用이다. 趙礎基, 上同, 주8 참조.

2049) 지는 若과 같고, 唯는 則과 같다. 王叔岷, 上同, 주7 참조.

2050) 且는 而且(더 나아가)이고; 假는 차借이고; 금禽은 금擒(사로잡다)이니, 禽貪은 漁獵처럼, 많으면 많을수록 좋음이다. 趙礎基, 上同, 주10 참조.

2051) '斷制' 아래의 利자는 誤衍이고, 唐寫本에는 利자가 없다. 斷制는 獨裁고, 별覕은 割(베다)이니, 一覕은 천하 만물의 상화가 복잡한데, 一刀로 잘라냄이다. 趙礎基, 上同, 주11 참조.

2052) 外는 遺(보냄)이나 去(버림)과 같다.

릴 줄을 모른다. 이러한 사람은 자기가 속한 지역에 집착하여 그것에 따라 나아가고 물러선다. 이러한 사람이 이른바 잠시의 안일에 만족하는 사람이다. 힘들게 일하는 사람이란 순舜임금(과 같은 사람)이다. 양고기는 개미를 그리워하지 않지만, 개미는 양고기를 그리워한다. (그것은) 양고기가 비리기 때문이다. 순임금에게는 비린 행동이 있었고 백성들은 그것을 즐거워했으니, 따라서 (순임금은) 세 번이나 옮겨갔지만 (백성들이 그리로 모여들어) 도읍을 이루었고, 등鄧 지방에 이르러서는 (인구가) 십만이 넘었다.

[有暖姝者,[2053] 有濡需者,[2054] 有卷婁者.[2055] 所謂暖姝者, 學一先生之言, 則暖暖姝姝而私自說也,[2056] 自以爲足矣, 而未知未始有物也, 是以謂暖姝者也. 濡需者, 豕蝨是也, 擇疏鬣,[2057] 自以爲廣宮大囿.[2058] 奎蹄曲隈,[2059] 乳間股脚, 自以爲安室利處, 不知屠者之一旦鼓臂布草, 操煙火, 而己與豕俱焦也. 此以域進, 此以域退. 此其所謂濡需者也. 卷婁者, 舜也. 羊肉不慕蟻, 蟻慕羊肉. 羊肉羶也. 舜有羶行, 百姓悅之. 故三徙成都, 至鄧之虛而十有萬家.]

요임금은 순舜이 현명하다는 말을 듣고 그를 초목들이 없는 땅에

2053) 난주暖姝는 心滿 意足하는 모습이다. 趙礎基, 382頁, 주1 참조.

2054) 유수濡需는 一時에 투안偸安(눈앞의 편함만을 도모함)함이다. 趙礎基, 上同, 주2 참조.

2055) 卷婁는 倦勞의 가차이니, 고달프게 노력하는 모습을 말한다. 趙礎基, 上同, 주3 참조.

2056) 說은 悅(기쁨)이다. 王叔岷, 977頁, 주2 참조.

2057) 『莊子闕誤』(陳景元撰)에서는 張君房本을 인용하여, 만鬣 아래에 長毛 두 글자가 있다고 보았다. 王叔岷, 978頁, 주5; 擇은 선택이다. 趙礎基, 上同, 주7 참조.

2058) 廣宮은 넓은 궁전이고; 대유大囿는 큰 정원이다. 趙礎基, 上同, 주8 참조.

2059) 규奎는 두 다리 사이이고; 제蹏는 제蹄(발굽)이다. 곡외曲隈는 深曲한 곳이니, 돼지 몸의 움푹한 곳이다. 趙礎基, 上同, 주9 참조.

서 천거하고는 다음과 같이 말했다. "그대가 여기에 온 은택을 내가 얻게 되기를 바라네." 순은 황무지에서 기용되었으나, 나이가 많고 총명함이 쇠하였지만, 돌아가서 쉴 수가 없었으니, 힘들게 일하는 사람이다. 이 때문에 신인神人은 여러 사람이 모여드는 것을 병으로 여기는 것이다. 여러 사람이 모여들면 화합하지 않고, 화합하지 않으면 이롭지 않다. 그러므로 매우 친하게 지내는 사람도 없고, 매우 소원하게 여기는 사람도 없이, 덕을 품고 따뜻하게 화합하여 천하에 순응하니, 이러한 사람이 진인眞人이다. 개미에게 (양고기를 그리워하는) 지식을 버리고, 물고기는 (물에서 서로를 잊고 사는) 계략을 얻으며, 양羊은 (자기 몸에서 비린내 나게 하는) 뜻을 버린다. 눈으로서 눈을 보고, 귀로서 귀를 들으며, 마음으로서 마음을 회복한다. 이와 같은 사람은 그 평탄함이 물과 같고, 곧기가 먹줄 같으니, (외물들의) 변화에 순응한다. 옛날의 진인은 자연[天]의 (도道로써) 대응하고, 사람의 (기준으로) 자연에 개입하지 않았다. (이것이) 옛날의 진인이다.

[堯聞舜之賢, 擧之童土之地曰:[2060] '冀得其來之澤. 舜擧乎童土之地, 年齒長矣, 聰明衰矣, 而不得休歸, 所謂卷婁者也. 是以神人惡衆至.[2061] 衆至則不比, 不比則不利也. 故无所甚親, 无所甚疏, 抱德煬和以順天下, 此謂眞人. 於蟻棄知, 於魚得計, 於羊棄意. 以目視目, 以耳聽耳, 以心復心. 若然者, 其平也繩,[2062] 其變也循.[2063] 古之眞人, 以天待之, 不以人入天. 古之眞人!]

2060) 향수向秀(약227-272)에 의하면, 童土는 '地無草木也.' (땅에 초목이 없음)이다. 주준성朱駿聲(1788-1858)에 의하면, '山無草木曰童' 이다. 王叔岷, 979頁, 주14 참조.

2061) 惡은 患과 같다. 王叔岷, 979頁, 주19 참조.

2062) 王元釋本에 의거하여, 선영宣穎(17세기)은, '其平也水, 其直也繩.' 이라 말하니, 비교적 순조롭다. 趙礎基, 383頁, 주24 참조.

2063) 循은 順(좇다)이다. 趙礎基, 上同, 주27 참조.

▶ 24-13:

(약을) 얻으면 살고, 잃으면 죽게 되나; (그러나, 어느 때는) 얻었어도 죽고, 없다고 해도 살 수 있다. 약이란 바곳[堇], 도라지, 가시연[鷄雍], 저령豬苓 등이다. 이것은 때로 주약主藥이 되니, 어찌 다 말할 수 있겠는가!

[得之也生, 失之也死; 得之也死, 失之也生; 藥也, 其實堇也,2064) 桔梗也, 雞壅也,2065) 豕零也.2066) 是時爲帝者也,2067) 何可勝言!]

▶ 24-14:

구천句踐이 군사 삼천을 거느리고 회계會稽산에 거하니, 오직 (문)종(文)種만이 (월越나라가) 망하지만 (자신은) 존속할 것을 알았으나; 오직 문종만이 자기 자신의 비극[자살自殺]을 알지 못했다. 그러므로 말한다. '부엉이의 눈에도 (보기에) 적절함이 있고, 학의 다리도 알맞은 크기가 있어서, 그것을 자르면 슬프다.' 그러므로 말한다. '바람이 불면 (강물이) 줄어들고; 태양이 지나가면 (강물이) 줄어든다. 비록 바람(이 불고) 태양(이 비춰서) 서로 강을 지켰으나 강물은 한 번도 줄지 않은 것은, (강물은) 수원水源에 의지하여 흐르기 때문이다. 그러므로 물이 흙을 지키는 것이 안정安靜되고, 그림자가 사람을 지킴이 안정安靜되며, 사물이 사물을 지키는 것이 안정安靜되(면, 물은 줄지 않는)다.' 그러나 눈은 눈 밝음을 (좇으면) 위태롭고, 귀가 귀 밝음을 (좇으면) 위태로우며, 마음은 (지혜로움

2064) 사마표司馬彪(?-306)에 의하면, 근堇은 미나리아재과에 속한 바곳(오두烏頭, 또는 가시연蓮)이다. 王叔岷, 983頁, 주8 참조.

2065) 계옹鷄廱는 鷄頭草(가시연밥)이다. 趙礎基, 384頁, 주3 참조.

2066) 시령豕零은 저령豬苓(부종浮腫, 濕症에 쓰는 약)이다. 趙礎基, 上同, 주4 참조.

2067) 帝는 主藥이다. 『莊子譯注』, 250頁, 주3 참조.

을) 추구하면 위태로우며, 무릇 마음이 (지능을 좇으면) 심장이 위태로우며, (이런) 위태로움이 형성되면 고칠 수 없다. 위험이 완성되면 고칠 수 없다.

[句踐也以甲楯三千棲於會稽.[2068] 唯種也能知亡之所以存.[2069] 唯種也, 不知其身之所以愁. 故曰: '鴟目有所適,[2070] 鶴脛有所節, 解之也悲.'[2071] 故曰: '風之過河也, 有損焉. 日之過河也, 有損焉. 請只風與日相與守河, 而河以爲未始其攖也.[2072] 恃源而往者也. 故水之守土也審, 影之守人也審, 物之守物也審.'[2073] 故目之於明也殆, 耳之於聰也殆, 心之於殉也殆,[2074] 凡能其於府也殆,[2075] 殆之成也不給改.[2076]]

불행[禍]이 자라나서 더욱 많게 되면 (결과를) 되돌리는데 (많은) 공부가 쌓여야 하고, 성공하려면 오래도록 기다려야 한다. 그런데도 사람들은 그것을 가지고 자기의 보배로 삼고 있으니 또한 슬프지 않은가! 그러므로 또한 나라를 망하고 백성을 죽이는 일이 끝이 없으니, 그 이유를 물을 수 없다! 진실로 발이 땅을 밟는 부분은 적으나, 비록 적더라도, 밟지 않는 곳에 의지한 다음에야 쉽게 널리 멀리까지 (갈 수) 있으

2068) 句踐은 월越나라 임금인데, 吳國과의 전투에서 敗하였다. 서棲(살다)는 居이다. 趙礎基, 385頁, 주1 참조.

2069) 種은 월나라 대부 문종文種이다. 所는 可와 같다. 王叔岷, 984頁, 주14 참조.

2070) 치鴟는 치휴鴟鵂라고 부르니, 부엉이이다.

2071) 解는 去이고; 適, 節은 互文(서로 뜻을 밝혀주는 문장)이니, 節 또한 適이다. 王叔岷, 985頁, 주16 참조.

2072) 영攖은 損이다. 其는 有와 같다. 王叔岷, 986頁, 주19 참조.

2073) 守는 待이고; 定은 寧靜(安靜)이다. 趙礎基, 386頁, 주9 참조.

2074) 殆는 위험이고; 殉은 축逐(追求함)이다. 趙礎基, 上同, 주10 참조.

2075) 府는 靈府(心)이니, 심장을 가리킨다. 趙礎基, 上同, 주11 참조.

2076) '不給改' 는 '不及改' 이다. 趙礎基, 上同, 주12 참조.

며; 사람이 아는 것도 적으나, 비록 적지만, 알지 못하는 것을 의지한 다음에야 자연[天]이 말하는 바를 알 수 있다.

[禍之長也茲萃,2077) 其反也緣功,2078) 其果也待久.2079) 而人以爲己寶, 不亦悲乎! 故有亡國戮民无已,2080) 不知問是也. 故足之於地也踐.2081) 雖踐, 恃其所不蹍而後善博也.2082) 人之於知也少. 雖少, 恃其所不知而後知天之所謂也.]

대일大一[道]을 알고, (마음의) 대음大陰을 알고, 대도大道의 관점[大目]을 알고, 대도大道의 균형[大均]을 알고, (일체를 포용하는) 대도大道의 도량[大方]을 알고, (거짓 없는) 대도大道의 진실[大信]을 알고, (안정된) 대도大道의 안녕을 아는 것은 지극하다. 대일大一을 통해 (만물들을) 관통하고, (마음의) 대음大陰을 통해 (얽힌 것들을) 풀어내고, 대도大道의 관점으로 (만물의 참모습을) 보고, 대도의 균형(을 통해 천지자연의 변화를) 따르고, 대도의 도량으로 (만물들을) 드러내고, 대도의 진실[大信]로 (만물들을) 합치고, 대도의 안정安靜으로 (만물들을) 유지한다. (위에 열거된 것들을) 다 파악하면 자연[天](의 도)가 있게 되고, (이들을) 따르면 광명이 있게 되고, (만물의) 원초元初에까지 올라가면 그것[大道]을 깨닫게 된다. 그렇다면 설명한 것은 설명하지 않은 것과 같고, 아는 것이 알지 못함과 같으니, 알지 못한 다음에야 알게 된다. (도체道體에 대해) 물으면, (그것은) 제

2077) 자췌茲萃는 益多이다. 王叔岷, 987頁, 주25 참조.

2078) 反은 返과 통하고; 緣은 由이고; 功은 功夫(일할 때 드는 정력과 시간)이다. 趙礎基, 上同, 주14 참조.

2079) 果는 成과 같다. 王叔岷, 988頁, 주27 참조.

2080) 육戮은 殺이고; 无已는 无止境(끝이 없음)이다. 趙礎基, 上同, 주17 참조.

2081) 천踐은 천淺(얕음)과 통한다. 『莊子譯注』, 251頁, 주10 참조.

2082) 전蹍(밟다)은 채跴(밟다)이고; 박博은 博遠이다. 趙礎基, 上同, 주19 참조.

한이 있다고 해도 안 되고 제한이 없다고 해도 안 된다. (대도大道가) 착란錯亂되어 복잡한 모양이나 핵심이 있으니, 예나 지금이나 바뀜이 없고 손실이 없으니, 그렇다면 (대도大道의) 대충 윤곽은 말할 수 있지 않겠는가! 이것[大道]이 무엇인지 묻지 않음이 어찌 미혹인가! 미혹됨이 없는 것으로서 미혹됨을 풀어서 미혹됨이 없는 상태로 돌아가면, 이것은 대체로 우선은 불혹不惑으로 보는 것이다.

[知大一,[2083] 知大陰,[2084] 知大目,[2085] 知大均,[2086] 知大方,[2087] 知大信,[2088] 知大定,[2089] 至矣. 大一通之, 大陰解之, 大目視之, 大均緣之,[2090] 大方體之, 大信稽之. 大定持之. 盡有天,[2091] 循有照,[2092] 冥有樞,[2093] 始有彼.[2094] 則其解之也似不解之者,[2095] 其知之也似不知之也,

---

2083) 郭象注에, 大一은 道이다. 『呂氏春秋』「大樂」편에, '道也者, 至精也, 不可爲形, 不可爲名, 彊爲之[名], 謂之太一.' 이 있는데, 大一은 太一이다. 王叔岷, 990頁, 주9 참조.

2084) 大陰은 절대적 靜寂이니, 모든 것을 해소시킬 수 있으니, 이것은 心神이다. 趙礎基, 上同, 주23 참조.

2085) 大道는 '不見'을 見으로 하니, 사물 스스로 나타나게 하니, 大目은 大道의 관점이다. 趙礎基, 上同, 주24 참조.

2086) 大均은 大道의 均衡 작용이다. 緣은 順이다. 趙礎基, 上同, 주25 참조.

2087) 大方은 大道의 度量이다. 大道는 포용하지 않는 것이 없으니, 한정되지 않기에, 大方이라 부른다. 體之는 만물을 體現시킴이다. 趙礎基, 387頁, 주26 참조.

2088) 大信은 大道가 純眞하여 虛僞없는 성질을 가리킨다. 계稽는 合이니, 稽之는 만물과 서로 합침이다. 趙礎基, 上同, 주27 참조.

2089) 大定은 道體의 안정된 성질이다. 持는 守이다. 趙礎基, 上同, 주28 참조.

2090) 楊倞注에 의하면, 緣은 因이다. 王叔岷, 991頁, 주12 참조,

2091) '盡有天'은, 위에서 언급한 사항들을 철저히 파악하면 天道를 얻을 수 있음이다. 趙礎基, 上同, 주29 참조.

2092) 照는 光明이니; '循有照'는, 위에서 말한 도리를 따르면 광명이 있음이다. 趙礎基, 上同, 주30 참조.

2093) 冥은 幽昧(어두워서 밝지 않음)이니, 混沌無知의 모양이다. 혼돈무지한 태도로 모든

不知而後知之. 其問之也, 不可以有崖, 而不可以无崖.[2096] 頡滑有實,[2097] 古今不代,[2098] 而不可以虧,[2099] 則可不謂有大揚搉乎![2100] 闔不亦問是矣?[2101] 奚惑然爲![2102] 以不惑解惑, 復於不惑, 是尙大不惑.[2103]]

것을 대하면, 大道의 핵심을 파악한 것이다. 趙礎基, 上同, 주31 참조.

2094) 彼는 大道를 가리키고; 만물의 처음에까지 거슬러 올라가면 大道를 깨닫게 됨이다. 趙礎基, 上同, 주32 참조.

2095) 解는 解說이니, 설명한 것이 마치 안 한 것과 같음이다. 趙礎基, 上同, 주33 참조.

2096) 道體는 無限하니, 끝이 없으나, 또 없는 곳이 없으니, 만물 속에 있기도 하다. 趙礎基, 上同, 주35 참조.

2097) 힐활頡滑은 착란錯亂되어 복잡한 모양이다. 實은 실재의 내용, 즉 核心이다. 趙礎基, 上同, 주36 참조.

2098) 代는 易(바뀜)이다. '古今不代'는 '古今不易'과 같다. 王叔岷, 993頁, 주24 참조.

2099) 휴虧는 損이다. 趙礎基, 上同, 주38 참조.

2100) 許愼은 양각揚搉을 '粗略한 法度', 즉 대충 윤곽으로 해석하였다. 趙礎基, 上同, 주39 참조.

2101) 합闔은 합盍(어찌…하지 않느냐?)과 같고; 不자는 後人이 덧붙인 것이니, 衍文으로 보아야 한다. 王叔岷, 994頁, 주27 참조.

2102) '問是'를 한 것은 不惑이다. 爲는 이呢와 같으니, 의문助詞이다. 趙礎基, 上同, 주41 참조.

2103) 尙은 서기庶幾(거의)이고, 大는 初이다. '大不惑'은 처음은 불혹으로 봄이다. 趙礎基, 上同, 주42 참조.

25. 즉양(則陽)

본 편의 주지主旨는 도道의 전면성全面性, 통일성, 영원성을 묘사하여, 장자의 세계관을 나타냄에 있다. 전체 문장이 두 부분으로 나누어진다. 첫 부분은 10개의 작은 얘기들로 구성되었는데, 인물들의 대화를 통하여 염담恬淡, 청허淸虛, 순임順任하는 뜻과, 인사나 권세에 미련을 못 버리는 인물들을 공격하고 있다. 둘째 부분에서 소지少知와 대공조大公調의 대화를 통하여 우주 만물의 규칙이나 우주의 기원을 탐구하고 있고, 외재 사물에 대한 주체적 인식을 다루고 있다. 그 밖에 본 편에서는 도道는 공적公的인 것이며 사물과 동리同理라는 등등 중요한 철학적 명제를 언급하고 있다.

▶ 25-1:

(노魯나라사람) 즉양則陽이[2104] 초楚나라에 유세를 가니, 이절夷節이 그를 왕에게 소개하려 했으나 왕이 그를 만나려 하지 않자, 이절은 돌아가 버렸다. 팽양彭陽[즉, 즉양則陽]이 왕과王果를 만나 말했다. "선생은

2104) 즉양則陽은, 성현영成玄英(608-669) 疏에 의하면, 姓이 팽彭, 名은 陽이고, 字는 則陽이며, 魯人이다. 나중에 楚에 들어가, 楚文王에게 벼슬을 살려고 하였다. 王叔岷, 998頁, 주1 참조.

저를 어째서 왕에게 말씀해 주시지 않습니까?"

왕과가 대답했다. "저는 공열휴公閱休만 못합니다."

팽양[則陽]이 물었다. "공열휴는 무엇 하는 사람입니까?"

(왕과가) 대답했다. "겨울이면 강에서 자라를 찔러 잡고, 여름이면 산자락에서 쉽니다. 지나가는 이가 물으면, '여기가 내 집이오' 라고 말합니다. 이절夷節도 하지 못하였는데 하물며 제가 할 수 있나요! 저는 또한 이절만큼도 못합니다. 이절의 사람됨이란 덕德은 없고 지식만 있으며, 자기 신념이 없고, 이것으로 교류하지 않으니, 따라서 부귀의 자리에 미혹되었습니다. (그는) 덕德으로써 서로를 돕는 것이 아니라 훼손시킴으로 서로를 돕습니다. (이는, 추위에) 얼은 사람에게 (따스한) 봄에나 입을 옷을 빌려주고, 더위 먹은 이에게 (다음) 겨울의 찬바람을 돌려주려 하는 것입니다. 초나라 임금의 사람됨이란, 모습은 존귀하나 엄격하여서, 죄에 대해서는 호랑이와 같이 용서가 없습니다. 재인才人이나 바른 덕을 가진 이가 아니라면 누가 그를 굴종시킬 수 있겠습니까! 그러므로 성인은 궁핍하더라도 서민들이 자기 빈궁함을 잊도록 하게 하고, 영달하여도 왕공王公들이 지기 작록爵祿을 잊도록 하게 하여, (자신을) 낮추고 겸손하게 해야 합니다. 만사에 대해서는 그것들과 함께 즐거워하고, 인사人事에 대해서는 소통을 즐거워하면서도 자기 자신을 보존합니다. 그래서 말하지 않더라도 화순和順한 태도로 사람들을 대하며, 사람들과 함께 처하면서 그들을 감화시킴이 부자간의 마땅함[宜]과 같습니다. 그는 귀가하여 거처함에 모든 것에 마음 쓰지 않고 자기 할 바에 여유롭습니다. 그는 사람들 마음과는 큰 차이가 있습니다. 따라서 '공열휴를 기다리라!' 라고 말한 것입니다."

[則陽游於楚, 夷節言之於王,[2105] 王未之見, 夷節歸. 彭陽見王果曰:[2106] "夫子何不譚我於王?" 王果曰: "我不若公閱休."[2107] 彭陽曰:

"公閱休奚爲者邪?" 曰: "冬則擉鼈於江,[2108] 夏則休乎山樊. 有過而問者, 曰: '此予宅也.' 夫夷節已不能, 而況我乎! 吾又不若夷節. 夫夷節之爲人也, 无德而有知, 不自許, 以之神其交,[2109] 固顚冥乎富貴之地,[2110] 非相助以德, 相助消也.[2111] 夫凍者假衣於春, 暍者反冬乎冷風.[2112] 夫楚王之爲人也, 形尊而嚴; 其於罪也, 无赦如虎. 非夫佞人正德, 其孰能橈焉![2113] 故聖人其窮也, 使家人忘其貧;[2114] 其達也, 使王公忘爵祿而化卑.[2115] 其於物也, 與之爲娛矣;[2116] 其於人也, 樂物之通而保己焉. 故或不言而飮人以和,[2117] 與人並立而使人化, 父子之宜.[2118] 彼其乎歸居, 而一閒其所施.[2119] 其於人心者若是其遠也. 故曰 '待公閱休'."]

2105) 이절夷節은 姓은 夷이고, 名은 節이며, 楚臣이다. 言은 소개이다. 趙礎基, 389頁, 주2 참조.

2106) 사마표司馬彪(?-306)에 의하면, 王果는 楚의 賢人이다. 담譚은 談과 같으니, 說이다. 王叔岷, 上同, 주3 참조.

2107) 공열휴公閱休는 隱士이다. 王叔岷, 上同, 주4 참조.

2108) 司馬彪에 의하면, 착擉은 자刺(찌름)이다. 별鼈은 '자라' 이다. 王叔岷, 上同, 주5 참조.

2109) 許는 信과 같고; 以之는 因此와 같고; 神은 伸의 가차이다. 伸은 伸展이다. 王叔岷, 999頁, 주8 참조.

2110) 固는 故와 통하고; 전顚은 진瞋의 가차이고, 冥은 명瞑의 가차이니, 진명瞋瞑은 침닉沈溺이나 迷惑이다. 趙礎基, 上同, 주14 참조.

2111) 消는 훼손毁損이다. 王叔岷, 1000頁, 주10 참조.

2112) 시동奚侗(1878-1939)에 의하면, '反冬乎冷風' 은 뜻이 순조롭지 않으니, 마땅히 '反冷風於冬' (겨울에 찬바람을 돌려보냄)으로 읽어야 한다. 王叔岷, 上同, 주11 참조.

2113) 영佞은 才(재주)이고; 요橈、요撓는 굴종시킴이다. 王叔岷, 上同, 주12 참조.

2114) 家人은 庶人과 같다. 王叔岷, 1001頁, 주12 참조.

2115) 化卑는 비겸卑謙하게 함이다. 趙礎基, 上同, 주20 참조.

2116) 物은 事이고; 娛는 협의愜意(흡족)이다. 趙礎基, 390頁, 주21 참조.

2117) '飮人以和' 는 和順한 태도로 사람을 대함이다. 趙礎基, 上同, 주23 참조.

2118) 의宜는 서로 편함이다. 사람들과 함께 하면 그들을 감화시킴이, 아버지가 아들에게 미치는 (따듯한) 영향과 같음이다. 趙礎基, 上同, 주24 참조.

▶ 25-2:

성인은 얽힌 것들을 풀어서 완전하게 조합했으면서도, 그것이 그렇게 된 것을 모르니, (이것이) 본성[性]이다. (성인은) 가만히 있든[靜] 움직이든[動] 자연[天]을 스승으로 삼고 있는데, 사람들은 (그를 성인聖人이라) 호칭할 뿐이다. (일반) 사람들은 아는 일들 때문에 근심하고, 다만 행동을 한다 해도 얼마 못 가며, 그것도 또한 (곧) 그치니 어찌하겠는가! 태어나면서부터 아름다운 자라도 사람들이 (거울을 준다면 자기가 아름답다고) 평가하고, 알려주지 않으면 자기가 남들보다 아름다운지도 모른다. (자기가) 혹 알든 혹 모르든, 혹 들었든 혹 못 들었든 그의 아름다움은 끝내 없어질 수 없으며, 사람들이 좋아하는 것 또한 없어지지 않는다. (이것이) 본성[性]이다. 성인은 사람을 사랑하는 분이니, 그에게 사람들이 (성인의) 이름을 붙여주는데, (남들이) 일러주지 않는다면 (사람들은) 그가 사람들을 사랑함을 모르게 된다. 혹 알든 혹 모르든, 혹 들었든 혹 못 들었든, 그가 사람들을 사랑하는 것은 끝내 없어지지 않고, 사람들이 그를 편안하게 여기는 것 또한 없어지지 않는다. (이것이) 본성[性]이다.

[聖人達綢繆,2120) 周盡一體矣,2121) 而不知其然, 性也. 復命搖作,2122) 而以天爲師, 人則從而命之也.2123) 憂乎知,2124) 而所行恒无幾時, 其有

2119) 歸居는 歸家하여 隱居함이고; 一은 皆이고; 施는 爲(함)이다. 趙礎基, 上同, 주25 참조.

2120) 達은 通이고; 주무綢繆는 규갈糾葛(꼬인 칡넝쿨)이니, '達綢繆'는 모순을 화해시킴, 분쟁을 끝내게 함이다. 趙礎基, 391頁, 주1 참조.

2121) 周는 合이니, '周盡一體'는 완전히 一致하게 調合함이다. 趙礎基, 上同, 주2 참조.

2122) 『老子』 16章: '歸根曰靜, 是曰復命.'이라 했으니, 復命은 靜이고; 搖作은 動이다. 趙礎基, 上同, 주3 참조.

2123) 여기서 命은 名이니, 호칭이니, 聖人이라 호칭함을 가리킨다. 趙礎基, 上同, 주4 참조.

止也, 若之何![2125] 生而美者, 人與之鑑,[2126] 不告則不知其美於人也. 若知之,[2127] 若不知之, 若聞之, 若不聞之, 其可喜也終无已,[2128] 人之好之亦无已, 性也. 聖人之愛人也, 人與之名,[2129] 不告則不知其愛人也. 若知之, 若不知之, 若聞之, 若不聞之, 其愛人也終无已, 人之安之亦无已, 性也.]

(외국에 있으면) 옛 나라와 옛 도읍을 (멀리서) 바라만 보아도 마음이 기쁘며, (그 모습이) 비록 언덕과 초목에 의해 어렴풋해져 분명치 않은 것이 10분의 9나 (그래도) 마음이 기쁜데, 하물며 (본성本性을 회복하여 그것을) 눈앞에서 보고 듣는다면, 마치 10이 높이의 누대[樓]가 사람들 사이에 솟아오른 것처럼 쉽게 눈에 띌 것이다! 염상씨冉相氏는 천도天道의 요령을 얻어서 그것에 따라서 (자신을) 이루었으니, 만물과 함께 (변화하니) 끝도 시작도 없고, (정해진) 시기時期가 없었다. 매일 외물들과 함께 변화하지만, 내심內心의 영명靈明함은 변함이 없었다. 어째서 (그가) 이것(자연도리天道)을 버리겠는가? 자연[天]을 본받으려 하여도 자연을 본받지 못한다면, 외물들과 함께 (자연성天性)을 잃었기 때문이다. (자연을 스승으로 대하는) 이런 태도를 일삼지 않는다면 무엇을 할 수 있겠는가? 성인(의 마음)에는 자연[天]도 없고, 사람[人]도 없으며, 시초도 끝도 없으니, 세상과 함께 움직여가면서 멈춤이 없으며, 해온 행동들이 완비되

2124) '憂乎知' 는, 보통 사람들은 자기가 알고 있는 이들 때문에 근심함을 말한다. 趙礎基, 上同, 주5 참조.

2125) 而는 但(다만)이고; 恒은 常이고; 有는 又(또한)이다.

2126) 감鑑은 감별함이니, 평가이다. 趙礎基, 上同, 주7 참조,

2127) 若은 或이다. 王叔岷, 1004頁, 주8 참조.

2128) 앞뒤 문맥을 보아, 喜는 아마도 美자의 오기이다. 趙礎基, 주8 참조.

2129) '與之名' 은 그에게 성인의 호칭을 줌이다. 趙礎基, 주10 참조.

없어도 버리려 하지 않으니, 저들 (자연을 스승으로 삼을 수 없는) 이들이 (성인의 도와) 합칠 수 있겠는가?

[舊國舊都, 望之暢然;2130) 雖使丘陵草木之緡入之者十九,2131) 猶之暢然, 況見見聞聞者也,2132) 以十仞之臺縣衆閒者也.2133) 冉相氏得其環中以隨成,2134) 與物无終无始, 无幾无時.2135) 日與物化者,2136) 一不化者也.2137) 闔嘗舍之!2138) 夫師天而不得師天, 與物皆殉,2139) 其以爲事也, 若之何!2140) 夫聖人未始有天, 未始有人, 未始有始, 未始有物,2141) 與世偕行而不替,2142) 所行之備而不洫,2143) 其合之也若之何?2144)]

2130) 창연暢然은 喜悅貌(기쁘고 즐거운 모양)이다, 王叔岷, 王叔岷, 1004頁, 주12 참조.

2131) 요내姚鼐(1731-1815)에 의하면, 민緡은 망매芒昧(어두워서)하여 分明하지 않음이다. 王叔岷, 1004, 1005頁, 주14 참조.

2132) '見見聞聞者'는 눈앞 어디에서도 볼 수 있는 것이다. 趙礎基, 上同, 주14 참조.

2133) 작자는 舊國舊都를 사람의 本性으로 비유한 것이니, 사람들이 잃어버린 本性을 되찾았다면, 멀리 타향에서 조국을 본 것처럼 기뻐할 것이고; 본성이 눈앞에 있다면, 10이 누대가 衆人들 사이에 솟아 있는 것처럼 쉽게 볼 수 있음을 말함이다. 趙礎基, 上同, 주15 참조.

2134) 염상씨冉相氏는 遠古시대의 帝王이고; 其는 天道를 가리키고; 環中은 추뉴樞紐이니 要領이다. 隨成은 天道를 따라서 이룸이다. 趙礎基, 上同, 주16 참조.

2135) 幾는 期의 가차이다. 만물들과 하나가 돼서 변화하니, 終도 始도 없고, 정해진 期도 없음이다, 趙礎基, 上同, 주17 참조.

2136) '日與物化'는 매일 外物들과 함께 변함이다, 『莊子譯注』, 255頁, 주17 참조.

2137) '一不化者'는 內心의 영명靈明은 변화하지 않음이다, 『莊子譯注』, 255頁, 주18 참조.

2138) 합상闔嘗은 何曾(무엇 때문에)이다. 天道의 요점을 버리겠는가를 나타냄이다. 趙礎基, 上同, 주19 참조.

2139) 순殉은 喪失이다. 자연을 스승으로 삼고저하나, 할 수 없는 것은 天性을 상실했기 때문이다, 趙礎基, 上同, 주20 참조.

2140) 爲事는 일을 대함이다. 其以 아래에 之자가 생략 되었다. 趙礎基, 392頁, 주21 참조.

2141) 짱삥린章炳麟(1869-1936)에 의하면, 物은 식殖자이니, 殖은 終이다. 陳鼓應, 719頁, 주13 참조.

▶ 25-3:

탕湯임금은 일을 주관하는 관리를 얻어서 문윤門尹 벼슬의 등항登恒을 그 스승으로 하였는데, (탕왕은) 스승을 따르라고 했지 속박받으라는 것은 아니었고, 요령을 얻어서 (자연의 도[天道]를) 이루라는 것이었다. (탕왕은 스승의) 이름을 있게 했으나 스스로에게는 무심하였다. (등항登恒이) 양단兩端을 얻은 것은 공자[仲尼]가 무심無心하라고 한 말과 같으니, 그를(탕왕을) 위해 스승이 되었다. (노자老子의 스승) 용성씨容成氏가 말하였다. "날이 없으면 년年은 없고, 안[內]이 없으면 밖[外]이 없다."

[湯得其司御,2145) 門尹登恆爲之傅之, 從師而不囿,2146) 得其隨成.2147) 爲之司其名,2148) 之名嬴法.2149) 得其兩見.2150) 仲尼之盡慮,2151) 爲之傅之. 容成氏曰:2152) "除日无歲,2153) 无內无外."]

2142) 마치창馬其昶(1855-1930)에 의하면, 체替는 止이다. 陳鼓應, 720頁, 주14 참조.

2143) 之는 至이니, 도달함이고; 혁洫은 설泄인데, 放棄로 의미가 확대될 수 있다, 趙礎基, 上同, 주24 참조.

2144) 其는 자연을 스승으로 삼을 수 없는 사람들을 가리킨다, 之는 성인의 도이다. 趙礎基, 上同, 주25 참조.

2145) 사司는 主이고; 어御는 治事하는 관리이다, '得其司御' 는 主事의 관리를 얻음이다. 門尹登恒은 스승[傅]이다. 王叔岷, 1008頁, 주11 참조.

2146) 스승을 따르라고 했지, 유囿(속박)한 것은 아니다. 趙礎基, 上同, 주3 참조.

2147) '得其隨成' 은 '得其環中以隨成' 의 약어이다. 趙礎基, 上同, 주4 참조.

2148) 임운명林雲銘(1628-1697)을 인용하여, 첸무錢穆(1895-1990)는 『莊子纂箋』에서, '사람들은 그 스승은 들먹이지 않으나 湯임금을 들먹이는 것은, 湯임금이 스승을 위해 그 이름을 쓰게 한 것이다.' 고 말한다. 王叔岷, 上同, 주13 참조.

2149) '之名嬴法' 에서 名法은 쓸데없는 것이며; 영법嬴法은 곽상郭象(252-312)注에 의하면, 無心의 法이다. 『莊子譯注』, 李玉峰, 李翊赫譯注, 256頁, 주4 참조.

2150) 兩見은 兩端(처음과 끝)과 같고; 見은 現이다. 『莊子譯注』, 上同, 주5 참조.

2151) 仲尼는 『周易』, 「繫辭」에서, '天下何思何慮? 慮已盡矣!' (세상에서 무엇을 생각하고, 무엇을 염려해야하나? 사려를 다할 뿐이다!)라고 말했다. 진려盡慮는 絕慮이니, 無心이다. 趙礎基, 上同, 주6 참조.

▶ 25-4:

위영魏瑩[梁惠王]이 (제齊나라) 전후田侯[齊威王]와 맹약을 맺었으나, 제나라 위威王왕이 배반하니, 양혜왕이 분노하여 자객을 보내 그를 찔러 죽이려 했다. (위나라) 서수犀首[호아虎牙 장군]인 공손연公孫衍이 치욕스러워하며 말했다. "임금께서는 만승萬乘의 군주이신데, 필부를 써서 원수를 갚으려 하십니까? 제가 군사 이십만을 이끌고 임금을 위해 그를 공격하겠습니다. 그 백성들을 사로잡고 그의 가축들을 끌고 오면, 그 나라 군주[齊威王]는 속에서 불이 나서 등에는 악창이 생길 것입니다. 그 다음에 그 나라를 빼앗겠습니다. (제나라가) 망하게 하여 (그가) 달아나면, 그 배후를 치고 척추를 분지르겠습니다."

계자季子(아마도 계량季梁)가 (이 말을) 치욕스럽게 여기며 말했다. "열 길 높이의 성을 쌓는데, 성이 이미 일곱 길 높이가 되었는데, 다시 그것을 무너뜨린다면 (징발된) 일꾼들이 괴로워할 것입니다. 지금 전쟁을 하지 않은 지 7년이 되었으니, 이는 (세상을 통일하는) 왕王이 될 기반입니다. (공손)연衍은 난리를 일으킬 사람이니, (그의 말을) 듣지 마십시오."

화자華子가[2154] (이 말을) 치욕스럽게 여기며 말했다. "제나라를 치라고 말 잘 하는 이는 분란을 일으키는 사람이고, 치지 말자고 말하는 이도 난리를 일으키는 사람이며, 치는 것과 치지 않는 것, 모두가 난리를 일으키는 것이라고 말하는 사람도 또한 분란을 일으키는 사람입니다."

임금이 말했다. "그렇다면 어떻게 해야만 되오?"

(그가 말했다.) "임금께서는 도道만 찾으시면 됩니다."

2152) 容成氏는 老子의 스승이다. 王叔岷, 1009頁, 주16 참조.

2153) 날(日)이 없어지면 年도 없음이다. 趙礎基, 上同, 주8 참조.

2154) 華子는 子華子이며, 魏의 신하이다. 王叔岷, 上同, 주10 참조.

[魏瑩與田侯牟約,[2155] 田侯牟背之. 魏瑩怒, 將使人刺之. 犀首聞而恥之,[2156] 曰: "君爲萬乘之君也, 而以匹夫從讎.[2157] 衍請受甲二十萬,[2158] 爲君攻之, 虜其人民, 係其牛馬, 使其君內熱發於背.[2159] 然後拔其國. 忌也出走,[2160] 然後抶其背,[2161] 折其脊." 季子聞而恥之,[2162] 曰: "築十仞之城, 城者旣十仞矣,[2163] 則又壞之, 此胥靡之所苦也.[2164] 今兵不起七年矣, 此王之基也. 衍亂人, 不可聽也." 華子聞而醜之, 曰: "善言伐齊者, 亂人也 ; 善言勿伐者, 亦亂人也; 謂伐之與不伐亂人也者, 又亂人也." 君曰: "然則若何?" 曰: "君求其道而已矣."]

혜시[惠子]가 이 말을 듣고 대진인戴晉人을 소개하여 (임금을) 만나도록 했다. 대진인이 말했다. "달팽이라고 하는 것이 있는데, 임금께서는

2155) 사마표司馬彪(?-306)에 의하면, 위영魏瑩은 魏惠王이다. 司馬彪에 의하면, 田侯는 齊威王의 名이 모牟라고 말하지만, 齊威王의 名은 인제因齊이고, 牟라는 이름의 제후는 없다. 威王의 아들 桓公의 名이 午이기 때문에, 牟자는 午자의 잘못으로 본다. 그러나 齊桓公午와 梁惠王은 서로 시대가 맞지 않는다. 王叔岷, 1011頁, 주1 참조,

2156) 묘반림茆泮林(?-1845)에 의하면, 서수犀首는 魏나라 관직이니, 虎牙장군이다. 南宋의 蜀本 『南華眞經』, 즉 趙諫議(13세기)本에 의거하니, 서수犀首 아래에 公孫衍 세자가 나온다. 王叔岷, 上同, 주2 참조,

2157) 以는 用이고; 종수從讎는 보수報讎이다. 王叔岷, 1012頁, 주3 참조.

2158) 受甲은 領兵이다. 趙礎基, 394頁, 주4 참조.

2159) 마음에 열기가 쌓이면 등에 악창들이 생긴다. 王叔岷, 上同, 주4 참조.

2160) 기忌는 南朝 宋 때의 元嘉(424-453년간)本에는 亡이다. 亡、忘은 古通이다. 따라서 忘을 忌자로 오기한 것이다. 亡은 齊國의 亡이다. 趙礎基, 上同, 주6 참조.

2161) 질抶은 편타鞭打(채찍질하다)이다. 趙礎基, 上同, 주7 참조.

2162) 季子는 季梁이다. 『列子』, 「仲尼」 편에, '季梁之死, 楊朱望其門而歌.' 가 나온다. 王叔岷, 上同, 주7 참조.

2163) 유월兪樾(1821-1907)을 인용하여, 郭慶藩 『莊子輯釋』에서, 아래의 十은 七의 오기로 본다, 王叔岷, 1013頁, 주8 참조.

2164) 서미胥靡는 徒役人(부역에 징발된 사람)이다. 王叔岷, 上同, 주9 참조.

아시겠지요?"

(임금이) 대답했다. "그렇소."

(대진인이 말했다.) "달팽이의 왼쪽 뿔에 있는 나라를 촉씨觸氏라 하고, 달팽이의 오른쪽 뿔에 있는 나라를 만씨蠻氏라고 합니다. 때마침 서로 땅을 놓고 전쟁이 일어났는데, 땅에 쓰러진 시체들이 수만이나 되었고, 패잔병을 좇아가 15일 지난 후에야 돌아왔다고 합니다."

임금이 말했다. "아! 허황된 소리 아니오?"

(대진인이) 말했다. "제가 임금님을 위해 실정을 말씀드리지요. 임금께서는 사방 위아래로 끝이 있다고 생각하십니까?"

임금이 대답했다. "끝이 없소."

(대진인이) 말했다. "끝없는 천하에서 마음을 노닐게 할 줄 아는데, (인마人馬와 주거舟車들이) 소통하는 지역을 한 번 돌이켜 생각해보면, (이 세상은) 있는 것 같기도 하고 없는 것 같기도 하여 (아물아물) 하겠지요?"

임금이 말했다. "그렇소."

(대진인이) 말했다. "소통 지역 속에 위魏나라가 있고, 위나라 속에 (수도首都인) 양梁이 있으며, 양 속에 왕王이 계십니다. (이렇다면) 왕과 만씨蠻氏 사이에는 구별이 있겠습니까?"

임금이 말했다. "구별이 없소."

빈객(대진인)이 물러나자 임금은 황홀하여 얼이 빠진 듯했다. 빈객이 물러나자 혜시가 나타났다. 임금이 말했다. "빈객은 대인大人이요. 성인이라도 그를 감당하지 못할 것이요."

혜시가 말했다. "무릇 피리를 불면 높고 큰 소리가 납니다. 그러나 칼자루 끝의 구멍에서는 (휙 하는) 짧고 작은 소리밖에 안 납니다. 요堯나 순舜임금을 사람들이 칭찬하지만, 대진인의 앞에서 요순을 말하는 것은, 비유컨대 이 휙 하는 작은 소리와 같습니다."

[惠子聞之而見戴晉人.[2165] 戴晉人曰: "有所謂蝸者, 君知之乎?" 曰: "然." "有國於蝸之左角者曰觸氏, 有國於蝸之右角者曰蠻氏, 時相與爭地而戰, 伏尸數萬,[2166] 逐北旬有五日而後反."[2167] 君曰: "噫! 其虛言與?" 曰: "臣請爲君實之. 君以意在四方上下有窮乎?" 君曰: "无窮." 曰: "知遊心於无窮, 而反在通達之國, 若存若亡乎?"[2168] 君曰: "然." 曰: "通達之中有魏, 於魏中有梁, 於梁中有王. 王與蠻氏有辯乎?" 王曰: "无辯." 客出而君惝然若有亡也.[2169] 客出, 惠子見. 君曰: "客, 大人也, 聖人不足以當之." 惠子曰: "夫吹管也, 猶有嗃也;[2170] 吹劍首者, 吷而已矣.[2171] 堯舜, 人之所譽也, 道堯舜於戴晉人之前, 譬猶一吷也."]

▶ 25-5:

공자가 초楚나라로 가다가 의구蟻丘 산의 미음米飮 파는 집에 머물렀다. 그 이웃의 부부와 남녀들이 지붕 용마루에 올라가 (공자 일행을) 바라보고 있으니, 자로子路가 말했다. "저기 모인 많은 이들은 무엇 하

2165) 見은 現과 통하니, 引見(소개함)이다. 戴晉人은, 戴는 姓이고, 字는 晉人이며, 得道한 사람이다. 趙礎基, 上同, 주17 참조.

2166) 복시伏尸는 땅에 쓰러진 시체이다. 趙礎基, 上同, 주21 참조.

2167) 축逐은 추축追逐이고; 北은 패배이고; 旬은 열흘이고; 有는 又(또한)이고; 反은 返과 통한다. 趙礎基, 上同, 주22 참조.

2168) 无窮은 天下와 같다. 反在는 뒤돌아 생각해봄이다. '通達之國'은 人馬와 舟車가 도달할 수 있는 곳이다. '若存若亡'은 有無 사이에 있음과 같다. 趙礎基, 395頁, 주26 참조.

2169) 창연惝然은 황홀하여 안정하지 못함이다. 亡은 失이다. 趙礎基, 上同, 주30 참조.

2170) 학嗃은 大呼、大聲이다. 王叔岷, 1014頁, 주20 참조.

2171) 사마표司馬彪(?-306)에 의하면, 검수劍首는 劍의 환두環頭(고리)의 작은 구멍이다. 혈吷은 짧고 빠른 소리이다. 王叔岷, 1015頁, 주21 참조.

는 사람들입니까?"

중니仲尼(공자)가 대답했다. "이는 성인의 무리이네. 그들은 스스로 백성들 속에 묻혀있고, 스스로 밭이랑 사이에 은거하고 있네. 그들의 명성은 (세속에서) 사라졌으나, 그들의 뜻은 끝이 없고, 그들의 입에서 비록 말은 하여도, 그들의 마음에서는 말한 적이 없으니, 또한 (이들은) 세속과는 다르며, 마음은 그것들의 흐름에 휩쓸리지 않으려 한다네. 이들은 땅 위에 있으나 마치 (물속에) 가라앉은 듯 은거하는[陸沈] 것이네. 그는 아마도 시남의료市南宜僚일 것이네."

자로가 가서 불러오려고 하였다. 공자가 말했다. "그만두어라! 그는 내가 그를 알고 있다는 사실을 알고 있고, 내가 초나라로 간다는 것도 알고 있으며, 초 왕께서 나를 불러들이게 하도록 할 것이라 생각을 하네. 그는 또 나를 영인佞人[말재간꾼]이라 여길 것이네. 그런 사람은 영인佞人에게서 말을 듣는 것도 부끄럽게 여길 것인데, 하물며 친히 자기 몸을 드러내겠는가! 틀림없이 떠나가 버렸을 것이네, 어찌 자네는 아직 있다고 생각하는가?"

자로가 가보니 그의 집은 텅 비어 있었다.

[孔子之楚, 舍於蟻丘之漿.2172) 其鄰有夫妻臣妾登極者,2173) 子路曰: "是稯稯何爲者邪?"2174) 仲尼曰: "是聖人僕也.2175) 是自埋於民, 自藏於畔.2176) 其聲銷,2177) 其志无窮, 其口雖言, 其心未嘗言, 方且與世違,

2172) 이이李頤(1541–1601)에 의하면, 의구蟻丘는 山名이고; 장漿은 賣漿家(장漿을 파는 사람)이다. 王叔岷, 1016頁, 주1 참조.

2173) 사마표司馬彪(?–306)에 의하면, 極은 옥동屋棟(집의 용마루)이다. 臣妾은, 모여든 남녀를 가리킨다. 王叔岷, 上同, 주2 참조.

2174) 종稯은 총總과 같으니, 總總은 중취衆聚이다. 王叔岷, 上同, 주3 참조.

2175) 시동奚侗(1878–1939)에 의하면, 복僕은 徒와 같은 뜻이다.

2176) 매埋､장藏 모두 隱居이다. 반畔(두둑)은 전롱田壠(밭이랑)이다. 趙礎基, 396頁, 주5

而心不屑與之俱.[2178] 是陸沈者也, 是其市南宜僚邪?" 子路請往召之. 孔子曰: "已矣! 彼知丘之著於己也,[2179] 知丘之適楚也, 以丘爲必使楚王之召己也, 彼且以丘爲佞人也.[2180] 夫若然者, 其於佞人也, 羞聞其言, 而況親見其身乎! 而何以爲存?"[2181] 子路往視之, 其室虛矣.]

▶ 25-6:

'장오長梧' 지방의 국경지기가 자뇌子牢에게 말했다. "임금이 정치할 때 거칠게 해서는 안 되며, 백성을 다스릴 때 아무렇게나 해서도 안 되네. 일찍이 내가 벼농사를 지을 때 거칠게 경작했더니 벼 이삭 역시 소출이 적게 나에게 보답하였고, 김매기를 아무렇게나 하였더니 그 열매 또한 아무렇게나 나에게 보답하였네. 나는 이듬해에 방법을 바꾸어서 이랑을 깊게 하고 자주 김을 매주니, 벼 이삭들이 번성해져서, 나는 일 년 내내 실컷 먹을 수 있었네."

장자莊子가 이 이야기를 듣고서 말을 하였다. "지금의 사람들이 자기 몸을 다스리고, 마음을 기르는 것은 이 국경지기의 말과 비슷한 것이 많다. (사람들이) 자신의 '자연성[天]'을 잃고, 본성을 벗어나서, 진정을 없애고, 정신을 잃고서, 세속 사람들과 어울려 행위를 하네. 그러

참조.

2177) 성소聲銷는 名聲의 消亡이다. 趙礎基, 上同, 주6 참조.

2178) 之는 世俗이고; 俱는 함께이다. (세속의) 파도에 휩쓸려 흐르지 않고자 함이다. 趙礎基, 上同, 주10 참조.

2179) 곽상郭象(252-312)注에 의하면, 著는 明이다. 육장경陸長庚(1573-1620)을 인용하여 첸무錢穆(1895-1990)은 『莊子纂箋』에서, '孔丘가 그를 알고 있음을, 그도 또한 알고 있음'이라 말하고 있다. 王叔岷, 1018頁, 주11 참조.

2180) 영인佞人은 기묘한 수단으로 부당한 이득이나 곤란을 회피하려는 사람이다. 趙礎基, 上同, 주14 참조.

2181) 성현영成玄英(608-669)疏에 의하면, 而는 汝이다.

므로 자기의 본성을 거칠게 다루어, 좋고 싫음의 싹을 (자기) 심성으로 삼으니, 물억새, 갈대, 이삭 없는 갈대, 어린 갈대가 싹이 터서 자라나며, 자기 몸을 기르고, 이어서는 자기 본성을 뽑아버리도록 하네. 부스럼과 상처에서 고름과 피가 흘러내려도 자리를 택하여 흐르게 할 수도 없으니, (몸에는) 종기, 부스럼, 악창惡瘡, 급성화농성 질병이 (생겨나니), 속에서 열이 나서 쌀뜨물 오줌을 싸게 되는 것이 이것이네."

[長梧封人問子牢曰:[2182] "君爲政, 焉勿鹵莽;[2183] 治民, 焉勿滅裂.[2184] 昔予爲禾, 耕而鹵莽之, 則其實亦鹵莽而報予; 芸而滅裂之, 其實亦滅裂而報予.[2185] 予來年變齊,[2186] 深其耕而熟耰之,[2187] 其禾蘩以滋, 予終年厭飧." 莊子聞之, 曰: "今人之治其形, 理其心, 多有似封人之所謂, 遁其天, 離其性, 滅其情, 亡其神, 以衆爲.[2188] 故鹵莽其性者, 欲惡之孽爲性,[2189] 萑葦蒹葭始萌,[2190] 以扶吾形,[2191] 尋擢吾性;[2192] 並潰漏

2182) 長梧는 地名이고; 封人은 封疆을 지키는 사람이다. 자뇌子牢는 孔子의 제자로, 성은 琴이며, 宋나라 卿士이다. 趙礎基, 397頁, 주1 참조.

2183) 노망鹵莽은 경솔, 조조粗糙(거칠음)이다. 趙礎基, 上同, 주2 참조.

2184) 멸렬滅裂은 멋대로 일함이다. 趙礎基, 上同, 주3 참조.

2185) 實은 果實이다. '鹵莽而報'는 거칠게 보답함이니, 맺힌 곡식이 많지 않음이다. 趙礎基, 上同, 주5 참조.

2186) 齊는 제劑(배합하다)와 같으니, 變齊는 방법을 바꿈이다. 王叔岷, 1020頁, 주4 참조.

2187) 숙우熟耰는 반복하여 김맴이다. 趙礎基, 上同, 주9 참조.

2188) 둔遁은 失이고; 以는 與이고; 衆은 세속사람들이다. 趙礎基, 上同, 주12 참조.

2189) 欲은 喜愛이고, 오惡는 염오厭惡(싫어함)이다. 얼孽은 얼蘖(움)과 통하니, 나무가 베어진 후에 새로 나온 움(싹)이다. 趙礎基, 上同, 주13 참조.

2190) 환萑은 물 억새(적荻)이고; 위葦는 노위蘆葦(갈대)이다. 겸蒹(갈대)은 수穗(이삭) 없는 갈대이다. 가葭는 어린 갈대이다. 시맹始萌은 싹 터서 자라남이다. 趙礎基, 上同, 주14 참조.

2191) 부扶는 保養이고; 形은 몸이다. 趙礎基, 上同, 주15 참조.

2192) 심尋은 繼이니, 이어서 이고; 탁擢(뽑다)은 拔(빼내다)이니, 助長이다. 趙礎基, 上同, 주16 참조.

發,[2193] 不擇所出, 漂疽疥癰,[2194] 內熱溲膏是也."[2195]]

▶ 25-7:

백구柏矩가[2196] 노담老聃에게 배우며 말하였다. "천하에 나가 주유하고 싶습니다."

노담이 대답했다. "그만두게! 천하란 여기와 같은 곳이다."

다시 청하자 노담이 말했다. "너는 어디에서 시작하려 하느냐?"

(백구가) 말하였다. "제齊나라에서 시작하겠습니다."

제나라에 이르니, 찢어진 죄인의 시체를 보았다. (그는) 그것을 끌어내려 땅에 눕히고, (자기의) 조복朝服을 풀어서 덮어주고, 하늘을 향해 통곡하며 말했다. "아아! 세상에 큰 재앙이 있는데, 그대가 또한 그 일을 당했구려. 도둑은 되지 말고 사람을 죽이지 말라고 하는구나! 영예와 치욕이 확립된 이후에 (사람들은) 근심할 일이 있게 되고, 재화가 모인 뒤에 다툴 일을 보게 되었네. 지금 사람들이 근심할 바를 세워놓고, 사람들이 다툴 일을 모아 놓고서, 사람을 궁박하게 하여 몸이 쉴 때가 없으니, (죄를 짓고 피살되는) 일이 없기를 바라나, 그렇게 될 수 있겠는가! 옛날의 임금은 이득은 백성에게 있게 하고 손실은 자기에게 있게 하였으며; 올바름(正)은 백성에게 있게 하고 부정不正은 자기에게 있게 하였네. 따라서 한 사람의 몸이라도 그 몸을 잃게 되면 (임금은) 자리에

2193) 썩어서 고름이 흐르고 피가 남이 궤潰이고; 부스럼이 터진 구멍에서 고름이 흘러 그침이 없음이 루漏이다. 趙礎基, 上同, 주17 참조.

2194) 표저漂疽는 표저瘭疽(종기나 등창)이고; 개疥(옴)는 개창疥瘡(옴과 부스럼)이고; 옹癰(악창)은 급성화농성질병이다. 趙礎基, 上同, 주18 참조.

2195) 수고溲膏는 유미뇨乳糜尿(쌀뜨물오줌)이다. 趙礎基, 上同, 주19 참조.

2196) 백구栢矩는, 성현영成玄英(608-669)疏에 의하면, 백栢은 姓이고, 구矩는 名이며, 道를 품은 선비로, 老子의 문인이다. 王叔岷, 1023頁, 주1 참조.

서 물러나 자신을 견책했었네. 지금은 그렇지 않으니, 사물(의 진상)을 가리고 알지 못하는 사람들을 우롱하며, 곤란을 크게 하나, (담이 작아 하지 못하는 이들에게) 죄주고, 임무는 가중加重하게 하여 감당 못 하는 이들을 처벌하며, 갈 길은 멀게 하면서 오지 못하는 이들을 죽여 버리네. (이 때문에) 백성들은 지력知力이 다해 없어져서 거짓으로 이어 붙이게 되었으니, 날이 가면서 거짓이 많게 되었는데, 선비들과 백성들이 어찌 거짓을 하지 않겠는가! (사람들은) 힘이 모자라면 거짓되게 되며, 지력知力이 부족하면 속이고, 재물이 부족하면 도둑질하게 되네. 도둑질한다 해도 누구를 책망하는 것이 옳겠는가?"

[柏矩學於老聃, 曰: "請之天下遊." 老聃曰: "已矣! 天下猶是也." 又請之, 老聃曰: "汝將何始?" 曰: "始於齊." 至齊, 見辜人焉.[2197] 推而强之,[2198] 解朝服而幕之,[2199] 號天而哭之, 曰: "子乎子乎![2200] 天下有大菑,[2201] 子獨先離之,[2202] 曰莫爲盜! 莫爲殺人! 榮辱立, 然後覩所病;[2203] 貨財聚, 然後覩所爭. 今立人之所病, 聚人之所爭, 窮困人之身使无休時, 欲无至此得乎![2204] 古之君人者, 以得爲在民, 以失爲在己;

2197) 고辜는 고책辜磔이니, 옛날 시체를 찢는 혹형으로, 찢어진 四肢를 시장에 벌려놓았음이다. 趙礎基, 398頁, 주3 참조.

2198) 强은 강僵(쓰러지다)의 가차이니, 강부僵仆(아래로 눕히다)이다. 趙礎基, 上同, 주4 참조.

2199) 막幕은 덮어줌이다. 趙礎基, 上同, 주5 참조.

2200) 유월俞樾(1801-1907)을 인용하여, 郭慶藩 『莊子集釋』에서, '子乎子乎' 는 歎辭라고 말한다. '子乎子乎' 는 '子兮子兮' 와 같은 뜻이다. 子는 마땅히 자嗞(탄식하다)로 읽는다. 王叔岷, 1024頁, 주3 참조.

2201) 치菑는 재灾(재앙)과 통한다. 趙礎基, 上同, 주6 참조.

2202) 離는 이罹(…에 걸리다)와 통한다. 趙礎基, 上同, 주7 참조.

2203) 病은 우慢(근심)이다. 趙礎基, 399頁, 주9 참조.

2204) 至此는 죄를 짓고 피살됨을 가리킨다. 趙礎基, 上同, 주14 참조.

以正爲在民, 以枉爲在己. 故一形有失其形者,[2205] 退而自責. 今則不然, 匿爲物而愚不識,[2206] 大爲難而罪不敢, 重爲任而罰不勝, 遠其塗而誅不至. 民知力竭, 則以僞繼之, 日出多僞, 士民安取不僞![2207] 夫力不足則僞, 知不足則欺, 財不足則盜. 盜竊之行, 於誰責而可乎?”]

▶ 25-8:

거백옥蘧伯玉은[2208] 나이 육십 년을 지나면서 육십 번 변화했으니, 처음에는 옳은 것[是]이 끝에는 반대로 그른 것[非]이 되지 않은 적이 없었으며, 지금 옳다고 생각하는 것도 (지난) 오십구 년간 잘못이라 했던 것인지 모른다.

[蘧伯玉行年六十而六十化,[2209] 未嘗不始於是之而卒詘之以非也,[2210] 未知今之所謂是之非五十九非也.]

▶ 25-9:

만물은 생겨남이 있지만 그 근원은 보이지 않고, 생겨난 곳이 있지만 그 문을 볼 수가 없다. 사람들은 모두 자기 지식[智]으로 알 수 있는 것은 존중하지만, 지식이 알지 못하는 것[道]에 의지한 다음에야 알 수 있음을 모르니, 큰 착각이 아닌가! 그만두자! 그만두자! (착각을) 벗

2205) 저백수褚伯秀(13세기)에 의하면, 一形은 마땅히 一物이어야 하니, 一形은 傳寫의 잘못이다. 王叔岷, 上同, 주9 참조.

2206) 익匿(숨기다)은 藏이니, 엄개掩蓋이다. 趙礎基, 上同, 주19 참조.

2207) 安取는 何爲와 같다. 取는 爲이다. 王叔岷, 1026頁, 주13 참조.

2208) 거백옥蘧伯玉은, 성현영成玄英(608-669)疏에 의하면, 姓은 거蘧이고, 名은 원瑗이고 字는 伯玉으로, 圍의 賢大夫이다. 王叔岷, 1026頁, 주1 참조.

2209) 行年은 經年과 같다. 王叔岷, 1026頁, 上同 참조.

2210) 굴詘은 反과 같다. 以는 爲이니, ‘以非’는 ‘爲非’이다. 王叔岷, 1027頁, 주2 참조.

어날 수 없다. 이것이 이른바 (너는) 이렇게 말하고, (그는) 그렇게 말하는 것이다!

[萬物有乎生, 而莫見其根; 有乎出, 而莫見其門.[2211] 人皆尊其知之所知,[2212] 而莫知恃其知之所不知而後知, 可不謂大疑乎![2213] 已乎已乎! 且无所逃.[2214] 此所謂然與然乎![2215]]

▶ 25-10:

중니仲尼가 태사太史인 대도大弢, 백상건伯常騫, 희위狶韋에게[2216] 물었다. "위衛의 영공靈公은 술을 마시고 향락을 탐닉耽溺하였으며, 나라의 정치는 돌보지 않았고, 그물이나 주살로 사냥만 하였으며, 제후와의 모임에는 대응도 하지 않았습니다. (그런데도) 영공靈公이라 (시호諡號를) 내린 것은 어찌 된 것입니까?"

대도가 대답했다. "그 시호는 그가 그렇게 할 수 있었기 때문이오."

백상건이 말했다. "영공은 아내 셋을 가졌는데 (한 목욕통에서) 함께 목욕하다가 사추史鰌가 예물을 들고 어전으로 들어오니, 사람을 시켜 예물을 받아들고 그를 부축해 주게 하였소. 그가 (아내 셋과 함께 목욕할 정도로) 심하게 방자한 짓을 했으나, 현인을 보자 이처럼 존경을 하였으

2211) 門은 出口이니, 만물을 태어나게 하는 곳이다. 趙礎基, 400頁, 주6 참조.

2212) '其知'의 知는 智와 통한다. 趙礎基, 上同, 주7 참조.

2213) 시동奚侗(1878-1939)에 의하면, 疑는 혹惑(미혹)이다. 王叔岷, 上同, 주6 참조.

2214) '无所逃'는 大惑을 免할 수 없음이다. 王叔岷, 上同, 주7 참조.

2215) 然은 이러함 혹 저러함이다. '然與然'은 너는 이렇게 말하고, 그는 그렇게 말함이다. 趙礎基, 上同, 주10 참조.

2216) 『經典釋文』(陸德明撰)本에 의하면, 「대도大弢는 人名이다. 백상건伯常騫은 人名이다. 희위狶韋는 太史官의 名이다.」, 王叔岷, 1,028頁 주1 참조.

니, 이것이 그를 영공이라 부르게 된 이유요."

희위가 말했다. "영공이 죽으니 생전에 파놓은 묘지에 묻으려고 점을 쳐보니 불길하였고, 사구沙丘 땅에 묻으려고 점을 쳐보니까 길하였소. (그렇게 되어) 몇 길 팠더니 석관石棺이 나왔는데, 씻어서 보니 명문銘文이 있었소. '이 자손은 의지할 수 없다. 영공이 빼앗아 묘소로 삼는다.' 영공이 영靈이 된 것은 오래전에 정해진 일이오. 저 두 사람이 어찌 그 일을 알겠는가!"

[仲尼問於太史大弢、伯常騫、狶韋曰: "夫衛靈公飲酒湛樂,[2217] 不聽國家之政; 田獵畢弋,[2218] 不應諸侯之際.[2219] 其所以爲靈公者何邪?" 大弢曰: "是因是也."[2220] 伯常騫曰: "夫靈公有妻三人, 同濫而浴.[2221] 史鰌奉御而進所, 搏幣而扶翼.[2222] 其慢若彼之甚也,[2223] 見賢人若此其肅也,[2224] 是其所以爲靈公也." 狶韋曰: "夫靈公也死, 卜葬於故墓不吉,[2225] 卜葬於沙丘而吉. 掘之數仞, 得石槨焉, 洗而視之, 有銘焉, 曰: '不馮其

2217) 담湛은 탐耽(즐김)과 통하니, 담락湛樂은 享樂에 침닉沉溺함이다. 趙礎基, 401頁, 주2 참조.

2218) 필畢은 사냥할 때 쓰는 자루가 긴 그물이고; 익弋은 주살이니, 줄을 매단 화살이다. 趙礎基, 上同, 주3 참조.

2219) 際는 交際이다. 趙礎基, 上同, 주4 참조.

2220) '是因是也.'는 얼버무린 말이다. 是는 이것이고; 대도大弢(人名)는 '많이 말하기 싫어서, 얼버무렸는데', 靈公이라는 諡號는 그가 신령하기 때문이라 말한 것이다. 陳鼓應, 735頁, 주6 참조.

2221) 남濫은 큰 목욕 대야이다. 趙礎基, 上同, 주7 참조.

2222) 박搏(잡다)은 急取이고; 폐幣는 예물이고; 扶翼은 공경하여 부축함이다. 趙礎基, 上同, 주9 참조.

2223) 만慢은 방종이고; 彼는 그렇게 이니, 세 아내와 함께 목욕한 것을 가리킨다. 趙礎基, 上同, 주10 참조.

2224) 숙肅은 敬이다. 趙礎基, 上同, 주11 참조.

2225) 고묘故墓는 수혈壽穴이니, 생전에 파 놓은 무덤이다. 趙礎基, 上同, 주12 참조.

子, 靈公奪而里之.' 夫靈公之爲靈也久矣, 之二人何足以識之!"]

▶ 25-11:

소지少知가 대공조大公調에게 물었다. "동네 여론은 어떤 것입니까?"

대공조가 대답했다. "동네는 서로 다른 열 가지 성姓과 백 가지 이름이 모여서 풍속을 이룬 곳이니, 다른 것들이 합쳐져서 같아지고, 같은 것들이 흩어져서 다름을 이루네. 지금 말(이라는 추상개념)의 각 부분을 가리킨다고 말[馬]이라 할 수가 없고, (실제 있는) 말을 눈앞에 매어놓고 각 부분을 합친다면 말이라 할 수 있네. 이렇기에 언덕이나 산은 낮은 것(흙과 돌 등)들이 쌓여서 높아지고, 강이나 하천은 물이 합쳐져서 커다랗게 되었으니, (득도得道한) 대인大人은 (상이한) 무리를 합쳐서 공公을 이루네. 이 때문에 (대인은) 외부에서 (마음속에) 들어오는 것에서 주장할 것이 있으나 고집하지 않으니 (외물들을 포용)하고, (대인의 마음) 속에서 나오는 것에 올바른 도리[正理]가 있으나 (남들의 의견을) 거절하지는 않는다네. 사계절에 기후가 다르나 자연[天]은 (어느 한 계절에) 치우치게 주지 않으므로 1년이 이루어지고, 다섯 직분[五官]이 직분은 다르지만 임금이 (어느 관직을) 사사롭게 여기지 않으므로 나라가 다스려지며, 문무文武의 대인大人들은 (어느 한쪽만을) 사사롭게 베풀지 않으므로 (임금의) 은덕이 갖추어지네. 만물은 각각 도리가 다르지만, 도道는 (어느 하나를) 사사롭게 여기지 않으므로 이름(으로 나타냄)이 없네. 이름으로 (나타냄)이 없으므로 무위无爲하고, 무위하나 '하지 않음' 이 없네. 시간에는 끝과 시작이 있고, 세상에는 변화가 있네. 화복禍福은 애매하여 측정하기 어려우니 서로 모순에 이르면 통일도 있게 되며; 각자 제 길을 가니 (어느 점에서) 옳은 것이 있으면 (다른 곳에서는) 그른 일이 있게 되네. 큰 집(을 짓는데)에 비유한다면, 모든 재목은 모두 (쓰이는) 분량이 있고; 큰 산에 대조하면 나무와 돌이 같은 기초를 이룸과 같네. 이것이 세상의 공론이네.

[少知問於大公調曰:[2226] "何謂丘里之言?"[2227] 大公調曰: "丘里者, 合十姓百名而以爲風俗也, 合異以爲同, 散同以爲異. 今指馬之百體而不得馬, 而馬係於前者, 立其百體而謂之馬也. 是故丘山積卑而爲高, 江河合水而爲大, 大人合并而爲公.[2228] 是以自外入者,[2229] 有主而不執;[2230] 由中出者,[2231] 有正而不距.[2232] 四時殊氣, 天不賜, 故歲成;[2233] 五官殊職,[2234] 君不私, 故國治; 文武大人不賜, 故德備; 萬物殊理, 道不私, 故无名. 无名故无爲, 无爲而无不爲. 時有終始, 世有變化. 禍福淳淳,[2235] 至有所拂者而有所宜;[2236] 自殉殊面,[2237] 有所正者有所差.[2238]

2226) 少知나 大公調는 모두 가설假設한 人名이다. 趙礎基, 403頁, 주1 참조.

2227) 一說에는 4井이 邑, 4邑이 丘이다. 5家가 인鄰이고, 5鄰이 里이다. 또 一說에는 10家가 丘, 20家가 里이다. '丘里之言'은 街談巷議, 즉 민간 여론이다. 趙礎基, 上同, 주2 참조.

2228) 合并은 合羣과 같다. 王叔岷, 1033頁, 주8 참조.

2229) 入은 大人의 마음에 들어옴이다. 趙礎基, 上同, 주6 참조.

2230) 主意가 있으나 고집하지 않으니, 외물들을 포용할 수 있음이다. 趙礎基, 上同, 주7 참조.

2231) 中은 大人의 마음속이다. 趙礎基, 上同, 주8 참조.

2232) 비록 正理가 있으나 外物들을 거절하지 않으니, 외물들과 조화함이다. 趙礎基, 上同, 주9 참조.

2233) 氣는 기후이고; 賜는 偏與(치우치게 줌)이다. 趙礎基, 上同, 주10 참조.

2234) 五官은 司徒, 司馬, 司空, 司士와 司寇이다. 趙礎基, 404頁, 주11 참조.

2235) 순순淳淳은 망매茫昧(모호하여 밝지 않음) 난측難測(헤아리기 어려움)이다. 趙礎基, 上同, 주14 참조.

2236) 불拂은 逆亂이니 모순이고; 宜는 적합이니 統一이다. 趙礎基, 上同, 주15 참조.

2237) 순殉은 축逐(좇아가다)이고; 面은 向(구함)이다. 趙礎基, 上同, 주16 참조.

2238) 곽상郭象(252-312)注에, "正於此者, 或差於彼."라 했다. 王叔岷, 1035頁, 주18 참조.

比于大澤，百材皆度;[2239] 觀乎大山，木石同壇.[2240] 此之謂丘里之言.]

소지가 말했다. “그렇다면 도라고 말하기에, 충분합니까?”

대공조가 답했다. “그렇지 않네. 지금 사물의 수를 헤아린다면 만萬에 그치지 않지만, 이를 만물로 한정하여 말함은 많은 숫자를 불러서 말하는 것이네. 이 때문에 천지天地는 형체가 큼이고, 음양은 기氣가 큼이고; 도란 이것들[形과 氣]을 공公으로 삼고 있네. 그것(도道)이 크기 때문에 그렇게 호칭하고 말하는 것은 옳으나, 이미 그러한 (도道라는 명칭이) 있으니, 어찌 (더) 비견될 수 있겠는가! 이렇게 분별한다면, (도를) 개나 말과 같은 것으로 비유하는 것이니, (이는) 서로 비견될 수 없네!”

[少知曰: “然則謂之道，足乎?” 大公調曰: “不然. 今計物之數，不止於萬，而期曰萬物者，以數之多者號而讀之也.[2241] 是故天地者，形之大者也; 陰陽者，氣之大者也; 道者爲之公.[2242] 因其大而號以讀之則可也,[2243] 已有之矣,[2244] 乃將得比哉![2245] 則若以斯辯，譬猶狗馬，其不及遠矣.”[2246]]

2239) 주준성朱駿聲(1788-1858)에 의하면, 택澤은 宅의 가차이다. 比는 비譬(비유)이고; 度는 量이다. 王叔岷, 上同, 주19 참조.

2240) 觀은 對照이고; 단壇은 基礎와 같다. 趙礎基, 上同, 주19 참조.

2241) 성현영成玄英(608-669)疏에 의하면, 期는 限이고; 이이李頤(1541-1601)에 의하면, 讀은 語와 같다. 王叔岷, 上同, 주21 참조.

2242) 道는 天地、陰陽을 共有하니, 大形、大氣를 포괄한다. 趙礎基, 上同 주22 참조.

2243) 『老子』 25章: “吾不知其名，字之曰道，强爲之名曰大.”이라 했다. 王叔岷, 上同, 주24 참조.

2244) ‘有之’ 는 ‘道’ 라는 이름이 있음을 가리킨다. 趙礎基, 上同, 주23 참조.

2245) 페이쉐하이裴學海에 의하면, 將은 尙과 같고; 乃는 豈이니, ‘乃將’ 은 기상豈尙과 같다. 王叔岷, 上同, 주25 참조.

2246) 辯은 辨과 통하고; 不及은 서로 비교할 수 없음이다. 趙礎基, 上同, 주25 참조.

소지가 물었다. "(천지) 사방, (우주의) 육합六合[사방과 상하] 속에서 만물은 어디서 생겨납니까?"

대공조가 답했다. "음양이 상응하고, 서로 해害치고 서로 극복하며, 사계절이 서로 교대되고 서로 길러주고 서로 소실消失되며, 사랑과 증오, 물러남과 친근함이 두레박처럼 (한쪽이) 올라가면 (다른 쪽이) 내려가니, 여기에서 항상 암수의 반쪽이 서로 합치되는 것이네. 안전과 위험이 서로 바뀌고, 화복禍福이 서로 생기며, 느림과 빠름이 서로 영향을 주고, 모이고 흩어짐이 서로 이루어지네. 이런 (위에 열거된 대립 현상들)의 이름과 실제, 정밀하고 미묘함을 모두 표시할 수 있네. (자연변화의) 순서를 따라 서로를 다스리고, (한쪽이 올라가면 다른 쪽이 내려가는) 두레박처럼 움직이며, 서로 작용하여 끝에 가면 돌아오고 끝나면 시작하니, 이것은 만물들이 갖추고 있는 현상들이고, 말로써 (다) 말할 수 있고, 지혜가 이를 수 있는 것은 사물의 현상을 극한으로 함이네. 도道를 인식한 사람은 대도大道가 그친 곳을 따라가지 않고 대도의 시작점을 찾지도 않으며, 이곳에서 의론이 끝이 나네."

[少知曰: "四方之內, 六合之裏, 萬物之所生惡起?" 大公調曰: "陰陽相照、相蓋、相治,2247) 四時相代、相生、相殺,2248) 欲惡去就於是橋起,2249) 雌雄片合於是庸有.2250) 安危相易,2251) 禍福相生, 緩急相摩,2252) 聚散

2247) 相照는 相應이고; 蓋는 害와 통하고; 治는 극克이다. 趙礎基, 上同, 주26 참조.

2248) 相代는 서로 교체함이고; 相生은 서로 양육함이고; 相殺은 서로 없앰이다. 趙礎基, 上同, 주27 참조.

2249) 欲惡는 愛憎이고; 去는 疏遠이고, 就는 親近이다. 교橋는 길고桔槹(두레박)이니, 橋起는 두레박처럼 한 쪽이 올라가면, 다른 쪽이 내려감이다. 趙礎基, 405頁, 주 28, 29 참조.

2250) '雌雄片合'은 雌雄의 각 半이 相合함이다. 용庸은 常이다. 王叔岷, 1037-1038頁, 주5, 6 참조.

2251) 易은 변환, 轉化이다. 趙礎基, 上同, 주31 참조.

以成. 此名實之可紀,[2253] 精之可志也.[2254] 隨序之相理,[2255] 橋運之相使,[2256] 窮則反, 終則始. 此物之所有,[2257] 言之所盡, 知之所至, 極物而已. 覩道之人,[2258] 不隨其所廢,[2259] 不原其所起,[2260] 此議之所止."]

소지가 물었다. "계진季眞의 무위無爲[莫爲]와 접자接子의 유위有爲[或使], 두 사람의 논의에서 누가 실정에 맞으며, 누가 이치에서 그릅니까?"

대공조가 답했다. "'닭이 울고 개가 짖는다' 라는 사실은 사람들이 알고 있으나; 비록 큰 지혜를 가진 이도, 언어로써 (닭이 울고 개 짖는) 자연변화의 뜻을 말할 수 없고, 또 뜻으로서는 그것들이 장차 무엇을 하려는지 헤아릴 수 없네. 이렇게 분석하면 자세하게 비견할 수 없는 데에 이르니, 더 크게 포괄하여 헤아릴 수 없는 데에 이르네. '한 바 있음[有所爲]' 이나 '한 바 없음[無所爲]' 은 사물의 한계를 면치 못하고, 결국 과오를 저지르게 되네. 유위有爲[或使]라면 실재가 있다는 것이요,

---

2252) 상마相摩는 서로 마찰함, 서로 영향 받음이다. 趙礎基, 上同, 주33 참조.

2253) 此는 이상에서 열거한 각종 현상들이고; 紀는 記(기록)이다. 趙礎基, 上同, 주35 참조.

2254) 마치창馬其昶(1855-1930)에 의하면, 成玄英(608-669)本에는 精자 아래에 微자가 있다. 志는 誌(기록)이다. 王叔岷, 1038頁, 주8 참조.

2255) 隨序는 순서를 따름이니, 자연변화의 순서를 가리킴이고; 理는 治이다. 趙礎基, 上同, 37 참조.

2256) 교운橋運은 마치 두레박처럼 움직임이고; 相使는 상호 작용이다. 趙礎基, 上同, 주38 참조.

2257) 所有는 갖추어진 현상을 말한다. 趙礎基, 上同, 주40 참조.

2258) 도도睹道는 '大道를 인식함' 이다. 趙礎基, 上同, 주42 참조.

2259) 隨는 追尋(좇아감)이고; 其는 大道이고; 폐廢는 지止(멈춤)이다. 趙礎基, 上同, 주43 참조.

2260) 原은 소원溯源(근원을 찾음)이고; 起는 開端이다. 趙礎基, 上同, 주44 참조.

무위無爲[莫爲]라면 없다는 것이 되네. 이름과 실재가 있다면 이것은 사물의 실재가 소재하는 것이고, 이름도 없고 실재도 없다면 허무虛無한 대도大道가 있음이네. (이런 논의는) 말할 수 있고 생각할 수도 있지만, 말할수록 (도道에서) 더욱 멀어지는 것이네. 홀연 생기는 것을 금禁할 수 없고, 이미 죽었다면 만회할 수도 없네. 죽음과 삶은 (가까이에서 일어나니) 먼 것이 아니지만, 그 이치는 볼 수가 없네. 유위有爲[或使]나 무위無爲[莫爲]는 (세상 사람들의) 의문을 가져오네. 내가 그 처음을 보니 과거는 끝이 없고, 그 끝을 찾아보니 미래는 (또한) 그침이 없네. (과거가) 끝이 없고 (미래가) 그침이 없으므로 그것을 '무無' 라고 말하니, (이것은) 사물과 동일한 이치이네. 유위[或使], 무위[莫爲]는 그 근본을 말한 것이네. 도란 '있다' [有]고 할 수도 없고, 또한 '없다' [無]고 할 수도 없네. 도道라는 이름은 빌려온 말이네. 유위[或使], 무위[莫爲]는 사물의 한 방면일 뿐, 이것들이 대도大道에 무슨 도움이 되겠는가? 말로 충분하다면 종일토록 말을 해야 도를 다할 것이나, 말로는 부족하다면 종일토록 말을 하면 사물에 대해서는 다할 수 있을 것(이나, 도道에는 못 미칠 것)이네. 도와 사물의 극치는 말이나 침묵으로 담을 수 없으니, (도에 대한) 논의에는 한계가 있네."

[少知曰: "季眞之莫爲, 接子之或使,2261) 二家之議, 孰正於其情, 孰徧於其理?"2262) 大公調曰: "雞鳴狗吠, 是人之所知; 雖有大知, 不能以言讀其所自化,2263) 又不能以意其所將爲.2264) 斯而析之,2265) 精至於无

2261) 계진季眞, 접자接子는 모두 齊人이며, 稷下학궁에서 활동했음. '莫爲' 는 無爲이고 '或使' 는 有爲이다. 趙礎基, 405頁, 주46 참조.

2262) 徧은 偏이다. 王叔岷, 1039頁, 주16 참조.

2263) 讀은 칭稱이니, 表達(표현)이고; '其所自化' 는 '계명鷄鳴 구폐狗吠' 라는 자연변화가 가진 뜻을 가리킨다. 趙礎基, 上同, 주48 참조.

2264) 意자 아래에 측測(헤아리다)자가 있다. 王叔岷, 上同, 주18 참조.

倫,[2266] 大至於不可圍. 或之使, 莫之爲,[2267] 未免於物,[2268] 而終以爲過. 或使則實, 莫爲則虛. 有名有實, 是物之居;[2269] 无名无實, 在物之虛.[2270] 可言可意, 言而愈疏. 未生不可忌, 已死不可阻.[2271] 死生非遠也, 理不可覩.[2272] 或之使, 莫之爲, 疑之所假.[2273] 吾觀之本, 其往無窮; 吾求之末, 其來无止.[2274] 无窮无止, 言之无也, 與物同理; 或使、莫爲, 言之本也,[2275] 與物終始. 道不可有, 有不可無.[2276] 道之爲名, 所假而行.[2277] 或使、莫爲, 在物一曲,[2278] 夫胡爲於大方![2279] 言而足, 則終日言而盡道; 言而不足, 則終日言而盡物. 道、物之極, 言、默不足以載; 非言非默, 議有所極."[2280]]

2265) 斯는 如此이다. 『莊子譯注』, 263頁, 주30 참조.

2266) 精은 精細(細心함)이고; 无倫은 倫比(같게 볼 수 없음)할 수 없음이다. 『莊子譯注』, 上同, 주31 참조.

2267) 之는 所와 같으니, '或之使, 莫之爲'는 '有所爲, 無所爲'와 같다. 王叔岷, 1040頁, 주21 참조.

2268) '未免於物'은 사물[物]의 局限을 면할 수 없음이다. 趙礎基, 406頁, 주51 참조.

2269) 是物은 사물의 실재이고; 居는 所在이다. 趙礎基, 上同, 주52 참조.

2270) '在物之虛'는 虛無의 大道이다. 趙礎基, 上同, 주53 참조.

2271) 성현영成玄英(608-669)疏에 의하면, 기忌는 禁이고; 조阻는 애礙(가로막다)이다. 王叔岷, 上同, 주28 참조.

2272) 理는 死生의 도리이다. 도睹는 봄이다. 趙礎基, 上同, 주57 참조.

2273) 假는 가假(이르다)의 가차이니, 假는 至(이르다)이다. 王叔岷, 1041頁, 주30 참조.

2274) 선영宣穎(17세기)에 의하면, 之는 其와 같다. 王叔岷, 上同, 주31 참조.

2275) 마쉬룬馬叙倫(1884-1970)에 의하면, 之는 其이다. 王叔岷, 上同, 주33 참조.

2276) 마치창馬其昶(1855-1930)에 의하면, 有는 又(또한)이다. 王叔岷, 上同, 주34 참조.

2277) 假는 차借(빌리다)이고; 行은 運用이다. 趙礎基, 上同, 주64 참조.

2278) 一曲은 한 방면이다. 趙礎基, 上同, 주65 참조.

2279) 胡는 何이고; 方은 道이고; 夫는 此이고; 爲는 助이다. 王叔岷, 上同, 주36 참조.

2280) 極은 限이나 止이다. 趙礎基, 上同, 주71 참조.

26. 외물(外物: (몸)밖의 일들)

이 편은 매사를 억지로 추구하지 말 것이며, 모두 자연에 순응하여 조용히 처세할 것을 말하고 있다. 우리가 만사 만물을 자연에 맞게 발전시키면 모든 일은 성공을 거둘 수 있다고 보는 것이다.

▶ 26-1:

(몸) 밖의 일은 기필期必할 수 없다. 따라서 (하夏나라) 용봉龍逢은 (걸桀왕에 의해) 죽임을 당했고, (은殷나라) 비간比干은 (주紂왕에 의해) 살육되었고, 기자箕子는 (주紂왕의 난정을 보고) 광인이 되었으며, (주紂왕의 아첨하는 신하) 오래惡來는 (주周 무왕武王에 의해) 죽임을 당했고, (폭군인) 걸桀과 주紂는 망했다. 신하가 충성하기를 바라지 않는 임금은 없지만, 충성이 반드시 신임 받는 것은 아니니, 따라서 오원伍員은 강에 버려졌고, 장홍萇弘은 촉蜀땅에서 죽었으니, 그 피가 엉기어 3년이 되니 벽옥璧玉으로 변했다. 자식이 효도하기를 원하지 않는 부모는 없지만, 효도한다고 반드시 사랑받는 것은 아니니, 따라서 효기孝己는 근심했고, 증삼曾參은 슬퍼했다.

나무가 나무와 서로 마찰하면 (불이) 타오르며, 쇠와 불이 서로 붙어있으면 녹아서 흐른다. 음양이 번갈아 운행하면 하늘과 땅이 크게 동란動亂하고 여기서 천둥과 번개가 생기며, 빗속에서 번개가 번쩍여서 큰 회화나무를 태운다. (마음이) 매우 근심스러우면 (음 아니면 양의) 두 함정에 빠지게 되니 도망갈 곳이 없고, 두려워서 화합할 수 없으니, 마음이 마치 하늘과 땅 사이에 매달려 있는 듯 고민스럽고 적적하고 우울하며, 이익과 손해가 서로 마찰하여 (내심에서) 불이 자주 많이 일어나니, 중인衆人이 속에서 불을 태우게 되어, 달(같은 청정한 본성)은 진실로 불을 이길 수 없으니 여기에서 무너져 내리며 도道가 다 소진이 된다.

[外物不可必,[2281] 故龍逢誅, 比干戮,[2282] 箕子狂,[2283] 惡來死,[2284] 桀、紂亡. 人主莫不欲其臣之忠, 而忠未必信, 故伍員流於江, 萇弘死於蜀, 藏其血三年而化爲碧. 人親莫不欲其子之孝, 而孝未必愛, 故孝己憂而曾參悲.[2285] 木與木相摩則然, 金與火相守則流.[2286] 陰陽錯行, 則天地大絯,[2287] 於是乎有雷有霆, 水中有火,[2288] 乃焚大槐. 有甚憂兩陷而无所逃, 螴蜳不得成,[2289] 心若懸於天地之閒, 慰暋沈屯,[2290] 利害相摩, 生

2281) 物은 事이다. 王叔岷, 1043頁, 주1 참조.

2282) 용봉龍逢은 夏나라 桀왕에 의해 斬殺당했고, 비간比干은 殷나라 주紂왕의 숙부로서, 주왕에게 간언하다가 주왕이 比干의 심장을 가르니, 이에 죽였다. 王叔岷, 1044頁, 주2 참조.

2283) 기자箕子는 은나라 주紂왕의 형으로서, 주왕에게 간언하다가 해를 당할까 두려워서 미친 척 했다. 趙礎基, 407頁, 주3 참조.

2284) 오래惡來는 紂왕의 간신인데, 周武王에게 살해당했다. 王叔岷, 上同, 주3 참조.

2285) 효기孝己는 은나라 高宗의 태자로서 새어머니의 학대와 모함을 받고 추방당하여 고민하다 죽었다. 曾參은 지극히 효성스러웠으나 아버지 증석曾晳으로부터 미움을 받아 늘 슬피 울었다. 王叔岷, 1045頁, 주5 참조.

2286) 相守는 相處이니, 함께 둠이고; 流는 용화熔化되어(녹아서) 흐름이다. 趙礎基, 408頁, 주9 참조.

2287) 해絯는 해駭(놀라게 하다)와 통하니, 動亂이다. 趙礎基, 上同, 주10 참조.

2288) '水中有火'는 雨中에 섬전閃電함이다. 趙礎基, 上同, 주11 참조.

2289) 사마표司馬彪(?-306)에 의하면, 진윤螴蜳은 충융忡融으로 읽어야 하고, 두려운 모

火甚多, 衆人焚和,[2291] 月固不勝火,[2292] 於是乎有僓然而道盡.[2293]]

▶ 26-2:

장주莊周[즉 장자莊子]는 집이 가난하므로 따라서 위魏 문후文侯[監河侯]에게 가서 곡식을 꾸고자 하였다.

감監하후가 말했다. "좋네. 내가 곧 봉읍封邑의 재물을 얻어서 자네에게 300금金을 빌려주겠으니, 되겠는가?"

장주는 화난 표정으로 말했다. "제가 어제 올 때 도중에 부르는 이가 있어, 제가 돌아보니, 수레바퀴 자국 속의 붕어였습니다. 제가 '붕어로구나! 자네는 뭘 하고 있나?' 라고 말했습니다. (붕어가) '나는 동해 용왕龍王의 하급관리요. 당신 혹시 한 되의 물을 가지고 나를 살려줄 수 있겠소?' 라고 말했소. 저는, '좋소. 나는 장차 남쪽의 오吳, 월越나라 왕에게 유세하여 촉강蜀江의 물을 터놓아 자네를 맞이하면, 되겠소?' 라고 말했습니다. 붕어가 화난 표정으로, '나는 나와 함께 하던 것을 잃어서 내가 거처할 곳이 없소. 나는 한 되의 물이 있어야 살 수 있을 뿐이오. 당신이 그렇게 말하면 급기야 건어물 시장에서 나를 찾는 것만 못하지요.' 라고 말하더군요."

[莊周家貧, 故往貸粟於監河侯.[2294] 監河侯曰: "諾. 我將得邑金,[2295] 將

양이니, 안정이 안 됨이다. 진윤䡅蜳은 不安定이니, 출척怵惕(두려움)이다. '䡅蜳不得成' 은 '怵惕不得和.' (두려워서 화합할 수 없음)이다. 王叔岷, 1047頁, 주11 참조.

2290) 위민慰愍은 고민苦悶이고; 침둔沉屯은 침욱沉郁(깊은 우울)이다. 趙礎基, 上同, 주16 참조.

2291) 衆人들이 利害를 따지니, 마음에서 불이 타오르며 조화를 잃어버림이다. 趙礎基, 上同, 주18 참조.

2292) 月은 사람의 淸明한 본성의 비유이다. 王叔岷, 1048頁, 주15 참조.

2293) 퇴僓는 퇴隤(무너뜨리다)와 통하니, 퇴연僓然은 敗壞의 모양이고; 道盡은 사람의 본성을 깨끗이 잃어버림이다. 趙礎基, 上同, 주20 참조.

貸子三百金, 可乎?" 莊周忿然作色曰: "周昨來, 有中道而呼者, 周顧視, 車轍中有鮒魚焉. 周問之曰: '鮒魚來! 子何爲者邪?' 對曰: '我, 東海之波臣也.[2296] 君豈有斗升之水而活我哉?' 周曰: '諾. 我且南遊吳, 越之王,[2297] 激西江之水而迎子,[2298] 可乎?' 鮒魚忿然作色曰: '吾失我常與, 我无所處, 吾得斗升之水然活耳, 君乃言此, 曾不如早索我於枯魚之肆!' [2299])]

▶ 26-3:

임任나라 왕자[공자公子]가 큰 낚시 바늘과 큰 낚시 줄을 만들어 오십 마리의 거세한 소로 미끼로 삼아서, 회계會稽산에서 웅크리고 앉아서 동쪽 바다에 낚싯대를 던지고 아침마다 낚시질을 했는데, 일 년 내내 고기를 잡지 못했다. 얼마 후 큰 고기가 미끼를 먹고 큰 낚시 바늘을 끌어 아래로 빠져들어 가더니, (이윽고) 지느러미를 들어 올리고 물고기수염을 흔들어대니, 흰 파도가 산같이 일고 바닷물이 격동하며, 소리는 귀신과 같았고, 진동하여 천리를 놀라게 하였다. 임나라 왕자가 이 물고기를 잡아서 배를 가르고 건어물로 만들었으니, 절강浙江의 동쪽과 창오蒼梧[회계會稽의 전당錢塘]의 북쪽까지 이 물고기를 실컷 먹지

2294) 성현영成玄英(608-669)疏에 의하면, 감하후監河侯는 魏나라 文侯이다. 王叔岷, 1049頁, 주1 참조.

2295) 金은 조세수입이니, 邑金은 監河侯가 封邑에서 백성들로부터 거둬들인 財物이다. 趙礎基, 409頁, 주3 참조.

2296) '東海之波臣'은 東海 龍王의 하급관리이다. 趙礎基, 上同, 주9 참조.

2297) 遊는 유세遊說이다. 王叔岷, 1051頁, 주9 참조.

2298) 成玄英疏에 의하면, 西江은 촉강蜀江이다. 격激은 決(터놓다)이다. 王叔岷, 上同, 주10 참조.

2299) 曾은 경竟(마침내)이고; 索은 求이고; 사肆는 시장이다. 趙礎基, 上同, 주16 참조.

않은 사람이 없었다. 그러자 후세의 잔재주를 부려 도청도설 하는 무리가 모두 놀라서 서로에게 일러주었다. 낚싯대에 묶은 가는 줄을 들고 도랑을 따라가 잔고기나 붕어를 잡아서는 아마도 큰 물고기를 얻기에는 어려울 것이다. 작은 이야기들을 꾸며서 높은 명성을 찾는다면 아마 크게 통달하기에는 요원할 것이다. 이 때문에 임나라 사람의 풍조를 이해한 적 없는 이들은 세상에 통용될 수 없으니, 또한 요원한 일이다.

[任公子爲大鉤巨緇, 五十犗以爲餌,[2300] 蹲乎會稽, 投竿東海, 旦旦而釣, 期年不得魚. 已而大魚食之, 牽巨鉤, 錎沒而下鶩,[2301] 揚而奮鬐,[2302] 白波若山, 海水震蕩, 聲侔鬼神,[2303] 憚赫千里.[2304] 任公子得若魚, 離而腊之,[2305] 自制河以東,[2306] 蒼梧已北,[2307] 莫不厭若魚者. 已而後世輇才諷說之徒,[2308] 皆驚而相告也. 夫揭竿累, 趣灌瀆, 守鯢鮒,[2309] 其於得大魚難矣. 飾小說以干縣令,[2310] 其於大達亦遠矣. 是以

2300) 개犗는 거세한 소이니, 지금의 엄우閹牛이다. 王叔岷, 1053頁, 주2 참조.

2301) 함錎은 함陷(빠지다)과 같다. 무鶩는 난포亂跑이다. 趙礎基, 410頁, 주6 참조.

2302) 而는 협모頰毛(뺨의 털)이니, 시腮(뺨) 뒤의 어기魚鰭(지느러미)이고; 분기奮鬐는 물고기수염을 흔들어댐이다. 趙礎基, 上同, 주7 참조.

2303) 모侔는 同이다. 趙礎基, 上同, 주8 참조.

2304) 탄혁憚赫은 震驚(진동하여 놀라게 함)이다. 趙礎基, 上同, 주9 참조.

2305) 若魚는 此魚이고; 離는 分解이고; 석腊은 육포(乾魚)이다. 王叔岷, 1055頁, 주10 참조.

2306) 制는 절浙이니, 制河는 절강浙江이니, 사마표司馬彪(?–306)에 의하면, 회계會稽의 전당錢塘이다. 王叔岷, 上同, 주11 참조.

2307) 성현영成玄英(608–669)疏에 의하면, 창오蒼梧는 山名이고, 嶺南에 있다. 已는 以와 같다. 王叔岷, 1056頁, 주12 참조.

2308) 전재輇才는 천박한 재능이고; 풍설諷說은 송설誦說이니, 도청道聽 도설塗說이다. 趙礎基, 上同, 주14 참조.

2309) 守는 기다림이고; 예鯢는 잔고기이고, 부鮒는 붕어이다. 趙礎基, 上同, 주17 참조.

2310) 干은 求이고; 縣令은 高名과 같다. 王叔岷, 1057頁, 주18 참조.

未嘗聞任氏之風俗, 其不可與經於世亦遠矣.[2311)]

▶ 26-4:

유자儒者는 『시詩』, 『예禮』 경經을 (들먹이며) 무덤을 파헤친다. 대유大儒가 아래 사람에게 말한다. "동녘이 밝아 오는구나! 일이 어떻게 되어가고 있는가?"

소유小儒가 말한다. "아직 앞치마와 저고리를 못 벗겼는데 입속에 진주가 있네요. 『시경』에 진실로 이런 말이 있지요. '푸릇푸릇한 보리는 언덕배기에서 자라네. 살아서 보시하지 않았는데 죽어서 어찌 진주를 물고 있는가?' "

(대유가 말한다.) "(송장의) 귀밑머리를 집고 그 턱수염을 누른 채, 쇠망치로 그 턱을 두드리고 천천히 그 빰을 벌려서 입속의 진주를 상하게 하지 말게."

[儒以詩、禮發冢,[2312)] 大儒臚傳曰:[2313)] "東方作矣! 事之何若?" 小儒曰: "未解裙襦,[2314)] 口中有珠. 詩固有之曰: '青青之麥, 生於陵陂. 生不佈施, 死何含珠爲!' "[2315)] "接其鬢, 壓其顪,[2316)] 儒以金椎控其頤,[2317)]

2311) '不可與經於世' 는 '不可以行於世' (세상에 시행될 수 없음)이다. 經은 徑(길)이다. 王叔岷, 上同, 주21 참조.

2312) 發은 파헤침이고; 총冢은 무덤이다. 趙礎基, 411頁, 주1 참조.

2313) 여전臚傳은, 향수向秀(약227-272)에 의하면, 윗사람이 아래 사람에게 말하는 것이다. 王叔岷, 1058頁, 주2 참조.

2314) 군裙은 의복 위에 입는 위군圍裙(앞치마)이고; 유襦(저고리)이다. 趙礎基, 上同, 주4 참조.

2315) 爲는 의문조사이다. 趙礎基, 上同, 주9 참조.

2316) 촬接은 촬撮(집다)이고; 압壓은 엽擪(누르다)이다. 王叔岷, 1059頁, 주8 ; 훼顪는 턱이다. 趙礎基, 412頁, 주11 참조.

2317) 儒는 錯字이니, 『藝文類聚』(歐陽詢[557-641]主編)에는 而로 되어 있다. 금추金椎는

徐別其頰, 无傷口中珠."]

▶ 26-5:

노래자老萊子의 제자가 땔나무를 구하러 나가다가 중니仲尼(공자)와 마주치니, 돌아와 (노래자에게) 알렸다. "어떤 사람이 저기에 있는데, (몸이) 위는 길고 아래는 짧으며; 머리는 앞으로 빼고 등은 굽어있고 귀는 뒤로 향하고 있으며, 눈빛은 온 세상을 경영하는 것 같은데, 누구의 자제인지 모르겠습니다."

노래자가 말했다. "그는 구丘(공자)이니, 불러 오너라."

중니가 왔다. (노래자가) 말했다. "구야! 자네의 현능賢能하게 보이려는 태도와 지혜 있는 체하는 모양을 버려라. 그래야 군자이니라."

[老萊子之弟子出取薪, 遇仲尼, 反以告, 曰: "有人於彼, 脩上而趨下,[2318] 末僂而後耳,[2319] 視若營四海,[2320] 不知其誰氏之子?" 老萊子曰: "是丘也. 召而來." 仲尼至. 曰: "丘! 去汝躬矜與汝容知,[2321] 斯爲君子矣."]

중니가 읍하고 물러나서 쫓기듯 불안해하며 용모를 고치면서 물었다. "(제가 배운) 학업으로 발전할 수 있겠습니까?"

노래자가 말했다. " (자네는) 한 세상의 해악을 차마 견디지 못하고

쇠망치이고; 공控은 두드림이고; 이頤는 턱이다. 趙礎基, 上同, 주12 참조.

2318) 곽상郭象(252-312)注에 의하면, (몸이) 위는 길고 아래는 짧음이다. 추趨는 취趣이니, 趣는 촉促으로 읽으니, 促은 短促(짧음)이다. 王叔岷, 1061頁, 주3 참조.

2319) 말루末僂는 머리를 앞으로 뻗고 등을 구부린 모양이고; 後耳는 귀를 뒤로 함이다. 趙礎基, 上同, 주5 참조.

2320) 視는 눈빛(眼光)이니, 神情(표정)이고; '營四海'는 천하를 경영함이다. 趙礎基, 上同, 주6 참조.

2321) 궁긍躬矜는 스스로 賢能하다고 여기는 태도이고; 容知는 지혜가 있는 체하는 모양이다. 趙礎基, 上同, 주7 참조.

만세의 환난을 경시하고 있네. 혹 (아는 것이) 궁핍해서인가? 방법이 없어서 할 수 없는 것인가? (세상의) 기쁨을 은혜로 안다면 평생의 수치도 (대수롭지 않게) 여기니, (이는) 중급 백성이 나가는 것일 뿐이네. (이는) 드러나는 명예로써 서로 끌어주고 사리私利로 서로 관계를 맺는 것이네. 요임금을 칭찬하고 걸桀임금을 비난하기보다는, 둘 다를 잊고 칭찬과 비난을 거두는 것만 못하네. (자연에) 위반되면 해롭지 않음이 없고, 활동에 해악이 아닌 것이 없다네. 성인은 자기주장 없이 일하니, 항상 공을 이루네. (자네는) 어찌할 것인가, 끝내 (자네는 책임을) 질 것인가!"

[仲尼揖而退, 蹵然改容而問曰:2322) "業可得進乎?"2323) 老萊子曰: "夫不忍一世之傷,2324) 而驁萬世之患, 抑固窶邪?2325) 亡其略弗及邪? 惠以歡爲,2326) 驁終身之醜,2327) 中民之行進焉耳! 相引以名, 相結以隱.2328) 與其譽堯而非桀, 不如兩忘而閉其所非譽.2329) 反无非傷也,2330) 動无非邪也. 聖人躊躇以興事,2331) 以每成功.2332) 奈何哉, 其載焉終矜爾!"2333)]

2322) 축연蹵然은 재촉하며 불안한 모양이고; 改容은 표정을 바꿈이다. 趙礎基, 413頁, 주9 참조.

2323) 進은 提高이다. 趙礎基, 上同, 주10 참조.

2324) 傷은 悲傷이니, 痛苦이고; 오驁는 오傲와 통하니, 輕視(업신여김)이다. 趙礎基, 上同, 주11 참조.

2325) 抑은 或이며, 구窶(가난)는 경제적 빈곤인데, 여기서는 智力의 貧乏이다. 亡은 无이고, 略은 法이고; 弗及은 도달할 수 없음이다. 趙礎基, 上同, 주12 참조.

2326) '惠以歡爲' 는 '以歡爲惠' (기쁨을 베풂음[惠]으로 여김)은 세상에서 기쁨을 취함을 좋음으로 여김이다. 趙礎基, 上同, 주13 참조.

2327) 오驁는 傲와 통하니, 자기 일생에 따라붙는 수치에 대해서도 대수롭지 않게 생각함이다. 趙礎基, 上同, 주14 참조.

2328) 隱은 私이다. 趙礎基, 上同, 주17 참조.

2329) '閉其所譽(或非議)' 는 '칭찬이나 (비난)을 거둠이다. 趙礎基, 上同, 주18 참조.

2330) 反은 자연에 위반함이고; 傷은 害이다. 趙礎基, 上同, 주19 참조.

2331) 주저躊躇는 마음에 자기주장이 없으니, 조용히 사물을 따르는 모양이다. 興事는

▶ 26-6:

송宋나라 원元임금이[2334] 한밤중의 꿈에, 어떤 사람이 머리를 풀고 작은 문틈으로 엿보면서 말하였다. "나는 재로宰老의 연못에서 왔는데, 청강淸江의 사신으로 나는 하신河神의 거처에 왔으나, 어부 여차余且가 나를 얻었소."

원공이 꿈에서 깨어 사람을 시켜 그 꿈을 점치게 했더니, (점쟁이가) 말했다. "이것은 신령한 거북입니다."

원공이 말했다. "고기 잡는 자 중에 여차가 있는가?"

좌우의 신하들이 말했다. "있습니다."

임금이 말했다. "여차로 하여금 조회에 나오게 하라."

다음날 여차가 조회하러 왔다.

임금이 말했다. "고기를 잡는데, 무엇을 잡았느냐?"

(여차가) 대답했다. "제 그물로 흰 거북을 잡았습니다. 그 둘레가 다섯 자는 됩니다."

임금이 말했다. "자네 거북을 받치게!"

거북이 도착하자 임금은 그것을 죽이고 싶기도 하고, 살리고 싶기도 해서, 마음에 의혹이 들어 그것을 점치니, (점쟁이가) 말했다. "거북을 죽여서 점치면 길합니다."

그래서 거북을 도려내고 일흔두 번 (거북껍질에) 구멍을 내어 (점쳐) 보니 영험하지 않은 것이 없었다.

일함이다. 趙礎基, 上同, 주21 참조.

2332) 以는 而이고; 每는 항상 이다. 趙礎基, 上同, 주22 참조.

2333) 載는 負이다. 趙礎基, 上同, 주23 참조.

2334) 宋나라 元君는 『史記』(司馬遷撰)에는 보이지 않으니, 다만 『莊子』의 寓言중의 인물일 뿐이다.

중니(공자)는 이렇게 말했다. "신령한 거북은 원공의 꿈에 나타날 수 있었지만, 여차의 그물은 피할 수가 없었다. 그 거북의 앎은 일흔두 번 (점괘에) 영험하지 않은 것이 없었으나, 내장이 도려내어지는 환난을 피할 수는 없었다. 이렇게 지능智能에는 막힘이 있고 신령함에도 못 미침이 있다. 비록 지극한 지능을 가졌어도, 만인들은 그것(을 대적할) 계책을 내놓는다. 물고기들은 (어부의) 그물은 두려워하지 않고 (물고기를 잡아먹는) 사다새를 두려워하니, (물고기의) 작은 지식을 버리면 (더) 지식이 밝아지고, (사람들이 알고 있는) 선善을 버리면 저절로 (더) 선해질 것이다. 어린아이는 나면서부터 큰 스승이 없이도 말할 줄 아는데, (이것은) 말할 줄 아는 이들과 함께 살기 때문이다."

[宋元君夜半而夢人被髮窺阿門,[2335] 曰: "予自宰路之淵, 予爲清江使河伯之所,[2336] 漁者余且得予." 元君覺, 使人占之, 曰: "此神龜也." 君曰: "漁者有余且乎?" 左右曰: "有." 君曰: "令余且會朝." 明日, 余且朝. 君曰: "漁何得?" 對曰: "且之網得白龜焉, 其圓五尺." 君曰: "獻若之龜." 龜至, 君再欲殺之, 再欲活之, 心疑, 卜之, 曰: "殺龜以卜, 吉." 乃刳龜以卜,[2337] 七十二鑽而无遺筴.[2338] 仲尼曰: "神龜能見夢於元君, 而不能避余且之網; 知能七十二鑽而无遺筴, 不能避刳腸之患. 如是, 則知有所困, 神有所不及也. 雖有至知, 萬人謀之. 魚不畏網而畏鵜鶘, 去小知而大知明, 去善而自善矣. 嬰兒生无石師而能言,[2339] 與能言者處也."[2340]]

2335) 宋元君의 경우, 被髮은 散髮이고; 규窺는 작은 구멍이나 틈으로 몰래 보는 것이고; 阿는 曲이니, 阿門은 옆 굽은 곳의 小門이다. 趙礎基, 414頁, 주1 참조.

2336) 淸江은 江名이고; 使는 出使이고; 河伯은 河神이다. 趙礎基, 上同, 주2 참조.

2337) 고刳(도려내다)는 쪼개서 빈 곳을 만들음이다. 趙礎基, 上同, 주11 참조.

2338) 찬鑽은 거북 껍질에 구멍을 냄이고; 七十二는 허수로 많음을 나타내고; 책筴은 算(따져봄)이다. '无有筴' 은 따져보아 맞지 않음이 없음이니, 매우 靈驗함이다. 趙礎基, 上同, 주12 참조.

▶ 26-7:

혜시가 장자에게 말했다. "자네의 말은 쓸모가 없네."

장자가 말했다. "쓸모없음을 알아야 비로소 그와 더불어 씀을 말할 수 있지. 하늘과 땅은 넓고 크지 않음이 없지만, 사람이 사용하는 것은 발의 용적일 뿐이네. 그렇다면 발[로 밟은 땅] 옆의 땅을 지하 세계까지 파내어도 사람에게 오히려 쓸모가 있겠는가?"

혜시가 말했다. "쓸모없을 거네!"

장자가 말했다. "그렇다면 '쓸모없음'의 유용함 또한 밝혀진 것이네."

[惠子謂莊子曰: "子言无用." 莊子曰: "知无用而始可與言用矣. 夫地非不廣且大也, 人之所用容足耳. 然則厠足而墊之致黃泉, 人尙有用乎?" 惠子曰: "无用." 莊子曰: "然則无用之爲用也亦明矣."]

▶ 26-8:

장자가 말했다. "사람이 스스로 (자적自適하며) 즐길 수 있다면, (누가) 즐기려 하지 않을까? 사람이 스스로 (자적自適하며) 즐길 수 없다면, (누가) 즐길 수 있겠는가? (현실에서) 도피하려는 뜻이나, (집권자와) 결별하는 행동이, 아아, 가장 총명하고 높은 도덕(을 갖은 이들)을 씀이 아닐 것이로다! (세상이 모두 쾌락에) 빠져도 돌아보지 않고, 화급해도 되돌아보지 않는다네. 비록 서로 군주와 신하가 되어도 한 때일 뿐이니, 세상이 바뀌어도 서로 가벼이 보고 해치지 말아야 하니, 따라서 '지인至人은 자기가 한 짓이나 행위를 고집하지 않는다.' 라고 말하네. 옛것을 존중하고 지금을 비하하는 것은 (유가儒家나 묵가墨家 등과 같은) 학자들의 풍

2339) 石은 碩의 가차이니, 石은 大이다. 王叔岷, 1071頁, 주16 참조.

2340) 處는 共同生活이다. 趙礎基, 415頁, 주20 참조.

조이네. 또한 (옛날의 제왕) 희위씨狶韋氏의 풍조로 지금의 세상을 본다면, 누가 풍파를 일으키지 않을 수 있겠는가! 오직 지인이라야 세상에서 노닐면서도 치우치지 않고, 남을 따르면서도 자기(본성)을 잃지 않을 수 있다네. 저(옛사람)들의 가르침을 배우지 않고 (진의眞意만) 이어받으니, 그들(옛사람)과 다르다네."

[莊子日: "人有能遊,[2341] 且得不遊乎? 人而不能遊, 且得遊乎? 夫流遁之志,[2342] 決絕之行,[2343] 噫, 其非至知厚德之任與![2344] 覆墜而不反,[2345] 火馳而不顧.[2346] 雖相與爲君臣, 時也,[2347] 易世而无以相賤,[2348] 故日至人不留行焉.[2349] 夫尊古而卑今, 學者之流也.[2350] 且以狶韋氏之流觀今之世, 夫孰能不波![2351] 唯至人乃能遊於世而不僻, 順人而不失己. 彼教不學, 承意不彼."[2352]]

2341) 遊는 自樂(스스로 즐거움)이니, 가슴이 시원함이다. 陳鼓應, 766頁, 주1 참조.

2342) 유둔流遁은 현실을 도피함이다. 趙礎基, 416頁, 주1 참조.

2343) 결절決絕은 집권자와 決裂함이다. 趙礎基, 上同, 주2 참조.

2344) 至知는 가장 총명함이고; 厚德은 고상한 品德이고; 任은 요이고; 與는 歟이다. 趙礎基, 上同, 주3 참조.

2345) 복추覆墜는 陷落이니, 침닉沉溺이다. 『莊子譯注』, 271頁, 주6 참조.

2346) 화치火馳는 火急이나 火速이고; 고顧는 반고返顧(되돌아봄)이다. 『莊子譯注』, 上同, 주7 참조.

2347) 時는 一時이다. 『莊子譯注』, 上同, 주9참조.

2348) 易世는 시대의 바뀜이고; 상천相賤은 서로 경잔輕殘(가볍게 보고 해침)함이다. 『莊子譯注』, 上同, 주10 참조.

2349) 유행留行은 자기가 한 짓이나 행위를 고집함이다. 趙礎基, 417頁 , 주7 참조.

2350) 流는 風氣(풍조)이다. 趙礎基, 上同. 주8 참조.

2351) 희위씨狶韋氏는 遠古의 帝王이고; 觀은 看이니, 衡量이고; 숙孰은 수誰(누구)이고; 波는 動이다. 趙礎基, 上同, 주9 참조.

2352) 彼教는 古人의 가르침이다. 陳鼓應, 766頁, 주11 참조.

▶ 26-9:

눈이 영통靈通하면 (눈이) 밝아지고, 귀가 영통하면 (귀가) 밝아지고, 코가 영통하면 냄새를 잘 구별하고, 입이 영통하면 달다고 하며, 마음이 영통하면 안다고 하고, 앎이 영통하면 덕이 있게 된다. 도道는 (여섯 통로 중 어느 것도) 막고자 하지 않으니, 막으면 (기氣가 위아래로) 통하지 않고, 통하지 않는데도 그만두지 않으면 난리가 나게 되고, 난리가 나면 여러 가지 해[衆害]가 생긴다. 지식[知]이 있는 존재는 숨[呼吸]에 의존한다. 이것들이 발달하지 않는 것은 자연[天]의 잘못이 아니다. 자연[天]은 그것들을 통하게 하여 낮과 밤으로 감퇴하게 하지 않았는데, 사람들이 도리어 그 구멍들[감각기관]을 막아버린다. 태아胎兒에게는 넓은 공간이 있고 마음은 자연[天]에서 노닐게 해야 한다. 집에 빈틈이 없으면 시어미와 며느리가 싸우게 되고, 마음이 자연에서 노닐 공간이 없으면 여섯 가지 감관이 서로 배척하게 된다. 큰 숲과 구릉진 산이 사람에게 유쾌한 것은 또한 심신이 더 없이 (즐겁기) 때문이다.

[目徹爲明,2353) 耳徹爲聰, 鼻徹爲顫,2354) 口徹爲甘, 心徹爲知, 知徹爲德. 凡道不欲壅,2355) 壅則哽, 哽而不止則跈,2356) 跈則衆害生. 物之有知者恃息,2357) 其不殷, 非天之罪. 天之穿之, 日夜无降, 人則顧塞其竇.2358) 胞有重閬, 心有天遊.2359) 室无空虛, 則婦姑勃谿; 心无天遊, 則

2353) 철徹은 영통靈通이다. 趙礎基, 上同, 주13 참조.

2354) 전顫은 단膻과 통하니, 맛을 잘 가림이다. 趙礎基, 上同, 주14 참조.

2355) 옹壅(막다)은 도색堵塞(막음)이고; 경哽은 음식이 목구멍을 막아서, 상하로 氣가 不通이다. 趙礎基, 上同, 주15, 16 참조.

2356) 전跈은 진拎과 통하니, 여戾(어그러짐)이니, 反亂이다. 趙礎基, 上同, 주17 참조.

2357) 시恃는 고靠(의지함)이고; 식息은 호흡이다. 趙礎基, 上同, 주18 참조.

2358) 殷은 盛이니, 발달이고; 천穿은 通이고; 강降은 減이고; 고顧는 反이고; 두竇(구멍)는 공교孔竅(감각기관)이다. 趙礎基, 上同, 주19 참고.

六鑿相攘.[2360] 大林丘山之善於人也, 亦神者不勝.]

▶ 26-10:

덕德의 파괴는 명성을 (추구함에서) 오고, 명성의 파괴는 (자신을) 드러냄에서 오며, 계책은 성급히 (상황에 적응하려는 데서) 오고, 지식은 다투는 데서 생기고, 막힘은 고집에서 생기고, 주관하는 일의 성공은 여러 사람과 서로 적응함이다. 봄에 비와 하지夏至의 때이면 풀과 나무가 맹렬히 싹 트니, 보습과 호미를 이때 수리하기 시작한다. 풀과 나무는 거꾸로 자라는 것이 반수가 넘지만, (아무도) 그렇게 됨을 모르는 것이다.

[德溢乎名,[2361] 名溢乎暴,[2362] 謀稽乎誸,[2363] 知出乎爭, 柴生乎守,[2364] 官事果乎衆宜.[2365] 春雨日時,[2366] 草木怒生, 銚鎒於是乎始脩,[2367] 草木之到植者過半,[2368] 而不知其然.]

2359) 태胞는 태포胎胞이고; 重은 多이고; 낭閬은 空、曠、空暇(빈틈)이다. 天遊는 遊天, 즉 자연에서 노님이다. 『莊子譯注』, 272頁, 주30, 31 참조.

2360) 착鑿은 규竅로 읽어야 하니, 耳目口鼻 등이고; 양攘은 배척이다. 趙礎基, 418頁, 주23 참조.

2361) 일溢(넘치다)、탕蕩은 모두 물이 가득차서 밖으로 흘러남이니, 월궤越軌, 失道, 敗壞이다. 趙礎基, 上同, 주25 참조.

2362) 暴은 表露, 顯露이다. 趙礎基, 上同, 주16 참조.

2363) 계稽는 合이고; 현誸은 急이다. 趙礎基, 上同, 주27 참조.

2364) 시柴(섶)는 색塞(메우다)이고; 守는 고집이다. 고집하면 心氣가 불통이다. 趙礎基, 上同, 주29 참조.

2365) 官事는 主管하는 일이고; 果는 結果이니 성공이고; 衆宜는 衆人들과 서로 적응함이다. 趙礎基, 上同, 주30 참조.

2366) 日時는 『孟子』「告子」상편의, '日至之時'와 같다. 王叔岷, 1081頁 , 주21 참조.

2367) 요銚는 사耜(보습)의 부류이고; 누鎒는 서鋤(호미)이다. 王叔岷, 上同, 주22 참조.

2368) 到、倒는 古、今자이고; 식殖은 生이다. 王叔岷, 1082頁, 주23 참조.

▶ 26-11:

고요하게 침묵하면 병이 낫는 데 도움을 줄 수 있고, 눈가를 안마하면 노태老態를 씻어낼 수 있으며, 편안하면 급격한 변화를 멈추게 할 수 있다. 비록 그렇지만 이 같은 것도 수고로운 사람의 일이어서, 편안한 이들은 일찍이 물은 적도 없다. 성인이 온 세상을 놀라게 하는 방법을 신인神人들은 일찍이 물은 적도 없으며, 현인들이 세상을 놀라게 하는 방법을 성인들은 일찍이 물은 적도 없다. 군자가 나라를 놀라게 하는 방법을 현인들은 일찍이 물은 적도 없다. 소인들이 시령時令에 맞추어 (농사짓는) 일 등을 군자君子들은 일찍이 물은 적이 없다.

[靜然可以補病,[2369] 眥搣可以休老,[2370] 寧可以止遽.[2371] 雖然, 若是, 勞者之務也, 非佚者之所未嘗過而問焉.[2372] 聖人之所以駴天下, 神人未嘗過而問焉; 賢人所以駴世,[2373] 聖人未嘗過而問焉; 君子所以駴國, 賢人未嘗過而問焉; 小人所以合時,[2374] 君子未嘗過而問焉.]

▶ 26-12:

연문演門(송宋나라의 성문)에 부모가 죽은 자가 있었는데, (슬퍼서) 얼굴이 상할 (정도로 장례를) 잘 치르니, (그에게) 작위를 주어 장長이 되게

2369) 시동奚侗(1878-1939)에 의하면, 然은 黙자의 誤記이다. 王叔岷, 1083頁, 주1 참조.

2370) 자眥는 눈가이고; 멸搣은 멸搣(어루만지다)이니, 안마按摩이다. 자멸眥搣은 눈가를 안마함이다. 休는 唐寫本에는 浴이니, 浴老는 老態를 씻어냄이다. 趙礎基, 上同, 주35 참조.

2371) 거遽는 극변劇變(급격한 변화)이다. 趙礎基, 上同, 주36 참조.

2372) 若是는 有勞와 같고; 未자는 없어야 한다. 佚은 逸과 통한다. 趙礎基, 上同, 주37 참조.

2373) 해駴는 해駭(놀라게 하다)와 통한다. 趙礎基, 419頁, 주38 참조.

2374) 合時는 時令에 맞게 농사짓는 일 등이다. 趙礎基, 上同, 주39 참조.

하였다. 동네 사람들이 (그를 흉내 내어) 몸이 상할 정도로 (초상을 치르다가) 죽은 자가 반이 되었다. 요堯는 허유許由에게 천하를 주었으나 허유는 그로부터 도망갔다. 탕湯은 (천하를) 무광務光에게 주었으나, 무광은 이에 분노하였고, 기타紀他는 그 사실을 듣고 제자들을 이끌고 관수窾水에 은거하니 제후들이 그를 위로했으며, 3년 뒤 신도적申徒狄이 (이 사실로) 인해 강 속에 몸을 던져 죽었다.

[演門有親死者,[2375] 以善毁爵爲官師,[2376] 其黨人毁而死者半.[2377] 堯與許由天下, 許由逃之; 湯與務光,[2378] 務光怒之,[2379] 紀他聞之, 帥弟子而踆於窾水,[2380] 諸侯弔之, 三年, 申徒狄因以踣河.[2381]]

▶ 26-13:

통발은 물고기를 잡는 것이므로 물고기를 얻으면 통발을 잊고; 덫은 토끼를 잡는 것이므로 토끼를 얻으면 덫을 잊고; 말은 뜻을 얻는 것이므로 뜻을 얻으면 말을 잊는다. 내가 어찌하면 말을 잊은 사람[득도得道한 사람]을 얻어서 그와 함께 말할 수 있을까!

[筌者所以在魚, 得魚而忘筌; 蹄者所以在兎, 得兎而忘蹄; 言者所以在意, 得意而忘言. 吾安得夫忘言之人而與之言哉!]

2375) 演門은 宋의 城門 이름이다. 王叔岷, 1085頁, 주1 참조.

2376) 훼毁는 훼용毁容이니, 부모가 죽었기에 비탄하여 얼굴이 훼손됨이고; 爵은 동사로 작위를 줌이고; 官師는 한 관직의 長이니, 中士나 下士이다. 趙礎基, 上同, 주1 참조.

2377) 당黨은 鄕黨이니, 黨人은 동네 사람이고; '毁而死'는 얼굴이 수척해져 죽음이다. 趙礎基, 上同, 주3 참조.

2378) 務光은 夏朝의 현인인데, 湯임금이 그에게 帝位를 주려하자 여수廬水에 투신하였다. 『莊子譯注』, 273頁, 주5 참조.

2379) 紀他는 夏나라 현인이다. 『莊子譯注』, 李王峰, 李翊赫譯注, 上同, 주6 참조.

2380) 준踆은 준蹲(웅크리다)과 통하고; 관수窾水는 水名이다. 趙礎基, 上同, 주6 참조.

2381) 북하踣河는 投河(강물에 빠짐)이다. 趙礎基, 上同, 주8 참조.

27. 우언(寓言)

우언寓言은 다른 사람들의 말을 빌려서 자기 주장을 설명하는 것이다. 이것이 장자가 자기 관점을 설파하는 수법이다. 이 편에서 장자는 다섯 개 우언의 이야기를 들고 있으며, 배우려면 녹봉도 잊고 부모도 잊으며(忘祿亡親), 생사生死를 간파하고, 겸손하고, 오만하지 말 것 등을 말하고 있다. 동시에 '무언无言을 말함'[言无言], '만물은 모두 종種이다'[萬物皆種] 등의 철학적 명제도 제시하고 있다.

▶ 27-1:

우언寓言은 (『장자』 전편의) 열에 아홉이요, (중요 인물들의) 중언重言은 열에 일곱이요, (자기 주장을 하지 않는) 치언卮言은 (사물의 변화에 따라서) 날마다 새로이 생겨나며 자연의 몫[천예天倪]과 화합한다. 우언은 열에 아홉이니, 다른 사람(의 말)을 빌려서 말한 것이다. 아버지가 자기 아들을 위해 중매[媒合]설 수 없는 것과 같다. (또한) 아버지가 그 아들을 칭찬하는 것은 아버지 아닌 사람이 칭찬하는 것만 못하다. (남들이 내 말을 안 듣는 것은) 나의 죄가 아니고 (믿지 못하는) 사람들의 죄이다. (사람들은) 자기 의견과 같으면 찬동하고, 자기와 같지 않으면 반대한다. 자기와 같으면 옳다고 하고, 다르면 그르다고 한다. (중요 인물들의) 중언重言이 열에 일곱이 되는 것은 논쟁을 그치게 하려는 것이니, 이는 나이 든 사람의 말이기 때문이다. 그러나 도리도 없이 나중 사람들을 대한다면, 이것은 (진정으로) 앞선 것이 아니다. 사람이면서 남보다 앞서지 못한 것은 사람 도리의 결핍이다. 사람으로서 사람의 도리가 없다면 진부한 사람[陳人]이다. 치언卮言은 날마다 새로워지고 자연의 몫과 화합하니, 무심無心하여 끝[終末]까지 살 수 있다. 말하지 않으면 (사물의 이치는) 같아지고, 말하지 않음[齊]과 말함[言]은 같지 않으나, (사물에 대한) 말 표현도 (주관적 입장으로 억지로) 같게 하려면 같아질 수 없기에, 말한 것[言]은 말 안한 것[不言]과 같다.

[寓言十九,[2382] 重言十七,[2383] 卮言日出,[2384] 和以天倪. 寓言十九, 藉外論之.[2385] 親父不爲其子媒.[2386] 親父譽之, 不若非其父者也. 非吾罪也, 人之罪也. 與己同則應,[2387] 不與己同則反. 同於己爲是之, 異於己爲非之. 重言十七, 所以已言也.[2388] 是爲耆艾[2389]. 年先矣,[2390] 而無

2382) 성현영成玄英(608-669) 疏에서는 '寓'를 '寄(의탁하다)'로 풀이하고 있다. 곧 세상 사람들이 어리석어 도를 말해도 믿지 않으므로 다른 사물에 의탁하여 말한다는 것으로, 「재유在宥」 편의 雲將과 鴻蒙의 이야기, 「逍遙遊」 편의 肩吾와 連叔의 이야기 등이 여기에 해당하며, 우언을 써서 말하면 세상 사람들이 열 마디 중 아홉 마디는 믿었다고 한다. 郭慶藩, 947頁, 주1 참조.

2383) 重言은 세상 사람들이 존중하는 사람의 말로서, 重言을 써서 말하면 세상 사람들이 열 마디를 하면 일곱 마디는 믿었다고 한다. 郭慶藩, 上同, 주2 참조.

2384) 成玄英疏에 의하면, 치卮란 술잔인데, 술잔이 차면 기울고, 비면 바로 서니, 비고 참은 外物에 딸린 것이고, (잔이) 기울거나 서는 것이 남에게 딸린 것이니, 자기주장을 하는 것이 아니라 無心하게 이야기하는 것이 치언卮言이다. 치언은 남에 따라서 기울거나 바로서니, 자연의 몫[自然之分]과 합한다. 日出은 日新이다. 郭慶藩, 947-948頁, 주3 참조.

2385) 자藉는 차借(빌리다)와 통하고; 外는 타인이다. 趙礎基, 421頁, 주2 참조.

2386) 매媒는 중매인이다. 趙礎基, 上同, 주3 참조.

2387) 응應은 찬동이다. 趙礎基, 上同, 주6 참조.

2388) 마치창馬其昶(1855-1930)에 의하면, '已言者'는 사람들의 爭辯을 끝냄이다. 王叔

經緯本末以期來者,2391) 是非先也. 人而無以先人, 無人道也.2392) 人而無人道, 是之謂陳人. 卮言日出, 和以天倪, 因以曼衍,2393) 所以窮年. 不言則齊,2394) 齊與言不齊,2395) 言與齊不齊也,2396) 故曰(言)无言.2397)]

말한 것이 말 아니한 것과 같다면, 평생을 말했어도 말한 적이 없는 것이요, 평생 말을 안 했어도 말을 안 한 것이 아니다. (사람들은) 이유가 있어서 옳다고 하며, 이유가 있어서 옳지 않다고 한다. 이유가 있어서 그렇다고 하고, 이유가 있어서 또한 그렇지 않다고 한다. 어째서 그런가? (자기 기준으로 볼 때) 그렇기에 그러하다. 어째서 그렇지 않은가? (자기 기준으로 볼 때) 그렇지 않기 때문에 그렇지 않다. 어째서 옳은

岷, 1092頁, 주8 참조.

2389) 성현영成玄英(608-669)疏에 의하면, 기애耆艾는 나이 많은 사람의 호칭이다. 기耆는 60살이고, 애艾는 70살이다. 王叔岷, 上同, 주9 참조.

2390) 先은 長이다. 趙礎基, 422頁, 주10 참조.

2391) 上下를 '經'이라 하며 旁通(좌우)을 '緯'라 한다. 本末은 머리와 꼬리이다. '經緯本末'은 道理를 가리키고; 期는 待이다. 來者는 原本에는 '年耆者' 인데, 高山寺本을 따라서 고쳤고, 來者는 후대사람이다. 趙礎基, 上同, 주11 참조.

2392) '无人道'는 사람 도리의 결핍이다. 趙礎基, 上同, 주13 참조.

2393) 成玄英疏에 의하면, 曼衍은 無心이다. 郭慶藩, 950頁, 주1 참조.

2394) '不言則齊'는 言論을 말하지 않으면 物理는 자연히 같아짐(齊一)을 말한다. 여기서 言은 是非의 주관적 표현이고; 不言은 주관적 편견에 참여하지 않음이다. 陳鼓應, 777頁, 주16 참조.

2395) 成玄英疏에 의하면, 齊는 不言이고, 不言과 言은 일단 하나가 아니니, 따라서 不齊(같지 않음)이다. 郭慶藩, 950頁, 주3 참조.

2396) 郭象 注에 의하면, 사물에 붙여서 말하면 이것(彼)과 저것(此), 옳고(是) 그름(非)이 결국 스스로 같게 되지만; 그것[사물]에 응하지 않고 자기 입장을 내세워 같게 하고자 하면, 나와 만물은 다시 같게 되지 않게 된다고 하였다. 郭慶藩, 上同, 주4 참조.

2397) 原本에는 无言이지만, 高山寺本[日本高山寺藏『莊子』郭象注古鈔本7卷7篇]에 의거해서, '无言' 앞에 言자를 삽입했다. 趙礎基, 上同, 주19 참조.

가? (자기 기준으로 볼 때) 옳기에 옳다. 어째서 옳지 않은가? (자기 기준으로 볼 때) 옳지 않기 때문에 옳지 않다. (그러나) 사물에는 원래 그러한 바가 있고, 사물은 원래 그 옳은 바가 있다. 어떠한 사물이고 그렇지 않은 바가 없으며, 어떤 사물이고 옳지 않은 바가 없다. (따라서 내가) 날마다 새로워지는 치언卮言을 통해 (주관적 시비를 떠나서) 자연의 몫으로서 조화하지 않는다면, 어찌 그것이 오랫동안 지속하겠는가! 만물은 모두 (수없는) 종류가 있어서 다른 형태로 서로 바뀌니, 처음과 끝이 고리와 같아 그 이치를 알 수 없으니, 이를 '자연의 균등[天均]' 이라고 한다. 자연의 균등은 '자연의 몫[天倪]' 이다.

[言無言, 終身言, 未嘗言.[2398] 終身不言, 未嘗不言. 有自也而可,[2399] 有自也而不可. 有自也而然, 有自也而不然. 惡乎然? 然於然. 惡乎不然? 不然於不然. 惡乎可? 可於可. 惡乎不可? 不可於不可. 物固有所然, 物固有所可, 無物不然, 無物不可. 非卮言日出, 和以天倪, 孰得其久! 萬物皆種也, 以不同形相禪[2400], 始卒若環, 莫得其倫[2401], 是謂天均.[2402] 天均者天倪也.]

▶ 27-2:

장자가 혜시에게 말하였다. "공자는 60년을 보내면서 60번이나 (생각이) 변했네. 처음에는 옳은 것이 끝에는 그르게 되었으니, 지금 옳

2398) 원문에 '未嘗不言' 은, 『莊子補正』(劉文典撰)에 의거하여 '未嘗言' 으로 고쳤다. 趙礎基, 上同, 주20 참조.

2399) 自는 由이니, 緣故이다. 趙礎基, 422頁, 주21 참조.

2400) 선禪은 서로 바뀜(相代)이다. 郭慶藩, 951頁, 주13 참조.

2401) 성현영成玄英(608-669)疏에 의하면, 倫은 이치理이다. 郭慶藩, 951, 952頁, 주15 참조.

2402) 成玄英疏에서는 '天均' 은 '天然齊等之道' 로 풀이된다. 郭慶藩, 952頁.

다고 하는 것도 지난 59년 동안에 그르다고 했던 것이 아닌지 모르겠네.”

혜시가 대답했다. “공자는 자기 뜻을 실현하려고 노력하였고, ‘마음과 지식[心智]’을 쓴 것이네.”

장자는 말했다. “공자는 그것[勤服之心]을 버렸으며, 끝에는 이렇게 말했네. 공자는, ‘자연의 도道에서 재주를 받아서, (천지天地의) 영기靈氣를 다시 얻으면 생기가 있게 된다. 입을 벌리면 법률에 합당하고, 말을 하면 법法에 맞아야 한다. 이익[利]과 의리[義]를 우선시해야 하고, 좋고 싫음, 옳고 그름을 (따지는 것은) 다만 사람의 입을 항복시키는 데 있을 뿐이다. 사람을 또한 마음으로 굴복시켜서 감히 거스르지 못하게 하여 천하를 안정시킨다.’라고 말하였네. 아아, 그만두자, 그만두자! 나는 그(공자)에게는 못 미치는구나!”

[莊子謂惠子曰: “孔子行年六十而六十化;[2403] 始時所是, 卒而非之, 未知今之所謂是之非五十九非也.” 惠子曰: “孔子勤志服知也.”[2404] 莊子曰: “孔子謝之矣, 而其末之言也.[2405] 孔子云: ‘夫受才乎大本, 復靈以生.[2406] 鳴而當律, 言而當法.[2407] 利義陳乎前,[2408] 而好惡是非, 直服人之口而已矣.[2409] 使人乃以心服, 而不敢蘁,[2410] 立定天下之定.’ 已乎

2403) 行은 經과 같다. 王叔岷, 1096頁, 주2 참조.

2404) 勤志는 자기 뜻을 실현하려고 노력함이고; 服知는 心智를 운용함이다. 趙礎基, 423頁, 주2 참조.

2405) 謝는 辭去이고; 之는 勤志服知이다. ‘末之言也’는, 原本에 ‘未之嘗言’이나, 高山寺本에 의거하여 고친 것이다. 末은 최후이다. 趙礎基, 423頁, 주3 참조.

2406) 大本은 ‘天道(자연의 道)’를 가리키고; 복령復靈은 天地의 靈氣를 다시 얻음이다. 趙礎基, 上同, 주4 참조.

2407) 鳴은 입을 벌림이고; 當은 合이다. 趙礎基, 上同, 주5 참조.

2408) 前은 先이다. 趙礎基, 上同, 주6 참조.

2409) 直은 다만 이다. 趙礎基, 上同, 주7 참조.

已乎! 吾且不得及彼乎![2411)]"]

▶ 27-3:

증자曾子는 두 번 벼슬하여 마음이 두 번 변하였으니, 말하였다. "어버이를 봉양하며 벼슬하니, 3부釜의 (적은) 녹봉을 받고도 마음이 즐거웠다. 나중에 벼슬을 할 때, (높은 녹봉으로) 3천종鍾을 받고도 (어버이를) 모실 수 없었으니 내 마음이 슬펐다."

제자가 중니仲尼[공자]에게 물었다. "증삼曾參 같은 분은 (이록利祿이라는) 그물에 걸리지 않았다고 할 수 있을까요?"

공자가 대답했다. "(그는) 이미 (봉록으로 부모를 모신다는) 관념에 얽매여 있네. 얽매이지 않는 이라면 슬픔이 있을 수 있겠는가! (얽매임 없는) 저런 자라면 (녹봉이 적은) 3부나 (많은) 3천 종 보기를, 마치 (큰) 참새나 (미미한) 모기나 등에가 눈앞을 지나가는 것처럼 여긴다네."

[曾子再任而心再化,[2412)] 曰: "吾及親仕, 三釜而心樂.[2413)] 後仕, 三千鍾而不洎,[2414)] 吾心悲." 弟子問於仲尼曰: "若參者, 可謂无所縣其罪乎?"[2415)]

2410) 乃는 차且(또한)이고; 오蘁(거스르다)는 위오違忤(違背), 순종하지 않음, 逆(거역)이다. 趙礎基, 上同, 주8 참조.

2411) 彼는 공자를 말한다. 王叔岷, 1099頁, 주11 참조.

2412) 曾子는 曾參이고, 공자의 제자이다. 仕는 벼슬을 삼이고; 化는 變이다. 趙礎基, 424頁, 주1 참조.

2413) 及親은 부모를 봉양함이고; 1부釜는 6말斗 4되升이다. 3釜는 당시 낮은 봉급이다. 趙礎基, 上同, 주2 참조.

2414) 계洎는 及이니, 不洎는 어버이를 봉양하지 못함이다. 1鍾은 6곡斛 4斗이니, 3,000鍾은 높은 관직이다. 趙礎基, 上同, 주3 참조.

2415) 縣은 계係(걸리다)이다. 짱삥린章炳麟(1869-1936)에 의하면, 罪는 '물고기 잡는 대나무그물[竹罔]'이다. '無所縣其罪'는 '無所絓其罔'(그물에 걸리지 않음)이다. 그리고 其는 於이다. 王叔岷, 1100頁, 주4 참조.

曰: "旣已縣矣. 夫无所縣者, 可以有哀乎! 彼視三釜、三千鍾,[2416] 如觀雀蚊虻相過乎前也."]

▶ 27-4:

안성자유顔成子游가 동곽자기東郭子綦에게 말했다. "제가 선생님의 말씀을 듣고부터 1년이 되니 (세속 예절을 버리고) 거칠어졌으며, 2년이 되어 (세상을) 따르게 되었고, 3년이 되니 (외물外物과도) 통달하게 되었고, 4년이 되어 사물들과 (피아彼我 구분 없이) 하나가 되었으며, 5년 들어 만물(나를 포함)들이 (하나로) 모였으며, 6년이 되니 (그것이) 신화神化 되었고, 7년이 되어서는 자연과 합하였고, 8년이 되어서는 삶과 죽음을 같게 보게 되었고, 9년이 되어서는 대도大道의 오묘함을 (깨달았습니다). (사람은) 살아서 활동하다가도 결국은 죽고 말게 됩니다. (개인들은) 사적인 작위로 자연의 도道[公]를 도우나, (그들의) 죽음에는 또한 (죽어야 하는) 이유가 있으나, 활달하게 살려면 (무위无爲해야 하고, 무위无爲에는 당연히) 이유[由]가 없을 것입니다. 과연 그러하겠습니까? 무엇이 적절한 편함이며, 무엇이 적절하지 못한 편함입니까? 하늘에는 해와 별의 운행이 있고, 땅에는 사람이 점거하고 있는 (나라와 지역들이) 있으니 나는 어디에서 (적절한) 곳을 찾을 수 있을까요? 끝나는 곳을 알 수 없다면 그것이 어찌 운명[命]이 없다는 것이겠습니까? 시작하는 곳을 알 수 없다면 그것이 어찌 운명이 있다는 것이겠습니까? 서로 감응이 있다면 어찌 귀신이 없다고 하겠습니까? 서로 감응이 없다면 어찌 귀신이 있다고 하겠습니까?"

[顔成子游謂東郭子綦,[2417] 曰: "自吾聞子之言, 一年而野,[2418] 二年而

2416) 彼는 마음이 영록榮祿에 매이지 않은 사람들을 가리킨다. 『莊子譯注』, 276頁, 주6 참조.

從,[2419] 三年而通,[2420] 四年而物,[2421] 五年而來[2422], 六年而鬼入[2423], 七年而天成[2424], 八年而不知死, 不知生,[2425] 九年而大妙."[2426] 生有爲, 死也. 勸公以其(私),[2427] 死也有自也,[2428] 而生陽也,[2429] 无自也. 而果然乎? 惡乎其所適?[2430] 惡乎其所不適? 天有歷數,[2431] 地有人據,[2432] 吾惡乎求之? 莫知其所終, 若之何其无命也? 莫知其所始, 若之何其有命也? 有以相應也, 若之何其无鬼邪? 无以相應也, 若之何其有鬼邪?]

2417) 顔成子游에서, 顔成은 複姓이고, 名은 언偃, 字는 子游인데, 顔成子游는 동곽자기東郭子綦의 제자이다. 東郭子綦는「齊物論」편,「大宗師」편,「徐无鬼」편에는 南伯子綦가 나온다. 東은 아마도 南의 오기인 것 같다.『莊子譯注』, 277頁, 주1 참조.

2418) 野는 세속의 규칙이나 예절을 버림이다. 趙礎基, 425頁, 주2 참조.

2419) 從은 순종이니, 고집하지 않음이다. 趙礎基, 上同, 주3 참조.

2420) 通은 通達이니, 外物들과 모순됨이 없다. 趙礎基, 上同, 주4 참조.

2421) 物은 物化이니, 사물들과 彼我를 구분하지 않음이다. 趙礎基, 上同, 주5 참조.

2422) 來는 物(人포함)을 歸附하게 함이다. 趙礎基, 上同, 주6 참조.

2423) 鬼入은 神化이다. 趙礎基, 上同, 주7 참조.

2424) 天成은 自然과 합함이다. 趙礎基, 上同, 주8 참조.

2425) '不知死不知生'은 生死를 같이 봄이다. 趙礎基, 上同, 주9 참조.

2426) 大妙는 大道의 미묘함을 깨달음이다. 趙礎基, 上同, 주10 참조.

2427) 勸은 助이고; 公은 天道를 가리킨다. 其 아래의 私는, 곽상郭象(252-312)注 및 張君房(11세기)本을 인용한『莊子闕誤』(陳景元撰)에 의거하여 보충한 것이다. 私는 개인의 作爲이다. 趙礎基, 上同, 주12 참조.

2428) 自는 由이다. 趙礎基, 上同, 주13 참조.

2429) 生陽은 生動의 뜻이니, 활발히 살려면 无爲해야 하니, 无爲는 당연히 无由이다. 趙礎基, 426頁, 주14 참조.

2430) 오惡는 何이고; 적適은 適意(편함)이다. 趙礎基, 上同, 주16 참조.

2431) 歷數는 時歷度數이니, 年月日時 등이다. 趙礎基, 上同, 주17 참조.

2432) 人據는 사람들이 차지한 邦國이나 地域이다. 趙礎基, 上同, 주18 참조.

▶ 27-5:

여러 망량罔兩(그림자 밖의 희미한 그림자)이 그림자[景]에게 물었다. "너는 아까는 구부리고 있더니 지금은 치켜들었고, 아까는 머리를 묶고 있더니 지금은 풀어헤쳤구나. 아까는 앉아 있더니 지금은 일어섰고, 아까는 가다가 지금은 멈췄으니, 무슨 까닭인가?"

그림자가 말했다. "자잘하니 왜 물음이 그렇게 작은가! 내가 (그러한 행동을 했으나) 나는 그 원인을 모르네. 나는 매미의 껍질과 같은가? 뱀의 허물과 같은가? (모양은) 비슷하나 (실제는) 아니네. 나는 불빛과 햇빛이 있으면 나타나며, 그늘 속에 있거나 밤이 되면 없어지네. 저것(물체)은 내가 의지할 수 있는 것인가? 하물며 의지함이 없는 (자연의 도道, 天道)에 대하여는 더 말할 나위가 없으리라! 물체가 오면 나도 함께 오고, 그것이 가면 나도 함께 가네. 저 물체가 움직이면 나도 함께 움직이네. 이렇게 움직이니, 내게 또 무슨 물을 것이 있단 말인가?"

[衆罔兩問於景曰:2433) "若向也俯而今也仰, 向也括撮而今也被髮;2434) 向也坐而今也起, 向也行而今也止, 何也?" 景曰: "搜搜也,2435) 奚稍問也!2436) 予有而不知其所以.2437) 予, 蜩甲也, 蛇蛻也,2438) 似之而非也.

2433) 망량罔兩은 그림자 밖의 희미한 그림자이고; 경景은 영影(그림자)와 통한다. 趙礎基, 上同, 주1 참조.

2434) 괄촬括撮은 머리털을 묶음이고; 피被는 피披와 통하니 披髮은 散髮이다. 趙礎基, 上同, 주3 참조.

2435) 리우스페이劉師培(1884-1919)에 의하면, 수搜를 소謏로 읽어야 하니, 區區(소소한)와 같다. 陳鼓應, 786頁, 주3 참조.

2436) 劉師培에 의하면, 초문稍問은 小問이니, '奚稍問'은 왜 물음이 작은가? 이다. 陳鼓應, 上同, 주4 참조.

2437) 所以은 원인이다. 趙礎基, 427頁, 주7 참조.

2438) 성현영成玄英(608-669)疏에 의하면, 조갑蜩甲은 매미껍질이고; 사태蛇蛻는 뱀허물이다. 王叔岷, 1108頁, 주6 참조.

火與日, 吾屯也;[2439] 陰與夜, 吾代也.[2440] 彼, 吾所以有待邪, 而況乎以无有待者乎![2441] 彼來則我與之來,[2442] 彼往則我與之往, 彼强陽則我與之强陽.[2443] 强陽者又何以有問乎!"]

▶ 27-6:

양자거陽子居[양주楊朱]가 남쪽으로 패沛에 갔으나, 노담老聃은 서쪽으로 진秦에 갔기에, (양주가 멀리) 교외에서 맞으려 하니, 양梁[개봉開封市]에 이르러 노자老子를 만났다. 노자는 도중에 하늘을 우러러보며 탄식하였다. "(나는) 처음에 너를 가르칠만하다고 생각했는데, 이제야 보니 틀렸구나."

양주는 아무 대답 못 했다. (그는) 여관에 이르러서, '세수' 대야, '양치' 물, 수건, 빗을 (노자에게) 올리고, 신을 문밖에서 벗고, 무릎으로 기어가 그 앞에서 말하였다. "조금 전에 저는 선생님께 묻고 싶었지만, 길을 가는 중이라 묻지 못했습니다. 이제 여유가 있으니 그 이유를 듣고 싶습니다."

노자는 말했다. "너는 눈을 부릅뜨고 있어 몹시 거만해 보이는데, 누구와 함께 사느냐? 아주 흰 것은 도리어 검은 것 같고, 성스러운 덕은 부족한 것 같도다."

양주는 놀라고 두려워 낯빛을 고치며 말했다. "가르침을 따르겠습니다." 그가 (예전에 패沛에) 갈 적에는 (여관에) 묵는 사람들도 그를 맞이

2439) 둔屯은 취聚(모이다)이다. 趙礎基, 上同, 주9 참조.

2440) 代는 사라짐[謝]이니, 消失이다. 趙礎基, 上同, 주10 참조.

2441) 彼는 形體이고; 待는 의지하이다. '无有待者'는 의지함이 없는 天道를 가리킨다. 趙礎基, 上同, 주11 참조.

2442) 彼는 물체이다. 趙礎基, 上同, 주12 참조.

2443) 彼는 形이고; 强陽은 운동하는 모습이다. 郭慶藩, 962頁, 주7 참조.

하고 환송했으며, 그 여관집 주인은 자리를 잡아주었고, 부인은 수건과 빗을 가져다주었으며, 여관 손님들은 자리를 피했으며, 부뚜막에서 불을 쬐는 사람들도 피했다. (그러나 이제 노자의 말을 듣고 여관에) 돌아와서는 여관 손님들이 그와 함께 자리를 다툴 정도가 되었다.

[陽子居南之沛,2444) 老聃西遊於秦, 邀於郊,2445) 至於梁而遇老子.2446) 老子中道仰天而歎曰: "始以汝爲可教, 今不可也." 陽子居不答. 至舍, 進盥漱巾櫛, 脫屨戶外, 膝行而前曰: "向者弟子欲請夫子, 夫子行不閒, 是以不敢. 今閒矣, 請問其過."2447) 老子曰: "而睢睢盱盱2448), 而誰與居! 大白若辱, 盛德若不足."2449) 陽子居蹴然變容曰:2450) "敬聞命矣!" 其往也, 舍者迎將, 其家公執席, 妻執巾櫛, 舍者避席, 煬者避竈. 其反也, 舍者與之爭席矣.]

2444) 成玄英(608-669)疏에 의하면, 陽子居의 경우 姓은 楊, 名은 朱, 字는 子居이다. 패沛는 彭城이고, 지금의 徐州이다. 王叔岷, 1,110頁, 주1 참조.

2445) 요邀는 영절迎截(맞이하다)이다. 趙礎基, 428頁, 주2 참조.

2446) 梁은 大梁이니, 지금의 開封이다. 趙礎基, 주3 참조.

2447) 많은 판본에, 過가 故이다. 故는 고辜의 가차이고, 故、辜는 通用이다. 閒、問은 古通이다. 王叔岷, 1111頁, 주8 참조.

2448) 而는 你(너)이고; 수수睢睢(부릅떠 보다)는 위를 쳐다봄이고; 우우盱盱는 부릅뜸이니, 睢睢盱盱는 오만한 자세이다. 趙礎基, 上同, 주9 참조.

2449) 『老子』 41章의 「大白若辱, 廣德若不足」을 인용하고 있다. 辱은 독黷(검은색)의 가차이다. 王叔岷, 1112頁, 주10 참조.

2450) 축연蹴然은 부끄럽고 두려운 모습[慚悚]을 가리킨다. 郭慶藩, 963頁, 주1; 命은 教와 같다. 王叔岷, 上同, 주12 참조.

28. 양왕(讓王)

본 편은 장자의 경물輕物과 양생養生의 주장과 무위無爲의 정치를 말하고 있다. 그리고 안빈安貧하고 낙도樂道하며, '몸을 깨끗이 하고[潔身]', 자기가 좋아하는 것을 추구하는 사상과 당시 사회현실에 대한 불만을 표현하고 있다.

▶ 28-1:

요堯임금이 천하를 허유許由에게 양위하려 했으나 허유가 받지 않았다. 또 자주지보子州支父에게[2451] 양위하려 하니, 자주지보가 말하였다. "나를 천자天子로 한다면 또한 가능하겠네. 그러나 나는 깊이 우려할 병이 있어서 (천하를) 다스리려 하여도 천하를 다스릴 틈이 없네."

천하는 지극히 중한 것이나 (그것으로) 자기 생명을 해칠 수 없으니, 하물며 다른 것들이야! 천하를 자기 소유로 하지 않으려는 이에게 천하를 위탁할 수는 있다. 순舜임금이 자주지백子州支伯에게 양여를 하려 하니, 자주지백이 말했다. "나를 천자天子로 한다면 또한 가능하겠네. 그러나 나는 깊이 우려할 병이 있어서 (천하를) 다스리려 하여도 천하를

2451) 자주지보子州支父는, 이이李頤(1541-1601)에 의하면, 지보支父는 字이니 支伯과 같으며, 堯임금의 스승이다. 王叔岷, 1,117頁, 주2 참조.

다스릴 틈이 없네."

그러므로 천하는 큰 기관이나 (그것으로) 생명을 바꿀 수는 없으니, 이런 도道를 터득한 이들은 속인들과는 다른 것이다. 순舜임금이 선권善卷에게[2452] 천하를 양여하려 하니, 선권이 말했다. "나는 우주 한가운데 서서, 겨울에는 가죽과 털옷을 입고, 여름에는 고운 베옷[葛布]을 입고, 봄에 농사짓고 씨 뿌리며, 몸은 노동할만하며; 가을에는 수확하여 몸은 쉬고 먹을 수 있네. 해가 뜨면 일하고, 해가 지면 휴식하여 하늘과 땅 사이에서 노니니, 마음은 득의得意하여 자득하네. 내가 무엇 때문에 천하를 다스리겠는가! 서글프네, 자네가 (이런) 나를 모르는 것이!"

마침내 (천하를) 받지 않았다. 이에 떠나서 깊은 산속으로 들어가니 그가 있는 곳을 알 수 없었다.

순임금이 자기 친구인 석호石戶땅의 농부에게 천하를 양여하려 하니 말하였다. "(순)임금의 사람됨은 힘을 쓰시니, 부지런히 일하시는 인사이네." (그는) 순임금의 덕도 아직 성숙하지 않다고 여겨서, 남자는 (등에) 지고 여자는 (머리에) 이고서, 자식들을 이끌고 바닷가에 은거하며 평생 돌아오지 않았다.

[堯以天下讓許由, 許由不受. 又讓於子州支父, 子州支父曰: "以我爲天子, 猶之可也.[2453] 雖然, 我適有幽憂之病,[2454] 方且治之, 未暇治天下也." 夫天下至重也, 而不以害其生, 又況他物乎! 唯无以天下爲者可以托天下也.[2455] 舜讓天下於子州支伯. 子州支伯曰: "予適有幽憂之病, 方且

2452) 善卷은, 이이李頤(1541–1601)에 의하면, 姓은 善이고, 名이 卷이다. 堯가 그를 스승으로 섬겼다고 한다. 그는 은자이다. 王叔岷, 1,119頁, 주1 참조.

2453) 之는 차且(또한)와 같다. 王叔岷, 1,118頁, 주3 참조.

2454) 適은 마침 이며; 幽憂는 깊은 우려이다. 趙礎基, 429頁, 주3 참조.

治之, 未暇治天下也.” 故天下, 大器也, 而不以易生, 此有道者之所以異乎俗者也. 舜以天下讓善卷, 善卷曰: “余立於宇宙之中, 冬日衣皮毛, 夏日衣葛絺,[2456] 春耕種, 形足以勞動; 秋收斂, 身足以休食. 日出而作, 日入而息, 逍遙於天地之間, 而心意自得. 吾何以天下爲哉! 悲夫, 子之不知余也!” 遂不受. 於是去而入深山, 莫知其處. 舜以天下讓其友石戶之農,[2457] 石戶之農曰: “捲捲乎,[2458] 后之爲人,[2459] 葆力之士也.”[2460] 以舜之德爲未至也,[2461] 於是夫負妻戴, 攜子以入於海,[2462] 終身不反也.]

▶ 28–2:

고공단보古公亶父가 빈邠땅에 있으니 적狄 나라 사람들이 공격하였다. (그들에게) 가죽과 비단을 봉송해도 받지 않았고, 개와 말들을 봉송해도 받지 않았고, 진주와 옥을 봉송해도 받지를 않았다. 적 나라 사람들이 구하고자 하는 것은 토지였다. 고공단부는 말하였다. “그 사람의 형과 함께 살면서 그 동생을 (전쟁터에서) 죽게 하고, 그 사람의 아버지와 함께 살면서 (전쟁터에서) 자식들을 죽게 하는 것을, 나는 견딜 수가 없다네. 자네들은 모두 잘 살도록 힘써라, 나의 신하가 됨과 적 나라

2455) 『呂氏春秋』「貴生」편에는, ‘惟不以天下害其生者也, 可以託天下.’ (天下로써 자기 생명을 해치지 않는 자에게, 天下를 위탁할 수 있다.)가 있으니, ‘無以天下爲’ 는 ‘천하를 자기소유로 하지 않음’ 이다. 陳鼓應, 793頁, 주3 참조.

2456) 치絺는 고은 갈포葛布이다. 趙礎基, 430頁, 주9 참조.

2457) 李頤에 의하면, 石戶는 地名이고; 農은 농부이다. 王叔岷, 1120頁, 주1 참조.

2458) 권권捲捲은 힘쓰는 모양이다. 王叔岷, 上同, 주2; 참조.

2459) 后는 임금이니, 舜이다. 趙礎基, 上同, 주12 참조.

2460) 葆力은 勤力이다. 趙礎基, 上同, 주13 참조

2461) 未至는 미성숙으로 이해한다. 趙礎基, 上同, 주14 참조.

2462) 入於海는 바닷가에 은거함이다. 趙礎基, 上同, 주16 참조.

사람의 신하 되는 것이 무엇이 다르겠는가! 또한 나는 양육을 위해 쓰이는 (토지) 때문에 양육할 (백성)들이 해침을 당해서는 안 된다고 들었네.”

(고공단부가) 채찍을 잡고서 (빈邠 땅을) 떠나갔는데, 백성들이 서로 이어서 좇아오니, 마침내 기산岐山에서 나라를 세웠다. 고공단부는 생명을 중시한다고 말할 수 있다. 생명을 존중하는 이는 부귀하게 되더라도 양육에 (필요한 토지, 백성 등) 때문에 몸을 해치지 않고, 빈천해져도 이익 때문에 몸에 부담을 주지는 않는다. 지금 높은 관직이나 높은 작위를 가진 이들은 모두 이것들을 잃는 것을 큰일로 생각한다. 이익을 보고 자기 몸 잃는 것을 가벼이 여기는 것이 어찌 큰 착각이 아니겠는가!

[大王亶父居邠,2463) 狄人攻之. 事之以皮帛而不受,2464) 事之以犬馬而不受, 事之以珠玉而不受, 狄人之所求者土地也. 大王亶父曰: “與人之兄居而殺其弟, 與人之父居而殺其子, 吾不忍也. 子皆勉居矣,2465) 爲吾臣與爲狄人臣奚以異! 且吾聞之, 不以所用養害所養.”2466) 因杖筴而去之,2467) 民相連而從之, 遂成國於岐山之下. 夫大王亶父, 可謂能尊生矣.2468) 能尊生者, 雖貴富不以養傷身,2469) 雖貧賤不以利累形. 今世之

2463) 대왕단부大王亶父는 고공단부古公亶父라고도 하며, 周나라 文王의 祖父이다. 빈邠은 빈豳으로도 쓰고, 陝西省 빈현邠縣(지금의 彬縣)이다. 趙礎基, 430頁, 주1 참조.

2464) 事는 侍奉이니, 봉송奉送이다. 趙礎基, 上同, 주3 참조.

2465) 子는 臣民들에 대한 호칭이고; 면거勉居는 잘 사는 것이다. 趙礎基, 431頁, 주5 참조.

2466) ‘所用養’은 그것에 의해 먹고 사는 것, 즉 土地이고; 所養은 臣民을 가리킨다. 趙礎基, 上同, 주6 참조.

2467) 책筴은 策과 같으니, 말채찍이고; 장책杖筴은 채찍을 잡음이다. 趙礎基, 上同, 주7 참조.

2468) 尊生은 생명을 존중함이다. 趙礎基, 上同, 주9 참조.

人居高官尊爵者，皆重失之，見利輕亡其身，豈不惑哉!]

▶ 28-3:

월越나라 사람들이 삼대三代에 (걸치어) 임금을 시해하니, 왕 자수子搜가 이를 우려하여 단혈丹穴로 도망가서 (숨으니) 월나라에는 임금이 없고, 왕 자수를 찾으려 했으나 찾을 수 없어서, 단혈에까지 따라갔다. 왕 자수는 나오려고 하지 않아 월나라사람들이 쑥을 (태워) 연기를 내어서 (그를) 임금의 수레에 태웠다. 왕 자수가 줄을 잡아끌어서 수레에 오르며 하늘을 올려보고 숨을 내쉬며 말하였다. "임금 자리여, 임금 자리여! 어찌 나를 내버려 두지 않는가!"

왕 자수는 임금 되는 것이 싫어서가 아니라, 임금 되는 재난을 싫어한 것이다. 왕 자수 같은 이는 나라 때문에 생명을 해치지 않았다고 말할 수 있다. 이 점이 진실로 월나라 사람이 (그를) 임금으로 얻기를 바란 것이다.

[越人三世弑其君，王子搜患之，[2470] 逃乎丹穴. 而越國无君，求王子搜不得，從之丹穴. 王子搜不肯出，越人薰之以艾，乘以王輿. 王子搜援綏登車，[2471] 仰天而呼曰: "君乎君乎![2472] 獨不可以舍我乎!" 王子搜非惡爲君也，惡爲君之患也. 若王子搜者，可謂不以國傷生矣. 此固越人之所欲

2469) 養은 여기서 명사이니, 먹고 사는 것, 즉 토지와 백성을 가리킨다. 趙礎基, 上同, 주10 참조.

2470) 예翳는 그 아들에 의해 시해되고; 越人들이 그 아들을 죽이고 무여無余를 세웠는데; 그가 또 시해되니 무전無顓을 임금으로 세웠다. 無顓이 자수子搜이다. 王叔岷, 1124頁, 주2 참조.

2471) 원援은 당김(납拉)이고; 수綏는 수레 탈 때 잡아당기는 줄이다. 趙礎基, 上同, 주5 참조.

2472) 君은 國君의 자리이다. 趙礎基, 上同, 주6 참조.

得爲君也.]

▶ 28-4:

한韓나라와 위魏나라가 서로 다투고 영토를 침략하여, (위魏나라) 자화자子華子가 (한韓나라 임금) 소희후昭僖侯를[2473] (찾아)뵈니, 소희후는 (전투에서 실패할까) 근심하는 기색이었다. 자화자가 말했다. "지금 천하 사람들이 임금 앞에서 계약을 쓰게 하도록 하되, 계약서의 내용은, '왼손으로 (계약서를) 잡으면 오른손을 잘라버리고, 오른손으로 잡으면 왼손을 잘라버리는데, 그렇게 잡은 자는 반드시 천하를 가진다.' 라고 하십시오. 임금님은 할 수 있겠습니까?"

소희후는 말했다. "과인은 잡지 않을 것이오."

자화자가 말했다. "아주 좋습니다! 이렇게 보면, 양팔은 천하보다 소중합니다. 몸은 또한 양팔보다 소중합니다. 한韓나라는 천하보다 가벼움이 또한 (훨씬) 큽니다! 지금 다투는 땅은, 그것이 한韓나라보다 또한 훨씬 못합니다. 임금께서는 바로 (그 땅을) 얻지 못할까봐 걱정하고 몸에 근심하여 생명을 해치고 계십니다."

희후가 말했다. "좋습니다! 과인을 가르친 이들이 많으나, 이런 말씀은 들은 적이 없습니다."

자화자는 (몸에) 중요한 것(重)과 가벼운 것(輕)을 안다고 말할 수 있다.

[韓、魏相與爭侵地, 子華子見昭僖侯, 昭僖侯有憂色. 子華子曰: "今使天下書銘於君之前, 書之言曰: '左手攫之則右手廢,[2474] 右手攫之則左手廢, 然而攫之者必有天下. 君能攫之乎?" 昭僖侯曰: "寡人不攫也. 子華

2473) 子華子는 魏人이고; 昭僖侯는 韓나라 임금이다. 趙礎基, 432頁, 주1 참조.
2474) 확攫(붙잡다)은 取이고; 廢는 기棄(버리다)이다. 趙礎基, 上同, 주4 참조.

子曰: "甚善! 自是觀之, 兩臂重於天下也, 身亦重於兩臂, 韓之輕於天下亦遠矣, 今之所爭者, 其輕於韓又遠. 君固愁身傷生以憂戚之不得也!" 僖侯曰: "善哉! 敎寡人者衆矣, 未嘗得聞此言也." 子華子可謂知輕重矣.]

▶ 28-5:

노魯나라 임금은 안합顔闔이 득도한 사람이라 듣고서, 사람을 시켜 폐물을 먼저 보냈다. 안합은 누추한 집에 살며, 조악한 베옷을 입고, 스스로 소를 키웠다. 노나라 임금의 사자가 이르니, 안합이 스스로 그를 접대하였다. 사자가 말했다. "이곳이 안합의 집이지요?"

안합이 대답하였다. "이곳이 저의 집입니다."

사자가 예물을 바치니, 안합이 대꾸하여 말하였다. "아마도 잘못 들어서 사자를 보낸 것은 죄가 되니, (명령을) 심사해 보심만 못합니다."

사자가 돌아가서 반복하여 심사해 보고 다시 와서 그를 찾으니, 찾을 수 없었다. 따라서 안합과 같은 이들은 진실로 부귀를 싫어한 것이다.

[魯君聞顔闔得道之人也,2475) 使人以幣先焉.2476) 顔闔守陋閭,2477) 苴布之衣而自飯牛.2478) 魯君之使者至, 顔闔自對之. 使者曰: "此顔闔之家與?" 顔闔對曰: "此闔之家也." 使者致幣, 顔闔對曰: "恐聽者謬而遺使者罪,2479) 不若審之." 使者還, 反審之, 復來求之, 則不得已. 故若顔闔

2475) 성현영成玄英(608-669)疏에 의하면, 魯君은 魯哀公, 혹은 魯定公이다. 안합顔闔은 魯의 현인이며 隱者이다. 王叔岷, 1129頁, 주1 참조.

2476) 폐幣(예물, 비단)와 폐弊(돈)는 古通이다. 王叔岷, 上同, 주2 참조.

2477) 여閭、여廬는 古通이다. 王叔岷, 上同, 주3; 守는 居, 住이다. 『莊子譯注』, 283頁, 주3 참조.

2478) 저苴는 조粗(거칠음)이다. 王叔岷, 上同, 주4 참조.

者, 眞惡富貴也.]

▶ 28-6:

그러므로 말한다. "도道의 핵심으로 (자기) 몸을 다스리고, (도의) 나머지로 나라를 다스리고, (도의) 찌꺼기로 천하를 다스린다." 이것으로 보면, 제왕帝王의 업적은 (득도得道한) 성인의 여분餘分의 일이고, 몸을 온전히 하고 삶을 기르는 근거가 아니다. 지금 세속의 군자들이 대부분 몸을 위태롭게 하고 삶을 버리면서 권세와 명리를 좇아가니, 어찌 슬프지 아니한가! 성인이 하는 일은, 자기가 추구하는 목적과 자기가 그렇게 해야 할 이유를 반드시 살피는 일이다. 지금 여기에 어떤 사람이 있는데, 수隨나라 임금의 (진귀한) 진주로서 천 길[仞] 밖의 참새를 쏜다면, 세상 사람들은 반드시 그를 조소嘲笑할 것이다. 이는 무슨 이유인가? 그가 쓴 것은 귀중하고 그가 얻은 것은 가볍기 때문이다. 삶이란 어찌 수나라 제후 진주의 귀중함 정도이겠는가!

[故曰: '道之眞以治身,2480) 其緖餘以爲國家,2481) 其土苴以治天下.2482)' 由此觀之, 帝王之功, 聖人之餘事也, 非所以完身養生也. 今世俗之君子, 多危身棄生以殉物,2483) 豈不悲哉! 凡聖人之動作也, 必察其所以之與其所以爲.2484) 今且有人於此, 以隨侯之珠彈千仞之雀, 世必笑之. 是何也?

2479) 遺는 給이고; 聽 아래의 者는, 『莊子闕誤』(陳景元[1025-1094]撰)에서 張君房(11세기)本을 인용하여 삭제함을 따랐다. 趙礎基, 433頁, 주7 참조.

2480) 眞은 精華이다. 趙礎基, 上同, 주1 참조.

2481) 緖餘는 나머지이다. 趙礎基, 上同, 주2 참조.

2482) 저苴는 사渣(찌꺼기)와 통한다. 토저土苴는 썩은 흙이다. 趙礎基, 上同, 주3 참조.

2483) 순殉은 축逐(쫓다)이니, 순물殉物은 권세와 名利를 추축追逐(쫓아버림)함이다. 趙礎基, 上同, 주5 참조.

2484) 之는 往이고; 所以之는 추구하는 목적이고; 所以爲는 그렇게 해야 하는 원인이다.

則其所用者重, 而所要者輕也.2485) 夫生者, 豈特隨侯珠之重哉!]

▶ 28-7:

열자列子 선생이 궁핍하여 얼굴에 굶은 기색이 있었다. 어느 객客이 정鄭나라 (재상) 자양子陽에게 말했다. "열어구列禦寇는 득도得道한 선비인데, 당신네 나라에 살면서 곤궁하니, 임금께서는 아마도 선비를 좋아하시지 않습니까?"

정鄭나라 자양은 즉시 관리에게 명하여 그에게 곡식을 보냈다. (그러나) 열자 선생이 사자를 보고, 재배하고 나서 거절하였다. 사자가 떠나가고 열자 선생이 (집안으로) 들어서니 그의 부인이 그를 바라보고 가슴을 치며 말하였다. "득도得道한 이들의 처자들은 모두 여유롭게 즐긴다고 제가 들었는데, 지금 굶은 기색이라, 임금께서 선생에게 먹을 것을 (보내기에) 이르렀는데, 선생이 받지 않으시니 어찌 운명이 아니겠습니까!"

열자선생이 웃으면서 말하였다. "임금이 스스로 나를 안 것이 아니고 남의 말을 듣고 나에게 곡식을 보냈으니, 그가 나를 벌줄 때에 이르면 또한 남의 말 때문일 것이니, 이것이 내가 (곡식을) 받지 않은 이유이네."

나중에 백성들이 과연 난리를 일으키어 자양을 죽이게 되었다.
[子列子窮, 容貌有飢色. 客有言之於鄭子陽者曰:2486) "列禦寇, 蓋有道之士也, 居君之國而窮, 君无乃爲不好士乎?" 鄭子陽卽令官遺之粟. 子列子見使者, 再拜而辭. 使者去, 子列子入, 其妻望之而拊心, 曰: "妾聞

趙礎基, 上同, 주6 참조.

2485) 要는 取이다. 趙礎基, 上同, 주9 참조.

2486) 子陽은 鄭나라의 宰相이다. 王叔岷, 1134頁, 주3 참조.

爲有道者之妻子, 皆得佚樂,[2487] 今有飢色, 君過而遺先生食,[2488] 先生不受, 豈不命邪!" 子列子笑謂之曰: "君非自知我, 以人之言而遺我粟, 至其罪我也, 又且以人之言, 此吾所以不受也." 其卒, 民果作難而殺子陽.]

▶ 28-8:

초楚나라 소왕昭王이 수도를 떠나게 되니, '양羊잡이' 열說이 달려가 소왕을 따랐다. 소왕이 수도에 돌아와서 자기를 따른 자들에게 상주려는데, 양잡이 열에게 이르렀다. 양잡이 열이 말했다. "대왕께서 서울을 떠나시게 되어 저는 양 잡는 일을 잃어 버렸는데, 대왕께서 서울에 돌아오시니 저 또한 양 잡는 일에 복귀했습니다. 저의 작위는 이미 회복되었는데 또 무슨 상급이 있습니까!"

(소)왕이 말했다. "억지로 주게 하라."

양잡이 열이 말했다. "초나라의 법률은 반드시 큰 공에 상을 무겁게 하는데, 지금 저의 지식은 나라를 존속시키기에 부족하고, 용기는 외적에게 죽음으로 맞서기에 부족합니다. 오나라 군대가 (수도인) 영郢에 들이닥치니, 저는 난리가 두려워서 외적을 피한 것이지 대왕을 수행한 것이 아닙니다. 지금 대왕께서 법조와 약속을 깨트리고 접견하시니, 이는 제가 천하에 전해지길 바라는 바가 아닙니다."

왕께서 사마자기司馬子綦에게 말하였다. "양잡이 열이 서열이 낮지만, 자네가 과인을 위해 그를 경卿의 자리에 추천해 주십시오."

양잡이 열이 말했다. "경卿의 자리는, 제가 그것이 양잡이의 직업보다 고귀함을 알고; 만종萬鍾의 봉록은, 제가 그것이 양잡이의 이익보다 부유함을 압니다. 그러나 작록이 탐나서 어찌 우리 임금께서 망녕妄

2487) 일佚은 逸과 통하니, 佚樂은 여유로운 즐거움이다. 趙礎基, 434頁, 주6 참조.
2488) 過는 遇의 오기이다. 王叔岷, 上同, 주8 참조.

佞하게 주었다는 명성을 있게 할 수 있겠습니까! 저는 감당할 수 없으니, 저의 양잡이 직분에 되돌아가기를 바랍니다."

(그는) 마침내 받지 않았다.

[楚昭王失國, 屠羊說走而從於昭王. 昭王反國, 將賞從者, 及屠羊說.2489) 屠羊說曰: "大王失國, 說失屠羊; 大王反國, 說亦反屠羊. 臣之爵祿已復矣, 又何賞之有哉!" 王曰: "强之!"2490) 屠羊說曰: "楚國之法, 必有重賞大功而後得見, 今臣之知不足以存國, 而勇不足以死寇. 吳軍入郢, 說畏難而避寇, 非故隨大王也. 今大王欲廢法毁約而見說, 此非臣之所以聞於天下也."2491) 王謂司馬子綦曰: "屠羊說居處卑賤, 而陳義甚高,2492) 子其爲我延之以三旌之位."2493) 屠羊說曰: "夫三旌之位, 吾知其貴於屠羊之肆也; 萬鍾之祿, 吾知其富於屠羊之利也; 然豈可以貪爵祿而使吾君有妄施之名乎! 說不敢當, 願復反吾屠羊之肆." 遂不受也.]

▶ 28-9:

원헌原憲(자字는 자사子思)이 노魯나라에서 사방 1장丈의 (작은) 집에서 살며, (갓 나온) 생풀로 지붕을 하고, 쑥과 풀로 엮은 문도 온전하지 않고, 뽕나무로 돌쩌귀를 하고, 깨진 독으로 창문을 하고, 방은 둘이고 거친 옷으로 깨진 틈을 막았으나, 위에서는 비가 새고, 아래는 습하지만 바로 앉아서 현을 뜯고 노래하였다. 자공子貢은 큰 말을 타고서, 속옷은 붉은 청색이고 겉옷은 흰색인데, 큰 수레는 골목이 감당할 수 없

2489) 及은 到이다. 趙礎基, 435頁, 주3 참조.

2490) 强之는 그에게 상을 받도록 강하게 명함이다. 趙礎基, 上同, 주6 참조.

2491) 於자가 빠져 있고, 也 위에 者자가 있다. 王叔岷, 1137頁, 주9 참조.,

2492) 陳義는 論議이다. 王叔岷, 上同, 주11 참조.

2493) 延은 제발提拔(선발하여 올림)이고; 삼정三旌은 삼명三命(公, 侯, 伯의 卿)이니, 卿位이다. 趙礎基, 435-436頁, 주13 참조.

어서 (걸어) 가서 원헌을 만났다. 원헌은 자작나무 껍질로 만든 모자에 뒤꿈치 없는 신발을 신고서, 명아주 지팡이를 짚고서 문을 열어주며 응답하였다. 자공은 말하였다. "아, 선생은 무슨 병이 있습니까?"

원헌이 그에 응대하여 말했다. "제가 듣기로, '재물이 없는 것이 가난이고; 도를 배워서 시행할 수 없음이 병病이네.' 지금 나는 가난하지 병은 아니네."

자공은 뒤로 물러서며 부끄러운 기색이었다. 원헌이 웃으며 말하였다. "세상 (인심)을 보고 일을 하며, (마음에) 가깝고 맞으면 친구가 되고, 남들이 (나를 중시하기) 위해 배우고, 자기(의 이름)을 위해 가르치며, 인의仁義를 잃고서 말 등을 꾸미는 일 등은, 나는 할 수가 없네!"

[原憲居魯, 環堵之室,2494) 茨以生草,2495) 蓬戶不完, 桑以爲樞, 而甕牖二室,2496) 褐以爲塞,2497) 上漏下濕, 匡坐而弦歌. 子貢乘大馬, 中紺而表素,2498) 軒車不容巷, 往見原憲. 原憲華冠縰履,2499) 杖藜而應門. 子貢曰: "嘻! 先生何病?" 原憲應之曰: "憲聞之, '无財謂之貧, 學道而不能行謂之病.' 今憲貧也, 非病也." 子貢逡巡而有愧色. 原憲笑曰: "夫希世而行,2500) 比周而友,2501) 學以爲人, 教以爲己, 仁義之慝,2502) 輿馬之

2494) 原憲은 字가 子思이고, 孔子의 제자이다. 1장丈의 장牆(담)이 도堵(담)이니; 環堵는 사방이 각 1丈이니, 작은 방이다. 趙礎基, 436頁, 주1, 2 참조.

2495) 이이李頤(1541-1601)에 의하면, 자茨는 蓋屋(지붕을 덮다)이고; 生은 마르지 않은 新生을 말함이다. 王叔岷, 1,139頁, 주2 참조.

2496) 유牖는 창窗이다. 趙礎基, 上同, 주5 참조.

2497) 갈褐(베옷)은 거친 옷이니, 거친 옷으로 새는 틈을 막음이다. 趙礎基, 上同, 주7 참조.

2498) 중감中紺은 內衣는 붉고 푸른색이고; 表素는 '外衣는 흰색'의 뜻이다. 趙礎基, 上同, 주10 참조.

2499) 華는 화樺(자작나무)와 통하니, 華冠은 자작나무 껍질로 만든 모자이고; 쇄리縰履는 발꿈치 없는 신발이다. 趙礎基, 437頁, 주12 참조.

飾,[2503] 憲不忍爲也!"]

▶ 28-10:

증자曾子가 위衛나라에서 긴 옷만 입었지 (겉의) 홑옷은 없었으며, 얼굴은 붓고 병색이 있었으며, 손발에 못이 박혔고, 삼일간 식사 준비를 못 했고, 10년간 옷을 짓지 못했었다. 모자는 바르지만 갓끈이 떨어졌고, 옷깃을 잡으면 팔꿈치가 보이고, 신발을 신으면 뒤꿈치가 갈라졌고, 뒤꿈치 없는 신을 끌면서 (『시경詩經』 중의) 상송商頌을 노래하니, 목소리가 천지天地에 가득 차서 쇠나 돌(악기)에서 나온 듯이 (청아)했다. 천자로도 (그를) 신하로 삼지 못하였고, 제후들도 벗으로 할 수 없었다. 그러므로 뜻을 기르자면 몸을 잊어야 하고, 몸을 기르자면 이익을 잊어야 하고, 도道를 불러오자면 마음을 잊어야 한다.

曾子居衛,[2504] 縕袍无表,[2505] 顔色腫噲,[2506] 手足胼胝,[2507] 三日不擧火, 十年不製衣. 正冠而纓絕,[2508] 捉衿而肘見,[2509] 納屨而踵決.[2510]

2500) 希는 희睎(바라보다)의 가차이니, 睎는 望이다. 王叔岷, 1142頁, 주16 참조.

2501) 比는 近이고; 周는 合이다. 趙礎基, 上同, 주16 참조.

2502) 특慝은 특忒(잃음)의 가차이다. 『莊子譯注』, 287頁, 주16 참조.

2503) 식飾은 裝飾이다. 趙礎基, 上同, 19 참조.

2504) 여러 板本에서 居를 在자로 보았다. 王叔岷, 1143頁, 주1 참조.

2505) 온포縕袍는 헌솜으로 서絮(거친 풀솜)로 만든 袍子(긴 옷)이고; 無表는 조삼罩衫(홑옷)이 없음이다. 趙礎基, 上同, 주1 참조.

2506) 종쾌腫噲는 붓고 病色이 있음이다. 趙礎基, 上同, 주2 참조.

2507) 변지胼胝는 굳은살이다. 趙礎基, 上同, 주3 참조.

2508) 영纓은 갓끈이고; 絕은 끊어짐이다. 趙礎基, 上同, 주5 참조.

2509) 금衿은 금襟(옷깃)이고; 見은 現과 통한다. 주肘는 팔꿈치이다. 趙礎基, 上同, 주6 참조.

2510) 납구納屨는 신을 신음이고; 종결踵決은 뒤꿈치가 갈라짐이다. 趙礎基, 上同, 주7 참조.

曳縰而歌商頌,[2511] 聲滿天地, 若出金石. 天子不得臣, 諸侯不得友. 故養志者忘形, 養形者忘利, 致道者忘心矣.

▶ 28-11:

공자가 안회顔回에게 말했다. "회야, 오너라! 집이 가난하고 지위도 낮은데 왜 벼슬을 살지 않느냐?"

안회가 대답하였다. "벼슬 살기 원하지 않습니다. 저는 성 밖에 밭이 50무畝가 있어서 죽을 공급받을 만하고; 성내의 밭 10무는 명주와 베를 공급하니 가야금을 두드리며 스스로 즐기기에 족하며; 선생님께 배운 도道로써 스스로 즐겁습니다. 저는 벼슬 살기를 원하지 않습니다."

(공자가) 말했다. "좋구나, 안회의 뜻이! 나는 '만족함을 아는 이는 이익 때문에 스스로에게 부담을 주지 않고, 자기의 득실을 분명히 알면 그것을 잃는 것을 두려워하지 않고, 마음에서 행실을 닦았으면 관작官爵이 없어도 부끄럽지 않다.' 고 들었네. 나는 이런 것을 암송한 지 오래되었으나 지금 안회에게서 보게 되니, 이것은 나의 수확이네."

[孔子謂顔回曰: "回, 來! 家貧居卑, 胡不仕乎?" 顔回對曰: "不願仕. 回有郭外之田五十畝,[2512] 足以給飦粥;[2513] 郭內之田十畝, 足以爲絲麻; 鼓琴足以自娛; 所學夫子之道者足以自樂也. 回不願仕." 孔子愀然變容, 曰: "善哉, 回之意! 丘聞之: '知足者不以利自累也, 審自得者失之而不懼, 行脩於內者无爲而不怍.'[2514] 丘誦之久矣, 今於回而後見之, 是丘之

2511) 예曳는 끌음이다. 趙礎基, 上同, 주8 참조.

2512) 곽郭은 外城이다. 趙礎基, 438頁, 주2 참조.

2513) 給은 공급이고; 전飦(죽)은 조稠(짙은 죽)이고, 멀건 죽은 죽粥이다. 趙礎基, 上同, 주3 참조.

得也."[2515)]

▶ 28-12:

중산中山의 (위魏나라)공자公子인 모牟가 첨자瞻子에게[2516)] 말했다. "몸은 (자연의) 강과 바다에 있으나, 마음은 위魏나라 궁궐에 있으니, 어찌합니까?"

첨하가 말했다. "삶을 크게 보십시오. 삶을 중시하면 이익은 가벼워집니다."

중산의 공자 모는 말했다. "비록 그것을 알지만, (내) 자신을 이길 수 없습니다."

첨자가 말했다. "자신을 억제할 수 없으면 그렇게 하지만, 정신에서 미워하지 않을 수 있겠습니까? 자신을 억제할 수 없으면서 억지로 그렇게 하지 못하게 한다면, 이것은 곱절의 상해傷害입니다. 곱절 상해를 입은 사람은 장수할 수 없습니다."

위 나라의 모牟는 만승萬乘나라의 공자인데, 그가 암혈에 은거한다면 보통 선비보다 더 어려울 것인데, 비록 (그는) 도道에 아직 이르지 못했으나 이르려는 마음은 있었다고 할 것이다.

[中山公子牟謂瞻子曰:"身在江海之上, 心居乎魏闕之下, 奈何?" 瞻子曰:"重生. 重生則輕利." 中山公子牟曰:"雖知之, 未能自勝也." 瞻子曰:"不能自勝則從,[2517)] 神无惡乎? 不能自勝而强不從者, 此之謂重傷.

2514) 位는 官爵이다. 趙礎基, 上同, 주7; 작怍은 부끄러움[慙]이다. 王叔岷, 1147頁, 주 11 참조.

2515) 得은 수확이다. 趙礎基, 上同, 주8 참조.

2516) 모牟는, 사마표司馬彪(?-306)에 의하면, 魏의 公子가 中山땅에 봉해지니, 그의 이름이다. 첨자瞻子는 賢人이다. 王叔岷, 1148頁, 주1 참조.

2517) 自勝은 자아 억제이다. 趙礎基, 439頁, 주5 참조.

重傷之人, 无壽類矣.” 魏牟, 萬乘之公子也, 其隱巖穴也, 難爲於布衣之士; 雖未至乎道, 可謂有其意矣!]

▶ 28-13:

공자가 진陳, 채蔡나라 사이에서 곤궁함을 당하여, 7일간 음식을 못 해 먹었으나, 명아주 국에는 쌀알이 없어서 얼굴색은 매우 피곤한데, 오히려 방에서 가야금을 두드리며 노래를 하였다. 안회는 (밖에서) 푸성귀를 뜯고, 자로子路、자공子貢은 서로 말을 하였다. “선생님은 노魯에서 두 번 쫓겨났고, 위衛에서 (공자의) 발자취가 지워졌고, 송宋에서 (환퇴桓魋에 의해) 나무가 베어졌고, 상商、주周에서 곤궁을 당했으며, 진陳、채蔡에서 포위당했고, 선생님을 죽이려 한다 해도 죄가 안 되었으며, 선생님을 능욕해도 금지되지 않았었네. (금琴을) 두드리고 노래하며 소리와 음악이 끊이지 않으니, 군자의 몰염치가 이럴 수 있겠는가?”

안회는 대응하지 않고서, 들어가 공자에게 고했다.

공자가 금琴을 밀어내며, 탄식하며 말했다. “자유子由와 자공子貢은 소인들이네. 불러오게, 내가 그들에게 말하겠네.”

자로와 자공이 들어왔다. 자로가 말하였다. “이렇게 하시면 궁박해질 것입니다.”

공자가 말했다. “그게 무슨 말이냐? 군자는 도道에 통하면 통달이요, 도에 궁하면 곤궁이라 한다. 지금 나는 인의仁義의 도를 품고서 난세의 재난을 만났으니, 어찌 궁박窮迫이라 말할 수 있겠느냐! 그러므로 속을 살펴보면 도道는 끝나는 것이 아니고, 난세를 만났으나 자기 덕을 잃지 않아야 하니, 날씨가 추워지고 서리와 눈이 내려야 나는 이것들로써 소나무와 잣나무가 무성함을 알게 된다. 진陳、채蔡에서 위태로움은 아마도 나에게는 행운일 것이구나!”

공자는 퉁 치며 금琴을 다시 잡고 두드리며 노래하니, 자로가 기쁜 모양으로 방패를 잡고서 춤을 추었다.

자공이 말하였다. "저는 하늘이 (얼마나) 높으며, 땅이 (얼마나) 아래에 있는지를 모르겠습니다."

옛날 도를 얻은 이들은 궁박하여도 즐겼으며, 통달하여도 즐거웠다. 즐거운 것은 궁박함도 통달도 아니니, 여기에서 도를 얻는다면, 궁박함이나 통달은 추위, 더위, 바람과 비(같은 자연변화의) 순서이다. 그러므로 (선양禪讓을 안 받은) 허유許由는 (하남성 낙양洛陽 남쪽의) 영양潁陽에서 즐겼으며, 공백共伯은 (하남성 공현共縣 서쪽의) 구수丘首산에서 자득하였다.

[孔子窮於陳、蔡之閒, 七日不火食, 藜羹不糝,2518) 顔色甚憊, 而猶弦歌於室. 顔回擇菜,2519) 子路、子貢相與言曰: "夫子再逐於魯, 削迹於衛, 伐樹於宋, 窮於商、周, 圍於陳、蔡, 殺夫子者无罪, 藉夫子者无禁.2520) 弦歌鼓琴, 未嘗絶音, 君子之无恥也若此乎?" 顔回无以應, 入告孔子. 孔子推琴喟然而歎曰: "由與賜, 細人也.2521) 召而來, 吾語之." 子路、子貢入. 子路曰: "如此者可謂窮矣!" 孔子曰: "是何言也! 君子通於道之謂通, 窮於道之謂窮. 今丘抱仁義之道以遭亂世之患, 其何窮之爲!2522) 故內省而不窮於道,2523) 臨難而不失其德, 天寒旣至, 霜雪旣降, 吾是以知松柏

2518) 여藜는 명아주이고; 삼糝은 쌀알이다. 趙礎基, 440頁, 주2 참조.

2519) 시동奚侗(1878-1939)에 의하면, 택채擇菜 아래에 於外 두 자가 있다. 王叔岷, 1153頁, 주6 참조.

2520) 자藉는 蹂毁(상처를 입히다)이다. 王叔岷, 1154頁, 주10 참조.

2521) 『呂氏春秋』나, 『風俗通』(『風俗通義』, 應劭[140-206]撰)에 의하면, 細는 小이다. 王叔岷, 上同, 주12 참조.

2522) 爲는 謂이다. 趙礎基, 上同, 주6 참조.

2523) 內省은 自我 檢査이고; 窮은 絕이다. 趙礎基, 上同, 주7 참조.

之茂也. 陳、蔡之隘,[2524] 於丘其幸乎!" 孔子削然反琴而弦歌,[2525] 子路扢然執干而舞.[2526] 子貢曰: "吾不知天之高也, 地之下也." 古之得道者, 窮亦樂, 通亦樂. 所樂非窮通也, 道德於此,[2527] 則窮通爲寒暑風雨之序矣.[2528] 故許由娛於潁陽,[2529] 而共伯得志乎丘首.[2530]]

▶ 28-14:

순임금이 자기 친구 북인무택北人无擇에게[2531] 천하를 선양하고자 하였다. 북인무택이 말하였다. "기이해요, 임금의 사람됨이! 전원에 살면서 (또) 요堯임금의 문하에서 기거하고, 이럴 뿐만이 아니고, 또한 자기의 더러운 행위로 나를 더럽히려 하네. 나는 이 꼴을 보니 부끄럽구나!" 이에 스스로 (강남江南에 있는) 청냉淸冷 연못에 투신하였다.

[舜以天下讓其友北人无擇, 北人无擇曰: "異哉, 后之爲人也,[2532] 居於畎畝之中,[2533] 而遊堯之門, 不若是而已,[2534] 又欲以其辱行漫我.[2535]

2524) 애隘는 險(위태롭다)이다. 趙礎基, 上同, 주9 참조.

2525) 삭削은 금琴을 끌어당기는 소리이고; 反琴은 원래 밀어두었던 琴을 다시 잡음이다. 趙礎基, 上同, 주10 참조.

2526) 흘연扢然은 기쁜 모양이다. 干은 순楯(방패)이다. 『莊子譯注』, 290頁, 주18 참조.

2527) 高山寺本[日本高山寺藏『莊子』郭象注古鈔本7卷7篇]에 의거하여, 德을 得으로 고친다. 趙礎基, 上同, 주13 참조.

2528) 序는 변화의 순서이다. 趙礎基, 上同, 주14 참조.

2529) 영양潁陽은 지금 河南성 洛陽의 남쪽이다. 趙礎基, 上同, 주15 참조.

2530) 丘首는 지금 河南성 共縣의 서쪽이다. 趙礎基, 上同, 주16 참조.

2531) 北人无擇은, 성현영成玄英(608-669)疏에 의하면, 北方사람이며, 名은 无擇이니, 舜의 친구이다. 王叔岷, 1159頁, 주1 참조.

2532) 后는 君이다. 王叔岷, 上同, 주2 참조.

2533) 견무畎畝는 田間이다. 趙礎基, 441頁, 주2 참조.

2534) 若은 但이고; 是는 此이다. 趙礎基, 上同, 주4 참조.

2535) 욕행辱行은 부끄러운 행위이고; 만漫은 첨오沾汚(더러움)이다. 趙礎基, 上同, 주5 참조.

吾羞見之.” 因自投淸冷之淵.[2536]]

▶ 28-15:

탕湯 임금이 장차 (폭군인) 걸桀을 치려고, 변수卞隨를[2537] 통해 모의하였다. 변수가 말했다. “제 일이 아닙니다.”

탕 임금이 말했다. “누구면 되겠습니까?”

(변수가) 말했다. “저는 모릅니다.”

탕 임금은 또 무광瞀光을[2538] 통해 모의하였다.

무광이 말했다. “제 일이 아닙니다.”

탕 임금이 말했다. “누구면 되겠습니까?”

(무광이) 말했다. “저는 모릅니다.”

탕 임금이 말했다. “이윤伊尹은 어떠합니까?”

(무광이) 말했다. “(그는) 완강頑强하고 모욕을 견뎌내나, 저는 다른 것들은 모릅니다.”

탕 임금이 마침내 이윤과 걸(임금)을 정벌할 것을 모의하였고, 그에게 승리하고, 변수에게 (천하를) 양여讓與하려 하였다. 변수가 사양하며 말했다. “임금께서 걸桀을 치려고 저에게 모의하려 했으니, 반드시 저를 잔인한 사람으로 여기신 것이고; 걸桀에 승리하자 저에게 선양하고자 하시니, 반드시 저를 탐욕한 사람으로 여기신 것입니다. 저는 난세에 태어나서 무도한 사람(이신 임금께서) 재차 수치스러운 행위로 저를

2536) 『山海經』(先秦시대, 작자미상)에 의하면, 淸冷之淵은 江南에 있다. 王叔岷, 1,160頁, 주5 참조.

2537) 卞隨는, 변卞은 姓이고, 名은 수隨이고, 당시의 隱士이다. 『莊子譯注』, 李玉峰, 李翊赫譯注, 281頁, 주2 참조.

2538) 무광瞀光은 務光으로도 쓴다. 隱者의 이름이다.

모욕하시니, 저는 자주 듣는 것을 참지 못합니다." 이에 스스로 (영천穎川에 있는) 주수椆水에 몸을 던져 죽었다.

탕 임금이 또한 무광에게 선양하려 하며 말하였다. "지식 있는 이는 계획하고, 무자武者는 실행하며, 인자仁者는 (임금 자리에) 있는 것이 옛날의 법도입니다. 선생께서 어찌 (임금 자리에) 서지 않으십니까?"

무광이 사양하며 말했다. "임금을 폐하는 것은 의義가 아니고, 백성들을 죽이는 것은 인仁이 아니고, 남들은 난리를 치렀는데 나는 그 이득을 즐긴다면, 염치가 아닙니다. 저는, '의롭지 않으면 그 녹봉을 받지 않고, 무도한 (임금)의 세상에는 그 땅을 밟지 않는다.' 라고 들었습니다. 하물며 저를 높이어 (임금으로) 삼으려 하시다니! 나는 (이 상황을) 오랫동안 보는 것을 참을 수 없습니다." (그는) 이에 스스로 돌을 짊어지고 스스로 여수廬水에 투신하였다.

[湯將伐桀, 因卞隨而謀,[2539] 卞隨曰: "非吾事也." 湯曰: "孰可?" 曰: "吾不知也." 湯又因瞀光而謀. 瞀光曰: "非吾事也." 湯曰: "孰可?" 曰: "吾不知也." 湯曰: "伊尹如何?" 曰: "强力忍垢,[2540] 吾不知其他也." 湯遂與伊尹謀伐桀, 剋之, 以讓卞隨. 卞隨辭曰: "后之伐桀也謀乎我, 必以我爲賊也;[2541] 勝桀而讓我, 必以我爲貪也. 吾生乎亂世, 而无道之人再來漫我以其辱行, 吾不忍數聞也." 乃自投椆水而死.[2542] 湯又讓瞀光曰: "知者謀之, 武者遂之, 仁者居之, 古之道也. 吾子胡不立乎?" 務光辭曰: "廢上, 非義也; 殺民, 非仁也; 人犯其難, 我享其利, 非廉也.

2539) 因은 通過이다. 『莊子譯注』, 李玉峰, 李翊赫譯注, 281頁 上同 참조.

2540) 强力은 완강頑强이고; 인구忍垢는 치욕을 인내함이다. 趙礎基, 442頁, 주4 참조.

2541) 以는 以爲(…으로 여긴다)이다. 賊은, 『孟子』「梁惠王」하편의 '賊仁者, 謂之賊.' 에서 뒤의 賊자이니, 殘忍의 뜻이다. 趙礎基, 上同, 주6 참조.

2542) 주수椆水는 영천穎川에 있다. 趙礎基, 上同, 주9 참조.

吾聞之曰: '非其義者, 不受其祿; 无道之世, 不踐其土.' 況尊我乎! 吾不忍久見也." 乃負石而自沈於廬水.]

▶ 28-16:

옛날 주周나라가 일어날 때 선비 두 사람이 있었는데 고죽孤竹국에 살았으니, 백이伯夷와 숙제叔齊라고 하였다. 두 사람이 서로 말하였다. "우리가 듣기에 서쪽 지방에 사람이 있는데 도道를 가진 것 같다고 하니, 시험 삼아 가서 봅시다."

(이들이) 기양岐陽 땅에 이르니, 무왕武王이 (이것을) 듣고서 숙단叔旦(주공周公)을 시켜서 이들과 맹약을 맺으려 하며 말하였다. "녹봉으로 이二 등급을 주고, 관직을 맡으면 한 자리를 주겠습니다." 제물에 피를 나게 해서, 그것을 (제단 아래에) 매장하려 하였다.

두 사람은 서로 쳐다보고 웃으며 말하였다. "아, 이상하구나! 이것은 우리가 말하는 도道가 아닐세. 옛날 신농神農임금이 천하를 가졌을 때, 사시四時의 제사에 경건함을 다하며 복은 구하지 않았으며; 백성들에 대해서는, (관리들이) 일 처리에 온 힘을 다하고 보답을 바라지 않았었네. (백성들이) 정치를 즐거워해야 정치를 하였고, 다스림을 즐거워해야 다스렸네. 남들의 실패를 가지고 자기가 성공하려 하지 않았고, 남들이 낮아짐으로써 자기를 높이려 하지 않았으며, 호기好期를 만나도 자기의 이익을 찾지 않았네. 지금 주나라는 은殷의 혼란을 보고서 급히 정치를 정돈하며, 모책을 중시하고, 재물로 인심을 사며, 병력에 의지하여 위세를 보유하고, 제물을 죽여서 맹세하고 믿음을 지키며, 자기 행위를 선양하고, 민중들을 열광케 하고, (남의 나라 사람들을) 죽이고 정벌하여 이익을 취하네. 이것은 난세를 빌미로 폭력을 (폭력으로) 바꾼 셈이네. 옛날의 선비들은 다스려지는 세상을 만나면 자기 소임을 피하지 않았고, 난세를 만나면 그저 살기만 바라지 않았다고 우리들은 들었다네. 지금 천하가 어둡고 주나라 덕이 쇠하였으니, 주나라와 함께 정립하여 우리의 몸을 더럽히기보다는, 이들을 피해 우리의 행동을 깨끗이 함만 못하네."

이 두 사람은 북쪽으로 수양首陽산에 이르러 마침내 굶어서 죽었다. 백이와 숙제 같은 이들에게 부귀란 진실로 (먹고 사는 것을) 얻는 것이지, 그저 고결한 행위로 비범非凡한 것에 반드시 의지하는 것만이 아니고, 자기의 뜻을 홀로 즐기며 세상에 쓰이는 것이 아니니, 이것이 두 선비의 절개이다.

[昔周之興, 有士二人, 處於孤竹, 曰伯夷、叔齊. 二人相謂曰: "吾聞西方有人, 似有道者, 試往觀焉." 至於岐陽, 武王聞之, 使叔旦往見之,[2543] 與之盟曰: "加富二等, 就官一列."[2544] 血牲而埋之. 二人相視而笑曰: "嘻, 異哉! 此非吾所謂道也. 昔者神農之有天下也, 時祀盡敬, 而不祈喜;[2545] 其於人也, 忠信盡治, 而无求焉.[2546] 樂與政爲政,[2547] 樂與治爲治, 不以人之壞自成也,[2548] 不以人之卑自高也, 不以遭時自利也.[2549] 今周見殷之亂而遽爲政,[2550] 上謀而行貨,[2551] 阻兵而保威,[2552] 割牲而

2543) 周公은 名이 단旦이고, 武王의 동생이어서 숙단叔旦이라 한다. 王叔岷, 1166頁, 주4 참조.

2544) 富는 녹봉이고; 就는 任이고; 一列은 一位이다. 趙礎基, 443頁, 주5 참조.

2545) 時祀는 四時의 제사이고; 진경盡敬은 경건함을 다함이고; 기祈는 求이고; 喜는 禧와 통하니 福이다. 趙礎基, 上同, 주8 참조.

2546) 盡治는 일처리에 마음을 다함이고; 无求는 보답을 바라지 않음이다. 趙礎基, 上同, 주9 참조.

2547) 與는 於이다. 趙礎基, 上同, 주10 참조.

2548) 괴壞는 失敗이다. 趙礎基, 上同, 주11 참조.

2549) 조시遭時는 좋은 기회를 만남이고; 自利는 자기의 謀利이다. 趙礎基, 上同, 주13 참조.

盟以爲信, 揚行以說衆,[2553] 殺伐以要利.[2554] 是推亂以易暴也. 吾聞古之士, 遭治世不避其任, 遇亂世不爲苟存. 今天下闇, 周德衰, 其竝乎周以塗吾身也,[2555] 不如避之以絜吾行." 二子北至於首陽之山, 遂餓而死焉. 若伯夷、叔齊者, 其於富貴也, 苟可得已,[2556] 則必不賴高節戾行,[2557] 獨樂其志, 不事於世,[2558] 此二士之節也.]

2550) 거遽는 急이고; 爲政은 정치의 정돈이다. 趙礎基, 上同, 주14 참조.

2551) 上은 尙(숭상)과 통하니, 尙謀는 모책을 숭상함이고; 行貨는 매매이니, 爵祿으로 인심을 사는 것이다. 趙礎基, 上同, 주15 참조.

2552) 조阻는 시恃(믿다)이고; 保威는 위세를 가짐이다. 趙礎基, 上同, 주16 참조.

2553) 揚行은 자기행위를 선양함이고; 說은 悅과 통한다. 趙礎基, 上同, 주17 참조.

2554) 要는 求이다. 趙礎基, 444頁, 주15 참조.

2555) 其는 與其와 같고; 并은 立이고; 周는 周朝 사회이고; 塗는 첨오沾汚(더러움)이다. 趙礎基, 上同, 주21 참조.

2556) 苟는 誠(진실로)이고; 已는 矣이다. 趙礎基, 上同, 주23 참조.

2557) 則은 但이고; 여戾는 항亢이니, 고절高節 여행戾行은 행위의 절기는 평범하지 않음이다. 趙礎基, 上同, 주24 참조.

2558) 事는 用이다. 趙礎基, 上同, 주25 참조.

29. 도척(盜跖)

본 편은 명리名利의 타파를 종지宗旨로 삼고 있다. 세상에서 사람이 사는 것은 흰 망아지[白駒]가 틈을 지나가는 것처럼 빨리 지나가기에, 즐겁고 오래 살기를 바란다. 그러나 명리名利를 쫓아가자면 몸과 마음에 큰 위해가 올 수 있음을 지적한다. 이른바 성현聖賢이나 명사名士들이란 명예나 이익을 위해 생명을 위태롭게 하는 무리이다. 그중에 백이伯夷, 숙제叔齊, 신도적申徒狄 등에 대한 평가는 「대종사大宗師」 편, 「양왕讓王」 등에서와는 전혀 다르다.

▶ 29-1:

공자는 유하계柳下季와 친구였는데, 유하계의 아우는 이름이 도척盜跖이다. 도척은 9천 명의 졸개를 거느리고 천하를 횡행하면서 제후들을 침범하였다. 남의 집에 뚫고 들어가 파괴하고 (재물들을) 찾아 취하였으며, 남의 말과 소들을 몰아내고, 부녀자들을 약탈했다. 이를 탐하느라 친척도 잊었으며, 부모 형제도 돌아보지 않았고, 조상들에게 제사도 지내지 않았다. 그가 지나는 읍邑마다 큰 도시는 성을 (굳게) 지키고, 작은 도시는 작은 성[보堡]으로 들어갔으니, 백성은 고생하였다. 공자가 유하계에게 말하였다. "아버지 된 사람이라면 반드시 자기 아들을 가르칠 수 있을 것이요, 형 된 사람이라면 반드시 자기 아우를 가르칠 수 있을 것일세. 만약 아버지가 그 자식을 훈계할 수 없고, 형으로서 그 아우를 가르칠 수 없다면, 부자와 형제간의 친애도 귀하다 할 수 없을 것이네. 지금 선생은 세상이 (알아주는) 재사才士이며, 그 아우는 도척盜跖으로 천하에 해를 끼치고 있는데도 그를 가르치지 못하고 있으니, 나는 속으로 자네를 부끄럽게 여기고 있네. 내 그대를 대신해 가서 그를 설득해 보겠네."

유하계가 말하였다. "자네는 아비 된 사람은 반드시 그 자식을 훈육할 수 있고, 형 된 사람은 그 아우를 가르칠 수 있다고 하네만, 만약 자식이 아버지의 훈육을 듣지 않고, 동생이 형의 가르침을 받지 않는다면, 지금 선생의 말재간으로도 어찌하겠나! 또 도척의 사람됨은 마음은 용솟음치는 샘물 같고, 의지는 회오리바람같이 (사나우며), 강하기는 어떤 적도 막아내기 충분하며, 언변은 (자기의) 비행을 (좋게) 꾸며대기에 족하며, 제 마음에 들면 좋아하지만, 제 마음에 들지 않으면 분노하며, 말로 쉽게 사람들을 모욕하니, 선생은 부디 가지 말게나."

공자는 (그의 말을) 듣지 않고 안회顔回에게 수레를 몰게 하고, 자공子貢을 오른편에 앉히고 도척을 만나러 갔다.

[孔子與柳下季爲友, 柳下季之弟, 名曰盜跖. 盜跖從卒九千人, 橫行天下, 侵暴諸侯. 穴室樞戶,2559) 驅人牛馬, 取人婦女. 貪得忘親, 不顧父母兄弟, 不祭先祖. 所過之邑, 大國守城, 小國入保,2560) 萬民苦之. 孔子謂柳下季曰: "夫爲人父者, 必能詔其子,2561) 爲人兄者, 必能敎其弟. 若父

2559) 穴은 동사로 쓰였으니, 穿破(뚫고 들어가 파괴함)이고; 추樞는 지도리이나, 손이양孫詒讓(1848-1908)에 의하면, 추樞는 마땅히 구摳로 보아야 하니, 탐취探取(찾아서 취함)이다. 趙礎基, 445頁, 주4 참조.

2560) 保는 보堡와 통하니, 小城이다. 『莊子譯注』, 295頁, 주5 참조.

不能詔其子，兄不能教其弟，則无貴父子兄弟之親矣．今先生，世之才士也，弟爲盜跖，爲天下害，而弗能教也，丘竊爲先生羞之．丘請爲先生往說之．"2562) 柳下季曰："先生言爲人父者必能詔其子，爲人兄者必能教其弟，若子不聽父之詔，弟不受兄之敎，雖今先生之辯,2563) 將奈之何哉！且跖之爲人也，心如涌泉，意如飄風，强足以距敵，辯足以飾非．順其心則喜，逆其心則怒，易辱人以言，先生必无往．" 孔子不聽，顔回爲馭，子貢爲右，往見盜跖.]

도척은 그때 막 태산泰山의 남쪽에서 졸개들을 쉬게 하고, 자신은 사람의 간을 잘게 잘라서 먹고 있었다. 공자가 수레에서 내려 앞으로 나아가 도척의 졸개를 보고 말했다. "노魯나라에 사는 공구孔丘라는 사람이 장군의 높은 의기를 듣고 삼가 재배로써 알현코자 합니다."

접대인(졸개)이 들어가 아뢰니, 도척이 그 말을 듣고 크게 노하여 눈은 샛별같이 번뜩이고, 머리카락이 치솟아 모자를 찌를 듯이 하며 말했다. "이건 노나라의 위선자 공구孔丘가 아닌가? 나 대신 그에게 전하라. '너는 거짓말을 지어내어 멋대로 문왕과 무왕을 칭송하며, 머리에는 나뭇가지같이 화려하게 장식한 관을 쓰고, 죽은 소의 가죽으로 만든 띠를 하고, 수다스럽게 허튼소리를 떠들며, 농사를 짓지도 않으면서 먹고 살고, 길쌈을 하지도 않으면서 옷을 입는다. 입술을 놀리고 혀를 차면서 자기 멋대로 옳다 그르다 판단을 내려 천하의 군주들을 미혹시키고, 학자들이 근본으로 돌아가지 못하게끔 만들면서, 멋대로 효제孝悌를 만들며 제후들에게 부귀를 바란다. 네 죄는 커서 죽을 정도로 무

2561) 조詔(알리다)는 敎導이다. 趙礎基, 上同, 주7 참조.

2562) 說은 세복說服(설득하여 굴복시킴)이다. 趙礎基, 上同, 주8 참조.

2563) 辯은 善辯이니, 말재간이다. 趙礎基, 446頁, 주9 참조.

거우니, 당장 돌아가라! 그렇지 않으면 너의 간으로 낮에 먹을 먹 거리에 보태겠다!' "

[盜跖乃發休卒徒於太山之陽,[2564] 膾人肝而餔之.[2565] 孔子下車而前, 見謁者曰:[2566] "魯人孔丘, 聞將軍高義, 敬再拜謁者." 謁者入通, 盜跖聞之大怒, 目如明星, 髮上指冠, 曰: "此夫魯國之巧僞人孔丘非邪? 爲我告之: '爾作言造語,[2567] 妄稱文、武, 冠枝木之冠,[2568] 帶死牛之脅,[2569] 多辭繆說,[2570] 不耕而食, 不織而衣. 搖脣鼓舌, 擅生是非, 以迷天下之主, 使天下學士, 不反其本, 妄作孝弟, 而儌倖於封侯富貴者也.[2571] 子之罪大極重,[2572] 疾走歸! 不然, 我將以子肝益晝餔之膳![2573]' "]

공자가 다시 (졸개를) 통해 말하였다. "저는 다행히 유하계와 친하니, 장막에서 뵙기를 바랍니다."

졸개가 다시 전하니, 도척이 말했다. "앞으로 데려 와라."

공자는 달려나가 자리를 피해 조금 물러서면서, 도척에게 크게 두 번 절을 했다. 도척은 그를 보자 크게 노하여 양발을 벌리고, 칼자루를

2564) 休는 휴식이고; 大山은 泰山이고; 陽은 山의 남쪽이다. 趙礎基, 446頁, 주1 참조.

2565) 회膾는 작게 썰음(細切)이고; 포餔(먹다)는 食(먹다)이다. 趙礎基, 上同, 주2 참조.

2566) 알자謁者는 접대하는 사람이다. 趙礎基, 上同, 주3 참조.

2567) 作､詐(거짓말)는 古通이다. 王叔岷, 1175頁, 주3 참조.

2568) 冠은 동사로 대戴(모자를 씀)이고; 지목지관枝木之冠은 공자가 쓴 모자의 장식이 화려하고 복잡한 것이 나뭇가지 같음을 말한다. 趙礎基, 上同, 주8 참조.

2569) 협脅은 늑肋(갈빗대)이다. 郭慶藩, 992頁, 주2 참조.

2570) 多辭는 수다스러움이고; 무繆는 유謬와 통하니, 무설繆說은 胡言亂語(허튼소리를 지껄임)이다. 趙礎基, 上同, 주10 참조.

2571) 요행儌倖은 기망冀望(바람)이다. 郭慶藩, 上同, 주3 참조.

2572) 極은 극殛(죽임)의 가차이다.

2573) 포餔는 포哺(먹다)이다. 王叔岷, 1177頁, 주11 참조.

어루만지며 눈을 부릅뜬 채, 마치 (새끼에게) 젖을 먹이려는 호랑이 같이 말하였다. "구야, 앞으로 나오너라! 네가 하는 말이 내 뜻에 맞으면 살 것이로되, 거스르면 죽을 것이다."

[孔子復通曰: "丘得幸於季, 願望履幕下." 謁者復通, 盜跖曰: "使來前!" 孔子趨而進, 避席反走, 再拜盜跖. 盜跖大怒, 兩展其足,[2574] 案劍瞋目, 聲如乳虎曰: "丘來前! 若所言, 順吾意則生, 逆吾心則死."]

공자가 말하였다. "제가 듣기로는, 천하에는 세 가지 덕이 있는데, 태어나면서부터 키가 크고 용모가 아름다워 (누구에게도) 비길 수 없고, 늙은이도 젊은이도 고귀한 이도 미천한 이도 보고서는 모두 기뻐하는 것, 이것이 첫째가는 덕입니다. 지식이 천지를 포용하고, 각종 사물을 분별하는 것, 이것이 중간의 덕입니다. 용기 있고 과감하여 민중들을 모으고 군사를 이끄는 것, 이것이 제일 낮은 덕입니다. 누구라도 그 중 하나의 덕만 가지면 남면하며 임금이라 칭하기에 충분합니다. 그런데 장군께서는 이 세 가지 덕을 함께 갖추고 계신 데, 키는 여덟 자 두 치나 되고, 얼굴과 눈에서는 빛이 나며, 입술은 단사丹砂처럼 붉고, 치아는 가지런하여 진주 같고, (목소리는 맑은) 황종黃鍾의 음에 맞는데, 이름이 '도둑 척'[盜跖]이니, 저는 속으로 장군님을 위하여 이를 부끄럽게 여겨서 (그 이름을) 취하지 않겠습니다. 장군께서 제 말을 따르실 의향이 있으시다면, 저는 남쪽으로는 오나라와 월나라, 북쪽으로는 제나라와 노나라, 동쪽으로는 송나라와 위衛나라, 서쪽으로는 진晉나라와 초나라에 사신으로 가서, 그들이 장군을 위하여 수백 리 사방으로 큰 성을 만들게 하며, 수십만 호의 봉읍을 만들어 장군을 제후로 높이고자

2574) 反走는 '小却走'(조금 물러섬)이다. 사마표司馬彪(?-306)에 의하면, 展은 申(폄)이다. 王叔岷, 上同, 주14 참조.

하며, (장군과) 더불어 천하를 개혁하고 군대를 혁파하고, 병사들을 쉬게 하며, 형제들을 거두어 보양해 주고, 조상에게 함께 제사 드릴 수 있게 될 것입니다. 이것이 (바로) 성인들이나 재사들의 행위이고, 천하가 바라는 바이옵니다."

[孔子曰: "丘聞之, 凡天下人有三德, 生而長大, 美好无雙, 少長貴賤見而皆說之, 此上德也. 知維天地,[2575] 能辯諸物,[2576] 此中德也. 勇悍果敢,[2577] 聚衆率兵, 此下德也. 凡人有此一德者, 足以南面稱孤矣. 今將軍兼此三者. 身長八尺二寸, 面目有光, 脣如激丹,[2578] 齒如齊貝,[2579] 音中黃鍾. 而名曰盜跖, 丘竊爲將軍恥不取焉. 將軍有意聽臣, 臣請南使吳､越, 北使齊､魯, 東使宋､衛, 西使晉､楚, 使爲將軍造大城數百里, 立數十萬戶之邑, 尊將軍爲諸侯. 與天下更始, 罷兵休卒, 收養昆弟, 共祭先祖. 此聖人才士之行, 而天下之願也."]

도척은 크게 노하여 말했다. "구야, 앞으로 나오너라! 이익으로써 권면할 수 있고 말로써 타이를 수 있는 것은 모두 보통 사람들을 우롱하는 짓이니라. 지금 내 체격이 훌륭하며 용모가 아름답고 사람들이 나를 보고 좋아하는 것은 내가 부모에게서 (유전으로) 받은 품성이다. 네가 나를 칭찬해 주지 않더라도 내가 어찌 스스로 모르겠는가? 또 내가 듣건대, 남의 면전에서 칭찬하기를 좋아하는 자는 등 뒤에서 욕하기도 잘

2575) 유維는 포라包羅(포용)이다. '維天地'는 지식이 廣博함을 나타냄이다. 趙礎基, 448頁, 주3 참조.

2576) 辯은 辨(분별)과 통하니, 分析이고; 諸物은 각종 사물이다. 趙礎基, 上同, 주4 참조.

2577) 勇､한悍(사납다)､果､敢, 이 네 자는 뜻이 겹치니, 모두 勇이다. 王叔岷, 1178頁, 주20 참조.

2578) 激은 明이고; 激丹은 아주 붉은 丹砂이다. 趙礎基, 上同, 주6 참조.

2579) 貝는 珠이니; 齊貝는 가지런한 진주이다. 趙礎基, 上同, 주7 참조.

한다고 했느니라. 지금 네가 큰 성을 쌓게 한다느니 백성들을 모아 준다고 했는데, 그것은 이득으로써 나를 권면함이니, 보통 사람으로 나를 대하는 것이니, 그런 것이 얼마나 오래 갈 것이냐! 성城이 크다 한들 천하보다 크겠느냐? 요와 순임금은 천하를 다스렸으나 그 자손들은 송곳 하나 꽂을 땅도 갖고 있지 못했느니라. 탕임금과 무왕도 스스로 천하를 가졌으나 그 자손은 모두 끊어지고 말았다. 그것은 이익이 너무 컸기 때문이 아니겠느냐? 또 내가 듣건대, 옛적에는 새나 짐승이 많고 사람의 숫자는 적어, 사람들은 모두 나무 위의 집에서 살며 짐승의 해를 피했고, 낮에는 도토리와 밤을 줍고 밤에는 나무 위에서 잠을 잤으므로, 이들을 유소씨有巢氏의 백성이라고 불렀다. 또 옛적에는 백성들이 옷을 입을 줄도 모르고, 여름이면 장작을 쌓아놓았다가 겨울에 이것을 때서 온기를 취했기에, 생존을 아는 백성[知生之民]이라고 하였다. 신농神農의 시대에는 잠잘 때면 안정安靜하였고, 일어나면 자득했으며, 백성들은 자기의 어머니는 알아도 아버지는 몰랐고, 고라니나 사슴 따위와 함께 살았으며, 농사를 지어서 먹고 길쌈을 해 옷을 입었으며, 서로를 해치려는 마음 따위는 지니지 않고 있었으니, 이것이 바로 지극한 덕이 성했던 (시대였다). 그런데 황제黃帝는 덕을 완전히 실현할 수가 없어 치우蚩尤와 더불어 탁록涿鹿의 들판에서 싸워서 사람들의 피가 백 리를 물들였다. (이어서) 요와 순이 천자가 되자 많은 신하를 내세웠고, 탕湯왕은 그의 주군主君을 내쳤으며, 무武왕은 주紂왕을 죽였다. 이 뒤로 강한 자가 약한 자를 짓밟고, 다수가 소수를 학대하게 된 것이다. 탕왕과 무왕 이래로 모두 세상을 어지럽히는 무리이다.

[盜跖大怒, 曰: “丘, 來前! 夫可規以利,[2580] 而可諫以言者, 皆愚陋恒民

2580) 規는 勸(권장)이다. 趙礎基, 450頁, 주1; 規、諫은 서로 뜻이 통하는 互文이니, 規 또한 諫이다. 王叔岷, 1179頁, 주1 참조.

之謂耳.[2581] 今長大美好, 人見而悅之者, 此吾父母之遺德也.[2582] 丘雖不吾譽, 吾獨不自知邪? 且吾聞之, 好面譽人者, 亦好背而毁之. 今丘告我以大城衆民, 是欲規我以利而恒民畜我也.[2583] 安可久長也! 城之大者, 莫大乎天下矣. 堯舜有天下, 子孫无置錐之地. 湯武立爲天子, 而後世絕滅. 非以其利大故邪? 且吾聞之, 古者禽獸多而人少, 於是民皆巢居以避之, 晝拾橡栗, 暮栖木上, 故命之曰: 有巢氏之民. 古者民不知衣服, 夏多積薪, 冬則煬之,[2584] 故命之曰知生之民. 神農之世, 臥則居居, 起則于于,[2585] 民知其母, 不知其父, 與麋鹿共處, 耕而食, 織而衣, 无有相害之心, 此至德之隆也. 然而黃帝, 不能致德, 與蚩尤戰於涿鹿之野, 流血百里.[2586] 堯舜作,[2587] 立羣臣,[2588] 湯放其主, 武王殺紂. 自是以後, 以强陵弱, 以衆暴寡, 湯武以來, 皆亂人之徒也.]

지금 너는 문왕과 무왕의 도를 닦고서 천하의 이론을 장악하고, 후세사람들을 가르치면서, 넓고 긴 옷에 넓은 허리띠를 매고, 헛된 말과 거짓 행동으로 천하의 임금들을 미혹시키어 부귀를 추구하려는 것이니, 도둑 치고 너보다 더 큰 도둑은 없다. 세상 사람들은 어찌하여 너를 '도둑 구[盜丘]'라 부르지 않고, 반대로 나를 '도둑 척'[盜跖]이라

2581) 恒民인 常人(보통 사람)이다. 趙礎基, 上同, 주2 참조.

2582) 遺德은 유전된 품성이다. 趙礎基, 上同, 주3 참조.

2583) 畜은 待이다. 趙礎基, 上同, 주6 참조.

2584) 양煬(쬐다)은 불을 때서 온기를 취함이다. 趙礎基, 上同, 주11 참조.

2585) 居居는 安靜之容이고; 于于는 自得한 모양이다. 郭慶藩, 995頁, 주1 참조.

2586) 치우蚩尤는 諸侯이고, 탁록涿鹿은 地名이니, 지금의 幽州 涿郡이다. 치우蚩尤가 五兵을 만들어 黃帝와 전쟁을 벌였으므로 그 피가 백리를 흘렀다는 얘기다. 郭慶藩, 上同, 주2 참조.

2587) 作은 帝로 칭함이다. 趙礎基, 451頁, 주17 참조.

2588) 百官을 두었다[置]는 뜻이다. 郭慶藩, 上同, 주3 참조.

고 부르는 것이냐? 너는 달콤한 말로 자로子路를 설복시켜 따르게 하고, 자로子路로 하여금 그가 쓰던 높은 관을 벗기고, 그가 차고 있던 긴 검劍을 풀어놓게 한 뒤에, 너의 가르침을 받도록 했다. 천하에서는 모두 '공구는 난폭한 행동을 금지하고 그릇된 행동을 금할 수 있다' 고들 말한다. (그러나) 결국 자로는 위衛나라 임금을 죽이려다가 일을 성사시키지 못하고, 위나라의 동문 밖에서 (사형을 당하여) 몸이 육장肉醬이 되었으니, 이는 너의 가르침이 불충분한 것이었기 때문이다. 너는 스스로 재사才士, 성인이라 자처하지만, 노나라에서 두 번 추방되었고, 위衛나라에서 자취가 끊어졌고, 제齊나라에서는 궁지에 몰렸었고, 진陳과 채蔡나라 사이에서는 포위를 당했으니 천하에 몸 둘 곳이 없다. 너는 자로로 하여금 육장肉醬이 되게 만들었으니, 이 환난은 위로 몸을 보전할 길이 없고, 아래로는 사람 노릇을 할 수 없게 만든 것이니 너의 도道를 어찌 귀한 것이라 하겠느냐? 세상에서 덕이 높다고 한다면 황제黃帝보다 더한 이가 없지만, 황제도 오히려 덕을 온전히 지킬 수가 없어서 탁록涿鹿의 들판에서 싸워서 백 리를 피로 물들였다. 요임금은 자애심이 없었고, 순임금은 효를 다하지 못했으며, 우禹임금은 (일하느라) 깡말랐고, 탕왕은 그 주군主君을 내쳤으며, 무왕은 주紂왕을 죽였고, 문왕은 유리羑里에 유폐되었다. 이 여섯 사람은 세상에서 높이는 인물들이지만, 진실하게 말하자면, 모두가 이익 때문에 진실을 미혹하고 억지로 자기 본성에 반역한 것이니, 그들의 행동은 매우 수치스럽다고 할 것이다.

[今子脩文、武之道, 掌天下之辯, 以教後世, 縫衣淺帶,[2589] 矯言僞行, 以迷惑天下之主, 而欲求富貴焉. 盜莫大於子, 天下何故, 不謂子爲盜丘,

---

2589) 봉縫(꿰매다)은 봉逢(만남)과 통하니, 逢衣는 넓고 긴 儒服이고; 천대淺帶는, 양량楊倞(9세기)注에 의하면, 博帶(넓은 허리띠)이다. 趙礎基, 上同, 주24 참조.

而乃謂我爲盜跖! 子以甘辭說子路, 而使從之, 使子路去其危冠, 解其長劍, 而受教於子. 天下皆曰: '孔丘能止暴禁非.' 其卒之也, 子路欲殺衛君而事不成, 身菹於衛東門之上,[2590] 是子教之不至也. 子自謂才士聖人邪, 則再逐於魯,[2591] 削跡於衛,[2592] 窮於齊, 圍於陳、蔡, 不容身於天下. 子教子路菹, 此患上无以爲身, 下无以爲人, 子之道豈足貴邪? 世之所高, 莫若黃帝, 黃帝尙不能全德, 而戰涿鹿之野, 流血百里. 堯不慈, 舜不孝, 禹偏枯,[2593] 湯放其主, 武王伐紂, 文王拘羑里. 此六子者, 世之所高也, 孰論之,[2594] 皆以利惑其眞而强反其情性, 其行乃甚可羞也.]

세상에서 말하는 현사賢士는 백이伯夷와 숙제叔齊이다. 백이와 숙제는 고죽孤竹 나라의 임금 자리를 사퇴하고, 수양首陽산에서 굶어 죽었는데, (그들의) 뼈와 살은 매장되지도 않았다. 포초鮑焦는 (자기의) 행동을 꾸미고 세상을 비난하다가 나무를 끌어안고 죽었다. 신도적申徒狄은 (임금에게) 간언하다가 들어주지 않자 돌을 짊어지고 스스로 황하에 몸을 던져 물고기와 자라의 밥이 되었다. 개자추介子推는 지극히 충성을 다해 자기의 넓적다리 살을 베어 (진晉의) 문공文公에게 먹였으나, 뒤에 문공이 그를 배반하자 분노하여 (진나라를) 떠나서 나무를 껴안은 채 타죽었다. 미생尾生은 여자와 다리 밑에서 만나기로 약속을 하였으나, 여자

2590) 저菹는 타剁(잘게 저미다)해서 肉醬을 만들음이다. 趙礎基, 上同, 주30 참조.

2591) 魯나라 昭公 때, 孔子는 昭公 편에서 季氏를 반대하다 齊나라로 쫓겨났고; 定公 때 孔子가 大司寇였으나, 齊나라가 定公 및 季桓子에게 女樂을 선물하니, 孔子는 衛나라로 쫓겨 갔다. 이것은 두 번 쫓긴 사실이다. 趙礎基, 298頁, 주2 참조.

2592) 삭적削迹은 絕迹이다. 孔子가 衛나라에서 벼슬을 살았는데, 사람들의 謀害 때문에 陳나라로 갔다. 衛나라 광匡땅에서 구금되었으나, 도망친 일이 있다. 趙礎基, 215頁, 주16 참조.

2593) 편고偏枯는 반고半槁(반쪽으로 깡마름)이다. 『莊子譯注』, 298頁, 주9 참조.

2594) 숙孰은 숙熟(익다)과 통하니, 熟論은 진실 되게 말함이다. 趙礎基, 上同, 주45 참조.

가 오지 않자 물이 (닭아)와도 떠나지 않다가 다리 기둥을 끌어안은 채 죽어갔다. 이 네 사람은 (들판에) 버려진 개나, 강하江河에 표류하다 죽은 돼지나, 표주박을 들고 구걸을 하러 다니는 거지와 다를 바 없으니, 모두가 자기의 명분에 얽매여 죽음을 가벼이 보고 근본을 따져 수명을 기르지 않은 자들이다. (또) 세상에서 말하는 충신으로는 왕자王子인 비간比干이나 오자서伍子胥만한 사람이 없다. 그러나 오자서는 처형을 당해 시체가 강물에 던져졌고, 비간은 가슴을 찢기어 심장이 도려내어졌다. 이 두 사람은 천하에서 말하는 충신들이지만, 끝내는 천하의 웃음거리가 되었다. 위에서 (황제黃帝로부터 12인人을) 보고, 자서子胥나 비간比干에 이르기까지 모두 고귀했다고 볼 수는 없는 것이다. 너 공구孔丘가 나를 설복시키려는데, 내게 귀신 이야기를 한다면 나는 알 수가 없을는지도 모른다. 네가 사람의 일로써 이야기한다면 여기서 더 많이 벗어나지 못할 것이니, (그것들은) 모두 내가 들어 알고 있는 일들이기 때문이다. 이제 내가 너에게 사람의 실정을 이야기해 주겠다. 눈은 좋은 빛깔을 보려 하고, 귀는 좋은 소리를 듣고 싶어 하며, 기분은 만족을 바란다. 사람의 수명은 오래 살면 백 살, 중간 정도면 여든 살, 밑으로 가면 예순 살이니, 병들고 여위고 죽고 문상하고 걱정거리로 괴로워하는 것을 빼고 나면, 그 가운데 입을 벌리고 웃을 수 있는 것은 한 달 가운데 불과 사오일 정도밖에 지나지 않는다. 하늘과 땅은 무궁하지만 사람에게는 죽음에 이르는 일정한 때가 있으니, 이 유한한 몸을 가지고 무궁한 천지에 맡기는 것은, 준마가 틈을 (휙 달려) 지나가는 것과 다름이 없다. 따라서 자기의 기분을 만족시키지 못하고 자기 수명을 기르지 못하는 자는 모두가 도道에 통달하지 못한 사람인 것이다. 네가 하는 말들은 모두 내가 내버리는 것들이니, 급히 뛰어 돌아갈 것이며 다시는 그런 말을 하지 말라! 너의 도라는 것은 본성을 잃었으니 제대로 된 것이 없는 사기와 허위일 뿐이어서, 그런 것으로는 천진天眞한 본성을 기를 수 없으니, 어찌 논의해볼 수 있겠느냐!"

[世之所謂賢士, 莫若伯夷、叔齊. 伯夷、叔齊辭孤竹之君, 而餓死於首陽之山, 骨肉不葬. 鮑焦飾行非世, 抱木而死. 申徒狄諫而不聽, 負石自投於河, 爲魚鼈所食. 介子推至忠也, 自割其股以食文公, 文公後背之, 子推怒而去, 抱木而燔死. 尾生與女子期於梁下, 女子不來, 水至不去, 抱梁柱而死. 此四子者, 无異於磔犬流豕、操瓢而乞者,2595) 皆離名輕死, 不念本養壽命者也. 世之所謂忠臣者, 莫若王子比干、伍子胥. 子胥沈江, 比干剖心. 此二子者, 世謂忠臣也, 然卒爲天下笑. 自上觀之,2596) 至於子胥、比干, 皆不足貴也. 丘之所以說我者, 若告我以鬼事, 則我不能知也. 若告我以人事者, 不過此矣, 皆吾所聞知也. 今吾告子, 以人之情. 目欲視色, 耳欲聽聲, 口欲察味, 志氣欲盈. 人上壽百歲, 中壽八十, 下壽六十, 除病瘦死喪憂患, 其中開口而笑者, 一月之中不過四五日而已矣. 天與地无窮, 人死者有時, 操有時之具,2597) 而托於无窮之間,2598) 忽然无異騏驥之馳過隙也. 不能說其志意、養其壽命者, 皆非通道者也. 丘之所言, 皆吾之所棄也, 亟去走歸,2599) 无復言之! 子之道, 狂狂汲汲,2600) 詐巧虛僞事也, 非可以全眞也,2601) 奚足論哉!]

2595) 책견磔犬은 들판에 버려져 죽은 개이고; 유시流豕는 江河에 표류하다 죽은 돼지이다. 趙礎基, 453頁, 주52 참조.

2596) '自上觀之'는 '위에서 말한 黃帝 등 12사람들로 본다'면 이다. 趙礎基, 453頁, 주56 참조.

2597) 조操는 장악이고; '有時之具'는 사람의 몸을 가리킨다. 趙礎基, 上同, 주61 참조.

2598) '无窮之間'은 天地를 가리킨다. 趙礎基, 上同, 주62 참조.

2599) 극亟은 急이다. 王叔岷, 1192頁, 주18 참조.

2600) 狂狂은 失性이다. 급급汲汲은 본래 급급伋伋인데, 不足하다는 뜻이다. 郭慶藩, 1000頁, 주3 참조.

2601) 全眞은 天眞한 본성을 기름이다. 趙礎基, 上同, 주65 참조.

공자는 두 번 절하고 빠른 걸음으로 문을 나와서 수레에 오르고, 말고삐를 세 번이나 잡았다 놓쳤다. 눈은 멍하니 아무것도 보이지 않았고 얼굴은 불 꺼진 잿빛이었으며, (수레의) 가로대[軾]에 기대어 머리를 떨구고는 숨도 내쉬지 못했다.

[孔子再拜趨走, 出門上車, 執轡三失. 目芒然无見, 色若死灰, 據軾低頭, 不能出氣.]

노나라의 동문에 이르러 마침 유하계를 만났다. 유하계가 말했다. "요즘 며칠 동안 보지 못했는데, 거마의 행색을 보아하니 혹시 도척을 만나러 갔다가 오는 것이 아닌가?"

공자는 하늘을 우러르며 한숨을 내쉬고 말했다. "그렇다네."

유하계가 말하였다. "도척이 전에 이야기한 대로, 자네의 뜻을 거스르지 않던가?"

공자가 말했다. "그랬다네. 나는 말하자면 아픈 데도 없는데 뜸질을 한 격이네. 허둥대며 달려가다가 호랑이 머리를 자극하고 호랑이 수염을 꼰 셈이니, 하마터면 호랑이에게 먹힐 뻔했네!"

[歸到魯東門外, 過遇柳下季. 柳下季曰: "今者闕然數日不見, 車馬有行色, 得微往見跖邪?[2602] 孔子仰天而歎曰: "然." 柳下季曰: "跖得无逆汝意若前乎?" 孔子曰: "然. 丘所謂无病而自灸也. 疾走料虎頭,[2603] 編虎須, 幾不免虎口哉!"]

▶ 29-2:

2602) 微는 無이다. 郭慶藩, 1001頁, 주1 참조.

2603) 疾走는 빨리 도망감이고, 요料는 요撩와 통하니, 도롱挑弄(挑發)이다. 趙礎基, 454頁, 주6 참조.

자장子張이 만구득滿苟得에게[2604] 말하였다. "(자네는) 어찌 (인의仁義의) 행동을 하지 않는가? 품행이 좋지 않으면 신임을 받지 못하고, 신임을 받지 못하면 임용되지 않으며, 임용되지 않으면 이득을 보지 못하네. 따라서 명성을 보거나 이득을 따져도 의로움[義]은 참으로 옳은 것이네. 만약 명리名利를 버리고 마음 돌아와서 (생각)해보면, 선비[士]의 행동은 하루라도 (인의를) 행하지 않을 수 없다네!"

만구득이 말하였다. "염치없는 자는 부자가 되고, (잘 떠들어) 신임을 얻은 자가 출세하네. 명리가 큰 자들은 대개 염치없이 신임을 받고 있네. 그러므로 명성을 보거나 이익을 따져보면, (염치없이) 신임을 받는 것이 중요하네. 만약 명리를 버리고 (본래의) 마음으로 돌아간다면, 선생의 행동이란 (타고난) 천진天眞함을 지키는 것이네."

자장이 말했다. "옛날에 걸桀왕과 주紂왕은 천자가 되어 천하의 부를 얻었었네. 지금 노비나 훔치는 소인배[臧聚]들에게 '자네들 행동이 걸桀이나 주紂같다.' 라고 말한다면, 부끄러운 기색을 띠고 거기에 승복하려 들지 않는데, 소인들조차 (걸, 주를) 천시하기 때문이네. 중니仲尼와 묵적墨翟은 빈궁한 필부였는데, 지금 (어느) 재상에게 이르기를, '당신의 행실은 공자나 묵적과 같다.' 라고 말하면, 용모와 안색을 고치면서 자기는 (그렇게 일컫기에는) 아직도 멀었다고 하니, 선비는 진실로 고귀한 것이네. 그러므로 권세가 천자가 되었다고 해서 반드시 귀한 것이 아니고, 곤궁하여 필부가 되었다고 해서 반드시 천한 것도 아니네. 귀천의 구분은 행위의 선악에 달려 있는 것이네."

만구득이 말했다. "작은 도적은 잡히나 큰 도적은 제후가 되니, 제후의 문하에 의로운 사람들이 있게 되네. 옛날 (제齊나라의) 환공(이었

2604) 子張은 孔子의 弟子이며, 姓은 전손顓孫이고, 名은 師이며, 字가 子張이다. 滿苟得은 가탁된 인물이다. 趙礎基, 456頁, 주1 참조.

던) 소백小白은 형을 죽이고 형수를 취하였지만 관중管仲은 그의 신하가 되었네. 전성자田成子 상常은 임금을 죽이고 나라를 훔쳤음에도, 공자는 (그로부터) 예물을 받았네. (관중이나 공자를) 논할 때 환공과 전성자를 천시하면서도, (그들은) 행동으로 이들에게 머리를 굽혔던 것이네. 이는, 말과 행동의 실정은 마음속에서 서로 다투었기에 이 역시 난리 아니겠는가! 그래서 『서書』에서 '무엇이 악이고 무엇이 선인가! 성공하면 우두머리가 되고 성공 못 하면 꼬리가 되네!' 라고 말하였네."

[子張問於滿苟得曰: "盍不爲行?[2605] 无行則不信,[2606] 不信則不任,[2607] 不任則不利. 故觀之名,[2608] 計之利, 而義眞是也. 若棄名利, 反之於心, 則夫士之爲行, 不可一日不爲乎!" 滿苟得曰: "无恥者富, 多信者顯.[2609] 夫名利之大者, 幾在无恥而信.[2610] 故觀之名, 計之利, 而信眞是也. 若棄名利, 反之於心, 則夫士之爲行, 抱其天乎!"[2611] 子張曰: "昔者桀、紂, 貴爲天子, 富有天下. 今謂臧聚曰:[2612] '汝行如桀紂.' 則有怍色, 有不服之心者,[2613] 小人所賤也.[2614] 仲尼、墨翟, 窮爲匹夫, 今謂宰相

2605) '盍不爲行' 은 '何不爲仁義之行乎' (왜 仁義의 행동은 안 하십니까?)의 뜻이며, 名利를 구하지 말도록 권하는 말이다. 郭慶藩, 1002頁, 주1 참조.

2606) 无行은 좋은 品行이 없음이고; 不信은 신임을 받지 못함이다. 趙礎基, 上同, 주3 참조.

2607) 不任은 임용되지 않음이다. 趙礎基, 上同, 주4 참조.

2608) 觀은 察이다. 趙礎基, 上同, 주5 참조.

2609) 수치심이 없고 욕심 많은 자가 부유해지고; 자랑을 잘해서 신임을 얻은 자가 중요하게 됨이다. 趙礎基, 上同, 주8 참조.

2610) 기幾는 近이나, 大概(대체로) 이다. 趙礎基, 上同, 주9 참조.

2611) 抱는 守이고, 天은 自然이다. 郭慶藩, 1003頁, 주2 참조.

2612) 장臧은 장획臧獲(노비)이고; 聚는 남절攣竊(훔침)이니, 盜賊小人이다. 郭慶藩, 上同, 주1 참조.

2613) 者는 也이다. 趙礎基, 上同, 주14 참조.

2614) 소인들까지도 또한 桀、紂의 품행을 낮게 봄이다. 趙礎基, 上同, 주15 참조.

曰: '今行如仲尼、墨翟,' 則變容易色, 稱不足者, 士誠貴也. 故勢爲天子, 未必貴也; 窮爲匹夫, 未必賤也. 貴賤之分, 在行之美惡." 滿苟得曰: "小盜者拘, 大盜者爲諸侯, 諸侯之門, 義士存焉. 昔者桓公小白, 殺兄入嫂, 而管仲爲臣. 田成子常殺君竊國, 而孔子受幣. 論則賤之, 行則下之, 則是言行之情 悖戰於胸中也,2615) 不亦拂乎!2616) 故書曰:2617) '孰惡孰美? 成者爲首, 不成者爲尾.'"

자장이 말했다. "자네가 (인의를) 행하지 않으면 친소親疎의 구별이 없어지고, 귀천의 차별이 없어지며, 장유長幼의 질서도 없어질 것이니, 오기五紀[祖, 父, 身, 子, 孫]와 육위六位[君臣, 夫子, 夫婦]를 장차 어떻게 구별할 것인가?"

만구득이 말했다. "요堯왕은 장자長子를 죽였고, 순舜왕은 어미와 동생을 귀양 보냈는데도 친소親疎의 도리가 있는 것인가? 탕湯왕은 걸桀왕을 쫓아냈고, 무武왕은 주紂왕을 죽였는데도 귀천의 의리가 있는 것인가? 왕계王季는 적자嫡子가 되고 주공周公은 형들을 죽였는데도 장유長幼의 차례가 있는 것인가? 유자儒者는 거짓말을 늘어놓고, 묵자墨者는 겸애를 주장하는데, 그래도 오기五紀와 육위六位가 있다고 하겠는가? 또 자네는 명성을 추구하고, 나는 이익을 추구하네. 명성과 이익의 실질이 이치에 맞지 않고, 도道에도 분명하지 않네. 내가 전에 자네와 함께 무약无約 (앞)에서 쟁론하며 (이렇게) 말했네. '소인은 재물을 위해 죽고, 군자는 명성을 위해 죽는다. 이에 그들이 자기가 마땅히 해야 할

2615) 패전悖戰은 交戰이다. 趙礎基, 457頁, 주24 참조.

2616) 불拂은 亂이다. 趙礎基, 上同, 주25 참조.

2617) 여기서 인용한 書는 불타버려 지금은 전하지 않는 책이다. 郭慶藩, 1004頁, 주2 참조.

바[본성을 기름, 養性]를 버리고 마땅히 하지 말아야 할 것[명리 名利의 추구]을 위해 죽는 점에서는 똑같다.' 그래서 이런 말이 있는 것이네. '(재물을 탐하는) 소인이 되지 말고 돌아가서 너의 자연[天]을 따르고, 군자가 되지 말고 자연의 이치를 따라야 하네. 굽었든 곧았든 너는 자연의 준칙을 보아야 하고, 사방의 변화를 대면하고, 시간(의 추이에) 따라 소멸하고 생장해야 하네. 옳든 그르든 순환변화의 요점을 장악해야 하네. 확연히 (무리와 다르게) 네 뜻을 형성하고, 도道와 함께 배회하라. 너의 뜻을 바꾸지 말라! (의義를 이루면 천리天理를 잃게 되니) 너의 의義를 이루지 말 것이며, (의義가 성공하면) 네가 실천해야 할 (자연의 도를) 잃게 될 것이네. 너의 부를 추구하지 말고, (명성과 의義)를 위해 희생하지 말고, (명성을 이루면) 너의 천성을 잃을 것이네. 비간比干은 심장이 도려내어졌고, 오자서伍子胥는 눈알이 도려내짐을 당했으니 충신의 화이네. 직궁直躬은 아버지(의 도둑질)을 증언했다가 처벌을 당했고, 미생尾生이 물에 빠져 죽은 것은 믿음의 화禍이네. 포초鮑焦는 (선 채로) 말라 죽었고, 신자申子[申生, 晉獻公의 태자]는 스스로 처리하지 않고 (자살해 죽었으니) 청렴의 화이네. 공자는 어미를 임종하지 못했고, 광자匡子가 아비를 (평생) 만나지 못한 것은 의義의 과실이네. 이상은 앞 세상에서 전해져 후세에 와서 말해진 바이니, 선비 된 자는 말을 단정하게 해야 하고, 행동을 엄격히 해야 하는 것으로 여기기에, 따라서 (이들은) 재앙을 받고 환란을 당한 것이네."

[子張曰: "子不爲行, 卽將疏戚无倫, 貴賤无義, 長幼无序; 五紀六位, 將何以爲別乎?"2618) 滿苟得曰: "堯殺長子, 舜流母弟, 疏戚有倫乎? 湯放桀, 武王殺紂, 貴賤有義乎? 王季爲適, 周公殺兄, 長幼有序乎? 儒者僞

2618) 척戚은 親이고; 倫은 理이다. 五紀는 祖, 父, 身, 子, 孫이다. 六位는 君臣, 夫子, 夫婦이다. 郭慶藩, 上同, 주1 참조.

辭, 墨者兼愛, 五紀六位, 將有別乎? 且子正爲名, 我正爲利. 名利之實, 不順於理, 不監於道.[2619] 吾日與子訟於无約; 曰:[2620] '小人殉財, 君子殉名. 其所以變其情、易其性, 則異矣; 乃至於棄其所爲而殉其所不爲,[2621] 則一也.' 故曰: 无爲小人, 反殉而天.[2622] 无爲君子, 從天之理. 若枉若直,[2623] 相而天極.[2624] 面觀四方, 與時消息.[2625] 若是若非, 執而圓機.[2626] 獨成而意,[2627] 與道徘徊. 无轉而行,[2628] 无成而義, 將失而所爲. 无赴而富,[2629] 无殉而成,[2630] 將棄而天. 比干剖心, 子胥抉眼, 忠之禍也. 直躬證父, 尾生溺死, 信之患也. 鮑子立乾,[2631] 申子不自理,[2632] 廉之害也. 孔子不見母, 匡子不見父,[2633] 義之失也. 此上世之所傳、下世

2619) 監은 감鑒과 통하니, 明이다. 趙礎基, 上同, 주34 참조.

2620) 日은 昔日(옛날)이고; 訟은 爭論이니, 是非의 단정이다. 无約은 가설 人名이다. 『莊子譯注』, 302頁, 주33 참조.

2621) '其所爲'는 곧 '其所當爲'이니 養性을 가리키고; '其所不爲'는 '其所不當爲'이니, 名利의 추구이다. 趙礎基, 上同, 주38 참조.

2622) 재물을 위해 희생하는 小人이 되지 말고, 반대로 너의 天性을 위해 노력함이다. 无는 무毋이고; 而는 你(너) 이다. 趙礎基, 458頁, 주39 참조.

2623) 曲(굽었어도) 그만이요, 直(곧아도) 그만이다. 왕枉은 曲이다. 趙礎基, 上同, 주41 참조.

2624) 相은 看이고; 而는 你(너)이고; 天極은 자연의 준칙이다. 趙礎基,上同, 주42 참조.

2625) 四方의 변화에 對面하여, 시간의 추이에 따라서 消亡하고 생장함이다. 消는 消亡이고; 息은 生息이다. 趙礎基, 上同, 주43 참조.

2626) 執은 장악이고; 圓機은 순환변화의 요점[樞紐]이다. 趙礎基, 上同, 주44 참조.

2627) 獨은 탁월하게 무리들과 다름이다. 趙礎基, 上同, 주45 참조.

2628) 轉은 改變이다. 趙礎基, 上同, 주46 참조.

2629) 부赴는 趨赴이니 추구이다. 趙礎基, 上同, 주49 참조.

2630) 成은 成名과 成義를 가리킨다. 趙礎基, 上同, 주50 참조.

2631) 포자鮑子는 포초鮑焦(人名)이다. 趙礎基, 上同, 주54 참조.

2632) 申子는 申生이니, 晉나라 獻公의 太子였는데, 여희驪姬가 모해하여 新城으로 도망갔다가, 자살했다. 趙礎基, 上同, 주55 참조.

2633) 광자匡子의 姓은 匡이고 名은 章이며, 齊人이다. 趙礎基, 459頁, 주57 참조.

之所語, 以爲士者正其言, 必其行,[2634] 故服其殃, 離其患也.”[2635])]

▶ 29-3:

(만족을 모르는) 무족无足이 (중화中和의 도道를 아는) 지화知和에게 물었다. “사람이란 명성을 좋아하고 이득을 좇지 않는 이가 없습니다. 일단 부유해지면 사람들이 그에게 모이고, 모이면 그에게 몸을 낮추고, 낮추면 그를 높게 봅니다. 사람들에게 존경받게 되면 오래 살고 몸이 편하며 마음을 즐겁게 하는 길인데, 당신만 홀로 이 일[興名就利]에 무심하시니, (이는) 생각이 모자라서입니까? 아니면, 알고는 있으나 실행할 힘이 없기 때문입니까? (아니면) 본래 바른 것만 찾고 허망한 짓은 안 합니까?”

[无足問於知和曰;[2636] “人卒未有不興名就利者.[2637] 彼富則人歸之, 歸則下之, 下則貴之. 夫見下貴者,[2638] 所以長生安體樂意之道也, 今子獨无意焉,[2639] 知不足邪? 意知而力不能行邪?[2640] 故推正不忘邪?”[2641]]

지화가 대답했다. “이런 (명성과 이득을 좇는) 사람들은, 자기와 같은

2634) 正은 端正이고; 必은 엄격히 요구함이다. 趙礎基, 上同, 주59 참조.

2635) 服은 受(받음)이고; 離는 이罹(걸리다)와 통하니, 조遭(일을 당함)이다. 趙礎基, 上同, 주60 참조.

2636) 성현영成玄英(608-669)疏에 의하면, 無足은 탐람貪婪한 사람으로 충족을 그치지 못하는 사람이고; 知和는 中和의 道를 체험적으로 알아서, 淸廉을 지키는 사람이다. 王叔岷, 1205頁, 주1 참조.

2637) 人卒은 人衆이니, 사람들이고; 興名은 名聲을 좋아함이고; 就利는 趨利(이익을 좇음)이다. 趙礎基, 460頁, 주2 참조.

2638) ‘見下貴’는 사람을 복종케 함이니, 남에게 존중 받음이다. 趙礎基, 461頁, 주6 참조.

2639) 无意는 无心이다. 焉은 於此이니, 此는 興名就利를 가리킨다. 趙礎基, 上同, 주8 참조.

2640) 意는 억抑(아니면)이다. 趙礎基, 上同, 주10 참조.

2641) 故는 固와 통하니 본래이고; 推는 求이고; 忘은 妄이다. 趙礎基, 上同, 주11 참조.

시대에 태어나서 같은 고장에서 살아가고 있는 사람들은 세속을 초월했거나 시대를 초월했다고 여기며, (명성과 이득을 좇는) 사람들은 전혀 준칙이 없고, (그래서) 고금古今이 (다른) 시대이며, 시비是非의 (다른) 준칙들을 볼 수가 없을 것이네. [그래서] 세속과 합하여 세상 (변화에 휩쓸리니) 지극히 소중한 것(생명)을 버리며, 지극히 존귀한 것(자연의 도道)도 내팽개치며 (명성을 좇고 이익을 추구) 하네. 이렇게 하면 오래 살고 몸을 편히 하며 마음을 즐겁게 하는 것과는 또한 거리가 먼 것이 아니겠는가! 비통한 아픔과 기쁨의 편안함이 몸(에 끼치는 영향)을 살펴보지도 않고; 벌벌 떠는 두려움과 느긋한 기쁨이 마음에 (끼치는 영향을) 살펴보지도 않는다네. (명성과 이익만을 추구)할 줄 알 뿐, (왜 그렇게 추구해야 하는) 이유는 모르네. 이 때문에 귀하기로 천자가 되어 천하라는 부를 누리고도 환난을 면치 못하는 것이네."

[知和曰: "今夫此人,2642) 以爲興己同時而生, 同鄕而處者, 以爲夫絕俗過世之士焉,2643) 是專无主正,2644) 所以覽古今之時、是非之分也. 與俗化世,2645) 去至重, 棄至尊,2646) 以爲其所爲也.2647) 此其所以論長生安體樂意之道, 不亦遠乎! 慘怛之疾,2648) 恬愉之安, 不監於體;2649) 怵惕之恐, 欣懽之喜, 不監於心. 知爲爲而不知所以爲. 是以貴爲天子, 富有

2642) 此人은 이런 종류의 사람, 즉 명성을 좋아하고 이익을 좇는 사람을 말한다. 趙礎基, 上同, 주12 참조.

2643) 絕俗은 사회를 초월함이고; 過世는 시대를 초월함이다. 趙礎基, 上同, 주13 참조.

2644) 是는 이런 명성과 이익을 좇는 사람들이고; 專은 전부이고; 主正은 主見이니 准則이다. 趙礎基, 上同, 주14 참조.

2645) 與俗은 同俗이고; 化世는 世化이다. 『莊子譯注』, 304頁, 주10 참조.

2646) 至重은 생명을 가리키고; 至尊은 天道를 가리킨다. 趙礎基, 上同, 주 15, 16 참조.

2647) 所爲는 명성을 좇고 이익을 추구함이다. 趙礎基, 上同. 참조.

2648) 참달慘怛은 痛苦, 悲痛이다. 『莊子譯注』, 上同, 주11 참조.

2649) 監은 察이다. 趙礎基, 上同, 주19 참조.

天下, 而不免於患也."]

무족이 말했다. "부富는 사람에게 이롭지 않음이 없습니다. 진미盡美와 지세至勢는 지인至人도 도달할 수 없고 현인賢人도 미칠 수 없습니다. (부유하다면) 남의 용력勇力을 가지고 (자기의) 위강威强으로 삼을 수 있으며, 남의 지모智謀를 가지고 (자기의) 명찰明察로 삼을 수 있으며, 남의 덕德에 의해 (자기가) 현량賢良하게 될 수 있으며, 나라를 향유하지도 않았는데 위엄이 군주와 같습니다. 사람에게 있어 아름다운 음악이나 여색, 좋은 맛이나 권세는 배우지 않고도 마음이 저절로 유쾌하고, 몸이 배우지 않고도 (저절로) 즐겁습니다. 바라는 것을 좇고 싫은 것을 피하는 일은 굳이 스승에게 배우지 않아도 (알 수 있으니), 이것들은 사람의 본성입니다. 천하에서 비록 저를 나쁘다 해도 누가 (이런 것들을) 사양하겠습니까?"

[无足曰: "夫富之於人, 无所不利, 窮美究埶,2650) 至人之所不得逮,2651) 賢人之所不能及. 俠人之勇力而以爲威强,2652) 秉人之知謀以爲明察, 因人之德以爲賢良, 非享國而嚴若君父.2653) 且夫聲色滋味權勢之於人, 心不待學而樂之, 體不待象而安之.2654) 夫欲惡避就, 固不待師, 此人之性也. 天下雖非我, 孰能辭之!"]

지화가 말했다. "지혜 있는 이들의 행동은 진실로 백성들(의 마음)

2650) 窮은 盡이고; 究는 竟이니 終이고; 예埶는 세勢와 통한다. 趙礎基, 上同, 주24 참조.

2651) 체逮는 及이니, 到達이다. 趙礎基, 上同, 주25 참조.

2652) 宣穎에 의하면, 협俠은 마땅히 협挾(끼우다)이다. 王叔岷, 1207頁, 주13 참조.

2653) 享國은 나라를 占有함이고; 嚴은 존엄이고; 國父는 君主이다. 趙礎基, 462頁, 주30 참조.

2654) 體는 身이고; 象은 效法이고; 安은 樂이니, 喜愛이다. 趙礎基, 上同, 주31 참조.

을 따랐고, 백성들의 표준에 어긋나지 않았으니, 이 때문에 (표준에) 충족되면 싸우지 않았으며, 그렇게 할 이유도 없었으니, 요구하지도 않았었네. (표준에) 충족되지 않아서 추구했으나, 도처에서 싸운다 해도 스스로 탐욕하다고 여기지 않았었고, 남는 것이 있으면 따라서 그것을 사양하였으며, 천하를 버렸더라도 스스로 청렴하다고 여기지 않았었네. 청렴이나 탐욕의 실질은 외부 조건 때문이 아니고, 돌이켜 그것의 표준(여부與否)를 검사하는 것이었네. 권세가 천자처럼 (막중莫重하다) 해도 귀한 신분으로 사람들에게 오만하게 굴지 않았으며, 천하의 부를 가졌다 해도 재물로써 사람들을 모욕하지 않았었네. 환난[患]도 따져보았고, 그 보복도 생각해 보았으며, 생명[性]에 해롭다고 여기면 진실로 사양하고 받지 않았으며, 명예(등)은 찾지도 않았었네. 요堯와 순舜이 임금[帝]이었으나 화합[和](에 주력)했고, (억지로) 천하를 인애[仁]하지 않았었고, 아름다움 때문에 생명을 해치지 않았으며; 선권善卷이나 허유許由가 임금 되라 하였는데 (그 자리를) 받지 않은 것은, 빈말로 양위를 반대한 것이 아니라, 일 때문에 자기(의 생명)를 해치지 않기 위함이었네. 이 사람들은 모두 자기(생명)에 이로우면 나아갔고, 해로우면 사양했으니, 천하(의 사람들이) 현자로 칭송하여, 이를(칭송을) 받은 것뿐이지, 저들이 (방법을 안 가리고) 명예를 낚아챈 것은 아니네."

[知和曰: "知者之爲, 故動以百姓,2655) 不違其度2656), 是以足而不爭, 无以爲故不求.2657) 不足故求之, 爭四處而不自以爲貪;2658) 有餘故辭

2655) 以는 因이니, 수隨이다. 趙礎基, 上同, 주34 참조.

2656) '以百姓心爲心, 百姓順之, 亦不違其法度也.' 郭慶藩, 1011頁, 주1; 度는 分寸이니, 표준이다. 趙礎基, 上同, 주35 참조.

2657) '无以爲'는 '그렇게 할 이유가 없음'이니, 곧 '无須爲'(그렇게 할 필요가 없음.)이다. 趙礎基, 상동, 주37 참조.

2658) '爭四處'는 도처에서 쟁탈함이다. 趙礎基, 上同, 주38 참조.

之, 棄天下而不自以爲廉. 廉貪之實, 非以迫外也, 反監之度.[2659] 勢爲天子而不以貴驕人; 富有天下而不以財戲人.[2660] 計其患, 慮其反,[2661] 以爲害於性, 故辭而不受也, 非以要名譽也. 堯舜爲帝而雍,[2662] 非仁天下也, 不以美害生也. 善卷、許由得帝而不受, 非虛辭讓也, 不以事害己, 此皆就其利, 辭其害, 而天下稱賢焉, 則可以有之,[2663] 彼非以興名譽也."[2664]]

무족이 말하였다. "반드시 자기의 명예를 지키기 위하여 몸을 괴롭히고, 맛있는 음식을 먹지 않으며, 자기 몸의 수요를 절약하면서 산다면, 또한 오래도록 앓고 있으며 위험에 시달리면서 죽지는 않는 것과 같은 것입니다."

[无足曰: "必持其名, 苦體絕甘, 約養以持生, 則亦久病長阨而不死者也."[2665]]

지화는 대답했다. "(많지도 않고 적지도 않게) 고르면 복되고 넘치면 해가 되니, 사물 중에 그렇지 않은 것이 없지만 재물이 가장 심하다네. 지금 부자가, 귀로는 종鍾과 북[鼓], 퉁소와 피리의 음악 소리를 찾으려

2659) 實은 實質이고; 以는 因이고; 監은 察이니, 檢査이다. 趙礎基, 上同, 주40 참조.

2660) 희戲는 희롱이니, 모욕이다. 趙礎基, 上同, 주41 참조.

2661) 反은 反作用이니, 報復이다. 趙礎基, 上同, 주42 참조.

2662) 雍은 和이다. 郭慶藩, 上同, 주4 참조.

2663) 有는 得이니, 接受(받음)이고; 之는 현자라는 칭찬이다, 趙礎基, 上同, 주49 참조.

2664) '興名譽'는 沽名釣譽(일부러 수단을 써서 명예를 낚아챔)이다. 趙礎基, 463頁, 주50 참조.

2665) 持는 守이고; 苦體는 몸을 勞苦하게 만듦이고; 絕甘은 美味를 포기함이고; 約養은 생활의 需要를 절약함이고; 액阨은 위험이다. 趙礎基, 上同, 주51 참조.

하고, 입에는 고기와 술, 단술(甘酒)의 맛을 만족시키면서도 향락의 취미를 일으키며 (자기가) 해야 할 일을 잊고 있다면, 혼란이라 말할 만하네. 기氣가 위로 올라오며 아래로 오줌을 싸니, 무거운 짐을 지고 산비탈을 오르는 것 같이 힘이 드니, 고생이라 말할 만하네. 재물을 탐하느라 병이 생기고, 권력을 탐하느라 정신이 피곤하여 다했으며, 가만히 있으면 (음탕함에) 빠져들고 몸이 비만해지고 부어오르니, 병이라 말할 만하고, 부자가 되고자 이익을 추구하며 (욕망이 차고 올라와) 귀까지 막혀도 피하려 하지 않고, 또한 포만 비대해져도 버리지 않으니 치욕이라 말할 만하고, 재물을 모아두고 쓰지 않으며, 항상 마음에 담아두고 버리지 않으니 마음에 번뇌가 가득하고, 이익을 추구하고 그침이 없으니 근심이 될 만하고, 마음속에서 걱정을 억지로 해결하려면 해害가 생기니 도적과 같고, 밖으로는 도적의 해가 두려워서, (집) 안에서는 (도적을 쏘기 위한) 화살 구멍이 듬성듬성하였고, 문밖으로 홀로 나다니지 않았으니 두려움이라 말할 만하였네. 이상의 여섯 가지는 지극히 해로운 것들이나 모두 잊어버리고 살피지 않으면 그들의 환난이 닥치니, 온 생명을 구하려고 재산을 다 쓰고 하루라도 사고 없는 날로 돌아가고자 (노력)해도 할 수가 없네. 그러므로 명성을 찾으려 해도 보이지 않고, 이익을 구하려 해도 얻지 못하여 심신이 혼란한데, 온 힘을 다하여 이런 (명성과 이익을) 다투고 있으니 또한 미혹된 것이 아니겠는가!"

[知和曰: "平爲福, 有餘爲害者, 物莫不然, 而財其甚者也. 今富人, 耳營於鐘鼓管籥之聲,[2666] 口嗛於芻豢醪醴之味,[2667] 以感其意, 遺忘其

2666) 營은 謀이니, 求이고; 관약管籥(퉁소나 피리)는 두 가지 악기이다. 趙礎基, 上同, 주 55 참조.

2667) 겸嗛은 협慊과 통하니 만족이고; 초식하는 짐승은 추芻이고, 곡식을 먹는 짐승은 환豢이니 육식이다. 요醪는 순주淳酒이고; 예醴는 첨주甛酒(단술)이다. 趙礎基, 上同, 주56 참조.

業,[2668] 可謂亂矣; 侅溺於馮氣,[2669] 若負重行而上阪,[2670] 可謂苦矣; 貪財而取慰,[2671] 貪權而取竭,[2672] 靜居則溺,[2673] 體澤則馮,[2674] 可謂疾矣; 爲欲富就利, 故滿若堵耳, 而不知避, 且憑而不舍,[2675] 可謂辱矣. 財積而无用, 服膺而不舍,[2676] 滿心戚醮,[2677] 求益而不止, 可謂憂矣; 內則疑刦請之賊,[2678] 外則畏寇盜之害, 內周樓疏,[2679] 外不敢獨行, 可謂畏矣. 此六者, 天下之至害也. 皆遺忘而不知察, 及其患至, 求盡性竭財, 單以反一日之无故,[2680] 而不可得也. 故觀之名則不見, 求之利則不得. 繚意絶體而爭此,[2681] 不亦惑乎!"]

2668) 感은 引起(끌어들임)이고; 其意는 향락의 취미이다. 趙礎基, 上同, 주57 참조.

2669) 해侅는 액역阨逆(그윽하며)이니 氣를 토하여 목구멍이 막힘이고; 익溺은 요尿(오줌)이다. 풍馮은 빙憑이니 滿이다. 馮氣는 기창氣漲(기가 부풀어 오름)이다. 기가 부풀어 올라 위로는 氣를 토하고, 아래로는 오줌을 쌈이다. 趙礎基, 上同, 주59 참조.

2670) 판阪은 山坡(산비탈)이다. 趙礎基, 上同, 주60 참조.

2671) 取는 帶來이고; 慰는 대懟로 읽어야 하니, 病이다. 趙礎基, 上同, 주61 참조.

2672) 갈竭은 정신의 疲竭이다. 趙礎基, 上同, 주62 참조.

2673) 익溺은 沈溺이다. 趙礎基, 上同, 주63 참조.

2674) 澤은 비肥이고; 풍馮은 빙憑이니, 滿이나 창漲이다. 趙礎基, 上同, 주64 참조.

2675) 빙憑은 창만脹滿이고; 舍는 舍棄이다. 趙礎基, 上同, 주65 참조.

2676) 복응服膺은 항시 가슴에 담아 둠이다. 趙礎基, 上同, 주66 참조.

2677) 척초戚醮는 번뇌煩惱이다. 초醮는 초焦의 가차이니, 焦急이다. 趙礎基, 上同, 주67 참조.

2678) 疑는 여慮이니, 담심擔心(마음을 놓지 못함, 걱정)이고; 겁청刦請은 强求이다. 强求하면 害가 있으니 賊이라 한다. 趙礎基, 上同, 주68 참조.

2679) 周는 위圍(둘레)이고; 누소樓疏에서, 樓에는, 유호牖戶(창문과 문) 사이에 射孔이 있는데, 疏는 交疏이다. 樓疏는 窓孔이 소략함이다. 趙礎基, 上同, 주69 참조.

2680) 盡은 다이고; 性竭은 생명이 없어짐이고; 單은 탄殫의 가차이니, 盡이고; 反은 返과 통하고; 故는 事이다. 趙礎基, 464頁, 주70 참조.

2681) 요의繚意는 心神의 요란繚亂(혼란)이고; 絶體는 온몸의 힘을 다함이다. 絶이 原本에는 없으나, 『續古逸叢書』(張元濟撰)本에 따라서 보충함. 趙礎基, 上同, 주73 참조.

30. 설검(說劍)

이 편은 조趙 문왕文王과 함께 검劍을 논한 우언이다. 작자는 폭력을 숭상하는 당시의 관점에 대한 반대를 표명하였고, 당시의 세상 풍파에 대하여 신랄하게 풍자하고 있다.

▶ 30-1:

옛날에 조趙의 문왕文王[惠文王]은 검劍을 좋아하여 성문 좌우에 기거하는 객들이 삼천여 명이었다. (문왕의) 면전에서 밤낮으로 서로 검을 부딪치니, 죽고 다친 자가 (한 해에) 백여 명이었다. (문왕은) 그것을 보고도 싫증을 느끼지 않았다. 이렇게 삼 년이 (지나니), 나라가 쇠약해졌다. (여러 나라) 제후들이 (조나라를 치려고) 꾀하였다. 태자 회悝는 그것을 근심하여 좌우의 막료들을 소집하여 말하였다. "누구든 왕을 설득하여 검객들(의 싸움)을 그치게 할 수 있으면, 그에게 천금을 주겠다."

좌우(의 막료)가 말하였다. "장자莊子가 감당할 수 있을 것입니다."

태자는 곧 사람을 시켜 천금을 장자에게 보내게 하였다. 장자는 받지 않고 사자使者와 함께 가서 태자를 뵙고 말하였다. "태자께서는 무엇을 명하시려고 저에게 천금을 주십니까?"

태자가 말하였다. "듣기에 선생은 명철한 성인이시니, 수종 드는 하인들의 비용으로 선생께 천금을 보낸 것입니다. 선생께서 받지 않으니 제가 오히려 무슨 말을 하겠습니까?"

장자가 말하였다. "듣기에 태자께서 저를 쓰고자 하신 것은 임금의 즐거움을 끊으려고 하신 것입니다. 저가 위로 대왕을 기쁘게 하도록 하나 대왕의 뜻을 거역하고, 아래로는 태자(의 임무)도 감당하지 못하면 저는 벌을 받아 죽게 됩니다. 제가 어찌 돈을 쓸 수 있겠습니까! 제가 위로 대왕을 기쁘게 하고, 아래로 태자의 (일)도 감당한다면 조나라에 무엇을 요구해도 얻지 못하겠습니까!"

태자는 말하였다. "그러나 우리 왕께서 보려는 바는 오직 검객들이십니다."

장자가 말하였다. "좋습니다. 저는 칼을 잘 다룹니다."

태자가 말하였다. "그러나 우리 왕께서 보고자 하시는 검객들은 모두 머리가 쑥대 모양으로 산발이며 귀밑머리가 위로 치솟았으며, 묵직한 모자를 쓰고 장식이 없는 끈으로 관을 묶었으며, 소매가 짧은 옷을 입었고, 부릅뜬 눈에 말은 어눌합니다. 왕께서는 그런 자를 기뻐하십니다. 지금 선생이 반드시 유가儒家의 복장[儒服]을 하고 왕을 뵌다면, 일은 반드시 크게 거스를 것입니다."

[昔趙文王喜劍,2682) 劍士夾門而客三千餘人,2683) 日夜相擊於前, 死傷者歲百餘人. 好之不厭, 如是三年, 國衰. 諸侯謀之.2684) 太子悝患之, 募左右曰:2685) "孰能說王之意止劍士者, 賜之千金." 左右曰: "莊子當能." 太

2682) 사마표司馬彪(?-306)에 의하면, 趙文王은 惠文王이고, 名은 何이다. 王叔岷, 1,216頁, 주1 참조.

2683) '夾門而客'은 客들이 宮門 좌우에 기거함이다. 趙礎基, 466頁, 주2 참조.

2684) 謀之는 조나라를 치려고 모의함이다. 趙礎基, 上同, 주3 참조.

2685) 모募는 소집이고; 左右는 좌우 막료幕僚이다. 『莊子譯注』, 308頁, 주6 참조.

子乃使人以千金奉莊子, 莊子弗受, 與使者俱往見太子, 曰: "太子何以教周, 賜周千金?" 太子曰: "聞夫子明聖, 謹奉千金以幣從者. 夫子弗受, 悝尙何敢言!" 莊子曰: "聞太子所欲用周者, 欲絕王之喜好也. 使臣上說大王而逆王意, 下不當太子, 則身刑而死, 周尙安所事金乎![2686] 使臣上說大王, 下當太子, 趙國何求而不得也?" 太子曰: "然. 吾王所見, 唯劍士也." 莊子曰: "諾. 周善爲劍." 太子曰: "然. 吾王所見劍士, 皆蓬頭突鬢, 垂冠,[2687] 曼胡之纓,[2688] 短后之衣, 瞋目而語難,[2689] 王乃說之. 今夫子必儒服而見王, 事必大逆."]

장자가 말했다. "검객의 복장을 만들어 주십시오." 검객 복장을 만드는 데 삼일이 되어, 이에 태자를 뵈었다. 태자는 곧 함께 왕을 뵈었다. 왕은 흰 칼을 뽑아 들고 그들을 기다리고 있었다. 장자는 궁전 문 안에 들어가서도 잰걸음으로 걷지 않고, 왕을 뵙고도 절을 하지 않았다. 왕이 말하였다. "그대는 무엇을 내게 가르치려고 하여 태자가 먼저 소개하게 되었는가?"

(장자가) 말하였다. "신이 듣기에 대왕께서 칼싸움을 좋아하신다고 하니, 그러므로 검으로써 왕을 뵈려 합니다."

왕이 말하였다. "그대의 검은 (상대를) 어떻게 굴복시킬 수 있는가?"

(장자는) 말하였다. "신의 검은 열 발짝에 한 사람을 죽이며, 천 리를 가도 당해낼 적이 없습니다."

2686) 事는 用이다. 趙礎基, 467頁, 주11 참조.

2687) 수垂는 수倕와 통하니 重(무겁다)이다. 趙礎基, 467頁, 주13 참조.

2688) '만호지영曼胡之纓' 은 거칠고 무늬 없는 갓끈이다. 趙礎基, 上同, 주14 참조.

2689) 진목瞋目은 부릅뜬 눈이고; 語難은 말이 유창하지 않음이다. 趙礎基, 上同, 주14 참조.

왕이 크게 기뻐하며 말하였다. "천하에 적이 없구나!"

장자가 말하였다. "칼을 씀은 (상대에게) 허공을 보임으로써 예측하지 못하게 하고, 검을 씀에 대비를 못 하게 하고, 아직 (칼을) 뺀 것 같지 않으나 이미 먼저 이릅니다. 시범할 수 있기 바랍니다."

왕이 말하였다. "선생은 쉬도록 하시오. 숙소에 가서 명을 기다려 검술시합이 베풀어지면 선생을 부르겠소."

왕은 이에 검객(의 기량을 대조)하여 칠일이 되니 죽고 다친 자가 육십여 명이고, 대여섯 명을 얻어 궁전 아래에서 검을 받들게 하고, 이에 장자를 불렀다. 왕이 말하였다. "오늘 시험 삼아 검사들은 대결하시오."

장자가 말하였다. "그것을 바란지 오래되었습니다."

왕이 말하였다. "선생이 쓸 검은 긴 것과 짧은 것 중 어느 것입니까?"

(장자는) 말하였다. "(평소) 쓴 것이면 모두 됩니다. 하지만 신은 세 가지 검이 있으니, 오직 왕께서 쓰시는 바를 쓰도록 하겠습니다. 먼저 말하고 나중에 시험하기를 청합니다."

왕이 말하였다. "세 가지 검에 대하여 듣기를 원하네."

(장자가) 말하였다. "천자의 검이 있고, 제후의 검이 있으며, 서인의 검이 있습니다."

[莊子曰: "請治劍服"2690) 治劍服三日, 乃見太子. 太子乃與見王, 王脫白刃待之.2691) 莊子入殿門不趨,2692) 見王不拜. 王曰: "子欲何以教寡人, 使太子先?"2693) 曰: "臣聞大王喜劍, 故以劍見王." 王曰: "子之劍

2690) 治는 주做(만듦)이다. 趙礎基, 467頁, 주19 참조.

2691) '脫白刃'은 눈처럼 흰 검을 뽑음이다. 趙礎基, 上同, 주20 참조.

2692) 전문殿門은 궁전의 문이고; 추趨는 빨리 감이다. 趙礎基, 上同, 주21 참조.

何能禁制?"[2694] 曰: "臣之劍, 十步一人, 千里不留行."[2695] 王大悅之, 曰: "天下無敵矣!" 莊子曰: "夫爲劍者,[2696] 示之以虛,[2697] 開之以利,[2698] 後之以發,[2699] 先之以至. 願得試之." 王曰: "夫子休, 就舍. 待命令設戲請夫子."[2700] 王乃校劍士七日,[2701] 死傷者六十餘人, 得五六人, 使奉劍於殿下, 乃召莊子. 王曰: "今日試使士敦劍."[2702] 莊子曰: "望之久矣!" 王曰: "夫子所御杖, 長短何如?"[2703] 曰: "臣之所奉皆可.[2704] 然臣有三劍, 唯王所用, 請先言而後試." 王曰: "願聞三劍." 曰: "有天子劍, 有諸侯劍, 有庶人劍."]

왕이 말하였다. "천자의 검이란 무엇인가?"
(장자가) 말하였다. "천자의 검은, (북쪽으로) 연계燕谿나 석성石城을

2693) '使太子先' 은 태자를 통해 먼저 소개함이다. 趙礎基, 上同, 주22 참조.

2694) 禁制는 制服이다. 『莊子譯注』, 308頁, 주27 참조.

2695) 자기 검은 10보에 한 사람을 죽이며, 한 번 千里를 가면 당해낼 적이 없음이다. 趙礎基, 上同, 주24 참조.

2696) '爲劍' 은 用劍이다. 趙礎基, 上同 주25 참조.

2697) '示人以虛' 은 사람에게 虛空을 보임으로써 예측을 못하게 함이다. 『莊子譯注』, 上同, 주30 참조.

2698) '開之以利' 는, 검을 쓰는데 사람들로 하여금 방비를 못하게 함이다. 『莊子譯注』, 309頁, 주3 참조.

2699) '後之以發' 은 (칼을) 아직 뺀 것 같지 않은데 이미 먼저 으름이니, 매우 신속함을 말한다. 趙礎基, 上同, 주28 참조.

2700) 희戲는 검술시합이다. 『莊子譯注』, 주35 참조.

2701) 校는 較量이다. 趙礎基, 上同, 주32 참조.

2702) 돈敦은 대懟의 가차이니, 對이다. 趙礎基, 上同, 주33 참조.

2703) 御는 用이고; 杖、仗은 正、俗자이다. '所御杖' 은 所用하는 劍이다. 王叔岷, 1,222頁, 주4 참조.

2704) 所奉은 평상시 쓰는 劍이다. 奉은 봉捧(받들다)과 통한다. 趙礎基, 上同, 주35 참조.

칼끝으로 삼고, (동쪽으로) 제齊나라나 대岱산을 칼날로 삼으며, 진晉과 위衛나라를 칼등으로 삼고, 주周와 송宋나라를 칼의 고리로 삼으며, 한韓과 위魏나라를 칼자루로 삼아서, 사방의 이적들을 포위하고, 사계절(의 변화)를 품고서, 발해渤海를 둘러싸고 항산恒山으로 이어져서, 오행五行(의 도리)로서 (천지天地를) 지배하며, 형벌과 (상급賞給 같은) 은덕恩德을 강구하고, 음양에 따라서 (변화를) 열고 (닫으며), 봄과 여름(의 성장)을 장악하고, 가을과 겨울(의 갈무리)을 운용합니다. 이 칼은 앞으로 뻗으면 앞에 막을 것이 없고, 들어 올리면 위에 대적할 것이 없고, 아래로 누르면 아래에서 (대응할) 것이 없고, 돌리면 옆에서 (대들) 것이 없습니다. 위로는 뜬구름을 끊어내고, 아래로는 땅을 붙잡아 맨 큰 밧줄을 절단합니다. 이 검을 한 번 쓰면 제후들을 바로잡고 천하가 복종하게 됩니다. 이것이 천자의 검입니다."

문왕은 망연자실하여 말하였다. "제후의 검이란 무엇인가?"

(장자가) 말하였다. "제후의 검은 지혜롭고 용기 있는 선비들을 칼끝으로 삼고, 청렴한 선비들을 칼날로 삼으며, 현명하고 어진 선비들을 칼등으로 삼고, 충성스런 선비들을 칼의 고리로 삼으며, 무용이 뛰어난 선비들을 칼자루로 삼습니다. 이 검을 곧장 세우면 또한 앞에서 당할 것이 없고, 들어 올리면 또한 위에서 당할 것이 없으며, 누르면 또한 밑에서 당할 것이 없고, 휘두르면 또한 옆에서 당할 것이 없습니다. 위로는 둥근 하늘을 본뜸으로써 해, 달, 별의 세 가지 빛을 따르고, 아래로는 네모난 땅을 본뜸으로써 사계절을 따르며, 가운데에서는 백성의 마음을 조화함으로써 사방을 편안하게 합니다. 이 검을 한 번 쓰면 천둥소리가 진동하는 듯하며, 나라 안에서 복종하여 임금의 명령을 듣고 따르지 않는 자가 없게 됩니다. 이것이 제후의 검입니다."

[王曰: "天子之劍何如?" 曰: "天子之劍, 以燕谿、石城爲鋒,[2705] 齊、岱

爲鍔,[2706] 晉、衛爲脊,[2707] 周、宋爲鐔,[2708] 韓、魏爲夾,[2709] 包以四夷, 裹以四時, 繞以渤海, 帶以常山,[2710] 制以五行,[2711] 論以刑德,[2712] 開以陰陽, 持以春夏, 行以秋冬.[2713] 此劍, 直之无前, 擧之无上, 案之无下, 運之无旁.[2714] 上決浮雲, 下絕地紀.[2715] 此劍一用, 匡諸侯, 天下服矣. 此天子之劍也." 文王芒然自失, 曰: "諸侯之劍何如?" 曰: "諸侯之劍, 以知勇士爲鋒, 以淸廉士爲鍔, 以賢良士爲脊, 以忠聖士爲鐔, 以豪桀士爲鋏. 此劍, 直之亦无前, 擧之亦无上, 案之亦无下, 運之亦无旁. 上法圓天以順三光, 下法方地以順四時, 中和民意以安四鄕.[2716] 此劍一用, 如雷霆之震也, 四封之內, 无不賓服而聽從君命者矣. 此諸侯之劍也."]

2705) 燕谿는 燕나라의 地名이고, 石城은 새외塞外의 산 이름이니, 이 두 곳은 北方에 있다. 봉鋒은 칼끝, 혹은 칼날이다. 趙礎基, 上同, 주36 참조.

2706) 대岱는 岱宗이니 泰山이다. 악鍔(칼날)은 인刃(칼날)이다. 趙礎基, 468頁, 주37 참조.

2707) 척脊은 칼등이다. 위싱우于省吾(1896-1984)에 의하면, 『莊子』 高山寺 「卷子本」(두루마리)에는, 魏를 衛로 하였다. 晉、衛는 趙에서 가까우니, 검척劍脊이 될 수 있다. 王叔岷, 1,223頁, 주9 참조.

2708) 심鐔은 검환劍環(검의 고리)이다. 王叔岷, 上同, 주10 참조.

2709) 사마표司馬彪(?-306)에 의하면, 夾은 파把(자루)이다. 협夾은 다른 판본에는 협鋏(집게, 가위)이다. 王叔岷, 1,224頁, 주11 참조.

2710) 帶는 連(이어지다)이고; 常山은 恒山이니, 河北省正定縣 북쪽에 있다. 趙礎基, 上同, 주41 참조.

2711) '制以五行'은 五行의 도리로써 天地를 지배함이다. 趙礎基, 上同, 주42 참조.

2712) 論은 講究이고; 刑은 刑法이고; 德은 恩德이다. 趙礎基, 上同, 주43 참조.

2713) 持는 장악이고; 行은 運用이다. 趙礎基, 上同, 주45 참조.

2714) 直은 앞을 뻗음이고; 案은 按과 통하고; 運은 轉動이다. 无前、无上、无下、无旁은 향하는 곳마다 쓰러뜨리니, 막을 수 없음이다. 趙礎基, 上同, 주46 참조.

2715) 결決은 열裂(찢다)이고; 絕은 절단截斷이다. 地紀는 신화 속에서 大地를 묶고 있는 큰 밧줄이다. 趙礎基, 上同, 주47 참조.

2716) 四鄕은 四方이다. 趙礎基, 上同, 주51 참조.

왕이 말하였다. "서인의 검이란 무엇인가?"

(장자가) 말하였다. "서인의 검은, 모두 머리가 쑥대 모양으로 산발이며 귀밑머리가 위로 치솟았으며, 묵직한 모자를 쓰고, 장식이 없는 끈으로 관을 묶었으며, 소매가 짧은 옷을 입었고, 부릅뜬 눈에 말은 어눌하며, (임금의) 면전에서 서로 격투하며, 위로 머리를 자르고, 아래로 간肝과 폐肺를 찢어놓습니다. 이 서인의 검은 싸움닭(鬭鷄)과 다름이 없습니다. 일단 목숨이 이미 끊어지면 나랏일에 쓰일 데가 없습니다. 지금 대왕께선 천자의 지위를 소유하고 있으나 서인의 검을 좋아하십니다. 신은 대왕을 위하여 그것을 싫어하기에 버린 것입니다."

왕은 이에 장자를 이끌고 어전으로 올라갔다. (찬을 올리는) 재인宰人이 식사를 올렸으나, 왕은 세 번이나 그것을 맴돌 뿐이었다.

장자가 말하였다. "대왕께서는 편안히 앉으셔서 기를 안정시키십시오. 검에 관한 이야기는 이미 다 끝났습니다."

이에 문왕은 궁에서 나가지 않은 지 석 달이 되자, 검객들은 모두 객사에서 자살하였다.

[王曰: "庶人之劍何如?" 曰: "庶人之劍, 蓬頭突鬢, 垂冠, 曼胡之纓, 短後之衣, 瞋目而語難, 相擊於前, 上斬頸領,[2717] 下決肝肺. 此庶人之劍, 无異於鬭雞, 一旦命已絕矣, 无所用於國事. 今大王有天子之位, 而好庶人之劍, 臣竊爲大王薄之."[2718] 王乃牽而上殿,[2719] 宰人上食,[2720] 王三環之. 莊子曰: "大王安坐定氣, 劍事已畢奏矣."[2721] 於是文王不出宮三

2717) 경頸(목)은 두頭(머리)이다. 王叔岷, 1,226頁, 주27 참조.

2718) 박薄은 비박鄙薄(경시, 厭棄)이다. 趙礎基, 上同, 주52 참조.

2719) 견牽은 대帶이다. 趙礎基, 上同, 주53 참조.

2720) 宰人은 임금께 진지를 올리는 관리이다. 趙礎基, 上同, 주54 참조.

2721) 필주畢奏는 說完(얘기가 끝남)이다. 趙礎基, 上同, 주56 참조.

月，劍士皆服斃其處也.[2722)]

2722) 服은 伏과 통하니, '복폐기처服斃其處' 는 '머물던 客舍에서 자살함' 이다. 趙礎基, 上同, 주57 참조.

31. 어부(漁父)

본 편은 공자가 어부를 만나서 그와 나눈 대화의 모든 과정을 말하고 있다. 이 편에서는, 공자가 천리天理를 숭상하지 않는데, 또한 그가 말하는 인의仁義, 충정忠貞, 자효慈孝, 예악禮樂 등의 사상이 비판되고 있다. 공자는 사람의 '자연본성[天性]'을 무시하기에, '참[眞]의 대도大道'를 그르친다는 것이다. 「어부」편은 역대에 많은 지적을 받았지만, 어부가 은자의 모습이기에 이 편은 장자 후학의 작품으로 보인다.

▶ 31-1:

공자가 어둡게 장막이 처진 것 같은 숲[緇帷]에서 노닐다가, (노魯나라 동문 밖의) 행단杏壇 위에 앉아서 쉬었다. 제자들은 책을 읽고 있었는데, 공자는 노래하며 거문고를 타고 있었다. 곡이 아직 끝나기 전에 어부가 배를 대고 내려오니, (그는) 수염과 눈썹이 모두 희고, 머리카락은 산발한 채로 소매를 흔들면서, 평평한 데를 지나서 오르며 육지에 이르러 그쳤는데, 왼손은 무릎 위에 두고 오른손으로는 턱을 바치고, (공자의 거문고 소리를) 듣고 있었다. 곡이 끝나자 그는 자공子貢과 자로子路 두 사람을 불러놓고 마주했다. 그는 공자를 가리켜 물었다. "저 사람은 무엇 하는 사람인가?"

자로가 대답했다. "노魯나라의 군자입니다."

어부가 그 성姓을 물으니 자로가 대답했다. "공씨孔氏입니다."

다시 어부가 물었다. "공씨는 무슨 일을 하는 사람인가?"

자로가 미처 대답하기 전에 자공이 대답했다. "공씨는 마음으로 충신忠信에 힘쓰며, 몸소 인의仁義를 실천하며, 예악禮樂을 꾸미며, 사람과 사람들 간 관계의 준칙을 제정하고, 위로는 충忠으로써 임금을 섬기며, 아래로는 교화[化]로써 천하를 이롭게 하니, 이것이 공씨가 하는 일입니다."

또 물었다. "영토를 가진 군주인가?"

자공이 말했다. "아닙니다."

(그가 물었다.) "제후를 보좌하는가?"

자공이 말했다. "아닙니다."

어부는 이에 웃으며 돌아가면서 말하였다. "어질기[仁]는 하지만 자기에게 (닥칠 화禍는) 피하지 못할 것이고, 마음을 괴롭히고 몸을 고달프게 하여 참된 본성을 위태롭게 할 것이다. 아아, 그는 도에서 너무도 동떨어졌구나!"

[孔子遊於緇帷之林,2723) 休坐乎杏壇之上. 弟子讀書, 孔子絃歌鼓琴. 奏曲未半, 有漁父者, 下船而來, 鬚眉交白,2724) 被髮揄袂,2725) 行原以上, 距陸而止2726), 左手據膝, 右手持頤以聽.2727) 曲終而招子貢、子路, 二人

2723) 치緇는 黑이다. 공자가 강가의 한 숲에서 쉴 때, 잎이 무성해 햇빛을 가리고 있는 늘어진 나뭇잎이 마치 검은 장막을 친 것 같다 해서, '치유緇帷之林'이라 함. 郭慶藩, 1,023頁, 주1 참조.

2724) 交는 모두이다. 趙礎基, 470頁, 주3 참조.

2725) 被는 피披(옷을 입다)와 통하니, 피발披髮은 散髮이고; 유揄는 휘揮(휘두르다)이고; 메袂는 수袖(소매)이다. 趙礎基, 上同, 주4 참조.

2726) 須眉가 빔미鬢眉로 표기된 판본도 있다. 原은 높고 평탄한 곳[高平]를 가리키며,

俱對. 客指孔子曰: "彼何爲者也?" 子路對曰: "魯之君子也." 客問其族.[2728] 子路對曰: "族孔氏." 客曰: "孔氏者何治也?"[2729] 子路未應, 子貢對曰: "孔氏者, 性服忠信,[2730] 身行仁義, 飾禮樂, 選人倫,[2731] 上以忠於世主, 下以化於齊民, 將以利天下. 此孔氏之所治也." 又問曰: "有土之君與?" 子貢曰: "非也." "侯王之佐與?" 子貢曰: "非也." 客乃笑而還, 行言曰: "仁則仁矣, 恐不免其身. 苦心勞形以危其眞. 嗚呼! 遠哉, 其分於道也!"[2732])]

자공은 돌아가서 공자에게 알렸다. 공자는 거문고를 밀어젖히고 일어나 말하였다. "그는 아마 성인인가 보구나!"

이에 내려가 그를 찾아서 물가에 이르렀는데, (어부는) 노를 밀어 배를 띄우는 중이었으나, 돌아보다가 공자를 발견하고 다시 방향을 돌려 서 있었다. 공자는 (경의를 표하기 위해) 뒤로 물러나서 재배再拜하고 나아갔다. 어부가 말했다. "그대는 (내게서) 무엇을 구하는가?"

공자는 말했다. "아까 선생님께서는 첫마디 말씀만 하시고 가버리셨습니다. 저는 불초하여 하신 말씀을 알지 못하니, 몰래 아래 자리[下風]에서 기다리다가 다행히 기침 소리만 들을 수 있으면 마침내 저를 도와주는 것입니다."

距는 도달함[至]이다. 郭慶藩, 1,024頁, 주1 참조.

2727) 持는 주柱(지탱하다)이다. 王叔岷, 1,232頁, 주9 참조.

2728) 族은 氏族이니, 姓을 가리킨다. 趙礎基, 上同, 주9 참조.

2729) 治는 爲이다. 趙礎基, 上同, 주10 참조.

2730) 性은 心이고; 服은 用이다. 趙礎基, 上同, 주11 참조.

2731) 選은 찬撰(짓다)과 통하니, 制定이고; 人倫은 사람과 사람들 간의 관계의 준칙이다. 趙礎基, 上同, 주14 참조.

2732) 分은 이離이다. 趙礎基, 上同, 주22 참조.

어부가 말했다. "하하하, 그대는 몹시 배우기를 좋아하는구려!"

공자가 재배하고 일어나 말했다. "저는 어려서 학습에 종사하여, 지금 나이에 이르러, 69세인데, 아직 지극한 가르침을 듣지 못했으니, 어찌 마음을 비우고 (가르침을 들으려 하지) 않겠습니까!"

[子貢還, 報孔子. 孔子推琴而起曰: "其聖人與!" 乃下求之, 至於澤畔, 方將杖拏而引其船,[2733] 顧見孔子, 還鄕而立.[2734] 孔子反走, 再拜而進. 客曰: "子將何求?" 孔子曰: "曩者先生有緖言[2735]而去, 丘不肖, 未知所謂, 竊待於下風,[2736] 幸聞咳唾之音以卒相丘也."[2737] 客曰: "嘻![2738] 甚矣, 子之好學也!" 孔子再拜而起曰: "丘少而脩學,[2739] 以至於今, 六十九歲矣, 无所得聞至敎, 敢不虛心!"]

어부가 말했다. "같은 종류가 서로 따르고, 같은 소리가 서로 응하는 것은 진실로 천지자연의 도리이네. 나는 내가 가진 것(도道)을 밀어두고 자네가 일삼는 것을 말하겠네. 자네가 일삼는 것은 사람의 일인데, 천자天子, 제후諸侯, 대부大夫, 서인庶人 등 네 가지가 저절로 바르게 되면 정치는 아름다운 것이요; 이 네 가지가 자리를 벗어나면 혼란은 그보다 더 클 수 없을 것이네. 관리가 자기 직분을 지키고 서인이 자기

2733) 장杖은 탱撑(배 젓다)이고; 나拏(붙잡다)는 나挐(붙잡다)와 통하니, 선장船槳(배의 장대)이고; 引은 引去이니, 탱개撑開(배를 밀어내다)이다. 趙礎基, 471頁, 주2 참조.

2734) 鄕은 바라봄[嚮]이다. 郭慶藩, 1,026頁, 주1 참조.

2735) 낭曩은 昔이고; 緖는 端이니, 緖言은 시작의 말임. 趙礎基, 472頁, 주4 참조.

2736) 절竊은 몰래 이고; 下風은 슬하膝下之風이니, 卑恭을 나타냄이다. 趙礎基, 上同, 주5 참조.

2737) '卒'은 '終'과 같고 '相'은 '助'와 같다. 따라서 이 구절은 공자 자신의 미치지 못함을 도와 달라[助丘不逮]는 뜻이다. 郭慶藩, 上同, 주1 참조.

2738) '희嘻'는 웃는 소리[笑聲]이다.—郭慶藩, p.1,027.

2739) 수학脩學은 학습에 종사함이다. 趙礎基, 上同, 주8 참조.

가 맡은 일을 걱정한다면, 분란紛亂은 없을 것이네. 따라서 논밭이 황폐해지고 집이 파괴되며, 의식衣食이 부족해지고, 세금을 (제 때에) 내지 못하며, 아내와 첩이 사이가 나쁘며, 노인과 젊은이들 사이에 질서가 없는 것은 서인의 걱정거리이네. 능력자가 일을 맡을 수 없고, 직분 안의 일들이 제대로 되지 않고, 행위가 깨끗하지 않으며, 아랫사람들이 게으르며, 공적과 영예가 없으며, 작위와 봉록을 지키지 못하는 것은 대부大夫의 걱정거리이네. 조정에 충신이 없고, 나라가 혼란하며, 장인과 기술자의 기술이 뛰어나지 못하고, (천자天子에게 바치는) 공물들과 직무가 좋지 못하며, 봄과 가을에 천자를 배알하는 일이 동료 제후들에 뒤지고 천자(의 심기)를 건드림이 제후들의 걱정거리이네.

[客曰: "同類相從, 同聲相應, 固天之理也. 吾請釋吾之所有, 而經子之所以.[2740] 子之所以者, 人事也. 天子、諸侯、大夫、庶人, 此四者自正, 治之美也. 四者離位, 而亂莫大焉. 官治其職, 人憂其事, 乃无所陵.[2741] 故田荒室露[2742], 衣食不足, 徵賦不屬,[2743] 妻妾不和, 長少无序, 庶人之憂也; 能不勝任, 官事不治,[2744] 行不淸白,[2745] 羣下荒怠,[2746] 功美不有,[2747] 爵祿不持, 大夫之憂也; 廷无忠臣, 國家昏亂, 工技不巧, 貢職不美,[2748] 春秋後倫,[2749] 不順天子,[2750] 諸侯之憂也.]

2740) 釋은 추推(밀어두다)이고; '吾之所有'는 道를 가리키고; 經은 理이니 분석이고; 以는 爲이다. 趙礎基, 上同, 주9 참조.

2741) 능陵은 亂이다. 趙礎基, 上同, 주1 참조.

2742) 露는 敗壞이다. 趙礎基, 上同, 주12 참조.

2743) 속屬은 체逮(미치다), 及이니; 不屬은 때에 맞추어 賦稅할 수 없음이다. 趙礎基, 上同, 주13 참조.

2744) 官事는 職內의 일이고; 不治는 한 일이 좋지 않음이다. 趙礎基, 上同, 주14 참조.

2745) 行은 행위이다. 趙礎基, 上同, 주15 참조.

2746) 황태荒怠는 황폐荒廢와 태만怠慢이다. 趙礎基, 上同, 주16 참조.

2747) 功美는 功績과 榮譽이다. 趙礎基, 上同, 주17 참조.

음양이 조화롭지 못하며, 추위와 더위가 때에 맞지 않아 여러 사물이 상하며, 제후가 난폭하여 제멋대로 서로를 침략하여 백성들을 상하게 하며, 예악이 절도가 없어지고, 재정이 궁핍해지며, 인간관계가 잘 정돈되지 못하여 백성이 음란한 것은 천자나 삼공구경三公九卿의 걱정거리이네. 지금 자네는 위로는 군후君侯나 공경公卿들의 권세가 없고, 아래로는 대신과 관직의 벼슬이 없는데도 멋대로 예악을 꾸미고, 인간관계의 준칙을 제정하고, 백성들을 교화하려 드니 아주 잡일들이 많이 있노라! 또한 사람에게는 여덟 가지 허물이 있고 일에는 네 가지 걱정이 있으니, 잘 살펴야 할 것이네.

[陰陽不和, 寒暑不時, 以傷庶物, 諸侯暴亂, 擅相攘伐, 而殘民人, 禮樂不節, 財用窮匱, 人倫不飭,[2751] 百姓淫亂, 天子有司之憂也.[2752] 今子旣上无君侯有司之勢, 而下无大臣職事之官, 而擅飾禮樂, 選人倫, 以化齊民, 不泰多事乎?[2753] 且人有八疵,[2754] 事有四患, 不可不察也.]

자기가 할 일이 아닌데도 하는 것을 '전부 책임을 짐[총摠]'이라 하며, (다른 이들이) 돌아보지도 않는데 나아가는 것을 영佞[미혹迷惑]이라 하며, 남의 기분에 맞춰 말하는 것을 첨諂[아첨]이라 하며, 시비를 가리

2748) 貢은 물품을 天子에게 바침이고; 職은 임무이다. 趙礎基, 上同, 주20 참조.

2749) 봄에 天子를 뵙는 것이 朝이고, 가을에 天子를 뵙는 것이 근覲이다. 朝覲할 때 동료 諸侯들보다 늦게 옴을 말하고; 倫은 列이다. 趙礎基, 上同, 주21 참조.

2750) 不順은 촉범觸犯(꺼려 피할 일을 저지름)이다. 趙礎基, 上同, 주22 참조.

2751) 칙飭은 정돈을 잘함이다. 趙礎基, 上同, 주26 참조.

2752) 有司는 관계되는 책임자인데, 지접 天子를 지목하기보다 '天子有司'로 天子를 대신하여 지칭함이다. 趙礎基, 上同, 주27 참조.

2753) 泰는 太이다. 趙礎基, 上同, 주28 참조.

2754) 자疵(흠)는 毛病(질병)이다. 趙礎基, 473頁, 주29 참조.

지 않고 말하는 것을 유諛[비위 맞춤]라 하며, 다른 사람의 잘못을 말하기 좋아하는 것을 참讒[헐뜯음]이라 하며, 남의 사귐을 갈라놓거나 친한 사이를 떼어놓는 것을 적賊[해침]이라 하며, 남을 칭찬하거나 속여서 악에 밀어 넣는 일을 특慝[악한 짓]이라 하며, 선악을 가리지 않고 다 받아들여 얼굴빛을 좋게 해서 그 하고자 하는 바를 얻어내는 것을 험險[음험함]이라고 하네. 이 여덟 가지 허물은 밖으로는 사람들을 어지럽히고, 안으로는 자기 몸을 상하게 하므로, 군자는 이들과 짝하지 않고, 현명한 군주는 이들을 신하로 삼지 않는다네.

[非其事而事之, 謂之摠;2755) 莫之顧而進之, 謂之佞; 希意道言, 謂之諂; 不擇是非而言, 謂之諛; 好言人之惡, 謂之讒; 析交離親, 謂之賊; 稱譽詐僞以敗惡人, 謂之慝;2756) 不擇善否, 兩容頰適, 偸拔其所欲, 謂之險.2757) 此八疵者, 外以亂人, 內以傷身, 君子不友, 明君不臣.]

네 가지 걱정이란 무엇인가? 큰일을 즐겨 하며 떳떳한 일을 고쳐 공과 이름을 내거는 일이니 이를 도叨[함부로 차지함]라 하며; 지혜를 내둘러 멋대로 사용해 남을 침범하여 차지하는 일을 탐貪[탐욕]이라 하며; 허물을 보고 고치지 않으며 충고를 듣고도 더욱 (나쁜 짓을) 심하게 하는 것을 흔很[패려悖戾궂다]이라 하며; 다른 사람이 자기와 의견이 같으면 옳

2755) 성현영成玄英(608-669)疏에 '摠'은 '일을 탐내어 지나침[叨濫]'을 뜻한다고 되어 있다. 郭慶藩, 1,029頁 주1 참조.

2756) 成玄英疏에서는 '특慝'을, "자기와 친한 자는 비록 악하더라도 칭찬하고, 자기와 소원한 자는 비록 선하더라도 비난함으로써 다른 사람을 속이고 해치는 일[與己親者, 雖惡而譽, 與己疏者, 雖善而毁. 以斯詐僞, 好敗傷人]"이라고 규정하고 있다. 郭慶藩, 1,030頁 주7 참조.

2757) '否' 자는 악惡(악하다)을 의미하며, '협頰' 자는 '顔' 자로 나와 있는 판본도 있다. 郭慶藩, 1,030頁 주8 참조.

지만 자기 의견과 다르면 비록 좋은 의견이지만 좋지 않다고 하니 이를 긍矜[교만]이라 한다네. 이것이 네 가지 걱정들이네. 여덟 가지 허물을 없애고 네 가지를 걱정하지 않을 때 비로소 가르침을 받을 수 있다네."

[所謂四患者. 好經大事, 變更易常, 以挂功名,[2758] 謂之叨; 專知擅事, 侵人自用, 謂之貪; 見過不更, 聞諫愈甚, 謂之很;[2759] 人同於己則可, 不同於己, 雖善不善, 謂之矜. 此四患也. 能去八疵, 无行四患, 而始可教已."]

공자는 얼굴색이 변하며 한탄하고 재배하고 일어나 말했다. "저는 노魯나라에서 두 번 추방되었고, 위衛나라에서 족적足跡이 사라졌으며, 송宋나라에서는 나무 베임을 당하였고, 진陳과 채蔡 두 나라(사이)에서는 포위되었어도 저는 잘못을 모르겠는데, 이렇게 네 번이나 비방을 산 것은 왜일까요?"

어부는 슬픈 낯빛으로 말했다. "그대는 각성하기 어렵네요! 어떤 사람이 자기 그림자가 두렵고 발자국이 싫어져서 그것에서 떨어져 달아나려 했는데, 발을 들어 올리는 횟수가 많을수록 그만큼 발자국도 많아지고, 아무리 빨리 달려도 그림자는 몸에서 떨어지질 않아 스스로 느리다고 여겨서 빠르게 쉬지 않고 달리니, 힘이 다하여 죽고 말았소. (그는) 그늘에 서야 그림자가 사라지고, 고요히 멈추어 있어야 발자국이 그침을 몰랐던 것이니, 얼마나 어리석은가! 그대는 인의仁義의 도리를

2758) 陸德明(556-627)의 『經典釋文』에서는 '挂'를 '갈라서 분명히 함[別]'으로 풀이한다. 郭慶藩, 1,030頁 주10 참조.

2759) 郭慶藩은 『說文解字』(許愼撰)에 근거하여 '很'은 '말을 듣지 않음[不聽從]'으로 풀이한다. 郭慶藩, 1,030頁 주12 참조.

상세히 알고, 다르고 같음의 구별을 살피며, 동정動靜의 변화를 관찰하며, 남과 주고받음을 알맞게 하며, 좋고 싫은 감정을 조절하고, 기뻐하고 노여워하는 등의 마음을 화합하고 있으나, (아무래도) 화를 면하기 어려울 것이오. 삼가 자네의 몸을 닦고, 참된 본성을 신중히 지켜서 물건을 남들에게 돌려보내면 부담은 없을 것이오. 지금 자기 몸을 닦으려하지 않고 남에게서 찾고 있으니, 또한 어찌 빗나간 것이 아니겠소!"

[孔子愀然而歎,[2760] 再拜而起, 曰: "丘再逐於魯, 削迹於衛, 伐樹於宋, 圍於陳、蔡. 丘不知所失, 而離此四謗者何也?[2761]" 客悽然變容曰: "甚矣, 子之難悟也! 人有畏影惡迹而去之走者, 擧足愈數而迹愈多, 走愈疾而影不離身, 自以爲尙遲, 疾走不休, 絶力而死. 不知處陰以休影, 處靜以息迹, 愚亦甚矣! 子審仁義之閒, 察同異之際, 觀動靜之變, 適受與之度, 理好惡之情, 和喜怒之節, 而幾於不免矣.[2762] 謹脩而身, 愼守其眞, 還以物與人,[2763] 則无所累矣. 今不脩之身而求之人, 不亦外乎!"[2764]]

공자는 슬피 말하였다. "참이 무엇입니까?"

2760) 초연愀然은 얼굴색이 바뀌는 모양이다. 趙礎基, 474頁 , 주1 참조.

2761) 離는 이罹이니, 조遭(만나다, 당하다)이다. 郭慶藩, 1,031頁, 주1 참조.

2762) 성현영成玄英(608-669)疏에 의하면, "仁義의 사이에 머물러 門徒를 불러들이고, 다르고 같음의 구별을 살펴 적당한 기회를 엿보며, 動靜의 변화를 보며 요행을 바라며, 주고받음을 적절히 하여 功名이 드러나기를 바라며, 好惡의 감정을 조절하지만 시비에 집착하며, 喜怒의 감정을 화합하여 도에 통달하나, 자기 기준으로 남을 가르치려 하니 [이는] 천성을 거슬려 뜯어고침을 자랑스러워하는 것으로 [화를] 면하기 어려울 것이다[留停仁義之間以招門徒, 伺察同異之際以候機宜, 觀動靜之變, 睎其僥倖, 適受與之度, 望著功名, 理好惡之情, 而是非堅執, 和喜怒之節, 用爲達道, 以己誨人, 矜矯天性, 近於不免.]"라고 주석하고 있다. 郭慶藩, 1,031頁, 주1 참조.

2763) 與는 給이니, '還以物與人'은 물건을 남에게 줌이니, 남과 다투지 않음이다. 趙礎基, 上同, 주15 참조.

2764) 成玄英疏에는, '外'가 '疏外'로 풀이되고 있다. 郭慶藩, 1,031頁 주3 참조.

어부가 말했다. “참은 정성精誠의 극치요. 정성이 없으면 사람들(의 마음)을 움직일 수 없소. 따라서 억지로 우는 사람은 비록 슬픈 척해도 슬퍼 보이지 않고, 억지로 화내는 사람은 엄숙한 척해도 위엄이 없으며, 억지로 친한 척하는 사람은 웃어도 화합하는 마음이 없소. 참된 슬픔은 소리는 없으나 애달프고, 참된 노여움은 (겉으로) 나타내지 않아도 위엄이 있으며, 참된 친함은 웃지 않아도 화합하는 마음이 있소. 참됨은 마음속에 있으며 정신이 밖으로 움직이기에, 이렇기에 참됨이 귀중한 것이오. 그것이 윤리에 쓰이면 어버이를 섬길 경우 자효慈孝하며, 임금을 섬길 경우 충절하며, 술을 마실 경우 환락하며, 초상을 당함에 비애가 되오. 충절은 공功을 위주로 하며, 음주飮酒는 즐거움을 위주로 하며, 초상은 비애悲哀를 위주로 하며, 부모를 섬김은 (부모 마음에) 순합順合함을 위주로 함이네. 공이 이루어지면 아름다우면 되지 그것을 이루는 방법을 한 가지로 하지 말 것이며; 부모를 섬김에 (그 마음에) 순하게 합하면 되지 쓸 방법을 논하지 말 것이며; 술은 즐거이 마시면 될 뿐이지 도구는 택할 필요가 없으며; 초상에는 슬퍼하면 될 뿐이지 예절은 물을 필요가 없소. 예는 세속에서 만든 것이나 참됨은 하늘로부터 받은 것이니, 스스로 그러한 것이라 바뀔 수 없는 것이오. 따라서 성인은 하늘을 본받고 참됨을 귀하게 여기며 세속에 얽매이지 않소. 어리석은 자는 이와는 반대이네. 하늘을 본받지 않고 사람의 일들을 걱정하며, 참됨을 귀하게 여길 줄 모르고, 범용하여 변변치 못하니 세속의 영향을 받아 변하기에, 따라서 만족을 모르오. 자네가 일찍이 인위에 빠져 대도大道를 늦게 듣게 된 것은 참으로 애석하도다!”

[孔子愀然曰: “請問何謂眞?” 客曰: “眞者, 精誠之至也. 不精不誠, 不能動人.[2765] 故强哭者雖悲不哀, 强怒者雖嚴不威, 强親者雖笑不和. 眞悲无聲而哀, 眞怒未發而威, 眞親未笑而和. 眞在內者, 神動於外, 是所

以貴眞也. 其用於人理也,[2766] 事親則慈孝, 事君則忠貞, 飮酒則歡樂, 處喪則悲哀. 忠貞以功爲主, 飮酒以樂爲主, 處喪以哀爲主, 事親以適爲主.[2767] 功成之美,[2768] 无一其迹矣;[2769] 事親以適, 不論所以矣;[2770] 飮酒以樂, 不選其具矣;[2771] 處喪以哀, 无問其禮矣. 禮者, 世俗之所爲也; 眞者, 所以受於天也, 自然不可易也. 故聖人法天貴眞, 不拘於俗. 愚者反此. 不能法天, 而恤於人;[2772] 不知貴眞, 祿祿而受變於俗.[2773] 故不足.[2774] 惜哉, 子之蚤湛於人僞,[2775] 而晩聞大道也."]

공자는 다시 재배하고 일어나 말했다. "지금 제가 (선생님을) 만나 뵌 것은 하늘이 베푼 행운인 것 같습니다. 선생께서 수치스럽게 여기지 않으시고 제자로 삼아 몸소 가르쳐 주시니, (선생님이) 사시는 곳을 알려 주실 수 있는지요? 가르침을 받고 마침내 대도大道를 배우고 싶습니다."

2765) 成玄英疏에 따르면, '眞'은 거짓이 없는 것[不僞]이고; '精'이란 섞임이 없는 것[不雜]이며; '誠'이란 속임이 없는 것[不矯]이다. 郭慶藩, 1,032頁, 주1 참조.

2766) 人理는 倫理이다. 趙礎基, 475頁, 주1 참조.

2767) 적適은 順이니, 부모 뜻에 順合함이다. 趙礎基, 上同, 주2 참조.

2768) 之는 則이다. 趙礎基, 上同, 주3 참조.

2769) 无는 毋와 통하고; 적迹은 도途(길)이다. 趙礎基, 上同, 주4 참조.

2770) 以는 用이다. 趙礎基, 上同, 주5 참조.

2771) 選은 택擇(고르다)이고; 具는 器具이다. 趙礎基, 上同, 주6 참조.

2772) 휼恤은 憂이니, '恤於人'은 人事를 걱정함[憂]이다. 趙礎基, 上同, 주13 참조.

2773) 녹녹祿祿은 녹녹逯逯과 통하니, 凡庸(평범하고 변변치 못함)한 모양이고; '受變於俗'은 세속의 영향을 받아 변함이다. 趙礎基, 上同, 주14 참조.

2774) 성현영成玄英(608-669)疏에 의하면 '恤'은 '걱정함[憂]'을 의미하며, '祿祿'은 귀하게 여기는 모습이다. 郭慶藩, 1,033頁 주7 참조.

2775) 조蚤는 早와 통하고; 담湛은 탐耽과 통하니 침익沉溺이고; 人僞는 인위적인 일들이고; 晩은 지遲(늦다)이다. 趙礎基, 上同, 주15 참조.

어부가 대답했다. "내가 듣기에 (대도의 경지에) 함께 갈 수 있는 사람이라면 함께 묘한 도리에 이를 수 있지만; 함께 갈 수 없는 사람이라면 도를 알려줄 수 없네. 삼가 그것을 줄 수 없다면 자신도 허물이 없는 것이네. 자네는 노력해 보시오! 나는 이제 자네를 떠날 것이오!"

그리고는 배를 밀고서 갈대 사이를 따라서 천천히 떠나갔다.

[孔子又再拜而起, 曰: "今者丘得遇也, 若天幸然.2776) 先生不羞而比之服役,2777) 而身教之, 敢問舍所在, 請因受業而卒學大道." 客曰: "吾聞之, 可與往者, 與之至於妙道; 不可與往者, 不知其道, 愼勿與之, 身乃无咎. 子勉之, 吾去子矣, 吾去子矣!" 乃刺船而去, 延緣葦間.2778)]

안연顔淵이 수레를 돌려다 놓고 자로가 수레에 오르기를 기다렸으나, 공자는 돌아보지 않았으며, 이윽고 물결이 고요해지고 노 젓는 소리가 들리지 않게 된 뒤에 (수레에) 올라탔다. 자로가 수레 곁으로 가서 물었다. "저는 제자가 된 지 오래되었으나 선생님께서 남을 만날 때 이번만큼 엄숙히 존경하는 것을 본 적이 없습니다. 만승萬乘의 수레를 가진 천자건, 천승千乘의 수레를 가진 제후건 선생님들 만날 때는 뜰 안에 자리 마련하고 대등하게 예로서 맞았습니다. 오히려 선생님께서 거만한 듯이 보였습니다. 이번에는 어부는 노를 짚고 서서 맞이했는데 선생님께서 허리를 굽히고 경쇠처럼 몸을 수그린 채 (먼저) 말씀하시고 절하였으며, (그가 나중에) 응답했으니, 너무 심하지 않습니까! 저희 제자들은 모두 선생님을 이상하게 생각하고 있습니다. 저 어부가 어찌하여 이런 (대접을) 받을 수 있습니까?"

2776) 天幸은 하늘이 준 행운이다. 『莊子譯注』, 317頁, 주1 참조.

2777) 比는 置이니, 주做(하다)이고; 役은 제자이다. 『莊子譯注』, 上同, 주2 참조.

2778) 延은 慢行(느리게 감)이고; 緣은 順이다. 趙礎基, 476頁, 주7 참조.

공자는 수레 앞쪽의 가로막대에 엎드려 탄식하며 말했다. “심하도다! 유由야, 너는 교화하기 참으로 힘들구나! 예의에 탐익耽溺한지 오랜 시간이 지났는데도 아직도 천한 마음이 가시질 않았구나. 가까이 오너라. 내 너에게 일러 주리라! 무릇 윗사람을 만나 공경하지 않는 것은 예의를 잃은 것이요; 현인을 만나 존경하지 않으면 어질지 않은 것이다. 그가 지극한 덕을 갖춘 사람[至人]이 아니라면 (남들에게 자신을) 낮출 수 없다. 남에게 자신을 낮추는데 정성이 없으면 자기의 참됨을 얻을 수 없으니, 따라서 오랫동안 몸을 다치게 된다. 애석하도다! 어질지 않은 것만큼 사람에게 큰 화는 없는데도, 너, 유由는 맘대로 하려 하는구나. 또한, 도道는 만물들이 말미암는 바이다. 모든 것은 그것을 잃으면 죽고 그것을 얻으면 살며, 그것에 거스르려 하면 실패하고 그것에 따를 때 성공한다. 그러므로 도가 있는 곳을 성인은 존중한다. 지금 저 어부는 도가 있는 사람이라 할 수 있으니, 내가 어찌 존경하지 않을 수 있겠는가!”

[顔淵還車, 子路授綏,2779) 孔子不顧, 待水波定, 不聞拏音而後敢乘. 子路旁車而問曰: “由得爲役久矣,2780) 未嘗見夫子遇人如此其威也.2781) 萬乘之主, 千乘之君, 見夫子未嘗不分庭伉禮,2782) 夫子猶有倨傲之容. 今漁父杖拏逆立,2783) 而夫子曲要磬折,2784) 言拜而應, 得无太甚乎? 門人

2779) 수수授綏는 수레 탈 때 잡아당기는 줄을 공자에게 줌이다. 趙礎基, 上同, 주1 참조.

2780) 爲役은 제자가 됨이다. 趙礎基, 上同, 주4 참조.

2781) 遇는 접대이고; 威는 엄숙히 존경함이다. 趙礎基, 上同, 주5 참조.

2782) 成玄英(608-669)疏에 따르면, ‘항伉’은 ‘대등함[對]’을 의미하며, 뜰에서 자리를 잡고 서로 동등한 입장에서 마주 보며 대했음[位望相似, 無階降也]을 가리킨다. 郭慶藩, 1034頁, 주1 참조.

2783) 역逆은 영迎이다. 趙礎基, 477頁, 주7 참조.

2784) 要는 요腰(허리)와 통하고; 경磬은 구부러진 樂器이니, 경절磬折은 허리 굽혀 절함

皆怪夫子矣, 漁人何以得此乎?" 孔子伏軾而歎曰: "甚矣, 由之難化也! 湛於禮義有閒矣,[2785] 而樸鄙之心至今未去. 進, 吾語汝: 夫遇長不敬, 失禮也; 見賢不尊, 不仁也. 彼非至人, 不能下人. 下人不精,[2786] 不得其眞, 故長傷身. 惜哉! 不仁之於人也, 禍莫大焉, 而由獨擅之. 且道者, 萬物之所由也. 庶物失之者死, 得之者生. 爲事逆之則敗, 順之則成. 故道之所在, 聖人尊之. 今漁父之於道, 可謂有矣, 吾敢不敬乎!"]

이 경磬과 같은 모양이다. 趙礎基, 上同, 주8 참조.

2785) 담湛은 침沉과 통하니, 침익沉溺(물에 잠기고 빠짐)이고; 有閒은 상당한 시간의 흐름이다. 『莊子譯注』, 318頁, 주14 참조.

2786) '下人不精' 은 남에게 겸손을 표시하나 정성이 없음이다. 趙礎基, 上同, 주13 참조.

32. 열어구(列禦寇)

본 편은 허무虛無 영정寧靜하고, 살아서 무위無爲하고, 죽으면 장사 지내지 않고 자연에 맡길 때 대도大道를 깨달을 수 있다고 말한다. 만약 자신을 표현하고, 공功으로 자만하며, 이익을 얻고 자기 몸을 잊어버린다면 반드시 자신에게 화가 따른다고 본다. 벼슬을 사는 것은 바로 희생물이 되는 것과 한가지임을 말하는 것이다.

▶ 32-1:

열어구列禦寇[열자列子]가 제齊나라로 가다가 도중에 되돌아오면서 백혼무인伯昏瞀人을 만났다. 백혼무인이 말했다. "무슨 일로 되돌아오는 게냐?"

(열자가) 말했다. "제가 놀랄 만한 일이 있었습니다."

백혼무인이 물었다. "무엇에 놀랐는가?"

(열자가) 말했다. "미음 파는 열 집에서 제가 식사를 했는데, 다섯 집에서 (돈도 주기 전에) 먼저 음식을 내왔습니다."

백혼무인이 말했다. "그렇다고 네가 왜 놀라는가?"

(열자가) 말했다. "속마음이 풀리지 않았는데 겉으로 흘러나와 위광을 보이며, 밖으로 인심을 누르고, 그들이 (저를) 귀하게 보았고 노인보

다 높게 본 것이니 (결국) 걱정을 불러왔습니다. 미음 파는 사람은 다만 먹거리와 국물을 파는 것이니, 나머지 이익도 이가 박하고 권세도 가벼운데도 오히려 그들이 이렇게 (저를) 대해 주었다면, 하물며 만승萬乘의 임금이야 어떻겠습니까! 제가 나랏일에 힘쓰고 (정치) 일에 지식을 다하면, 그(임금)는 저에게 일을 맡기고 공적을 바랄 것이니, 저는 이것으로 놀랐습니다."

백혼무인이 말했다. "잘 보았구나! 너는 가만히 있으면 사람들이 장차 너에게 달라붙을 것이다."

[列禦寇之齊, 中道而反. 遇伯昏瞀人.[2787] 伯昏瞀人曰: "奚方而反?"[2788] 曰: "吾驚焉." 曰: "惡乎驚?" 曰: "吾嘗食於十漿,[2789] 而五漿先饋." 伯昏瞀人曰: "若是, 則汝何爲驚已?"[2790] 曰: "夫內誠不解,[2791] 形諜成光,[2792] 以外鎭人心, 使人輕乎貴老,[2793] 而韲其所患.[2794] 夫漿人特爲食羹之貨,[2795] 多餘之贏,[2796] 其爲利也薄, 其爲權也輕, 而猶若是, 而

2787) 백혼무인伯昏瞀人은 楚나라 隱士이다. 「田子方」에서, 무瞀를 无로 쓰고 있다. 趙礎基, 478頁, 주3 참조.

2788) '方' 의 해석에는 여러 가지가 있다. 첫째, '方' 을 '道' 로 보는 입장. 전체 문장의 해석은 '어째서 도중에 돌아왔는가?' 가 된다. 둘째, '方' 을 '事' , '故' 로 보는 입장. 전체 문장의 해석은 '무슨 일로 돌아왔는가?' 혹은 '무슨 이유로 돌아왔는가? 셋째, '方' 을 '妨' 으로 보는 입장. 전체 문장의 해석은 '무엇이 [가는 것을] 방해해서 돌아왔는가?' 가 된다. 여기서는 두 번째 입장을 따랐다. 陳鼓應, 882頁, 주2 참조.

2789) 곽상郭象(252-312)注에 의하면, 장漿(미음)은 미음을 파는 집이다. 사마표司馬彪(?-306)에 의하면, 漿은 장饗으로도 쓴다. 王叔岷, 1253頁, 주3 참조.

2790) 페이쉐하이裴學海에 의하면, 이已는 호乎와 같다. 王叔岷, 上同, 주5 참조.

2791) 誠은 情의 가차이다. 陳鼓應, 上同, 주5 참조.

2792) 첩諜은 설渫과 같으니, 설泄(새다)이니, 형첩形諜은 겉으로 흘러나옴이다. 즉 자신을 顯示함이다. 趙礎基, 上同, 주7 참조.

2793) 貴老는 列子를 중히 보고, 老人보다 과하게 여김이다. 王叔岷, 1254頁, 주7 참조.

2794) 제韲는 재賫(가져오다)의 가차이니, 遺, 致이다. 趙礎基, 上同, 주10 참조.

況於萬乘之主乎! 身勞於國而知盡於事, 彼將任我以事而效我以功, 吾是以驚." 伯昏瞀人曰: "善哉觀乎! 女處已, 人將保女矣!"2797)]

얼마 지나지 않아 (백혼무인이 열자의 집에) 가보니, 집 밖에 신들이 가득했다. 백혼무인은 북쪽을 향해 서서 지팡이를 세워 턱에 괸 채, 한참을 서 있다가는 아무 말도 하지 않고 나가 버렸다. 접대를 맡은 자가 이 사실을 열자에게 알리자, 열자는 신을 손에 든 채 맨발로 달려나가 문에 이르러 말했다. "선생님께서 이왕 오셨는데, 뭔가 약이 될 만한 가르침을 주시지 않겠습니까?"

백혼무인이 말했다. "됐네. 나는 '사람들이 네게 달라붙게 될 것이다.' 라고 이미 말했는데, 과연 그대로 되었구나. (이는) 네가 사람들을 네게 달라붙게 할 수 있었던 것이 아니라, 오히려 네가 (능력이 부족해서) 사람들을 네게 달라붙지 않게 할 수 없었던 것이니, 어찌 유쾌함으로 (다른 사람들과) 다름을 나타냈다고 할 수 있겠는가! 반드시 장차 또한 너의 본성을 쓴다 해도 소용없을 것이네. 너와 어울리는 자 중에 이런 사실을 네게 일러주는 사람은 아무도 없을 것이네. 그들이 내뱉는 자질구레한 말들은 모두 사람에게 독이 되는 것이지. 깨닫지도 못한 자들이라면 (어찌 명찰할 수 있어) 서로를 익숙히 (알겠는가)? 일을 이루는 자는 수고롭고, 많이 아는 자는 걱정도 많으나; 무능한 자는 추구하는 것이 없어 그저 배불리 먹고 마음껏 노닌다네. 바람 부는 대로 떠다니며 마치 매여 있지 않은 배처럼 텅 빈 채 마음껏 노니는 것이지!"

2795) 特은 다만 이고; 貨는 買賣이다. 趙礎基, 上同, 주11 참조.

2796) 영贏(이가 남다)은 돈 벌음이다. 趙礎基, 479頁, 주12 참조.

2797) 女는 여汝(너)이고; 處는 安居이고; 已는 矣이고; 保는 附이니, 依附이다. 趙礎基, 上同, 주16 참조.

[无幾何而往, 則戶外之屨滿矣. 伯昏瞀人北面而立, 敦杖蹙之乎頤, 立有閒, 不言而出. 賓者以告列子, 列子提屨, 跣而走, 暨乎門, 曰: "先生旣來, 曾不發藥乎?" 曰: "已矣, 吾固告汝曰: '人將保汝,' 果保汝矣. 非汝能使人保汝, 而汝不能使人无保汝也, 而焉用之感豫出異也![2798] 必且有感, 搖而本才, 又无謂也.[2799] 與汝遊者,[2800] 又莫汝告也. 彼所小言, 盡人毒也. 莫覺莫悟, 何相孰也![2801] 巧者勞而知者憂, 无能者无所求, 飽食而敖遊, 汎若不繫之舟,[2802] 虛而敖遊者也."]

▶ 32-2:

정鄭나라 사람 완緩은 구씨裘氏땅에서 책을 읽었다. 꼭 삼년이 되어 유자儒者가 되었다. 그리고 강물이 (연안의) 9리里를 윤택하게 적시듯 그의 은택도 (부父, 모母, 처妻의) 삼족三族에까지 미쳤으며, 그의 동생을 묵자墨者로 만들었다. 유자(인 형)과 묵자(인 동생)이 서로 논쟁을 벌이자, 그 아버지는 (동생) 적翟을 도왔다. 십년이 되자 완은 자살하였다. 그 아버지가 꿈에 완을 보았는데, (완이) 말했다. "그대의 아들을 묵자로 만든 것은 저요. 그런데 어째서 제 무덤은 돌보지 않으세요? 가래나무와 잣나무는 이미 (세월이 지나) 열매가 열렸는데."

조물자가 사람에게 주는 것은 그 사람에게 (무엇을) 주는 것이 아니

2798) 用은 因이고; 예豫는 유愉(기쁨)이니, 감예感豫는 유쾌함을 느낌이고; 出異는 대중들과 다름을 나타냄이다. 趙礎基, 上同, 주25 참조.

2799) 且는 將이고; 有는 우又이고; 요搖는 動이고; 而는 你(너)이며; 无謂는 沒用(쓸데없음)이다. 趙礎基, 上同, 주26 참조.

2800) '與汝遊者'는 '너에게 의탁한 사람들'이다. 趙礎基, 上同, 주27 참조.

2801) 숙孰은 숙熟과 통한다. 趙礎基, 上同, 주31 참조.

2802) 汎은 표부飄浮(바람 부는 대로 떠다님)하여 일정하지 않은 모양이다. 趙礎基, 480頁, 주33 참조.

고, 그 사람의 천성을 주는 것이니, 그(동생)의 (천성은) 그렇게 (묵자로 된) 것이다. 그런데 그 사람[완]은 자기가 남과 다른 (특출한) 점이 있다고 하여, (꿈에 나타나) 자기 부친까지 천시한 것은, 제齊나라의 어떤 사람들이 (자연스러운 우물물을 두고 남에게 안 주겠다고) 다른 사람들과 서로 치고받으며 싸우는 꼴과 같다. 그러므로 오늘날의 세상 사람들은 모두 완緩과 같다고 말할 수 있겠다. 자기만을 옳다고 여기면 덕을 갖춘 사람은 지혜롭다 여기지 않는다. 하물며 도를 갖춘 사람은 어찌 보겠는가! 옛날에는 이런 것을 하늘로부터 도망치는 형벌이라 불렀다. 성인은 편히 깃들 곳에서 편히 깃들고, 편히 깃들지 못할 곳에서는 편히 깃들지 않는다. 보통 사람들은 편히 깃들지 못할 곳에서 편히 깃들려고 하며, 편히 깃들어야 할 곳에서는 편히 깃들지 못한다.

[鄭人緩也, 呻吟於裘氏之地.2803) 祇三年而緩爲儒.2804) 河潤九里, 澤及三族,2805) 使其弟墨. 儒墨相與辯, 其父助翟. 十年而緩自殺. 其父夢之曰: "使而子爲墨者予也. 闔嘗視其良,2806) 旣爲秋柏之實矣!"2807) 夫造物者之報人也,2808) 不報其人, 而報其人之天. 彼故使彼. 夫人以己爲有以異於人, 以賤其親, 齊人之井飮者相捽也.2809) 故曰: 今之世皆緩也.

2803) 신음呻吟은 음송吟誦이니 讀書이다. 구씨裘氏는 地名이다. 趙礎基, 480頁, 주2 참조.

2804) 지祇는 다만이나, 곡이고; 爲儒는 儒者가 됨이다. 趙礎基, 上同, 주3 참조.

2805) 성현영成玄英(608-669)疏에 의하면, 三族은 父, 母, 妻族이다. 王叔岷, 1260頁, 주3 참조.

2806) 합闔은 何不이고, 상嘗은 試이고; 其는 완緩(느슨함)을 말하고; 良은 양壤과 통하나, 분묘墳墓이다. 『莊子譯注』, 321頁, 주10 참조.

2807) 秋는 추楸(가래나무)의 가차이고; 柏은 잣나무이니, 楸柏은 좋은 목재이다. 『莊子譯注』, 上同, 주11 참조.

2808) 報는 報答이니 給與이다. 『莊子譯注』, 上同, 주12 참조.

2809) 井飮者는 우물물을 먹고 마시는 사람이다. 상졸相捽은 서로 머리털을 잡고서 치고 때리는 싸움이다. 趙礎基, 481頁, 주17 참조.

自是有德者以不知也, 而況有道者乎! 古者謂之遁天之刑. 聖人安其所安, 不安其所不安; 衆人安其所不安. 不安其所安.]

▶ 32-3:

장자가 말했다. "도를 알기는 쉬우나 말하지 않기가 어렵다. (도를) 알면서도 말하지 않는 것은 자연의 경지에 도달한 것이고, 알면서 말하는 것은 인위人爲의 길을 걷는 것이다. 옛날의 사람들은 자연스러웠고 인위人爲는 하지 않았다."

[莊子曰: "知道易, 勿言難. 知而不言, 所以之天也;2810) 知而言之, 所以之人也;2811) 古之至人, 天而不人."]

▶ 32-4:

주평만朱泙漫은 용 죽이는 기술을 지리익支離益에게서2812) 배우면서 천금千金이나 되는 가산을 탕진하여, 삼년 만에 그 재주가 완성되었지만 그 기교를 쓸 데가 없었다. 성인은 비록 꼭 그래야만 하는 일이라도 반드시 그래야만 한다고 여기지 않으니, (마음속에서 희비의) 다툼이 없으나; 보통 사람들은 꼭 그럴 필요가 없는 일도 반드시 그리해야 한다고 믿기에, (마음에서) 다툼이 많다. 다툼을 따르면 따라서 하는 행동에는 만족함이 없이 욕구하게 된다. 전쟁, 그것에 의지하면 망한다. 필부의 지혜는, (선물을 싸는) 꾸러미나 편지 따위의 (하잘것없는) 일을 벗어나지 못하며, 정신을 천박한 일에 소모하면서도 만물들을 전면적으로

2810) 之는 至(이르다)이니, 之天은 자연의 경지에 이름이다. 趙礎基, 上同, 주1 참조.

2811) 之人은 '人爲의 길을 걸음' 이다. 趙礎基, 上同, 주2 참조.

2812) 郭慶藩(1844-1896) 『莊子集釋』에서 유월俞樾(1821-1907)을 인용하여, 支離는 復姓이고 … 朱泙 또한 復姓이다』라고 말한다. 王叔岷, 1,264頁 주4 참조.

이끌려 하며, 몸 안의 청허한 경지에 도달하려고 한다. (그러나) 이렇게 (필부의 지혜로 청허한 천도天道에) 도달하고자 하면 우주에서 미혹하게 되니, 몸은 피로하게 되어 도道의 근본을 모르게 된다. 지인至人은 정신을 (만물이 아직 생겨나지 않았던 때인) 무시无始로 돌려보내고, 아무것도 없는 (허무虛無의) 경지에서 달게 잠이 든다. 물의 흐름에 형적 없이 (지세地勢에 따라서만) 흐르고, 태허太虛의 (즉, 자연의) 도道에서만 드러난다.

(열자에게 백혼무인 말한다.) "슬프도다! 자네는 지식을 자잘한 일들에만 쓰니 아주 고요한 (도道의) 경지를 알지 못하겠구나!"

[朱泙漫學屠龍於支離益, 單千金之家,[2813] 三年技成, 而无所用其巧. 聖人以必不必,[2814] 故无兵; 衆人以不必必之, 故多兵. 順於兵, 故行有求.[2815] 兵, 恃之則亡.[2816] 小夫之知,[2817] 不離苞苴竿牘,[2818] 敝精神乎蹇淺,[2819] 而欲兼濟道物,[2820] 太一形虛.[2821] 若是者, 迷惑于宇宙,

---

2813) 單은 탄殫의 가차이니, 盡이고; 家는 家産이다. 趙礎基, 482頁, 주5 참조.

2814) 초굉焦竑(1540–1620)을 인용하여, 첸무錢穆(1895–1990)는 『莊子纂箋』에서, '兵은 과모戈矛를 말하는 것이 아니고, 喜怒가 가슴속에서 싸움' 이라고 말한다. 以는 雖와 같다. 王叔岷, 1265頁, 주6 참조.

2815) 求는 탐貪(찾음에 만족이 없음)이다. 趙礎基, 上同, 주10 참조.

2816) 시恃는 고靠(기대다)이다. 趙礎基, 上同, 주11 참조.

2817) 小夫는 匹夫이고; 知는 智와 통한다. 趙礎基, 上同, 주12 참조.

2818) 과裹는 포苞(보따리)이고, 자藉(깔개, 방석)는 저苴이고; 간竿은 간簡과 통하니; 포저苞苴나 간독竿牘은, 魚肉 등을 남에게 보낼 때 싸는 보따리나 안부를 묻는 죽간이나 편지 등 사소한 일을 말한다. 趙礎基, 上同, 주13 참조.

2819) 폐敝는 피로疲勞이고; 건蹇(절다)의 본뜻은 파跛(절뚝거림)이지만, 건천蹇淺은 천루淺陋(좁은 식견)이다. 趙礎基, 上同, 주14 참조.

2820) 제濟는 成就이고; 道는 導이다. '兼濟道物' 은 만물을 전면적로 이끌어감이다. 趙礎基, 上同, 주15 참조.

2821) 太一은 동사로, 만물과 동일한 경지에 도달함이고; 形虛는 몸 안의 청허함이다. 趙礎基, 上同, 주16 참조.

形累不知太初.[2822] 彼至人者, 歸精神乎无始,[2823] 而甘冥乎无何有之鄕.[2824] 水流乎无形, 發泄乎太淸.[2825] "悲哉乎! 汝爲知在毫毛, 而不知大寧!"[2826]]

▶ 32-5:

송宋나라 사람 중에 조상曹商이라는[2827] 사람이 있었는데, 송宋왕을 위해 진秦나라로 사신이 되어 갔다. 그가 갈 때는 수레 몇 대뿐이었으나, (진나라) 왕이 그를 좋아하게 되자 수레가 백 대나 덧붙여 주어졌다. 그가 송나라로 돌아와서 장자莊子를 보고서 말했다. "가난한 집과 비좁은 뒷골목에 살며, 가난해서 짚신 삼아 살고, 목덜미는 비쩍 말라 쪼글쪼글하며 누런 낯빛을 하는 것을, 나는 잘 못하오. (하지만) 한 번에 만승萬乘의 천자를 깨우쳐 주고 백 대의 수레가 따르게 하는 일에는 나는 능하오."

장자가 대답했다. "진秦왕은 병이 나서 의사를 부르면, 종기를 터뜨려 고름을 빼준 자는 수레 한 대를 얻고, 치질을 핥아서 고쳐주는 자

2822) 太初는 道本이다. 王叔岷, 1267頁, 주13 참조.

2823) 歸는 復이고; 无始는 만물이 아직 싹트지 않았던 時代이다. 趙礎基, 上同, 주18 참조.

2824) 冥은 명瞑과 통하니, 면眠(잠자다)이다. 감명甘冥은 첨수甜睡(달게 잠)이다. '无何有之鄕'은 虛無의 경지이다. 趙礎基, 上同, 주17 참조.

2825) 无形은 고정된 형적이 없음이니, 地勢에 따라 흐름이고; 발설發泄은 유로流露이고; 乎는 於이고; 太淸은 太虛의 道, 즉 自然의 道이다. 趙礎基, 上同, 주20 참조.

2826) 汝는 列子를 가리키고; 爲知는 用心이고; 在毫毛는 미세한 작은 일이고; 大寧은 매우 고요한 경지이다. 趙礎基, 上同, 주21 참조.

2827) 성현영成玄英(608-669)疏에 의하면, 조상曹商은, 姓이 曹이고 이름은 商이다. 송나라 偃王을 위해 秦나라 사신이 되었으나, 응대가 적절하여, 秦왕이 그를 사랑하여 마침내 그에게 수레 百乘을 주었다. 郭慶藩, 1,049頁 주1 참조.

는 수레 다섯 대를 얻는다더군. 치료하는 데가 (더러운) 아래로 내려가면 갈수록 주어지는 수레도 많은 거지. 그대도 설마 그 치질을 고친 것은 아니겠지? 어쩜 그리도 수레를 많이 얻었는가? (그렇다면 더러우니) 당장 꺼져버리게!"

[宋人有曹商者, 爲宋王使秦. 其往也, 得車數乘; 王說之, 益車百乘. 反於宋, 見莊子, 曰: "夫處窮閭阨巷,2828) 困窘織屨, 槁項黃馘者,2829) 商之所短也; 一悟萬乘之主, 而從車百乘者, 商之所長也." 莊子曰: "秦王有病召醫, 破癰潰痤者得車一乘, 舐痔者得車五乘. 所治愈下, 得車愈多. 子豈治其痔邪? 何得車之多也? 子行矣!"]

▶ 32-6:

노魯나라 애공哀公이 안합顔闔에게 물었다. "내가 중니仲尼(공자)를 나라의 동량棟梁으로 삼는다면, 나라가 좀 나아질까?"

안합이 말했다. "위태로울 것입니다. 중니는 화려한 꾸밈을 추구하고, 화려한 말과 교어巧語에 종사하며, (근본을 버리고) 말단을 중시하고, 본성의 억압을 백성들에게 보이고, 지식이 없으면 믿지 않습니다. (대도大道에 의해) 마음을 견제하고 정신을 이끌지 않는다면, 어떻게 백성들 위에 설 수 있겠습니까! 그런 (공자의 방식이) 임금님과 저를 양생養生하는데 적합합니까, 잘못입니다! 지금 백성들을 진실에서 멀어지게 하고 거짓을 배우게 하는 것은 백성들을 가르치는 것이 아닙니다. 후세를 생각해서라도 중니의 (중용重用을) 끝냄만 못합니다. (그렇지 않다면) 다스

2828) 액阨은 애隘(좁다)와 통하니, 액항阨巷은 좁은 小巷(작은 골목)이다. 趙礎基, 483頁, 주3 참조.

2829) 고항槁項은 경항頸項(목덜미)이 간별干癟(바싹 말라 쪼글쪼글함)이고; 황괵黃馘은 누런 낯빛이고; 短은 不善이다. 趙礎基, 上同, 주5 참조.

리기 어려울 것입니다."

[魯哀公問乎顔闔曰: "吾以仲尼爲貞幹,[2830] 國其有瘳乎?" 曰: "殆哉圾乎仲尼![2831] 方且飾羽而畫,[2832] 從事華辭,[2833] 以支爲旨,[2834] 忍性以視民, 而不知不信,[2835] 受乎心,[2836] 宰乎神, 夫何足以上民! 彼宜女與予頤與,[2837] 誤而可矣. 今使民離實學僞,[2838] 非所以視民也,[2839] 爲後世慮, 不若休之.[2840] 難治也."]

남에게 은혜를 베풀고는 그것을 잊지 않는다면 그것은 자연[天]의 베풂이 아니다. (이득을 보려는) 장사꾼들이라도 (은혜를 베풀고는 그것을 잊지 못하는) 그런 일들에는 끼이고 싶어 하지 않는다. (장사꾼들의) 일이 (겉으로 보면) 그들과 흡사해 보이나, 사상으로는 그들과는 전연 다르다. 몸

2830) 貞은 정楨(광나무)와 통하니, 楨과 장墻(담)은 두 머리에 꼽는 막대이고, 간幹은 양옆에 꽂는 막대이다. 여기서는 차용하여 나라의 重臣이다. 國家棟梁과 비슷한 말이다. 趙礎基, 484頁, 주1 참조.

2831) 곽상郭象(252-312)注에 의하면, 급圾은 危(위태)이다. 王叔岷, 1271頁, 주2 참조.

2832) 羽毛는 본래 文彩가 있는데, 여기에 그림을 그려 장식을 꾸미는 것이니, 仲尼가 花樣, 즉 巧僞를 추구함이다. 趙礎基, 上同, 주4 참조.

2833) 華辭는 華言과 巧語이다. 趙礎基, 上同, 주5 참조.

2834) 支는 지말枝末이고; 旨는 종지宗旨이다. 趙礎基, 上同, 주6 참조.

2835) 性은 本性을 가리키고; 視는 示(보이다)이고; 知는 智와 통한다. 趙礎基, 上同, 주7 참조.

2836) 受는 受制이다. 大道에 의해 자기 心과 神을 주재하지 않음이다. 趙礎基, 上同, 주8 참조.

2837) 彼는 仲尼의 행동방식이고; 의宜는 適合이고; 이頤는 養이고; 與는 歟와 통하며; 可는 可以이다. 趙礎基, 上同, 주10 참조.

2838) 實은 眞이다. 趙礎基, 上同, 주11 참조.

2839) 非는 不是(이것이 아님)이고; 視民은 민중을 교육함이다. 『莊子譯注』, 324頁, 주15 참조.

2840) 休는 止이다. 趙礎基, 上同, 주13 참조.

을 위한 형구[外刑]는 (칼, 톱, 도끼 등의) 쇠붙이와 (회초리, 차꼬, 수갑 등의) 나무이다. 마음을 위한 형구[內刑]는 망동妄動과 (분수에 넘치는) 과분過分함이다. 소인은, 외형의 형벌에 걸리면 쇠와 나무로 신문訊問당하지만, 마음의 형벌에 걸리면 음양(의 부조화)가 (그의 몸과 마음을 점차) 해친다. 밖과 안의 형벌 모두를 모면할 수 있는 것은 오직 진인眞人만이 할 수 있다.

[施於人而不忘, 非天布也. 商賈不齒.[2841] 雖以事齒之, 神者不齒.[2842] 爲外刑者,[2843] 金與木也; 爲內刑者, 動與過也. 宵人之離外刑者,[2844] 金木訊之;[2845] 離內刑者, 陰陽食之.[2846] 夫免乎外內之刑者, 唯眞人能之.]

▶ 32-7:

공자가 말했다. "사람의 마음은 산천보다도 험하고, 하늘을 아는 것보다도 (알기) 어렵다. 하늘에는 춘하추동이나 아침저녁이라는 정해진 시간이 있지만, 사람들은 잘 가리고 감정을 깊이 감추니 (파악하기에 정말 힘이 들어,) 용모는 정중해 보여도 (속마음은) 교만한 자도 있고, 우량한 품덕品德을 가졌으나 재지才智가 없는 것처럼 보이는 자도 있으며,

---

2841) 치齒는 列이니, 不齒는 그것과 서로 언급하여 따지기를 원치 않음이다. 趙礎基, 485頁, 주16 참조.

2842) 神은 思想이다. 趙礎基, 上同, 주17 참조.

2843) 몸 밖[體外]에 주는 형벌의 도구에는 칼, 톱, 도끼 등 금속 刑具와 몽둥이로 치거나 차꼬[桎]와 곡梏(수갑) 같은 목재 刑具가 있다. 趙礎基, 上同, 주18 참조.

2844) 소宵는 小와 통하고; 離는 이罹(걸리다)와 통한다.

2845) 신訊은 고문拷問이다. 趙礎基, 上同, 주21 참조.

2846) 食은 식蝕과 통하니, 부식腐蝕이니, 몸과 마음을 조금씩 傷害한다. 趙礎基, 上同, 주22 참조.

(겉으로는) 보수를 고집하는 것 같으나 (내심은) 통달한 사람도 있고, (겉으로는) 굳세 보이지만 (속은) 연약한 사람도 있으며, (겉으로는) 화순和順해 보이나 (속은) 사나운 사람도 있다. 따라서 의로움[義]에 나아가는 것이 목마른 사람과 같이 (급)하고, 의로움에서 도망치는 것 역시 뜨거워서 (급히 물러남) 같은 것이다. 그러므로 군자를 먼 데 일을 보내서는 그의 충성심을 관찰하고, 가까운 곳에 일을 보내서는 그의 공경하는 마음을 관찰하며, 번거로운 일을 시켜서는 그의 능력을 관찰하고, 갑자기 물어서 그의 지혜를 관찰하며, 급히 약속하여 그의 신의信義를 관찰하고, 그에게 재물을 맡겨서는 그가 탐욕이 없음을 관찰하며, 그에게 위급한 상황을 알려주고는 그의 절개를 관찰하고, 술로 취하게 만들어서는 그의 본분을 관찰하며, (남녀를) 함께 있게 해서는 그의 호색好色(여부)를 관찰한다. 이 아홉 가지의 징후가 얻어지면 어리석은 자를 파악할 수 있을 것이다."

[孔子曰: "凡人心險於山川,[2847] 難於知天. 天猶有春秋冬夏旦暮之期,[2848] 人者厚貌深情.[2849] 故有貌愿而益,[2850] 有長若不肖,[2851] 有慎懁而達,[2852] 有堅而縵,[2853] 有緩而釬.[2854] 故其就義若渴者, 其去義若

2847) 險은 陰險이다. 趙礎基, 上同, 주1 참조.

2848) 期는 定時이다. 趙礎基, 上同 주3 참조.

2849) 厚貌는 겉이 얕게 드러나지 않으니 잘 감출 수 있고; 深情은 감정을 깊게 감추었으니 측탁測度(헤아림)하기 어려움을 말한다. 趙礎基, 上同, 주4 참조.

2850) 원愿은 근謹(정중함)이고; 益은 마땅히 일溢이니 교일驕溢이다. 王叔岷, 1276頁, 주3 참조.

2851) 長은 善이니, 우량한 品德이고; 不肖는 才智가 없음이다. 『莊子譯注』, 325頁, 주6 참조.

2852) 原本에는 順이나, 『莊子闕誤』(陳景元撰)에서 江南古藏本에 의거해 '신愼'으로 개정했다. 환懁은 견狷과 통하니 견개狷介(고결함)하여 自守함이다. 신환愼懁은 保守를 고집함이다. 趙礎基, 486頁, 주7 참조.

熱. 故君子遠使之而觀其忠, 近使之而觀其敬, 煩使之而觀其能, 卒然問焉而觀其知,[2855] 急與之期而觀其信, 委之以財而觀其仁,[2856] 告之以危而觀其節, 醉之以酒而觀其則,[2857] 雜之以處而觀其色.[2858] 九徵至, 不肖人得矣."[2859]]

▶ 32-8:

(공자의 7대조代祖인) 정고보正考父는 사士로 임명되자 등을 구부리고, 대부大夫로 임명되자 허리를 굽히며, 경卿에 임명되자 땅에 엎드려서 담 밑을 따라 걸었으니, 누가 감히 (이렇듯 겸손함을) 본받지 않을 수 있었겠는가! 그런데 너희들 (공자) 같은 이들은 사士에 임명되면 (거만하게 허리를) 빳빳하게 세우고, 대부大夫에 임명되면 수레 위에서 춤을 추며, 경卿에 임명되면 백부나 숙부의 함자도 (버릇없이 마구) 불러대니, 어찌 요堯나 허유許由(의 겸손함)에 합치할 수 있겠는가! 덕을 행함에 사심私心이 있고 마음에 눈썹 털이 있어 (앞을 가리는 것)보다 해로운 것은 없으니, 마음이 가려지면 주관적으로 되고, 주관적으로 되면 (일이) 실패한다. 흉함을 얻는데 다섯 가지[耳, 眼, 鼻, 舌, 心]가 있으니, 중덕中德[心]이 첫째이다. 무엇을 '중덕'이라 하는가? 중덕[마음]은 자기를 옳다고 하고 자기가 하지 않는 일은 비난하는 것이다. 실의失意에 여덟 가지 종

2853) 만縵은 軟弱이다. 趙礎基, 上同, 주8 참조.

2854) 완緩은 和順이고; 한釬은 한悍(사나움)과 통하니, 凶悍이다. 趙礎基, 上同, 주9 참조.

2855) 卒은 졸猝(갑자기)과 같고; 知는 智와 통한다. 趙礎基, 上同, 주15 참조.

2856) 委는 放任이고; 仁은 不貪을 가리킨다. 趙礎基, 上同, 주17 참조.

2857) 則은 규구規矩(표준)이다. 趙礎基, 上同, 주19 참조.

2858) 雜之는 男女를 잡거시킴이고; 色은 好色이다. 趙礎基, 上同, 주20 참조.

2859) 得은 장악掌握이다. 趙礎基, 上同, 주22 참조.

류[美, 髯, 長, 大, 壯, 麗, 勇, 敢]가 있고, 통달함에는 세 가지 필요조건이 있으며, 위해危害에는 여섯 개의 집중하는 곳[府]이 있다. 잘 생김[美], 수염 많음[髯], 키 큼[長], 몸집이 큼[大], 건장함[壯], 수려함[麗], 용맹함[勇], 과감함[敢]의 여덟 가지가 모두 남보다 뛰어난 점인데, 바로 이 때문에 실의를 하게 된다. 모든 일에 따르는 것, 낮추고 따르는 모양, 나약함, 이것들은 남보다 뒤처지는 행동이나, 이 세 가지는 (사람을) 통달하게 만든다. 지식과 지혜는 밖으로 (위험에) 노출되고, 용기 있는 행동은 많은 원한을 사며, 인의의 행위는 책망責望을 많이 산다. 삶의 실정에 통달한 자는 평범하지 않고, 사물의 지식에 통달한 자는 별 것 없고, 천명天命에 통달한 자는 순조로워 이로우나, 인명人命에 통달한 자는 순조롭지도 이롭지도 않다.

[正考父一命而傴, 再命而僂, 三命而俯,[2860] 循牆而走, 孰敢不軌! 如而夫者,[2861] 一命而呂鉅,[2862] 再命而於車上儛,[2863] 三命而名諸父,[2864] 孰協唐、許![2865] 賊莫大乎德有心而心有睫,[2866] 及其有睫也而內視,[2867]

2860) 正考父는 孔子의 7代祖이며, 宋나라 卿이다. 그는 처음에 士로 명받고, 두 번째로 大夫에 명받고, 세 번째로 卿의 명을 받았다. 구루傴僂는 허리를 굽히고 등을 구부림이다. 부俯는 몸을 땅에 엎드림이다. 궤軌는 法이다. 趙礎基, 487頁, 주1 참조.

2861) 而夫는 '너희들 그런 사람' 이니, 공자 같은 부류이다. 趙礎基, 上同, 주2 참조.

2862) 여呂(등뼈)는 여膂(등골뼈)의 本字이니, 척골脊骨(등골뼈)이고; 거鉅는 强大이다. 여거呂鉅는 허리를 판경板硬(빳빳이 세움)이니, 구루傴僂와 정반대이고, 거만한 태도이다. 趙礎基, 上同, 주3 참조.

2863) 무儛는 무舞(춤추다)이다. 趙礎基, 上同, 주4 참조.

2864) 名諸父는 伯父나 叔父의 이름을 불러내는 것이니, 무례함이 극치이다. 趙礎基,上同, 주5 참조.

2865) 협協은 合이다. 趙礎基, 上同, 주6 참조.

2866) 적賊은 害이고; 첩睫(속눈썹)은 睫毛(속눈썹의 털)이다. '德有心' 은 德중에 私心을 가짐이다. 趙礎基, 上同, 주7 참조.

2867) 內視는 主觀이다. 趙礎基, 上同, 주8 참조.

內視而敗矣. 凶德有五,[2868] 中德爲首.[2869] 何謂中德? 中德也者, 有以自好也而吡其所不爲者也.[2870] 窮有八極,[2871] 達有三必,[2872] 形有六府.[2873] 美、髯、長、大、壯、麗、勇、敢, 八者俱過人也, 因以是窮. 緣循[2874]、偃佒[2875]、困畏不若人,[2876] 三者俱通達. 知、慧外通,[2877] 勇、動多怨, 仁、義多責. 達生之情者傀,[2878] 達於知者肖;[2879] 達大命者隨,[2880] 達小命者遭.[2881]]

▶ 32-9:

어떤 사람이 송나라 왕을 만나 (유세하니, 그는) 수레를 열 대를 하사받았다. (그는) 이 열 대의 수레를 장자에게 자랑하였다.

장자가 말했다. "물가에서 물 억새 짚을 엮어 (그것으로) 먹고사는

2868) 흉凶은 禍害이고; 德은 得과 통하고;, '凶德有五'는 耳, 眼, 鼻, 舌, 心을 가리킨다. 『莊子譯注』, 326頁, 주14 참조.

2869) 中德은 心을 가리킨다. 『莊子譯注』, 上同, 주15 참조.

2870) 自好는 自己를 옳다고 봄이고; 필吡은 자訾(헐뜯다)이니, 저훼詆毁이다. 趙礎基, 上同, 주9 참조.

2871) 窮은 困이니 失意이고; 極은 端(종류)이다. 趙礎基, 上同, 주10 참조.

2872) 達은 順利하여 통달함이고; 必은 필요조건이다. 趙礎基, 上同, 주11 참조.

2873) 形은 刑과 통하니 危害이고; 府는 集中處이다. 趙礎基, 上同, 주12 참조.

2874) 연순緣循은 因循이니, 모든 것을 따름이다. 趙礎基, 488頁, 주15 참조.

2875) 앙佒은 앙仰과 통하니, 언앙偃佒은 사람들을 따라 俯仰함이니, 卑順의 모양이다. 趙礎基, 上同, 주16 참조.

2876) 곤외困畏는 나약懦弱이다. 趙礎基, 上同, 주17 참조.

2877) 知는 智와 통하고; 外通은 겉 표면에 나타남이다. 趙礎基, 上同, 주19 참조.

2878) 괴傀는 평범하지 않음이다. 趙礎基, 上同, 주23 참조.

2879) 초肖는 묘소渺小(아주 작음)이다. 趙礎基, 上同, 주24 참조.

2880) 大命은 天命이고; 隨는 順利이다. 趙礎基, 上同, 주25 참조.

2881) 小命은 人命이고; 조遭는 遇이니, 뜻이 발전하면 조체阻滯(막힘), 順利하지 못함이다. 趙礎基, 上同, 주26 참조.

가난한 집이 있었으니, 그 아들이 연못에 잠수해서 천금이나 나갈 구슬을 주워 왔다네. (그러자) 그 아버지가 아들에게 말했네. '돌 가져오면 (내가) 부숴 버리리라! 무릇 천금이나 나가는 구슬은 반드시 아홉 길의 깊은 물 속, 흑룡의 턱 아래에 있는 것이다. 네가 구슬을 얻을 수 있었던 것은 틀림없이 그 흑룡이 자는 때를 만났던 때문이다. 만약 흑룡이 잠에서 깨어났더라면 네가 아직 조금이나마 남아 있겠느냐!' 지금 송나라의 깊음은 단지 아홉 길의 못 정도에 그치지 않네. 송나라 왕의 사나움은 단지 흑룡의 정도에 그치지 않는다네. 그대가 수레를 받을 수 있었던 것도 틀림없이 왕이 자는 때를 만났던 것 때문일 것이네. 만약 송나라 왕이 깨어났더라면 자네는 가루가 되어 버렸을 것이네!"

[人有見宋王者, 錫車十乘,2882) 以其十乘驕穉莊子.2883) 莊子曰: "河上有家貧恃緯蕭而食者,2884) 其子沒於淵,2885) 得千金之珠. 其父謂其子曰: '取石來鍛之!2886) 夫千金之珠, 必在九重之淵而驪龍頷下,2887) 子能得珠者, 必遭其睡也. 使驪龍而寤, 子尙奚微之有哉!' 2888) 今宋國之深, 非直九重之淵也; 宋王之猛, 非直驪龍也; 子能得車者, 必遭其睡也. 使宋王而寤, 子爲韲粉夫!"2889)]

2882) 석錫은 사賜(주다)이다. 趙礎基, 上同, 주1 참조.

2883) 윤지장尹知章(660-718)注에 의하면, 치穉는 교驕(교만)이다. 교치驕穉는 같은 말의 반복이다. 王叔岷, 1,285頁, 주2 참조.

2884) 위緯(짜다)는 직織(짜다)이고; 소蕭는 적고荻蒿(물억새 짚)이다. 王叔岷, 上同, 주3 참조.

2885) 沒은 잠수潛水이다. 趙礎基, 489頁, 주4 참조.

2886) 단鍛은 추란錘爛(망치로 흐물흐물하게 하다)이다. 趙礎基, 上同, 주5 참조.

2887) 여용驪龍은 黑龍이고; 함頷은 아래턱이다. 趙礎基, 上同, 주6 참조.

2888) 使는 假使이고; 해奚는 何이고; '奚微之有'는 '有奚微'의 도치이다. 趙礎基, 上同, 주7 참조.

2889) 제분韲粉은 쇄분碎粉(잘게 갈라진 가루)이니, 분신粉身 쇄골碎骨을 비유함이다. 趙礎基, 上同, 주10 참조.

▶ 32-10:

어떤 사람이 장자를 초빙하려 했다.

장자가 그 사자에게 말했다. "당신은 저 제사에 쓰일 소를 보았는지요? 수를 놓은 비단옷을 입히고, 건초와 콩을 먹이지만, 끌려서 태묘太廟에 들어가게 되었을 땐 (아무도 기르지 않는) 외로운 송아지가 되고 싶어 해도 그럴 수가 있겠소?"

[或聘於莊子. 莊子應其使曰: "子見夫犧牛乎? 衣以文繡, 食以芻菽,[2890] 及其牽而入於大廟, 雖欲爲孤犢, 其可得乎!"]

▶ 32-11:

장자가 막 죽으려 할 때 제자들은 후한 장례를 치르고자 했다. (그러자) 장자가 말했다. "나는 천지天地로 관곽棺槨을 삼고, 해와 달을 한 쌍의 옥벽玉璧으로 삼으며, 별들을 둥근 구슬[珠], 보통 구슬[璣]로 삼고, 만물들을 (장사지내는) 송장送葬 품목으로 삼고 있네. 그러니 내 장례식을 위한 도구가 어찌 갖추어지지 않은 것이겠는가? 무얼 여기에 덧붙인단 말인가!"

제자들이 말했다. "저희는 까마귀나 솔개가 선생님을 먹을까 염려한 것입니다."

장자는 대답했다. "위에서는 까마귀나 솔개의 밥이 되고, 아래에서는 땅강아지나 개미의 밥이 되는데, 한쪽에서 빼앗아 다른 쪽에 준다면 그런 편견은 어디에 있는 것인가?"

불공평[不平]으로 공평[平]을 추구하면 공평은 불공평이 되고; 믿을 수 없는 것으로 징험 삼으면 그 징험은 믿을 수가 없다. (사람들이 하는

2890) 食은 사飼(먹이다)이니, 祭物에 쓸 소를 먹임이고; 추芻는 건초이고; 叔은 大豆이다. 趙礎基, 上同, 주4 참조.

일의) 총명은 천도天道에 의해 부림을 당하고, 신비로운 (천도天道는) 믿을 수 있다. (인간의) 총명이 신비로운 (천도天道를) 이길 수 없음은 오래되었는데, 어리석은 자들의 편견은 (후장厚葬 같은) 인사人事에 깊이 빠졌으니, 그의 공로가 외물에서만 드러나게 되니 또한 통탄痛歎하지 아니한가!

[莊子將死, 弟子欲厚葬之. 莊子曰: "吾以天地爲棺槨, 以日月爲連璧,[2891] 星辰爲珠璣,[2892] 萬物爲齎送.[2893] 吾葬具豈不備邪? 何以加此!" 弟子曰: "吾恐烏鳶之食夫子也." 莊子曰: "在上爲烏鳶食, 在下爲螻蟻食, 奪彼與此, 何其偏也!" 以不平平,[2894] 其平也不平; 以不徵徵,[2895] 其徵也不徵. 明者唯爲之使,[2896] 神者徵之. 夫明之不勝神也久矣! 而愚者恃其所見入於人,[2897] 其功外也, 不亦悲乎!]

2891) 연벽連璧은 두 개의 연결된 玉璧이다. 『莊子譯注』, 328頁, 주4 참조.

2892) 둥근 구슬이 珠이고, 둥글지 않은 구슬이이 기璣이다. 連璧, 珠璣는 殉葬品들이다. 趙礎基, 490頁, 주2 참조.

2893) 재齎는 送이니, 送葬品이다. 趙礎基, 上同, 주3 참조.

2894) 平은 公正이니, 위의 偏과 반대이다. 偏心, 偏見을 公平으로 보면, 이런 公平은 不公平이다. 趙礎基, 上同, 주8 참조.

2895) 징徵은 징험徵驗이니, 믿을 수 있음이다. 趙礎基, 上同, 주9 참조.

2896) 明은 聰明이니, 人事를 가리키고; 爲는 被이고; 之는 它이니 天道를 가리킨다. 神은 天道를 가리킨다. 趙礎基, 上同, 주10 참조.

2897) 所見은 愚者의 편견이고; '入於人'은 후장厚葬 같은 人事에 침익沉溺함이다. 趙礎基, 上同, 주11 참조.

33. 천하(天下)

「천하」 편은 여러 학파에 대한 소개와 비판을 하고, 장자 철학사상에 대하여는 최고로 평가받고 있다. 본 편은 일곱 부분으로 나뉘고 있다. 첫째 부분은 고대 학술사상의 연변演變을 서술하였고, 둘째 부분은 묵가 학설을 소개하고, 셋째 부분은 송견宋鈃, 윤문尹文 학파의 사상을 소개하고, 넷째 부분은 팽몽彭蒙, 전변田駢, 신도愼到의 학술사상을 소개하며, 다섯째 부분에서 관윤關尹과 노자老子의 사상을 소개하고, 여섯째 부분에서 장자의 사상을 소개하고, 일곱째 부분에서 혜시惠施, 환단桓團, 공손룡公孫龍 등 명가名家학파의 사상이 소개되고 있다. 본 편의 문장은 매우 세련되었고, 구조가 엄밀하며, 각 학파 사상에 대한 개괄이 매우 정확하다. 선진先秦시대 학파들의 사상을 소개하고 있으나 그들의 저작들이 대부분 망실亡失 되어 지금은 매우 아쉽다. 이 편은 중국 고대철학사상에서 매우 중요한 위치를 차지하고 있다.

▶ 33-1: 총론

천하에는 (어떤 부문에 한정되는) 방술方術을 다루는 이들이 많은데, 모두 자기 주장이 최고라고 여긴다. (그러나) 옛날 (천도天道에 관한) 도술道術은 어디에 있는가?

말한다. "있지 않은 곳이 없다."

묻는다. "신묘함[神]은 무엇에서 내려오는가? (사람의) 지혜[明]는 무엇에서 말미암는가?"

대답한다. "(신묘함은) 성聖이 생겨나는 곳이고, 왕王이 이루어지는 바이니, 모두 하나[道]에서 근원한다."

[天下之治方術者多矣,2898) 皆以其有爲不可加矣.2899) 古之所謂道術者, 果惡乎在? 曰: "无乎不在." 曰: "神何由降? 明何由出?" "聖有所生, 王有所成, 皆原於一."2900)]

본원本原[宗]과 결합하면 천인天人이라 하고, 정순精純함과 합치면 신인神人이라 하고, 본래의 면목[道體]과 결합하면 지인至人이라 하니, 자연[天]을 본원으로 삼고, 덕德을 바탕으로 삼고, 도道를 지름길[門徑]로 삼고, 만물의 변화를 미리 알려주면 성인聖人이라 한다. 인仁에서 은혜를 베풀고, 의義를 도리로 삼고, 예禮로써 행동하며, 악樂으로서 조화를 이루고, 온화하여 자애로워 인자하면 군자君子라 말한다. 법도로써 본분 삼고, 직분의 칭호로 표지하고 비교하여 검사하고, 핵심을 고찰하여 판결을 내리면 등급의 수數는 1, 2, 3, 4로 분립되고, 모든 관리가 이것으로 서로 서열을 삼는다. (경耕, 공工, 상商 등) 직업은 항상 불변하며, 의식衣食을 주요 내용으로 하고, 번식, 생존, 저축, 저장과 노약자

2898) 方術은 부분적으로 적용되는 一方의 術로, 天道를 나타내는 道術과 다르다. 趙礎基, 492頁, 주1 참조.

2899) '以其有'는 '자기가 주장하는 것'이고; '不可加'는 더 보탤 것이 없음이니, 최고이다. 趙礎基, 上同, 주2 참조.

2900) '神由天降, 體現爲聖; 明由地出, 體現爲王.' (신묘함[神]은 하늘에서 내려와서, 聖으로 체현되고; [인간의] 지혜[明]는 땅에서 나와, 王으로 체현된다.) 결론은 道의 작용이다. 一은 道이다. 趙礎基, 上同, 주4 참조.

나 고아나 과부 등에 대한 배려가 관심 가는 일이니, 모두 양육됨을 얻는 것이 백성들의 상정이다.

[不離於宗,2901) 謂之天人. 不離於精,2902) 謂之神人. 不離於眞,2903) 謂之至人, 以天爲宗, 以德爲本, 以道爲門, 兆於變化,2904) 謂之聖人. 以仁爲恩, 以義爲理, 以禮爲行, 以樂爲和, 薰然慈仁,2905) 謂之君子. 以法爲分, 以名爲表,2906) 以參爲驗,2907) 以稽爲決,2908) 其數一二三四是也,2909) 百官以此相齒.2910) 以事爲常,2911) 以衣食爲主, 以蕃息畜藏,2912) 老弱孤寡爲意,2913) 皆有以養,2914) 民之理也.2915)]

옛날 (도道를 얻은) 사람들은 완비하였도다! 신성神聖과 명왕明王이 합쳐지고, 천지天地를 준거로 삼고, 만물들을 기르며, 천하天下와 조화

2901) 不離는 不背離이니 계합契合(틀림없이 서로 꼭 들어맞음)이고; 宗은 本原이다. 『莊子譯注』, 330頁, 주8 참조.

2902) 精은 精純不二이니, 不雜이다. 『莊子譯注』, 上同, 주10 참조.

2903) 眞은 본래 面目이니, 道體이다. 『莊子譯注』, 上同, 주12 참조.

2904) 조兆는 預示(미리 알림)이고; 變化는 만물의 변화이다. 趙礎基, 493頁, 주9 참조.

2905) 훈연熏然은 온화하고 자애로운 모양이다. 趙礎基, 上同, 주14 참조.

2906) 名은 職稱이고; 表는 표지標志이다. 趙礎基, 上同, 주16 참조.

2907) 參은 比較이고; 험驗은 檢査이다. 趙礎基, 上同, 주17 참조.

2908) 계稽는 考核(핵심을 조사함)이고; 決은 판단이다. 趙礎基, 上同, 주18 참조.

2909) 數는 등급의 數를 가리킨다. 趙礎基, 上同, 주19 참조.

2910) 치齒는 序列이다. 趙礎基, 上同, 주20 참조.

2911) 事는 耕, 織, 工, 商 등 각종 직업이고; 常은 항상 不變이다. 『莊子譯注』, 330頁, 주30 참조.

2912) 번蕃은 번식繁殖이고; 息은 生息(생존)이고; 畜은 저축이고; 장藏은 갈무리이다. 趙礎基, 上同 주22 참조.

2913) 爲意는 관심 가는 일로 삼음이다. 趙礎基, 上同, 주23 참조.

2914) 有는 得이고; 養은 무양撫養, 즉 무육撫育(길러줌)이다. 趙礎基, 上同, 주24 참조.

2915) 理는 常情이다. 趙礎基, 上同, 주25 참조.

하고, 백성들에게 은택들이 미치며, 도道의 근본을 분명히 이해하고, 구체적 실시 방법 등을 결정하고, (공간상) 상하와 사방과 상통하고 (시간상 춘하추동의) 사계절[四時]과 상통하며, 작거나 큰 것들, 정교하거나 거친 것들을 막론하고 그것들의 작용은 포괄되지 않음이 없다. 이것(고대 학술)의 명현明顯은 도道의 근본과 구체적 실천 방법 등에 있고, 구시舊時의 법령 등 사회에 유전된 사서史書들에도 아직도 많이 (남아) 있다. 이것들이 『시』(詩經), 『서』(書經), 『예』(禮記), 『악』(樂經)에 있는 것을 추鄒나라와 노魯나라의 홀笏과 긴 허리띠[紳]를 맨 선생[관리]들이 대부분 밝힐 수 있다. 『시경』은 뜻을 담론한 것이고, 『서경』은 정사政事를 기록한 것이고, 『예기禮記』는 도덕 행위 규범을 말한 것이고, 『악경樂經』은 감정을 화합하게 하며, 『역경易經』은 음양 변화를 말한 것이고, 『춘추春秋』는 명분名分을 담론한 것이다. 이런 책들이 대개 천하에 흩어져 분포되고 중원의 나라들에서 실시되었으니, 백가百家들의 학문이 때때로 혹 인용되고 의론되었다.

[古之人其備乎![2916] 配神明,[2917] 醇天地,[2918] 育萬物, 和天下, 澤及百姓, 明於本數,[2919] 係於末度,[2920] 六通四辟,[2921] 小大精粗,[2922] 其運无乎不在. 其明而在數度者,[2923] 舊法世傳之史,[2924] 尙多有之. 其在於

2916) 비備는 完備이다. 趙礎基, 上同, 주26 參조.

2917) 배配는 合이다. 趙礎基, 上同, 주27 참조.

2918) 짱삥린章炳麟(1869-1936)에 의하면, 순醇은 準의 가차이다. 王叔岷, 1298頁, 주1 참조.

2919) 本數는 本原이니, 道의 근본을 가리킨다. 陳鼓應, 912頁, 주16 참조.

2920) 末度는 구체적 실시방법이나 기술 등이다. 『莊子譯注』, 上同, 주36 참조.

2921) 六通은 공간상 상하와 四方과 상통함이고; 사벽四辟은 시간상 春夏秋冬의 四時와 상통함이다. 趙礎基, 494頁, 주31 참조.

2922) '小大精粗'는 '작음과 큼, 정교함과 거칠음'을 가릴 것 없이 모든 사물을 가리키고; 運은 작용이다. 趙礎基, 上同, 주32 참조.

2923) 數度는 本數(道의 근본)과 末度(구체적 실행방법, 기술 등)이다. 趙礎基, 上同, 주33

『詩』、『書』、『禮』、『樂』者, 鄒、魯之士搢紳先生, 多能明之.[2925]『詩』以道志,[2926]『書』以道事,『禮』以 道行,『樂』以道和,『易』以道陰陽,『春秋』以道名分. 其數散於天下而設於中國者,[2927] 百家之學, 時或稱而道之.[2928]]

천하가 크게 혼란하니 현인들과 성인들이 나타나지 않고, 도道와 덕德이 통일되지 못하였다. 천하에서 대부분 한 가지 견해만 보고 스스로 좋아하였다. 예를 들면 귀, 눈, 코, 입은 각각 나타내는 바가 있으니, 서로 통할 수가 없다. 백가의 여러 기능처럼, 모두 장점이 있어서 때때로 쓰이는 바가 있다. 비록 그러하나 완비되지도 않고 전면적이지도 않으니 한 쪽만 아는 곡사曲士이다. 천지天地의 완정한 아름다움을 갈라놓고, 만물의 무늬들을 분리하고, 옛사람들의 온전함을 흩뜨린다. 천지의 미美를 완비하거나 신명神明한 아름다움과 합하는 이들이 적다. 이 때문에 안으로 성인聖人의 품격[內聖]을 갖추고 밖으로 왕王[外王]이 되는 도道는 어두워져서 밝지 않으며, 닫히고 막혀서 발동하지 못하니, 천하의 사람들이 각자 자기 할 바를 행하고 스스로 방술方術을 만든다.

[天下大亂, 賢聖不明,[2929] 道德不一. 天下多得一察焉以自好.[2930] 譬如

참조.

2924) 舊法은 舊時의 법령이고; '世傳之史' 는 사회상 유전된 史書들이다. 趙礎基, 上同, 주34 참조.

2925) 진搢은 홀笏이고; 신紳은 긴 허리띠이고; 明은 효曉(훤히 알다)와 통한다. 진신搢紳은 관리를 말한다. 趙礎基, 上同, 주35 참조.

2926) 道는 講述이나 표현이다. 趙礎基, 上同, 주36 참조.

2927) 數는 槪이니, 대략이고; 散은 산포散布이다. 趙礎基, 上同, 주39; 왕셴첸王先謙(1842-1917)에 의하면, 設은 施이다. 王叔岷, 1300頁, 주9 참조.

2928) 칭稱은 인용이다. 趙礎基, 上同, 주40 참조.

2929) 明은 현顯(드러나다)이다. 趙礎基, 上同, 주1 참조.

耳目口鼻, 皆有所明,[2931] 不能相通. 猶百家衆技也, 皆有所長, 時有所用. 雖然, 不該不徧,[2932] 一曲之士也.[2933] 判天地之美,[2934] 析萬物之理,[2935] 察古人之全.[2936] 寡能備於天地之美, 稱神明之容.[2937] 是故內聖外王之道,[2938] 闇而不明, 鬱而不發,[2939] 天下之人, 各爲其所欲焉, 以自爲方.[2940]]

슬프도다! 백가들이 떠나가고 돌아오지 않으니 반드시 (대도大道와) 합치지 못할 것이다! 후대의 학자들이 불행히 천지에서 자연의 본모습과 옛사람들의 모든 모습을 보지 못하니, 도술은 장차 천하에서 분열될 것이로다!

[悲夫! 百家往而不反, 必不合矣! 後世之學者, 不幸不見天地之純,[2941] 古人之大體,[2942] 道術將爲天下裂.]

2930) 一察은 一管의 견해이고; 自好는 자아 흔상欣賞(좋아함)이다. 趙礎基, 495頁, 주3 참조.

2931) 『古鈔卷子本』에는 皆가 各자이다. 王叔岷, 1302頁, 주14 참조.

2932) 해該는 완비完備이고; 徧은 遍과 같으니, 普遍이고 全面이다. 趙礎基, 上同, 주5 참조.

2933) '一曲之士'는 一方의 士이다. 趙礎基, 上同, 주6 참조.

2934) 判은 '가르다'이고; 美는 完美이다. 趙礎基, 上同, 주7 참조.

2935) 석析은 이석離析(분리)이고; 理는 문리紋理(무늬)이다. 趙礎基, 上同, 주8 참조.

2936) 察은 살𢫬의 가차이니, 散의 뜻이다. 趙礎基, 上同, 주9 참조.

2937) 칭稱은 合이고; 容은 송頌(칭송)과 통하니, 아름다움의 뜻이다. 趙礎基, 上同, 주10 참조.

2938) 內聖은 안으로는 성인의 품격을 갖춤이고; 外王은 밖으로 왕이 됨이다. 趙礎基, 上同, 주11 참조.

2939) 울鬱은 폐색閉塞(닫히고 막힘)이다. 趙礎基, 上同, 주13 참조.

2940) 方은 方術이다. 『莊子譯注』, 李玉峰, 李翊赫譯注, 331頁, 주15 참조.

2941) 순純은 純眞이니, 자연의 본질을 가리킨다. 趙礎基, 上同, 주16 참조.

▶ 33-2: 묵자와 묵가사상

사치하지 않음을 후대에 가르치니, 모든 재물을 크게 낭비하지 않음으로써 (옛날 선왕들의 예악禮樂)의 법도가 밝히 드러나지 못하게 되었다. (그러나) 법도[規矩]로써 자신을 면려勉勵하면서 세상의 위급한 난리[急難]에 대비하였다. 옛날의 도술道術 중에 이러한 면에는 묵적墨翟, 금활리禽滑厘 등이 그 학풍을 듣고 기뻐하였다. 실천행위는 과도했고 절제는 아주 엄했다. 「비락非樂」(음악 반대)론을 저술하고, 「절용節用」론을 말하였다. 사람이 태어나도 찬가를 부르지 않았으며, 죽어도 상복을 입지 않았다. 묵자는 만인의 사랑과 만인 서로의 이익을 말하고 서로의 투쟁을 반대하였으니, 그는 서로 분노하지 않을 것을 설파한 것이다. 그는 또한 학문을 즐겨하여 박학은 했지만, 인간 간의 차이[다름異]를 주장한 것이 아니니, (따라서 그의 사상은) 선왕先王 (가르침)과 같지 않았고, 옛날의 예악禮樂을 비판하였다.

[不侈於後世, 不靡於萬物,2943) 不暉於數度,2944) 以繩墨自矯, 而備世之急, 古之道術有在於是者. 墨翟、禽滑釐聞其風而說之. 爲之大過, 已之大循. 作爲「非樂」, 命之曰「節用」. 生不歌, 死无服. 墨者氾愛兼利而非鬭, 其道不怒; 又好學而博, 不異, 不與先王同, 毁古之禮樂.]

(옛날) 황제黃帝가 '함지咸池', 요堯가 '대장大章', 순舜이 '대소大韶', 우禹가 '대하大夏', 탕湯이 '대호大濩', 문文왕이 '벽옹辟雍'의 악곡, 무武왕과 주공周公이 '무武'라는 악곡을 지었다. 옛날의 장사예절[喪禮]에는 귀족과 천민의 법식이 있어서 상하의 차등이 있었다. 천자天

2942) 大體는 全貌이다. 趙礎基, 上同, 주17 참조.

2943) 미靡는 낭비浪費이다. 趙礎基, 496頁, 주2 참조.

2944) 휘暉는 宣揚이고; 數度는 禮法이다. 『莊子譯注』, 332頁, 주3 참조.

子의 관棺(내관)과 곽槨(외관)은 7겹, 귀족[大夫]은 3겹, 선비[士]는 2겹이었다. 지금 묵자는 홀로 사람이 태어나도 노래를 부르지 않았고 죽어도 상복을 입지 않으며, 오동나무 관은 (두께가) 3치(寸)에 불과할 뿐 곽은 없는 것을 법식으로 삼았다. 이것으로 가르친다면, 아마도 사람을 충분히 사랑하는 것이 못 되는 것이다. 이런 식으로 스스로 행한다면 진실로 자기 자신도 사랑하는 것이 아니다.

[黃帝有咸池, 堯有大章, 舜有大韶, 禹有大夏, 湯有大濩, 文王有辟雍之樂, 武王、周公作武. 古之喪禮, 貴賤有儀, 上下有等, 天子棺槨七重, 諸侯五重, 大夫三重, 士再重. 今墨子獨生不歌, 死不服, 桐棺三寸而无槨, 以爲法式. 以此教人, 恐不愛人; 以此自行, 固不愛己.]

이런 묵자의 원칙을 나쁘다고 할 수는 없으니, 그러나 사람들이 (진심에서) 노래하고 싶을 때 노래하지 말고, 울고 싶을 때 울지 말고, 즐거울 때 즐거워하지 말아야 한다면, 이런 (묵가의 절제는) 과연 (인간의) 실정과 같을 수 있는가? 그들이 살아서는 하는 일이 힘이 들고, 그들이 죽어서 또한 (장례의 대접이) 소략하니, 이런 원칙[道]은 너무나 가혹하고 (사람을) 힘들게 하니, 사람을 근심스럽게 하고 사람의 마음을 슬프게 하기에, 이런 (묵가의 철학을) 실천하기는 참으로 어려운 것이다! 아마도 이것은 성인의 도리가 될 수 없고 세상 사람들의 마음과는 어그러져서 사람들이 모두 감내할 수 없지만, 묵자는 홀로 이것을 감당해 내었으니, 우리 세상 사람들 모두가 어찌하랴! (극도의 자기희생을 강요하는 묵가의 구세 이상은) 세상의 (현실)에서 떠나 있으니, 아아, (세상을 다스리는) 왕도王道와는 거리가 멀다고 하겠다!

[未敗墨子道,[2945] 雖然, 歌而非歌, 哭而非哭, 樂而非樂, 是果類乎?[2946] 其生也勤, 其死也薄, 其道大觳,[2947] 使人憂, 使人悲, 其行難爲也. 恐其

不可以爲聖人之道, 反天下之心, 天下不堪. 墨子雖獨能任, 奈天下何! 離於天下, 其去王也遠矣.]

묵자는 그의 이상[道]을 설명하였다: "옛날 우禹임금이 홍수를 막고자 양자강과 황하의 물줄기를 터놓아서 사방의 야만족과 (중국의) 구주九州를 소통시켰다. (그때) 큰 강이 300이요, 지류는 3,000이나 되었고, 작은 물 흐름은 다 셀 수 없었다. 우임금 자신이 삼태기와 보습을 가지고 천하의 물줄기를 서로 이어놓고 갈라놓았으니, 장딴지는 마르고 정강이에는 터럭이 없었다. 폭우에 목욕하고, 강풍에 머리 빗으며, 모든 거주 지역을 안치하였다. 우禹는 큰 성인이면서도 천하를 위해 몸을 수고롭게 하기를 이렇게 하였도다!"

[墨子稱道曰: "昔者禹之湮洪水, 决江河, 而通四夷九州也, 名川三百, 支川三千, 小者无數. 禹親自操槖耜, 而九雜天下之川; 腓无胈, 脛无毛, 沐甚雨, 櫛疾風, 置萬國. 禹大聖也, 而形勞天下也如此."]

후세의 묵가주의자는 대부분 천한 짐승 가죽과 베옷을 입고, 나막신이나 짚신을 신고서 밤낮으로 쉬지 않고 자신의 고생을 철칙으로 삼고서 말하였다. "이렇게 하지 않으면 우임금의 '실천 이상[道]' 을 실현할 수 없으며, '묵가주의자[墨者]' 라 할 수도 없다."

[使後世之墨子, 多以裘褐爲衣, 以跂蹻爲服, 日夜不休, 以自苦爲極, 曰: "不能如此, 非禹之道也, 不足謂墨."]

2945) 敗는 괴壞(나쁨)이다. 趙礎基, 497頁, 주21 참조.

2946) 類는 象(모양)이다. 趙礎基, 上同, 주22 참조.

2947) 大는 太와 통하고; 곡觳은 가각苛刻(가혹하고 각박함)이다. 趙礎基, 498頁, 주25 참조.

상리근相里勤의 제자와 오후五侯의 무리, 그리고 남방의 묵가주의자인 약획若獲, 이치已齒, 등릉자鄧陵子의 문도들은 모두 『묵경墨經』(묵가 논리학)을 암송하였다. 그러나 (그들의 주장은) 서로 엇갈리고 같지 못하니, 상대방을 서로 '비정통묵자[別墨]'라고 불렀다. 견백[堅白]과 동이[同異]의 논변을 가지고 서로 비판하며, 홀수와 짝수처럼 정반대의 명제를 가지고 서로 응수하였다. (이들은) 거자巨子를 성인으로 하여, 모두가 '거자'를 종주로 삼고자 하였으며, 그의 계승자가 되기를 희망하였지만, 지금까지 (정통계승자는) 결정되지 않았다. 묵적墨翟과 금활리禽滑釐의 (구세의) 뜻은 좋았지만 실천행위는 잘못된 것이다. 후세의 묵가주의자들로 하여금 반드시 스스로 고행을 하게 하여 장딴지에 살이 없고, 정강이에 터럭이 없는 것으로 서로 경쟁할 뿐이다!

[相里勤之弟子, 五侯之徒, 南方之墨子苦獲、已齒、鄧陵子之屬, 俱誦『墨經』, 而倍譎不同, 相謂別墨. 以堅白同異之辯相訾, 以觭偶不仵之辭相應; 以巨子爲聖人, 皆願爲之尸; 冀得爲其後世, 至今不決. 墨翟、禽滑釐之意則是, 其行則非也. 將使後世之墨者, 必自苦以腓无胈、脛无毛, 相進而已矣.]

사회를 어지럽히기에 최상이요 다스리기에는 최하급이다. 그러나 묵자는 정말로 천하에 아주 좋은 인물이다. 이런 인간을 얻으려 해도 얻을 수 없으니, 비록 (자신이) 아무리 마른 나무처럼 (각박하게 되어도) 자기의 주장을 버리지 않으니, (이는) 정말 (구세의) 재사才士라고 하겠다!

[亂之上也, 治之下也. 雖然, 墨子眞天下之好也, 將求之不得也, 雖枯槁不舍也, 才士也夫!]

▶ 33-3: 송견宋銒과 윤문尹文의 사상:

세속(관념)에 얽매이지 않고, (마음을) 외물外物로 꾸미지 않으며, 남들을 각박하게 대하지 않고, 민중들에게 해害 됨을 없이 하고자 했으며, 세상의 안녕과 백성들의 생명을 살리려고 하기에, 남이나 나나 (욕심을 자제하고) 먹고살기에 충족하면 그쳐야 한다는 이런 생각[適欲說]을 천하에 공표한 것이다. 옛날의 도술道術에 이런 측면이 있었는데, 송견宋鈃과 윤문尹文은 이런 풍조를 듣고 기뻐하였다. (이들은) 화산(華山, 위와 아래가 평등한) 모양의 모자를 만들어 씀으로써 이들의 (상하 평등의 정신을) 스스로 나타냈고, 만사를 대할 때 편견을 없이하는 것[別宥]으로 으뜸 삼았다.

[不累於俗, 不飾於物, 不苟於人,2948) 不忮於衆,2949) 願天下之安寧, 以活民命, 人我之養, 畢足而止, 以此白心. 古之道術有在於是者. 宋鈃、尹文, 聞其風而悅之. 作爲華山之冠以自表, 接萬物以別宥爲始.]

마음의 관용을 말하니 이를 마음 씀이라 말하였고, 온화한 말로 (천하의 사람들과) 마음의 기쁨을 같이하여, (당대의 처절한 전쟁 상황에 있는) 세상을 화합시키려 하였다. 이들(송견과 윤문학파)은 이것(즉 만인들과 함께 하는 기쁨과 세상의 화합)을 (그들의) 주요 과제로 삼았기에, '모욕을 당해도 욕으로 생각지 말라!'는 (설득)으로 사람들 간의 (개인적) 다툼을 말리고, (국가 간의) '침략' 전쟁 반대와 무기폐지론을 들고서 세상의 다툼을 종식시키고자 하였다. 이런 (만민의 화합과 평화) 사상을 가지고 온 천하를 두루 다니면서, 위로는 (임금들을) 설득하고 아래로는 (관리와 백성들에게) 설교하였다.

2948) 짱삥린章炳麟(1869-1936)에 의하면, 苟는 가苛(사납다)의 오기이다. 趙礎基, 500頁, 주3 참조.

2949) 사마표司馬彪(?-306)에 의하면, 기忮는 害이다. 王叔岷, 1320頁, 주2 참조.

[語心之容, 命之曰心之行, 以聏合驩, 以調海內. 請欲置之以爲主. 見侮不辱, 救民之鬪, 禁攻寢兵, 救世之戰, 以此周行天下, 上說下敎.]

비록 세상 사람들이 듣지 않으려 하여도 억지로 계속 지껄이고 그치지 않았다. 그러므로 윗사람이나 아랫사람이나 (이들을) 만나기를 싫어했으나 억지로 만나보고자 하였다. 비록 이러했으나, 이들은 남들을 위해서는 많이 했어도 그들이 자신들을 위한 것은 너무나 적었다. (이들은) 말하였다: "그저 닷 되의 밥이면 충분합니다. 이 세상의 선생님[즉, 일반백성]들께서 배부르게 잡수실 수 없는데, 저희 제자[즉, 송견, 윤문학파]들이 비록 굶는다고 해도 세상일을 잊을 수 없습니다."

밤낮으로 쉬지 않으면서 말했다: "(서로의 다툼과 전쟁으로 인한 지금의 파탄 지경에서) 우리는 반드시 살아나야만 합니다!"

[雖天下不取, 强聒而不舍者也.[2950] 故曰: 上下見厭而强見也. 雖然, 其爲人太多, 其自爲太少. 曰, 請, 欲固置五升之飯足矣.[2951] 先生恐不得飽. 弟子雖飢,[2952] 不忘天下. 日夜不休, 曰: "我必得活哉."]

(이들은) 뜻이 높고 큰 구세의 인물이로다! (이들은) 말하였다: "군자들이란 (남에 대해) 각박하게 따져서는 아니 되고, 자기(이익) 때문에 남의 힘을 빌리고자 해도 안 됩니다!"

(이들은) 사회 전체에 이롭지 못한 것(즉, 결투나 전쟁으로 인한 파괴 행

2950) 괄聒(떠들썩함)은 조잡嘈雜(잡스레 지저귐)이니, 강괄强聒은 억지로 계속 떠들음이고; 舍는 捨(버리다)이다. 趙礎基, 501頁, 주17 참조.

2951) 固는 고姑(잠시)의 가차이다. 趙礎基, 上同, 주19 참조.

2952) 곽경번郭慶藩(1844-1896)의 주석과 성현영成玄英(608-669)의 疏에 의거하여 '先生'은 '일반백성'(黔首)로, '弟子'는 '송견·윤문학파 자신들'로 해석한다. 郭慶藩, 1084頁, 주3 참조.

위 등등)은 명백히 밝히어 (그것을) 그치게 하는 것보다 더 (큰 일은) 없다고 생각하였다. (이에) 전쟁 반대와 무기폐기를 밖의 일[利他]로, 욕심을 적게 가짐을 내심의 일[自利]로 삼았다. (이것이) 이들의 (이론과 실천의) 크고 작은 일[槪要]이요 (또한) '좋은 점[精]과 단점[粗]' 이니, 이들의 행동은 마침 이런 점에서 다할 뿐이다.

[圖傲乎,[2953] 救世之士哉. 曰:"君子不爲苛察, 不以身假物." 以爲无益於天下者, 明之不如已也. 以禁攻寢兵爲外, 以情欲寡淺爲內. 其大小精粗, 其行適至是而止.]

▶ 33-4: 팽몽彭蒙, 전변田駢과 신도愼到의 사상:

공정하며 결당結黨하지 않았고, 평이平易하며 사리私利를 추구하지 않았고, 자연스레 흘렀고, 누구의 지배를 받지 않았고, 사물에 따라서 변화하나 이 마음 저 뜻을 따름이 아니었고, 사고함에 (미리 따져) 볼 것이 없었고, 지식을 추구하지도 않았고, 사물에도 선택[擇]이 없었고, 이들과 함께 발전하였으니, 옛날 도술에서 이것을 좇는 이들이 있었는데 팽봉彭蒙, 전변田駢과 신도愼到가 이런 기풍을 듣고서 기뻐하였다. 만물들을 같게 보는 것을 우선으로 삼아서 말하였다. "하늘은 이들을 덮어줄 뿐 싣고 있지 않으며, 땅은 싣고만 있지 덮어줄 수 없고, 큰 도道는 이것들을 포용하나 분별하지 않는다."

만물에는 모두 긍정할 수 있는 면이 있고 (또한) 부정할 수 있는 면이 있으니, 따라서 말한다. "(한 면이) 선택되면 (다른 면이 도태되어) 온전할 수 없고, 가르치면 (가르침이) 못 미치는 곳이 있으나, (모든 것을 포용하는) 도道에는 빠진 것이 없다.

2953) 도오圖傲는 意圖가 高大함이다. 王叔岷, 1326頁, 주18 참조.

[公而不黨,[2954] 易而无私,[2955] 決然无主,[2956] 趣物而不兩,[2957] 不顧於慮, 不謀於知, 於物无擇, 與之俱往, 古之道術有在於是者. 彭蒙、田駢、愼到聞其風而悅之. 齊萬物以爲首, 曰: "天能覆之, 而不能載之; 地能載之, 而不能覆之; 大道能包之, 而不能辯之."[2958] 知萬物皆有所可, 有所不可, 故曰: 選則不徧, 敎則不至,[2959] 道則无遺者矣."]

이렇기에 신도愼到는 지식을 버리고 자기 (자신)을 떠나서 어찌할 수 없음에 따랐고, 방임放任에 맡기는 것을 도리라고 여겼기에 말하였다. "아는 것은 아는 것이 아니니, 장차 아는 것을 압박하여 그것을 부수는 것이다."

아이들의 장난처럼 알고 일을 맡지 않으며, 세상에서 현자들의 높임을 비웃으며 방임하며 거리끼지 않았고, 덕행을 닦지 않고서 천하의 대성大聖을 아니라고 한다. (사람 때리는) 몽치를 부숴버리고 수족手足을 자르는 형구刑具를 파괴하고, 일에 따라서 서로 변화하며, '옳고 그름' 을 버려야 잠시나마 (형벌을) 면할 수 있다. 자기의 지식과 생각에 의지하지 않고, 앞을 보거나 뒤를 보지도 않고 우뚝 독립할 뿐이다! 밀어주면 떠나고, 끌어주면 가버리니, 표풍飄風처럼 갔다가 돌아옴이고, (공

2954) 黨은 아당阿黨이니, 편偏(치우치다)이다. 原本에 當자였으나, 조간의趙諫議(13세기) 本에 의거해 黨으로 개정함. 趙礎基, 502頁, 주1 참조.

2955) 易은 平이다. 趙礎基, 503頁, 주2 참조.

2956) 決然은 자연히 流動하는 모양이고; 无主는 무엇에 지배받지 않음이다. 趙礎基, 上同, 주3 참조.

2957) '趣物不兩' 은 사물에 따라 변하되 三心二意가 없음이다. 趙礎基, 上同, 주4 참조.

2958) 包는 포용이고; 辯은 分辨이다. 趙礎基, 上同, 주10 참조.

2959) 하나를 가르치면, 전부 다를 가르칠 수 없으니; 가르침이 못 미치는 곳이 있음이다. 趙礎基, 上同, 주13 참조.

중에서) 떨어지는 깃털의 선회旋回함과 같고, 마모되는 돌의 굴림[轉動]과 같으니, 완비하여 잘못이 없음이며, 움직이든 고요하든 잘못이 없고, 죄를 지은 적도 없다. 이것은 무엇 때문인가? 지식이 없는 존재라면 자기를 내세울 염려가 없고, 지식을 사용할 부담이 없으면 움직이거나 가만히 있거나 도리에서 벗어나지 않으며, 이 때문에 평생에 영예榮譽도 없지만 (실수도 없다.) 그러므로 말한다. "지식이 없는 사물에 이르렀으니 현성賢聖(의 지혜)는 소용이 없다. (무지無知한) 흙덩이는 도道를 잃는 법이 없다."

호걸들이 서로 웃으면서, 말하였다. "신도愼到의 도道는 산 사람들이 행할 바가 아니고 죽은 것 같은 이들의 도리에 이르렀도다!" 마침 괴이하도다!

[是故愼到棄知去己, 而緣不得已,[2960] 冷汰於物,[2961] 以爲道理, 曰: "知, 不知; 將薄知而後隣[2962]傷之者也." 謑髁[2963]无任, 而笑天下之尙賢也; 縱脫无行,[2964] 而非天下之大聖. 椎拍輐斷,[2965] 與物宛轉,[2966] 舍是與非, 苟可以免.[2967] 不師知慮,[2968] 不知前後,[2969] 魏然而已

2960) 연緣은 인순因循(따름)이다. 『莊子譯注』, 336頁, 주16 참조.

2961) 영태冷汰는 放任에 맡김이다. 趙礎基, 上同, 주16 참조.

2962) 隣은 인磷과 통하니. 隣傷은 毁傷(해쳐서 망가뜨리다.)의 뜻이다. 王叔岷, 주3, 1332頁 참조.

2963) 혜과謑髁는 아희兒戲, 멋대로의 모습이고; 无任은 일을 맞지 않음이니, 일하지 않음이다. 『莊子譯注』, 주20 참조.

2964) 종탈縱脫은 放任하며 불기不羈(꺼리지 않음)이고; 无行은 德行을 닦지 않음이다. 趙礎基, 上同, 주21 참조.

2965) 추椎、완輐은 옛날의 刑具이고; 박拍(치다)는 타打(때리다)이다. 추椎로 사람을 때리고, 완輐으로 手足을 切斷할 수 있다. 趙礎基, 上同, 주23 참조.

2966) 物은 事이고; 완전宛轉은 상응하여 변화함이다. 趙礎基, 上同, 주24 참조.

2967) 苟는 姑且이고; 免은 형벌을 면함이다. 趙礎基, 504頁, 주25 참조.

矣![2970] 推而後行, 曳而後往,[2971] 若飄風之還,[2972] 若落羽之旋,[2973] 若磨石之隧,[2974] 全而无非,[2975] 動靜无過, 未嘗有罪. 是何故? 夫无知之物, 无建己之患,[2976] 无用知之累, 動靜不離於理, 是以終身无譽.[2977] 故日: "至於若无知之物而已, 无用賢聖. 夫塊不失道."[2978] 豪桀相與笑之, 日: "愼到之道, 非生人之行 而至死人之理." 適得怪焉!]

전변田駢 또한 그러하니, 팽몽彭蒙에게서 배운 것은 가르침이 소용 없음을 배웠다. 팽몽은 스스로 말하였다. "옛날 도인道人은 '옳음도 없고, 그름도 없는 경지'에 이르렀을 뿐이다. 바람이 획하고 빠르게 지나가니 무엇을 말로 전했을 것인가!"

항상 (일반) 사람들과 반대되었고, (그들에 의해) 쳐다보여지지도 않았으며 '죄 받음'을 면할 수 없었다. 이들이 말하는 도道가 (진정한) 도道는 아니나, 그들의 옳은 말도 그릇됐다는 (평가)를 면할 수 없었다. 팽몽, 전변, 신도가 (진정한) 도道를 알지 못했다. 그러나 (그들은) 모두 대

2968) '不師知慮'는 자기의 지식과 생각을 의지하지 않음이다. 趙礎基, 上同, 주26 참조.

2969) '不知前後'는 첨전瞻前(앞을 봄)하거나 고후顧後(뒤를 돌아봄)하지 않음이다. 趙礎基, 上同, 주27 참조.

2970) 선영宣穎(17세기)에 의하면, 魏는 위巍(높고 큰 모양)와 같으니, 독립된 모양이다. 王叔岷, 1334頁, 주9 참조.

2971) 예曳(끌다)늦 타拖(끌다)이다. 趙礎基, 上同, 주29 참조.

2972) 환還은 왕반往返이다. 趙礎基, 上同, 주30 참조.

2973) 우羽(깃)는 공중에서 나부끼는 깃털이다. 趙礎基, 上同, 주31 참조.

2974) 수隧는 轉動이다. 趙礎基, 上同, 주32 참조.

2975) 全은 完美이고; 无非는 옳지 않은 것이 없음이다. 趙礎基, 上同, 주33 참조.

2976) 建은 수樹(심다)이니; 建己는 자기를 표방함이다. 趙礎基, 上同, 주24 참조.

2977) 无譽는 無功과 无過이다. 无譽이면 无失이다. 『莊子譯注』, 李玉峰, 李翊赫譯注, 上同, 주36 참조.

2978) 괴壞는 토괴土壞(흙덩이)이다. 趙礎基, 上同, 주37 참조.

략 (도에 대하여) 들은 적은 있는 이들이다.

田駢亦然, 學於彭蒙, 得不教焉.2979) 彭蒙之師曰:2980) "古之道人, 至於莫之是、莫之非而已矣. 其風窢然,2981) 惡可而言?" 常反人, 不見觀,2982) 而不免於魭斷.2983) 其所謂道非道, 而所言之韙不免於非. 彭蒙、田駢、愼到不知道. 雖然, 槩乎皆嘗有聞者也.2984)

▶ 33-5: 관윤關尹과 노자老子의 사상

(덕德)은 본本이니 정밀[精]이고, 물건들은 거친 것[粗]이 되며, (자기가) 쌓아두면 부족하게 되고, 무심히 홀로 도道[神明]와 함께 머문다. 옛날 도술에 이런 면이 있었으니, 관윤關尹과 노담老聃이 이런 기풍을 듣고서 기뻐하였다. 항상 '무无', '유有' 로써 세우고, 태일太一[道]로써 핵심 삼았고, 유약柔弱과 겸하謙下로써 나타내며, 공허함과 만물들을 훼손하지 않음을 내용으로 삼는다.

[以本爲精,2985) 以物爲粗, 以有積爲不足,2986) 澹然獨與神明居.2987) 古

2979) 不教는 不用教(가르침이 필요 없음)이다. 趙礎基, 上同, 주40 참조.

2980) '彭蒙之師'는 '彭蒙其師'와 같으니, 팽몽彭蒙은 자기의 뜻이다. 『莊子譯注』, 上同, 주44 참조.

2981) 획연窢然은 바람이 빠르게 지나가는 소리이다. 趙礎基, 上同, 주42 참조.

2982) 見은 被이고; 觀은 첨망瞻望(쳐다봄)이다. 趙礎基, 上同, 주44 참조.

2983) 원단魭斷은 완단輐斷(모가 없음)이니, 受罪를 면하지 못함이다. 趙礎基, 上同, 주45 참조.

2984) 개槩는 대략이고; 상嘗은 曾이다. 趙礎基, 上同, 주49 참조.

2985) 本은 德을 가리킨다. 德은 無爲의 德이니, 정묘精妙하고 현허玄虛하기에 精이 되고; '本'에서 나온 만물들은 有形, 有爲이니, 따라서 조粗(거칠음)가 된다. 趙礎基, 505頁, 주1 참조.

2986) "聖人不積. 旣以爲人己愈有, 旣以與人己愈多."(성인은 쌓지 않는다. 일단 남을 위함으로 자기는 많이 갖게 되고; 일단 남에게 줌으로써 자기는 더욱 많아진다.) 『老子』 81장, 趙礎基, 上同, 주2 참조.

之道術有在於是者. 關尹、老聃聞其風而悅之. 建之以常无有, 主之以太一,[2988] 以濡弱謙下爲表,[2989] 以空虛不毁萬物爲實.[2990]]

관윤關尹이 말했다. "자기(마음)에 흔적이 없으나, 형태 있는 물건들은 스스로 드러난다. 관윤의 움직임은 물과 같고, 고요함은 거울과 같으며, 반향은 메아리 같다. 물 빠르게 흐름은 없는 것 같고, 청정淸靜하기 (거울과) 같다. (소리가) 같기에 화합하고, 얻는 것은 잃는 것과 같다. 남보다 앞서기보다 항상 남을 뒤따른다."
[關尹曰: "在己无居, 形物自著.[2991] 其動若水,[2992] 其靜若鏡, 其應若響. 芴乎若亡,[2993] 寂乎若淸. 同焉者和, 得焉者失. 未嘗先人, 而常隨人."]

노담老聃이 말했다. "수놈(의 완강함)을 알고서, 암놈(의 유약함)을 지키며, 천하의 (제일 낮은) 시냇물이 되고; 청백함을 알고서 욕됨을 지켜서 천하의 (낮은) 골짜기가 된다." 남들은 모두 앞을 취하나 나는 다만 뒤를 취하니 "천하의 욕辱을 감수한다."라고 말한다. 남들은 모두 (가득) 찬 것을 취하나, 나는 홀로 빈 것을 취한다. 저축하지 않았기에 따

2987) 담연澹然은 무심無心한 모양이고; 神明은 道의 작용이다. 趙礎基, 上同, 주3 참조.

2988) 主는 핵심이고; 太一은 道이다. 趙礎基, 506頁, 주6 참조.

2989) 유濡(적시다)는 연輭과 통하니, 연軟(부드러움)이다. 表는 외표 형식이다. 趙礎基, 上同, 주7 참조.

2990) 훼毁는 傷害이고; 實은 내용이다. 趙礎基, 上同, 주8 참조.

2991) '在己无居' 는 자기 마음에 흔적을 없이함이니, 淸淨을 유지함이고; 居는 止이고, 유체留滯이고; 저著는 昭著(분명하게 드러냄)이다. 趙礎基, 上同, 주9 참조.

2992) 其는 關尹을 말하고; 若水는 물 흐름처럼 맑고 자연스러움이다. 趙礎基, 上同, 주10 참조.

2993) 홀芴은 홀忽과 통하니 忽然은 물이 빠르게 흐르는 모양이고; 亡은 无이다. 趙礎基, 507頁, 주13 참조.

라서 남음이 있고, (산이) 높고 크기에 따라서 여유가 있다. 입신立身하여 일을 치름에 느리게 하나 손해 보지 않으며, 무위無爲하나 기교를 비웃는다. 다른 사람들은 복을 구하지만 자기는 뜻을 굽히고 안전만을 바라며, "벌 받기를 면했으면"하고 바랄 뿐이다. 깊이 감춤을 근본으로 보고, 은약隱約을 기율로 보며, "굳건하게 보이면 무너지고, 날카로우면 꺾인다."라고 말한다. 늘 사물들을 관용하고, 다른 사람들을 깎지 말아야 할 것이다.

아직 지극함에 이른 것은 아니라고 말할 수 있으나, 관윤과 노담은 옛날의 크고 넓으신 진인이로다!

[老聃曰: "知其雄, 守其雌, 爲天下谿; 知其白, 守其辱, 爲天下谷."[2994] 人皆取先, 己獨取後, 曰: "受天下之垢."[2995] 人皆取實, 己獨取虛. 无藏也故有餘. 巋然而有餘. 其行身也,[2996] 徐而不費,[2997] 无爲也而笑巧. 人皆求福, 己獨曲全, 曰: "苟免於咎." 以深爲根, 以約爲紀, 曰: "堅則毁矣, 銳則挫矣." 常寬於物, 不削於人.[2998] 可謂未至極,[2999] 關尹、老聃乎, 古之博大眞人哉!]

▶ 33-6: 장자[장주莊周]의 사상:

(실제는 항상) 홀연히 흘러가니 일정한 형태가 없고, 무상하게 변화해 가는 것이다. 무엇이 삶이고 무엇이 죽음인가? (나는) 천지天地와 공

2994) 『老子』 28장을 보라.

2995) 구垢는 욕辱이다. 『老子』 78장 참조. 趙礎基, 上同, 주20 참조.

2996) 行身은 立身하고 行事함이다. 趙礎基, 上同, 주23 참조.

2997) 徐는 느리게 이고; 비費는 손損(덜다)이다. 趙礎基, 上同, 주24 참조.

2998) 삭削(깎다)은 侵削이다. 趙礎基, 上同, 주30 참조.

2999) 原本에는 至極이나, 高山寺本[日本高山寺藏 『莊子』 郭象注古鈔本7卷7篇]에 의거하여, 至極앞에 未자를 삽입한다. 趙礎基, 上同, 주31 참조.

존하는가? (천지天地의) 정신과 밝음은 어디로 가는 것인가? (그들은) 아득히 어디로 가고, 총총히 어디로 떠나가 버리는가? 모든 존재는 그 앞에 펼쳐 있으되 돌아갈 곳을 모르는구나! 옛날 도술道術의 이런 면을 장주莊周는 듣고서 기뻐하였다. (그는) 심원하여 파악할 수 없는 학설, 황당한 말, 끝없는 언사로써 때때로 방자하게 멋대로 구속받지 않지만, 편견을 고집하지 않았고, 어떤 경향으로 (자기를) 나타내지 않았다. (그는) 세상이 더러워서 정중한 말을 쓸 수 없다고 생각했다. 무심히 뜻 가는 대로 나오는 말[치언卮言]로써 생각나는 대로 발휘하고, 성현들의 말씀[重言]으로 진심의 말을 하고, 비유[寓言]로써 (뜻을) 설명하고 펼쳤다. (그는) 홀로 천지자연과 더불어 정신을 교류하였으나 만물을 경시한 적이 없다. 그리고 옳고 그름[是非]을 따지지 않고서 세속에 섞여 살았다. 그의 글은 비록 기이하나 비범하였고, 겸화謙和하여 (남이나 자기를) 해칠 수가 없었다. 그의 말들은 변화가 다양했고, 기이한 것은 볼만하였다. 그의 속마음의 정은 충만하여 막을 수 없어서 흘러나오니, 그치게 할 수 없었다. (그는) 위로는 천지의 조물자造物者와 함께 노닐고, 아래로는 삶과 죽음, 처음과 끝을 넘어서 (자연과) 벗이 되는 것이다. 그의 덕德은 넓고 커서 통달하였고, 깊고 넓어서 현달顯達하였다. (그는) 도道에 대하여는 조화하여 위로 천도天道와 합치한다. 그(의 이론)은 (사물의) 변화에 대한 반응이고, (각종) 사물들을 분석하니, (사물의) 변화형식에 끝이 없고, 그들의 출현은 면면히 이어지니, (이런 것들이) 홀홀忽忽 망망茫茫하여 다 파악될 수 없구나!

[寂漠無形, 變化无常. 死與生與? 天地竝與? 神明往與?[3000] 芒乎何之?[3001] 忽乎何適?[3002] 萬物畢羅, 莫足以歸. 古之道術有在於是者. 莊

3000) 神과 明은 天地의 정신이다. 往은 交往(서로 來往함)이다. 趙礎基, 508頁, 주3 참조.
3001) 망芒은 망茫(아득하다)과 통하고; 之는 往이다. 趙礎基, 上同, 주4 참조.

周聞其風而悅之. 以謬悠之說,3003) 荒唐之言, 无端崖之辭,3004) 時恣縱而不儻,3005) 不以觭見之也.3006) 以天下爲沈濁, 不可與莊語. 以巵言爲曼衍,3007) 以重言爲眞,3008) 以寓言爲廣.3009) 獨與天地精神往來. 而不敖倪於萬物,3010) 不譴是非,3011) 以與世俗處. 其書雖瓌瑋,3012) 而連犿無傷也.3013) 其辭雖參差,3014) 而諔詭可觀.3015) 彼其充實,3016) 不可以已. 上與造物者遊, 而下與外死生無終始者爲友, 其於本也,3017) 弘大而辟,3018) 深閎而肆;3019) 其於宗也,3020) 可謂稠適而上遂矣.3021) 雖然,

---

3002) 홀忽은 매우 빠른 모양이고; 適(가다)은 往이다. 趙礎基, 上同, 주5 참조.

3003) 유謬(그릇됨)는 무繆와 통하니, 무유繆悠는 深遠하여 붙잡을 수 없음이다. 趙礎基, 上同, 주7 참조.

3004) 无端崖는 끝없는 이다. 趙礎基, 509頁, 주9 참조.

3005) 자종恣縱은 방사放肆(放縱)이고; 당儻은 당탕儻蕩(멋대로 구속 받지 않음)한 모양이다. 趙礎基, 上同, 주10 참조.

3006) 기觭는 傾向이고; 見은 現과 통한다. 趙礎基, 上同, 주11 참조.

3007) 치언巵言은 無心히 뜻 가는대로 나오는 말이고; 만연曼衍은 생각나는 대로 발휘함이다. 『莊子譯注』, 李玉峰, 李翊赫譯注, 339頁, 주17 참조.

3008) 眞은 진심의 말이다. 趙礎基, 上同, 주14 참조.

3009) 廣은 천발闡發(설명하고 발휘함)이다. 趙礎基, 上同, 주15 참조.

3010) 오敖는 오傲(거만)와 통하니, 敖倪는 輕視이다. 趙礎基, 上同, 주17 참조.

3011) 견譴(꾸짖다)은 책責(꾸짖다), 求(책망하다)이다. 趙礎基, 上同, 주18 참조.

3012) 괴위瑰瑋는 기위奇偉(奇異하고 不凡함)이다. 趙礎基, 上同, 주19 참조.

3013) 연변連犿은 隨和(순종, 겸화謙和)하는 모양이고; 무상无傷은 남이나 자기에게 傷害를 끼치지 않음이다. 趙礎基, 上同, 주20 참조.

3014) 참차參差는 變化가 多端함이다. 趙礎基, 上同, 주21 참조.

3015) 숙궤諔詭는 奇異이다. 趙礎基, 上同, 주22 참조.

3016) '彼其充實'은 그의 내심의 情이 충만하여, 그것을 막을 수 없어서 흘러나옴을 말한다. 已는 止(그침)이다. 趙礎基, 上同, 주23 참조.

3017) 本은 德을 가리킨다. 趙礎基, 上同, 주26 참조.

3018) 홍대弘大는 박대博大(넓고 큼)이고; 벽辟은 達과 통한다. 趙礎基, 上同, 주27 참조.

3019) 심굉深閎은 심광深廣(깊고 넓음)이고; 사肆는 창달暢達(현달顯達)이다. 趙礎基, 上同,

其應於化而解於物也,[3022] 其理不竭. 其來不蛻, 芒乎昧乎, 未之盡者.]

▶ 33-7: 혜시惠施의 사상:

1. 혜시의 "역물麻物" [사물관찰]의 열 가지 명제

혜시[의 학술]은 다방면이다. 그의 책은 다섯 수레에 실을 정도로 많지만 그가 말한 도리는 서로 맞지 않고 잡박하니, 그의 말은 도리에 맞지 않는다.

[惠施多方, 其書五車. 其道舛駁, 其言也不中.]

그가 사물을 관찰하여 분석한 것[麻物]은 다음과 같다:

[麻物之意, 曰:]

1) 지극히 큰 것은 바깥이 없으니 태일太一이라고 한다. 지극히 작은 것은 안이 없으니 소일小一이라고 한다.

[曰: 至大无外, 謂之大一; 至小无內, 謂之小一.]

주28 참조.

3020) 宗은 道를 가리킨다. 趙礎基, 上同, 주29 참조.

3021) 조稠는 調와 통하니, 稠適은 調和이고; 수遂는 達이니, 上遂는 위로 天道와 합침이다. 趙礎基, 上同, 주30 참조.

3022) 應은 반응이고; 化는 사물의 변화이고; 解는 분석이고; 其理는 사물의 문리紋理(형식)이고; 갈竭은 止境이고; 其來는 사물의 출현이고; 태蛻는 脫과 통하니 離이고; 不蛻는 連綿不斷이고; 망芒은 망茫(아득하다)와 통하고; 매昧는 혼암昏暗이다. 이 몇 구절은 장자학설에 대한 설명이다. 趙礎基, 510頁, 주31 참조.

[상대주의적인 무규정성]

2) 두께가 없으면 쌓을 수 없어도, 그 크기는 천리까지 갈 수 있다.

[无厚, 不可積也, 其大千里.]

[기하학적 정의: 두께 없는 면적]

3) [상대주의적인 관점에서 볼 때] 하늘은 땅보다 낮고, 산은 못과 똑같이 평평하다.

[天與地卑, 山與澤平.]

4) 태양은 정중의 위치에 서자마자 기울기 시작하고, 만물은 태어나자마자 죽기 시작한다.

[日方中方睨, 物方生方死.]

[모든 상태는 도道의 무궁한 변화의 시각에서 보면 찰나적 순간으로 상대화 된다.]

5) [부분적인 차이의 관점에서 볼 때] 대동大同과 소동小同은 다르니, 이것을 '소동이小同異' 라고 한다. [그러나 상대주의적인 관점에서 볼 때,] 사물은 완전히 같게도 볼 수 있고 완전히 다르게도 볼 수 있으니, 이것을 '대동이大同異' 라고 한다.

[大同而與小同異, 此之謂小同異; 萬物畢同畢異, 此之謂大同異.]

6) 남방은 끝이 없지만, 끝이 있다.

[南方无窮而有窮.]

[공간상의 상대주의적 관점]

7) 오늘 월나라를 떠났지만, 어제 도착하였다.
[今日適越而昔來.]
[시간상의 상대주의적 관점]

8) 둥근 고리는 풀 수가 있다.
[連環可解也.]
[개념적 정의의 상대주의적인 관점]

9) 나는 천하의 중앙은 연燕나라 북쪽, 월越나라 남쪽임을 안다.
[我知天下之中央, 燕之北、越之南是也.]
[공간상의 상대주의적 관점]

10) 모든 사물을 사랑하면 천지간의 모든 것은 한 몸이다.
[氾愛萬物, 天地一體也.]
[상대주의적인 관점에서 본 '만물일체萬物一體'의 관점]

2. 혜시와 다른 논자들의 21가지 논리적 궤변명제

혜시는 이러한 논제들을 대단한 것으로 여기어 이 세상에 내보이고, 논자들을 이끄니, 천하의 논자들이 이런 것들을 서로 함께 즐기며 담론하였다:

[惠施以此爲大, 觀於天下, 而曉辯者,[3023] 天下之辯者相與樂之:]

3023) 觀은 顯示(내보이다)이고; 효曉는 啓發이나 引導(이끌음)이다. 趙礎基, 512頁, 주18 참조.

1) 알에는 털이 있다. [卵有毛.]
[알 속에 깃털의 인소因素가 있다는 설]

2) 닭의 발은 3개이다. [鷄三足.]
['닭발' 이라는 말과 실제 2개의 발의 합계]

3) 영郢[초楚나라의 서울] 땅에 세계가 있다. [郢有天下.]
[중국中國이 천하의 일부분이기에 중국을 천하로 보면, 중국의 한 부분인 郢 또한 천하라고 볼 수 있다. 크기의 상대주의적 관점]

4) 개는 양이 될 수 있다. [犬可以爲羊.]
[개나 양이나 사람이 부친 임시적인 부호이다. 이름의 상대성]

5) 말[馬]에도 알이 있다. [馬有卵.]
[태胎의 근원은 알[卵]인 것이다.]

6) 두꺼비도 꼬리가 있다. [丁子有尾.]
[올챙이는 꼬리가 있다.]

7) 불은 뜨겁지 않다. [火不熱.]
['불' 이라는 개념은 뜨겁지 않다.]

8) 산에도 입이 있다. [山出口.]
[아마도 산의 울림, 즉 메아리를 말한 것 같다.]

9) 수레바퀴는 땅에 닿지 않는다. [輪不蹍地.]
[바퀴는 모든 부분이 모아진 전체이다. 바퀴의 한 점 한 점이 닿을 뿐, 전체는 닿지 않는다.]

10) 눈은 보지 못한다. [目不見.]
[눈이라는 기관이 아니라 정신이 보게 하는 것이다.]

11) 개념[指]은 감각할 수 없고, 감각할 수 있다 해도 끝도 없다.
[指不至, 至不絕.]
[개념과 그 대상은 완전히 합치할 수 없다.]

12) 거북이가 뱀보다 길다. [龜長於蛇.]
[큰 거북이는 작은 뱀보다 길다: 상대주의]

13) 곱자로는 사각형을, 컴퍼스로는 원을 그리지 못한다.
[矩不方, 規不可以爲圓.]
[그려진 사각형이나 원은 순수 개념적 원형과 차이가 난다.]

14) 구멍이 [들어가는] 나무 촉을 둘러싸고 있는 것이 아니다.
[鑿不圍枘.]
[맞물림에 있어서 들어가는 촉과 맞무는 구멍 사이에는 아무리 미소하지만 언제나 절대공간이 있다.]

15) 날아가는 새의 그림자는 움직이지 않는다.
[飛鳥之景, 未嘗動也.]

[나는 새의 그림자는 언제나 그때그때 날아가고 있는 새의 형체와 동일시되는 것이기 때문에 정지해 있는 것이다.]

16) 날아가는 화살은 움직이지 않고 정지하지도 않는 때가 있다.
[鏃矢之疾而有不行不止之時.]
[운동은 무한한 정지의 순간으로 환원시켜볼 수 있다.]

17) 구狗는 견犬이 아니다. [狗非犬.]
[구狗는 작은 개의 개념이고, 견犬은 큰 개의 개념이다.]

18) 누런 말과 검은 소를 합치면 셋이다. [黃馬驪牛三.]
[누런 말과 검은 소는 하나의 복합개념이며, 나누면 두개의 단독 개념이기에 합치면 셋이다.]

19) 흰 개는 검다. [白狗黑.]
[털이 희고 눈 색깔이 검은 개는 상대적 관점, 즉 털의 관점에서는 흰 개이고, 눈의 색깔에 따라서는 검은 개다.]

20) 어미가 죽은 망아지는 어미가 있었던 적이 없다.
[孤駒未嘗有母.]
[고구孤駒, 즉 '어미가 죽은 망아지' 라는 개념은 '어미가 있는 망아지' 와 모순되는 개념이다.]

21) 한 자의 채찍을 하루에 반씩 자르면 만년이 되어도 다 없어지지 않는다.

[一尺之捶, 日取其半, 萬世不竭.]
[일정한 크기에 대하여 관념적으로 무한한 절단이 가능하다.]

논자들은 이러한 논제들을 가지고 혜시와 더불어 변론하였으며 죽을 때까지 끝이 없었다.
[辯者以此與惠施相應, 終身无窮.]

3. 혜시에 대한 총평:

환단桓團, 공손룡公孫龍 등의 변자辯者는 사람의 마음을 수식하고, 사람의 뜻을 바꾸어서, 사람의 입을 이길 수는 있었으나, 마음으로 복종시킬 수는 없었다. 이것이 논자들의 한계이다. 혜시惠施는 날마다 자신의 지혜를 가지고 변론하여, 전적으로 천하의 논자들과 함께 기괴한 주장들을 내놓았으니, 이것이 혜시의 근본이다. 그러나 혜시는 자신의 말이 가장 뛰어나다고 생각하여, '(나의 변론은) 천지자연[天地]만큼 장대하도다!' 하고 말했다. 혜시의 입담은 웅재雄才를 가졌으나 도술道術은 없었다. 남쪽 지방에 기인이 있었는데 그 사람의 이름이 황요黃繚였다. 그는 혜시에게 하늘이 무너지지 않고 땅이 꺼지지 않는 이유와, 비와 바람 그리고 번개와 천둥이 일어나는 까닭에 관해서 물었다. 혜시는 (이에) 사양하지 않고 깊은 사려 없이 대답하면서, 광범하게 만물의 원리에 대하여 설명하였다. 쉬지 않고 말했으나 많다고 여겨 그만두지 않았으며, 오히려 적게 말했다고 생각하여 더욱 기괴한 변론을 늘어놓았다. 그는 사람들의 상식에 어긋나는 것을 진실이라고 하고, 남들을 이기는 것을 명성으로 삼고자 하였으니, 많은 사람과 합할 수 없었다.

'덕德' [자연적 본성]을 버리고, 외물外物을 좇음이니 그의 도는 매우 꼬부라진 것이다. (그러나) 천지자연의 대도大道의 입장에서 혜시의 재능을 본다면, 그것은 마치 한 마리의 모기나 등에의 공로와 같음이니, 사물에 대해 무슨 소용이 있겠는가? (그가) 일가一家의 학설을 채운다면 옳지만, 더욱 중시한다면 도道는 거의 끝날 것이로다! 혜시는 이 (하나의 학설을 채우는) 일에 스스로 편안할 수 없었으므로, 만물에 정신을 쏟고 싫증을 느끼지 않았으니 마침내 변론으로 유명하게 되었다. 아깝도다! 혜시의 재능은 방탕해져 (정도正道를) 시행할 수 없었고, 만물들을 좇다가 (진정한 도道에로) 돌아올 수 없었으니, 이것은 소리가 메아리를 좇고, 몸과 그림자가 경주하는 것과 같다. 슬프도다!

[桓團公孫龍辯者之徒, 飾人之心, 易人之意, 能勝人之口, 不能服人之心, 辯者之囿也.[3024] 惠施日以其知與之辯,[3025] 特與天下之辯者爲怪,[3026] 此其柢也.[3027] 然惠施之口談, 自以爲最賢, 曰: "天地其壯乎!" 施存雄而无術.[3028] 南方有倚人焉, 曰黃繚. 問天地所以不墜不陷, 風雨雷霆之故. 惠施不辭而應, 不慮而對, 遍爲萬物說. 說而不休, 多而无已, 猶以爲寡, 益之以怪. 以反人爲實, 而欲以勝人爲名, 是以與衆不適也.[3029] 弱於德,[3030] 强於物,[3031] 其塗隩矣.[3032] 由天地之道, 觀惠施

3024) 유囿는 한계이다. 趙礎基, 514頁, 주46 참조.

3025) 原本의 與 아래의 人자는 唐寫本에 의거해 잘라버린다. 趙礎基, 上同, 주47 참조.

3026) 特은 專門이고; 爲怪는 각종 奇談怪論을 만들어냄이다. 趙礎基, 上同, 주48 참조.

3027) 저柢는 근본이다. 趙礎基, 上同, 주49 참조.

3028) 雄은 雄才이다. 『莊子譯注』, 341頁, 주43 참조.

3029) 적適은 合이다. 趙礎基, 上同, 주60 참조.

3030) '弱於德' 에서 德은 本이니, 이것은 捨本이다. 趙礎基, 上同, 주61 참조.

3031) '强於物' 에서 物은 末이니, 이것은 축말逐末(末을 좇음)이다. 趙礎基, 上同, 주62 참조.

3032) 塗는 길이고; 오隩는 深曲(몸씨 구부러짐)이다. 趙礎基, 上同, 주63 참조.

之能, 其猶一蚊一虻之勞者也.[3033] 其於物也何庸![3034] 夫充一尙可,[3035] 曰愈貴, 道幾矣! 惠施不能以此自寧,[3036] 散於萬物而不厭, 卒以善辯爲名. 惜乎! 惠施之才, 駘蕩而不得,[3037] 逐萬物而不反, 是窮響以聲, 形與影競走也. 悲夫!]

3033) 勞는 功이다. 趙礎基, 上同, 주64 참조.

3034) 용庸은 用이다. 趙礎基, 上同, 주65 참조.

3035) 充一은 一家의 학설을 충당함이다. 趙礎基, 515頁, 주66 참조.

3036) 此는 '充一' 을 가리키고; 영寧은 安이다. 趙礎基, 上同, 주68 참조.

3037) 태탕駘蕩은 방탕放蕩이고; '不得' 은 '不能行於正道' (正道를 시행할 수 없음)이다. 趙礎基, 上同, 주70 참조.

참고문헌:

王叔岷撰, 『莊子校詮』(全三册), 臺北:中央研究院歷史語言研究所, 1998;
趙礎基著, 『莊子淺注』, 北京: 中華書局, 1982;
郭慶藩撰, 『莊子集釋』(全四册), 北京: 中華書局, 1997;
李玉峰, 李翊赫譯注, 『莊子譯注』, 南昌: 百花洲文藝出版社, 2010;
陳鼓應注譯, 『莊子今注今譯』(全三册), 北京: 中華書局, 2009;
張默生原著, 『莊子新釋』, 濟南: 齊魯書社, 1993;
王世舜主編, 『莊子譯注』, 濟南: 山東教育出版社, 1995;
崔大華著, 『莊子岐解』, 鄭州: 中州古籍出版社, 1988;
傅佩榮解讀, 『解讀莊子』, 臺北: 立緒文化事業有限公司, 2005;
黃錦鋐譯注, 『新譯莊子讀本』, 臺北: 三民書局, 2000;

任繼愈著, 『老子繹讀』, 北京: 北京圖書館出版社, 2007;
楊伯峻譯注, 『孟子譯注』, 香港: 中華書局, 1992;
趙守正撰, 『管子通解』(上, 下), 北京: 北京經濟學院出版社, 1989.
黎翔鳳撰, 『管子校注』(上, 中, 下), 北京: 中華書局, 2004;

『동아새국어사전』, 서울: 동아출판사, 1994, 개정판
『漢語大詞典(縮印本)』(上, 中, 下卷), 上海: 上海辭書出版社, 1986.

색인